KB262316

한국어 대우법과 한국어 교육

한국어 대우법과 한국어 교육

한국어 대우법과 한국어 교육

성 기 철

:: 머리말

　석사 학위 논문의 일부를 정리하여 연포 선생 회갑 기념 논문집에 게재
한 것이 필자 최초의 논문인 것 같다. 이후 약 40년의 세월이 흘렀고,
2003년 8월 정년으로 대학을 떠난 지도 5년째가 되는 지금, 다시 한번 뒤
를 돌아다보는 시간을 가지게 되었다. 글누림 출판사 최종숙 사장이 필자
의 논문을 모아 출판해 보겠다는 뜻을 전해 온 것이 작년의 일이다. 다시
없이 고마운 일이었다. 그러나 논문이라야 몇 편 되지도 않거니와, 이런
책의 출판이 출판사에게 공연한 부담만 줄 것 같아 많이 망설였지만, 출판
사 최 사장의 호의의 권유가 고맙고, 혹 참고할 사람들에게는 편의도 줄
수 있겠다는 생각이 사사로운 욕심과 합해져서, 결국 출판하는 데 의견을
모았다.

　그러나 막상 돌아보면 한국어 문법에 평생 매달려 오기는 했지만, 연구
라고 한 것은 쥐꼬리만도 못하고, 연구되어야 할 것은 망망대해만 같다.
재주도 없는 사람이 게으르기까지 했으니 내 놓을 만한 것이 별로 없다.
지금까지 대학원 학생들을 지도하면서, 세간의 문법 관련 논문이나 저서에
서, 교수들의 적지 않은 오류를 보게 되는데, 막상 내 글을 모아 세상에
다시 내 놓으려 하니 두렵고 부끄러운 마음이 앞선다. 그러면서도 역사란
것이 흔히 시행착오를 거치면서 발달되는 것이라는 생각에서, 억지나마 변
명의 틈을 찾고, 여기서 다시 얼마간의 위로를 얻고자 한다.

　이번 논문집은 두 권으로 나누었다. 내용은 크게 세 부분으로 되어 있
다. 하나는 한국어 문법 일반이고, 다른 하나는 한국어 대우법이며, 마지막

은 한국어 교육과 관련된다. 문법 관련 내용을 한 권에 묶고, 나머지를 또 한 권에 묶었다. 한국어 대우법 부분에, 이미 출판되었던 '현대국어대우법'을 다시 넣은 것은, 이 책의 출판사가 오래 전에 문을 닫으면서 책이 절판된 데다가, 더러 찾는 이가 있었던 점도 고려되었기 때문이다.

필자는 지난 세기 90년대 이후 외국어로서의 한국어 교육에 직접, 간접으로 관심을 가지게 되면서, 한국어 교육 관련 논문을 몇 편 내게 되었고, 여기 연유되어 한국 언어문화에 새로운 관심을 가지게 된 것이, 드디어는 국제한국언어문화학회의 설립과 학회지 '한국언어문화학'의 출간에까지 이르게 되었다. 내 나름으로는 언어문화학이라고 하는 새로운 영역의 구축을 마음에 두고 있었다. 이런 배경에서 관련된 몇 편의 글을 쓰게 되었지만, 서당 개 삼 년도 못 되는 수준일 수밖에 없었다. 무식의 용감함이 부끄러움을 크게 한 바도 있는 줄 안다.

이 책에 수록된 논문은 모두 원래의 원고대로 싣는 것을 원칙으로 하였다. 다만 오자, 도표 등 일부 표현상의 오류만 바로 잡았고, 번호 표기 등을 통일하였으며, 그 사이에 바뀐 새로운 표기법을 반영하였고, 이전에 한자로 표기되었던 것을 대부분 한글로 바꾸었다. 어떤 논문은 인용 자료의 약호만 표시하고 원명이 제시되지 않았는데, 부득이 그대로 두었다. 차제에 그 동안 발표되었던 필자 발표 논문의 목록을 두 권의 논문집 끝에 첨부하였으며, 그 동안 학회에서 발표된 글의 목록도 여기에 덧붙였다. 시간에 쫓겨 당장 손에 있는 것으로 목록을 작성하였기에 얼마간 누락된 것도 있을 것 같다. 아울러 필자가 국제한국어교육학회장과 국제한국언어문화학회장 재임 때의 주요 활동도 첨부하였다. 이 시기 이들 활동에 학회장의 특별한 집념이 배어 있다고 생각되어서이다.

보잘것없는 책을 만드느라 출판사에서 고생을 많이 하였다. 여러 편의 글이 오래 전에 원고지에 쓰였던 것이어서, 다시 입력을 해야 했고, 그 동안에 표기법도 달라진 점이 있어서 입력과 교정에 특별히 시간과 노력이 많이 걸린 줄 안다. 거기에다가 필자는 전편을 꼼꼼히 읽어 볼 시간을 갖지 못하였다. 그러나 잘못되고 부족한 것은 모두 필자의 책임이다.

이 책이 세상에 나오게 된 것은 전적으로 두 분의 고마운 배려 때문이다. 처음 출판사에 본서의 출판을 권고해 주신 분은 학문과 인품으로 늘 존경해 온 학형 고영근 교수였고, 온 세상이 힘들어 하는 어려운 여건에서 글누림 출판사 최종숙 사장님이 앞뒤를 돌보지 않고 출판의 결단을 해 주었다. 이 자리를 빌려 두 분께 거듭 심심한 감사를 드린다. 출판사의 청탁에 따른 것이기는 했지만, 여러 편의 원고를 다시 입력해 준 분, 그리고 전체 원고를 살펴 봐 준 이 용 선생의 노고에도 깊은 고마움을 표한다. 아울러 이 책을 제작하는 데 직접 수고를 담당해 주신 출판사 전현직 편집 부장 이태곤 님과 권분옥 님께도 감사와 위로의 말씀을 드린다.

2007. 11. 25.
성 기 철

:: 차 례

제2부 한국어 교육과 언어문화

제 1 부 한국어 대우법

현대국어 대우법 연구

1. 서론

1.1. 국어 대우법의 성격

대우(待遇)란 사람과 사람 사이의 종적 신분 관계(social status)와 횡적 친소 관계(personal relationship)를 표현하는 언어 행위를 가리킨다. 이와 같이 대우가 인간 상호 관계에 기초를 두고 있기 때문에, 이 문제는 일차적으로 사회학 내지 사회언어학과 긴밀한 유대를 가진다. 그런 반면 이 대우 현상이 때로 특정의 형태에 의해서 규칙성을 가지고 실현됨으로 해서 문법론의 영역에 한 위치를 점유하게 되며, 또한 대우 현상 일반 또는 문법적 규칙성까지도 문맥 의존성이 강하여 화용론(Pragmatics)에 또 하나의 거처를 마련하게 된다. 그러므로 광역의 국어 대우 현상을 규명하기 위해서는 적어도 이상의 세 분야에 대한 연구가 종합되지 않으면 안 된다.

국어 대우 현상은 인간 상호 관계라는 본질적인 복잡성 때문에 매우 다양한 모습을 보인다. 대우의 표현은 대체로 문법적인 방법과 문체적인 방법에 의해서 이루어지는데, 전자는 다시 대략 형태론적 방법과 비형태론적 방법으로 구분된다. 형태론적 방법은 '-님' 등과 같은 파생 접사를 포함하여 조사, 어미 등과 같은 문법 형태에 의한 표현 방법이며, 비형태론적 방법은 '어르신, 주무시다, 드리다' 등과 같은 어휘에 의해서 실현되는 방법이다. 문체적인 방법은 앞의 문법적인 방법에 기초를 두면서, 수사적인 표현 방법을 중심으로 복합적인 대우 표현까지를 포괄한다.

　대우 현상은 대우하는 주체[1]와 대우받는 대상을 근거로 하여 구분할 수도 있다. 넓은 의미의 주어가 되는 대상에 대한 대우, 청자에 대한 대우, 그리고 목적어 또는 여격어(與格語)로 실현되는 대상에 대한 대우로 구분되는데, 이들을 각각 주체 대우, 청자 대우 및 객체 대우라 하는바, 이 셋은 국어 대우법의 주종을 이룬다. 이들 가운데 앞의 둘은 어미, 조사 등 문법 형태로 실현되는 데 비하여, 마지막의 것은 '드리다', '모시다' 등 특정 어휘에 의해 표현되는 점에서 크게 성격을 달리 한다.

　대우는 존대와 비존대(또는 하대)로 구분된다. 본질적으로 대우는 비대칭적이어서, 어느 한 쪽이 존대되면 다른 쪽은 비존대 또는 하대가 되게 마련이다. 비존대에는 겸양이 포함된다. 겸양은 존대에 대응되는 것이기 때문에 때로는 존대와 겸양이 동일한 대우 현상의 관점 차이에서 기인되는 것일 수도 있으나 동일한 개념일 수는 없다. 우리는 대우 현상 전체를 공손(politeness)이라는 화용 원리(pragmatic principle) 아래서 설명할 수도 있다.

1.2. 국어 대우법의 연구

　대우 현상은 적어도 사회언어학, 화용론, 문법론 등의 연구 대상이 된다는 점을 지적했다. 그리하여 지금까지의 대우법 연구도 대략 이 세 가지 방향에서 이루어졌는데, 그 가운데 사회언어학이나 화용론적 접근은 70년대 이후에 들어서서 학계 일각에서 부분적으로 시도되었을 뿐임에 비해,[2]

---

1) 여기의 주체라는 말은 일반적인 의미로 쓰여서, '주체 대우'와 같은 데서 볼 수 있는 대우법 용어와는 크게 다르다. 3.1 참조.
2) 국어 대우법에 대한 사회언어학적 연구로는 황적륜(1975), 박영순(1978) 등이 있으며, 화용론적 연구로는 조준학(1982)을 들 수 있다.

문법적 연구는 훨씬 오랜 연구사를 보여 준다.

이 분야에 대한 연구의 시작은 일제 시대로 소급되지만, 1950년대 이후에야 국어 대우법 연구는 특히 중세 국어를 중심으로 연구의 본궤도에 올라, 활기찬 논의 속에 괄목할 만한 수확을 보게 되었다.[3] 그런데 현대 국어에 관한 한, 대우법의 연구는 다른 문제에 비해 별로 주목의 대상이 되지 못하다가, 1970년대가 시작되면서 비교적 적극적으로 이 문제에 눈을 돌리기 시작하였다.[4] 그러나 지금에 이르기까지도 그 질량에서 모두 만족스러운 것으로 보이지는 않는다. 70년대 이후 변형 생성 문법 이론을 적용하여 대우법을 설명하려는 작업들이 시도되었으나, 주로 대우 구조의 생성 과정 또는 형식화에 관심을 기울였을 뿐,[5] 국어 대우 현상 자체의 규명에는 소홀했다. 그런데 국어 대우법 중에서도 가장 복잡한 주체 대우 연구가 내용면에서 크게 뒤진 인상을 받게 되는 것은 또한 기이한 일이 아닐 수 없다. 이 방면에 관한 몇몇 본격적인 연구가 없었던 것은 아니나,[6] 여러 사람의 공감을 얻기에는 아쉬움을 가지게 한다. 그리하여 이 주체 대우는 국어 대우법의 어느 문제보다도 연구의 여지를 많이 남겨 놓고 있다.

1.3. 목표 · 범위 · 방법

본고는 국어 대우법의 기술을 목표로 한다. 대우 현상이 근본적으로 사회현상의 하나이며, 발화 장면 또는 문맥과 밀접하게 연관되어 있는 점을 고려할 때, 국어 대우법의 기술은 사회언어학 및 화용론적 연구가 동시에

---

3) 허웅(1961, 1963), 안병희(1961, 1982), 이숭녕(1964) 등은 그 대표적인 예다.
4) 서정수(1972, 1977a), 고영근(1974), 이익섭(1974), 박양규(1975a), 임홍빈(1976), 성기철(1970b) 등.
5) 이홍배(1970), 장석진(1973), 이정민(1973) 등.
6) 박양규 (1975a), 임홍빈(1976), 서정수(1977a), 성기철(1984b) 등은 그 가운데의 몇 예다.

병행됨으로써만 가능할 것이다. 그러나 본고에서는 문법적인 현상에 주된 목표를 두고, 사회언어학 및 화용론적 관련성에 유의하되, 소략하고 부분적인 고려의 한계를 크게 넘지 못할 것이다.

본고에서는 국어 대우법 중 주체 대우, 청자 대우, 객체 대우에 범위를 한정한다. 객체 대우는 어휘적 방법에 의해서 실현되는 대우법임에 비하여, 나머지 둘은 주로 굴절 접사에 의해 이루어지는 대우법이란 점에서 큰 차이를 보이고 있으나, 이들 세 대우법은 국어 대우법의 삼대 산맥을 이루는 주요 골격이다. 이들 대우법을 논의함에 있어 주체 대우와 객체 대우는 존대 현상에 초점을 둘 것인바, 그것은 존대와 비존대로 구분되는 이들 대우법이 결국 존대 현상으로 특정지어지기 때문이다.

필자는 이들 세 대우법의 규칙성을 규명하는 데 주안점을 두고자 한다. 기저 구조(underlying structure)의 상정이나, 표면 구조의 유도 및 여타 형식화의 문제 등은 고려의 대상에서 제외하였다.[7] 아울러 대우 형태소의 분석과 같은 문제도 주된 고려의 대상에서 제외될 것이다.[8] 전체적으로, 이들 세 대우법에서 대우에 관련되는 인물 상호간의 관계를 중심으로, 여기에 실현되는 대우의 규칙성을 규명하는 것이 주요 목표가 될 것이다.

위의 목표에 접근하는 데 있어 본고는 다음과 같은 차례를 따르기로 한다. 다음 제2장에서는 대우법과 관련되는 몇 가지 기초적인 문제를 개관하면서, 언어사회학 및 화용론적인 연관성을 고려해 보고, 제3장에서는 '-시-'로 표현되는 대우 현상을 검토하게 되는데, 특히 중주어문에 실현되는 존대와 그 제약의 규명에 초점을 둘 것인바, 이를 위해 중주어문 자체의 문제를 잠시 돌아볼 것이며, 제4장에서는 청자 대우 문제를 논의하게 되는데, 화계 및 화계와 격식성의 문제를 주된 대상으로 하고, 이를 근거로 국어 화계의 체계화를 시도하게 될 것이다. 그리고 마지막으로 제5장에

---

7) 대우 현상의 근본 자체도 규명되지 못한 상황에서, 그러한 작업이 사상 누각이 될 것도 우려되거니와, 또한 지나친 추상화의 작업이 어떤 의미를 가지는가에 대한 깊은 반성도 있어야 될 것이기 때문이다.

8) 대우 형태소의 분석은 김석득(1966) 등 참조.

서는 객체 존대 문제를 논의한다. 객체 존대 문제는 존대하는 주체가 누구인가를 규명하는 것이 중심이 될 것으로, 객체와 주체, 객체와 화자의 관계가 중점적으로 검토될 것이다.

본고에 이용된 언어 자료 및 그에 대한 대우 해석에 있어서는 많은 사람의 이견도 예상된다. 그만큼 대우법이 많이 변화되고 동요됨을 의미한다고 하겠다. 본고에는 적지 않은 경우 필자 자신의 대우법 또는 대우 해석에 크게 의존하고 있음을 밝혀 두고자 하는데, 다만 필자의 직관이나 주관적 판단이 객관성에서 크게 벗어나지 않으리라는 것을 전제로 한다.

2. 대우의 제상(諸相)

2.1. 대우의 개념과 성립

2.1.1. 대우와 대우법

인간은 고도의 사회성에서 다른 동물과 크게 구별되는데, 사회성은 곧 사람들 사이의 교섭이다. 이러한 배경에서 필연적으로 결과된 산물이 언어이므로, 언어 속에 사회성이 반영되게 마련이고, 우리는 언어를 통해 사회 행위에 참여하는 것이니, 언어 행위는 그대로 하나의 사회 행위이다. 그러나 사회 행위가 그대로 언어 행위는 아니니, 우리는 전자 가운데서 후자를 분리시켜 그 독자성을 부여하게 된다. 사회성이란 복수성의 개념이며, 사회 행위란 그 본질에서 교호적이다.

교호성(交互性, character of interrelation)을 띤 사회 행위는, 그것이 언어 행위든 비언어행위든 자타의 대상 확인에서 출발되며, 확인된 것은 그 행위가 계속되는 동안 지속, 또는 수정과 지속의 과정을 밟아 간다. 피차에 남과

관련하여 나를 확인 정립하고, 나와 관련하여 남을 확인 정립시킨다. 이것
은 대우의 시발점이다. 언어의 행위에서든 비언어적 행위에서든 서로의 확
인이 대우의 시발이다. 그러한 행위가 지속되는 동안, 피차 상대방에 대하
여 각각 거기에 대처해 나가는 것이 대우다. 그러므로 넓은 의미로 해석할
때, 대우란 한 행위 주체가, 다른 대상과의 사회적 교섭에 있어, 피차 대상
을 확인 정립시키고 이에 따라 적절히 대처해 나가는 것이라 할 수 있다.
관련 대상이 누구든간에 그 대상에 대응하는 것이 대우, 좀 부연하여 사회
적 대우이니, 이것은 언어적 대우와 비언어적 대우로 구분 가능하다. 여기
에서 우리의 관심은 언어적 대우에 있는바, 이것이 일반적으로 사용되는
언어학적 개념의 대우이다.

언어적 대우는, 발화시 어떤 대상과 관련된 자기의 신분성 확인으로부
터 시작된다. 여기에서 어떤 대상이란 곧 대우와 관련되는 인물로서 청자
(hearer or addressee)와 제삼자를 말한다. 그러므로 화자, 청자, 제삼자는 대우
성립의 인적 요소라 할 수 있다. 이들의 인적 관계에서 화자의 자기 신분
성 확인은 바로 화자와 비화자 대상과의 관계 정립이다. 이렇게 확인 또는
정립된 관계에 근거해서, 관련 대상에 언어적으로 대응해 가는 것이 대우
다. 이러한 관계성의 정립은 여러 가지 형태로 언어에 반영되며, 그 반영
되는 양상은 언어와 시대에 따라 다르다. 따라서, 대우법이란 이러한 대우
에 작용되는 일체의 언어 표현을 가리킨다고 할 수 있다. 이럴 때 대우법
이 의미하는 내용은 매우 광범하다.

종래 대우법이란 말 대신에 존대법, 공대법, 경어법, 존비법 등등의 용어
가 쓰이었는데,9) 이들에 대한 개념 규정은 명료하지 않지만 비교적 좁은
범위로 쓰여, 일반적으로는 규칙적인 현상을 대상으로 삼아 왔다. 가령, 존
경법이란 말로 대우법을 지칭하고 있는 이숭녕(1964 : 322)에서는 "요약하면

---

9) 이러한 용어들은 허웅(1954)의 존대법, 이희승(1968)의 존대법, 이숭녕(1964), 김형규
   (1975) 등의 경어법, 고영근(1974)의 존비법, 서정수(1984)의 대우법 및 존대법 등에서
   그 일면을 엿볼 수 있다.

경어법이란 언어 사회의 특이한 신분성 표시(expression of social relationship)라는 규범일 것이다.”라고 하여, 신분성 표시에 초점을 두고 정의하였다. 이러한 정의를 좀더 확대한 예를 서정수(1984 : 3)에 볼 수 있다. 여기에서는 “대우법이란 말할이가 대인 관계에 따라 알맞은 말씨를 골라 쓰는 것을 말한다. 말할이가 들을이나 화제의 인물에 대하여 상하 관계, 친소 관계 등을 바탕으로 상황에 알맞은 말씨를 골라 쓰는 것이 대우법이다.”라고 하였다. 이러한 대우법의 개념도 매우 광의의 것이다. 특히 ‘말씨’라고 할 때에는 문체적인 차이까지 포괄될 수 있다. 대우의 화용론도 이런 의미에서 대우법의 일부가 될 것이다.

담화(Discoures) 또는 화용론(Pragmatics)의 대상이 되는 일체의 대우법을 광의의 대우법으로 하고, 단위 문장에 실현되는 대우의 규칙을 협의의 대우법이라 하여 양자를 구분하는 것이 설명에 편리할 것 같다. 전자가 대체로 어떤 언어 사용의 원리 아래서 실현되는 현상이라고 한다면, 후자는 대체로 특정 형태에 의해서 규칙성을 가지고 실현되는 현상이라고 할 수 있다. 필자가 이 글에서 주된 대상으로 하는 것은 후자이지만, 그 전부를 대상으로 하지도 않으며, 나아가 전자에도 얼마간 유의하게 되는데, 그것은 대우의 문법 또는 규칙이란 것이 대부분의 다른 문법 규칙보다도 화용론적 제약을 많이 받기 때문이다.

그리하여 단위 문장의 대우법이란 것이 엄격한 의미에서는 적절하지 못한 것일지도 모른다. 비단 대우법만 그런 것은 아니지만, 특히 대우법은 한 단위 문장의 범위에서만 해석되고 기술될 수 없기 때문이다. 가령 화자와 청자, 화자와 객체 등의 관계를 모두 매우 추상적인 기저 구조에 반영함으로써 엄격하게 문장 단위에 제한하는 방법이 모색될 수 있을지도 모른다.10) 그러나 언어의 성격으로 보아, 우리는 이러한 무한 추상의 문법에서 그리 큰 의미를 발견할 수도 없으려니와, 이러한 구조 기술이 기대하는

---

10) 가령 이정민(1973 : 46)의 ‘DEFER(X,Y(STATE(X,Y(P))))’와 같은 존대문의 내면 구조는 그 한 예가 된다.

만큼 성공적인 것으로 보이지도 않는다. 적지 않은 경우 대우법은 문맥 속에서만 해석이 가능한 것으로 이해된다. 여기에서 화자와 관련되는 대우상의 인물이 이해되고, 대우에 관련된 비언어적 상황이 이해됨으로써 비로소 대우 해석이 가능하게 된다. 대우법이 근본적으로 화용론적 특성을 가지는 이유가 여기에 있으며, 대우법이 순수 문법만의 대상이 될 수 없는 이유가 또 여기에 있다. 그러나 문맥과 독립된 문장 단위의 문법이 독자성을 가질 수 있듯이, 문맥과 독립된 문장 단위의 대우법이 또한 가능할 것이다.

본고는 협의의 대우법에 중점을 두고 있는 만큼, 대우법도 협의로 규정될 수밖에 없다. 그리하여 필자는 대우 관련 인물 사이의 사회적 위계 및 개인적 친소 관계가 단위 문장에 실현되는 대우의 규칙을 대우법이라 부르고자 한다.

그런데 여기서 한 가지 고려하고 싶은 것은, 어떤 대상에 대한 대우라는 것이 어디까지나 외적인 형식, 바꾸어 말하면 언어라는 형식을 빌어 표현되는 것이기 때문에, 실제의 심적 대우 의도와 언어상에 실현된 대우 표현 사이에 거리가 있을 수 있다는 사실이다. 이러한 현상은 비존대나 하대의 경우보다도 존대의 경우에 더욱 두드러지게 마련이다. 왜냐하면, 존대의 의도를 가지고 있으면서 비존대나 하대의 표현을 하는 경우보다는, 비존대 또는 하대의 의도를 가지고 있으면서 존대 표현을 하는 경우가 훨씬 더 많기 때문이다.

가령 화자는 전혀 존대 의도가 없으면서도, 대인 관계를 고려하여 주체, 청자 또는 기타 대상 인물로 하여금, 화자가 의도를 가지고 있다고 판단하도록 하는 데에 목표를 두는 경우가 많다. 따라서, 존대 표현이 반드시 심적 존대를 의미하지도 않으며, 비존대 표현이 반드시 실제의 비존대나 하대를 의미하는 것도 아니다.

이에 따라 대우법에서 존대 의도라는 말은, 화자의 실제적 존대 의도와 계획적 존대 의도를 함께 이르는 말이 된다. 전자가 철저하게 화자의 주관적인 심리 현상임에 비하여, 후자는 외적 요인에 영향을 받는 객관적 관계 현상이다. 그러므로 존대 의도라는 말보다는 존대 표현 의도라는 말이 더 적절한 경우가 많다. 왜냐하면, 후자는 전자와 달리 앞의 두 가지 존대 의도를 모두 포괄할 수 있기 때문이다. 그리고 가령 존대 의도라는 점에만 초점을 맞출 때, 존대 대상에는 존대 표현 한 가지밖에 선택의 여지가 없지만, 존대 표현이라는 점에 초점을 맞출 때에는, 동일한 대상에 대해서 존대 표현이나 비존대 표현이 모두 가능하기 때문이다. 그러나 설명의 편의상 앞으로 꼭 구별할 필요성이 없는 경우에는, 대우 또는 존대라는 말로 대우 표현 또는 존대 표현의 의미를, 그리고 존대 의도라는 말로 위의 두 가지 존대 의도를 함께 가리키기로 한다.

2.1.2. 존대와 비존대

대우는 어떤 대상에 대한 존대 의도의 여부에 따라 존대와 비존대로 구분된다. 비존대는 하대와 관련되기도 하지만 반드시 양자가 일치하는 것은 아니다. 가령 화계상의 해라체 같은 것은 단순히 비존대일 뿐만 아니라, 분명한 하대임에 반해서, '-시-'존대 표현의 경우, 이 형태의 결여는 비존대일 뿐 하대가 되지 않는 것이 원칙이다. 물론 때로는 하대의 내용을 가질 때도 있다. 가령 소원한 사이의 아주높임 대상에 대하여서는, '-시-'의 결여가 비존대에 그치지 않고 하대나 모욕을 나타내는 경우도 생각할 수 있다.

일반적으로 그동안 존대에는 많은 관심을 가져왔지만, 비존대에는 그리 큰 관심을 보이지 않았는데, 그것은 대체로 비존대가 중화적인 또는 무표적인(unmarked) 반면, 존대는 유표적인(marked) 것이기 때문일 것이다.[11] 특히, 주체 존대나 객체 존대의 경우에는 이러한 점이 특징적으로 드러난다.

---

11) 경어법, 존대법 등이 일반적으로 존대와 비존대를 함께 포괄하는 것은, 대체로 이러한 이유 때문일 것이다. 영어에서도 'honorification(또는 honoric)'이란 말이 이러한 의미의 대우법을 의미하는 것이 보통이다.

그러나 위에 지적한 대로 비존대가 반드시 존비 중화적인 것도 아니며, 하대가 안 되는 것도 아니다.

그러면 존대와 비존대 또는 하대는 어떠한 의미 또는 기능을 가지는가? 국어에서 여기에 대하여 특별히 주목한 사례가 별로 없어 보인다. 언어학에서 일반적으로 논의되는 이들의 의미 또는 정의를 잠시 살펴보자. 존대에 대한 Goffman(1971 : 56)의 정의는 우리의 주목을 끌기에 충분한 듯싶다. 그는 존대를 대략 상위 신분성을 표시하는 상징적 수단으로 규정하고 있다.[12) 대우와 관련된 행위에는 언어적 행위와 비언어적 행위(non-verbal activity)[13)가 있는데, Goffman은 이 둘을 모두 의미하는 것으로 해석된다. 그러나 비언어적 행위는 사회학의 관심사가 될지언정 원칙적으로 언어학과는 무관하다.

Goffman에 의하면 존대가 의미하는 것은 어떤 대상에 대한 상위 가치 표현이라 하겠다. 이것이 바로 존대의 핵심적 의미로 해석된다. 즉 존대라는 것은 화자가 어떤 대상에 대해 대우상 자기보다 상위임을 표현해 주는 것이라 할 수 있다. 바꾸어 말하면, 이것은 화자가 그 대상에 대해 자신의 하위 신분성 또는 공손을 표시하는 것이니, 존대는 화자의 공손과 상통한다. 그러므로 존대를 청자에 대한 화자의 의도 표현으로 규정한 Lakoff (1972 : 911)의 존대 정의도[14) 결과적으로 Goffmamn의 정의와 상치되는 것이 아니다.

Goffman이 존대 행위를 상징적 수단(symbolic means)으로 규정한 것도 주목할 만하다. 위에서도 언급했듯이 화자의 존대 행위와 화자의 실제 생각과는 꼭 일치되는 것이 아니라는 점이다. 극단적인 예로, 표면적으로는 존

---

12) Deference is that component of activity which functions as a symbolic means by which appreciation is regularly conveyed.
13) 비언어적 행위로, 웃사람에게 물건을 줄 때 두 손을 사용한다든지, 인사할 때 아랫사람은 절을 하는 등, 우리들 생활 속에는 이러한 비언어적 존대 또는 하대 등이 수 없이 많다.
14) I will define HONORIFIC as a form used to convey the idea that the speaker is being polite to the hearer.

대 표현을 쓰되, 마음 속으로는 욕을 하는 경우도 있을 것이다.

이상에서 살펴본 Goffman이나 Lakoff의 말을 종합해 볼 때, 존대란 것은 화자가 어떤 대상 인물에 대하여 대우상 자기보다 상위의 신분성을 표현해 주는 언어 행위라고 정의할 수 있다.

다음으로 비존대 또는 하대란 어떠한 것인가? 우리는 먼저 비존대와 하대의 의미를 명백히 해야 할 것 같다. 비존대는 글자 그대로 존대가 아닌 것이다. 그러므로 하대는 분명히 비존대일 것이나, 비존대가 반드시 하대는 아니다.

> (1) a. 아저씨가 <u>오신다</u>.
>   b. 아저씨가 <u>온다</u>.
> (2) a. 그걸 아저씨한테 <u>드렸어</u>.
>   b. 그걸 아저씨한테 <u>주었어</u>.
> (3) a. 자네가 우리 <u>대표인가?</u>
>   b. 네가 우리 <u>대표냐?</u>

(1), (2)에서 각 a가 존대임에 비해, b는 비존대이다. 그렇다고 해서 b가 반드시 하대는 아니다. 그런가 하면 (3)에서는, a, b 모두 비존대일 뿐만 아니라, 하대의 의미가 강하다.

비존대의 개념은 화자가 어떤 대상 인물에 대하여 자기보다 하위의 신분성을 표현하지 않는 언어 행위라고 할 수 있다. 그리고 하대의 개념에 대해서는 존대와 반대의 방향에서 규정하면 될 것이다. 즉, 하대란 어떤 대상 인물에 대하여 자기보다 하위의 신분성을 표현하는 언어 행위라고 말할 수 있을 것이다.

앞에서 우리는 존대와 공손이란 것이 동일 현상의 상이한 측면임을 시사하였다. 대우에 있어서 화자가 대상 인물에 대하여 상위 가치를 표현해 준다는 관점에서는 존대가 될 것이며, 화자가 대상 인물에 대하여 자신의 하위 가치를 표현한다는 관점에 서게 되면 공손이 될 것이다. 공손이 비존대이기는 하지만, 이것은 다른 사람에 의해서 화자에게 하위 가치가 부여된 것이 아니라, 화자가 스스로 자기 자신에 부여한 겸양이라는 점에서 일반적으로 말하는 하대와 구분된다. 그러므로 우리는 공손을 하대라고는 말하지 않는다. Leech(1981 : 339)의 '공손 원리(Politeness Principle)'[15]에서도 상대방에 대한 가치 부여에 의미를 두었을 뿐, 화자 자신에 대한 하대 의미는 전혀 고려되고 있지 않다.

그러나 공손이 모두 상대방에 대한 존대와 관련되는 것은 아니다. 공손은 상대방에 대한 화자의 하위 신분성 또는 청자 우선의 언어 표현을 의미한다. 공손의 기본은 화자 중심이 아니라 상대방 중심이다. 조준학(1982)에서 말하는 'softened illocutionary force'라는 것을 포함해서, 화자의 의사를 약화시키고, 아울러 상대방에 대해서는 더많은 선택권이 부여되도록 하는 모든 언어 표현은 공손이 될 것이다. 이 문제에 대해서는 여기에서 더 깊이 들어가지 않으려 한다.[16]

존대 및 비존대에 대한 이상의 논의에 따라, 우리는 국어 대우법 기술에 관한 몇 가지 논의를 되돌아보지 않을 수 없게 된다. 가령 국어 대우법 기술에 있어 새로운 면모를 보여 주고 있는 이홍배(1970)에서와 같이 어떤 NP에 [+RESPECT] 또는 [+HONORIFIC]과 같은 자질을 부여하는 방법을 택할 때, 존대 대상에 대한 '-시-'의 결여를 설명할 수 없게 된다. 왜냐하면, 한 예로 [+HONORIFIC]의 자질이 어떤 NP에 주어지면, 반드시 '-시-'가 수반되어야 할 터인데, 우리의 언어 현실은 꼭 그렇지만 않기 때문이다. 이러한 점은 다음과 같은 존대문의 기저 구조를 보여 주고 있는 이정민(1973 : 46)의 경우에도 마찬가지다.

(4) DEFER(X,Y(STATE (X,Y(P))))

이 기저 구조는, 존대와 같은 자질이 NP의 고유한 자질이 되기 곤란하

---

15) The essence of the Politeness Principle is in it's positive aspect, 'Give credit to the other person.' and in it's negative aspect, 'Don't cause offence to the other person.'
16) Leech(1983 : 132)의 'Maxim of PP' 참조.

다는 점에서 이홍배(1970)의 문제점을 감소시킬지 모르지만, 이렇게 추상적인 구조 상정에 따르는 문제점은 그만두고라도, 이에 따르면, 어떤 대상이 존대 대상이기만 하면, 반드시 어떤 종류이건 존대 형태가 실현되어야 할 뿐만 아니라, 실제의 존대 의도가 없는 한, 존대 표현은 실현될 수가 없게 된다. 결국 이러한 기저 구조는 심적인 존대 의도와 언어상 존대 표현이 항상 일치되는 것으로 전제되어야 하는 무리가 따른다.

이정민(1981 : 236)에서는 '점심 하셨어?', '그만 드셔.' 등과 같은 문장을 '얼치기 경어'라는 말로 명명하였는데, 이들 대우법을 위의 기저 구조에 적절히 반영할 수 있을지 의문이다. 이들 문장에서 주어와 청자가 일치된다고 볼 때, 동일 인물에 대해서 존대와 비존대(또는 하대)가 동시에 표현되고 있으므로,[17] 위의 기저 구조로는 이 상치된 대우 표현을 나타낼 수 있을 것 같지 않다.

2.1.3. 대우의 성립

대우의 성립은 기본적으로 사회적 요인에 의한다. 환언하면, 인간의 상호 관계에서 대우가 성립된다는 말이다. 이러한 인간 관계에 관련되는 사람, 즉 대우에 관련되는 인물은 화자, 청자 및 제삼자 등이다. 결국 이들 삼자간에 작용되는 여러 가지 요인에 의해서 대우가 결정되는 것이다. 인간 관계는 여러 가지 시점에서 관찰되고 구분될 수 있다. 그 중의 하나가 횡적 친소관계(solidarity dimension)와 종적 위계 관계(power dimension)이다. 이들의 양면적 관계는 상호 독자적이다. 그리하여 횡적 친소에 관계없이 종적 위계가 엄존하게 되며, 종적 위계에 관계없이 횡적 친소가 상존하게 된다. 횡적 친소란, 기본적으로 개개인 사이의 정

---

17) 이들 문장에서 동일 인물이, 주체로서는 '-시-'에 의해 존대되었고, 청자로서는 반말 형태 '-어-'에 의해 하대되었다.

감적인 거리이며, 종적인 위계란 사회적 위계로서, 연령, 사회적 지위, 혈연, 남녀의 성별 차이 등까지 관련된다. 이들 중에서도 특히 연령은 종적인 위계를 결정짓는 데 작용하는 가장 큰 요인이 된다.

대우의 상관 관계가 결정되는 데 작용하는 또 하나 주요한 요인은 제3자가 화자 및 청자와 어떤 관계에 있느냐 하는 문제다. 이를 Leech(1983 : 131~2)에서는 화자 또는 청자의 '영향권(sphere of influece)'이라고 표현했다. 청자권에 있는 사람은 화자와 청자와의 관계가 그 사람에 대한 대우에 영향을 주며, 화자권에 있는 사람은, 화자와 그 사람과의 관계에 따라 대우상에 영향을 받게 되는데, 대체로 청자권에 있는 사람이 화자권에 있는 사람보다 본래 이상의 대우를 받게 되며, 화자권에 있는 사람은 흔히 본래 이하의 대우를 받는다. 존대 대상의 아들은 어려도 '아드님'이라고 하는 데 비해서, 화자의 아들은 성장했어도 '(우리)애'라고 하는 것이 그 전형적인 예의 하나라 하겠다. 그러므로 대우의 성립은, 이들 제 요인의 교차 작용 때문에 매우 복잡하고 미묘한 양상을 보인다.

사회적 제 요인에 의해 대우 관계가 성립된다고 해도, 이것은 또 다른 요인에 의해 대우 표현상에 변화를 가져온다. 여기에 적응되는 요인으로는 무엇보다도 먼저 화자의 심리적 요인을 들 수 있다. 객관적인 대우 관계가 정립되었다 하더라도, 화자의 의도에 따라 대우 표현은 달라질 수 있다. 존대를 하다가도 바로 비존대로 바뀔 수 있으며, 그 반대가 될 수도 있다. 대우가 객관적인 기준에 의해 강한 제약을 받는다고 하더라도, 화자의 의도 또한 주요한 변수로 작용한다.

화자의 대우 관련 대상자와의 물리적인 거리도 대우를 결정짓는 큰 요인으로 작용한다. 주체, 객체 등이 화자, 청자와 함께 대화 장면에 있느냐 없느냐에 따라 대우가 달라질 수 있다. 발화 장면에 함께 있을 때에는 존대 표현을 받는 경우에도, 그 사람이 발화 장면에 없을 때에는 존대가 되지 않기도 한다. 그뿐만 아니라, 같은 장면에서도 대상자가 청자일 때에는 존대되다가도 청자가 안 되는 경우에는 비존대가 허용되기도 한다. 화자와의 물리적인 거리가 가까울수록 존대 표현의 강도가 높아지며, 멀어질수록 그 정도는 낮아진다. 이러한 현상은 Lakoff(1972 : 29)에서 화용 규칙으로 제시된 'Make A feel good-be friendly'의 공손 규칙(Rule of Politeness)으로 설명 가능할 것이다.

마지막으로 생각해 볼 수 있는 요인은 발화 장면의 성격이다. 가령 똑같은 사람에 대해서도 발화 장면이 공석일 때와 사석일 때, 또 같은 사석이라도 그 분위기, 참여 인물 등등에 따라 대우가 달라질 수 있다. 아무리 친구라도 공석에서는 존대되며, 사석에서는 화자보다 아무리 지위가 높은 사람이라도 두 사람 사이의 친소 정도에 따라 존대 표현이 완화될 수 있다. 장면의 공식성과 비공식성은 존대 표현의 격식성과 비격식성 및 존대와 비존대에 각각 관련된다. 즉 장면의 공식성은 존대와 격식성에 비례한다.

2.2. 대우의 표현

2.2.1. 대우와 문맥

인간이 사회적 활동 속에서 그 존재 의미를 가지는 것과 마찬가지로, 이러한 활동의 매체인 언어도 똑같이 그 언어 사용의 맥락 속에서 그 존재 의미를 부여받게 된다. 따라서 화자는 이미 부여된 맥락 또는 상황을 하나의 배경 의미로 두고, 여기에 문장 자체의 의미를 부여하게 되며, 청자는 이 배경 의미를 기초로 문장의 의미를 해석하게 된다. 결국 언어가 의사소통의 매체라는 본원적 측면에서 볼 때, 문장이란 그것이 쓰이는 맥락 또는 배경을 전제로 해서만 존립이 가능하다. 이러한 맥락이 문맥 또는 화맥(context)이며, 배경 의미가 배후 지식(background knowledge)이다. 대화가 성립되기 위해서는, 즉 어떤 말이 성립 또는 전달 이해되기 위해서는 화자 청자간에는 공통의 배후 지식이 전제되지 않으면 안 된다. 그리하여 Leech (1983 : 13)는 화자와 청자에 의해 공유된, 그리고 화자의 말을 청자가 풀이 하는 데 기여하는 배후 지식을 문맥이라고 규정하고 있다.[18]

그러므로 엄격히 말하면 모든 문장은 문맥 속에서만 그 의미 해석이 가능하다. 어떤 문장도 문맥 안에서는 모호성을 가지지 않는다. 어떤 문장이 모호성이 있다는 것은, 바로 이 문장이 문맥 안에 있지 않고 문맥 밖의 진공 속에 떠 있는 추상적인 문장이라는 것을 의미한다.

모든 문장이 이렇게 문맥과 직접 관련되어 있기 때문에, 문법은 문장의 의미 또는 구조 해석에 있어 자주 한계에 부딪히게 된다. 일찍이 Lakoff (1972 : 926)는 그 이전의 초기 변형 문법이 미치지 못하던 문맥의 중요성을 지적한 바 있는데, 언어 또는 문장의 본질상 문법만으로서는 완전히 극복할 수 없는 한계가 있다.

Chomsky(1957) 이후의 변형 생성 문법이 이전의 언어학에 대한 강력한 대안으로 놀라운 업적을 쌓아 왔지만, 이 문법이 그간 사방으로부터 도전을 받아 온 것은 고도의 언어 능력의 상정 및 형식화(formalization)를 그 주된 특징으로 하는 이 문법 이론 자체의 본질상 불가피한 결과로 생각되는데,[19] 이러한 현상은 한편 언어 기술에 있어서의 문맥의 중요성을 입증하는 것이라 하겠다. 문장 또는 발화의 의미가 기본적으로 문맥을 전제로 하는 것이라면 여기에 의존되어 표현되는 대우법도 필연적으로 문맥에 의존되게 마련인데, 이 대우법에 있어서는 더욱 그러한 성격이 두드러진다. 기본적으로 대우법은 화자, 청자 및 제3자와의 제 관계에서 성립되는데, 특히 화자, 청자는 문장 내부에 있지 않고 문장 밖의 문맥 속에서만 파악되는 경우가 많으며, 이들 상호간의 관계가 객관적으로 늘 고정되어 있는 것만도 아니어서, 수시 가변적인 성격을 띠고 있다.

---

18) I shall consider context to be any background knowledge assumed to be shared by s and h and which contributes to h's interpretation of what's means by a given utterance.
19) Leech(1983 : 3~4) 참조.

한 예를 들면, 2.1.2에서 언급했듯이, 대우와 관련된 제3자가 발화 장면에 있을 때와 없을 때, 그에 대한 대우가 달라진다.

> (5) a. 저분은 지금 무얼 해요/하셔요?
>   b. 그 사람은 지금 뭘 해요.

발화 현상에 있을 때 a로 표현하는 대상에 대해서도, 그가 현장에 없을 때는 b로 표현 가능한 경우가 있을 수 있다. 또한 자기 선생님의 아들을 애기할 때도, 그 선생님과의 대화에 등장할 때와 동료와의 대화에 등장될 때 각기 다른 대우가 쓰일 수 있다.

> (6) a. 김 선생님께서는 <u>아드님이 중학생이시죠?</u>
>   b. 김 선생님 <u>아드님은 중학생이야.</u>
>   c. 김 선생님 <u>아들은 중학생이야.</u>

위 문장들은 똑같은 내용으로서 대우 표현의 차이만 있을 뿐인데, 이 대우 표현은 철저하게 문맥과 관련되어 있다. a에서는 존대 대상 '김 선생님'한테, 직접 그 아들에 대해서 묻고 있기 때문에, '아드님'뿐만 아니라 '-시-'까지 쓰이고 있다. 그런가 하면, c에서는 '김 선생님'이 직접 청자가 아닌 경우로 '김 선생님'이 이 현장에 없을 때 허용도가 더 높다.

이상에서 보았듯이 대우법은 문맥과 밀접하게 관련되어 실현되고 있음을 알 수 있다. 이것은 본질적으로 문장이 문맥 의존적인 것과 관련된다. 그리하여 대우법의 바른 해석 또는 이해를 위해서는 담화 또는 화용론적 현상에 대한 깊은 배려가 있지 않으면 안 된다.

2.2.2. 대우의 등급

자연 현상이란 본질적으로 분절적인 것이 아니라 비분절적이다. 우리는 언어라는 수단을 통해서, 이러한 자연의 세계를 분절화함으로써 비로소 이를 주관 세계로 수용하는 것이다. 그러나 언어라는 유한한 도구로 무한한 자연 연속체를 재단한다는 것이 현실적으로 전혀 불가능할 뿐만 아니라, 자연 자체의 본질 또는 속성이 그러한 분절을 허용하게 되어 있지도 않다. 이러한 현상에 눈을 돌릴 때는 흔히 색채어, 시간어의 한계성을 예로 든다. 자연과 언어 관계의 이러한 본질은 기본적으로 언어라는 또 다른 자연 현상이 제한된 수학적 방식 또는 형식화만으로는 설명에 바로 한계가 있으리라는 것을 쉽게 예견하게 해 줄 뿐만 아니라, 실제 지금까지의 언어 연구가 이를 입증해 왔다고 하겠다.

우리의 관심사인 대우 현상이라는 것도 그러한 속성을 본질로 하고 있다. 복잡다단한 인간 관계가 형식화되기 어렵듯이, 이러한 현상을 가장 민감하게 반영시키고 있는 대우 현상 또는 그러하다. 그리하여 지금 우리가 대상으로 삼고 있는 대우 현상이라는 것은 존대와 비존대의 양분성을 띤 것이 아니라, 정도의 차에 따라 상당한 폭을 가지는 하나의 연속체(continuum)를 형성하고 있다. 따라서 개개의 대우 표현에 있어 다소간에 대우의 차등이 나타나게 되는데, 이를 대우의 등급(scale)이라 한다.

Leech(1983 : 108)는 영어의 'scale of politeness'로 다음과 같은 예를 보여 주고 있다.

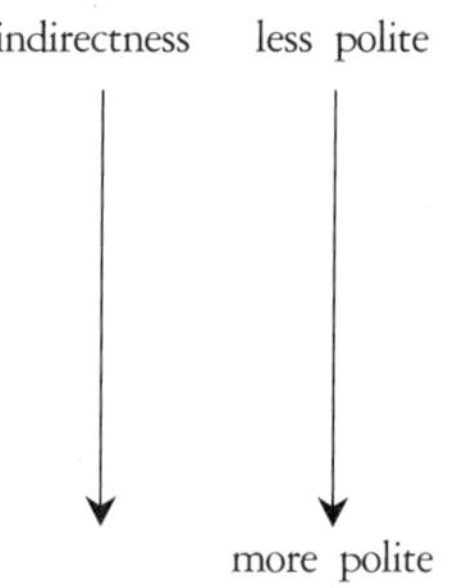

Answer the phone.
I want you to answer the phone.
Will you answer the phone?
Can you answer the phone?
Would you mind answer the phone?
Could you possibly answer the phone?

이들 예문에서는 'scale'에 영향을 주는 요인이 분명하다. 원문에 표시된

대로 공손(politeness)은 간접성과 비례하고 있는데, 그것은 간접적인 것이 상
대방에게 선택의 폭을 더 허용해 주기 때문에, 별로 선택의 여지가 주어지
지 않는 직접적인 표현보다 더 공손한 것이 될 것은 분명하다. 이것은
Lakoff(1972)의 'give option'이라고 하는 공손 규칙과 일치된다.

대우 표현 방법이 영어보다 훨씬 다양한 국어 대우법의 경우, 대우의 등
급 폭 또한 훨씬 더 크고 복잡하다. 우리가 가장 알기 쉬운 예는 청자 대
우의 종결형에서 볼 수 있다. '하십시오, 하오, 하게, 해라' 등 적어도 4개
의 등급 폭을 가지고 있다. 이것은 매우 단순하면서도 전형적인 예일 뿐,
다음에 한 편모를 보듯이, 실제로는 상상 못하게 복잡하다.

> (7) a. 이걸 봐요.
> b. 이걸 좀 봐요.
> c. 이걸 보지요.
> d. 이걸 보지 않겠어요.
> e. 이걸 보세요.
> f. 이걸 보시지요.
> g. 이걸 보시지 않겠어요.
> h. 이걸 보시지 않으시겠어요?

a~h는 일부의 예시에 불과한데, 이들 a~h의 순서는 대략 대우 정도가
높아지는 것을 보였지만, 이것은 객관적인 것이라기보다는 상징적인 것으
로 제시된 것이다. 그런데 a~b에서와 같이, c~h는 '좀'의 선택 여하에 따
라 그 수는 배로 늘어나며, 만약에 '보다' 대신에 '먹다'를 예로 취하여
'먹다'와 '잡수시다'를 구분하고, 기타 또 다른 표현들을 고려해 넣으면,
대우의 폭은 폭발적으로 증가할 가능성을 가진다. 위의 영어 인용에서와
마찬가지로, (7)에서도 직접적인 표현보다는 간접적인 것이 더 공손하여
대우의 정도는 상대적으로 더 높아진다. 간접성 및 선택의 폭이 공손 또는
대우와 비례한다는 것은 비단 영어, 국어에만 적용되는 것이 아니라 모든
언어에 공통되는 현상일 것으로 생각된다.

대우의 폭은 위와 같이 매우 복잡한 경우도 있지만, 다음과 같이 존대와 비존대의 두 등급만으로 나타나는 단순한 것도 있다.

(8) a. <u>너 선생님께</u> 갔었니?
　　 b. 너 <u>선생님한테</u> 갔었니?

대우의 폭과 관련하여 한 가지 잠시 생각해 볼 것은 문법성의 문제다. 즉 대우와 관련하여 살펴본 문법성 또는 허용성의 문제다. 어떤 경우에는 존대와 비존대가 문법성에 영향을 안 주기도 하지만, 어떤 경우에는 상당한 영향을 주기도 한다.

(9) a. 권 선생님께서는 몇 시에 돌아오세요?
　　 b. 권 선생님은 몇 시에 돌아오세요?
　　 c. 권 선생님께서는 몇 시에 돌아와요?

우선 b와 c가 대우상 허용되는지의 여부 또는 문법성의 여부 등에 논란이 있을 수 있다. 여기에 대한 필자의 기본 입장은 이들을 가부의 문제가 아니라 정도의 차이로 보고자 하는 것이다. 먼저 대우의 문제를 볼 때, b가 c보다는 더 자연스러워 보이나 b, c에서 어느 것이 대우의 정도가 낮은지는 의문이다. 자연스럽다는 것을 대우와 관련시킨다면, a~c 순으로 대우 정도가 낮아진다고 할 수 있을 것이다. 이렇게 보면, '-시-'가 '-께서'보다는 유동성이 큰 형태로 보인다. 이것은 '-께서'가 '-시-'보다 대우의 엄격성이 더 큰 것을 의미할 것이다. '-께서'가 '-시-'의 동반을 요구하는 만큼, '-시-'가 '-께서'의 동반을 강하게 요구하지는 않는다.

다음은 문법성의 문제인데, 필자는 존대 형태의 유무가 어느 경우에나 문장의 비문 여부와 직접 관련되는 것으로 해석하지 않는다. 예문 (9c)에서도 '-시-'가 결여됐다고 하여 이를 비문으로 단정하고 싶지는 않다. 다만 여기에서도 a~c의 순서로 문법성이 조금씩 떨어지는 것으로 보되, 기본적으로는 모두 문법적인 문장으로 보고자 한다. 일반적으로 존대와 비존

대의 구분에서 비존대가 반드시 하대를 의미하는 것이 아니고 보면, 비존
대를 획일적으로 비문으로 해석하는 것은 무리가 있어 보인다.

2.3. 화용론과 문법의 상관

2.3.1. 문법 규칙과 화용 원리의 상관성

하나의 문장은 담화(discourse) 및 문맥 속에서 의미를 부여받는다. 따라서
단위 문장을 대상으로 하는 문법 규칙은 필연적으로 문맥상의 의미를 중
시하는 화용 원리(pragmatic prnciple) 또는 담화 규칙(rule of discourse)의 해석을
필요로 하는 경우가 생기게 마련이다.[20] 이것은 물론 더 근원적으로 문법
과 화용론의 중첩 또는 상관성에 소급되는 것으로, 문법이 기본적으로 체
계적인 규칙화 또는 형식화를 특징으로 한다고 볼 때, 이 규칙 자체가 화
용론적 설명력을 가지기는 어렵게 마련이다. 문법과 화용론의 종합에서만
비로소 문장 또는 담화에 대한 깊고 바른 이해가 가능해진다. 어느 하나만
으로도 의도하는 바 목표에 이르기 어려울 것으로 보인다.

자립적 통사론의 독단(dogma of autonomous syntax)에 대한 반성과 논의가
더 적극성을 보여 가고 있는 것은, 바로 문법 스스로가 준 교훈의 하나이
기도 한 것이다. Givon(1979)의 서문에서 통사론의 연구가 문장의 층위에
한정되어 문맥의 기능을 배제함으로써, 이것이 통사 규칙에 기여하는 지대
한 역할을 간과하고 있음이 지적되고 있는데, 이는 위에서 말한 제사정을
대변한다고 하겠다.

담화 규칙 또는 화용 원리나 화용론적 요인이 문법 규칙에 작용하는 현

---

20) 화용론적인 규칙은 Pragmatic Rule 또는 Pragmatic Principle 등등으로 불린다. 필자는
　　여기에서 편의상 문법적인 것을 규칙(rule)으로 그리고 화용론적인 것을 원리(principle)
　　로 대략 구별하고자 하는데, 이 구분은 Searle(1969 : 33)의 'constitutive rule'과 'reglative
　　rule'의 구분과 관련될 만하다

상에 대하여 많은 사람들이 구체적인 논의를 보여 왔다. 한 예로 Kuno (1979 : 294~5)는 다음과 같은 문장들에서 a, b가 성립 또는 허용될 수 있는데 대하여, c와 같은 문장이 비문인 것을 지적하여, 문법 규칙이 많은 비통사요인과 관련됨을 지적하였다.

    a. John said to Mary that it was important ø to prepare herself for the ezam.
    b. ?John heard from Mary that it was important ø to prepare herself to the exam.
    c. *John said about Mary it was important ø to prepare hetself for the exam.

그는 c의 비문에 대하여 a, b가 성립 가능한 것은 Mary가 that-clause의 내용에 대한 화자이거나 청자라는 사실로 설명될 수 있다고 본 것이다.

2.3.2. 대우법의 문법성과 화용론적 제약

일반적으로 문법의 규칙이 문맥과 관련되는 예외나 제약이 있게 마련인데, 대우법에서는 다른 문법 현상 또는 규칙에 비해 훨씬 그러한 제약이 두드러지게 나타난다. 그리하여 때로는 대우 규칙이 문맥의 제약에 따른 엄격성의 결여로 하여 규칙화에 주저되는 경우가 없지 않다. 문법 규칙이 원래 엄격성을 한 특징으로 하는 것이기는 하지만, 개개의 규칙들은 때때로 그 엄격성 또는 강도(strength)에 차이가 있어서, 규칙의 위배가 경우가 따라서는 비문성에 정도의 차이를 가져오기도 한다.[21] 우리는 이러한 현상을 국어의 대우법에서도 찾아 볼 수 있다. 다음에는 국어 대우법이 가지는 이 양면성, 즉 문법적 규칙성과 화용론적 제약의 양면성을 살펴보기로 한다.

기본적으로 대우의 성립은 화자, 청자, 제삼자, 발화 장면 등과 같은 여러 가지 요소들의 교호 작용에 의함을 앞서 지적하였는데, 이들은 대부분

---

21) Kuno(1970) 참조.

이 흔히 문장 외적 요소로 작용할 때가 많은데, 이것은 대우법이 근원적으로 그리고 그 출발에서부터 화용론적 성격을 띠고 있음을 의미해 준다.

대우란 것이 대체로 객관적 기준이 있게 되고, 이에 따라 대우 표현이 강제성을 띠기도 하지만, 기본적으로는 화자의 자발성 의도에 기초하고 있는 것이다. 대체로 엄격한 문법적 관점에서 대우법을 볼 때에는, 어떤 대상이 존대 대상으로 규정되면 거기에 상응하는 대우 표현이 따라야 하며, 이러한 대우의 호응22)이 이루어지지 않을 때 이것은 비문이 되는 것으로 판단될지도 모른다.

> (10) a. 김 선생님은 무서우셔.
>   b. 김 선생님은 무서워.

a의 주어 '김 선생님'은 존대 대상을 객관성이 인정된다. 따라서 a와 같이 존대 형태가 호응되어야 할 것이다. 이러한 엄격성, 즉 규칙성이 강조된다면 b는 비문이 된다. 역으로 말하면 b가 비문으로 해석될 때, '-시-'의 결여에는 주어 외에도 여러 가지 문맥적 요인이 작용되고 있다.

다시 다음의 문장을 살펴보기로 한다.

> (11) a. 아버지께서는 오늘 몇 시에 출근하시겠습니까?
>   b. 아버지는 오늘 몇 시에 출근하시겠습니까?
>   c. 아버지께서는 오늘 몇 시에 출근하시겠어요?
>   d. 아버지는 오늘 몇 시에 출근하시겠어요?

a, c에서는 조사와 동사 사이에 각각 '-께서……습니까?', '-께서……어요?'와 같은 대우상의 일치를 보이고 있음에 대하여, b와 d는 조사가 없음으로 해서, 그러한 일치는 이루어지고 있지 않다. '아버지'는 절대적인

---

22) 본고에서 대우의 호응 또는 일치라고 할 때 이들은 엄격한 문법 용어로서의 'grammatical agreemet'를 의미하지 않는다. 어떤 대상에 상응하는 존대 또는 비존대 형태가 쓰였을 경우를 가리키는 일반적인 의미로 썼을 뿐이다.

최상의 존대 대상이므로 b, d보다는 a, c로 표현되어야 하며, 이 중에서도 a가 더 적절하다고 보아야 할 것이다. 그 까닭은 '-습니까'는 최상의 화계이기 때문이다.[23] 그러나 실제의 언어 현실에서 a는 잘 쓰이지 않는다. 그것은 a가 최상의 존대 표현이기는 하지만 그 반면 격식성이 강하여, 비격식성을 특징으로 하는 가정에서는 기피된다.

일반적으로 존대 표현 방법이 많이 동원될수록 존대성은 이에 비례하여 상승하나, 여기에 반비례해서 관련 인물 사이의 친분성이 감소된다. 문법적인 측면에서만 보면, 최고의 존대 대상에게는 최상의 존대 표현이 되어야 이상적인 문장이 될 것이다. 그러나 이러한 이상적인 문장은 격식성이 강화되어 관련 인물 사이의 위계성, 소원성을 높여 주고, 친분성을 약화시키는 대가를 치르게 된다. 이것은 문법과 화용론, 또는 문법 규칙과 화용론적 원리의 상형인 동시에 조화라 할 수 있는데, 위와 같은 현상에는 대략 다음과 같은 화용론적 대우 원리가 성립된다고 볼 수 있다.

(12) 격식성의 대우 원리
    격식성은 위계에 비례하며, 친분성에 반비례한다.

다음과 같은 예문들을 잠시 돌아보기로 하자.

(13) a. 김 선생님께서 그러셨어/주무셔.
    b. 김 선생님이 그러셨어/주무셔.
    c. 김 선생님께서 그랬어/자.
(14) a. 아저씨께 드려라.
    b. 아저씨한테 드려라.
    c. [?]아저씨께 주어라.

위 (13), (14)에서 문법성 또는 대우상의 허용도는 대체로 a, b, c의 순이

---

23) '-어요'는 '-습니까'와 교체 가능하기도 하지만, '-습니까'의 대상보다 하위에도 쓰일 수 있기 때문에, 대우의 정도는 상대적으로 낮게 인식된다(4장 참조).

다. 즉 a가 가장 높고, c가 가장 낮은 것으로 보인다. 만약 이러한 차이가 긍정된다면, 그 원인을 규명해 볼 필요가 있다. 그것은 전적으로 조사와 서술어 사이의 대우 구조에서 연유되는데, 대체로 다음과 같은 하나의 가설을 생각해 볼 수 있을 것 같다. 예문에서 각 b와 c의 차이를 '조사-서술어'의 대우 구조에서 찾을 수 있는 것은 분명한데, 그렇다면, 조사와 서술어에 서로 다른 정도의 대우성을 부여하되, 조사에 큰 힘이 있다고 생각해 보는 것이다. 그리하여 존대의 조사가 먼저 선택되면, 서술어는 이와 대우의 일치를 이루어야 한다고 보는 해석이다. 만약 이러한 가정이 옳은 것이라면, 개개의 대우 요소는 상이한 대우성의 강도를 가지고 있어서, 높은 것이 선행하면 낮은 것은 필수적으로 따라야 한다고 풀이할 수 있을 것이다.

이상에서 우리는 국어 대우법의 문법성 및 이와 관련된 화용론적 현상을 소략하게 돌아보았는데, 이들이 엄격히 구별되는 것이라기보다는 한 가지 현상의 양면과 같은 것이라 할 수 있다. 이것은 결과적으로 문법과 화용론이 어느 점에서 상호 중첩되고 있음을 의미하는 것으로, 이러한 중첩 현상은 국어 대우법이나 국어 문법 또는 화용론상의 특수성이라기보다 언어 일반이 가지는 한 보편적 현상이라 하겠다.

2.4. 대우의 기능

2.4.1. 계층적인 질서의 유지

대우의 목표나 기능을 이해하기 위해서는 대우를 결정짓는 요인을 생각해 볼 필요가 있다. 이 두 가지 사이에서 우리는 어떤 연관성을 기대해 볼 수 있을 것이기 때문이다. 인간 관계는 기본적으로 종적인 신분상의 계층 관계와 횡적인 친소 관계를 두 축으로 해서 형성되는데, 대우 관계는 이러한 두 가지 기준이 고려되어서 결정됨을 앞에서 언급했었다. 따라서 대우는 역으로 이러한 인간 관계 형성에 기여하거나 또는 관련될 수 있게 마련이다.

먼저 대우의 기능에 대하여 언급한 한 두 예를 인용해 보기로 한다. 남기심(1981 : 14)에서는 대우법의 기능에 대하여 언급하기를, "개인적 인간 관계에서의 자기 위치의 확인이며, 상대편의 일정한 거리를 유지하며, 조화를 이루기 위한 것에 기본적인 기능이 있다고 보여진다."고 하였다. 이 말은 인간 관계의 표시와 상대편과의 조화 유지라는 두 가지 기능으로 요약될 수 있은 것 같다. 또한 서정수(1984 : 7)에서는 "대우법은 그 바탕이 되고 있는 사회적 인간 관계를 드러냄이 그 주요 기능이다. 대우법의 기능은 (가) 인간적 상하 관계의 표출, (나) 횡적 친소 관계의 표출, (다) 인간 품위를 드러냄 등으로 갈라 볼 수가 있다."라고 하여 인간 관계와 품위 표시의 두 가지 기능을 들고 있다. 위의 두 인용에서 공통적인 것은 대우의 기능으로 무엇보다도 먼저 상호간의 인간 관계 표시를 들고 있다는 점이다.

그런데 대우의 기능이 단순히 신분성 확인에만 머무는 것이 아닌 듯싶다. 물론 일차적으로는 상호간의 신분성 확인이 필요하다. 그러한 기초 위에서만 말이 진행될 수 있기 때문이다. 그러므로 신분 관계를 확인하고 이를 정립시키는 것은 발화 또는 대화의 시발점인 동시에 기초가 된다. 인간 관계에서 늘 신분성이 문제되는 것은 그 자체의 의미에 있는 것이 아니라, 이것에 의해 인간 관계에 질서가 정립되고 유지되기 때문이다. 즉, 사회적 계층 관계(social hierarchy)에 의해서 사회 질서가 유지되는 것이다.

그러면 이러한 사회 계층 또는 사회적 신분 관계는 어떤 방법에 의해서 구분되고 표현되는가? 이것은 전적으로 언어에 의해서다. 자연의 객관 세계가 언어를 매체로 주관적 인식에 수용되는 것과 마찬가지로, 인간의 사회적 계층 관계도 언어에 의해 표현되고 이해될 수밖에 없는바, 그 구체적인 방법은 대우법에 의한다. 이러한 사실을 바꾸어 표현하면 우리는 대우법에 의해서 사회적 계층 관계를 확인 유지하며, 이를 통해서 궁극적으로 인간 관계의 종적 질서를 유지하는 것이니, 이것이 대우법이 가지는 주요한 기능이며 동시에 대우법의 주요한 목표가 된다.

2.4.2. 친소 관계의 유지

사회 질서의 유지는 신분 또는 계층 질서의 유지만으로 이루어지는 것은 아니다. 사회 질서 유지를 위해서는 계층적 질서 외에 인간 상호간의 친소 조화가 유지되어야 한다. 인간 사회에서는 사람들 사이에 필연적으로 친소 관계가 성립된다. 부모 자식 관계를 시원으로 하여, 모든 사람들 사이에는 정도를 달리하는친소 관계가 성립된다. 따라서 이러한 친소 현상은 바로 언어에 반영되어 나타나는데, 이것은 대우법 형성의 한 근거가 된다. 바꾸어 말하면 대우법은 대우 관련 인물 상호간의 내적 친소 관계를 표현함으로써, 인간 관계 또는 더 궁극적으로 사회 질서의 유지와 조화에 기여하다고 하겠다.

다음 예문을 살펴보기로 한다.

    (15) a. 아저씨, 이것 좀 가르쳐 주시겠습니까?
          b. 아저씨, 이것 좀 가르쳐 주시겠어요?

(15)에서 화자가 a나 b를 택했을 때, 일차적으로는 신분 관계가 확인 또는 정립됨을 알 수 있는데, 여기에 병행해서 화자, 청자간에 친소 관계가 드러난다.

이와 같이 대우는 대우 관련 인물 상호간에 친소 관계를 표현하게 되는데, 이것은 비단 관계 표현 자체에만 의미가 있는 것이 아니라, 궁극적으로는 이를 통하여 인간 관계의 원만한 조화와 질서를 유지하는 데 목표가 있는바 이러한 목표를 달성시키는 것이 바로 대우의 기능이라 할 수 있다.

이제 2.4.1과 2.4.2에서 구분해 본 대우의 기능 및 목표와 관련하여, 우리는 이제 다음과 같이 종합할 수 있겠다. 대우는 화자가 대상 인물에 대하여 사회적 계층 관계와 인간적 친소 관계를 표현하고, 이에 의해서 궁극적으로 인간 관계의 질서와 조화를 도모하는 언어 행위라고 할 수 있다.

2.5. 존대와 수사(修辭)

존대란 것은 어떤 인물 특히 화자가 어떤 대상에 대하여 자기 자신보다 상위의 대우 가치를 부여하거나 인정해주는 언어 행위라 하겠는데, 때로는 대우 표현이 그러한 기능을 가지지 못하는 경우가 없지 않다.

    (16) a. 문현이 이제 그만 주무시지.
         b. 문현이 이제 그만 자지/자라.

a는 어른들이, 일하는 틈에 끼어 밤 늦게까지 자지 않고 하품을 하고 있는 국민학생 정도의 문현이에게 쓸 수도 있는 표현이다. 물론 쓸 수는 있지만, 이것이 정상적인 또는 일반적인 표현이 아니라면, 이것은 b를 내용으로 하는 특수한 수식적 표현의 용법이다. 대체로 친근한 정이 함축된 농담일 수도 있다. 아무튼 여기에서 분명한 것은 a의 '-시-' 사용이 정상적인 또는 보편적인 존대의 용법이 아니란 점, 그리고 비록 존대의 형태가 쓰이기는 했지만, 일반적인 존재와 같이 화자가 주체에 대해서 상위의 대우 가치를 부여하고 있는 것도 아니란 점이다. 그러므로 엄밀한 의미에서 또는 통상적인 의미에서는 존대법이 될 수도 없는 것이다.

    (17) a. 너 나이가 몇인데 우리한테 반말하니?
         b. 아이구, 제가 잘못했습니다. 형님들.

친구들끼리의 이야기라고 할 때 (17b)와 같은 존대 표현은 그 목적이 존대에 있지 않다. 그러한 존대는 하나의 기롱(譏弄)일 뿐이다.

(18) 영철아, 쟤가 마누라는 끔찍이 모시지?

　(18)과 같은 문장은 화자, 청자, 주체(쟤)가 친한 친구일 때 사용 가능하되, 이것은 어디까지나 농담이다. 여기에서 화자는 객체(마누라)를 전혀 존대하지 않고 있지만, 객체 존대 형태가 이루어지는 것은 주체와 객체 관계만 고려했기 때문이다. 그러므로 이런 예문은 전형적인 주체의 객체 존대가 될 것이다. 비의도문(非意圖文)의 객체 존대는 주체의 객체 존대 또는 주체의 객체 존대 가능성을 전제로 해야 되기 때문에, 이러한 문장에서는 그 점만에 초점을 맞추어 일탈의 농담 표현을 한 것이라 하겠다. 그러므로 아무리 친한 친구들 사이에서도 농담이 아닌 말에서는, 특히 정중한 자리에서는 절대로 이와 같은 주체의 객체 존대는 자연스럽게 받아들여지지 않는다.

(19) 영철이, 저 친구가 부인은 잘 모시지?

　만약 점잖은 자리에서 이런 말을 했다면 금시 농담으로 받아들이거나 아니면 야유로 해석할 것이다.
　그러므로 주체의 객체 존대를 뒷받침하는 자료로 인용되기도 하는 다음 a도, 이미 언급했던 바와 같이, 사실은 b가 더 일반적인 표현이다.

(20) a. 저것이 제 남편이 모시러 올 때만 기다리고 있답니다. (화자 : 객체의
　　　　시 어머니)
　　 b. 저것이 제 남편이 데리러 올 때만 기다리고 있답니다.

　상규를 벗어난 이러한 존대법은, 객체 존대에서 화자를 배제시킴으로써 객체 존대의 제약 조건이 되는 주체 객체 사이의 대우 관계를 특별히 부각시키면서, 주체 또는 객체에 대하여 일종의 경멸을 표현하고 있다. 그러므로 a는 그러한 목적을 위한 일종의 특수한 수사적 표현이라 하겠다.

(21) a. 저 깡패들은 꼭 저희 두목(놈)을 모시고 다녀요.
     b. 저 깡패들은 꼭 저희 두목(놈)을 데리고 다녀요.

a에서 객체(두목)에 대한 화자의 존대가 전혀 불가능하므로, 이 문장은 전형적인 주체의 객체 존대 예문이 될지도 모른다. 그러나 여기에서도 정상적인 표현은 b이며, a는 특수한 목적에서 사용된 문장으로 보아야 한다. 가령, 정중한 좌석에서 아랫사람이 웃사람에게 말을 할 때 a는 절대로 불가능하다. 만약 웃사람이 이런 얘기를 듣는다면 바로 불쾌한 마음이 생길 것이다. 정중한 자리나 점잖은 자리에서 사용이 불가능하다면, 이것은 표준이 될 수 없다. a에 비해서 b는 그러한 상황 또는 장면의 제약이 없이 어디에서나 통용될 수 있으므로, 우리는 b를 정상적인 대우 표현으로 간주하는 것이다.

이상에서 본바 일반적이 아닌 대우법들은 주체, 객체 사이의 특수한 관계에 초점을 둔다든지 또는 여기에 덧붙여 기롱(譏弄), 경멸 등의 의미를 표현한다든지 하는 특수한 목적에서 사용되는 것이라 할 수 있다. 이러한 표현은 하나의 수식적 표현이라 하겠는데, 이와 같은 수사적 표현이 은유에 포함될 수 있을지 확언할 수 없으나,[24) Kates(1980)가 말하는 은유(metaphor)의 의미를 여기에도 확대 적용시킬 수 있을 것 같다.

한 예로 Kates(1980 : 227)는 일상적인 말들(conventional term)이 너무 일반적이거나, 또는 이런 말들이 화자가 표현하고자 하는 특수성(specific quality)을 정확하게 부각시키지 못할 때, 은유가 쓰일 수 있음을 말하고 있다. (20)에서 일상적 표현인 b 대신 a로 표현함으로써, 주체가 그 남편한테 기대하는 마음과, 객체에 대한 화자의 경멸적인 마음이 선명하게 부각되고 있다. (21)에서도 일상적인 표현인 b 대신 a와 같은 수식적 표현을 택함으로써, 두목에 대한 부하 깡패들의 정성과 의리, 또는 두목과 부하들간의 유대 등이 강도 있게 표현되고 있다.

---

24) 수사상의 문제는 더 검토되어야 할 것이다. 여기에서는 (21)에서 a, b와 같은 문장의 차이가 수사상의 차이라는 점을 지적하는 데 주안점을 둔 것뿐이다.

결국 (16)~(21)에서 보아 온 이례적인 대우 표현은 모두 특정의 목적에 따라서, 화자가 의도적으로 마련한 특수한 수식적 표현으로서, 이러한 대우 표현을 대우법 기술의 표준으로 삼기는 곤란하다. 물론 그러한 특수한 목적을 가지고, 또는 어떠한 특수한 상태하에서 쓰일 때에는, 이러한 문장들이 오히려 정상적인 문장같이 생각될는지도 모른다. 이례적이란 말은 어디까지나 일반적인 상황을 기준으로 했을 때를 두고 이르는 말이다.

3. 주체 대우

3.1. 주체와 주체 대우

국어 대우법에서 주체라는 말은 존대 형태 '-시-'로 표현도는 대우법 용어로 널리 쓰이고 있는바, 이것은 대체로 표면 구조상의 주어와 일치된다.

(1) <u>어머니는</u> 시장에 가시었다.
(2) <u>할아버지</u>는 친구분한테 붙잡히셨다.
(3) <u>아저씨</u>는 돈이 많으시다.
(4) <u>김 선생님</u>도 철수가 더 무거우세요?

위의 예문들에서 밑줄을 친 성분들은 각각 대우법상의 주체인데, 이들은 각각의 문장 구조에 관계없이, 대체로 표면의 주어로 해석되는 성분들이다.[25] 이들 중에는 이른바 종래의 종주어까지 포함되고 있다. 이들을 단순히 주어라 하지 않고 굳이 주체라는 용어로 쓰는 데는 얼마간의 이유가

---

25) 해석에 따라, 밑줄 성분들을 모두 표면 주어로 보는 데는 이의가 있을 수도 있다. 특히 (3)의 '아저씨' 같은 경우에는 더욱 논란의 여지가 있어 보인다. 이 문제는 글의 진행에 따라 점차로 규명될 것이다.

있다. 우선 주어라는 말은 문장의 한 구성 성분에 대한 명칭이어서 대우법 용어와는 구별되는 것이 좋을 뿐만 아니라, 그냥 주어라고 하면, 여기에는 이른바 문법적 주어(grammatical subject), 논리적 주어(logical subject) 또는 심리적 주어(psychological subject) 등26)이 함께 지칭될 수도 있기 때문이다. 이에 주체라는 말을, 이른바 중주어를 포함한 일체의 표면 구조상의 주어를 가리키는 대우법 용어로 쓰고자 한다.27)

 이제는 주체 존대라는 말을 잠시 생각해 보기로 한다. 위의 예문들은 용언이 모두 '-시-'를 동반하고 있다. 우리가 막연히 주체 존대라고 말할 때, 대체로 여기에는 두 가지의 의미 해석이 가능하다. 하나는 '-시-'에 의해서 주체를 존대한다는 글자 그대로의 의미이고, 다른 하나는 존대 대상의 주체에 '-시-'가 호응된다고 보는 해석이다. 후자의 경우에, '-시-'는 존대 형태가 아니라, 단순히 존대 대상의 주체와 문법적 일치를 보이는 형태일 뿐이다. 그리하여 앞의 해석을 존대설이라 부르고, 뒤의 것을 호응설이라 부르기도 한다.28)

 (5) <u>형님</u>이 오<u>시</u>었어.
 (6) <u>He</u> work<u>s</u> in a library.

 (5)에서 '-시-'를 존대 형태라고 보는 것은, 화자가 동사 어간에 '-시-'를 결합해서 말함으로써, 주체 '형님'을 존대한다고 해석하기 때문이다. 그러나 호응설이라고 할 때는 엄격히 말하면 '-시-' 자체는 존대와 사실상 무관하다. 다만 주체인 '형님'이 화자의 존대 대상이라는 것을 명시해 주는 하나의 표지일 뿐이다. 예문 (6)에서 밑줄의 s는 그것 자체가 주어의 인칭이나 시제를 의미하는 것은 아니다. 주어 He가 3인칭 단수이고, 그 서술

---

26) Sandmann(1979) 참조.
27) 중주어 및 중주어문의 주체에 대해서는 3.4.3 참조.
28) 박양규(1975a) 참조, 이 논문에서는 존대설, 호응설을 모두 부정하는 쪽에 서 있다. 이숭녕(1964 : 311~2)은 호응설에 접근되어 있다고 볼 수 있다.

어가 나타내는 시제가 현재라는 것을 표현해 주는 표지일 따름이다. 더 엄격히 말하면, 주어가 3인칭 단수이고, 시제가 현재일 때 서술어에 첨가되는 형태일 뿐, 그 자체는 그 밖에 고유의 의미가 없다.

그렇다면 '-시-'의 근본적인 의미는 무엇인가? 이에 대한 대답과 관련하여 잠시 다음 예문들을 돌아보기로 한다.

    (7) a. 박 선생님<u>께서</u> 하시었어.
        b. 박 선생님이 하<u>시</u>었어.
        c. [?]박 선생님<u>께서</u> 하였어.
        d. 박 선생님이 하였어.

a가 대우법상 가장 전형적인 표현일 뿐 아니라 가장 올바른 문장이다. 이제 우리는 나머지 b~d 세 문장의 문법성 또는 허용성을 생각해 볼 차례다. 이들 세 문장은 a에서 실현된 존대 관련 형태 '-께서-' 및 '-시-' 중 어느 하나 또는 모두를 결하고 있다.

다음에 몇 예를 더 추가해 보기로 한다.

    (8) a. 김 선생님이 좀 <u>하십시오.</u>
        b. 김 선생님이 좀 <u>하셔.</u>
        c. 김 선생님이 좀 <u>해.</u>

(8b)에서는 a에서 실현된 청자 존대 형태 '-ㅂ시오'가 하대의 '-어-'로 바뀌었고, c에서는 a의 청자 존대 형태 및 주체 존대 형태 '-시-'가 실현되지 않았다. b, c의 문법성 또는 허용성이 우리의 관심의 대상이다. 화자에 따라서는 (7c), (7d), (8c)를 비문으로 보기도 한다.[29] 그러나 필자가 보기에는 (7c)를 제외하고 보면,[30] 나머지 문장들은 모두 크게 나무랄 데 없는 문장들이다.

---

29) 박양규(1975a)에 의하면 이들 문장은 모두 비문이 된다.
30) (7c)에서 암시되듯 '-께시 '

만약 이러한 필자의 직관 또는 주장이 허용된다면, 앞에서 제기한 존대설, 호응설에 대한 대답은 자명해진다. 만약 호응설을 따르게 되면, 각 a문장을 제외하면 모두 비문법적인 문장이 될 수밖에 없다. 그런데 실제적으로는 존대 대상에도 불구하고 '-시-'의 선택이 어느 정도는 임의성을 띠고 있다. 이와 같이, 존대 대상에 대한 '-시-'의 결여가 반드시 비문의 요인이 되지 않으며, '-시-'의 유무에 의해서 존대 의도의 유무가 표현될 수 있다면, 이 형태는 단순히 문법적 호응의 형태가 아니라, 존대의 형태로 해석될 수 있을 것이다.

3.2. 연구 성과의 개관

3.2.1. 의미론의 해석

의미론적 해석은 한 마디로 존대설을 의미한다. '-시-'에 의해서 어떤 대상이 존대된다고 보는 해석인데, 이 존대되는 대상을 주체로 보아 이를 흔히 주체 존대라 불러 왔다.

(9) 어머니께서는 오늘 떠나시었다.

이 예문에서 '-시-'는 주체인 '어머니'를 존대하는 형태로 쓰였다는 것이다. 비록 현대 국어를 대상으로 한 것은 아니지만, 허웅(1963)의 '주체 존대'에서 주체 존대설의 하나를 볼 수 있다. 우리는 존대설의 또 다른 예를 남기심(1981)에서 볼 수 있는데, '-시-'의 용법에 언급하여 "말하는이가 주체를 각별히 한 사람의 개체로서 친애감을 가지고, 특별한 관심을 가지고 높이는 뜻이 더 있음을 알 수 있다."고 한 것이나, "존대법은 존경 혹은 복종의 뜻을 표시하는 것"이라고 한 것 등에서 존대 외에 또 다른 의미까지 부여되고 있음을 볼 수 있다. 이와 같은 해석들은 (1)과 같은 예문을 설명하는 데에 별로 손색이 없어 보인다. 그러나 다음과 같은 문장을 대할 때, 우리는 당장 위의 주체 존대 해석의 적용에 주저하지 않을 수 없게 된다.

(10) 할아버지는 키가 크시다.

여기서 '크시다'의 주체는 분명히 '키'이지만 '키'가 존대의 대상이라고 보기는 곤란하다. 존대 대상은 '키'가 아니라 문두의 '할아버지'이다. 통사적으로 또는 의미론적으로 자명한 이러한 이해의 바탕 위에서도 많은 사람들은, 예문 (1)과 같은 단순문에서 본 주체 존대를 여기에도 그대로 적용하였던 것이다. 가령 최현배(1959)의 경우, '-시-'에 의해서 '움직임과 바탈의 임자인 사람, 곧 월의 임자'를 높인다 하였는데, 이러한 주체 존대는 소위 중주어 문장에서도 다음과 같이 확대 해석되었다.

말하는 이가 높이는 인격자가 월의 큰임자가 될 적에는 풀이씨를 높임도 무관하니 이를테면,

아버지께서 병환이 나셨다.
아버지께서 옷이 맞으신다.
할아버지께서 신이 크시다.

와 같으니라.(p.788)

매우 단편적으로 보여진 이러한 견해의 배경에는 대체로 두 가지의 전제 또는 직관이 작용했을 것으로 생각된다. 하나는, 전통적으로 이러한 문장들을 중주어 구문으로 해석해 왔기 때문에 상위 주어도 하위 주어와 대등한 주어로 간주되었고, 다른 하나는 예문 (1)과 같은 단순문에서 얻은 주체 존대의 엄격한 규칙성에 대한 확신이 중주어 구문에까지 확대 파급된 것이라 생각한다. 아무튼 주체가 중주어 구문의 모든 주어를 포괄하는 해석에까지 미치게 된 것이 분명하다.

  ‘-시-’와 상위 주체[31]를 직접 연결시킨 것과는 다른 해석이 있다. 그것은 ‘-시-’가 해당 주어가 아닌 상위 주체를 직접 존대한다는 주장에 대한 불만에서 유래된 것으로, 여기에서는 비록 중주어 문장에 있어서라도 존대는 내포문의 주체와 그 서술어 사이에서 성립되어야 한다는 것으로, 단순문의 존대 원리를 충실히 따르려는 태도이다. 이러한 충실성은 소위 간접 존대설로 나타난다. 이 말은 ‘간접 주체 존대설’이 더 정확한 표현이 되겠는데, 간접 존대란 결국 ‘-시-’가 존대 대상이 아닌 내포문의 주체를 존대하는 형식을 취하여, 결과적으로는 상위 주체를 존대하는 효과를 얻는다는 것이다. 서정수(1972 : 84)에서 ‘간접 대우’라 하여 “[+RESPECT]의 자질을 가진 인물과 관련되는 사물 또는 인물을 존칭하는 경우”라고 말하는 것은 그 한 예라 하겠다.[32] 그런데 상위 주체에 대한 직접 존대든 간접 존대든 어느 쪽도 이러한 주장에 대한 실증적인 뒷받침이 모자라 직관의 범위를 크게 넘어서지 못하는 느낌이다. 더구나 간접 존대의 경우, 상위 주어인 주체를 존대하기 위해서 하위 주어인 사물을 존대한다는 것은 자연스러워 보이지 않는다.

  앞에서 말했듯 변형 문법 이론을 국어 대우법에 적용시키고 있는 연구들은 거의 전통적인 존대설을 기정의 사실로 전제하고 출발한다. 여기에서는 대체로 이론의 적용이나 형식화에 더 큰 관심을 가졌던 까닭에 중주어 문장의 존대 현상 같은 것에는 크게 주의를 기울이지 못했던 것 같다.[33] 그러한 가운데서도 장석진(1973)은 매우 핵심적인 문제를 거론하고 있다. 이 논문에서 ‘-시-’에 의한 존대는 기본적으로 ‘존대 파급(honorific spread-

---

31) 상위 주체 또는 하위 주체란, 중주어문의 상위 주어 및 하위 주어로 지시되는 대상을 가리킨다. 3.4.3 참조.
32) 필자도 성기철(1970b)에서 이러한 해석을 했던 바가 있으며, 남기심(1991 : 12)에서도 ‘간접 주체 존대’라는 말을 쓰고 있고, 허웅(1983 : 167)에서도 ‘간접 높임’이란 말을 썼다.
33) 주체 존대 현상을 변형 문법의 이론적 틀 안에서 다루고 있는 논문들에서는 송석중(1967), 국응도(689), 이홍배(1970), 이정민(1973) 등 여러 학위논문이 그 주종을 이룬다.

ing)이라는 원리 아래 설명되고 있다. 이러한 현상은 다음 두 가지 규칙으로 요약될 수 있다.

(11) Honorific Spreading

$$[NP - X - A - X \ s]$$

[HONOR]

   1   2   3   4 $\Rightarrow$

   1   2   3   4

            [HONOR]

Condition : A varies over V and NP.

(12) Honorific si insertion. J

$$[X - V - S]$$

[HONOR]

   1   2 $\Rightarrow$

   1   2+si

위의 규칙이 말해 주는 요점은, 주어에 대한 존대가 다른 성분, 즉 V나 NP에 파급되어 '-시-'가 결합된다고 보는 것이다. 이에 따라 가령 '할아버지께서 주무시고 계시다'와 같은 문장에서는 '할아버지'에 주어진 '운용소(Operator)'가 '자다', '있다'에 파급되어, 이들은 각각 '주무시다', '계시다'가 된다는 것이다.[34]

위의 장(1973)에서 무엇보다도 의미가 있는 것은 소위 중주어 문장에 대한 존대 해석이다.

(13) 김 선생님은 키가 크십니다.
(14) 어머님은 건강이 좋으십니다.
(15) 아버님은 사업이 잘 되십니다.

---

34) 그런데 여기서 존대가 파급된다는 것은 적절해 보이지 않는다. 이것이 단순히 운용소[HONOR]의 이동을 의미한다면 모르되, 존대 자체가 파급된다고 볼 수 없을 것 같다. '-시-'가 존대소로 삽입된 것이지 NP로부터 파급되어 온 것은 아닐 것이기 때문이다.

이 논문에서 '-시-'는 주어와 관련된다는 기본 입장을 가지고 있기 때문에, 이들 문장의 주어는 둘째 NP가 될 수 없다고 전제하게 되고, 이에 따라 주어는 어떻게든 첫째 NP와 관련시킨다. 위의 표면 문장들에서 첫째 NP를 주제로 보고, 이들 NP가 주제화되기[35] 이전의 어느 단계에서 이들은 주어이거나 '-의' 관형어였을 것으로 보면서, 후자일 경우 주어가 둘째 NP가 될 수밖에 없는 문제점에 부딪히게 된다. 그와 같은 해석은 첫째 NP를 주어와 관련시켜야 하는 기본 정신에 위배되므로, 이것은 포기하지 않을 수 없게 된다. 여기에 최선책으로 제시된 것은, 존대 파급 적용상의 어느 단계에서 첫 NP가 주어이었던 것이 뒤에 주제화 또는 관형어화했을 것으로 보는 것이다.

이러한 존대 해석에 대하여 서정수(1977b)에서 얼마간 문제점이 지적된 바 있는데, 여기에서 제일 문제가 되는 것은 이들 문장의 주어를 찾는 일이다. 내면 주어 문제는 무엇보다도 선결되어야 할 과제이다.

> (16) a. 김 선생님의 키가 크십니다.
>   b. 김 선생님의 키가 큽니다.

(16)의 문장들에서 둘째 NP의 주어 가능성은 의문의 여지가 없어 보인다. 그러면, 이제 첫째 NP에 눈을 돌려 보기로 한다. 이 NP를 주제로 보면 주제화되기 이전의 문장은 어떠한 것이었을지 궁금하다. 첫째 NP '김 선생님'이 내면에 주어가 아닌 어떤 요소였다가 중간 단계에서 주어가 되고 표면에 와서는 주제화했다면, 주어가 두 개 나타난, 중간 단계의 구조는 어떠한 것이며, 이것을 그대로 반영하는 표면 구조는 얻을 수 없을까?[36] 이러한 제 문제가 해결되지 않으면, 운용소[HONOR]를 부여할 대

---

35) 여기서 주제 또는 주제화가 구체적으로 어떠한 것인지는 밝혀져 있지 않다.

36) 사실상 이들 문장에서 첫 NP가 주제라 하는 것은 별다른 의미를 가지는 것 같지 않다. 만약 주제를 중주어 구문의 상위 NP에 해당하는 통사 범주로 본다면 몰라도, 그렇지 않고 단순히 주제화된 요소하고 본다면, 이것은 이 논의에서 고려할 만한 의미가 부여될 것 같지 않다.

상 또는 '크다'에 주어진 운용소[HONOR]의 출원이 문제된다. 또 한 가지 여기 제기될 수 있는 문제는, 첫째, NP가 중간 단계에서만 주어라고 해석할 때, 이 경우 '–시–'는 중간 단계에서만 실현되는 현상인가 하는 점이다. 이 문제와 관련된 장석진(1973)의 주요 논의는 장석진(1976)에서 거듭 확인되고 있는데, 역시 그러한 문제점들이 좀더 검토되어야 할 듯싶다.

주체 존대설을 대변하는 또 다른 연구로 Shibatani(1976)를 들 수 있다. 그는 '–시–'와 호응되는 NP를 주어라고 본다. 그러므로 그는 '–시–'의 실현을 주어 결정의 주요한 기준으로 삼고 있는 것이다. 이러한 기준에 따라 다음 a문장의 주어는 '선생님'이 된다는 것이다.

> (17) a. 선생님이 개가 무서우시다.
> 　　 b. *개가 선생님이 무서우시다.

이러한 원리는 다음과 같은 문장에 확대 적용되고 있다.

> (18) a. 김 선생님에게 돈이 있다.
> 　　 b. 선생님이 돈이 있다.
> 　　 c. 김 선생님에게 돈이 있으시다.[37]

즉, a문장의 주어는 여격 성분인 '김 선생님(에게)'인데, 그 까닭은 c에서 보는 바와 같이 '–시–'가 이 여격 성분과 호응되기 때문이라는 것이다. 그리하여, a는 b의 기저 구조를 나타낸다고 해석한다.

이러한 주장에서 제기되는 문제점도 서정수(1977b), 박양규(1980) 등에서 대략 검토되었다. 필자는 다른 문제점 한두 가지만 지적하는 것으로 그치고자 한다.

---

37) c문장의 문법성 또는 허용성이 문제될 수 있는데, 여기서는 그 자체가 그리 주요한 문제가 되지 않는다. 이 문장의 존대 해석 문제는 3.5.2에 가서 구체적으로 논의될 것이다.

(19) a. 돈이 김 선생님에게 있다.
　　b. 책이 도서관에 있다.

(18a)에서 어순을 조금 바꾼 (19a)와 (19b)를 비교해 볼 때, '김 선생님(에게)'를 여격 주어로 해석할 경우, (19b)에서도 마찬가지로 '도서관(에)'가 주어여야 할 것 같다. 그렇지 않다면 주어가 될 수 없는 해명이 필요하다. 물론 (19b)에는 '-시-'가 전혀 쓰일 수 없으니 주어가 될 수 없다고 할 것이다. 그러나 (19)에서 '김 선생님'과 '도서관'은 문장에서의 통사적인 기능에 차이가 없는 것으로 해석할 수도 있다. 그럴 경우, '-시-'의 유무로 해서 이들 문장에 대해 그 구조를 달리하는 것은 선뜻 수긍이 가지 않는다. 그리고 여격어를 주어로 해석할 때, 우리가 일반적으로 주어로 간주하는 '돈'의 해석이 또 문제로 남는다.

(20) a. 김 선생님은 아이가 있으세요?
　　b. *김 선생님은 아이가 계세요?

또 Shibatani에 의하면 a, b 두 문장의 주어는 모두 '김 선생님'이어야 하며, 이에 따라 b도 성립 가능한 문장이어야 한다. 그러나 b는 결코 성립될 수 없는 문장이다. 뒤에 가서 밝혀지듯이 '계세요'는 반드시 주어와 호응되며, '있으세요'는, '계세요'와 호응되는 존대 대상과 호응될 수 없고, 다만 중주어 문자의 상위 주어와 호응된다. 그리하여, a, b 두 문장에서 용언에 대응되는 주어는 '김 선생님'이 아니라 '아이'임을 입증해 준다.

'-시-'의 존대설 입장을 지지하고 있는 서정수(1977b : 18)에서는 문장의 주어와 풀이씨를 높이는 주체는 반드시 일치하지 않을 수도 있다고 보고 있다. 그런데 주어와 존대 대상 명사구의 이러한 불일치에 대해서 서정수(1977b)는 존대 대상의 상위 주체를 주제로 처리함으로써 해결을 구하려 하였다. 주제 및 주제와의 존대 일치 문제에 대하여는 구체적인 언급이 없었으나, 원칙적인 면에서 다시 생각해 보게 하는 점이 없지 않다. 주제가 무엇이냐 하는 것부터 학계에 정론이 없거니와, '-시-'가 주제와 관련된다고 할 때, 다음과 같은 문장의 존대 해석 문제를 생각하게 한다.

> (21) a. 김 선생님도 어머님은 있으셔.
>   b. 어머님은 김 선생님도 있으셔.[38]

a에서 '김 선생님'은 주제이면서 서술어의 '-시-'와 호응되고 있으니, 주제 존대라 할 수 있을 것 같다. 그러나 a에서 어순을 바꾼 b문장에서는 '김 선생님'이 주제가 아니지만 여전히 '-시-'와 호응이 가능하며, 주제가 된 '어머님'은 '-시-'의 호응을 받고 있지 못하다.[39] 그뿐만 아니라, '-시-'를 주제와 관련시킬 때, 주제 존대와 주체 존대 둘의 상관 관계가 어떠한 것인지도 생각해 보지 않을 수 없게 된다.

그리고 서정수(1977a, 1977b)에서 Shibatani가 거론한 여격 주어에 대한 더 구체적인 언급이 없었으나, 서정수(1972 : 94)에서는 다음과 같은 예문을 통해 '처소격 대우'라 한 바 있었는데, 이것은 정렬모(1946 : 122~3)의 '가짐 높임(所有尊待)'과 같은 것이라 하겠다(이러한 존대 문제는 3.5 참조).

> (22) 선생님께는 책이 많으시군요.
> (23) 김 선생님댁에도 책이 많으십니까?

성기철(1984b)도 중주어문의 주체 존대에 관심을 기울였으나 몇 가지 주요한 문제점들이 드러났다.[40]

---

38) '있으셔' 대신 '계셔'가 쓰이면, 그 존대 대상은 '김 선생님'이 아니라 '어머님'이 된다.
39) (21)에서 b가 a의 의미로 해석되는 것에 대하여 의문을 가질 수도 있으나 다음과 같은 문장의 성립을 고려할 때, '김 선생님'을 상위 주어로 해석하는 b문장의 성립은 가능하다고 본다.
   그 책은 김 선생님도 있으셔.
40) 가령 다음과 같은 문장에서 'b'의 '너'를 a의 여격어가 주제화한 것으로 해석한 것도 한 잘못이었다. 이러한 문제는 본고의 진행에 따라 밝혀질 것이다.
   a. 너한테는 선생님이 붙들리셨니?
   b. 너는 선생님이 붙들리셨니?

이상에서 우리는 '-시-'의 존대설과 관련하여 대표적인 몇 논의를 더 들어 보았다. 이것은 대체로 화자의 주체 존대로 집약될 수 있을 것이다. Shibatani의 여격어도 주어로 해석되기 때문에 결국은 주체 존대라 하겠다.

그런데 Shibatani가 말하는 여격 주어 존대에 대하여, 일찍이 이를 소유 격어 존대로 해석한 재미있는 사례가 있다. 그것은 바로 정렬모(1946)의 '가짐높임(소유존대)'이다. 여기 해당되는 몇 예를 인용해 보기로 한다.

(26) a. 선생님께 자제분이 계시던가요.
　　 b. 댁에 하인이 있으시던가요.
　　 c. 댁에 전장이 많으십니까.

그는 "가짐 높임은 소유자를 높이기 위하여 소유된 물건을 높이는 쓰임"이라 하여, '그 나타내는 작용의 주체를 존중하는 주체 높임'과 구분하고 있다. 이것은 앞에서 보았던 소위 간접 존대의 한 전형적인 예라 하겠는데, '-시-'를 '주체 높임', '가짐 높임' 등으로 구분할 경우 존대 대상의 분류에 따라 그 종류가 유동적일 수 있어[41] 일관성 있는 원칙을 세우기 곤란하다.

일반적으로 '-시-'는 화자가 주체를 존대하고 할 때 쓰인다. 그런데 이와는 반대로, 주체가 화자보다 낮을 때에도 이 '-시-'가 쓰이는 경우가 있다. 이러한 존대 현상에 대하여 관심을 보인 것은 이익섭(1974)이다.

(27) 엄마 어디 가셨니?
(28) 삼촌 오셨다. (이상 화자 : 아버지, 청자 : 아들)

이러한 문장에서 '-시-'에 의해 화자의 주체 존대가 표현되었다고는 말할 수 없다. 그리하여 이 논문에서는 "여기에 우리는 소위 주체 존대법이 주체가, [화자]보다 높을 때에만 성립되는 것이 아니라, 주체가 화자보

---

41) 예로 다음과 같은 경우 '대상 존대'도 가능할 것이다.
　　이것이 선생님한테 무거우세요?

다는 하위일지라도 [청자]에게 상위자면 마찬가지로 성립될 수 있다(물론 안 될 수도 있다)는 사실을 발견하게 된다.”고 설명된다. 만약 이러한 해석이 아무 조건 없이 받아들여진다고 보면, (27), (28)은 화자가 누구냐에, 따라 화자의 주체 존대가 될 수도 있고, 화자에 의해 실현된, 청자의 주체 존대가 될 수도 있다.

다음 예를 더 추가해 보자.

> (29) a. 철수야, 애비 왔니?
>   b. 철수야, 아버지 오셨니? (화자 : 할아버지)

우리는 이러한 문장의 해석에 있어, ‘철수’를 아이로 생각하는 선입견이 있다. 만약 청자인 ‘철수’가 중년 이상의 사람이라고 가정해 보면, (29b)는 원칙적으로 허용되기 곤란하다고 생각한다. 이러한 경우 청자는 일반적으로 청소년 이하의 연령층으로서, 연령이 낮아질수록 거부감이 많아져서 허용도는 낮아진다. 결국 (29b)와 같은 존대 현상의 교육적인 목적 등 한정된 상황에서, 특수한 목적 아래 사용 가능한 것으로 보인다.

이상에서 주체 존대설 또는 이와 관련된 몇몇 논의들을 소략하게 살펴보았다. 그러나 ‘-시-’를 존대와 관련시키는 것 외에는 어떠한 방법이나 주장도 그리 만족스러운 것은 아니었다고 하겠다.

3.2.2. 통사론적 해석(1)

전통적으로 ‘-시-’는 존대와 관련된 것으로 이해되어 왔다. 그것이 어떠한 성격의 존대든 간에 존대와 무관한 것으로 본 사람은 없어 보인다. 어쩌면 존대에 대한 ‘-시-’의 관련은 거의 직관과 결부되어 있어 보인다. 이러한 전통적인 이해나 연구 또는 일반의 직관에 대하여 새로운 해석을 시도하려는 노력이 박양규(1975a)에서 보인다. 이 논문은 국어 대우법 연구사의 관점에서 주목할 만한 것이라 하겠다. 대우 및 몇몇 유형의 문장 구조에 대한 뜻 있는 해석을 보여 줌과 아울러, 종래에 볼 수 없었던 새로운 결론을 보여 주고 있다. 그 주요한 골자와 문제점을 다음에 살펴보기로 한다.

이 논문에서 종래의 주체 존대설에 대해 새로운 검토를 하게 된 주요한 근거의 하나는, 같은 '존칭 체언'이면서도 어떤 것은 '-시-'를 수반하고, 어떤 것은 그것이 불가능하다는 자료 해석에 기초를 두고 있는 것으로 보인다. 다음 예문들은 그러한 예로 제시된 것들이다.

(30) 아버님이 보이니?
(31) 아버님이 붙들리셨어?

이 두 문장을 비교해 볼 때 (30)의 주체 대우를 설명할 도리가 없다. 그러나 이 문장은 어떤 성분이 생략된 것으로 해석함으로써 문제의 해결을 기대할 수 있다. 만약 (30)에서 어떠한 성분의 생략도 인정하지 않는다면 이 문장은 오히려 다음 (32)가 더 좋을 것이다.

(32) 아버님이 보이시니?

이때의 '보이다'는 원래 피동형이겠지만, 여기에서는 피동의 의미는 약화되고 거의 완전 자동사화한 것으로 이해되어야 할 것이다. 그러나 대우법에 관한 한 (32)가 틀리고, (30)이 옳은 것이라면, 적어도 (30) 앞에는 다른 명사구(NP)가 생략된 것으로 해석해야 한다.

다음은 그 한 예가 될 것이다.

(33) 너는 아버님이 보이니?

이렇게 볼 때 (33)에서 '보이니'는 그 주어가 아닌 문두의 '너'와 대우상의 일치를 이루고 있음을 알 수 있으며, 따라서 '-시-'가 반드시 그 주어 성분과만 호응되지 않음이 확인된다. 이에 비해 (31)은 '-시-'가 그 주어와 호응되는 전형적인 예다. 다만 (34)에서와 같이, 이 문장에서도 문두에 어떤 NP가 생략되었을 경우를 상정해 볼 수는 있다.

(34) a. 너는 아버님이 붙들리셨어?
      b. 너는 아버님이 붙들렸어?

(34a)에서는 여전히 '-시-'가 주어 '아버지'와만 관련된다. (34b)에서는 두 가지 해석이 가능한데, 하나는 (34a)와 같은 해석이되, 다만 존대 형태 '-시-'가 안 쓰인 경우며, 다른 하나는 서술어와 문두의 '너' 사이에 대우의 호응이 성립되는 경우다. 즉, 전자에서는 (34a)와 같이 문두의 '너'가 행위주가 아님에 비하여, 후자에서는 '너'가 행위주가 된다. 대우 일치에 관한 한, 이 두 번째 해석은 (33)과 동궤의 것이다.

(30)~(34)와 같은 예문의 검토에서, 우리는 이들 중주어 구문의 상위 주체가 행위주인 경우 '-시-'존대는 하위 주체와 관련되며, 그렇지 않은 경우에는 내포문의 주체와 관련됨을 알 수 있다(3.5 참조).

박양규(1975a)에서는 (30), (31)뿐만 아니라, 다음과 같은 자료들에 대한 대우 해석에 특별한 관심의 초점이 놓여 있다.

(35) <u>선생님</u>이 수술대에 놓이자, 모두들 울음을 터뜨리고 말았다.
(36) 그럼요. 아주 좋은 <u>분</u>이었어요.(소개해 드릴까요?)
(37) 그런 일 때문이라면, <u>김 선생님</u>은 곤란한데요.
(38) 나는 <u>그분</u>이 좋아.
(39) <u>그분도</u> 내가 좋으실까?
(40) <u>김 선생님</u>은 코가 참 크시다.(밑줄 : 필자)

인용 논문에 의하면, (35)~(38)에서 밑줄 친 성분이 '존칭 체언'임에도 불구하고, 서술어에 '-시-'가 쓰이지 않았는데, 이들 '존칭 체언'의 자리에는 각각 '가위, 곳, 그 집, 남산' 등의 '무정 체언'이 올 수 있어서, 이 자리에서는 결국 '존칭 체언'과 '무정 체언'이 공기 제약을 같이한다고 말한다. 한편, (39), (40)에서는 '존칭 체언'의 자리에 '남산, 이 연필' 등과 같은 '무정 체언'이 허용되지 않는데, 이 점에서 (35)~(38)과 구별된다고 보고 있다.

이러한 관찰은 다음과 같은 결론에 이르게 하였다. "유정 체언만 허용되는 위치에서만 존칭 체언은 [-시-] 호응을 수반한다.", "[-시-] 호응이 수반되지 않는 한 존칭 체언은 무정 체언과 공기 제약을 같이 한다는 것이다. …… 무정 체언이 허용되지 않는 위치에 그와 공기 제약을 같이하는 존칭 체언이 실현됨으로써 생기는 통사론적 파격을 해소하는 수단으로 [−시−]를 실현시킨다는 것이다."

그런데 예시된 자료들에 대한 그러한 대우 해석에는 다시 생각해 볼 여지가 많아 보인다.

우선 (35)에서는 '−시−'가 쓰일 수 있는 것으로 판단되며, (36)에서도 생략된 주어가 존대 대상일 것이므로 역시 '−시−'가 가능하다. (37)에서는 '김 선생님'이 주어일 경우 '−시−'가 가능하며, '곤란하다'가 심리 서술어로서, 존대 대상이 아닌 또 다른 주어의 생략이 전제되면, 예문과 같이 '−시−'가 쓰일 수 없다. (38)도 (37)과 마찬가지로 설명된다.

이와 같이 인용 예문에서도 종래의 주체 존대 현상은 그대로 적용 가능한 것으로 해석되는데, 이것이 수긍된다면 이러한 예문들에 '−시−'가 불가능하다는 전제에 기초를 두고 있는 '통사론적 파격 해소'의 논의는 한번 더 검토되어야 하지 않나 생각된다. 필자의 생각으로는 원칙적인 면에서 존대 대상은 항상 '−시−'의 호응이 가능한 것으로 보인다. 다만 여기에 몇 가지 제약이 따를 뿐이다.

박양규(1975a)에서 의문을 가지게 하는 또 다른 점은 통사론적 절차와 존대 절차와의 관련성 문제다. 비록 존칭 체언에 의해서 발동된 통사 절차이기는 하지만, 이것에 의해 결과되는 '−시−'가 존대와 무관한 것이라면, 그러한 통사 절차도 존대와는 무관하다고 보는 것이 순리가 아닐까 하는 생각이다.

3.2.3. 통사론적 해석(2)

'−시−'를 존대와 직접 관련시키지 않는 또 하나의 견해는 임홍빈(1976)이다. '−시−' 자체는 기본적으로 조금도 존대와 관련이 없다는 점에서 박양규(1975a)의 논의와 일치점을 보여 주며, '-시-'가 존대 절차로서 이용된다는 점에서도 두 연구는 견해를 같이하고 있다. 그뿐만 아니라, 많은 경우 존대 대상의 주체에 '-시-'가 수반될 수 없다고 하는 전제에서 '-시-'에 대한 새로운 해석 또는 논의가 시작되는 점에서도 둘은 공통점을 가지고 있는데, 특히 임(1976)에서는 '-시-'와 주제를 관련시키고 있는 것이 또 다른 특징이다.

> (41) a. 아버님께 지팡이가 있으시다.
>   b. 아버님께는 지팡이가 있으시다.
> (42) a. 선생님에게 이 방이 추우시다.
>   b. 선생님에게는 이 방이 추우시다.

이 논문에 의하면, 위의 예문들에서 각 a는 성립될 수 없는데, 이에 비해 각 b가 성립되는 것은 주제화 때문이라고 보고, "{-시-}가 주제화된 어떤 요소와 모충의 관련을 보여 준다는 것은 우리로 하여금 {-시-}의 해명에 관해 상위문의 설정을 불가피하게 한다."고 보았다. 이에 따라 다음 (43a)와 같은 문장의 내면 구조는 (b)와 같이 상정할 수 있게 된다. (원내는 필자)

> (43) a. 아버님은 지팡이가 부러지셨다.
>   b.

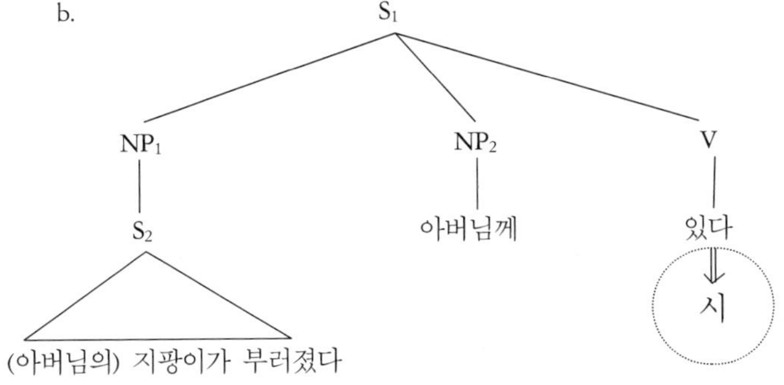

이에 대하여 인용 논문은 "…… S₂의 주어와 문제의 처격이 다를 때에는

S_1의 인물이 어떠한 형식으로든 표면 구조에 상정되기 마련인데, 그 일반적인 양상은 주제화와 관련되어 나타난다.”고 말한다.

그리고 (43)과 관련된 일련의 통사적인 절차를 “경험 절차”라 하고, “화자가 존대 의향을 가지고 있을 때에 이러한 경험 절차가 취하여 진다.”고 보고, 왜 이러한 경험 절차가 존대를 뜻하는가 하는 문제에 대하여 “존귀한 인물은 스스로 어떤 행동을 하는 것이 아니라는 일반화된 관념에서 그 답을 구할 수 있다”고 설명되고 있다.

결국 임홍빈(1976)의 논의에서는, (43)에서 볼 수 있듯이 ‘-시-’는 존대와 직접적인 관련이 없을 뿐 아니라, 내면 구조상에 나타나지도 않는다. 다만 화자의 존대 의도에 기인해서 경험 절차가 나타나게 되고, 그리하여 이러한 경험 절차로 파생된 ‘-시-’가 존대와 관련성을 가지게 된다. 결과적으로 존대와 관련된다는 점에서 임홍빈(1976)은 박양규(1975a)와 주요 골격을 같이하고 있다 하겠다.

이상에서 임홍빈(1976)의 주요 논의를 매우 소략하게 더듬어 보았다. 여기에서 우리는 그 깊이 있는 통찰에 주목하면서도 한두 가지 의문을 가지게 된다. 무엇보다도 (41), (42)와 같은 자료의 문법성 해석에 의문을 느낀다. 그것은 여기에서 ‘-는’이 직접적으로 이들 문장의 문법성에 영향을 끼칠까 하는 의문이며, 또 각 a문장이 과연 비문일까 하는 의구심이다. 필자의 생각으로는 각각의 a, b 두 문장이 원칙적으로 문법성에서 별 차이가 없어 보인다. 따라서 필자의 이러한 직관이 틀리지 않는 것으로 전제되는 경우에는, 자연 ‘-시-’를 주제화와 관련시키는 것이 곤란해진다.

(43)과 같은 내면 구조를 표면 구조와 연결시키려 할 때 수반되는 많은 어려움은 문제삼지 않는다고 하더라도, 여기에 또 한 가지 의문이 남는다. 그것은 화자의 존대 의도에 의해서 경험 절차가 취해진다고 하면, 그러한 경험 절차에 의해서 나타나는 ‘-시-’가 왜 직접적으로 존대와 관련될 수 없을까 하는 점이다.

3.3. 단순문의 주체 존대

'-시-' 존대를 논의함에 있어 가장 기본적인 자료는 단순문(simple sentence)에서 얻어진다. 이 단순문에 우리의 관심을 제한한다면, 주체에 대한 존대는 별로 예외 없이 실현된다.

(44) 형님이 오신다.

위 문장에서 '-시-'는 주체 '형님'에 대한 화자의 존대를 표시한다. 주체에 대한 존대성의 판단은 전적으로 화자에게 달려 있다. 아무리 존대 대상이라도 화자의 존대 표현 의도가 발동되지 않으면, 주체 존대는 실현될 수 없다.

(45) a. 철수야 아버지 왔니? (화자 : 철수의 할아버지)
     b. 철수야 아버지 오셨니?

a에서 '아버지'에 대한 존대 여부는 화자와 이 주체 사이의 관계에서 결정되기 때문에, a가 바른 표현이다. 청소년층에서 또는 청소년층에 대해서 b가 쓰이고는 있으나, 사회적 방언으로 처리될 성질의 것이다.

국어 대우법에서 주체가 되는 주어는 내면의 주어 또는 논리적 주어를 의미하는 것이 아니라, 오히려 표면의 주어를 가리킨다. 즉, 표면 구조에서 주어로 실현되지 못하는 내면의 주어는 '-시-' 호응을 기대할 수 없다.

(46) a. *형님한테 쥐가 잡히셨다.
     b. 형님이 쥐를 잡으셨다.

(b)는 a의 내면 주어가 '형님'임을 보여 주지만, a에서 '형님'에 대한 존대 표현은 불가능하다. 이러한 이유로 해서 손호민(1974 : 497)에서는 '-시-'가 표면 현상(surface phenomenon)으로 규정되었다.

(47) a. 아버님이 보이니? (=30)
     b. 아버님이 보이시니?

만약에 위의 문장들이 어떤 문장 성분의 생략도 전제되지 않고, 그 자체로 기저 구조의 형태를 갖춘 단순문이라고 간주한다면, a보다 b가 더 바른 표현이다. 이와 같이 단순문의 경우 '-시-'의 주체 존대 현상은 매우 엄격한 규칙성을 보여 준다.

문장 중에는 문맥의 영향을 강력하게 받아서 그 자체로는 문법적인 문장으로 받아들이는 데 주저되는 것이 많다.

(48) 할아버지는 오늘도 또 낚시세요(?)
(49) 아빠는 매일 열 두 시세요?(?)

(48), (49)에서 각각 '할아버지=낚시', '아빠=열두시'와 같은 등식이 성립될 수도 없으려니와, 둘 다 철저하게 문맥 의존적인데, (49)는 그러한 면에서 더욱 두드러진다. 그러나 이러한 문장의 문법성에 관계 없이, 적어도 표면상으로는 '할아버지', '아빠'가 각각 주어이고, 이들 주어 대상은 '-시-'에 의해 존대되고 있어, 단순문에 실현되는 주체 존대의 엄격성을 확인시켜 준다.

(50) 김 선생님은 학교에 가셔서, 강의를 하시고 돌아오셨다.
(51) 김 선생님은 식사를 못하셔서, 병이 나셨다.

(50), (51)에서 보듯이 대등 접속문 또는 종속 접속문에서도, 각각의 문장(절)에 실현되는 '-시-'는 규칙성을 보여 준다. 이러한 규칙성은 다음과 같은 내포문에서도 그대로 유지된다.

(52) 형님이 가지신 책은 천 권이 넘는다.
(53) 철수는 김 선생님이 출장을 가셨다.

(52)는 관계문에서, 그리고 (53)은 소위 중주문의 내포문에서 '-시-'가 실현되고 있는데, 역시 일관된 규칙성을 보여 준다.

그런데 이러한 주체 존대의 규칙성에 예외가 없는 것은 아니다.

(54) a. 김 선생님도 형님이 계세요?
　　 b. 김 선생님도 형님이 있으세요?

위의 문장에서 a는 '형님이 계세요'와 같이 여전히 주체 존대가 적용되고 있다. 그러나 b에서는 '있으세요'가 주어 '형님'에 대한 존대 표현이 아니라, '김 선생님'에 대한 존대 표현이어서, 지금가지 엄격한 규칙성을 보이던 주체 존대는 여기에 적용되지 않고 있다. (54)의 문장들은 소위 중주어문이라는 데 특색이 있다. 즉, 다른 유형의 문장들과 달리 중주어문에서는 주체 존대의 규칙성이 유지되기도 하지만, 또 한편 이것이 지켜지지 않는 예외적 현상도 보여 준다. 여기에 우리는 대우법과 관련하여 단순문이나 주체 존대가 엄격한 규칙성을 보이는 비중주어문과 이 규칙성에 예외를 가지는 중주어문을 구분해서 검토해 볼 필요성이 있는 것이다.

먼저 우리는 단순문에서든 복합문에서든, 단위 문장에서 주어가 되는 인물에 대한 존대를 주체 존대란 용어로 부르기로 한다. 그리고 이러한 주체 존대 현상을 우선 (55a)와 같이, 그리고 그에 대한 해석을 (55b)와 같이, 그리고 그에 대한 해석을 (55b)와 같이 해석하기로 한다.

(55) a. Y.........시
　　 b. 주체 Y에 대해 화자가 존대 의도를 가질 때 서술어에 '-시-'를 첨
　　　　 가한다.
　　 c. 주체란 주어에 의해 지시되는 대상을 의미한다.

이러한 규칙은 엄격한 의미의 문법 규칙이 되기보다는 얼마간 화용론적 원리의 성격을 띠고 있다 하겠다. 존대 의도가 발동되는 한, '-시-'에 의해 그린 의도가 표현되며, 반대로 '-시-'가 실현되는 경우, 주체에 대

한 존대 의도가 있는 것으로 해석되는 점에서 보면 매우 규칙적인 현상이라 할 수 있을 것이다. 그렇지만, 존대 의도 또는 존대 표현 의도라는 것이 어떤 객관적 기준에 따라서만 규제를 받는 것이 아니라, 화자의 의도는 물론 기타 여러 가지 요인에 따라 유동적일 수 있기 때문에, 그러한 규칙성은 크게 약화될 뿐만 아니라, (55)와 같은 존대 규칙을 해석하기 위해서는 화용론적 요인들이 고려되지 않으면 안 된다. 종래의 변형 문법적인 연구에서, 어떤 인물이 존대 대상이기만 하면, 무조건 '-시-'가 첨가되는 것으로 형식화했던 규칙들은 이러한 점에서 문제가 따른다.

다음 예문을 살펴보기로 하자.

    (56) a. 형님이 오신다.
         b. 형님이 온다. (화자 : 친 동생)

여기에서 화자는 형에 대해 실제적인 존대 의도를 가지고 있는 것으로 해석되어야 할 줄 안다. 그러나 a에서는 존대 표현이 됐지만, b에서 실제로 존대 의도는 있었어도, 존대 표현의 의도는 없었기 때문인 것으로 풀이되어야 할 것이다. 여기에 필자가 존대 의도라는 말로 존대 표현 의도까지를 포함하고자 하는 이유가 있는 것이다.

그리고 (55)에서 '존대 의도'란 것은 2.1.1에서 언급했던 바와 같이 화자의 '실제적 존대 의도'만이 아니라, 화자의 '계획적 존대 의도'까지 함께 이른 말이다. 후자는 실제로 화자의 존대 의도가 없지만, 대인 관계상 존대 표현을 하는 경우를 가리킨다.

그런데 우리는 앞에서 일부 중주어문의 경우, 내포문에서 위의 주체 존대 규칙이 적용되지 않는 예를 보았었다.

    (57) *너는 선생님이 붙들리셨니?(너=행위주)
    (58) *너는 형님이 있으시냐?

위와 같은 주체 존대의 예외적 현상에 대해서는 다음 3.5에서 집중적으로 검토하기로 한다.

이러한 일부 예외적 현상에 관계없이, 주체 존대는 말할 것도 없고, 모든 존대법에 적용되는 최상위의 제약이 존대한다.

> (59) a. 할아버지, 아버지가 돌아왔어요.
>   b. *할아버지, 아버지가 돌아오셨어요.

b는 청소년 이하의 연령층에서 많이 쓰이고 있으나, 전체적으로는 a가 일반적이며 원칙이다. 그 이유는 청자가 주체보다 상위이기 때문이다. 이것은 이른바 압존법[42]의 한 현상으로, 이를 상위 청자 제약이라 부르고자 한다.

> (60) 상위 청자 제약
>   청자가 최상위일 때, 기타에 대한 존대 표현은 실현되지 않는다.

‘최상위’라는 것은 화자, 주체, 객체 어느 대상 인물보다도 대우상 상위라는 것을 가리키는데, 그러한 위계를 결정하는 데는 화자의 주관적 판단을 포함하여 여러 가지 요인이 작용된다.

3.4. 중주어와 주체

3.4.1. 중주어와 주제의 문제

주체 대우와 소위 중주어의 문제는 매우 긴밀한 관계에 있다. 3.2에서도 잠시 문제점 또는 그 중요성이 소개된 셈인데, 국어의 주체 대우는 단순문에서가 아니라, 복합문으로서의 중주어 문장에서 많은 문제점이 제기되는

---

42) 압존법에 대해서는 김희딕(1977a, 1977b) 참조.

것이다. 실제 중주어 문장의 주체 존대 문제가 해명되는 경우, 이는 주체 대우 현상 전체가 해명되는 것으로 풀이할 수 있다. 왜냐하면 주체 존대 형태 '-시-'가 그 직접적인 관련 주어 또는 하위 주어와만 대우의 일치를 보이는 것이 아니라, 상위 주어와도 일치를 보이는바, 후자의 경우 매우 복잡한 양상을 보이기 때문이다. 따라서, 중주어 문제는 주체 대우 현상을 규명하기 위해서 선결되어야 할 과제가 된다.

그런데 국어의 소위 중주어 문제는 국어학 내지 언어학이 안고 있는 큰 과제의 하나로서, 지금까지의 많은 논의나 연구 성과에도 불구하고 여전히 숙제로 남겨져 있는 문제다. 중주어 문제에 대한 종래의 논의에서 지금 우리의 주된 관심사가 되는 것은 주제 문제다. 중주어 문장의 상위 주어 성분을 주제로, 특히 기저의 주제로 해석하는 경우, 우리는 '-시-'를 주어뿐만 아니라 주제와도 관련시켜야 되는 문제가 따른다. 과거로부터 상위 주어를 기저의 주제로 해석하는 경향이 있기 때문에, 다음에는 잠시 주제의 성격과 관련하여 중주어 문제를 살펴보고자 한다. 필자의 논의는 대체로 전통적인 해석과 방향을 같이 해서 중주어를 기저의 현상으로 해석하는 방법을 추구하게 될 것이다.

3.4.2. 주제의 일반적 특성

중주어와 관련된 주제 문제를 살펴보기 위해 먼저 주제가 가지는 일반적인 특성을 돌아보기로 한다. 특히 주제와 담화, 주제와 대하어性(aboutness), 주제와 어순, 주제와 기존 정보 등의 문제를 중심으로 잠시 이를 생각해 보고자 한다.

먼저 주제와 담화의 문제를 보기로 한다. 주제 연구는 주어-서술어로 구분되는 문장의 통사 구조에 대응되는 주제-평언(topic-comment)[43]의 기능

---

43) Topic-comment(theme-rheme) 구조는 주제-평언(이정민, 배영남(1982)) 외에도, 화제-평언(채만(1977), 박양규(1980)), 주제-설명어(심창훈(1975), 김영희(1978) 등 여러

적인 담화 구조 연구와 긴밀한 연관성을 가진다. 본래 주제는 담화 개념이지 문법 개념은 아니었으며, 지금도 그러한 개념으로 계속 사용되고 있다. 주제를 기존 정보(given information) 또는 구정보(old information)와 관련시킨다든지, 한 문장에서 주제가 될 수 있는 성분이 하나에 국한되지 않는다든지, 또는 주제를 정도의 개념으로 이해한다면, 이는 기본적으로 화용론이나 담화 분석의 대상이지 통사론의 대상이 될 수 없다.

이러한 담화 개념의 주제가 문법에 수용되어 일반에게 널리 소개되는 계기가 된 것은 Chomsky(1965) 및 Chomsky(1977)에 연유되는 것이 아닌가 한다. Kuno(1973)나, Li and Thompson(1976)의 topic도 기저 현상으로 해석하는 점에서 동열에 서는 것이라 할 만하다.44) 이러한 문법적 주제는 자연히 앞의 담화 주제와는 근본적으로 다른 개념의 것이다.

어떠한 측면에서 보든, 주제의 개념 또는 주제의 실제적 적용에 있어서는 상당한 견해의 차이를 보이고 있으며, 어떤 의미에서 그만큼 혼란을 빚고 있다고 하겠다. 오랜 연구 전통에도 불구하고 주제 문제는 해결되어야 할 문제가 많다. Dijk(1977 : 114~5)는 주제 및 주제와 관련된 여러 가지 문제점을 잘 요약해서 제시해 주고 있는데, 자신도 체계적이고 명시적인 방안이나 해답은 어려운 것임을 실토하고 있다.

다음으로 생각할 주제의 중 특성은 대하여性(aboutness)으로, 이것은 주제의 의미 특성이다. 이러한 의미 특성은 한 문장의 정보 구조가, 주제에 대하여 평언(comment) 또는 설명을 하는 것으로 되어 있음을 뜻한다. 결국 주제란 '언급하고 있는 대상(What one is talking about)'이라 할 수 있다.45)

그런데 대하여성이라는 말은 상당히 주관성을 띨 수 있다. 따라서 이것

가지로 불리고 있다.

44) Kuno(1973) 21장 참조.

Li and Thompson(1976)이, 주제가 담화 개념임을 분명히 하면서도, 이를 기저에 설정하고 있는 것은 이해하기 곤란하다. 기저의 주제는 담화 개념이라기보다는 문법 개념이기 때문이다.

45) Halliday(1967 : 212), Lyons(1977b : 506~7) 등 참조.

만 가지고는 한 문장에서 주제를 결정하는 일이 용이하지 않을 뿐 아니라, 한 문장 안에서 이러한 속성에 부합되는 성분은 여럿일 수도 있다. Dijk (1977 : 118~9)는 이러한 면을 예시와 함께 잘 지적하고 있는데, 결국 한 문장에서 여러 성분이 차등을 가지고서 주제성을 나타낸다고 할 수 있다.

순전히 의미면만 고려한다면, 주제는 주어와 그리 명료하게 구별되지 않는다. 주제와 주어에 대한 설명에서 둘이 잘 구분되지 않는 예를 많이 발견할 수 있다.46) 이에 필자가 분명히 하고 싶은 점은, 주제와 주어가 그 의미상 모두 대하여성으로 특징 지어지는 공통성을 가졌다는 점이다. 즉, 양자가 의미상으로는 잘 구별되지 않는 것이라는 점이다.

주제와 어순의 상관관계를 보면 주제는 어순과 절대적인 관계를 가지고 있다. 주제의 철저한 문두 위치를 주장한 사람은 Halliday(1967)인데, 그는 주제를 말의 시발점으로 보아 문두 위치를 주장한다. 주제가 의미상 대하여성의 특성과 관련되므로, 이러한 특성 때문에 자연 말의 시발점이 되는 것이고, 이에 따라 필연적으로 문두에 오게 마련이다. 그리하여 주제의 이러한 특성은 거의 모든 사람에 의하여 의견의 일치를 보이고 있다. 그렇다고, 역으로 문두 성분을 주제로 보는 데까지 일치를 보이는 것은 아니다.

그런데 흥미있는 사실의 하나는, 주제를 철저하게 기저 성분으로 규정하는 통사론에서도 주제의 문두 어순은 강조되고 있다는 사실이다. 다른 성분과 달리 주제가 항상 문두에 와야 한다는 것은, 여전히 주제가 담화 개념이지 문법 개념이 아님을 말해 준다고 하겠다.

다음으로 주제와 기존 정보의 관련성을 보기로 하자. 많은 사람들이 기존의 정보를 주제의 요건으로 들기도 한다.47) 일반적으로 우리가 말을 한다는 것은 이미 알고 있는 정보를 근거로 해서 여기에 새로운 정보를 제

---

46) Quirk et al(1972 : 34), Dillon(1977 : 7) 등 참조. 한 예로 다음에 보듯이 topic과 subject 에 대한 설명이 거의 일치되고 있다.

The theme is what is being about … (Halliday, 1967 : 212) … the subject of the sentence has a close relation to what is being discussed … (Quirk et al. 1972 : 34)

47) Kuno(1972)는 그 한 예다.

공하는 형태를 취하게 된다. 기존 정보(given information)라는 것은 화자에 의해서 상대자의 의식 가운데 존재하는 기존의 것으로 이해되는 정보이며, 신정보란 것은 화자가 상대자의 의식 속에 새로이 도입시키는 정보라 할 수 있다.[48]

우리가 말을 할 때는 흔히 상대자에게 알려진 것, 또는 예견 가능한 것으로부터 시작된다. 이러한 점에서 주제는 기존 정보와 관련성을 가진다. 그러나 주제의 철저한 문두 위치를 주장하는 경우는 말할 것도 없겠으나, 주제가 대하여성을 주요한 의미 특성으로 하는 한, 주제가 반드시 기존 정보이어야 할 이유는 없다고 생각한다.

주제의 특성으로 한정성(definiteness)을 들기도 하는데, 이것은 기존 정보와 성격이 다를 바 없다. 기존 정보는 필연적으로 한정적인 것이기 때문이다. 따라서 주제를 기존 정보로 보는 것은, 곧 주제의 한정성을 의미하는 것이다.[49]

3.4.3. 국어의 주제

3.4.3.1. 담화의 관점과 문법의 관점

주제에 대한 이해 또는 연구에서 먼저 고려되는 것은 주제를 보는 관점 또는 기준이다. 이것은 주제 연구의 방법론과 관련되는 문제로, 주제의 개념 규정과 그 적용에 직결된다. 대체로 주제에 접근하는 관점은 담화적 관점과 문법적 관점으로 구분될 수 있다.

주제를 담화상의 개념으로 파악하는 것은 주제 연구의 정통성을 따르는 입장이다. 사실상 3.4.2에서 객관한 주제의 특성들은 이러한 관점과 연관되는 것들이다.

---

48) Dahl(1974)은 'given information'과 관련, 'givern'의 내용을 (1) 이전에 있었던 것, (2) 이미 알려져 있는 것, (3) 사실로 전제된 것 등을 들고 있다.

49) Dahl(1974), Li and Thompson(1979) 등에서 주제의 한정성을 들고 있다.

주제를 엄격하게 담화 개념으로 한정하는 예를 김영희(1978, 1980)에서 볼 수 있다. 여기에서 주어와 주제가 동일 '층위'[50]에서 다루어질 수 없음이 강조되고 있다. 이와 동궤의 한 예를 양동휘(1980)에서도 볼 수 있다.[51] 여기에 보인 주제성 결정 요인의 한 순위는, 주제가 문법적 개념이 될 수 없음을 입증하는 것이라 하겠다.

> (61) SUBJECT POSITION>NONSUBJECT POSITION>GENITIVE POSITION
>   (p.108)

주제에 대한 문법적 관점은 대체로 주제를 기저 구조에 반영하는 관점으로서, 이러한 태도는 담화 개념의 주제를 문법 개념의 주제로 바꾸어 수용한 것이다. 초기의 이러한 시도를 임홍빈(1972)에서 볼 수 있는데, 양동휘(1974a, 1975) 등은 기저 주제 구조를 좀 더 체계화시켰다. 여기서는 대조의 '-는'과 비대조의 '-는'을 구분하여, 후자의 경우만 주제 표시로 보고, 이 둘이 대조의 강세(contrastive stress)에 의해 상보적이라 하였으나, 이 둘이 상보적인 것만도 아니며, 주제와 비주제가 대조의 강세만으로 변별된다고 볼 때, 대조의 강세 차이만 가진 주 문장에 별개의 기저 구조를 상정해야 하는 어려움이 따른다. 또한 주제를 기저의 성분으로 볼 때, 치환 또는 이동의 변형으로 생기는 비문두 위치의 주제를 설명하기도 곤란하다.

기저의 주제 구조를 밝히고 있는 박승윤(1981)도 여전히 어려운 문제를 남기고 있다. 가령 주제 구조나 비주제 구조가 단순히 한정성(definiteness) 여부에 의해 구분되어야 할 경우가 있는데, 이럴 때 외형상으로 동일한 두 문장의 기저 구조를 어떻게 달리 상정할 수 있을지 의심스럽다.[52] 이 논문

---

50) 김영희(1978)에서는, Fillmore(1968), 임홍빈(1972), 심창훈(1975) 등에서 주어와 주제를 동일 층위에서 다룬 점을 '오류'로 지적하고 있다.
51) 이 논문은 양동휘(1975) 등의 기저 주제에 대한 전면적인 수정으로 이해된다. 혹 문법 개념으로서의 주제와 담화 개념으로서의 주제를 각각 따로 설정한 것인지도 모르겠다.
52) a. 그 학생은 자기 자신이 학비를 벌고 있어.

에서 또 주목되는 것은 주제를 정도의 개념으로 파악하는 점인데, 이것은 바로 주제란 것이 문법 개념이 되기 어려움을 시사하는 것으로 생각된다.

또 다른 방법으로 기저 주제 주조를 상정하는 것은 손호민(1980)인데, 다음에 보듯이 여기에서는 기저에서 주어와 주제가 일치되고 있다.

$$(62)\ S+NP+\begin{Bmatrix} S \\ VP \end{Bmatrix}\ (p.5)$$

이러한 기저 주제 구조에서 무엇보다도 우려되는 것은 주제와 주어를 일치시키고 있는 점이다. 주제와 주어가 중복될 수 있다는 것은 이들이 상이한 층위에 있지 않고서는 곤란하다. 결국 (62)가 암시해 주는 것은 오히려 주제가 주어와 같은 문법 개념의 것이 아니란 사실인 것으로 이해된다.

3.4.3.2. '-는'과 주제

'-는'은 흔히 주제 표시로 알려져 있다. 주제와 '-는'의 이러한 연관은 어떤 면에서 직관의 한계를 크게 넘지 못한 채 기정의 사실로 굳어졌고, 이것이 알게 모르게 역으로 주제 개념 규정에 큰 영향력을 행사해 온 것으로 보인다. 이 문제는 좀더 구체적인 검토가 있어야 될 줄 안다.[53]

'-는'이 대조의 의미를 가졌다는 점에서는 거의 의견을 같이하고 있다. 문제가 되는 것은 이른바 총칭성(generic) 및 비대조의 의미다. 그런데 총칭성이란 것은 '-는' 자체의 의미가 아니다. 이것은 서술어 자체의 어휘적 의미가 주어-서술어의 구조와 관련되어 나타나는 의미인 것이다.[54]

---

   b. 그 학생이 자기 자신이 학비를 벌고 있어.
박승윤(1981)에 의하면 a는 주제 문장이고, b는 주제 문장이 되지 못할뿐더러 비문법적인 문장이 될 것 같다. 그러나 필자는 b가 충분히 문법적인 문장이 된다고 생각하는데, 이러한 판단이 긍정된다면 a와 구별되는 b의 기저 구조 상정은 거의 불가능해 보인다.
53) '-는'과 주제의 관련 문제는 성기철(1984a)에서 논의된 바 있다.
54) 사람은 동물이다. 위 문장에서 이른바 총칭성의 의미는 '사람=동물'의 관계에서 생기는 것이지 '-는'에서 분석되는 의미는 아니다. 여기에서도 '-는'의 기본적인 의

또 흔히 위에서 말한 대조의 의미가 아닌 '-는'의 의미를 지적하여 이를 순수한 주제 표시로 보기도 한다.[55] 총칭성이란 것을 제외시키면 결국 비대조의 '-는'을 말하는 것인데, 비대조의 '-는'도 항상 대조의 해석이 가능하다. 그런데 대조와 비대조라는 것은 항상 엄격하게 구분되는 것이 아니라, 동일 현상의 양극을 가리키는 것이다. 대조의 대상이 분명하고 그 수가 적을 수록 대조의 의미는 선명하게 드러나며, 대조의 대상이 불분명하거나 그 수가 무한수 또는 부정수일 때 대조의 의미는 약화되는데, 이 후자의 경우를 사람들이 흔히 비대조로 해석한 줄 안다. 결국 '-는'은 그 대조의 작용권(scope)이 좁을수록 대조의 의미가 분명해지고, 그 작용권이 확대될수록 대조 이미가 희미해지게 된다.[56] 따라서 대조의 의미가 약화된 또는 거의 소멸된 경우만을 주제와 관련시키는 것은 그리 온당한 것으로 이해되지 않는다.

'-는'에 대한 이상의 논의를 종합해 보면, 첫째 '-는'은 대조의 의미를 가지며, 둘째, 총칭성이라고 하는 것은 '-는'의 고유한 의미가 될 수 없고, 셋째, 비대조의 의미는 대조 대상이 고정되어 있지 않거나, 대조 대상의 수가 부정수 또는 무한수일 때 드러나는 것으로, 이것은 대조 의미의 약화에 불과하다는 것으로 요약할 수 있다. 따라서, 이러한 '-는'의 의미가 선별적으로 주제와 관련될 수 없으며, 또 '-는'이 대조의 형태인 이상, 이것은 순수한 주제 표시가 될 수 없을 것이다.[57]

미는 대조라 하겠다.

55) 비대조 및 이른바 총칭성의 '-는'만을 주제 표지로 해석하는 연구로는 양동휘(1975), 채만(1976), 박승윤(1981) 등을 들 수 있다. 임홍빈(1972)이나 심창훈(1975)에서는 더 적극적으로 광범하게 '-는'과 주제를 관련시키고 있다.

56) a. 김 선생님이 커피를 마시기는 한다.
 b. 김 선생님이 커피는 마신다.
 c. 김 선생님은 커피를 마신다.
 이러한 문장들에서 '-는'은 일차적으로 그것이 직접 결합된 요소에 대조의 범위가 미치게 되며, 이차적으로는 '-는'이 결합된 요소를 포함하는 최상위 성분 전체에 대조의 범위가 미친다. 한 예로 c에서 '-은'은 '김 선생'을 대조시키는 외에, 이 문장 전체를 다른 문장과 대조시킬 수 있다.

57) '-는'을 일체 주제와 관련시키지 않는 견해로는 양연희(1973), 손호민(1980) 등 참조.

3.4.3.3. 국어 주제의 특성

국어의 주제라고 해서, 주제 일반의 보편성과 크게 구별되는 특수한 것이 될 수는 없다. 적어도 국어의 경우, 주제는 그 본래의 개념대로 담화 개념으로만 사용하는 것이 바람직하다. 주제를 문법 개념으로 수용하여 기저 주제를 상정할 때, 얻는 것 이상으로 해결하기 어려운 문제에 부딪히게 된다.

우리는 무엇보다도 대하여성을 주제의 제일의적 의미 특성으로 해야 할 것이다. 이에 따라 이러한 기준에 미치지 못하는 동사구(VP) 같은 것은 주제가 될 수 없다. 그러므로 한 예로, '서울은 종로가 교통이 혼잡하다'와 같은 문자에서 '서울, 종로, 교통' 등은 모두 이 기준을 충족시키되, 다만 그 정도 즉 주제성에서만 차이가 있어서 '서울 – 종로 – 교통'의 순으로 약해진다. 이것은 결국 중주제 구조의 문장이 가능하다는 것을 의미하기도 한다.

국어에서도 주제는 문두성을 특징으로 하되, 중주제의 경우 문두에서 멀어질수록 주제성은 약화된다. 일반적으로 주제는 명사구(NP)가 되지만 부사구도 주제성을 가질 수 있다. 이러한 현상들은 주제가 정도성의 개념임을 의미할 뿐만 아니라, 주제가 문법 개념이 될 수 없음을 의미해 준다.

이상의 논의를 요약하면, 국어에서 주제는 대략 대하여성의 의미 특성과 문두성 및 정도성을 속성으로 하는 평언(comment)의 대상으로, 이는 순수한 담화적 개념이라고 하겠다.

3.4.4. 국어의 중주어

3.4.4.1. 주어와 서술

앞에서 보아 온 주제 – 평언의 구조는 의미상으로만 보면 주어 – 서술의 구조와 크게 다를 것이 없다. 사실상 과거에 많은 사람들이 대하여성을 주

어 또는 주제의 의미 특성으로 보았다.[58] 주어나 주제에 대하여 엄격하게
형식적 정의를 하고 있는 Chomsky(1965 : 221)에서 subject-predicate와 topic-
comment의 관계를 표면과 내면의 한 차이로 대응시킨 것도, 사실상 각각
대응되는 두 성분 사이의 의미가 등질의 것이라는 해석을 가능하게 해 준
다.[59] 주제 구조의 문장에서 '평언'은 의미상 '서술'과 이질적인 것이 아니
라고 볼 때, 평언의 구조가 비록 문장(NP+VP)의 구조를 가지고 있다 하더
라도 역시 서술성을 가진 것으로 해석할 수 있을 것이다.

중주어 구문으로 알려져 온 국어의 'NP+S' 구문에서 가장 문제가 되었
던 것이 S를 서술구(VP)로 볼 수 있느냐 하는 것이었고, 국내외 학계는 대
체로 이를 부정하는 쪽에서 왔다. 만약 S도 VP가 될 수 있다는 것만 입증
된다면, 문두의 명사구는 주어로 해석할 수도 있을 것이다.

> (63) a. 이 사과는 <u>맛있어.</u>
>   　 b. 이 사과는 <u>맛이 있어.</u>
> (64) a. 그런 일은 <u>무의미해.</u>
>   　 b. 그런 일은 <u>의미가 없어.</u>
> (65) a. 그 사람은 너무 <u>뻔뻔스러워.</u>
>   　 b. 그 사람은 너무 <u>얼굴이 두꺼워.</u>

위의 예문들에서 각 a는 서술어가 하나의 형용사로 구성되어 있다. 이에
비해 각 b의 서술어는 a와 같은 의미로되 NP+VP의 구조를 취하고 있다.
b에서 이들 NP+VP의 형태는 a의 서술어에 해당되는 것이다. (63)~(65)와
같은 종류의 예는 국어에서 매우 흔히 발견되는 것들인데, 위와 같은 사실
이 말해 주는 것은 분명하다. 즉, 적어도 국어에서는 하나의 문장이 서술
구가 될 수 있으며, 이 서술구는 그에 대응되는 주어를 가질 수 있다는 해
석이 가능하다. 사실상 주어, 목적어, 부사어, 관형어 등이 모두 하나의 문
장으로 대신될 수 있는데, 유독 문장 서술어만 인정되지 않는 것이 오히려

---

58) 3.4.2.2 참조.
59) Dik(1978 : 19)에서도 그러한 일면을 볼 수 있다.

기이한 것일지도 모른다.

이에 필자는 (63)~(65)의 예문에서 각 b에 보이는 문두의 명사구를 주어로, 그리고 그 다음에 따르는 NP+VP의 형태를 하나의 문장 서술어로 보고자 한다.60) 이것은 이들 b문장이 문장 서술어를 내포문으로 가진 복합문(complex sentence)으로 해석됨을 의미한다.

3.4.4.2. 중주어 구문의 변형문법의 해석

앞에서도 잠시 언급되었듯이 국어에서 중주어라고 할 때, 그 개념은 대체로 한 명사구가 문장 서술어를 가지는 기저의 복합문에서 주어로 중출되는 상하위 명사구들을 일컫는다. 70년대 이후 이러한 주어 중출 현상에 대하여 특별히 관심을 가졌던 것은 변형문법 학자들이었다. 이들의 주된 경향은 대략 셋으로 구분되는데, 하나는 중주어를 기저에서부터 인정하는 쪽이고, 다른 하나는 기저에서 오직 하나의 주어만을 세워 변형으로 설명하는 쪽이며, 마지막 하나는 기저에서 중주어 대신 주제와 주어를 따로 설정하는 대안이다. 이들을 각각 기저 중주어 가설, 변형 가설 및 기저 주제 가설이라 부를 수 있겠다.

이들 중 뒤의 두 대안이 나오게 된 동기는 분명하다. 기저에서 문장 서술구가 있을 수 없다는 전제에서 출발한 것이다. 변형 가설에 대해서는 임홍빈(1974)에서 검토된 바 있는데, 소위 중주어 구문 중에는 변형으로 설명할 수 없는 것들이 적지 않다는 데에 여전히 문제점이 남는다. 가령 다음과 같은 예문들은 그 중의 한 예가 될 것이다.61)

---

60) Teng(1974)에서는 중국어에 기저 중주어 구문이 있음을 밝히고 있으며, Li and Thompson(1976)이 말하는 일본어, 중국어, Lisu어 등에서의 주제 국문도 중주어 구문의 해석이 가능한 것들이라고 볼 때, 중주어 구문이 국어만의 특유한 현상이 아님을 알 수 있다.

61) 기령 (66)과 같은 유형의 예문에 대한 변형 해석의 시도가 없었던 것은 아니지만 무리한 것이었다고 본다. 윤만근(1980)은 ㅗ 가운데 하나라 하겠다.

(66) 꽃은 장미가 좋다.
(67) 철수는 사람이 좋다.
(68) 나는 내가 그 문제를 풀었다.

특히 (68)과 같은 문장은, 이와 다른 유형의 기저 구조를 상정하는 일이 거의 불가능해 보인다. 그것은 문두의 '나'를 유도할 수 있는 다른 기저 요소를 생각하기 어렵기 때문이다.

변형 가설의 이러한 한계를 극복하고자 했던 하나의 대안이 기저 주제 가설일 것이다. 이러한 가설의 배경은 종래의 중주어 구조를 한결같이 변형으로 설명하려 한 데에 따르는 지나친 무리를 덜고자 하는 데 있었을 것이다. 상위 주어 대신 주제라는 개념을 도입함으로써, 중주어 또는 문장 서술어라는 국어의 특수성을 좀더 보편성 있는 방법으로 설명하고자 했던 것이다. 그러나 앞에서 이미 보았듯이 이 기저 주제 가설도 변형 가설에 못지않은 문제성을 안고 있다.

가령 기존 정보, 한정성, '-는' 표시 등과 같은 주제의 제약을 모두 풀어 종래의 상위 주어 성분을 대부분 주제로 흡수함으로써 3.4.3에서 보았던 기저 주제의 문제점을 극복할 수 있을지도 모른다. 그러나 이렇게 주제의 개념을 확대시키고 보면, 이러한 개념의 주제는 종래 중주어 문장의 상위 주어와 다를 바가 없게 된다. 명칭만 주어 또는 상위 주어에서 주제로 바뀐 것에 불과하게 된다.

중주어 문제는 또 '일문일격'을 제일 원리로 삼는 격문법(Case Grammar) 이론에 의해서 새로운 해석이 시도되기도 하였다. 박순함(1970), 성광수(1979) 등이 여기에 든다 하겠다.[62] 그러나 가령 성광수(1979)의 경우 그러한 격체계(格體系)로 (66)~(68), 특히 (68)과 같은 예문, 거기에서도 이른바 상위주어인 선행 NP의 내면격이 설명될 수 있을지 매우 의문이다.

마지막으로 기저 중주어 가설이 있는데, 이는 전통적인 중주어 구문을 지지하고 나선 가설이다. 여기에 있어서는 박병수(1974, 1981, 1983) 등[63] 이

---

62) 박순함(1970)에 대해서는 임홍빈(1974) 등에서 그 문제점이 검토된 바 있다.

그 외로운 지지자들이다. 필자로서는 이들 논문에 보여 준 논의에 대해서는 많은 회의를 가지고 있지만, 그러한 가설 자체는 성립 가능한 것으로 본다. 변형 가설, 기저 주제 가설 등 지금까지 제안된 몇몇 대안들이 그 장점이나 부분적인 타당성에도 불구하고, 이전의 중주어설에 대한 강력한 대안이 못되고 있는 지금의 단계로서는, 여전히 기저 중주어의 상정이 불가피할 뿐만 아니라, 또한 이를 뒷받침할 만한 얼마간의 논거도 가능하다. 다음에 이 문제를 종합적으로 살펴보고자 한다.

3.4.5. 기저 중주어와 주격

3.4.1 이후의 논의에서 우리는 주제가 통사적 개념이 될 수 없으며, 특히 종래 중주어 구문으로 알려져 온 구조가, 변형 가설이나 기저 주제 가설 등으로 기대할 만큼 해명되지 않음을 지적하였다. 아울러 기저 주제 가설에서 보여 주는 주제-평언의 구조란 것이 실제로는 의미상으로 주어-서술어의 구조와 다를 바 없으며, 문장의 형태로 된 평언이 결국 문장 서술어(sentencial predicate)와 등질의 것임을 보였었다.

> (69) a. 코끼리는 코가 길다.
>   b. 코끼리의 코가 길다.
>   c. 코끼리는 그의 코가 길다.
> (70) a. 영수는 아버지가 경찰에 연행됐다.
>   b. 영수의 아버지가 경찰에 연행됐다.
>   c. 영수는 그의 아버지가 경찰에 연행됐다.

흔히 이들 문장의 a는 각각 b에서 유도되는 것으로 해석해 왔다. 필자는 이들의 의미가 동일하다고 생각하지도 않지만, 설혹 그러한 변형 관계가

---

63) 기저 중주어 구문에 대한 거듭된 입증 노력에도 불구하고, 대부분이 크게 설득력을 기진 것으로 보이지 않는다.

성립된다고 가정하더라도 각각의 c에 보이는 명사구(NP)의 중출은 변형 해석에 또 다른 장벽이 된다. 이런 점에서도 c와 같은 유형의 구조를 기저의 중주어 구조로 보지 않을 수 없는 근거가 성립되는데, 만약 이러한 해석이 가능하다면, a와 같은 유형의 구조를 무리하게 변형으로 설명할 이유가 없으며, 어떤 유형의 구조에서든 중주어 구조의 설정이 불가피한 것으로 판명된다면, 이러한 구조는 종래의 중주어 구조 또는 주제 구조 일반에 어느 정도 확대 적용시킬 수 있을 것이다.

중출되는 두 명사구를 모두 주어로 보고자 하는 데는 또 다른 이유가 없지 않다. 그것은 선행 명사구의 조사 선택이 일반 주어의 경우와 완전히 일치된다는 점이다. 만약 중출되는 두 명사구를 전혀 이질적인 것으로 보고서는, 이러한 등질성을 더 합리적으로 설명할 수가 없어 보인다. 이러한 일치를 단순히 우연의 현상으로 간주하는 것은 지나치게 안일한 태도가 될 듯싶다.

3.4에서 지금까지 보아 온 주제 및 중주어 논의에서 얻어지는 결론은 국어에서 기저 중주어 구문을 상정하지 않을 수 없다는 사실이다. 이러한 해석이 지금의 단계로서는 다른 어떠한 대안보다도 설득력이 있는 것으로 이해된다. 이에 필자는 전통적으로 일컬어 온 중주어 구문을, 하나의 문장을 서술구(VP)로 하는 기저 복합문 구조로 이해하고자 한다. 이에 따라 중출되는 명사구는 각각 상위 주어 및 하위 주어가 되는데, 이를 관례에 따라 편의상 중주어라 부르고자 한다.

이제 마지막으로 남은 문제는 이들 중주어와 대우법과의 관련 문제다, 우리는 이미 단순문에서 존대 형태 '-시-'가 주어되는 대상을 존대하는 것으로 해석하여, 이 '-시-'가 중주어 문장에서는 관련 내포문의 주어-하위 주어-뿐만 아니라, 상위 주어를 직접 존대하기도 하므로, 이러한 상위 주어도 주체라 부르고, 이에 따라 주체 존대란 말로 하위 주체 존대 및 상위 주체 존대를 함께 지칭하기로 한다.

3.5. 중주어문의 주체 존대

3.5.1. 내포문의 주체 존대

3.3에서 우리는 단순문에 실현되는 주체 존대의 규칙성을 보았다. 이러한 규칙성은 원칙적으로 중주어문에도 그대로 적용된다.

(71) 우리는 <u>할머니가 건강하시다.</u>
(72) 철수는 <u>부모님이 계시다.</u>
(73) 너는 <u>아버지가 회사에 다니시니?</u>
(74) 너는 <u>어머니가 선생님이시지?</u>
(75) *선생님은 <u>애기가 잘 앓으셔.</u>

위 예문들에서 밑줄 친 내포문의 주체 대우는 완벽하게 이루어지고 있다. 이러한 경우, 상위 주어는 '-시-' 존대에 아무런 영향력을 행사하지 못하며, 다만 내포문내에서만 주체 대우가 실현되고 있을 뿐이다. (75)의 비문은 이러한 내포문의 주체 대우 현상을 확인시켜 준다. 즉, (75)에서 주체 대우는 상위 주어와 서술어 사이에서 성립되는 것이 아니라, 내포문의 주어와 서술어 사이에서 성립되고 있는 것이다.

(71)~(74)와 같은 중주어문에서 보는 주체 존대는 다음과 같이 상위 주체가 존대 대상인 경우에도 적용된다.

(76) 권 선생님은 사모님께서 시장에 가셨어.
(77) 형님은 아주머니께서 어디 편찮으신가?

위의 두 문장에서 내포문의 주체 존대 해석은 전혀 무리가 없다.

3.3에서 보았던 단순문의 주체 존대가, 이와 같이 중주어문의 내포문에서도 이루어지고 있는 것을 보면, 이러한 주체 존대 현상은 대체로 문장의 종류에 관계없이 실현되는 규칙적 현상인 것으로 보인다. 다만 일부의 중

주어문에서, 단순문에서 볼 수 있는 주체 존대가 적용되지 않음을 볼 수
있다. 그리하여 (76), (77)의 문장에서도, 내포문의 주체 존대 외에 상위 주
체 존대의 또 다른 해석 가능성을 고려해 볼 수 있는 것이다. 이러한 문제
는 이제 바로 다음 항에서 주된 논의의 대상이 될 것이다.

3.5.2. 중주어문의 상위 주체 존대

3.5.2.1. 소유주 상위 주체

중주어 문장 중에는 그 서술어가 형용사이면서, 의미 내용이 상위 주어
의 소유와 관련되는 유형이 있다. 상위 주어와 서술어 사이의 이러한 관계
는 의미론적으로 규정되는 것이지만, 이들의 의미상 특성이 통사적론적인
특수성을 보여 주고 있다. 여기에서 소유의 의미를 가진 서술어란 대체로
'있다, 없다, 많다, 적다' 등과 같은 유형의 형용사를 가리킨다. 이들을 편
의상 소유성 형용사라 부르기로 한다.

이러한 소유성 형용사문과 관련된 '−시−'의 분포에 대해서는 박양규
(1975a, 1980)에서 논의된 바 있다. 박양규(1980)에서 두어 예문을 가려서 생
각해 보기로 하자.[64]

> (78) a. 김 선생님이 돈이 있으실까?
>
> 　　 b. 김 선생님께 돈이 있(?으시)을까?
>
> 　　 c. 김 선생님이(→ø) 김 선생님께 돈이 있을까?
>
> 　　 d. 김 선생님이 김 선생님의(→ø) 손에 돈이 있으실까?

---

64) 박양규(1980)에서도, 기본적으로 '−시−'를 존대와 무관한 통사론적 현상으로 보는
　　박양규(1975a)의 견해를 다음과 같이 거듭 확인하고 있다. '존대'의 문법적인 의미
　　자체가 무정성에 있는 것이고 보면, 이는 오히려 당연한 일이라고 하겠거니와, 존칭
　　명사의 무정성으로 의한 비문법성은 이미 '−시−'에 의하여 극복되고 있기 때문이
　　다. 즉 '−에서, −께서'와 마찬가지로, 우리는 이 '−시−'도 그러한 비문법성 극복
　　의 통사론적 절차이리라고 보는 것이다."(p.20).

우선 a와 같은 문장을 기저 중주어문으로 보고, '-시-'와 상위 주어를 관련시키고 있는데, 이러한 관련은 '경험주 기능'의 상위 주어에 관련된다고 보았다.65) 이 인용 논문에서 뜻한 본래 의도와 관계없이, 또 이 문장의 기저 구조 문제에 관계없이, '-시-'를 상위 주어에 관련시킨 것은 바른 것으로 생각되는데, 필자는 이를 소유주에 대한 존대로 보고자 하는 것이다.

박(1980)에서 (78b)는 대략 d⇒c⇒b의 변형 절차에 따라 유도된 '소재 표현'으로 보아, a의 소유 표현과 구별하고 있는데, 여기에서 b의 '-시-'는 생략된 주어와 연결시키고 있고, 이렇게 해서 b의 '기이'함을 해명하려 하였다. 필자는 그러한 기저 구조나 변형 절차에는 의견을 달리하지만, 여기에서도 '-시-'를 생략된 상위 주어와 관련시키고 있는 것은 바른 해석으로 생각한다.

박양규(1980)에서 논의된 '소유, 소재' 또는 '경험' 표현의 문장들은, 중주어문의 주체 존대와 관련하여 우리가 주목하는 대상의 문장들이다. 이에 대해서 다음에 종합적인 검토를 해 보기로 한다.

(79) a. 아저씨한테는 책이 많아.
　　 b. *아저씨한테는 책이 많으셔.
(80) a. 아저씨는 책이 많아.
　　 b. 아저씨는 책이 많으셔.

대우법상 (79)의 문장들에 대한 문법성이나 허용성에 대하여 의견이 구구하다. 대체로 다음 세 가지 의견으로 종합될 수 있을 것 같다. 첫째, a가 옳고 b는 비문이다. 둘째, a가 옳되 b도 허용된다. 셋째, a, b 모두 옳되 b가 더 좋다.

(79)에서 a, b 중 어느 것을 더 바른 대우 표현으로 보느냐 하는 문제는 잠시 불문에 부치고, b를 허용되는 것으로 받아들일 경우를 생각해 보자.

---

65) 박양규(1975b)에서는 소유를 경험에 포함시키고 있다.

우리는 이때 이 문장의 존대 현상 해석 문제에 대하여 상당히 주저하지 않을 수 없게 된다. 우리는 앞서, 단순문의 경우 '-시-'가 주체를 존대한다는 규칙성을 지적하였었다. 그런데 이 문제의 문장에서는 '-시-'가 주체인 주어와는 전혀 무관하다. 일견 처격어를 존대하는 것으로 해석될 법하다.

우리는 같은 존대 형태 '-시-'가 어떤 때는 주어를, 또 어떤 때는 여격어나 처격어를 존대한다고 해석하는 데 회의를 가지지 않을 수 없다. 왜냐하면, 가능한 한 일관성 있는 해석이 요구되기 때문이다. 우리는 이러한 문장의 대우 해석과 관련하여 (80b)를 함께 고려하지 않을 수 없다. 그것은, (79a)⇒(80a), 또는 (79b)⇒(80b)와 같은 변형 관계를 상정할 수 있을 것으로 보이기 때문이다. (79)와 (80)에서 각 a와 b는 그 의미나 외향상으로 보아 동일한 내면 구조를 가진 것으로 보이는 것이다 '한테는⇒는'과 같은 조사 '한테'의 생략은 다른 경우에서도 쉽게 발견되는 것이다.[66]

그러므로 (79b)를 정문으로 볼 때, (79b)⇒(80b)와 같은 변형에 의한 (80b)의 존대 해석이 가능해 보일지도 모른다. 그러나 문제는 여전히 (79b)에 대한 비문 여부의 근원적인 문제에 귀착된다.[67] 이에 (79b)를 일단 비문으로 간주하는 데서부터 시발점을 삼아 이 문제를 생각해 보기로 한다. 필자는 (79b)와 같이 모든 단순문에서 처격어 존대처럼 실현되는 '-시-' 존대문은 일단 비문으로 간주하고자 한다. 다만 이러한 문장들과 표면상 동형이면서, 처격어 존대같이 보이는 또 다른 해석의 문장이 있음을 말해 두고 싶다. 이하에서는 이러한 일련의 현상에 주안점을 두려는 것이다.

---

66) 다음 문장들에서 그러한 예를 볼 수 있다.
   a. 나도 기창이<u>한테는</u> 편지를 했다.
   b. 나도 기창이<u>는</u> 편지를 했다.
67) 필자는 성기철(1984b)에서 (79b)를 비문으로 보고, (79a)⇒(80a)의 변형 과정을 상정한 다음, (80a)에 '-시-'가 삽입되는 것으로 해석했었으나, 여기에는 몇 가지 문제점이 발견되었기에 본고에서는 이를 수정하여 다른 해석의 방법을 모색하기로 한다.

(81) a_1. 아저씨는 아저씨한테는 책이 많아.

a_2. 아저씨는 아저씨한테는 책이 많으셔.

b_1. 아저씨는(   ) 책이 많아.

b_2. 아저씨는(   ) 책이 많으셔.

c_1. (   ) 아저씨한테는 책이 많아.

c_2. (   ) 아저씨한테는 책이 많으셔.

(81a_1)은 이상의 제 문제 해결에 열쇠가 될 것으로 생각된다. 이 문장의 문법성에 대해서도 논란의 여지는 있을 것이다. 필자는 이 문장을 실제 완전히 허용되는 문장으로 본다. 혹 이러한 문장의 성립에 대해 의문이 있다면, 다음 문장들이 이들 의문을 해소시켜 줄 것이다.

(82) 김 선생님은 아들한테 책이 많으셔.

(83) 김 선생님은 둘째 아들한테 손자가 있으셔.

설혹 이러한 문장까지 받아들이지 않는다고 해도 문제될 것이 없다. 이러한 문장의 구조를 기저의 구조로 이해하면 족할 것이기 때문이다.

(81a_1)은 전형적인 중주어 문장이다. a_1, a_2에서 내포문의 처격어가 생략되면 각각 b_1, b_2가 될 것이다. 이 문장에서 처격어의 생략은 동일 명사구 삭제로 가능하다. 처격어 삭제로 결과된 b_1, b_2는 결국 각각 (80a), (80b)와 동형이 되었다. 그러면, 표면상 (81b_1)=(80a), (81b_2)=(80b)의 결과가 의미하는 것은 무엇인가? 그것은, (80a) 가 단순한 처격 조사의 생략에 의해서도 (79a)⇒(80a)의 변형이 가능하게 되므로, (80a)는 단순문으로서 (79a)의 의미를 가지면서, 내포문의 처격어가 생략된 (81b_1), 즉 (81a_1)의 의미를 함께 가진다는 것이다. 전자로 해석되는 경우 (80a)의 '아저씨는'은 여전히 처격어가 된다. 결국 (80a)는 (79a) 및 (81a_1)과 같은 두 개의 상이한 구조를 가진 것으로 해석되는 것이다.

그런데 (80b)의 경우는 사정이 좀 다른 바가 있다. (79a)⇒(80a)는 가능해도, (79b)⇒(80b)는 불가능하다. 그것은 (79b)가 비문이기 때문이다. 혹

(80b)를 얻기 위해서 다음과 같은 변형 절차를 생각해 볼 수 있을지도 모른다.

    (84) (79a) ⇒ (80a) ⇒ (80b)

즉, (79a)에서 (80a)를 유도해 내고, 이 표면 구조에 '-시-'를 결합해서 (80b)를 만들어 내는 것이다. (79b)를 비문으로 보고, (80a)에서 '아저씨는' 이 처격어로 머물러 있는 한 (80a) ⇒ (80b)는 고려될 수 없다. 그것은 (80b) 를 비문인 (79b)로 해석하는 결과가 되기 때문이다. 이러한 해석에서는, (79b)가 비문이기 때문에 (80b)도 비문이 되지 않으면 안 되는 모순이 생긴 다. 그러므로 (80b)는 $(81a_2)$의 변형으로 풀이되어야 한다. 예문 (79)~(81)에 대한 위의 논의는 대략 다음 (85)와 같이 요약해 보일 수 있을 것 같다.

    (85) a. (79a) ⎫
              $(81a_1)$ ⎬ ⇒ (80a)
        b. $(81a_1)$ ⇒ $(81\ a_2)$ ⇒ (80b)[68]

(81)에서 c_1, c_2도 유사한 방법으로 설명 가능하다. $(81a_1)$에서 역시 동일 명사구 삭제에 의해 상위 주어 '아저씨는'이 삭제됨으로써 각각 a_1 ⇒ c_1, a_2 ⇒ c_2가 되고, 이들은 또 결과적으로 표면상 각각 (79a), (79b)와 동형이 되 었다. 즉, $(81a_1)$ ⇒ $(81c_1)$ ⇒ (79a), $(81a_2)$ ⇒ $(81c_2)$ ⇒ (79b)와 같은 결과가 될 텐데, (79a, b)를 단순문으로 볼 경우 그러한 결과는 생각할 수 없게 된다. 그런데 왜 우리는 $(81a_1)$과 같은 기저 구조에서 $(81b_1{\sim}c_2)$를 유도해 내고, 그렇게 함으로써 (85a, b)와 같은 결과를 만들어 내는 것인가? 그것은 이러 한 방법으로써만, 즉 문장 (79), (80), (81)의 상관 관계를 종합적으로 고려 함으로써만, (79) 및 (80)에 대한 개선된 구조 해석 및 대우 해석이 가능해

---

68) (80b)를 $(81a_1)$에서 유도하되, $(81a_1)$ ⇒ (80a) ⇒ (80b)의 절차를 밟을 수 있겠으나, 이 보다는 (85b)의 방법을 택한다. 이것은 '-시-'가 어느 단계에서 삽입되느냐의 문제 로 여기에서는 일단 논외로 하고자 한다.

보이기 때문이다.

여기에서 우리는 무엇보다도 (81)에서 a_1이 추상적인 구조가 아니라, 현실적으로 사용되는 구조며, $b_1 \sim c_2$가 a_1에서 유도되는 것이 무리하게 인위적이거나 순수 이론적인 절차에만 의존한 것이 아니라, 매우 자연스러운 표면 구조상의 현실적 절차에 의한 것이라는 점을 거듭 지적해 두고 싶다. 그렇게 함으로써 (85)에 나타난 결과는, 현실 언어 자료 자체에서 귀납된 결과라는 점을 다시 상기하게 된다.

위와 같은 논의를 바탕으로 해서 '-시-' 대우에 대한 좀더 합리적인 해석이 가능하게 된다. 먼저 중주어 구문의 문장 $(81a_2)$는 $(81a_1)$의 '-시-' 존대 문장으로, 이 '-시-'는 상위 주체 '아저씨(는)'와 대우 (존대) 일치를 이루며, $(81b_2)$, $(81c_2)$의 '-시-'도 마찬가지다. 그러므로 (80b)와 $(81b_2)$는 완전히 동일한 기저의 문장으로 해석될 수 있는 것이다. $(81c_2)$는 표면 구조만 보면 (79b)와 같지만 사실은 전혀 다른 기저 구조를 가진다. $(81c_2)$는 상위 주어가 생략되어 있는 문장으로, 이 생략된 상위 주어가 '-시-'의 존대 대상이 된다. 그러므로 $(81c_2)$에서 '-시-'의 상위 주체 존대는 매우 자연스럽게 이루어지는 것이다. 그러나, (79b)는 그 자체가 기저 구조를 반영한 것으로 볼 때, 어떤 종류의 주어나 기타 성분의 생략도 전제되지 않는다. 따라서, 이러한 문장에서는 '-시-'가 실현될 수 없다.

이렇게 해서 우리는 이제 '아저씨한테는 책이 많으셔'가, 어떤 사람들에게는 정문으로, 또 어떤 사람에게는 비문으로 생각되며, 심지어는 동일화자의 경우에도 그 문법성에 대한 판단이 동요되는 이유를 설명할 수 있게 된다. 이 문장을 비문으로 생각하는 것은, 화자가 무의식중에 (79b)와 같은 단순문을 전제로 해서 판단하기 때문이며, 이 문장을 정문으로 생각하는 것은 $(81c_2)$와 같이 상위 주어가 생략된 중주어 문장이 전제되어 있기 때문이다. 일체의 문맥 또는 상황이 배제된 진공 속에서는 (79b)는 비문 해석만이 고려될 것이지만, 문맥이 고려된다면 문제의 이 문장은 정문, 비문의 두 가지 해석이 모두 가능하게 된다. 그러므로 (79b)나 $(80b_2)$에 대해서, 방언적 차이나 개인적 차이 또는 연령상의 차이 등으로, 또는 표준과 비표준의 차이로 해석하려던 종래의 방법에 더 이상 의존하지 않아도 될 줄 안다. 결국 (81)의 일련의 문장과 관련된 변형 절차에 의해서, 처격어의 구문에 나타나는 '-시-' 존대 현상을 일괄적으로 규명할 수 있게 된다.

때로는 (80a, b)와 같은 문장 그대로를 기저의 중주어 구문으로 해석하고자 할지도 모른다. 그러나 여기에는 무리가 따르는 것으로 보인다. 왜냐하면, 첫째로, 가령 (80a)에서 내포문에 처격어를 상정하지 않을 수 없는 것 같은데, 그렇게 되면 그것은 결국(81a₁)이 될 수밖에 없으며, 둘째로, (80a)와 (79a)가 의미상으로나 통사상으로나 전혀 관련이 없는 것으로 보기 어렵기 때문이다. 이 둘이 개별의 기저 구조를 갖는다고 하면, '에게는 ⇒ 는'과 같은 여격어 생략은 부정되어야 한다. (80a)와 (79a)의 두 문장과 관련하여, 의미 및 통사상으로 보아 변형 관계를 설명하기는 어렵지 않아도, 이들이 전혀 상관성이 없다는 것을 설명할 방법은 좀처럼 발견되지 않는다.

이상에서 예문 (79), (80) 및 (81)의 대우 해석 문제를 그들 구조와 관련하여 살펴보았다. 여기서 분명히 밝혀지는 사실은, '많다'와 같은 소유관련의 의미를 가진 형용사를 서술어로 하는 중주어 문장에서는, 존대 형태 '-시-'가 대우상 하위 주체와 관계되는 것이 아니라, 상위 주체와 직접 관련된다는 점이다. 이것은 다른 말하면 소유성 형용사를 서술어로 하는 준주어문장에서, '-시-'에 의해 상위 주체에 대한 직접적인 존대 표현이 가능하다는 사실을 의미해 줌과 동시에, 이것은 단순문에서 보았던 주체존대에 대한 하나의 큰 예외 또는 제약이라 할 수 있다. 이와 같이, '-시-'에 의한 존대 표현의 대상은 단순문의 주체뿐만 아니라 중주어문의 상위 주체에까지도 미치고 있다.

다음에는 예문을 바꿔서 (79), (80), (81)의 예문이 보여 준 구문 및 대우 해석을 뒷받침하기로 한다.

(86) a. 철수한테는 숙모님이 많아. (화자 : 철수 친구)
 b. 철수한테는 숙모님이 많으셔.
(87) a. 철수는 숙모님이 많아.
 b. 철수는 숙모님이 많으셔.
(88) a_1. 철수는 철수한테는 숙모님이 많아.
 a_2. 철수는 철수한테는 숙모님이 많으셔.
 b_1. 철수는 (   ) 숙모님이 많아.
 b_2. 철수는 (   ) 숙모님이 많으셔.
 c_1. (   ) 철수한테는 숙모님이 많아.
 c_2. (   ) 철수한테는 숙모님이 많으셔.

(86)에서 대우는 우선 주어와 서술어 사이에서 이루어진다. (87)에서도 이를 (86)의 변형으로 보면 역시 마찬가지다. 기본적으로 (86)~(88)의 제 문장에서 '숙모님이 – 많아(많으셔)'와 같은 주체 존대 해석이 성립된다. 물론 이러한 해석에서는 '많다'는 소유와 무관하다. 그러므로 우리의 다음 관심은 자연 이들의 구조 해석과 관련된, 상위 주어와 서술어 사이의 대우 문제가 될 것인데, 이런 경우에 한해서 '많다'는 소유 문제와 연관된다.

(88a, b)는 (81a, b)와 동일한 중주어 문장이다. 중주어 문장에서 '–시–' 존대는 하위 주체 및 상위 주체의 어느 것과도 호응이 가능하다는 앞의 잠정적 결론에 따라, 우선(88a_1)은 두 가지 대우 해석이 가능하다. '철수 – 많아'의 상위 주어 – 서술어 관계, 또는 '숙모님 – 많아'의 주어 – 서술어 관계에서 모두 대우 해석이 가능하다. 전자의 경우로 해석할 때, 이 문장은 대우상 어떤 결함도 없는 훌륭한 표현의 문장이 될 것인데, 후자의 경우로 해석할 때에는 '–시–'가 결여됨으로 해서 대우상 미흡한 문장으로 풀이 될 수도 있다. (81)에서와 달리 (88)에서 두 가지 대우 해석이 가능한 까닭은, 두 개의 주어가 [+Human]의 자질을 가지고 있어서, 모두 존대의 대상이 되고 있는데다가, 단순한 '–시–'의 결여가 비문의 요인이 되지 않는다는 사실 때문이다. 후자는 (86a)와 같은 대우의 문장이 성립 가능하다는 해석을 의미한다.

격조사 '-한테'의 생략에 의해서 (86a)⇒(87a)가 가능한데, 이것은 (87a)의 '철수는'이 여전히 주어가 아닌 처격어임을 의미한다. 그런가 하면, (88a$_1$)⇒(88b$_1$)이 결과는 (87a)를 (88a$_1$)으로 해석 가능하게 해 준다. (87a)가 (88a$_1$)에서 변형된 것이라고 보면, 이 때 '철수(는)'는 상위 주어가 된다. 따라서, 이러한 해석으로 결과되는 (87a)의 모호한 구문 해석을 대략 다음과 같이 요약할 수 있다.

$$(89) \quad \left.\begin{array}{l} (86a) \\ (88a_1) \end{array}\right\} \Rightarrow (87a)$$

(86a)에서 주체 존대가 실현되면 (86b)가 되고, 다시 처격 조사의 생략으로 (87b)가 되는데, 이 경우에도 '철수는'은 처격어다. 그런가 하면, (88a$_2$)⇒(88b$_2$)의 절차에 의해서도 (87b)가 유도되는데, 이 경우에는 '철수는'이 상위 주어다. 이러한 구조적 모호성을 요약해서 보이면 다음과 같다.

$$(90) \quad \left.\begin{array}{l} (86a) \Rightarrow (86b) \\ (88a_2) \end{array}\right\} \Rightarrow (87b)$$

다시 (88)에서 보면 a$_1$⇒a$_2$⇒c$_2$가 되어, 결과적으로 (88b$_2$)⇒(86b)가 되었다. 따라서 다음에 보는 바와 같이, (86b)도 두 가지 해석이 가능하게 된다.

$$(91) \quad \left.\begin{array}{l} (86a) \\ (88a_1) \Rightarrow (88a_2) \end{array}\right\} \Rightarrow (86b)$$

결국 (89) 및 (91)에서 우리가 생각하고자 하는 요점은, (86)~(88)과 같은 유형의 소유성 서술어의 중주어 문장에서는 '-시-'가 상위 주체와 직접 존대 관계를 이룬다는 사실을 거듭 확인할 수 있다는 점이다. 환언하면, 하위 주체 존대 및 상위 주체 존대로 이들 예문의 주체 대우 현상 좀더 합리적으로 설명할 수 있다는 사실이다.

우리는 (81)에서 상위 주체가 존대 대상인 경우를 그리고 (88)에서는 하위 주체가 존대 대상인 경우를 보았다. 다음에는 상하위의 두 주체가 모두 존대 대상인 경우를 봄으로써, (81), (88)과 같은 사례를 종합적인 관점에서 보기로 한다.

(92) a. 김 선생님한테는 형님이 많아.
　　 b. 김 선생님한테는 형님이 많으셔.
(93) a. 김 선생님은 형님이 많아.
　　 b. 김 선생님은 형님이 많으셔.
(94) a_1. 김 선생님은 김 선생님한테는 형님이 많아.
　　 a_2. 김 선생님은 김 선생님한테는 형님이 많으셔.
　　 b_1. 김 선생님은 (　　) 형님이 많아.
　　 b_2. 김 선생님은 (　　) 형님이 많으셔.
　　 c_1. (　　) 김 선생님한테는 형님이 많아.
　　 c_2. (　　) 김 선생님한테는 형님이 많으셔.

위 예문 (92)~(94)에서 '많아, 많으셔'는 각각 하위 주체 또는 상위 주체 중 어느 하나와 대우 일치를 이루고 있다. 이들 문장들이 모두 거의 정문으로 해석되는데, 다만 (92b)에서 '-시-'가 처격어 '김 선생님(한테는)'과 일치될 수 없는 점에 유의하기로 한다. 가령 (94)에서 a_1보다는 a_2가 대우상 더 바른 표현인데, a_1에서 '-시-'가 결여된 것을, 하위 주체 '형님'에 대한 주체 존대 의도의 결여로 해석할 수도 있고, 상위 주체 '김 선생님'에 대한 존대 의도의 결여로 해석할 수도 있다. 이와는 달리 b_2에서 '-시-'는 하위 주체나 상위 주체 어느 것과도 일치가 가능한데, 그 선택은 전적으로 화자의 의도에 달려 있다. 그러므로 이런 경우 청자는 존대 해석 자체에는 곤란이 따르게 되나, 어느 쪽으로 해석해도 문제는 없기 때문에 언어 사용상에서 실제적으로는 부담을 느끼지 않는다.

물론 '-시-'가 동시에 두 주체와 대우의 일치를 이루는 것은 불가능하다. (92)의 단순문에서는 '-시-'가 물론 주체에 대한 존대 표현일 것이며 (94)에서도 '-시-'가 내포문의 주체와 대우 일치를 이룸은 당연한 것이다. 그러나 '-시-'가 하위문의 주체와 대우의 일치를 보인다는 사실이 우리의 주된 관심사가 아니라, '-시-'가 상위문의 주체와도 대우 일치를 아룬다는 점이 우리가 중시하는 사항이다

(94)에서도 제 변형 절차에 따라 다음과 같은 구조 및 대우 해석이 가능해진다.

(95) (92a) ⇒ (92b)
    (94a₁) ⇒ (94a₂) } ⇒ (93b)

(95)가 의미하는 대우 해석을 종합해 보면, (93b)는 무엇보다도 먼저 (92b)와 같은 단순문으로 해석되고, 이때 존대 대상은 주체인 '형님'일 수밖에 없다. 이러한 단순문에서 처격어 '김 선생님'에 대한 존대는 성립될 수 없다. 다음으로는 (93b)가 중주어 문장으로 해석될 때, 존대 대상은 내포문의 주체 '형님'일 수도 있으며, 상위 주체 '김 선생님'일 수도 있다. 결국 (93b)는 대우상 3가지로 해석될 수 있는, 모호성이 있는 문장이다.

다음에는 전형적인 소유의 의미를 가진 '있다'의 경우를 보기로 한다.

(96) 책상 위에 책이 있다.
(97) a. 방에 형님이 있다.
    b. *방에 형님이 있으시다.
    c. 방에 형님이 계시다.

이들 '있다'의 의미는 물론 기본적으로 존대와 관련되지만, 대체로 현재 어떤 장소에 사물이 실제하고 있음을 나타낸다. 이러한 의미를 '현존'이라 할 수 있다. 엄격히 말하면, 존재와 현존은 구별되는 것이지만, 편의상 여기에서는 이 둘을 합하여 존재라는 말로 통칭하고자 한다. 이러한 의미로서 '있다'의 존칭형은 '계시다'일 뿐, '있으시다'는 사용될 수 없다.

'있다'에 이러한 존재의 의미 외에 흔히 말하는 소유의 의미가 있다. 다음은 중주어 구문의 문장들이다.

(98) a. 김 선생님은 애기가 있다.
　　b. 김 선생님은 애기가 있으셔.
　　c. *김 선생님은 애기가 계셔.
(99) a. 김 선생님은 형님이 있어,
　　b. 김 선생님은 형님이 있으셔.
　　c. 김 선생님은 형님이 계셔.

　문법성에 논란의 가능성도 없지 않겠지만, (98)에서 b가 더 바른 문장이라고 생각된다. (98)에서 보아, 소유 의미로서 '있다'의 존대어는 '있으시다'이며, '계시다'가 아님을 알 수 있다. 그러므로 (99)에서도 '있으셔'는 '김 선생님'과 관련되고, '계셔'는 '형님'과 관련된다.

　결국 예문 (97)~(98)는 '있다'에 최소한 두 가지 의미가 있어서, 존재의 의미로는 대우상 '있다-계시다'로 대응되고, 소유의 의미로는 '있다-있으시다'로 대응되는데, 전자는 문장 범위 안의 주어인 하위 주체와만 일치되며, 후자는 상위 주체와 일치됨을 보여 준다. 따라서 '계시다'는 존재의 의미로만 사용되어서 소유의 의미를 가지지 못하며, 항상 단위 문장 안의 주체와 존대 일치를 이룰 뿐, 상위 주체와는 존대 일치를 이루지 못한다.

　다음 예문은 이러한 사실을 간명하게 확인시켜 준다.

(100) a. 선생님께서도 강아지가 있으세요?
　　b. *선생님께서도 강아지가 계세요?
(101) a. 너도 부모님이 계시냐?
　　b. *너도 부모님이 있으시냐?

　(100b)는 '계세요'와 비존대 대상의 주체(강아지) 사이에, 그리고 (101b)는 '있으시다'와 비존대 대상의 상위 주체(너) 사이에 대우의 관계가 이루어지고 있기 때문에 각각 비문이 되었다. 이에 편의상 두 '있다'를 구별하여, 대우상 하위의 주체와 일치되는 '있다'를 '있다(1)', 상위 주체와 일치되는 '있다'를 '있다(2)'로 하고, 이들 내용을 요약하면 대략 다음과 같이 된다.

(102) 있다(1) – 계시다 (존재) : (하위) 주체와 대우 일치
     있다(2) – 있으시다(소유) : 상위 주체와 대우 일치

　　존재 또는 소유의 의미를 가진 다음 문장들의 대우 문제를 생각해 보기로 한다.

(103) a. 노 선생님한테는 애기가 있다.
　　　b. *노 선생님한테는 애기가 있으셔.
　　　c. *노 선생님한테는 애기가 계셔.
(104) a. 노 선생님은 애기가 있어.
　　　b. 노 선생님은 애기가 있으셔.
　　　c. *노 선생님은 애기가 계셔.
(105) a_1. 노 선생님은 노 선생님한테는 애기가 있어.
　　　a_2. 노 선생님은 노 선생님한테는 애기가 있으셔.
　　　a_3. 노 선생님은 노 선생님한테는 애기가 계셔.
　　　b_1. 노 선생님은(　) 애기가 있어.
　　　b_2. 노 선생님은(　)애기가 있으셔.
　　　b_3. *노 선생님은 (　)애기가 계셔.
　　　c_1. (　) 노 선생님한테는 애기가 있어.
　　　c_2. (　)노 선생님한테는 애기가 있으셔.
　　　c_3. *(　)노 선생님한테는 애기가 계셔.

　　위에서 무엇보다도 먼저 '계셔'를 서술어로 하는 문장이 비문으로 배제된다. '계시다'는 내포문의 주체와만 대우 일치를 이루는데, 주체가 비존대 대상인 '애기'이기 때문이다. '있으셔'도 두 가지 근거, 즉 '애기'가 비존대 대상이란 점과, '애기'가 내포문의 주체라는 이유 때문데 대우상 '애기'와 일치될 수 없다. 나머지 중에서 먼저 고려될 문제는 (103b)의 문법성 문제인데, 앞에서 처격어에 대한 '–시–' 존대는 일체 허용되지 않는 것으로 보았었다. 여기에서도 어떤 성분의 생략도 전제되지 않은 문장으로 간주하는 한 이 문장도 예외가 될 수 없다. (103)의 '있다'는 존재의 의미로 사용되었다.

(105)의 중주어 문장에 눈을 돌려 보기로 한다. a_1에서 '있다'는 내포문의 주체 '애기' 및 상위 주체 '노 선생님'의 어느 것과도 대우의 일치가 가능하다. 이것은 이 '있다'가 존재 및 소유의 두 가지 의미로 해석됨을 의미한다. 즉, 하위 주체와 일치될 때는 존재의 의미며, 상위 주체와 일치될 때는 소유의 의미다, 그러나 a_2의 '있으셔'는 상위 주체와만 일치 가능하며, 따라서 소유의 의미로만 해석된다. a_1에서 처격어가 생략된 b_1은 결과적으로 (104a)와 동형인데, (104a)는 (103a)로부터 유도될 수도 있어, 결국 두개의 상이한 기저 구조를 가질 수 있다. '노 선생님'이 전자에서는 상위 주어임에 대해, 후자에서는 처격어다. $(105a_2)$는 (104b)와 동형이 되는데, (104a)와 달리 (104b)가 (103a)로부터 유도될 수 없다. '있으셔'와 존대 일치가 가능하기 위해서는 '노 선생님'이 상위 주체여야 하며, 처격어이어서는 안 되기 때문이다.[69]

$(105a_2)$에서 상위 주어가 생략됨으로써 결과된 $(105c_2)$는, 비문으로 보았던 (103b)와 동형이 되었다. 그러므로 (103b)에서와 같이 상위 주어의 생략이 전제되지 않는 단순문으로서는 비문이지만, $(105c_2)$와 같이 상위 주어 생략이 전제된 중주어 문장으로서는 성립 가능하다. (103b)와 같은 문장에 있어서, 그 문법성이나 허용성에 대하여 의견의 차이를 보이는 것은 바로 이 때문인 것으로 이해된다. 즉, (103b)와 같은 문장이, 단순문으로서는 '-시-' 존대 표현이 불가능하지만, 존대 대상의 상위 주어가 생략되었다고 생각할 때에는 '-시-'가 가능하다. 후자의 해석에서는 먼저 '-시-' 존대가 표현되고 나서 상위 주어가 생략된 것이다.

3.5에서 지금까지의 보아 온 중주어 문장의 예들에서는 상위 주어가 내포문의 처격어와 일치되는 경우였다. 이것이 형용사를 서술어로 하는 소유

---

69) 주신자(1978 : 16~17)에서는 (104a)와 같은 문장을 중주어 구문으로 해석하고, 이것이 (103a)와 같은 문장으로 유도되었으리라는 견해를 보이고 있는데, (104a)를 중주어 구문으로 보는 한, 이것이 (103a)에서 유도되었다고 해석하는 데는 무리가 따른다. 그러한 변형을 상정하는 경우 (104a)에서 '노 선생님'은 여전히 처격일 것이기 때문이다.

주 상위 주어의 중주어 구문에서 볼 수 있는 한 특징적인 경향임에는 틀림없지만, 이것이 절대적인 조건이 되는 것은 아니다. 다음과 같이 이들이 일치되지 않는 경우를 볼 수 있다.

(106) a. 아버지한테는 책이 많다.
  b. *아버지한테는 책이 많으시다.
(107) a. 아버지는 책이 많다.
  b. 아버지는 책이 많으시다.
(108) a_1. 김 선생님은 아버지한테는 책이 많다.
  a_2. 김 선생님은 아버지한테는 책이 많으시다.
  b_1. 김 선생님은 ( ) 책이 많다.
  b_2. 김 선생님은 ( ) 책이 많으시다.
  c_1. ( ) 아버지한테는 책이 많다.
  c_2. ( ) 아버지한테는 책이 많으시다.

예문 (108)에서는 앞의 것들과 달리 상위 주어(김 선생님)와 내포문의 처격어(아버지)가 동일 인물이 아니다. 역시 동일 명사구 삭제와 같은 변형은 적용되지 않지만, 이들 구조 상호간의 관련성이나 대우 또는 존대의 해석 문제는 이전의 예문들과 동궤의 것에 속한다. 다만 ($108b_1$~$108c_2$)의 경우에 담화 생략(discourse ellipsis)과 같은 문제가 고려될 뿐이다.[70] 내포문의 처격어는 반드시 인물에 국한되지 않는다. 다음과 같이 장소가 될 수도 있다.

(109) a. 연구실에 책이 많다.
  b. 연구실에 책이 많으시다.
(110) a. 박 선생님은 연구실에 책이 많다,
  b. 박 선생님은 연구실에 책이 많으시다.

처격어와 함께 나타나는 '-시-' 존대 현상에 대하여 이를 처격어 대우

---

70) 예문 (108)에서 생략된 성분은 이들 문장 안에서가 아니라, 문장 밖에서, 즉 문맥을 통해서만 이해된다.

로 해석하는 문제를 고려해 볼 수도 있다.[71]

> (111) 그 돈은 어머니께 있으십니다.
> (112) 선생님께는 책이 많으시군요.
> (113) 김 선생님 댁에도 책이 많으십니까?
> (114) 호랑이가 선생님께는 무서우십니다.[72]

필자는 앞에서 처격어에 대한 존대는 성립되지 않는 것으로 보았으므로, 위 예문들은 원칙적으로 대우법상 허용되지 않는 것으로 간주한다. 이미 언급되었지만, '-시-'가 주어, 처격어, 여격어, 주제 등등을 존대한다고 해석해서는 일관성 있는 해결을 기대할 수가 없다. 만약 처격어 대우라고 보게 되면 다음 (115), (116)과 같은 문장에서 각각 '박 선생님'과 '연구실'이 존대되었다고 보아야 되는 어려움이 따른다.

> (115) 김 선생님께서는 책이 박 선생님 댁에 있으십니까?
> (116) 김 선생님께서는 책이 연구실에 있으십니까?

위에서 존대된 것은 모두 '김 선생님'일 뿐이다. 따라서 (111), (112)는 여격어와 동일한 인물의, 생략된 상위 주어를 존대하는 것으로 해석했던 지금까지의 대우 해석에 그대로 일치되는 것이며, (113)도 마찬가지 해석이 적용될 수 있다. (114)는 다음 항에서 논의의 대상이 될 것이다.

본항에서 검토된 결과를 종합해 보면 소유와 관련되는 형용사를 서술어로 하는 중주어문에서는 하위 주체에 대한 '-시-'존대는 성립되지 않는다. 이것은 단순문의 주체 존대에 대한 하나의 제약이다. 똑같은 문장이라 해도 하위 주체와 이들 형용사 사이에 존대 관계가 성립될 때에는, 이들 형용사는 소유의 의미와는 무관하다. 따라서 같은 문장도 소유와 비소유로

---

71) 서정수(1972 : 94)에서 처격 대우로 해석되었던 것 중 특히 중주어 구문과 관련된 대우[존대]는 서정수(1977ㄱ)에서 일부 수정되어 주제와 관련시켜 해석되고 있다.
72) 이들 예문은 서정수(1972 : 94)에서 일부를 취한 것이다.

해석이 달라질 때, 각각 상이한 기저 구조가 상정되어야 한다.

3.5.2.2. 행위주 상위 주체

행위주 상위 주체 문장은 중주어 문자에서 상위 주어가 내포문의 서술어의 행위주가 되는 문장을 가리키는 것이다. 이러한 구조가 되기 위해서는 내포문은 피동문이 되어야 한다. 내포문이 능동문일 경우에는 서술어의 행위주는 대체로 하위 주어가 될 뿐, 상위 주어가 될 수 없기 때문이다.

> (117) a. *김 선생님은 철수가 문제를 해결하셨다.
> 　　　 b. 김 선생님은 고기가 잘 잡히신다.

중주어문 주문은 위 예문 a에서는 '김 선생님'이 행위주로 해석되지 않으므로 '-시-' 존대가 성립되지 않는 반면, 내포문의 피동문인 b에서는 '-시-' 존대가 성립되고 있다. 여기에서 문제는 b가 중주어문으로 보이지 않는 데에 있을 것이다. 이제 이 문제를 좀더 구체적으로 생각해 보기로 한다.

> (118) 나는 김 선생님이 보인다.
> (119) a. 나한테는 김 선생님이 보인다.
> 　　　 b. 나한테는 김 선생님이 보이신다.
> (120) a. 나는 김 선생님이 보인다.
> 　　　 b. 나는 김 선생님이 보이신다.
> (121) a_1. 나는 나한테는 김 선생님이 보인다.
> 　　　 a_2. 나는 나한테는 김 선생님이 보이신다.
> 　　　 b_1. 나는 (　　) 김 선생님이 보인다.
> 　　　 b_2. 나는 (　　) 김 선생님이 보이신다.
> 　　　 c_1. (　　) (　　) 선생님이 보인다.
> 　　　 c_2. (　　) (　　) 선생님이 보이신다.

(118)의 능동문이 피동화로 (119a)가 되고, 여기에 주체 존대화가 적용되

어 (119b)가 되었다. 여기서의 특징은 존대 형태 '-시-'가 피동화 후에 삽입된다는 점이다. 이러한 사실은, 피동문 자체를 기저 구조로 보지 않는 한, '-시-'가 내면 구조에서 생성되는 것이 아니라는 것을 보여 준다. 다음에 위의 제 문장들 사이의 상호 관계를 검토해 보기로 한다.

능동문의 행위주는 피동문에서 여격어가 되는데, 예문에서 우선 (118)의 능동문이 피동화되면, 대우상 (119a)보다 (119b)가 바른 표현이 된다. 이들은 다시 조사 '한테'의 생략으로 (119a)⇒(120a), (119b)⇒(120b)의 변형 관계 상정이 가능하다. 그러나 문제는 (119), (120)에서 각 a는 각 b에 대한 비존대문으로밖에는 해석이 안 된다. 그러므로 주체에 '-시-'가 호응되지 않으면, 이를 비문으로 생각하는 화자들에게는, 이들 각 a는 허용되지 않는다. 필자는 이들 a 문장이 피동문으로서, 비록 '-시-'가 결여되었어도 문법적인 문장으로 간주하고 있는데, 그렇게 생각하지 않더라도, 이들 a 문장이 바른 문장으로 이해되는 또 다른 구조 해석이 가능하다. 이 경우에는 물론 피동문으로서가 아니며, 또한 (120a)의 '나는'이 여격으로 해석되지도 않는다. 다음에 이러한 해석 방법을 탐색해 보고자 한다.

(121)은 (119a)의 피동문을 내포문으로 하는 중주어 문장들로서, 그 상위 주체는 내포문의 여격어와 일치되는데, 결국 이들은 내용상 능동문의 행위주다. 이러한 구조 해것은 3.5.2.1에서 보았던 소유주 상위 주체 구문과 완전히 일치된다. (121)에서 여격어의 생략(동일 명사구 삭제)으로 'a_1⇒b_1'이 되면, (121b_1)은 바로(120a)와 동형이 된다. (121a_1)에서 상위 주어와 서술어 사이의 대우 일치 (나는-보인다)가 가능하므로, 여기에서 유도된 (120a)가 (119a)의 피동문으로서는 대우상 미흡 또는 부적절한 표현이라고 하더라도, (120a)가 (121a_1)에서 유도될 때는 매우 바른 표현이 된다. (120a)의 '나는'이 전자에서는 여격어지만 후자에서는 상위 주어다. 이와 같이 (120a, b)에 대하여 각각 상이한 두 개의 기저 구조를 전제하지 않고서는, 이들에 대한 바른 대우 해석의 방법을 구할 수 없어 보인다. 다음에 한 예로 (120a)의 모호성을 다음과 같이 요약해서 나타낼 수 있다.

$$(122) \left.\begin{array}{l}(119a)\\[4pt](121a_1)\end{array}\right\} \Rightarrow (120a)$$

위 예문들의 해석에서 우리에게 주목되는 것은, 이와 같은 유형의 중주어 구문에서도 '-시-' 존대는 내포문의 주체 즉 하위 주체뿐만 아니라, 상위 주체와도 일치를 이루는 바, 이러한 상위 주체에 대한 존대는, 단순문에서 보는 주체 존대에 대한 또 다른 예외적 현상으로서, 이러한 경우 상위 주체는 피동문의 행위주라는 제약을 받는다.

우리는 3.2.2 및 3.3에서 다음과 같은 예문의 대우 표현 문제를 언급한 바 있다.

(123) 아버님이 보이니? (=30)

이 문제에 대한 좀더 구체적인 해명을 위해 다음 문장을 예로 살펴보고자 한다.

(124) a. 선생님이 보인다.
     b. 선생님이 보이신다.

이 두 예문에 대한 문법성이나 허용성 시비가 그리 의미있는 것이 아닌 것 같다는 것을 보기 위해 다시 (121)에 눈을 돌려 보기로 하자. a_1. a_2에서 여격어 또는 상위 주어가 생략될 때, 각각 b_1, b_2 또는 c_1, c_2가 되었다. 그러나 (121)에서 상위 주어 및 이와 동일 지시 대상인 여격어가 모두 생략되면 c_1, c_2가 되는데, 이들은 곧 (124a, b)와 동형이다. 이들은 담화 생략에 의한 것이다. 그러고 보면 (124a)는 '보이다'와 대우 일치를 이루는 비존대 대상의 상위 주어 생략을 전제함으로써, 바른 대우 표현의 문장으로 해석 가능하며, (124b)는 존대 대상이든 비존대 대상이든 행위주에 해당되는 어떤 대상의 사위 주어가 생략되었다고 간주하면 성립 가능하다. a만이 옳다고 생각하는 사람은 무의식 중에 비존대 대상의 상위 주어(예 : 나, 우리 등) 생략을 전제로 하고 있다 하겠다. 3.2.2 및 3.3에서 언급했듯이, 만약 (124a, b)

자체를 어떠한 생략도 전제되지 않은 기저 구조 그대로를 반영하는 문장이라고 간주한다면, '보이다'는 이미 완전 자동사화한 것으로 해석되어야 하며, 또한 대우상 b가 더 바른 표현이 되어야 한다.

다음에 피동문의 예 하나를 더 살펴보자.

(125) 최 선생님은 고양이를 붙들었어.
(126) a. 최 선생님한테는 고양이가 붙들렸어.
      b. *최 선생님한테는 고양이가 붙들리셨어.
(127) a. 최 선생님은 고양이가 붙들렸어.
      b. 최 선생님은 고양이가 붙들리셨어.
(128) a_1. 최 선생님은 최 선생님한테는 고양이가 붙들렸어.
      a_2. 최 선생님은 최 선생님한테는 고양이가 붙들리셨어.
      b_1. 최 선생님은 (　　　　)고양이가 붙들렸어.
      b_2. 최 선생님은 (　　　　)고양이가 붙들리셨어.
      c_1. (　　) 최 선생님한테는 고양이가 붙들렸어.
      c_2. (　　) 최 선생님한테는 고양이가 붙들리셨어.

(125)~(128)에 대한 구조 및 대우 해석은 (118)~(121)과 완전히 일치된다. 다만, (125)의 피동문으로 (126b)와 같은 존대 표현은 불가능하다. 여기에 '-시-'는 주어 '고양이'와 호응되어야 하기 때문이다. (127b)도 (126b)와 같은 피동문이라면 역시 성립이 불가능하다. 여기에서도 '최 선생님(은)'은 (126)에서와 똑같이 여격이기 때문이다. 그러나 (127b)가 $(128a_1) \Rightarrow (128a_2) \Rightarrow (128b_1) \Rightarrow (128b_2)$의 절차에 따라 유도된 것이라면, 성립이 가능한 중주어 구문의 문장이다. 그러므로 (127)의 문장들이 피동문이라면 b가 불가능하고 a만이 성립될 것이지만, 이들이 (128)의 a_1 또는 a_2에서 유도된 것이라면, 어느 것도 가능한 문장이다. 따라서, (126b)나 (127b)와 같은 구조의 문장을 비문으로만 규정하는 데는 문제가 있으며, (127)에서 a, b 둘을 놓고 어느 것이 옳은 것인가를 따지는 것 또한 자료에 대한 피상적 관찰의 한계를 넘지 못하는 것이라 하겠다.

(127)의 구조 해석에서 우리는 한 가지 더 고려할 것이 있다. 그것은 이

들을 중주어 구문으로 보되, 상위 주어와 내포문의 여격어를 상이한 것으로 보는 해석이다. 가령 다음 문장을 보자.

(129) a. 최 선생님은 고양이가 철수한테 붙들렸어.
　　　 b. *최 선생님은 고양이가 철수한테 붙들리셨어.

이러한 중주어 문장에서 대우 일치는 내포문의 서술어와 그 주어 사이에서만 가능하다. 이러한 복잡한 제 문제는 '능동⇒피동'의 구조 변형 관계로만은 기대할 만한 해명을 얻을 수 없다. 여기에 (128a$_1$, a$_2$)의 문장이 보첨되어서야 비로소 전체가 체계적이고 합리적인 해석을 받을 수 있다.

3.5.2.3. 경험주 상위 주체

(130) a. 할아버지한테는 짐이 무거워.
　　　 b. *할아버지한테는 짐이 무거우셔.
(131) a. 할아버지는 짐이 무거워.
　　　 b. 할아버지는 짐이 무거우셔.
(132) a$_1$. 할아버지는 할아버지한테는 짐이 무거워.
　　　 a$_2$. 할아버지는 할아버지한테는 짐이 무거우셔.
　　　 b$_1$. 할아버지는 (　　　) 짐이 무거워.
　　　 b$_2$. 할아버지는 (　　　) 짐이 무거우셔.
　　　 c$_1$. (　　　) 할아버지한테는 짐이 무거워.
　　　 c$_2$. (　　　) 할아버지한테는 짐이 무거우셔.

(130)~(132)의 제 문장에 대한 구조 및 대우 해석은 대체로 앞에서 검토해 온 자료들, 즉 소유나 피동의 중주어 구문들의 경우와 거의 공통되는 바 있어, 특별히 새로울 것이 없다.

필자는 경험주의 범위를, 위와 같이 형용사를 서술어로 하는 중주어 문장의 경험주에 한정하고[73] 이를 경험주 상위 주체라 부르기로 한다. 그런

---

73) 박양규(1975a, 1980)에서 언급되고 있는 경험주는 소유주 및 경험주를 모두 포함한다. 여기에서 '−시−'가 '통사론적 파격의 해소'를 위해 쓰인다고 해석한 것은 동

데 이러한 구조의 문장에서는, 형용사가 행위성과 깊이 관련되어 있으며, 이에 따라 경험주는 어느 정도 행위주의 성격을 띠게 된다. 위 예문들에서 여격어 또는 경험주는 '무겁다'의 기준이 되어 있다. 기준이 된다는 것은 그 기준되는 사람이 짐을 들 경우가 전제되어야 함을 말한다. 이것이 전제되지 않고는 그 사람에게 무거울 것인지 가벼울 것인지 알 수 없을 것이기 때문이다. 그러므로 이러한 구문의 문장에서는 형용사가 일종의 행위성을 가진다고 할 수 있으며, 경험주는 행위주의 성격을 가진다 하겠다. 그리하여, 이러한 구문의 형용사를 행위성 형용사라 하고, 여격어와 동일 인물의 상위 주어인 경험주를 넓은 의미의 행위주 속에 포함시키게 되면, 3.5.2.2의 '행위주 상위 주체'와 통합하여 좀더 일관성 있는 설명이 가능할 수도 있다.

(130)~(132)의 예문들에서 새로이 주목되는 것은 (131)의 문장들이다. 가령 (131a)는 대체로 다음과 같은 변형의 결과로 해석되는 것이다.

$$(133) \quad \left. \begin{array}{l} (130\text{a}) \\ (132\text{a}_1) \end{array} \right\} \Rightarrow (131\text{a})$$

그러나 (131a)는 (133)과 같은 변형 해석 외에 또 다른 해석이 가능하다. 그것은 이 문장 자체를 그대로 중주어 구문으로 보는 해석이다. 앞의 경우에는 (132a₁)에서 내포문의 여격어 생략으로 해석한 것이지만, 또 다른 해석에서는 생략된 성분을 전제로 하지 않는다. 후자의 해석에서는 '할아버지'가 경험주가 아니다. 한 예로, '할아버지'가 가지고 있는 짐이 무게가 객관적으로 무겁다는 사실만을 말할 뿐, '할아버지'와는 무관하다. 여기에서 그는 위에서 의미한 바의 행위주가 되지 못한다. (132)에서는 사실상 '할아버지'가 이 짐을 드는 경우가 전제 또는 가정된 것이므로, 그는 행위주와 상통된다. 새로운 중주어 구문의 해석에서는 존대가 실현되지 않은

의하기 어렵지만, '경험주 기능의 존칭 체언'에 '-시-'가 쓰일 수 있다고 본 것은 '-시-'의 특징적인 일면을 지적한 것이라 하겠다.

(131a)만이 가능하며, 존대 표현이 된 (131b)는 불가능하다. 즉, 이러한 문장의 대우에 있어서는 '-시-'가 하위 주체와만 일치될 뿐, 상위 주체와는 일치되지 않는다. 이러한 중주어 구문은 다음과 같은 예에서 더 용이하게 확인할 수 있다.

> (134) a. 김 선생님은 철수가 똑똑해.
>   b. *김 선생님은 철수가 똑똑하셔.

가령 철수가 '김 선생님' 학급이 반장이라고 가정하면, a는, 한 예로 '김 선생님의 경우에는 철수가 똑똑해서 학급 일을 하기에 수월하다.'와 같은 해석이 가능한데, 이때 '-시-'는 상위 주체와 무관하다. 이러한 논의에 따라, (131a)는 적어도 세 가지 의미 해석이 가능하다. 첫째는 어떠한 성분의 생략도 전제되지 않은 중주어 구문으로, 이 경우 주체 대우는 내포문의 주체와 서술어 사이에서만 가능하다. 둘째는 단순문인 (130a)의 의미로서 '할아버지'는 여전히 여격어이며, 이 경우 주체 대우는 단순히 주체와 서술어 사이에서만 가능하다. 셋째는 중주어문인 (132a₁)의 의미로, '할아버지'는 상위 주체이며, 이러한 경우 주체 대우는 상위 주체 서술어 사이에서 성립된다.

이러한 사실은 결국 (132a)와 같은 유형의 중주어 구문과, 어떠한 변형도 전제되지 않은 (131a)와 같은 유형의 중주어 구문이 주체 대우와 관련하여 구별되어야 함을 말해 준다. 왜냐하면, 전자의 유형에서는 상위 주어가 '-시-' 존대 대상의 주체가 될 수 있는 반면, 후자의 유형에서는 하위 주어만이 존대 대상으로서의 주체가 될 수 있기 때문이다. 그러면, 이들은 어떻게 구별 가능한가? 이것은 통사적으로도 구분이 가능할 것 같다. 즉 전자의 유형에서는 '상위 주어(경험주)=내포문의 여격어'라는 특수성이 있는가 하면, 후자의 경우에서는 그러한 특수성이 없다. 대체로, 형용사를 서술어로 하는 많은 수의 문장은, 여격어와 동일한 상위 주어의 중주어 구문이 가능해 보인다.

이러한 구조 또는 이러한 대우 표현 문장의 서술어에는 형용사뿐만 아니라, 상태성([+STATIVE]) 동사까지도 포함된다. 상태성 동사란, '맞다('알맞다'의 의미), 어울리다('조화를 이루다'의 의미)' 등과 같이 동작성이나 과정성이 없는 것을 말한다. 형용사와 이러한 동사들을 포함하여 상태 동사(stative verb)로 통합할 수 있을 것이다. 다음에 한 예를 보자.

(135) a. 사모님한테는 정 선생님이 잘 어울려.
      b. 사모님한테는 정 선생님이 잘 어울리셔.

(136) a. 사모님은 정 선생님이 잘 어울려.
      b. 사모님은 정 선생님이 잘 어울리셔.

(137) a_1. 사모님은 사모님한테는 정 선생님이 잘 어울려.
      a_2. 사모님은 사모님한테는 정 선생님이 잘 어울리셔.
      b_1. 사모님은 (   ) 정 선생님이 잘 어울려.
      b_2. 사모님은 (   ) 정 선생님이 잘 어울리셔.
      c_1. (   ) 사모님한테는 정 선생님이 잘 어울려.
      c_2. (   ) 사모님한테는 정 선생님이 잘 어울리셔.

이들 문장에 대한 구조 및 대우 해석은 앞의 예문들과 일치되기에 여기에서는 생략하기로 한다.

다음 문장은 앞의 예문들과 비슷한 구조를 가졌지만, 여격어 또는 여격어와 동일한 인물의 상위 주어가 경험주 또는 행위성 경험주가 아니기 때문에 상위 주체 존대는 실현되지 않는다.

(138) a. 김 선생님한테 철수가 친절하다.
      b. *김 선생님한테 철수가 친절하시다.

(139) a. 김 선생님은 철수가 친절하다.
      b. *김 선생님은 철수가 친절하시다.

(140) a. 김 선생님은 김 선생님한테 철수가 친절하다.
      b. *김 선생님은 김 선생님한테 철수가 친절하시다.

위에서 세 개의 b 문장이 모두 성립되지 않는 것은, 이러한 구조의 문장에서 서술어 '친절하다'가 행위성과 전혀 관련되지 않아서, 결과적으로 위의 여격어 또는 상위 주어가 전혀 경험주로서의 기능을 가지지 못하기 때문이다.

표면상 똑같은 구조를 가지는 다음 동사 문장에서도 사정은 마찬가지이다.

> (141) a. 김 선생님한테 아이들이 기대었다.
>   b. *김 선생님한테 아이들이 기대시었다.
> (142) a. 김 선생님은 아이들이 기대었다.
>   b. *김 선생님은 아이들이 기대시었다.
> (143) a. 김 선생님은 김 선생님한테 아이들이 기대었다.
>   b. *김 선생님은 김 선생님한테 아이들이 기대시었다.

(141)~(143)의 문장들이 보여 주는 구조 및 상호 관계는 앞에서 보아 온 예문, 한 예로 (128)~(132)와 거의 일치되는 것 같지만, 대우 표현은 전혀 성격을 달리한다. (143b)가 성립 안 되는 것은 앞에서 본 것들(예 : 132a₂)과 성격이 상이한데, 유일한 차이는 (143b)에서는 처격어 또는 상위 주어에 대한 서술어의 경험주 해석이 불가능하다는 사실이다. 이러한 문장에서는 상위 주어의 어떠한 행위도 전제되어 있지 않다. 상위 주어가 존대되기 위해서는 무엇보다도 먼저 서술어가 [+STATIVE]여야 하며, 이런 조건 아래에서만 상위 주어가 내용상 경험주가 될 수 있다.[74]

지금까지 [+STATIVE]의 자질을 가진 동사 또는 형용사를 서술어로 하

---

74) 필자가 본항에서 살펴본 경험주에 대한 존대가 과거에 처소격 존대로 해석되었던 바가 있다(서정수(1972) 참조).
  (1) 호랑이가 선생님께는 무서우십니다.
  (2) 그 문제가 선생님께 쉬우십니까?
  어떠한 성분의 생략도 전제되지 않는 한, 필자는 원칙적으로 위와 같은 문장들을 비문으로 보지만, 설혹 비문으로 보지 않더라도 처소격 대우로 해석하는 경우, 이와 주체 존대와의 관련성 문제 등을 포함하여, '—시—' 대우법에 대한 체계적인 기술에 큰 부담이 따른다.

는 중주어 구문을 살펴보았는데, 이들의 공통된 구조적 특징은, 내포문의 여격어와 상위 주어가 동일한 인물이란 점이다. 이러한 경우 내포문의 서술어는 비록 [+STATIVE]의 자질을 가지고 있지만, 행위성과 관련되며, 여격어 및 상위 주어는 그 행위주의 성격을 가진 경험주다. 그리하여 이들 유형의 중주어 문장에서는 '-시-'는 해당 내포문의 주체가 아닌 상위 주체에 대한 존대를 나타낸다. 환언하면, 경험주 상위 주어의 중주어 구문에서는 '-시-'가 상위 주체를 존대함으로써, 이는 단순문의 주체 존대에 대한 또 하나의 제약이 된다.

3.5.2.4. 비분리성 상위 주체

상위 주어와 하위 주어 사이의 관계가 대체로 비분리성의 소유와 부속 관계인 중주어 문장에서, 하위 주어가 상위 주어의 소유 또는 부속물이 되는 경우, 이 때의 상위 주어가 되는 대상을 비분리성 상위 주체라 부르고자 한다. 흔히들 말하는 'inalienable possession'[75]과 유사하나, 이보다 훨씬 좁은 의미를 가진다.[76]

> (144) a_1. 할아버지는 눈동자가 커.
> a_2. 할아버지는 눈동자가 크셔.
> b_1. 할아버지는 눈동자가 움직여.
> b_2. 할아버지는 눈동자가 움직이셔.
> c_1. 할아버지는 손이 왼손잡이야.
> c_2. 할아버지는 손이 왼손잡이셔.

(144)에서 내포문의 주어 '눈동자'나 '손'은 상위 주어 '할아버지'의 신체상의 한 부분이다. 이러한 관계에서 a_2, b_2, c_2와 같은 존대는 상위 주어

---

75) Fillmore(1968 : 61) 참조.
76) 가령 Fillmore가 말하는 보모와 자식과의 관계 같은 것은 필자가 말하는 소유—부속의 범위에 들지 못한다. 하위 주어는 대체로 상위 주어의 신체상의 일부분이거나, 신체에 부속되어 사용되는 물건 등으로 대표된다.

와 직접 관련된다. 이들 문장은 기저의 중주어 구문으로 해석되기 때문에, 이들이 각각 첫 번째 명사구(상위 주어)를 관형어로 하는 기저의 문장에서 유도된다고 하는 변형 가설은 여기서 채택하지 않는다(3.4.3 참조).

이러한 유형의 문장들에서는, 다음 (145)처럼 주체로 해석되는 명사구가 둘 이상 나타나는 경우에도 여전히 최상위 주체에 대한 존대가 가능하다.

(145) a. 할아버지는 눈이 검은자가 크셔.
   b. 할아버지는 눈이 검은자가 움직이셔.

다시 두 주어(NP_1, NP_2) 사이의 관계에 주목해 보자.

(146) a_1. 할아버지는 지팡이가 짧아.
   a_2. 할아버지는 지팡이가 짧으셔.
   b_1. 할아버지는 지팡이가 떨려.
   b_2. 할아버지는 지팡이가 떨리셔.
   c_1. 할아버지는 지팡이가 등나무여요.
   c_2. 할아버지는 지팡이가 등나무셔요.

(146)에서는 NP_1, NP_2의 관계가 (145)와는 달리 신체와 그 일부의 관계가 아니다. NP_2는 신체에 착용되어 사용되는 물건이다. 이들 문장에서는, (145)에서와 달리, a_2, b_2, c_2의 주체 존대에 조금은 거부감이 있을지도 모른다. 분명한 것은 이들을 모두 바른 것으로 받아들인다고 하더라도, 그 허용도에 있어서는 (145)보다 떨어지는 느낌이 든다는 점이다. 그 이유는 NP_1, NP_2의 상호 관계가 (145)에서 보다 소원한 까닭이라고 생각된다.

(147) a_1. 할아버지가 아파트가 커.
   a_2. 할아버지는 아파트가 크셔.
   b_1. 할아버지는 아파트가 가끔 흔들려.
   b_2. 할아버지는 아파트가 가끔 흔들리셔.
   c_1. 할아버지는 아파트가 고층이야.
   c_2. 할아버지는 아파트가 고층이셔.

(147)에서는 NP₁, NP₂의 상호관계가 신체적인 것과 관련성이 없다. 그런 측면에서는 (146)에서보다도 두 NP사이의 관계가 더 소원해졌다고 할 수 있을지 모른다. 그렇게 본다면 (147)의 '-시-' 표현 문장들은 (146)의 관련 문장들보다 그 허용도가 조금 더 떨어지는 것 같고, 특히 동사를 서술어로 하는 b₁, b₂에서 그러한 경향은 더 두드러지는 느낌이다.

  (148) a₁, 김 선생님은 학생들이 모두 커.
     a₂. *김 선생님은 학생들이 모두 크셔.
     b₁. 김 선생님은 학생들이 모두 열심히 공부해.
     b₂. *김 선생님은 학생들이 모두 열심히 공부하셔.
     c₁. 김 선생님은 학생들이 모두 남학생이야.
     c₂. *김 선생님은 학생들이 모두 남학생이셔.

위의 문장에서 상위 주체 존대는 기대되지 않는데, 여기에서는 '선생님'과 '학생들' 사이에 '소유-부속' 관계가 거의 성립되지 않는다.

  위 (144)~(148)의 예문들을 종합해 보면, 여기에서는 어떤 엄격한 규칙성보다는 대략의 한 경향을 볼 수 있다. NP₁, NP₂의 소유-부속 관계가 소원할수록 상위 주체 존대는 허용도가 낮아지는 것을 알 수 있다. 그런데 비록 하위 주어가 상위 주어의 소유물이라 하더라도, 그 소유물에 해당되는 것이 사람이나 동물일 때, 상위 주체 존대는 그 허용도가 더 떨어진다.

  (149) a₁. 박 선생님은 개가 작아.
     a₂. ??박 선생님은 개가 작으셔.
     b₁. 박 선생님은 개가 잘 짖어.
     b₂. *박 선생님은 개가 잘 짖으셔.
     c₁. 박 선생님은 개가 진돗개야.
     c₂. ??박 선생님은 개가 진돗개셔.
  (150) a₁. 박 선생님은 애기가 작아. (애기=박 선생님의 애기)
     a₂. ??박 선생님은 애기가 작으셔.
     b₁. 박 선생님은 애기가 잘 울어.
     b₂. *박 선생님은 애기가 잘 우셔.

    c₁. 박 선생님은 애기가 세 살이야.

    c₂. ??박 선생님은 애기가 세 살이셔.

(147)~(150)에서 드러나는 또 한 가지 경향은 서술어가 [+STATIVE]일 때보다 [−STATIVE]일 때 허용도가 더 떨어진다는 사실이다.

    (151) a. 박 선생님은 개가 작으세요? (박 선생님=청자)
        b. 박 선생님은 개가 잘 짖으세요?
        c. 박 선생님은 개가 진돗개세요?

이들 문장을 (149) 및 (150)과 비교해 볼 때, (151)의 문장들이 허용도가 더 높은 것을 볼 수 있다. 둘의 차이점은, 전자에서와는 달리 (151)에서는 상위 주어가 청자라는 사실이다. (151)에서 상위 주어가 청자가 아니라면 이들 문장의 허용도는 더 떨어진다. 이러한 사실이 의미하는 것은 무엇인가? 평서문에서는 좀 무리하던 상위 주체 존대도, 상위 주어가 청자인 의문문의 경우에는 그 허용도가 훨씬 높아진다는 점이다. 즉, 다른 말로 말하면, 평서문에서 허용되기 어려운 상위 주체의 경우라 해도, 화자가 이 상위 주어되는 사람을 일단 청자로 면전에 대할 때는 존대 표현이 허용되거나, 허용도가 높아진다는 점이다. 이러한 점은 청자 존대와도 관련되는데, 이러한 청자 존대는 주체 존대에 의해 실현된다는 점에서 특수성이 있다.

(144) 이하의 제 예문에 대한 검토 결과, 이들 중주어 구문의 문장에 실현되는 대우 또는 존대 표현의 현상은 대략 다음과 같은 화용론적 원리로 정리·요약될 수 있다.

    (152) 상위 주체와 하위 주체의 관계가 '소유−부속'의 관계일 때, 상위 주체
        에 대한 존대가 가능하되, 다음과 같은 원리가 작용된다.
        a. 긴밀> 소원
        b. 내포문의 주체 : [−ANIMAL]> [+ANIMAL]
        c. 서술어 : [+STATIVE]>[−STATIVE]
        d. 상위 주체 : 청자>비청자

a~d는 다음과 같이 풀이된다.

> '소유-부속'관계의 중주어 문장에서 상위 주체 존대는,
> a. '소유-부속' 관계가 긴밀할수록 허용도가 높아지며, 소원해질수록 허용도가 낮아진다.
> b. 내포문이 주체가 [-ANIMAL]일 때에는, [+ANIMAL]일 때보다 허용도가 높다.
> c. 서술어가 [+STATIVE]일 때에는, [-STATIVE]일 때보다 허용도가 높다.
> d. 상위 주어가 비청자일 때보다, 청자일 때 허용도가 높다.

이상에서 보는 바와 같이 중주어문에 실현되는 주체 존대는 엄격한 의미에서는 규칙 지배적(rule-governed)이라기보다는 원리 규제적(principle controlled)이라 하겠다.

두 주어의 소유 관계와 관련하여, 우리는 한 가지 유의해야 할 것이 있다. 다음 문장을 검토해 보기로 한다.

> (153) 아버지는 옷이 너무 크셔.

중주어 구문으로서의 이 문장은 완전히 허용되는 문장이다. 즉 하위 주어 '옷'이 아버지의 소유물이므로, 소유주에 대한 주체 존대가 가능하다. 그런데 우리는 이 문장의 기저 구조로 이와는 다른 또 하나의 내면 구조를 상정할 수 있다는 점이다. 이미 3.5.2.2에서 보았듯이, 이 문장은 다음 (154)의 문장에서 내포문의 여격어 생략으로도 유도가 가능하다.

> (154) a. 아버지는 아버지한테 옷이 너무 크셔.
>   b. 아버지는 (　　) 옷이 너무 크셔.

여기에서 (154b)는 완전히 (153)과 동형이다. 이런 점에서 (153)과 같은 문장은 또 다른 모호성을 띤다. 만약 '아버지'가 다음 (155)의 '아버지한테는'과 똑같은 여격으로 해석 가능하다면 모호성은 더욱 가중된다.

(155) *아버지한테는 옷이 너무 크셔.

다음에는 위와 같은 유형의 문장과 관련되는 지정사문의 주체 존대 문제 한 가지를 돌아보고자 한다.

(156) a. 아버지는 선생님이다.
      b. 아버지는 선생님이시다.

b가 더 바른 표현이며, 여기에서도 주어 '아버지'가 존대된다는 것은 말할 것도 없다.

그런데 우리는 가끔 주어가 이러한 존대 대상이 아닌 경우에 '-시-'존대가 표현되는 것을 본다.

(157) a. 김 선생님 댁은 양옥집이에요.

'김 선생님 댁'이 존대 대상이 될 수는 없다. 대우상 당연히 a가 옳은 표현일 텐데도 흔히 b가 쓰이는 것을 본다. 그러면 b가 틀린 문장인가? 만약 b를 그대로 기저 구조를 반영하는 문장으로 해석한다면 b는 그른 표현이다. 그러나 여기에서도 (158)에 보는 바와 같은 상위 주어의 생략을 가정하면, b는 바른 표현으로 해석될 수도 있다.

(158) a. 김 선생님은 김 선생님 댁이 양옥집이셔요.
      b. (   ) 김 선생님 댁이 양옥집이셔요.

위와 같은 중주어 문장에서 상위 주체 존대는 완전히 허용된다. 두 주어의 관계는 바로 앞에서 검토해 본 소유-부속의 관계다. a에서 상위 주어가 생략되면, 무리 없이 b가 유도된다. 그러므로 (158)를 내포문의 주체 존대로 해석한다면 허용될 수 없어도, 생략된 상위 주체 존대로 해석한다면 완전히 허용되는 표현의 문장이 된다.

3.6. 주체 대우법 총괄

이상에서 3.3 이후 논의된 '—시—' 존대 또는 주체 대우 현상을 종합해 보기로 한다.

우선 '—시—'는 대체로 모든 유형의 문장에 걸쳐 주어가 되는 대상인 주체에 대한 화자의 존대 또는 존대 표현 의도를 나타낸다. 특히 단순문 또는 비중주어문에 관한 한, 이러한 주체 존대는 거의 예외 없는 규칙성을 보여 준다.[77] 주체 존대에 대한 예외는 중주어문의 일부에 나타나는바, 예외라고는 해도 내포문의 주체 존대 대신 상위 주체 존대로 실현되는 것이니만큼, 이것은 같은 주체 존대로 포괄할 수 있다. 따라서 주체 존대란 단순문의 주체 존대와 중주어문의 상위 주체 존대를 함께 이르게 된다.

중주어문에서 상위 주체에 대한 존대 표현이 가능한 것은, 단순문의 주체 존대에 대한 일종의 제약 또는 조건이라고 할 수도 있다. 상위 주체에 대한 표현은 몇 가지 조건 아래에서만 성립 가능하다. 이러한 조건 아래에서는 상위 주체 존대만 가능할 뿐, 하위 주체, 즉 내포문의 주체 존대는 허용되지 않음이 원칙이다. 이러한 유형의 경우, 동일문 내에서 하위 주체 존대와 상위 주체 존대가 모두 해석 가능한 경우가 있으나, 이 때에는 각각의 해석에 상응하는 상이한 기저 구조를 상정해야 한다.

3장에서 지금까지 논의된 '—시—' 존대 또는 주체 존대법을 대략 다음과 같이 체계화할 수 있다.

(159) a. (X)........(Y)........시
    b. 주체 Y 또는 중주어문의 상위 주체 X에 대하여 화자가 존대 의도를 가질 때 서술어에 '—시—'를 첨가한다.
    c. 상위 주체 존대 조건
      중주어문의 상위 주체가,
        1. 내포 피동문의 행위주와 동일 인물일 때
        2. 상태 동사 문장의 소유주 또는 경험주일 때
        3. 하위 주체의 소유주일 때

---

77) 물론 모든 존대에 적용되는 상위 청자 제약 같은 것은 여기에도 적용된다.

4. 청자 대우

4.1. 청자와 청자 대우[78]

4.1.1. 청자 대우 표현의 특징

청자(hearer 또는 addressee)란 말은 직접적인 청취자나 독자 등을 포함해서 가리키는 말이다. 따라서 화자나 필자에 대응되는 상대자를 의미한다. 청자 대우는, 주체 대우나 객체 대우가 존대와 비존대로 이분적인 데 비해, 청자지칭의 명사구(NP) 및 문장의 종결형에서 존대와 하대의 구분이 명백하고, 이들이 또 각각 하위 구분되는 특징을 가지고 있다. 국어의 대우 표현에서 청자 대우는 가장 복잡하고 다양하다. 청자에게 향하는 화자의 존재의도에 따라 대우에 알맞은 대명사나 기타 지시어가 선택되어야 하고, 다시 이에 따라 여기에 맞는 문미(文尾) 종결 형태가 선택되어야 한다. 대명사나 종결어미 모두 선택의 폭이 넓을 뿐만 아니라, 그 각각이 대우상의 고유한 특성을 가지고 있어서, 이들을 적절히 선택해서 호응시키는 일은 여간 복잡 다양한 것이 아니다.

청자 대우에 직접 관여하는 사람은 기본적으로 화자와 청자지만, 여기에서도 제3자(third party)가 고려되기도 한다.

(1) a. 사장님 계셔?
    b. 사장님 계셔요?
    c. 사장님 계시냐?

가령 회사의 하위 직원이 사장의 집을 방문해서, 고등학생인 사장의 아

---

78) 청자 대우 문제는 성기철(1970a, 1970b)에서도 논의되었던 것으로, 본고는 부분적으로 이를 기초로 하고 있다.

들에게 말을 한다고 할 때, c가 물론 가능하기는 하지만, 이보다는 a의 선택 가능성이 높은데, b가 선택되는 예도 없지 않을 것이다.

그러나 다음과 같은 반대의 경우도 생각해 볼 수 있다.

(2) a. 아버지 계시냐?
    b. 아버지 계셔?
    c. 아버지 계셔요?

이번에는 사장이 고등학생인 말단 직원의 아들에게 말한다고 할 때, a의 선택이 절대적으로 우세할 것이며, c의 가능성은 매우 희박하다.

이상에서 보듯이 청자 대우라고 해서 거기 작용되는 인물이 화자와 청자에만 국한되는 것은 아니다. 그리하여, 청자 대우에서도 이들 세 인물 사이의 제(諸) 대우 요인의 작용에 따라 상이한 대우 표현이 선택 결정되는 것이다.

종결형에 실현되는 청자 대우에서 특히 두드러지는 특징 두 가지를 지적할 수 있다. 하나는, 화계가 주로 어미 형태에 의해서 표현되고 있음에도 불구하고, 어떤 것은 이와 문법적 범주를 달리하는 조사 형태로 표현된다는 사실이다(예 : '-요'). 이것은 어떤 의미에서 보면 화계 표현 방법의 이원성이라 하겠다. 또한 같은 어미 형태라 하더라도, '-요, -게, -어, -다' 등은 단순 형태의 어말 어미로 대우 표현을 하고 있지만, '-습니다, -십시오, -읍데다, -읍시다' 등은 선어말 어미와 어말 어미의 복합 형태로 대우 표현을 하고 있어, 여기서도 표현 방법의 다양성을 보여 주고 있다. 위에서 살펴본 바 청자 대우에 사용되는 형태를 구분하면 대략 다음과 같다.

聽者 待遇의
終結形
語尾
　單純 形態 (語末 語尾)……-오, -네, -어, -다
　複合 形態 (仙語末 語尾+語末 語尾……)-읍니다, -ㅂ시오,
　　　　　　　　　　　　　　　　　-읍데다, -읍시다
助詞 : -요

　다른 또 하나의 특징은, 화계가 부분적으로 연령상의 이원성을 보여 준
다는 사실이다. 가령 하오체나 하게체는 대체로 중년층 이상에서만 가능하
며, 청소년층에서나 청소년층 청자에게는 사용되지 않는다는 점이다.[79] 그
리하여 이러한 이원성은 때로 화계 기술상의 혼선과 논란을 가져오기도
한다.

4.1.2. 청자 대우 형태

　청자 대우 형태가 특히 주목의 대상이 되는 것은, 이들이 때로는 단순
형태로 실현되기도 하지만, 때로는 복합 형태로만 실현이 가능하여, 형태
소 확인상에 문제가 될 수 있기 때문이다. 필자는 여기에서 이들 대우 형
태를 대상으로 형태소를 분석하는 문제는 일단 논외로 하고,[80] 다만 대우
상의 최소형만을 고려하기로 하되, 몇 가지 직접 관련되는 것만 언급하고
자 한다.

　기본적으로 모든 종결형은 화계를 고유 특성으로 지니고 있다. 그래서
가령 '-다'는 아주 낮추는 화계를, '-습니다'는 아주 높이는 화계를 나타
내는 것이 대우상 그들 본유의 특성이다. 그러므로 한 예로 '-다'의 문법
적 의미는 '아주낮춤의 문종결'과 같은 것이 된다. 그러나 '-다'는 대우법
상 또 다른 기능을 가지기도 한다. 그것은 대우의 중화 형태란 점이다.

---

79) 조사의 경우에도 가령 '-께서', '-께'와 같은 존대형은 청소년층에서는 대체로 사
　　용이 잘 안 되는 경향이다.
80) 대우의 형태소 분석에 대해서는 김석득(1966) 참조.

(3) a. 아버지, 할아버지가 <u>오셨어요</u>. (화자 : 철수)
    b. 철수는 아버지한테 할아버지가 오셨<u>다</u>고 말씀 드렸다.

a 문장이 b에서와 같이 다른 문장의 내포문으로 쓰일 때는, '-어요' 존대형이 '-다'로 교체되고, 동시에 존비 중화 현상을 일으킨다. 이러한 현상은 청유문에서도 드러난다.

(4) a. 김 선생님, 그만 <u>가실까요</u>. (<u>가시지</u>요, 話者 : 弟子)
    b. 철수는 김 선생님한테 그만 가<u>자</u>고 하였다.

'-다'나 '-자'의 경우에는 아주낮춤과 중화형 사이에 형태상의 차이가 없지만, 명령형의 경우엔 '-어(아)라'와 '-(으)라'로 상이한 형태를 취한다.

여기에 우리는 중화형과 비중화형 사이의 관계를 생각해 보지 않을 수 없다. 중화형과 비중화형을 같은 형태소로 볼 것인가, 아니면 별개의 형태소로 볼 것인가가 문제된다. 필자는 이들을 별개의 형태소로 보고자 한다. 왜냐하면, 중화형에는 화계의 의미가 없을 뿐 아니라, 중화형은 아주낮춤이 중화된 것이 아니라, 모든 화계가 대우성의 중화로 결과된 것이기 때문이다.[81]

잠시 'ㅂ시오'와 'ㅂ시다'에 눈을 돌려 보자. 전자는 '합쇼체'라 하여 아주높임으로 쓰여 온 형태며, 후자는 예사높임으로 쓰이는 것이다. 물론 여기 보이는 '-시-'가 주체 존대의 '-시-'와 동형일 수 없다. 이들 형태에서 겸양 또는 존대의 '-읍-'을 먼저 분석해 내고, '-시오'와 '-시다'를 각각 아주높임과 예사높임의 단순 어미 형태로 처리할 수 있을지도 모른다.[82] 전자의 '-오-'는 예사높임의 '-오-'(예 : 가오)와 동일 형태일

---

81) 국어 변형 문법에서 이 중화형 '-다'를 기저에 두는 것은 이러한 점에서 이해가 갈 만하다. 송석중(1976), 이정민(1973) 참조.

82) 고영근(1974 : 146)에서는 'ㅂ시오', 'ㅂ시다'에서 'ㅂ'을 '합쇼체'의 표시로 보고, '-시-'는 존대의 '-시-'와는 '구조의 양상'이 다르다는 점을 지적하고 있다.

수 없다. 김종택(1981)에서 합쇼체를 하오체의 일종으로 본 것은 외형상의 일치, 즉 '하십시오', '하오'에서 단순히 '오'의 일치만을 주목한 데서 연유한 무리로 생각된다.

4.2. 반말과 반말높임

4.2.1. 반말[83)

　　(5) 철수도 밥을 먹어.
　　(6) 철수도 밥을 먹지.

위에 보인 어미 '–어', '–지'는 가장 전형적인 반말 어미로 일컬어진 형태들이다. 그런데 반말이란 원래 그 형태에 근거해서 붙여진 이름으로, 국어 문법의 초기에서부터 쓰여 온 용어다.[84) 반말이란 말은, 말을 완전히 마치지 않은 반 도막의 말이라 하여 그렇게 부른 듯싶은데, 이 말은, 흔히 막연하게 사용되어 왔을 뿐, 명백한 개념 규정이 없었다. 반말은 지금도 학자들 사이에서 얼마간 의견의 차이를 보이고 있는데, 특히 화계상의 문제는 더욱 그러하다.

반말에 대해서 그 출원을 비교적 분명히 밝히고 있는 한 예는 정렬모 (1946 : 153)이다. 그는 반말을 용언의 부사형과 동일시하고 있다.

가름빛, 물음빛, 시김빛, 끌음빛을 통하여, 해라, 하게, 하오, 합쇼 외에 반말이

---

83) 반말과 반말 형태에 대하여 성기철(1970b)에서 논의된 바 있다.
84) Underwood(1890) : 반말 (half-talk) (p.110)
　　김희상(1921) : 반대(p.67)
　　Eckard(1923) : Gekurzte (halbe) Form [panmal](p.23)
　　최현배(1934) : 반말(p.41)
　　정렬모(1946) : (p.53)

란 것이 있다. 이 반말은 동사 몸갈이 첫가래 곧 "가아" "받아" "기여" "떠" "먹어" "하여" "더워" "이어" 따위를 그대로 소리를 조절하여, 가름에나, 물음에나, 시킴에나, 끝음에나 다 이것을 쓰는데, 이런 것, 곧 특별한 도움 낱뜻을 달지 아니하는 말꼴을 두루빛이라 한다.

위 내용을 요약하면 반말은 부사형이 그 단독으로 문미에 쓰인 것이라는 의미가 된다.

반말 형태 '-어', '-지' 등이 용언의 부사형에서 유래되었으리라는 것은 신뢰가 된다. 일반적으로 반말형의 문장이 비 종결형에서 유래되었을 가능성을 생각해 볼 수 있다. 특히 다음과 같은 형태에서 우리는 그런 가능성을 어느 정도 확인할 수 있다.

> -걸 : 이건 아무도 모르는 <u>걸</u>(것을) 왜 그래?
> 　　　이건 아무도 모르는 <u>걸</u>.
> -게 : 철수가 돌아오면 얼마나 좋<u>게</u> 되겠어?
> 　　　철수가 돌아오면 얼마나 좋<u>게</u>?
> -는가 : 안에 누가 있<u>는가</u> 보지?
> 　　　안에 누가 있<u>는가</u>?
> -나 : 김 선생님도 떠나시<u>나</u> 봐.
> 　　　김 선생님도 떠나시<u>나</u>(?)
> -면서 : 돈이 많다<u>면서</u> 뭘 그래?
> 　　　돈이 많다<u>면서</u>.

위에서 각 쌍의 두 문장을 외형상으로 비교해 보면, 뒤의 반말은 대략 앞 문장과 같은 형태에서 뒷 부분이 탈락된 것으로 생각할 수도 있다. 그러나 이들 반말은 위의 대비에서 보듯이 앞의 문장과는 상이한 의미를 가지고 있을 뿐만 아니라, 그 단독으로 충분히 종결의 기능을 감당하고 있으므로, 이제는 이들을 완전한 종결형으로 간주해야 할 것이다.

한편 이희승(1968 : 101)에서는 반말에 대하여 "해라도 아니요, 하게도 아니요, 말을 그저 어물어물하여 끝을 아물리지 않는 말이다. 따라서 평서법

의문법들의 구분이 없고 말 끝의 발음을 높이고 낮추고 하여, 문체법의 다름을 구별한다.”고 하여, 주로 반말의 형태상의 특징에 주목하였는데, 이 말은 결국 반말이란, 말의 끝을 아물리지 않은, 문체법의 구별이 없는 말이란 결론이 된다.

그런가 하면, 최현배(1959 : 254)는 “반말(半語)은 ‘해라’와 ‘하게’, ‘하게’와 ‘하오’의 중간에 있는 말이니, 그 어느 쪽임을 똑똑히 드러내지 아니하며, 그 등분의 말맛을 흐리게 하는 경우에 쓰히느니라. 그러므로 반말은 ‘아주 높힘(극존칭)’이 아님만은 분명하니라. 이에는 −아, −어, −지가 있는데……”라고 하여, 앞에서와는 달리 주로 화계면에서 반말을 규정하고 있다. 무엇보다도 먼저 반말이 끝을 아물리지 않은 말이란 점은 현재로서는 그대로 받아들이기 곤란하다.

‘먹어, 먹어라, 먹어요’의 세 형태를 대조하여 말하는 자리에서, 김종택(1981)은 “비록 ‘먹어’형이 아무리 보편적인 형태로 나타난다 하더라도 그 자체를 완전한 종결형 어미를 갖춘 것으로는 보기 어렵다.”고 하였다. 종결형 어미를 갖춘 것으로 보지 않을 때는, 당연히 그 뒤에 무엇인가 어떤 형태든 생략되었으리라는 것을 전제로 하게 된다. 이에 대하여는 김(1981 : 24)는 다음과 같이 설명한다.

> 설령 그것이 종결법으로 쓰인다고 하더라도 ‘∼라’ 혹은 ‘∼요’ 등 종결 어미의 생략을 전제로 한 것으로 보는 것이 온당할 것이다. 그렇게 본다면 ‘먹어’는 ‘먹어라’의 단축형일 수도 있고, ‘먹어요’의 단축형일 수도 있다. 만약 그것이 ‘먹어라’의 단축이라면 해라체의 이 형태의 하나일 것이고, ‘먹어요’의 단축이라면 ‘하오체’의 이형태일 것이다.[85]

‘−어라’와 ‘−어’는 화계상 상호 교체 가능한 경우가 있어 그러한 오해가 이해될지도 모른다. 그러나 이 둘은 화계성이 다르며, ‘−요’와의 배합

---

85) 앞에서 보았듯이 반말형 중에는 다른 말이 줄어서 이루어졌을 가능성이 있는 것이 여럿 있다. 그러나 실제로 그러한 예에 대해서는 언급이 없다.

등 여러 면에서 전혀 성격을 달리한다. 그리고 '-어'와 '-어요'는 상호 교체도 거의 불가능할 뿐만 아니라, 하나는 하대이고 또 하나는 존대여서 전혀 혼동될 수 없다.

김승곤(1983 : 14)에서도 "반말이란 존대법도 아니고 하대법도 아닌 어중간한 존대법이다.", "어미 '-아'를 가지고 반말이라 하는 일이 많으나, 필자는 그렇게 보지 아니하고 해라체의 준 형태로 보고자 한다."라고 하여, 한 예로 '가아?'는 '가느냐?'의 준 형태로, '가아'는 '간다'의 준 형태로 보았다. 반말을 하대법이 아니라 하면서 '-아'를 해라체로 본 점이나, '가느냐>가아', '간다>가아'와 같은 축약을 상정한 것은, 형태상으로나 화계상으로나 지나친 무리일 것이다.

이상에서 반말에 대한 몇 가지 견해들을 살펴보았다. 특히 반말이 문장의 종결형태로서의 기능이 미흡함을 지적한 사례를 소개했다. 현재 여러 가지 형태의 국어 문법서에서는 대부분 '-어'(아), -지'와 같은 형태가 반말 어미로 처리되고 있음을 볼 수 있다. 필자는 우선 일체의 반말 형태는 완전히 문장 종결의 기능을 가진 어말 어미로서, 이들은 어떤 다른 형태의 준말이 아니라, 그 자체로 고유의 어미 형태가 되는 것으로 해석한다(본고의 진행에 따라, 좀더 구체적인 반말의 성격이 규명될 것이다). 그리고 필자는 '-어, -지, -나' 등과 같이 반말을 나타내는 어미 형태를 반말 형태라 하고, 반말 형태를 가진 용언의 종결형을 반말이라 하여 구별하고자 한다.

4.2.2. 반말 형태

다음에는 국어의 반말 형태에 어떠한 것이 있는가 돌아보기로 한다. 과거에 전통적으로 알려져 온 것은 '-어'와 '-지'가 고작이었으나 실제로는 이보다 훨씬 많은 수에 이른다. 반말은 대부분의 경우 단순 형태로 나타나지만, 어떤 것은 복합 형태로도 실현된다(최소의 대표형만을 보인다).

- 서술형

  - 어　　　: 너도 먹<u>어</u>.

  　　　　　　이것도 책이<u>야</u>. 86)

  - 지　　　: 철수도 오겠<u>지</u>.

  - 걸　　　: 아무도 모를<u>걸</u>.

  - 거든　　: 그건 내 눈으로 똑똑히 보았<u>거든</u>.

  - 게(1)　　: 내 좀 거들어 줄<u>게</u>.

  - 게(2)　　: "그건 왜 그래?"87)

  　　　　　　"내가 먹<u>게</u>."

  - 데(1)　　: 철수는 벌써 숙제를 다 <u>했데</u>.88)

  - 데(2)　　: 철수는 벌써 숙제를 다 했<u>던데</u>.

  - 고말고　: 그거야 나도 <u>알고말고</u>.

  - 게　　　: 그렇게나 되면 얼마나 좋<u>게</u>.

- 의문형

  - 어　　　: 너도 그 이야기 들었<u>어</u>?

  - 지　　　: 내 말 알아듣겠<u>지</u>?

  - 게　　　: 그건 왜 그래? 네가 가져가<u>게</u>?

  - 나　　　: 밖에 누가 왔<u>나</u>?

  - 는가　　: 철수도 거기 가<u>는가</u>?

  　　　　　　이게 누구 책<u>인가</u>?

  - 을까　　: 오늘 비가 안 올<u>까</u>?89)

  - 면서　　: 나보고 하라<u>면서</u>?

- 명령형

  - 어　　　: 이제 그만 좀 먹<u>어</u>.

- 청유형

  - 지　　　: 이제 그만 가<u>지</u>.

---

86) '−(이)야'는 '−(이)다'의 반말 어미다.

87) '그래'는 '그러하여'의 준말로 반말 형태 '−여'가 복합되어 있다.

88) '데'는 회상 '−더'와 반말 형태의 복합이다.

89) '−데'와 '−을까' 등이 예사낮춤의 형태로 해석된 바도 있는데(김석득, 1966 : 17), '요'가 결합될 수 있는 것으로 보아 반말 형태임이 확인된다.

- 감탄
  - 구면(군) : 벌써 가을이 됐<u>구면</u>(<u>군</u>).
  - 네　　　: 속절없어 세월만 가<u>네</u>.

이상에서 반말로 예시된 제형태들이 문장 종결의 기능을 가지고 있다는 점에 의문을 가지지 않는다. 만약 이들이 종결형이 아니라고 할 경우, 이들에 대한 형태나 문법성 해석은 실로 큰 장벽에 부딪히지 않을 수 없을 것이다.

여기서 한 가지 유의해야 할 점은, 위에 예시한 반말의 의문형 '-나', 와 '-는가'가 예사낮춤에 쓰이는 '-나', '-는가'와 음운 형상이 동일한데다가 그 의미까지 유사해서 과연 양자를 구별할 수 있느냐 하는 문제다. 그런데 양자는 화계상에서 차이를 보일 뿐만 아니라, 그 의미상에서도 차이가 없지 않다. 즉, 이들이 반말 형태로 쓰이는 경우, 의문의 형태이긴 하지만 화자 자신의 의혹을 강하게 나타낸다. 그런 반면에 이들이 예사낮춤의 형태로서는 의혹의 의미가 전혀 나타나지 않는다. 이런 관점에서 보면, 이들 형태는 각각 동음이의어의 별개 형태로 이해된다.[90] 따라서 다음과 같은 문장은 각각 두 가지 해석이 가능해진다.

(7) 자네도 어디 갔었나?
(8) 자네도 곧 떠나는가?

4.2.3. 반말과 화계

위에서 필자는 많은 형태를 반말로 예시하였다. 이에 대해서 이들 형태가 왜 모두 반말이 되는가 하는 의문이 제기될지도 모른다. 이제는 이러한 당연한 의문을 풀어야 할 단계다.

---

90) 성기철(1970b)에서는 이들 각 쌍을 반말의 동일 형태로 보고, 이 반말이 예사높임의 청자에 대해서도 쓰일 수 있는 것으로 해석했었다.

종래 반말이 반말로서 그 독자성을 인정받지 못한 배후에는 두 가지 이유가 있었다. 하나는, 그 형태상의 이유이니, 곧 문장에서 이것이 다른 종결형과 같은 완결성이 모자라는 형태라고 생각했던 까닭이오, 다른 하나는 대우의 등분, 곧 화계가 있어 다른 등분들과 대등한 자격으로 독자적인 등분을 구성하지 못한다고 생각했던 까닭이다. 후자의 이유로 반말은 늘 화계상 등외(等外)로 처리돼 왔던 것이다.

그러나 앞에서도 언급했듯이, 반말들이 다른 종결 형태의 준말도 아닐 뿐더러, 문장을 완결시키는 기능에 모자람이 없음을 확인할 수 있다. 그러고 보면 남은 것은 등외라는 문제 하나뿐이다. 그런데 필자는 반말의 독자성을 뒷받침하는 기준이 될 만한 또 하나의 새로운 문제를 생각해 보려 한다. 그것은 앞서와는 다른, 형태 또는 형태 배합상의 특성으로, 반말은 예외없이 존대 형태 '-요'와 결합 가능하다는 점이다. 그러면 차례로 이 두 가지 문제를 검토해 보기로 한다. 먼저 등외의 문제부터 생각해 보기로 한다.

청자 대우의 경우, 대우를 높임과 낮춤으로 구분할 때, 반말은 낮춤이라는 데에 어떠한 이의도 있을 수 없다. 그렇다면 어떠한 성격, 또는 어떠한 정도의 낮춤일까? 최현배(1959)에서는 '해라'와 '하게', '하게'와 '하오'의 중간에 있어 그 어느 쪽임을 분명히 드러내지 않는다고 하였다. 이 말을 음미해 보면, 반말은 고유의 등분이 없는 것이 아니라, 두 개의 상이한 등분에 쓰일 수 있다는 말이 된다. 그러나 한 형태가 두 가지 상이한 등분에 쓰인다는 것은 생각하기 곤란하며, '하게'와 '하오'의 사이에 쓰인다는 것도 상상하기 어렵다. 반말이 '하게'보다 상위로 이해되기는 어려울 것 같다.[91]

이처럼 반말을 등분 속에 포함시키지 않고 '반말'이라 하여 등외로 처리하는 것은 그 이전부터 있어 온 것으로, 사실상 하나의 전통처럼 되었다

---

[91] 반말의 독자적인 고유 등분을 인정하지 않고, 등외로 처리하는 예는 김석득(1966), 허웅(1969), 강복수, 유창균(1969) 등 여러 곳에서 볼 수 있다.

해도 과언이 아닐 듯싶다. 한 예로 정렬모(1946 : 147)에서 "…… 그 상대자의 지위에 따라 '해라' '하게' '하오' '합쇼' '반말'의 차별이 있다."라고 했을 때도, 이것은 반말이 등외임을 가리킨 것으로 이해된다.

이러한 일반적 경향과는 달리 반말을 다른 등분과 동등한 자격의 등분으로 설정하는 또 하나의 계열이 있다. 김민수(1996 : 12, 1980 : 81)에서는 '해'를 '보통하대문'이라 하여 하대문(하게)과 극하대문(해라)의 중간 등분으로 규정하고 있어 이채롭다. 반말을 이와 똑같이 '하게'와 '해라'의 중간등분으로 설정한 또 다른 예는 이 밖에 여럿 발견된다.[92]

이상에서 반말의 화계성에 대한 한두 가지 문제점을 소략하게 살펴보았다. 크게 두 가지 경향으로 나타난바, 하나는 등외로 보는 태도였고, 다른 하나는 독립된 등분으로 보는 태도였다. 그러나 그 어느 쪽에 서 있느냐에 관계 없이, 이들에 공통된 현상은, 그 구분이 거의 직관에 의존한 듯한 것일 뿐, 객관적 근거가 불분명하다는 점이다.

이제 자료의 검증을 통해 반말의 화계 문제를 밝혀 보기로 한다.

> (9) a. 철수야, 너 어디 가니?
>   b. 철수야 너 어디 가?
> (10) a. 영수, 자네 나 좀 도와 주게.
>   b. 영수, 자네 나 좀 도와 줘.
> (11) a. 여보시오, 당신 나 이것 좀 져다 주겠소?
>   b. [?]여보시오, 당신 나 이것 좀 져다 주겠어?

(9)에서는 아주 낮추는 대명사 '너', (10)에서는 예사 낮추는 '자네', (11)에서는 이보다 조금 높여 주는 '당신'을 독자로 하고 있다, 이들 대명사는 그 고유한 대우 자질로 해서, 엄연한 등분이 매겨져 있다.

이제 이들이 어미와 어떻게 호응되는가를 보기로 한다. (9)에서는 반말의 해체와 해라체가 같은 대명사 '너'와 호응되는 것을 볼 수 있다. 즉, 이

---

92) Martin(1964, 1973), 이맹성(1974), 이익섭(1974), 박영순(1978, 1985) 등.

것은 해체가 해라체와 교체 가능함을 보여 준다. 또 (10)에서는 반말과 하게체가 모두 '자네'와 호응됨으로써, 여기서는 반말 해체가 하게체와 교체 가능함을 보여 주고 있다. 그런가 하면, (11)에서는 반말이 하오체와는 대체로 교체가 불가능함을 보여 준다. b가 물론 가능한 경우도 있을 수는 있지만, 이것은 특수한 경우에 한해서 가능하다. 낯선 사이에서는 b를 사용할 수 없다.

때로는 해라체와 해체의 상호 교체가 제약을 받는 경우가 없지 않다. 가령, 어떤 대상에 대하여 해체는 쓸 수 있어도, 해라체는 쓰기 곤란한 경우가 있을 수 있다. 그것은 해체가 해라체보다 상위인 하게체의 대상에 대해서 쓸 수 있는 특수성 때문에, 때로는 해체가 해라체보다 상위로 느껴지기 때문이다. 그렇다고 해도 이것이 해체가 아주낮춤이나 예사낮춤의 대상 모두에 사용될 수 있는 근본적 특성에 위배되는 것은 아니다.

그러면 반말체가 해라체나, 하게체 대신 사용 가능함은 무엇을 의미하는 것인가? 반말이 이 둘의 중간 등분으로 이해되기도 하는 것은 이러한 현상 때문인데, 만약 어떤 등분이 인접 등분에 두루 통용된다고 하면, 이것은 일단 엄격한 등분으로서의 의미가 없는 것이다. 반말체가 독립된 등분이라고 전제할 때, 다음과 같은 문제가 생긴다. 반말체가 해라체 및 하게체와 상호 교체 가능하다고 할 때,93) 이것들이 각각 상이한 등분으로 구분될 수 없는 모순을 안게 된다. 그리고 인접 등분간에 자유로운 교체가 가능하다면, 상호 인접하고 있는 '하오체'와 '하게체'에서도 가능해야 할 것이나, 이러한 상호교체는 전혀 불가능한 일이다.

이상의 고찰을 고려에 넣을 때, 반말체는 해라체와 하게체에 두루 통용될 수 있는 대우체라고 해석함으로써만 문제는 분명하게 해명된다. 반말은 낮춤으로서, 두 화계에 통용 가능한 두루낮춤이다. 두 화계에 통용될 수

---

93) 두루낮춤과 아주낮춤의 상호 교체가 불가능한 경우가 없지 않다. 어떤 대상에 대하여 두루낮춤은 쓸 수 있어도 아주낮춤은 쓰기 곤란한 경우가 있다. 이것은 두루낮춤의 고유한 화계성 때문이다. 그러나 해라체나 하게체 대상에 대해서는 두루낮춤의 자유로운 교체가 가능하다.

있는 속성 때문에, 화계상 때로는 해라체보다 상위에 있는 것 같고, 하게 체보다는 하위에 오는 것 같은 인상을 가지게 하며, 그러한 통용성으로 해 서, 하게체와 해라체에서 느끼는 화계상의 엄격성이 약화되고, 이러한 화 계상의 비엄격성이 반말로 하여금 부차적으로 친밀감 또는 비엄격성을 나 타내게 한다. 이 비엄격성은 반말의 또 다른 주요한 특성이다.

4.2.4. 반말의 형태 배합상의 특성

다음에는 반말 형태가 가지는 형태 배합상의 특성을 살펴보고, 이를 통 해서 앞서 제시했던 형태들에 대해 이들이 모두 반말 형태임을 확인하고, 아울러 앞에서 살펴본 이들의 화계성을 뒷받침하고자 한다. 여기서 형태 배합상의 특성이란 모든 반말에 존대 형태 '－요'가 결합될 수 있음을 의 미한다.94)

'반말＋요'의 규칙성은 매우 엄격하다. 이러한 엄격성은 우리로 하여금 반말과 '반말＋요' 형태의 형태 및 의미를 규명하는 데 매우 중요한 역할 을 하게 된다. 그러한 형태 배합의 규칙성은 몇 예를 보임으로써 충분한 입증이 될 것이다.

    (12) 영호가 벌써 대학을 졸업<u>했데요</u>.
    (13) 아저씨가 내 욕을 <u>했다면서요</u>?
    (14) 어제가 입추<u>였나요</u>?
    (15) 그것은 어디에 <u>쓰게요</u>?
    (16) 어느새 가을도 다 <u>갔구먼요</u>.

---

94) 존대 형태 '－요'의 분석 가능성은 Roth(1936), Ramstedt(1939), Martin(1954) 등에서 도 부분적으로 언급되었고, 심창훈(1962)에서도 얼마간 언급되었으나, 후자에서 반 말, 해라체, 하게체 따위의 종결어미 끝에다가 [요]를 덧붙여서 '상대 존대'를 나타 낸다고 본 것은 수긍이 가지 않는다. '－요' 존대의 문제는 그 후 성기철(1970b)의 논의에서 '반말＋요'의 형태 구조 분석이 확인되었고, 이 점은 서정수(1972), 고영근 (1974) 등에서 뒷받침되었다. Roth(1936)도 '어', '아' 등을 반말이라 부르고, 그 등 급을 '상등말'과 '중등말'의 중간으로 생각했다.

그런데 '-요'는 꼭 반말에만 결합되는 것은 아니어서 간혹 아주높임의 서술형 뒤에 오는 사례도 없지 않다.

(17) 선생님, 저도 제 눈으로 똑똑히 보았습니다요.

신분이 아주 낮은 사람이, 반대로 신분이 높은 사람에게 말을 할 때 이처럼 쓰는 경우가 없지 않으나, 이것은 일반적인 현상도 아니려니와, 그리 좋은 표현도 못되어 일반화하기에는 무리가 있다(4.2.6 참조). 다음에 '-요'를 논하는 자리에서 분명히 규명되겠지만, 해요체는 두루높임에 사용되는 대우체인데, 존대 형태 '-요'를 삭제함으로써 두루낮춤이 되는 것은 두 형태의 성격을 규명하는 데 서로 도움을 준다.

이상에서 반말의 어미 형태를 중심으로, 형태 배합상의 성격을 규명해 보았다. 여기까지의 논의에서 얻어지는 결론을 말하자면, 반말은 존대 형태 '-요'와의 규칙성 있는 결합을 형태 배합상의 특성으로 하는 두루낮춤의 종결형이라 할 수 있다.

4.2.5. 통사적 반말

앞에서 우리는 반말을 형태적으로 규정했었다. 그러나 반말은 이러한 형태론적 반말만 있는 것이 아니다. 우리는 또 그 형태와 관계없이 통사적으로 규정되는 반말을 가지고 있다. 이러한 반말은 통사론적으로 규정되는 것이기 때문에, 어미뿐만 아니라 어휘와도 무관한 것이 특징이다. 표면상에 나타나는 형태를 중심으로 살펴보기로 한다.

• 명사구
(18) a. 이거 태현이가 만든 거야.
　　 b. (그걸) 태현이가?
　　 c. (그걸) 태현이가요?

(19) a. 너 어제 어디 갔었지?

    b. <u>극장(에)</u>

    c. 극장(에)요.

(20) a. 나 어제 큰 비행 접시를 봤어.

    b. 뭐? <u>큰 비행 접시(를)</u>

    c. 뭐요? 큰 비행 접시(를)요?

• 동사구

(21) a. 이건 무얼 하려고 달라니?

    b. <u>먹으려고</u>

    c. 먹으려고요

(22) a. 너 배가 어때서 그러니?

    b. (배가) <u>좀 아파서</u>

    c. (배가) 좀 아파서요

• 부사구

(23) a. 이 원고는 좀 빨리 써 줘야 돼.

    b. <u>(좀) 빨리?</u>

    c. (좀) 빨리요?

(24) a. 내가 어제 두현이를 만났었거든.

    b. <u>그래서?</u>

    c. 그래서요?

• 절

(25) a. 무슨 일 생겼어?

    b. <u>자동차가 고장나서.</u>

    c. 자동차가 고장나서요

(26) a. 누가 아파서 그래?

    b. <u>철수가 아파서.</u>

    c. 철수가 아파서요.

위 예문들은 각각 a에 대한 반응을 b, c에서 특징적인 차이는 형태상의 차이다. 곧 c는 b에 존대 형태 '－요'가 결합된 것으로, 우선 이러한 b, c의 대응은 우리가 앞서 반말에서 보았던 것과 완전히 일치됨을 알 수 있다. 여기서 우리는 '−요'가 없는 b의 표현이 반말 표현이라는 생각을 가질 수 있을 것이다. 그러나 아직 확답을 하기에는 이른 느낌이다. 다음에는 이것을 대우의 등분과 관련시켜 보기로 하자.

> (27) a. 제가 이번에 일등을 했어요.
>   b. 철수야, 네가 일등을?
>   c. 철수, 자네가 일등을?
> (28) a. 우리 낚시 한번 가지?
>   b. 얘, 날씨가 좀 풀리거든.
>   c. 여보게, 날씨가 좀 풀리거든.
> (29) a. 어서들 서둘러.
>   b. 얘 철수야, 어서 좀 빨리.
>   c. 여보게 철수, 어서 좀 빨리
> (30) a. 여보, 선생, 우리 다음 달엔 한번 만납시다.
>   b. 다음 달(에)?
>   c. 다음 달이오?
>   d. 다음 달요?

(27)~(29)에서 각 b, c는 역시 각 a에 대한 대응으로서, (18) 이후에서 반말로 추정한 말들인데, 각각 b는 전형적인 해라체의 청자에, 그리고 c는 전형적인 하게체의 청자에 대응시킨 것이다. 이들 반말 추정형들은 결국 여기서 해라체, 하게체의 두 대우체를 대신해서 쓸 수 있음을 확인할 수 있다. 예문 (30)이, 아주 낯선 두 사람 사이의 대화라고 가정할 때, b의 표현이 하오체에 쓰일 수 없음을 보여 준다. 결국, (27)~(29)에서 b, c의 표현들이 해라체와 하게체에 두루 통용되는 두루낮춤의 화계성을 특징으로 하고 있다는 것을 알 수 있다.

이상에서 얻은 두 가지 사실에 근거해서 앞 (18)~(26)에서 반말로 추정했던 말들이, 첫째, 형태상으로 모두 존대 형태 '−요'와의 통합이 가능하고, 둘째, 화계상 두루낮춤에 해당되어서, 이 앞에서 보았던 형태적 반말과 완전한 일치를 보여 준다. 이러한 근거에 따라 필자는 일련의 문제된 표현들을 모두 반말로 규정하고, 형태론적으로 규정되는 반말을 형태적 반말, 통사론적으로 규정되는 반말을 통사적 반말이라 하여 양자를 구분하고자 한다.

반말 중 통사적 반말의 특성은 얼마간의 언급을 더 필요로 한다. 이들은 구체적으로 어떻게 해서 통사론적으로 규정되는 것인가? 이들 반말은 모두 완결된 문장의 형태를 취하고 있지 않지만 전통적인 의미의 단어, 구, 또는 절 등으로, 대화상 또는 문맥상으로는 완결된 문장의 기능을 하고 있다. 이들은 Jesperson(1924)에서 말하는 단어문(INnarticulate sentence)이나 반문(Semi-articulate sentence) 등에 해당되는 것들이라 하겠다.

비록 외형상으로는 완결된 것이 아니지만, 어떤 형태의 것이든 완결된 문장의 기능을 다하고 있다고 보면, 넓은 의미의 문장 속에 포함될 수 있는 것이다.[95] 국어에서 문장이 완결될 때에는 낮춤의 해체나 높임의 해요체 외에 또 다른 특정의 화계상 두 가지 선택의 길 밖에 없으니, 하나는 해체요, 다른 하나는 해요체다.

이제는 이상의 논의를 종합해서 반말에 대한 개념을 정의할 수 있을 것 같다. 이에 필자는 반말이라는 것을 다음과 같이 규정한다. 반말은 첫째, 형태상 존대 형태 '-요'와 결합 가능하며, 둘째, 통사적으로 완결된 문장의 기능을 가지고 있고, 셋째, 화계상 두루낮춤을 나타내는 형태라 규정할 수 있다.

4.2.6. 반말높임

4.2 이후 지금까지 반말을 검토하면서, 이 형태에 규칙성 있게 첨가 할 수 있는 형태 '요'에 대해 부분적인 언급이 있었다. 이 항에서는 좀더 체계

---

95) 이들(25~29)의 b, c 및 (30)의 c, d 등은 모두 담화 생략(discourse ellipsis)에 의한 것이므로, 화용론상으로는 각각 문장으로 해석 가능하다.

적으로 이 형태의 내용을 조명해 보기로 한다. 우선 이 형태가 청자 존대 형태라는 데는 이의가 있을 수 없으며, 반말에 결합된다는 형태 배합상의 특성이 앞에서 확인되었다. 이러한 특성을 감안하여 '-요'에 의해 표현되는 존대형을 반말높임이라 부르기도 한다.

먼저 '-요'의 문법적 범주를 생각해 보는 것이 필요하겠다. 앞에서 지적했듯이 이것은 어미 형태가 될 수 없는데, Martin(1954)에서는 이를 'particle'로 분석했었고, 정인승(1996 : 107~8)에서는 '종지 보조 조사'라 하였다. 문미 즉 완결된 종결형에 첨가된다는 특수성이 있기는 하지만, 이는 역시 보조 조사로 처리할 수밖에 없다. '-그려' 같은 형태가 문미에 온다는 점에서 부분적인 공통성을 가진다.

다음에는 반말 높임이 갖는 화계상의 성격을 살펴보고자 한다. 반말은 비교적 이른 시기에서부터, '반말'이란 형태적 특성과, '등외'라는 화계상의 특성이 막연한 대로 지적되어 왔지만, 이 '-요' 형태에 대한 구체적인 언급은 별로 발견되지 않는다. 박승빈(1935 : 343)에서 예시된 것을 보면, '-대요'는 하오체로, '-ㅂ디오'는 하십쇼체로 구분되어, 결과적으로 해요체는 하오체와 동일시되고 있으며, 정렬모(1946)에서도 마찬가지로 '-지요, -데요, -고말고요' 등은 하오체로 규정되었고, '-읍지요'는 하십쇼체로 분류되었다. 이와 같은 화계 구분에 있어서는, 최현배(1959 : 256~264), 김석득(1966 : 6~7, 1968b) 등도 같은 계열에 든다. 이리하여, 반말높임을 하오체로 분류하는 것은 대략 1960년대까지의 지배적인 경향이었다.

그러나 반말높임이 하오체가 될 수 없는 것은 쉽게 입증된다. 우리가 부모님이나 스승에게 해요체를 쓸 수 있어도 하오체를 쓸 수는 없다. 과거 많은 사람들이 반말높임을 하오체에 포함시켰지만, 사실상 개화기에도 해요체는 이미 화계상 독자성을 형성하고 있었던 것으로 보인다.96)

한편 해요체를 하오체와 하십쇼체의 중간으로 보는 사례도 드물지 않다.

---

96) 성기철(1980) 참조. 고영근(1974 : 84)에서는 1930년대 이전에는 해요체가 독자적 등분을 구성하지 못하였다고 보아 하오·합쇼체의 한 보충물로 처리한다고 하였다.

신창순(1962 : 460), 이맹성(1973 : 111), 이익섭(1974 : 60), 박영순(1978 : 31 - 1, 1985 : 260) 등이 이 계열에 들겠다. 그러나 해요체의 그러한 화계성에 대한 구체적인 논의는 별로 없었다.

다음에 '요'의 화계성을 구체적으로 검토해 보자 한다.

(29) a. 김 선생님, 안녕하셨어요?

b. 김 선생님, 안녕하셨습니까?

(30) a. 아버지, 그 일은 너무 걱정하지 마세요.

b. 아버지, 그 일은 너무 걱정하지 마십시오.

(31) a. 할아버지, 그거 제가 했어요.

b. 할아버지, 그거 제가 했습니다.

(32) a. 여보, 당신이 좀 도와 줘요.

b. 여보, 당신이 좀 도와 주오.

(33) a. 댁에서는 이걸 감당하지 못할 거예요.(<것이어요>)

b. 댁에서는 이걸 감당하지 못할 거요.(<것이오>)

(34) a. 왜 형이 날더러 해 보라고 하지 않았어요?

b. 왜 형이 날더러 해 보라고 하지 않았소?

위의 (29)~(31)에서는 같은 아주높임의 청자에 하십쇼체와 해요체가 대응되고 있다. 즉, 해요체가 아주높임과 상호 교체될 수 있음을 보여 준다. 그런가 하면, (32)~(34)의 문장들에서는 해요체가 예사높임의 청자에 대응되고 있어, 이번에는 해요체가 하오체 대신 사용될 수 있음을 보여 준다. 이것은 반말이 아주낮춤의 해라체 및 예사낮춤의 하게체 대신 사용 가능한 것과 좋은 대조를 이룬다. 반말의 해체가 해라체와 하게체에 통용되는 두루 낮춤으로 규정되었던 것과 마찬가지로, 해요체는 하오체와 하십쇼체에 통용 가능한 두루 높음으로 해석함으로써만 해요체의 성격이 이해될 수 있다.

'-요'는 반말에 대한 논의에서 언급되었듯이 형태적 반말과 통사적 반말에 모두 결합이 가능하다. 이에 따라 반말높임도 형태적 반말높임과 통사적 반말높임의 구분이 가능할 것이다. 통사적 반말이 화계상 두루 낮춤이었던 것과 대조적으로, 통사적 반말높임은 화계상 두루 높임에 해당된다. 여기서는 한 두 예를 보이는 것으로 충분한 예증이 되리라고 생각한다.

(35) a. 철수야, 에미가 다리를 다쳤나 보다. (화자 : 청자의 할아버지)
　　 b. 예! 어머니가 다리를요?
(36) a. 내 재산을 모두 고아원에 바치기로 했소.
　　 b. 여보시오, 당신 재산을 모두 고아원에요.

반말높임이 (35b)에서는 아주높임의 청자에, 그리고 (36b)에서는 예사높임의 청자에 쓰임으로써 이 말의 화계성이 두루 높임임을 간단히 입증해 준다. 따라서, 반말 또는 해체가 낮춤의 대상을 묻지 않고 어떠한 낮춤의 청자 대상에도 쓰일 수 있었던 것과 마찬가지로, 반말높임은 높임의 대상이면 누구에게나 쓸 수 있는 대우체다. 그러므로 예사높임의 대상에 쓰일 수 있는 해요체가 아주높임의 대상에 쓰임으로 해서, 아주높임보다 낮게 느껴지는가 하면, 아주높임의 대상에 쓰이는 해요체가 예사낮춤의 대상에 쓰임으로 해서, 예사높임보다는 높게 느껴지는 것이니, 이것은 두루 높임의 속성에 기인되는 필연적인 결과다. 우리는 해요체의 이러한 특성에 대응되는 현상을 해체에서도 볼 수 있었다.

그뿐만 아니라, 두 화계에 두루 쓰일 수 있는 특성으로 해서 대우의 엄격성이 요구되는 환경에서는 기피되는 것이 일반적 경향이다. 대우의 엄격성이란 하대의 경우보다도 존대의 경우에 두드러지기 때문에, 특히 존대에서 엄격성이 요구될 때, 해요체보다는 아주높임이나 예사높임 중에서 하나가 선택된다(4.3.3 참조). 그런가 하면, 또 화계상의 그러한 특성 때문에 해요체는 하십쇼체나 하오체와는 달리 비격식성이 강하고 친근감을 느끼게 한다. 따라서 비격식성은 해요체의 본질이라기보다 두 화계에 통용되는 속성에서 유래된 부차적 산물의 특성이라 하겠다. 이 점은 해체의 경우와 일치된다.

4.3. 화계

4.3.1. 화계 구분의 개관

화계란 말은 전통적으로 등분이란 말로 많이 쓰여 오다가 근래에 일반화되어 가는 경향인데, 이 말은 문장의 종결형 또는 이에 준하는 형태로 표현되는, 청자에 대한 화자의 대우 등급을 의미한다. 여기에서 종결형에 준하는 형태란, 통사적 반말 또는 통사적 반말높임을 가리키는 말이다. 국어의 문장은 반드시 이러한 대우의 등급을 수반한 종결형으로 끝맺게 되는데, 이러한 청자 대우의 등급이 문장 종결형에만 나타나는 것은 아니고, 청자 지시의 대명사에도 드러나서, 이들 대명사와 종결형이 대우상의 일치를 이루기도 한다. 또한 다른 대우, 예를 들면 주체 대우나 객체 대우의 경우에는 존대, 비존대(±RESPECT)로 특징지어지지만, 청자 대우의 경우에는 존대, 비존대의 구분이 다시 하위 구분되는 특수성을 보여준다.

어떤 문장의 경우든, 청자의 등급에 적절한 대명사와 종결형이 선택되어야 하기 때문에, 화계의 구분은 과거로부터 많은 관심의 대상이 되어 왔다. 대체로 보아 국어 화계 구분에서 비교적 일관성을 보여 온 것은 네 개의 등분, 즉 하십쇼체의 아주높임, 하오체의 예사높임, 하게체의 예사낮춤, 해라체의 아주낮춤이었다. 그리하여 그동안의 관심은 주로 해체의 반말 및 해요체의 '-요'형이었는데, 위의 네 기본 등분 구분에 대해서도 근래 얼마간의 반성이 없지 않았다.

우선 지금까지 제시된 화계 구분을 대략 살펴보면서, 그 특징과 문제점을 검토해 보기로 한다.[97] 화계 구분에서 가장 문제가 되는 것은 반말과 '-요'형의 고유한 화계성을 바르게 규명하는 일이다. 여기에는 이들을 화계 구분하는 문제 외에도, 이들과 관련하여 화계와 격식성의 문제가 또 제

---

97) 대우의 등분에 대한 과거의 연구는 성기철(1970), 서정수(1972)에 대략 소개되어 있다.

기된다. 이제 이러한 문제들에 우리의 관심을 모아 보기로 한다.

반말 및 '－요'형을 다른 화계와 동일한 기준에서 독자적인 등분으로 구분하는 것을 편의상 일원적 체계, 이 둘을 모두 등외로 처리하여 나머지의 화계와 구분하는 방법을 이원적 체계라 하고, 반말 하나만을 등외로 구분하는 것을 준이원적 체계로 구분하여 각각 검토해 보기로 하겠다.

4.3.2. 일원적 체계

우선 박승빈(1935 : 343)에서 한 예를 볼 수 있다. 원문의 표를 간추리면 대략 다음과 같다.

非敬語 ｛ 下待 : 는다, 라
　　　　忽待 : 네, 게.

敬　語 ｛ 平凡 : 오. 디요
　　　　禮遇 : ㅂ니다, ㅂ시오, 읍디오.
　　　　至恭 : 읍니다, 읍시오.

이러한 구분의 특징은 하십쇼체 위에 하읍시오체를 더 두었고, 해요체를 '하십쇼체'와 하오체의 두 화계에 넣었는데, 그것은 화계 구분이 어말어미나 '요'에 의해서 구분되지 않고 '－읍－'과 같은 선어말 어미까지 고려되는 기준의 혼란 때문이었다.

이와 많은 공통성을 가지고 있는 일원적 체계의 또 다른 예는 김민수 (1964 : 12, 1980 : 81)에서도 볼 수 있다. 여기에서는 '하나이다, 합니다, 하오, 하게, 해, 해라'로 6화계를 구분하였는데, 반말을 '하게'와 '해라'의 중간 등분으로 해석한 점이 전자와 다르다. 여기에서는 극존대에 해당되는 '읍시오, 하나이다' 등의 화계를 폐하고, 반말뿐만 아니라 반말높임까지 대등한 독자적 등분으로 일원화하는 화계 구분이 Martin(1954 : 5)에서 시도된 바, 여기에서는 'style'이란 이름 아래 "Formal, Polite, Intimate, Familiar Authoritative, Plain" 등 6개 화계를 구분하였고, 역시 Martin(1964 : 408)에서도 다음과 같이 6화계를 구분하였다.

Plain : −ta	Intimate : −na	Familiar : −e, −ci
Polite : −eyo, −ciyo	Authoritative : −(s)o	Deferential : −(su)pnita

여기에서의 특징은 반말이 낮춤의 최고 화계로, 그리고 반말높임이 높임의 최하위 화계로 구분되어, 해체와 해요체가 인접 화계가 된 것이 이채롭다. Martin의 화계는 대체로 Vandesande and Park(1968)에 이어지고 있다.

Martin의 구분에 영향을 받고 있는 것으로 보이는 양인석(1972 : 27)은 Formal(습니다), Familiar(네), Intimate(1)(아), Intimate(2)(지), Plain/Neutral(는다), Authoritative(오)로 6화계를 세우고 있다. 특히 반말 '−아−'와 '−지'를 구분하고 '−요−'형의 독자성이 인정되지 않는 점이 이색적이다.

장석진(1972 : 31, 1973 : 31)도 Martin의 화계 구분을 따르되, 다만 '−해요−'를 독립된 화계로 보지 않음으로써, '(1) 해라(Plain), (2) 해(Intimate), (3) 하게(Familiar), (4) 하오(blunt), (5) 합시오(formal)' 등 5화계를 설정하고 있다.

장(1972)과 같이 일원적으로 5화계를 규정하되 반말체와 하게체의 대우 순위만 다른 예를 이길록(1974 : 299~300)에서 볼 수 있다. 이 구분에서는 '해라체, 하게체, 반말체, 하오체, 읍니다체'의 순서로 5등분했는데, 반말체를 하게체와 하오체의 중간으로 본 것은, 반말체를 등외로 보면서도 '존대의 차례'로 보면 하게체와 하오체의 사이에 들어간다고 보았던 허웅(1969 : 63)과 일치된다.

일원적 체계로서 가장 단순한 체계를 보이는 것은 서정수(1972 : 89)가 아닌가 한다.[98] 여기서의 특징은 화계를 아주낮춤, 아주높임 등과 같이 구분하는 종래의 방법을 지양하고, 대신 (±RESPECT), (±FORMAL) 등의 자질 표시로써 화계를 나타낸 점임데, 여기에서 주된 특징은 하오체와 해요체가 하나의 화계(+RESPECT, −FORMAL)로 통합되었고, 하게체와 반말체가 또 하

---

98) 이러한 화계의 구분은 다만 '한 시안'으로 제시되었던 것인데, 이것은 서정수(1984)에서 대폭 수정되었다.

나의 화계(−RESPECT, −FORMAL)로 통합된 점이라 하겠다. 여기 제안된 것을 요약하면 대략 다음과 같이 될 것이다.

> (1) (+RESPECT, +FORMAL) 격식적 존대 : (으)ㅂ니다, (으)십시오.
> (2) (+RESPECT), (−FORMAL) 비격식적 존대 : 어요, 오.
> (3) (−RESPECT), (−FORMAL) 비격식적 비존대 : 어, 네, 게.
> (4) (−RESPECT), (+FORMAL) 격식적 비존대 : (는)다, 어, 라. (p.89에서 요약)

격식성을 반영하는 점에서 서정수(1972)와 유사하면서 얼마간 다른 방향에서 구분하고 있는 예를 이정민(1981 : 231)에서 볼 수 있다. 여기에서 화계는 기본적으로 다음과 같은 체계로 요약될 수 있을 것이다.

	격 식	비격식
높　임	합니다	해요
낮　춤	한다	해

즉 '합니다'와 '해요' 그리고 '한다'와 '해'는 단순히 격식성의 차이만 인정될 뿐이다. 그런데 여기에서의 또 다른 특징은 '주변적인 권위적(authoritative)형태'로서 격식 쪽에 '하오'와 '하네'를 두었다는 점이다. 그러므로 하오체와 하네체에는 격식성 외에 권위성이라는 또 다른 자질이 부여된 셈이다.

이맹성(1973 : 111)에서도 일원적 체계가 이루어졌다. 서울 경기 지방에 대한 통계적 조사를 통해서 화계의 변화를 조사한 이 논문에서는 '−습니다, −어요, −오, −네, −어, −(는)다'의 6화계를 구분하였다. 반말을 하게체와 해라체 중간 등분으로 해석한 것은 선례가 있지만, 해요체를 하십쇼체와 하오체의 중간 등분으로 본 것은 이것이 처음이 아닌가 한다. 이익섭(1974)은 앞의 이맹성(1973)과 일치되는 화계 구분을 보여 주고 있는데, 다만 하오체를 비존대로 해석한 점만이 특수하다 하겠다.[99]

일원적 체계로 독특한 방법을 보여 주고 있는 또 다른 새로운 제안들이 우리의 주목을 끈다. 먼저 들 수 있는 것은 황적륜(1976a : 86)이다. 여기의 특징은 화계를 '-ㅂ니다, -오, -네, -다'의 넷으로 구분하고, 문제의 '-요'는 '-ㅂ니다'의 비격식 변이형, 그리고 반말은 '네'와 '-다'의 비격식 변이형으로 해석하고 있다는 점이다. 도표를 소개하면 다음과 같다.

KOREAN SPEECH LEVELS

	Formal	Informal
Level 1 (most deferential)	- (u/i)pnita	-(e)yo
Level 2	-o	
Level 3	-ne	
Level 4 (most condescending)	-ta	panmal

이 체계는 결국 전통적인 4개의 화계를 기본 골격으로 정한 것인데, Formal, Informal의 둘로 구분하기는 했지만, Informal이 모두 Formal의 변이형이기 때문에 결과적으로는 일원적 체계가 되었다.

다음에 주목되는 것은 조준학(1976 : 301~303, 1982 : 87)이다. 이것은 앞의 것보다 더욱 간소화된 일원적 체계를 보여 준다. 여기 제시된 화계 구분을 요약하면 대체로 다음과 같은 것이 될 것 같다.

	Formal	Informal
존 대	-ㅂ니다	-요
중 간	-오	-게
비존대	-다	-아

이러한 체계는 조준학(1982 : 87)에 가서 다음과 같이 수정되었으나, 화계

---

99) 이익섭·임홍빈(1983)에서도 일원적인 6화계로 구분되고 있다. 박영순(1978 : 30~ 31)에서는 이맹성(1973)에 제시된 6화계 구분이 가장 적절한 것임을 확인하고, 하오 체를 역시 비존대로 봄으로써, 결과적으로는 이익섭(1974)을 채택하는 것이 되었다. 박영순(1985 : 260)에서도 '하십니다, 하세요, 하오, 하네, 해, 한다'의 6화계가 구분되고 있는데, 여기서 '-시-'는 화계와 무관하다.

순위에서는 변동이 없다.

	Formal	Informal
Deferential	(u) pnita(P)	(e)yo(Y)
Nondeferential : Marked	o(S)	ney(N)
Unmarked	ta(T)	e(E)

이 도표상에 나타난 가장 현저한 특징은 하오체(-오)와 하게체(-네)를 비존대의 동일 화계로 통합한 점이다.

　사회언어학적인 측면에서 국어의 청자 대우법을 논의하고 있는 손호민(1983 : 109)도 특색 있는 대안인 것 같다. 대체로 나이 45세 정도를 기준으로 별개의 화계를 설정한 것은 매우 주목할 만한데, 이를 소개하면 대략 다음과 같다.

a. Older generation Speakers

AGE GROUPS　SP — HR ↔ SP — HR　　SP — HR ↔ SP — HR

　　　　　　　　　　　　　　　　　　　　+POWER − POWER

Adults :　　　{P/Y} ↔ {P/Y}　　　　{P/Y} ↔ {S/ }

Adolescents :　{N/E} ↔　↕ {N/E}

Children :　　{T/E} ↔ {T/E}

b. Younger generation Speaker

A. Sociolinguistic Pattern

Adults :　　　{P/Y} ↔ {P/Y}

Adolescents :　{ /E} ↔　↕ { /E}

Children :　　{T/E} ↔ {T/E}

B. Linguistic Structure

+Adult : {P/Y} ↔ {P/Y}

−Adult : {T/E} ↔ {T/E}

※ P : 하십쇼체　Y : 해요체　N : 하게체　E : 해체　T : 해라체　S : 하오체

A/B : A=+formal　B=−formal

이 화계 체계는 연령 층에 따른 화계 구분 외에도 특징 몇 가지가 더 눈에 띈다. 우선 화계가 Adults, Adolescents, Children에 따라 셋으로 구분되고 있는데, 이것이 Younger generation에서 중간이 없어지고 +Adult 둘만 남게 된다. 그리고 Younger generation에 하게체(+formal)가 결여된 것을 제외하면 모든 화계가 ±formal의 대응을 보여 주는데, 이 점에서 Older generation의 것은 황적륜(1975 : 86)과 유사한 것이다. 다만 여기에서 하오체(S)를 Adults와 동렬에 놓되 예외적으로 처리한 점에서만 상이하다.

근년에 들어와 전혀 새로운 화계의 대안을 내놓은 것은 김종택(1981 : 21)이다. 앞의 조준학(1976, 1982)과 함께 국어 화계 체계에서 가장 단순한 것이 되는 이 체계의 요지는 다음과 같다.

존대(+) ⎰ 수상 존대 : ~ㅂ니다, ~ㅂ니까, ~ㅂ시다, ~오
　　　 ⎱ 수하 존대 : ~(이)네, ~는가, ~세, ~게.
평대(O)　　　　　　: ~는다, ~느냐, ~자, ~라.

이 체계의 특징은 일반적으로 말하는 하오체와 하십쇼체 및 해요체를 수상 존대의 한 화계로 통합했고, 하게체와 반말을 수하 존대의 한 화계로 통합한 점이라 하겠다.[100]

4.3.3. 준이원적 체계

반말을 등외로 처리하고 반말높임을 따로 구분하지 않는 준이원적 화계 구분 방법은 화계 구분의 전통적인 방법이라 하겠다. 먼저 정렬모(1946 : 153)를 보면, 여기서는 "해라, 하게, 하오, 합쇼 외에 반말이란 것이 있다."라 하여 반말을 등외로 처리하고 있는 것 같은데, 실제 예문을 검토해 보면 하게체와 혼동되고 있으며, 반말높임이 하오체 및 하십쇼체와 혼동되고 있어, 반말, 반말높임의 성격이 명료하게 파악되지 못한 것을 보여 준다.

---

100) 이러한 화계 구분은 김종택(1984 : 114)에서도 그대로 되풀이된다.

최현배(1959 : 252), 김희덕(1966 : 16~17, 1968b : 58), 허웅(1969), 강복수・유 창 균(1969) 등에서도 아주높임, 예사높임, 예사낮춤, 아주낮춤의 네 등분에 반 말을 따로 세움으로써, 이러한 구분은 하나의 전통적인 지배적 경향을 이 루었다고 하겠다.

대체로 반말높임은 하오체로 분류되고 있는 공동점을 보이면서도, 반말 의 화계성에 대하여는 의견을 달리하기도 한다. 최현배(1959)에서는 이미 앞에서 지적했던 대로 반말을 해라와 하게, 하게와 하오의 사이에 둠으로 써, 그 고유의 화계성을 인정받기 어려운 것으로 보았음에 대하여, 김석득 (1968b)에서는 반말을 높임과 낮춤의 중간으로 해석했고, 허웅(1969)도 반말 이 하오체와 하게체의 중간의 들어간다고 하여 앞의 것과 의견을 같이 하 고 있다. 이희승(1968 : 98, 101)에서는 '해라체, 하게체, 하오체, 합쇼체, 하소 서체'의 다섯 등분을 구분하고 반말을 역시 등외로 구분하고 있어, 반말을 제외한 기본 화계에서는 박승빈(1935)과 일치를 보인다.

우리는 여기에서 반말의 등외 처리가 과연 이원적 체계의 성격인가를 다시 돌아볼 필요가 있다. 왜냐하면 반말을 등외라 하면서도, 실제로는 화 계를 부여하고자 했기 때문이다. 가령 반말을 하오체와 하게체의 중간, 또 는 하게체와 해라체의 중간 등으로 본다면, 이는 엄격한 의미에서 등외가 될 수 없다. 그 독자적인 등분을 인정하지 않을 때에만 등외란 말이 적절 할 것이다.

4.3.4. 이원적 체계

이원적 체계는 기본적인 4화계 외에 반말과 반말높임의 둘을 등외로 해 석하는 체계다. 우선 불투명한 대로 박창해(1964 : 92)가 이에 가까운 것인 지도 모른다. '-오', '-어요' 등까지도 반말이라고 부르고 있는 여기에서 는 정식, 중간, 평교의 세 기본 화계의 각각 해체 및 해요체에 해당될 만 한 두 종류의 반말체를 다음과 같이 구분하고 있다.

정식 용어	정식 용어의 반말	중간 용어	평교 용어	평교 용어의 반말
$-$pnita	$-$u/o/a$-$yo	$-$ne	$-$nta	$-$a/e

정식 용어는 아주높임, 평교 용어는 아주낮춤에 해당되는데, 중간 용어란 필경 그 가운데에 위치한다는 생각일 것 같다. 이들 중 두 반말체가 혹시 등외에 가까운 것인지 모르겠다.

이와는 달리, 전통적인 4개의 화계(하십쇼체, 하오체, 하게체, 해라체) 바탕 위에, 각각 높임과 낮춤의 두 등외(두루 높임, 두루낮춤)를 구분하는 화계의 체계화가 성기철(1970b)에서도 시도되었다. 이러한 화계 구분의 골격은 대체로 고영근(1974), 서정수(1984) 등에서 긍정적으로 뒷받침되고 있다. 고영근(1974)에서는 우선 화계를 '사원적 체계'와 '이원적 체계'의 둘로 나누어, 전자에서는 '해라체, 하게체, 하오체, 합쇼·하소서체'의 넷을 구분하고, 후자에서는 '요 통합 가능성'과 '요 통합형'의 둘을 구분하였다.[101]

또 한편 서정수(1984)에서는 네 기본 화계를 격식체로, 그리고 반말과 '$-$요$-$'형의 두 등외를 비격식체로 구분하였다. 이를 요약하면 대략 다음과 같다.

격식체
    존 대 { 아주높임(합쇼체) : (으)ㅂ니다, (으)십시오
            예사높임(하오체) : (으)오

    비존대 { 예사낮춤(하게체) : 네, 게.
            아주낮춤(해라체) : 는다, 어라.

비격식체
    존 대 — 두루높임(해요체) : 어요
    비존대 — 두루낮춤(해체, 반말) : 어

이원적 체계의 또 다른 예를 박영순(1976 : 61)에서 보게 되는데, 이 화계

---

101) 고영근(1974)은 1930년대 이전의 현대 국어에 자료를 제한하고 있다.

구분을 다음에 인용한다.[102]

Speech Level	Formal	Informal
존대형(尊待形)	합시다	하세(서)요
비존대형(非尊待形)		해요(하오)
친숙형(親熟形)		해(하네)
평교형(平校形)	하라	해

여기서 특색 있는 것은 격식체로는 높임(하십쇼체)과 낮춤(해라체) 둘 밖에 없고, 비격식체에 4등분이 있게 되는데, 여기서 '하세요'와 '해요'를 상이한 화계로 구분하는가 하면, '해'와 '하네'를 한 화계로 묶은 것이 특징이다.

4.3.4에서 국어 화계 구분상의 다양한 태도 또는 견해를 대략 살펴보았다. 화계 구분의 모든 가능한 방법이 제시된 느낌이다. 그렇다고 해도 어느 하나 만족스러운 것은 없어 보인다. 우리는 위에서 본 바와 같은 화계 구분상의 다양성이 주로 어디에서 기인하는 것인가를 돌아볼 필요성을 느낀다. 아무래도 그 주된 원인은 반말높임 형태의 처리에 있는 것 같다. 따라서 이 두 형태에 대한 규명은 국어 화계 체계화에 결정적인 역할을 할 것이다.

그 밖에 하소체의 문제, 하오체의 존대성 문제 등도 일단은 돌아볼 대상이 될 수 있겠다. 이제 다음 항에서는 이러한 제 문제를 머리에 두고, 국어 화계 구분의 문제를 종합적으로 고찰해 보고자 한다.

4.3.5. 국어 화계 구분상의 제문제

우리는 이미 4.2에서 반말 형태와 '-요' 형태로 표현되는 종결형의 형

---

102) 이 화계는 박영순(1978)에서 6등분의 일원적 체계로 수정된다. 4.3.2. 일원적 체계 참조.

태·통사론적 성격과 대우상의 화계성을 살펴보았다. 거기서 얻은 결론은 반말은 두루낮춤이요, 반말높임은 두루높임이란 것이었다. 다음에는 전술한 바와 크게 중복되지 않는 범위내에서 화계와 관련된 상이한 견해들을 검토해 보면서, 국어 화계 설정의 문제로 방향을 잡아가기로 한다.

일원적 체계를 세우고 있는 쪽에서는 우선 반말의 등외론에 반대하고 있다. 반말, 반말높임 등을 비등외로 보는 경우에도 두 가지 다른 입장이 있다. 하나는 이들 중의 하나 또는 둘 모두를 다른 화계와 대등한 독립 화계로 구분하는 쪽이고, 다른 또 하나는 이들을 독립시키지 않고 다른 화계에 포함시키는 쪽이다.

한 예로 반말체나 해요체 등을 비등외로 보거나 다른 화계와 통합할 수 없다고 보는 쪽에서는, 무엇보다도 이들이 다른 화계와 교체를 거의 불허한다고 생각한다.[103] 반말체가 항상 해라체로 교체 가능한 것이 아니며, 해요체가 항상 하오체로 교체 가능한 것이 아님을 지적할 수 있다. 즉 어떤 경우에는 서로 교체가 아닌 일방적인 교체만이 허용되는 때가 있는 것이다. 그러나 분명한 것은 하십쇼체나 하오체 대상 모두에 해요체를 쓸 수 있고, 하게체나 해라체 대상 모두에 반말의 해체를 쓸 수 있다는 사실이다. 다만 해요체 대상에 해오체를, 또는 하게체 대상에 해체를 쓸 수 없거나, 격식이 요구되는 상황에서 해요체가 쓰일 수 없는 경우가 있지만, 이러한 사실이 이들 화계의 상호 교체 가능성을 근본적으로 부정할 수는 없다. 그리하여, 이상에서 언급한 논의는 해요체나 해체가 기타의 화계와 대등한 독자적인 화계를 구성할 수 없는 충분한 근거를 보여 준 것을 생각한다. 반말을 등분으로 구분하고, 반말높임을 등분에서 제외하는 구분도[104] 균형을 잃은 것으로 보인다. 낮춤과 높임에서 각각 반말과 반말높임이 가지는 대우성 또는 화계성이 대조적으로 일치되는 점을 고려한다면, 반말이 화계

---

103) 이익섭(1974 : 57) 참조.
104) 장석진(1972 : 31)에서 해체를 화계로 설정하면서도, '─지'나 '─요'체를 화계로 보지 않는 입장을 취한 것은 이해가 가지 않는다. 화계에 관한 한 반말체에서 '─지'가 배제될 이유가 없다. '─지'는 전형적인 반말 어미의 하나이다.

로 구분되고, 반말높임이 배제되는 불균형은 피해야 될 것이다.

해요체를 하오체에 통합시키고 있는 이길록(1974 : 365)에서는 (1970b)의 두루높임(해요체)에 대해서 "'해요'의 존대 등분의 공통 사용화는 엄격한 등분성의 퇴화(또는 친밀감) 현상으로 보이나, 아주높임에 두루 사용할 수 없다. '선생님 먹어요'는 쓸 수 없다."라고 지적하였으나 이것은 오해이었다. 주체 존대와 청자 존대를 혼동하여, '선생님(저도) 먹어요'는 성립되는 사실을 간과했던 것 같다.

반말을 하게체와 하오체의 중간으로 보는[105] 근거는 더욱 불분명하다. 반말이 하게체의 상위로는 인식되지 않기 때문이다. 반말이 하게체보다도 상위에 있다고 보아서는, 하게체보다도 하위의 해라체와 통용되는 현상을 설명하기 곤란하다.

반말을 해라체에, 그리고 반말높임을 하십쇼체에 포함시키거나, 이와는 대조적으로 반말을 하게체에, 그리고 반말높임을 하오체에 포함시키는 사례도 있으나, 이러한 구별이 적절치 못한 것은 4.2의 논의에서 충분히 설명되었으리라 생각한다. 반말이나 반말높임을 다른 화계 형태의 변이형으로 보는 문제를 생각해 보기로 한다. 우선 '-어요'를 '-습니다'의 비격식 변이형, 반말을 '-네'와 '-다'의 비격식 변이형으로 해석하는 문제가 우선 주목의 대상이다.[106] 이러한 해석에서는 '-어요'가, '-습니다'와 동위의 아주높임으로 구분된 것이 특징인데, '-습니다'와 '-어요'의 차이를 단순히 격식성에서만 찾을 수는 없다, 해요체와 하오체의 교체 가능성을 고려하면, '-습니다'와 '-어요'의 관계 및 '-오'와 '-어요'의 관계는 동일하게 고려되어야 할 것이다.

또 반말을 하게체와 해라체의 비격식 변이형으로 보는 것도 무리가 많다. 이것은 반말이 하게체의 비격식 변이형으로도 사용되고, 해라체의 비격식 변이형으로도 쓰인다는 것으로 해석될 것 같은데, 이 말은 반말이 하

---

105) 이길록(1974 : 209), 허웅(1969 : 63) 참조.
106) 황적륜(1975 : 86, 117) 참조.

게체도 되고 해라체도 된다는 결론이어서 모순이 생긴다. 반말을 두루낮춤으로 해석함으로써만 이러한 문제는 해결될 수 있다.

이와 아울러 '합니다 – 해요', '한다 – 해'의 각 쌍을 기본형과 변이형의 관계로 이해하지는 않는다고 하더라도, 이들을 단순히 격식과 비격식의 차이로 이해하는 것도[107] 여전히 무리가 따른다. 이러한 방식으로 해석한다면 '하오 – 해요', '하네 – 해' 등도 격식과 비격식의 차이로 설명되어야 할 것이다.

화계상 해요체와 하십쇼체의 통합, 해체와 해라체의 통합 또는 하오체와 하게체의 통합 등도[108] 국어의 현실을 적절히 반영하고 있는 것으로 보이지 않는다. 두루낮춤의 해체가 아주낮춤의 해라체의 경우, 하나는 존대요 하나는 비존대이므로 이 둘이 한 화계로 묶일 가능성은 없다. 더구나 하오체와 하십쇼체가 동일 화계로 통합되는 것은[109] 특수한 환경에서도 생각하기 어렵다.

그리고 하오체와 하게체를 기본 화계에서 제외시켜 부차적인 것으로 해석하는 것도[110] 다시 생각해 볼 일이다. 네 개의 화계로 되는 기본적인 체계를 조건 없이 받아들일 때는 하오체나 하게체가 갖는 제약 때문에, 이 둘을 일단 제외시키는 방법을 생각해 볼 수도 있다. 그러나 이 둘을 제외시킬 때 기본적인 4화계가 이루는 체계의 파격을 보상받기란 거의 불가능해 보인다.

다음으로 하소서체와 같은 소위 극존칭의 화계 설정 문제를 생각해 보면, '하소서'와 '하십시오'는 문어(또는 의식어)와 구어상의 차이이지 동일한 차원의 화계 차이는 아니다. 구어에 관한 한 하소서체는 사용되지도 않는데 이 둘이 화계를 달리 해서 한 체계를 구성한다고 보는 것은 곤란하다.

---

107) 이정민(1981 : 231) 참조.
108) 조준학(1976 : 301~3, 1982 : 87) 참조.
109) 감종택(1981 : 21, 1984 : 114).
110) 이이섭(1974), 박영순(1978), 조준학(1982 : 87) 참조.

이제 마지막으로 음미해 볼 것은 '하오체'의 존대성 문제다. 이 화계를 존대로 보는 일반적인 견해와는 달리 이것을 비존대로 보기도 하였다. 이 대우체는 하위자가 상위자에게 쓸 수 없는 화계다. 최소한 대등한 관계가 요구된다. 낮춤으로 보는 이유가 바로 여기에 있을 듯싶다. 그러나 낯선 사람들 특히 나이가 50, 60대 정도의 사람들이 처음의 또는 낯선 사람을 대할 때 드물지 않게 이 하오체를 쓴다. 다음의 한 예를 보자.

> (37) a. 영감은 어느 동네 <u>사(시)오</u>?
>   b. 나는 바로 이웃 동네서 <u>왔소</u>.

이것을 낮춤이라고 보기는 곤란하다. 나이가 든 영감들이 낯선 사람들에게 하대의 대우체를 썼다고는 생각되지 않기 때문이다.

이상의 논의를 종합해 보면, 우리는 우선 가장 문제된 대상의 하나인 해요체와 해체가 화계상 각각 두루높임과 두루낮춤이라는 것이 다시 확인될 수 있으며, 아울러 이 둘은 나머지 화계들과 그 성격이 상이하여 국어 화계가 우선 2차원으로 구분되어야 함을 입증해 주고 있다. 그렇지만 화계 체계 기술이란 점에서 하오체와 하게체가 또한 여전히 문제로 남아 있게 되는데, 이것은 단순한 이원적의 체계로 국어 화계 현상을 만족스럽게 설명할 수 없게 하는 요인이 된다.

4.3.6. 국어 화계의 체계화

4.3.6.1. 상층 체계

이제는 4.3에서 지금까지 논의된 바를 토대로 하여 국어의 화계를 체계화할 단계에 와 있는 것 같다. 국어의 화계 체계는, 과거의 연구에서 흔히 볼 수 있었던 것과는 달리, 연령층에 따라 다른 체계를 보여 준다. 대체로 중년층을 중심으로 하여 그 이상과 이하의 체계가 동일하지 않다. 종래 학계에서 흔히 논의되어 온 것은 바로 이 중년층 이상의 체계다. 필자는 편의상 이 둘을 각각 상층 체계 및 하층 체계로 구분하고자 한다. 우선 상층의 체계화 문제부터 보기로 한다.

대체로 화계의 체계는 화계의 구분과, 구분된 각 화계의 대우성(예 : 높임이나 낮춤의 정도 등)이 반영되어야 하며, 화계 체계 전체의 특성이 반영되는 것이어야 한다. 특히 화계는 엄격히 구분되어야 하는바, 연계 화계 사이에 중첩이 허용되는 것이어서는 안 된다.

4.3에서 지금까지 논의된 바를 종합해 볼 때, 우리는 무엇보다도 먼저, 화계상 6가지 종결형의 구분이 필요할 뿐만 아니라, 이러한 구분이 불가피함에 주목해야 한다. 이 6가지 화계 유형은 대략 다음과 같은 것이다.

> (38) ① 하십시오, 합니다. ① 하오. ③ 하게, 하네. ④ 해라, 한다. ⑤ 해요.
> ⑥ 해

여기서 6가지 화계 유형이 구분된다는 것은 이들 중 어느 하나도 다른 것에 통합되거나, 또는 둘로 하위 구분될 수 없음을 의미하는 것이어야 하는바, 이는 이들 각각의 엄격한 독자성을 말하는 것이다. 환언하면, 이들 화계의 6 종결형에서 어떠한 수의 가감도 허용될 수 없으며, 어느 하나가 다른 것의 변이형이 될 수도 없고, 어느 두 화계가 중첩되어서도 안 되는 것이어야 한다.

다음으로는 이 6화계의 종결형이 1차원으로 구분될 수 없다는 사실을 중시해야 한다. 이들 종결형이 일원적으로 구분된다는 것은 국어의 화계 수가 6이라는 것을 의미하는데, 지금까지의 논의에서 위 ①~④와 ⑤, ⑥은 동일 차원에서 구분될 수 있는 성질의 것이 아님을 보았다. 즉 6 종결형은 먼저 두 개의 체계로 구분되어야 한다. 즉 ①~④가 하나의 화계 체계를 형성하고, 나머지 ⑤와 ⑥이 또 다른 하나의 화계 체계를 이루는 것이어야 한다. ①~④는 (38)의 순서대로 아주높임, 예사높임, 예사낮춤, 아주낮춤의 4화계 체계를 이루며, ⑤, ⑥은 높임과 낮춤의 2화계 체계를 이룬다. 편의상 앞의 4화계 체계를 1차 화계, 기본 화계, 또는 4화계 체계라 하고, 뒤의 2화계 체계를 2차 화계 또는 2화계 체계라 하여 구분하기로 한다. 국어의 이러한 화계 체계를 전체적으로 보이면 다음과 같다.

상층 화계 체계

	1차 화계	2차 화계
높 임	아 주 높 임	(두루) 높 임
	예 사 높 임	
낮 춤	예 사 낮 춤	(두루) 낮 춤
	아 주 낮 춤	

이러한 2차원 체계가 의미하는 것은 기본적으로 1차 화계, 2차 화계 중 어느 하나로도 청자 대우 표현이 어느 정도 가능할 뿐만 아니라 또 가능해야 함을 의미한다. 현실적으로는 비록 두 체계가 혼용되기는 하지만, 어느 하나만으로도 전혀 불가능한 것은 아니라는 사실이다. 그리고 2차 화계에서 두루높임이나 두루낮춤이란 말은 1차 화계와의 대비에서 특징지어진 명명일 뿐이며, 2차 화계의 독자적인 내용으로 보면 단순히 높임과 낮춤일 뿐이다. 위의 두 체계를 통합하여 종결형을 함께 보이면 다음과 같은 것이 된다.

```
          ┌ 높임 ┌ 등분 ┌ 아주높임(하십쇼체) ················· -습니다, -ㅂ시오
          │      │      └ 예사높임(하오체) ···················· -오
          │      └ 등외-두루높임(해요체) ···················· -어요
화계 ┤
          │ 낮춤 ┌ 등분 ┌ 아주낮춤(하게체) ················· -네, -게
          │      │      └ 예사낮춤(해라체) ··················· -는다, -어라
          └      └ 등외-두루낮춤(해체) ······················· -어
```

그런데 이러한 체계는 적용상에 제약이 수반된다. 상위자에게는 아무런 제약이 따르지 않으며, 동위자 사이에 쓸 때도 문제가 없다. 다만 하위자가 존대를 표현하는 경우에는 제약이 따라서, 하오체가 거의 불가능하고

해요체나 하십쇼체만 사용된다.

가령 상위자의 입장에서 보면 아주낮춤→예사낮춤→예사높임→아주높임 및 두루낮춤→두루높임의 순으로 그 체계화가 가능하지만, 하위자의 입장에서 볼 때에는 예사높임의 존대는 불가능하다. 즉, 상위자에 대한 하위자의 존대는 해요체와 하십쇼체에 국한된다. 해요체가 아주높임에 쓰이는 점을 감안할 때, 실질적으로 하위자의 상위자 존대는 최상의 높임 하나뿐이라 할 수 있다.

이런 점에 비추어 볼 때, 국어의 화계 체계는 하향성을 특징으로 하고 있다. 윗 사람이 아랫 사람을 대우하는 경우에는 2차적 체계 전체의 동원이 가능하여 원하는 화계 선택이 가능하지만, 하위자의 경우에는 상위자에 대한 화계 선택의 여지가 거의 폐쇄되어 있다. 즉, 상층의 화계 체계는 그 적용상에 있어 하향적으로는 개방적 체계이지만 상향적으로는 폐쇄적 체계라 할 수 있다. 그러므로 상층 화계의 특징은 하향적 화계 체계라 할 수 있다. 이것은 다른 쪽에서 보면 화계 선택의 상향적 제약이라 할 것이다. 이러한 현상은 상위자 중심 또는 상위자 우선의 사회성을 반영하고 있는 것으로 보인다.

이에 따라 우리가 새로 모색하는 화계 체계는 이러한 주요 특성이 어떤 방식으로든 반영되어야 할 것이다. 우리가 과거에 시도해 온 여러 가지 화계 체계가 비록 그 화계 설정은 바르게 됐다고 하더라도 이러한 대우의 방향성을 간과함으로써, 사실상 국어 화계의 바른 모습을 그대로 방영하지 못했다고 할 수 있다.

따라서 하게체나 하오체의 특수성도 단순한 예외나 제약으로 보는 것보다는 청자 대우의 한 원리로 설명하는 것이 더 합리적일 것 같다. 여러 화계 중에서 오직 하오체만이 예외가 되거나 어떤 제약을 받는 것으로 이해하는 것은 아무래도 특이한 해석 방법이 될 수밖에 없다. 이에 우리는 이러한 제약을 다음과 같은 청자 존대의 한 원리로 설명하고자 하는 것이다.

(39) 청자 대우의 원리
   상위자에 대한 존대 화계는 최상위로 한다.

이런한 원리는, 결국 원칙적으로 하대에서는 화계가 구분될 수 있으나, 존대에서는 화계 구분을 둘 수 없는 것을 의미하는 것으로서, 이것은 역시 상위자 우선의 사회성 또는 사회적 위계의 엄격성을 반영하는 언어 현상으로 풀이된다.

4.3.6.2. 하층 체계

하층 체계란 대체로 중년층 이하의 화계 체계를 가리킨다. 전통적으로 화계 체계는 위에서 본 상층 체계를 중심으로 했기 때문에, 특히 하오체의 존대성 및 하게체의 하대성 문제와 관련하여 학계 일각에서는 앞의 것과 같은 상층 체계에 이의를 보이기도 했었다. 그것은 하오체가 존대 화계지만 존대에 쓸 수 없는 특수성이 따르고, 하게체가 하대 화계이면서도 하대에 쓸 수 없는 특수성이 있기 때문이다. 그러나 연령층에 따른 이원적 체계의 수립에 의해서 이러한 문제는 큰 무리없이 해소될 수 있다.

연령층에 따른 대우 표현의 차이는 이 청자 대우에 국한된 것은 아니다. 주체 대우나 객체 대우 어디에서도 볼 수 있는 현상이다. 그러나 굳이 청자 대우에서만 연령층을 문제 삼는 것은, 여기에는 그들과 다른 특성이 있기 때문이다. 주체 존대의 화계 체계에서는 대체로 모든 연령층을 일관하는 체계나 규칙의 바탕 위에서, 특정 연령층에 한정되는 대우 표현이 병행 가능함에 대하여, 청자 대우의 청자 체계에서는 모든 연령층에 일관되는 체계화가 불가능하다는 사실이다. 즉, 앞에서 본 상층의 화계 체계는 결코 하층 화계 체계로 허용되지 않는다는 사실이다.

(39) a. 할아버지, 아버지 왔어요?
   b. 할아버지, 아버지 오셨어요?
(40) a. 할아버지, 그거 아버지한테 줬어요?

　　b. 할아버지, 그거 아버지께 드렸어요?

　가령 (39)의 주체 대우의 경우, (b)가 주로 청소년층에 사용되는 특수성을 가진 반면, (a)는 어떤 연령층에서도 사용 가능하며, (40)의 객체 존대에서도, (a)가 모든 연령층에 일관되는 표현임에 반하여 (b)는 주로 청소년 층에서 가능하다. 즉 (39), (40)에서 (a)와 (b)가 각각 연령층에 따라 구분되는 성격의 것이 아니라는 사실이다. 그러나 청자 대우에서는 하오체나 하게체가 청소년층에 절대로 적용될 수 없는 특수성이 있어, 화계 체계는 상층과 하층의 엄격한 대립을 보여 준다.

　하층의 화계 체계는 상층의 체계에서 예사높임과 예사낮춤이 제외되는 것으로 특징지어진다. 그러면 이 두 화계가 결여된 체계란 과연 어떤 내용의 것일까? 어떤 체계에서 두 개의 화계가 결여된다는 사실은 그리 단순한 일이 아니다. 왜냐하면 그것은 한 체계의 파격을 의미하는 것이 되기 때문이다. 다음에 이 둘을 뺀 결과를 검토해 보고자 한다.

	1차 화계	2차 화계
높 임	아주높임	(두루) 높임
낮 춤	아주낮춤	(두루) 낮춤

　만약 위와 같은 것을 하나의 화계 체계라고 가정해 보자. 우선 1차 화계에서 화계가 높임 낮춤의 둘밖에 남지 않았으니 '아주'란 등분 표시는 삭제되어야 하고, 1차 화계가 두 등분으로 구분되는 한 2차 화계에서도 '두루'의 내용이 무의미한 것이 되어 버린다. 이러한 내용을 반영하여 위의 표를 수정하면 다음과 같은 것이 될 것이다.

1차 화 계	2차 화 계
높임(하십시오체)	높임(해요체)
낮춤(해라체)	낮춤(해체)

이 표가 보여 주는 것은 너무도 명백하다. 그것은 1차, 2차 화계가 각각 높임과 낮춤의 2화계 체계로 귀착된다는 점이다. 그러면 다시 위의 표가 보여 주는 화계 체계란 어떤 것으로 해석되어야 할 것인가가 문제된다.

첫째, 여기에서도 1차, 2차 화계의 구분은 유효한 것인가?

둘째, 그런 구분이 유효한 것이라면 둘은 어떻게 구분되는 것인가?

셋째, 그런 구분이 이미 효력을 상실한 것이라면 그 결과는 어떠한 것인가?

먼저 셋째 문제부터 검토해 보기로 한다. 이런 전제하에서는 1차, 2차 화계의 구분이 없어져 버렸는데, 이 경우 두 가지 해석이 가능할 것이다. 하나는, 높임과 낮춤에서 둘을 각각 어느 하나의 자유 변이형(free variant)으로 해석하는 방법이요, 다른 하나는, 이 둘을 각각 격식([+Formal])과, 비격식([−Formal])으로 구분하는 방법이다. 후자와 같이 할 때에는 다음과 같은 체계화가 가능할 것이다. 이러한 체계는 실제로 손호민(1983 : 109)이 'Younger generation'의 화계 체계로 제시한 것이다.

	+Formal	−Formal
높 임	하십시오	해요
낮 춤	해라	해

그러나 여기에서는 두 가지 해석 모두 문제가 따른다. 다음 예문을 보기로 한다.

    (41) a. (너는) 학교가 어디에 있니?
        b. (거기는) 학교가 어디에 있지?

가령 열 일여덟 살 정도의 고등학생들이 처음 만나 애기를 나누는 상황을 가정할 때, a의 해라체는 허용되기 어렵다. 반면 b의 해체는 무난한 표현이 될 것이다. 이러한 사정은 이들 연령층에서도 해라체와 해체가 단순히 변이형의 관계에 있지 않음을 시사해 준다. 그렇다고 이런 경우 해라체가 격식체로, 해체가 비격식체로 구분될 수도 없다. 낮춤, 그것도 청소년이나 소년층의 낮춤에서 단순한 격식와 비격식의 구별이 필요한 것인가도 의문이며, 실제 그런 구분이 적용되지도 않는 것으로 보인다. 결국 1차, 2차의 구분을 없애고 하나로 단일 체계화하는 것은 큰 무리다.

이제 우리에게 남은 것은 둘째, 즉 1차, 2차를 구별하는 해석이다. 과연 이 둘은 어떻게 구분되는 것인가? 상층 체계라고 한다면, 이 체계는 다음과 같은 것이 되어야 할 것이다.

하층 화계 체계

1차 화계	2차 화계
높 임(하십쇼체)	높임(해요체)
	낮춤(해체)
낮 춤(해라체)	

이 표는 하오체와 하게체를 제외한 상층 화계 체계의 내용을 그대로 유지하고 있는 것이다. 1차의 높임과 2차의 높임은 높임의 상단을 같이하되 하한선에서 차이가 있으며, 1차의 낮춤과 2차의 낮춤은, 낮춤의 하단을 같이하되 상한선을 달리하는 상층 체계의 엄연한 차이가 그대로 반영되고 있다. 그리하여 여기에서는 1차, 2차의 화계가 분명히 구별된다. 2차 화계에 있어서는 상층 하층 사이에 아무런 차이를 보이지 않는 반면, 1차 화계에서는 하층의 경우 높임과 낮춤 사이에 공백이 생긴다.

그러면 이 공백이 의미하는 것은 무엇일까? 상층에서와는 달리 하층에서는 1차 화계만으로는 청자 대우 표현이 미흡하다는 것을 의미한다. 위의 예문 (41)에서 (a)가 사용되기 곤란하다는 사실은 바로 이러한 1차 화계의 특수성을 입증하고 있다. 그러므로 하층 화계에서는 2차 화계의 지원하에서만 1차 화계가 제 기능을 발휘할 수 있다. 청소년층에서 1차 화계보다

2차 화계가 주로 쓰이는 이유 중의 하나는 1차 화계의 파격에 크게 기인되는 것으로 보인다. 상층 화계의 측면에서 보면, 하층 화계는 명백한 파격의 것이지만, 한편 2차 화계의 보조로 이 파격의 결함을 극복함으로써 독자적인 체계 형성이 가능하게 되었다. 이에 위에 보인 것을 상층 화계 체계에 대응되는 하층 화계 체계로 보려는 것이다.

4.3.7. 화계와 격식성

4.3.7.1. 화계와 격식성의 원리

화계는 단순히 등분 또는 등급의 문제와만 관련되는 것이 아니라, 격식(+F) 비격식(−F)의 격식성 문제와도 관련된다. 그리하여, 국어의 화계를 문제삼을 때에는 흔히 격식성이 함께 운위되었고, 때로는 격식성과 관련시켜 화계를 구분하기도 하였다. 다음에는 앞에서 체계화한 국어의 화계를 염두에 두면서, 격식성의 일반적인 관련 문제를 생각해 보기로 한다.

먼저 화계의 수와 화계의 엄격성을 생각할 수 있다. 화계의 수가 많을수록 그러한 화계는 엄격성이 높아진다. 화계의 수가 많다는 것은 그만큼 위계 관념이 엄격하다는 것을 의미한다. 따라서 4등분으로 된 1차 화계가 2등분으로 2차 화계보다 엄격성이 강하게 마련이다.

또한 화계의 엄격성은 격식성과 비례한다. 격식성이 요구될수록 엄격한 화계가 사용될 것이기 때문이다. 거기다가 해요체가 아주높임과 예사높임에 통용 가능하며, 해체가 예사낮춤과 아주낮춤에 통용 가능한 것이기 때문에 필연적으로 1차 화계가 엄격하고 2차 화계가 덜 엄격하여, 전자는 격식성을 띠게 되고 후자는 격식성을 띠지 못한다. 이에 따라 격식(+F)의 문제는 1차 화계로 압축된다.

또한 격식성은 화계의 선택 폭과 반비례한다. 즉 격식성이 높을수록 화계는 최상위의 화계로 선택의 여지가 줄어 들며, 격식성이 떨어질수록 하위 화계로 내려오면서 선택 폭이 넓어진다. 그래서 최고의 격식성이 요구되는 경우에는 아주높임이 쓰일 것이다, 격식성이 최하위로 떨어지면 아주낮춤, 두루낮춤이 모두 쓰일 수 있다. 격식을 차려야 되는 경우에는 주로 하십쇼체가 쓰이는 반면, 격식이 필요 없는 경우, 극단적으로 아이들끼리와 같은 경우에는 해라체와 해체가 마구 혼용되는 이유가 여기에 있다.

이러한 화계 일반성에 비추어 볼 때, 1차 화계에 격식성(+F)을, 2차 화계에 비격식성(−F)을 부여하는 것은 일단 수긍할 수 있고, 이러한 측면에서 볼 때에는 황적륜(1975), 서정수(1984) 등의 화계 구분은 어느 정도 긍정적인 것으로 볼 수 있을 것이다.

격식성의 문제를 동위자간의 수평 관계 및 상하위자간의 수직 관계로 구분해서 살펴보는 것이 필요하다. 먼저 동위자 사이의 격식성 문제를 생각해 보기로 한다. 동위자간의 격식성은 화계의 고저와 비례한다. 즉, 격식성이 높아질수록 높은 화계가 사용되고, 격식성이 낮을소록 낮은 화계가 사용된다. 이러한 기준에서 보면 격식성을 주요 속성으로 하는 1차 화계에서 자연 아주높임의 격식성이 가장 높고 아주낮춤의 격식성이 가장 낮게 될 것이다. 이러한 기준, 즉 수평적 관점에서 보면, 하십쇼체가 그 격식성이 가장 높고, 해라체가 격식성이 가장 낮아서 '하십쇼체−하오체−하게체−해라체'의 순서가 될 것이다. 동위자 사이에서 만약 격식성이 완화되거나 덜 엄격하게 되면 피차간에 비격식체인 해요체의 사용 가능성이 높아진다.

다음으로 상하위자 사이의 화계와 격식성의 관련 문제를 생각해 보면, 상하위자 사이에서는 격식성이 요구될수록 화계의 폭이 양극화한다. 즉 상하위자 사이의 격식성은 화계의 양극화와 비례한다. 격식이 요구되는 상황에서, 상하위 위계의 폭이 클수록 화계는 양극화하여 한 쪽에서는 하십쇼체를, 그리고 다른 한 쪽에서는 해라체가 쓰이게 되며, 위계의 폭이 좁아질수록 수직관계는 점점 수평화하여 피차간에 상위 또는 하위 화계 쪽으로 이동된다. 따라서 수직성이 엄격히 요구되는 때에는 격식성은 화계의 양극화에 비례한다.

그러나 아무리 현실적인 수직 관계가 엄격하고 격식이 요구되는 자리라도, 상위자가 하위자를 수평 관계로 대우하는 한, 이러한 양극화는 이루어지지 않는다. 그러므로 가령 군대에서는 공석에서도 한 계급 차이에서 양극 화계사용이 가능한가 하면, 회사의 간부회의의 경우, 사장과 계장이 똑같이 상위화계를 쓰기도 하는 것이다. 격식성이 낮아지면, 1차 화계에서 화계의 폭이 좁아질 수도 있지만, 격식성이 적은 해요체나 반말의 사용 가능성이 높아진다. 이와 같이 상하위자 관계, 즉 수직적 관점에서 격식성 문제를 보게 되면, 하십쇼체와 해라체가 가장 격식성이 높고 하오체와 하게체는 격식성이 이에 뒤지게 된다.

이상에서 살펴본 바 대화자 사이의 화계와 격식성 문제를 수평적 관점과 수직적 관점에서 종합적으로 고찰할 때, 우리는 대체로 다음과 같은 원리의 적용을 찾아 볼 수 있다.

> (42) 화계와 격식성의 비례 원리
>   (1) 화계의 수는 격식성과 비례한다.
>   (2) 수평 관계의 격식성은 화계의 고저와 비례한다.
>   (3) 수직 관계의 격식성은 화계의 양극화와 비례한다.

이러한 원리에 기초해서 국어 화계와 격식성의 문제를 종합해 보면 다음과 같이 요약할 수 있다.

1. 1차 화계가 2차 화계보다 격식성이 높다.
2. 수평적 관계에서는, 아주높임(하십쇼체) → 아주낮춤(해라체)의 방향으로 격식성이 낮아진다.
3. 수직적 관계에서는, 아주높임(하십쇼체)·아주낮춤(해라체) → 아주높임·예사낮춤(하게체) → 아주높임·예사높임(하오체)의 순으로 격식성의 낮아진다.

이러한 점을 종합해 보면, 개략적으로라도 1차 화계의 격식성 순위를 생각해 볼 수 있다. 수평, 수직 관계의 어느 관점에서 보아도 가장 격식성이 높은 것은 아주높임이다. 이 화계를 빼면 수직 관계에서 아주높임과 동위인 아주낮춤의 격식성을 위에 놓을 수 있다. 다음으로 예사낮춤보다는 예사높임의 격식성이 조금 위에 온다. 수직관계에서 보면, 이둘이 동위에 있지만, 수평관계에서 보면 예사높임이 예사높임보다 높기 때문이다. 이렇게 해서 우리는 대략 '아주높임>아주낮춤>예사높임>예사낮춤'의 순으로 1차 화계의 격식성을 생각해 볼 수 있다.

4.3.7.2. 화계의 격식성 논의

화계 구분과 관련해서, 국어의 화계와 격식성의 문제가 여러 사람에 의해 논의되어 왔다. 이것은 국어의 각 화계가 단순히 등분만을 나타내는 것이 아니라, 격식성 또는 친밀성 등과 관련된다는 해석에 의한 것으로, 이러한 격식성 또는 친밀성 등을 기초로 하여 화계를 구분하는 예도 있었다. 앞서 4.3.1에서 보았던 바와 같이 Martin(1954, 1964)이나 박창해(1968 : 90), Vandesande and Park(1968) 등에서 그 일면을 살펴볼 수 있었다.[111]

격식성을 체계적으로 국어의 화계 구분에 적용시킨 것은 서정수(1972)의 시안으로, 이것은 화계 이해에 큰 의미를 부여했다고 하겠다. 여기에서는 화계를 구분하되, '아주', '예사' 등과 같은 등급 표시를 지양하고 [±RESPECT], [±FORMAL]의 자질 표시로서 구분하여, 하십쇼체와 해라체는 [+FORMAL]로 나머지는 모두 [−FORMAL]로 구분되었다가, 서정수(1984)에서는 해요체와 해체만이 [−FORMAL]로, 그리고 나머지는 모두 [+FORMAL]로 구분되었다.[112]

화계를 격식성으로 구분한 것은 이익섭(1974)에서도 발견된다. 반말체,

---

111) 그런데 이들의 화계 명칭에는 문제가 있다. 한 예로 Martin의 경우 Intimate, Familiar, Polite 등이 어떻게 구분될 수 있을지 의문이다. 이러한 사정은 장석진(1972, 1973), 양연희(1972) 등에서도 마찬가지다.

112) 서정수(1984)의 격식성 구분은 박영순(1976)에서도 볼 수 있으나, 후자에서는 전자와 달리 비격식체를 '하세요, 해요(하오), 해(하네), 해라' 등으로 4등분한 것이 특징적이다. 그러나 박영순(1978)에 이르러서는 그러한 격식성의 구분은 전면적으로 최소되고 6등분의 일원적 화계 체계가 채택되었다.

하오체, 하십쇼체가 [+격식]으로 구분되고, 해라체, 하게체, 해요체가 [−격식]으로 구분되어 그 독자성을 보여 준다. 특히 화계 구분과 관련하여 1차적 기준으로 격식성을 중시한 것은 조준학(1976)이었다. 이 격식성에 따라 종결형은 이분되는데, '−ㅂ니다, (−오), −다'는 'Formal'로 그리고 '−요, (−게), −아'는 'Informal'로 구분된다. 즉, '−ㅂ니다'와 '−요', '−오'와 '−게', '−다'와 '−아'는 각각 모두 같은 화계로되 격식성에서 구분된다는 것이다. 이러한 격식성은 조준학(1982 : 87)에서 다시 확인되고 있다.

이러한 격식성의 구분은 기타 여러 사람들에 의해서 시도된 바 있는데, 완전한 일치를 보이는 것은 찾아보기 힘들다. 그 가운데 및 예를 요약하여 도표로 보이면 다음과 같다.

	서정수 (1972)	서정수 (1984)	이익섭 (1974)	박영순 (1976)	황적륜 (1976a)	이정민 (1981)	조준학 (1982)
하십쇼체	+F	+F	+F	+F	+F	+F	+F
하오체	−F	+F	+F	−F	+F	+F	−F
해요체	−F	−F	−F	−F	−F	−F	−F
하게체	−F	+F	−F	−F	+F	+F	−F
해라체	+F	+F	−F	+F	+F	+F	+F
해 체	−F	−F	+F	−F	−F	−F	−F
하세요				−F			

위 도표에 나타난 결과를 검토하기 전에 한 가지 먼저 지적하고 싶은 것은, 위와 같은 격식성 구분 또는 자질 부여가 대개 직관적이라는 인상을 받게 한다는 점이다. 왜냐하면 대개 그러한 자질 부여의 근거나 배경 설명이 따르지 않은 것으로 보이기 때문이다.

이제 (42)에서 본바 화계와 격식성의 비례 원리를 염두에 두면서, 위 도표에 나타난 자질 부여의 배경을 검토해 보기로 한다. 우선 전체 화계로 보아 두드러진 공통점의 하나는, 1차 화계에 [+F], 2차 화계에 [−F]의 자질을 부여하고 있는 점이다. 화계와 격식성의 비례 원리(1) 그리고 2차 화계가 각각 2개의 1차 화계에 통용되는 특수성으로 보아, 그러한 구분은 일단 긍정적인 것이 될 수 있다. 도표에서 또 두드러진 공통점의 하나는 하십쇼체가 예외없이 [+F]라는 점이다. 이것은 화계와 격식성의 비례 원리(2)(3)에 의해 확고한 것으로 입증이 되었던 바다. 도표상의 또 두드러진 특징은 해라체가 [+F]라는 사실이다. 이것도 위 원리(3)에 의해서 그 부분적인 타당성이 입증된다.

난조를 보이고 있는 하오체와 하게체에서도 한 경향을 파악할 수 있다. 즉, 하게체보다 하오체에 [+F]가 더 많이 주어졌다는 점이다. 바꾸어 말하면 하게체가 가장 격식성이 낮은 것으로 나타난다는 점이다. 이러한 격식성의 차이도 앞의 원리에 따라 밝혀졌던 사실이다. 앞에서 우리는 '하십쇼체 → 해라체 → 하오체 → 하게체'의 순서로 격식성이 낮아짐을 밝혔는데, 이 도표상의 경향은 그러한 사실을 바르게 반영하고 있다. 따라서 조준학(1982)은 원리(2)만이 적용되어 최하위 화계에만 [−F]를 부여한 것으로 해석할 수 있다.

도표에서 서정수(1972)와 박영순(1976)도 기본적인 면에서 일치된다. 둘 다 양극의 1차 화계에만 [+F]를 부여했다는 사실이다. 이러한 자질 부여는 위의 원리(3)만이 작용된 것이라 하겠다. 그런 점에서 부분적인 타당성이 있는 것으로 풀이된다. 하오체와 하게체에 자질 부여를 하지 않는 경우도 예견되는데, 이것은 둘의 격식성이 가장 낮은 것이라는 데 기인할 것이다. 해라체를 [−F]를 본 예는 위 원리(2)에 의해 설명 가능하나, 다만 반말에 [+F]가 주어진 경우는 위의 어떠한 원리로도 설명이 불가능하다.

위 도표에 나타난 화계의 격식성을 검토해 본 결과는 우리에게 주요하고도 흥미있는 사실을 보여 준다. 전반적으로 도표상의 주된 경향이 대체로 앞에서 필자가 '화계와 격식성의 비례 원리'에 따라 검토한 결과와 일치한다는 사실이다. 이러한 사실은 격식성 구분에서 나타난 여러 사람들의 직관이나 주관이 부분적으로 수긍할 만한 경향을 보여 주고 있다는 것을 말해 준다. 그리고 개개인의 구분에서 상당한 차이를 보이고는 있지만, 그것이 전혀 무원칙한 것이 아니라, 필자의 화계와 격식성의 원리에 의해 부분적으로 설명이 가능한 것이다.

이처럼 각각의 격식성 구분이 모두 화계·격식성의 원리에 의해 설명 가능한 것이라 해서, 도표에서 보는 격식성의 부여가 받아들일 만하다는 것을 의미하는 것은 아니다. 지금까지의 격식성 구분은 예외없이 각각의 화계에 획일적으로 [+F] 아니면 [−F]를 부여하는 방식이었다. 그 결과는 격식성 [+F]이 가장 낮은 하게체도, 격식성이 가장 높은 하십쇼체와 동등하게 [+F]로 구분되는 불합리를 보였던 것이다. 1차, 2차 화계 전체를 대상으로 하여 격식성에 따라 이들을 양분한다면 하게체는 [−F] 쪽에 놓이게 된다. 이것은 하게체의 격식성이 하십쇼체와 가깝기보다는 해요체나 해체에 더 접근되어 있음을 말한다. 이것을 비유하자면, 수원은 경기도이고 천안과 대전은 함께 충청도이지만, 천안이 대전보다는 수원에 더 가까움과 같은 이치라 하겠다.

그러므로 격식과 비격식의 어느 하나로만 자질을 부여하는 방식을 따르는 한, 도표의 어느 것도 아주 틀린 것이라 할 수 없으며, 또 더 이상 새로운 방법이 있을 수도 없다. 이것은 결국 그러한 격식성 구분이 원칙적으로 불합리할 뿐만 아니라, 의미 있는 것도 못됨을 말해 준다. 국어의 화계를 격식성과 관련시키는 것 자체는 매우 의미 있는 일이지만, 이 격식성은 단순히 격식과 비격식의 구분으로 끝나는 문법적 규칙성의 것이라기보다는 화용론적 정도의 개념으로 설명되어야 할 성질의 것이다. 우리는 종래의 격식성 구분이 오히려 국어의 화계와 격식성 이해에 한 장애 요인이 되지 않았나 돌아보게 되며, 이러한 방법에서 벗어남으로써 올바른 접근 또는 이해가 가능할 것으로 생각한다.

4.3.8. 화계간의 호응

우리가 말을 할 때는 물론 문장 하나로 구성될 때도 많지만, 또한 둘 또는 그 이상의 문장이 연속되는 경우도 허다하다. 문장이 둘 이상 연속될 경우, 때로는 단일한 화계가 일관성 있게 쓰이기도 하지만 때로는 상이한 화계가 혼용 또는 병용(並用)되는 수도 많다. 이러한 경우 화계간의 호응을 살펴보는 것은 국어 화계 각각 또는 전체의 성격을 이해하는 데 도움이 된다. 즉, 우리의 관심은 단위 문장의 화계가 아니라, 담화상의 화계에 있는 것인데 여기에는 먼저 두 문장 사이에 나타나는 화계의 호응에만 국한시키기로 한다. 둘 또는 그 이상의 문장이 계속 되는 경우, 화계 사용의 폭이 넓어질 가능성도 없지 않지만, 기본적으로는 호응에 언어 정도 한계와 제약이 있게 되는데 그 기본적인 것은 두 문장의 경우를 봄으로써 밝혀질 수 있다. 물론 우리가 생각하는 것은 일반적인 것을 기준으로 할 것이며, 특수한 것은 논외로 한다.113)

① 아주높임-아주높임(○)　　(○성립　×불성립　△일부허용)
② 아주높임-예사높임(△)

(43) 이 수박 맛이 <u>있습니까</u>? 값이 얼<u>마요</u>? 하나 <u>삽시다</u>.
(44) 여보<u>시오</u>, 이것 비싼 것 <u>같습니다</u>. 안 그<u>렇소</u>?

이러한 호응은 대체로 제한된 조건 아래에서 가능하다. 예사높임의 대상에 대해서 아주높임을 병용하는 것은 허용될 수 있어도, 아주높임의 대상에 대해서 예사높임을 병용하는 것은 원칙적으로 불가능하다. 위 문장들의 경우 청자는 아주높임의 대상이 아니라, 예사높임의 대상이다.

③ 아주높임 - 예사낮춤(×)
④ 아주높임 - 아주낮춤(×)

②가 잘 허용되지 않으니 ③, ④가 불가능할 것은 당연하다.

⑤ 예사높임 - 예사높임(○)
⑥ 예사높임 - 예사낮춤(×)

---

113) 여기에 인용하는 정문(正文)의 예문들은 대부분 현대 소설 작품에서 취한 것들이다.

(45) *여보시오, 이거 얼마<u>요?</u> 나 하나 주<u>게</u>.

⑦ 예사높임 – 아주낮춤(×)
⑧ 예사낮춤 – 아주낮춤(×)

(46) *여보<u>게</u>, 이리 좀 오<u>게</u>. 이것 좀 읽어 <u>봐라</u>.

위에서 일차 화계의 4등분 간에 호응되는 모습을 대략 더듬어 보았다. 여기에서 얻어지는 주된 경향은, 이들 4화계는 인접 화계와 호응이 안 된다는 것이다. 이것은 이 4화계간의 독자성 또는 위계성이 매우 엄격한 것을 의미한다. 간혹 인접 화계 간에 호응이 가능한 경우가 없지 않으나, 여기에는 화자 청자가 비격식의 친근한 관계에 있어야 한다는 예외의 조건이 수반되어야 하며, 이런 경우의 호응도 그것이 일반적인 것으로는 호응되지 않는다는 점이다. 이러한 특수한 경우의 호응은 대체로 하위 화계 상대자에게 상위 화계가 병용되는 것이거나, 상위 화계 상대자에게 하위 화계를 병용하는 것인데, 특히 후자의 경우, 화자 청자가 특별한 친근 관계에 있지 않고서는 성립되기 곤란하다.

⑨ 두루높임 – 아주높임(○)
⑩ 두루높임 – 예사높임(○)
⑪ 두루높임 – 두루높임(○)

⑫ 두루높임 – 예사낮춤(×)

(47) *이 선생, 나 좀 도와주겠<u>나?</u> 네, 한 잔 살께<u>요</u>.

⑬ 두루높임 – 아주낮춤(×)
⑭ 두루높임 – 두루낮춤(△)

(48) 박 선생, 가지 말아<u>요</u>. 나도 안 갈<u>게</u>.
(49) 아저씨가 좀 해 줘<u>요</u>. 나 어디 좀 갔다 오<u>게</u>.

아주 가까운 화자 청자 사이에서만 때때로 사용된다.

⑮ 두루낮춤－아주높임(×)

(50) ᵀ후유 늦으셨군. 날이 무척 춥습니다.

(51) *늦으셨어. 날이 무척 춥습니다.

가까운 사이의 아랫 사람에게 (50)이 쓰이는 수도 있다. 여기의 반말 의미 '-군-'은 감탄성 또는 독자성이 있는 점에서 (51)의 반말 의미 '-어-'와 얼마간 구분된다.

⑯ 두루낮춤－예사높임(△)

(52) 내가 얼마나 기다렸는지 아오? 한 시간이나 기다렸어.

(50)보다 수용도가 조금 더 높아지는데 , 부부 사이에서 무리 없이 쓰이나 그 밖에는 하위의 잘 아는 사람에게 얼마간 허용될 뿐이다.

⑰ 두루낮춤－예사낮춤(○)
⑱ 두루낮춤－아주낮춤(○)

2차 화계인 해요체와 해체의 특징은 이들이 각각 두 개의 1차 화계에 통용된다는 것 외에도, 1차 화계와 달리 두루 높임과 두루낮춤의 호응이 허용되는 상황이 있을 수 있고, 또한 두루낮춤이 예사높임과도 호응되는 일이 있다는 점이다.

이상에서 살펴본 것을 도표로 표시하면 다음과 같다.

아주높임 — 예사높임	△		아주낮춤 — 아주높임	×
아주높임 — 예사낮춤	×		아주낮춤 — 예사높임	×
아주높임 — 아주낮춤	×		아주낮춤 — 예사낮춤	×
아주높임 — 아주높임	○		아주낮춤 — 두루높임	×
아주높임 — 두루낮춤	×		아주낮춤 — 두루낮춤	○
예사높임 — 아주높임	△		예사높임 — 아주높임	○
예사높임 — 예사낮춤	×		예사높임 — 예사높임	○
예사높임 — 아주낮춤	×		예사높임 — 예사낮춤	×
예사높임 — 두루높임	○		예사높임 — 아주낮춤	×
예사높임 — 두루낮춤	△		예사높임 — 두루낮춤	△
예사낮춤 — 아주높임	×		예사낮춤 — 아주높임	×
예사낮춤 — 예사높임	×		예사낮춤 — 예사높임	△
예사낮춤 — 아주낮춤	×		예사낮춤 — 예사낮춤	○
예사낮춤 — 두루높임	×		예사낮춤 — 아주낮춤	○
예사낮춤 — 두루낮춤	○		예사낮춤 — 두루높임	△

이러한 도표가 엄격하게 작성되었다고 할 수 없으며, 또 실제 엄격하게 될 수 있는 성질의 것도 되지 못한다. 다만 어떤 경향의 이해에는 충분한 도움이 될 것으로 안다. 이 도표에서 드러나는 가장 특징적인 형상은, 앞에서 지적한 것 처럼, 일차 화계의 4 등분은, 인접 화계를 비롯해서 상호 호응이 허용되지 않음이 원칙이란 사실이다. 다만 아주높임과 예사높임이 제한된 상황에서 부분적으로 사용 가능한 것을 보여 주는데, 이것은 예사높임 대상에 아주높임을 병용하는 경우에 한정된다. 결국 국어의 모든 화계는 인접 화계에 호응이 허용되지 않음이 원칙이라고 결론을 지을 수 있다. 이러한 경향은 반말체나 반말높임체를 각각 해라체와 하게체, 하오체와 하십쇼체의 중간화계로 설정하여, 인접 등분간의 자유로운 호응을 부분적으로라도 허용하는 것이 온당치 못함을 입증해 준다 하겠다. 기본적으로 화계라고 하면, 각각의 등분이 독자성을 가짐으로써만 의미가 있다고 할 수 있다.

다만 1차 화계와 2차 화계 사이에서 좀 넓은 폭의 호응 또는 병용이 허용되는 점이 특색이다. 높임의 해요체는 극단적으로는 아주낮춤의 대상에까지 확대 병용이 되는 수가 있으며, 낮춤의 해체는 특수한 경우, 아주높임의 대상에까지 확대 병용이 되는 수가 있다. 이러한 사실은 해요체와 해체가 비격식, 친밀성 등을 특징으로 하기 때문이다. 해요체는, 낮춤의 화계와 병용되는 경우, 하위 화계로 내려갈수록 병용도가 떨어지고, 해체는 높임의 화계와 병용되는 경우, 상위 화계로 올라갈수록 병용도가 약화된다. 이것은 해요체 또는 반말높임이 엄연한 존대의 형태이면서도, 하위 대상에게도 쓰임으로 해서, 그 존대의 의미가 문맥에 의해서, 또는 화용론적으로 영향을 받으며, 반말 또는 해체가 상위 대상에게도 쓰임으로 해서 그 하대 의미가 문맥 또는 화용론적인 영향을 받는다는 것을 의미한다.

그래서 위에서 본 바와 같은 화계의 병용은 어떤 이유로 나타나는 것인가 잠시 생각해 볼 만하다. 우선은 상대방에 대한 화계 결정이 여의치 못할 때 이러한 현상이 일어날 수 있다. 한 예로 반말을 써야 할지 해라체를 써야 할지 망설여질 때 혼용이 되기도 한다. 그러나 화계의 병용이 주로 격식체와 비격식체의 병용으로 나타나는 것이고 보면, 더 본질적인 이유도 이러한 격식성 문제에서 찾아야 될 것이다. 즉, 격식체를 씀으로 해서 결과되는 위계성이나 소원감을 완화시키고자 할 때, 비격식체로의 전환이 요구될 것이며, 반대로 비격식체의 사용으로 위계성이 완화되거나 친근감이 지나치다고 판단될 때, 격식체로의 전환이 나타날 것이다.

우리는 화계 병용의 또 다른 이유를 비격식체의 화계성에서도 찾을 수 있다. 해요체나 해체의 두 화계 통용성은, 이들 화계가 각각 관련된 두 화계의 중간 화계와 같은 성격을 나타내게 한다는 점이다. 한 예로, 해요체는 하십쇼체와 하오체의 중간 화계 같아서, 하십쇼체를 쓰다가 이 존대가 지나쳤다고 생각할 때 해요체를 쓴다든지, 하오체를 쓰다가 이것이 좀 낮다고 생각할 때 해요체를 쓰기도 하는데, 또 한편 이들과는 반대의 방향에서 병용 현상이 나타날 수도 있다.

이러한 화계 병용의 배후에는 더 복잡한 요인들이 작용할 것이나, 여기에서는 더 이상의 논의가 요구되지 않을 것으로 생각한다.

5. 객체 대우

5.1. 객체와 객체존대

5.1.1. 객체

객체란 말은 주로 대우법 용어로 쓰여 온 것으로 이해된다. 이 용어는 특히, 이른바 객체 존대라는 대우법과 함께 많이 쓰여 온바, 정렬모(1946), 허웅(1961) 및 기타 여러 사람에게서 그 사용 예를 볼 수 있다.

객체란 말은 대체로 다음과 같은 유형의 문장에 나타나는 여격어나 대격어가 지시하는 인물을 함께 일러 온 말이다.

    (1) a. 나는 그 돈을 <u>아버지께</u> 드렸다.
        b. 나는 그 돈을 <u>동생한테</u> 주었다.
    (2) a. 너희들은 <u>할아버지를</u> 모시고 가라,
        b. 너희들은 <u>철수를</u> 데리고 가라.

위 예문들에서 각 a의 밑줄 성분은 존대 대상의 객체임에 대하여, 각 b의 밑줄 성분은 비존대 대상의 객체라 할 수 있다.

필자는 객체라는 말을 대우법 용어로 사용하되, 동사로 실현되는 행위가 직접적으로 미치는 대상의 인물을 객체라 규정한다. 따라서, 객체란 위 예에서 보듯이, 이른바 직접 목적어 또는 간접 목적어에 해당되는 대상을 가리키게 된다.

이러한 객체는 다음과 같은 문장에서도 발견된다.

    (3) 나는 공을 <u>아버지께</u> 던졌다.
    (4) 형은 <u>선생님을</u> 밀었다.

(3)에서는 존대의 동사가 따로 쓰이지 않았음에도 불구하고, 객체는 '께'

로 존대되고 있지만, (4)에서는 객체가 존대 대상이면시도, 존대 표현 방식을 취하지 않았으며, 또 동사도 존대형을 따로 가지지 않았다. 이것은 대체로 동사의 자질에 기인되는 것으로 보인다.

5.1.2. 객체 존대

우선 객체 존대 문제는 위의 (1), (2) 등과 같은 예문들에서 제기된다.[114] 소박하게 a, b를 대비시켜 볼 때, '드렸다', '모시고' 등은 각각 선행하는 객체에 대한 존대 또는 겸양의 동사로 보이는 것이다. 즉, 이들 동사는 객체가 존대 대상인가 아닌가에 따라 '드리다 – 주다', '모시다 – 데리다'와 같이 상이한 형태를 선택하는 것이다. 그리하여, 객체 대우 또는 객체 존대라고 할 때에는 '드리다', '모시다' 등이 객체에 대한 존대 표시로 실현되었고, 이에 따라 이들 동사는 객체 존대 동사라고 해석됨을 의미하게 된다. 결론부터 말한다면, 필자는 이러한 전통적인 해석에 토대를 두고서 '모시다', '데리다' 등이 객체에 대한 존대 또는 겸양을 표현하는 것으로 해석한다.

객체 대우는 존대와 비존대의 양면으로 나타나거나, 존대만 있고 여기 대응되는 비존대가 없는 경우도 있어서, 실제 객체 대우는 객체 존대로 특징지어진다(5.1.3 참조). 따라서, 본고에서 객체 대우는 객체 존대에 초점이 놓이게 될 것이다.

객체 대우는 소수의 특정 어휘에 의해 표현되는 점에서, 굴절 형태에 의해서 표현되는 주체 대우나 청자 대우와 크게 구별된다. 실제 객체 존대의 동사는 드리다, 모시다, 뵙다, 아뢰다, 여쭈다 등 고작해야 10개 정도를 헤아릴 수 있을 뿐이다.

객체 대우에서 몇 가지 주목의 대상이 되는 문제가 있다. 하나는 위에서

---

114) 현대 국어의 객체 존대 문제에 대한 본격적인 논의는 이익섭(1974) 등이 주가 아니었나 생각된다.

객체 대우 동사로 열거한 동사들의 대우 성격이요, 또 다른 하나는 객체 존대라 할 때 객체를 존대하는 주체가 누구인가 하는 문제다. 전자에 대해서는 다음 항에서 검토하기로 하고 우선 후자에 잠시 주목해 보면, 대략 다음 세 가지 가능성을 생각해 볼 수 있을 것 같다.

> (5) a. 화자의 객체 존대…………객체 존대1
>   b. 주체의 객체 존대…………객체 존대2
>   c. 청자의 객체 존대…………객체 존대3

물론 이들 외에도 화자 주체의 객체 존대 등 다른 가능성을 고려해 볼 수도 있으나, 위의 세 가지 논의로 문제점이 충분히 검토될 것이다. 특히 이 문제의 해명은 본장의 주된 목표가 된다.

5.1.3. 객체 존대 동사

필자는 아무런 전제나 설명도 없이 객체 존대 동사라 하여 관련 동사들의 대우 의미를 존대로 규정하였다. 그러나 이들 동사의 대우 의미는 존대 외에 겸양으로도 이해되는가 하면, 존대도 겸양도 아닌 것으로 해석되기도 하였다.

먼저 존대와 겸양의 문제부터 생각해 보기로 한다. 이들 동사는 기본적으로 존대의 동사가 아니라 겸양의 동사로 생각된다. 다만 관점을 달리하면, 겸양이란 것이 결과적으로는 상대방에 대한 존대로 해석될 수도 있다. 어떤 의미에서 화자의 겸양은 어떤 대상에 대한 존대의 의도가 전제된 것이고, 또 대상에 대한 존대를 위해서는 화자측의 겸양 또는 공손이 전제되지 않으면 안 된다. 문제의 동사들이 그 근본에 있어서는 겸양을 대우 속성으로 하고 있지만, 필자는 대우법 체계 기술의 편의상 겸양이란 말 대신에 존대라는 말을 쓰기로 하며, 해당 동사들을 겸양 동사라는 말 대신에 존대 동사라는 말을 쓰기로 한다.[115]

앞에서도 잠시 언급했듯이, 가령 주체 대우에서는 항상 ‘－시－’의 유무
에 의해서 존대와 비존대의 구분이 가능한데 대하여, 객체 대우에서는 이
러한 존대와 비존대의 구분이 안 되거나 불투명한 경우가 있어, 존대의 체
계적 기술에 의문을 가지게 되는 경우가 없지 않다.

다음에 구체적으로 예문을 검토해 보기로 한다.

> (6) a. 이것을 형님께 <u>드려라.</u>
>   b. 이것을 동생에게 <u>주어라.</u>
> (7) a. 네가 할아버지를 <u>모시고</u> 가라.
>   b. 네가 이 아이를 <u>데리고</u> 가라.
> (8) a₁. 그것을 선생님께 <u>여쭈어라.</u>
>   b₁. 그것을 선생님께 <u>말하여라.</u>
>   a₂. 모르거든 선생님께 <u>여쭈어</u> 봐.
>   b₂. 모르거든 철수에게 <u>물어</u> 봐.
> (9) 너는 오늘 하루 이 손님을 잘 <u>모셔.</u>
> (10) 우리는 사장님을 잘 <u>받들어야</u> 한다.

우선 (6), (7)과 같은 예문에서는 ‘드리다－주다’, ‘모시다－데리다’와 같
은 존대－비존대의 대응이 분명하다. 그러나 (8)에서는 ‘여쭈다’와 ‘말하다’
사이에 이러한 대응이 의문시된다. 단순히 ‘여쭈다’의 비존대어가 ‘말하다’
또는 ‘묻다’라고만 말할 수는 없는 것이다. (9), (10)에 오면 이러한 사정은
더욱 심해진다. 여기에서는 존대어로 생각되는 ‘모셔’, ‘받들어야’가 각각
이들에 대응되는 비존대어를 가진 것으로 생각되지 않는다.116) 그러나 대
응되는 비존대형이 없다고 해서, 이들이 존대와 무관한 것으로 해석될 수
는 없다.

---

115) 김승곤(1983)에서는 성기철(1976)이 ‘모시다, 드리다’ 등등의 대우 의미를 겸양으
    로 본 것에 대하여, 이를 부정하고 존대라 하였다. 필자가 말한 존대, 겸양의 상관
    성에 대해 이해가 덜 되지 않았나 한다.
116) 이러한 사실은 임홍빈(1976)과 같이, 이른바 객체 동사에서 존대어와 비존대어를
    각각 개별의 어휘로 해석하는 견해를 얼마간 뒷받침할 수 있을지도 모른다.

앞에서 객체 존대의 동사로 제시한 동사들에 대하여, 이들이 존대나 겸양을 나타내지 않는다고 보는 해석 문제를 잠시 돌아보기로 한다. 임홍빈(1976 : 243)은 문제의 대우 또는 존대 현상에 대하여, "그것은 객체 존대도 아니며, 주체 겸양도 아닌 것이다. 언어 사용의 실제적인 장면에 귀결되는 동사의 본래적인 뜻에 관한 문제이다."라고 새로운 해석을 내렸다. 이러한 해석에서는 가령 '드리다'와 '주다'의 차이가 존대와 비존대의 차이가 아니라, 행위 자체에 의해서 구별되는 별개의 어휘인 것이다. 가령 '보다'와 '뵈다' 같은 경우, 어원적으로는 대우성의 차이라기보다는 의미상의 차이가 더 근원적인 것이었을는지도 모른다.

그러나 공시성에 기초하고 있는 우리의 경우, '뵈다'에 존대 또는 겸양의 의미를 부여하는 것은 큰 무리가 없어 보인다. 다음과 같은 예문을 생각해 보기로 한다.

(11) a. 철수가 어머니께 과일을 <u>드렸다</u>. (화자 : 철수의 형)
   b. 철수가 에미한테 과일을 <u>주었다</u>. (화자 : 철수의 할아버지)

철수가 자기의 어머니한테 과일을 주는 장면을 본 철수의 형과 할아버지가 각각 a, b와 같이 말할 수 있을 것이다. 여기에서 우리는 '드리다'와 '주다'의 행위에 차이가 있다고는 할 수 없다. 동일한 행위를 두 화자가 상이하게 표현했을 뿐이다. 이러한 사실은 이 두 동사의 차이를 대우성에서 찾을 수 있음을 뒷받침해 준다.

5.2. 객체 존대의 성립

5.2.1. 청자와 객체

객체 존대에 관련되는 인물로 객체 외에, 화자, 주체 및 청자가 있음을 앞에서 지적하였다. 그러면 우선 개별적으로 화자, 주체, 청자가 어떻게 객체와 관련되는가를 보되, 편의상 청자부터 살펴보기로 하겠다.

   (12) 철수야, 너 그것 할아버지께 갖다 드렸니?
   (13) 철수야, 형이 그것 할아버지께 갖다 드렸니?
   (14) 철수야, 아버지가 그것 할아버지께 갖다 드렸니?
   (15) 아버지, 철수가 그것 할아버지께 드렸어요?
   (16) 아버지, 김 선생님이 그것 할아버지께 드렸어요?
   (17) 아버지, 아버지가 그것 할아버지께 드렸어요?

   (12)~(14)에서 화자, 주체, 그리고 객체 중 객체가 가장 상위자이며 청자는 화자보다 하위자이고, (15)~(17)에서는 청자가 화자보다 상위자이되 객체가 최상위자인데, 이들의 경우 객체 존대는 아무 무리 없이 이루어진다. 그러나, 여기서 객체와 청자와의 관계가 어떠한 것인가는 확인되지 않는다.

   (18) a. 할아버지, 할아버지께서 그거 아버지한테 줬어요.(?)
       b. *할아버지, 할아버지께서 그거 아버지께 드렸어요.(?)

   (18)에서 b는 원칙적으로 성립되지 않는다. 그 요인은 '할아버지'와 관련된다. 그러나 이 문장에서 '할아버지'는 청자인 동시에 주체이기 때문에 어느 것이 b의 비문에 작용된 요인인지 알 수 없다.

   (19) a. 할아버지가 그거 아버지한테 주셨어.
       b. *할아버지가 그거 아버지께 드렸어.

   (19)에서 b가 성립 안 되는 것을 보면 (18b)에서 주체에 비문의 요인이 있는 것이 분명하다. 즉, 주체가 객체보다 상위자라는 데 기인하는 것으로 보인다. 그러나 (18)에서 비문에 대한 청자의 영향력을 속단할 수 없다.

   (20) a. 김 선생님, 박 선생이 그거 정 선생님께 드렸어요.(?)

　　　b. 김 선생님, 박 선생님이 그거 정 선생님께 줬어요.(?)

청자(김 선생님), 주체(박 선생님), 객체(정 선생님)가 모두 화자의 상위자로서, 상호 존대 대상이라고 할 때, b보다는 a가 더 적절한 표현이다. 그러고 보면, 청자가 주체와 동위자일 때에 객체 존대는 완전히 성립 가능하다.

　　(21) a. 할아버지, 제가 그거 아버지한테 줬어요?
　　　　　b. *할아버지, 제가 그거 아버지께 드렸어요?
　　　　　c. 할아버지, 제가 그거 애비 줬어요.
　　(22) 제가 그거 아버지께 드렸어요.

(21b)도 역시 원칙적으로는 성립되지 않는다. 가정에 따라서는 a보다도 c가 쓰이는 것을 보면, b의 비문은 더욱 확실해진다. (22)와 같은 문장이 경우에 따라 완벽하게 쓰일 수 있는 것을 보면 (21b)의 비문은 분명히 청자에 기인된다. 즉, 청자가 최상위자인 문장에서 객체 존대는 실현되지 않는다.

이제 (12)~(22)까지의 예문을 검토한 결과는 청자가 최상위자일 때에 한해서 객체 존대는 이루어지지 않으며, 기타의 경우에는 청자가 객체 존대에 관여하지 않는다는 것을 확인할 수 있다.[117] 이러한 상위 청자 제약은 주체 존대나 청자 존대에도 적용되는 것이니, 결국 이 제약은 국어의 존대 일반에 적용되는 것이라 하겠다.

5.2.2. 주체와 객체

이제는 주체가 객체 존대에 미치는 영향 문제를 살펴보기로 한다.

---

117) 김승곤(1983 : 20)에서 객체 존대를 객체에 대한 화자의 존대로 이해하면서도, '여격어가 화자보다 손아래이더라도 청자보다 손위일 때는 존대 동사를 쓸 수 있다.'고 한 것은, 화자의 객체 존대(객체 존대1)와 청자의 객체 존대(객체 존대3)가 혼동된 것이며, 아울러 특수한 경우가 일반화된 무리라 생각된다.

(23) a. 내가 김 선생님을 모시고 갈게.
   b. *내가 김 선생님을 데리고 갈게.

b가 절대로 성립될 수 없는 문장이고 보면, a에서 객체 '김 선생님'을 존대하고 있는 것은 분명히 '나'다. 그러나 이 '나'는 화자인 동시에 주체이므로 객체를 존대하는 것이 주체인지 화자인지 불분명하다.

(24) a. 철수가 학장 선생님을 모시고 왔다.
   b. *철수가 학장 선생님을 데리고 왔다.

(24)에서 화자와 주체가 구분되어 있지만, 객체를 존대하는 사람은 주체인지 화자인지 역시 불투명하다.

(25) a. 박 계장, 그거 김 국장한테 갖다 줘(요). (화자 : 사장)
   b. *박 계장, 그거 김 국장님께 갖다 드려(요).

어떤 회사에서 사장이 하는 말이라고 가정해 보자. 이때 b는 도저히 성립될 수 없다. 여기에서 b의 비문은 화자가 객체보다 상위라는 것 외에 다른 어디에서도 그 요인을 찾을 길이 없다. 주체는 객체보다 하위이므로 주체가 이 문장의 비문의 요인이 될 수는 없다.

(26) a. 기철아, (네가) 그거 애비 갖다 줬니?
   b. *기철아, (네가) 그거 아버지께 갖다 드렸니?
   c. *기철아, (네가) 그거 아버지한테 갖다 드렸니?

(26)은 실제 우리 할아버지께서 장성한 나한테 하시던 말씀이다. b와 c는 절대로 성립될 수 없다. (26)은 특정의 가정에 머무는 것이 아니라, 일반에 확대 적용될 수 있다는 점에서 의미가 있는 것이다. 여기에서도 b의 비문은 화자가 객체보다 상위자라는 것 외에는 달리 그 이유를 구할 길이 없다.

예문 (25), (26)에서 우리는 이들이 명시해 주는 다른 문제 하나를 지적할 수 있다. 우리는 (5)에서 청자의 객체 존대(객체 존대3) 가능성을 고려했었는데, (25)b나 (26)b, c의 비문은 그러한 가능성을 근본적으로 부정하고 있다. 이러한 사실은 결국 객체를 존대하는 주체는 청자가 될 수 없음을 거듭 확인시켜 준다.

다음과 같은 예문에는 우리가 흔히 빠지기 쉬운 함정이 있다.

(27) a. 철수야, 네가 그거 애비 갖다 줬니? (화자 : 할아버지)
    b. 철수야, 네가 그거 아버지께 갖다 드렸니?
    c. 철수야, 네가 그거 아버지 갖다 드렸니?

어떤 사람은 문장의 허용성에 있어서 (27)과 (26)이 전혀 다를 바가 없다고 하는 반면, 또 어떤 사람들은 (26)b, c 비문임에 반해서 (27)b, c는 가능하다든가, 아니면 둘 사이에 적어도 대우상의 허용도에 차이가 있다고 할지도 모른다. 아무 차이도 없다면 문제가 될 것이 없다. 그러나 차이가 있다면, 그 원인을 규명해야 한다. 필자도 생각하는 데 따라서는 차이를 느낄 수 있는데, 이 차이는 주어의 차이에서 찾을 수 있다. 일반적으로 사람들은 '철수'를 성인이 아닌 아이로 생각하는 경향이 있다. 그러므로 (26)에서는 주체를 굳이 아이로 생각할 이유가 없지만, (27)에서는 주체를 아이로 생각하기 쉽다. (26)에서 주체(기철이)를 성인으로 전제하고 (27)의 '철수'를 어린아이로 간주할 때, (27)b, c는 (26)b, c보다 허용도가 훨씬 높아진다. 따라서 (26)에서도 주체를 어린 아이로 전제하면, b, c는 가능해진다.

예문 (23) 이하의 검토에서 객체 존대는 청자나 주체의 객체 존대가 되기 곤란하다는 사실을 확인할 수 있다. 바꾸어 말하면 객체 존대는 객체에 대한 청자나 주체의 존대 표현이 아니라는 사실을 알 수 있다.

현대 국어에서 주체와 객체 관계를 매우 특징적으로 해석한 것은 신창순(1962 : 40)이다. 우리는 여기에서 한두 가지 점에 유의해 보고자 한다.

첫째는 객체 존대의 정의라 할 수 있다. '비자(卑者)가 월에서 주어가 되어 있고 그 행위를 미치는 대상자가 존자(尊者)일 때 그 비자의 행위를 이루는 말을 낮춰 말함으로써 존대를 이루는 존댓말을 객체 존대라 이른다.' 라고 규정하고 있다.118) 어떤 점에서 매우 명료하게 규정한 정의라 하겠다. 주요한 것은 객체 존대가 객체에 대한 주어의 존대라는 것이다. 그런데, 이러한 객체 존대에 제약이 있어서 주어와 객체가 화자보다 낮을 때에는 객체 존대가 성립될 수 없음을 지적하였다.

둘째로 우리의 주목을 끄는 것은 주어와 객체 관계를 존대 관계가 아닌 단순한 '존비 양자의 대립 관계'로도 파악하고 있다는 사실인데, 이는 위의 객체 존대 정의와 상충되는 것으로 이해된다. 객체 존대에서 화자가 주어이고 객체가 청자일 때에만 화자의 직접적인 존대 표현으로 보는 것 같다. 다음과 같은 예문이 이에 해당될 듯싶다.

　　(28) 제가 그것을 아버지께 드릴게요. (청자 : 아버지)

이러한 문장에서 화자인 주어(제)가 청자인 객체(아버지)를 존대하고 있다고 본 것이다. 결과적으로는 화자가 객체를 존대하는 것이 되었지만, 인용 논문에 나타난 객체 존대의 정의로 보아서는 화자로서의 '제'가 아니라, 주체로서의 '제'가 객체를 존대했다고 해석되는 것이다.

그런데 신(1962)의 논의에서 더욱 관심의 대상이 되는 것은 두 번째 문제다. '주어＝화자, 객체＝청자'의 관계가 아닌 객체 존대 문장에서는 존자 비자 사이의 관계가 존비 관계가 아니라 일종의 문법적 '대립 관계'로만 파악되었다는 점이다. 그리하여 이러한 객체 존대에 대하여, '이 경우의 존댓말은 존대의 표시라기보다 화자가 얘기 안에 등장한 존비 양자의 대립 관계를 식별하여 그것을 말씨에 나타낸 것이라 보아야 할 것이다.'라고 하였다. 이 말은 결국 주어＝화자, 객체＝청자 이외의 경우에는, 객체 존대 동사가 겸양이나 존대를 나타내는 것이 아니라, 객체 주체 간의 대우 호응,

---

118) 이러한 객체 존대는 5.1.2에서 언급한 객체 존대2의 유형에 속할 것이다.

즉 문법적인 일치의 표지로 해석됨을 의미하는 것이다.

이것은 인용 논문에 보여 준 객체 존대의 정의와 상치되기도 하려니와, 주체 존대 '-시-'의 경우와 마찬가지로, 객체 존대를 객체와 주체 사이의 문법적 일치로 설명하기는 곤란하다. 해당 동사들은 분명히 겸양(또는 존대)의 의미가 있거니와, 이들 겸양 동사와 비겸양 동사의 선택이 문법적으로 엄격히 규제되는 것이 아니다. 많은 경우 겸양 동사 대신 비겸양 동사가 쓰이더라도 대우의 정도에는 차이가 있을지언정 비문이 되지 않는 것도 고려에 넣어야 될 줄 안다.

주로 주체와 객체 관계로 객체 존대를 해석한 다른 예는 이익섭(1974) 및 이익섭·임홍빈(1983)이다. 즉, 이들에서 객체 존대는 객체에 대한 주체의 존대가 중심이 되고 있는데(객체 존대2), 이것은 5.1에서 필자가 '주체 겸양'이라고 한 것과 일치된다.

이(1974 : 46)에 의하면 객체 존대 결정에 화자는 별 영향력이 없는 것으로 이해된다. '존대 의향이란 객체와 주체의 대비 이전에 − 그 양자간의 존비 관계와 무관하게 − 생기는 것이 아니고, 또 객체 존대법은 객체가 주체보다 상위의 인물이기만 하면 비록 그 객체가 화자보다는 하위의 인물이더라도 성립될 수 있다는 것이다.'라는 말에서 드러나듯, '객체>주체'[119]는 객체 존대의 필요 충분 조건이 되는 것으로 이해된 것 같다.

이(1974)와 동궤의 객체 존대는 이익섭·임홍빈(1983)에서 거듭 확인되고 있다. 한 예를 인용해 보자.

> (29) a. 철수는 창호를 매번 크리스마스에 찾아본다.
> b. 철수는 선생님을 매번 크리스마스에 찾아뵙는다.(p.225)

여기에서도 객체에 대한 존대 여부는 객체와 주체와의 대비에서 성립되므로, (29b)의 '김 선생님'은 화자보다는 주체인 '철수'와 비교되어 존대된 것으로 해석되고 있다. 그리하여 이러한 객체 존대에서도 여전히 화자는

---

119) 'X>Y'는 X가 Y보다 상위임을 표시한 것이다.

경시되는 것 같다. 그러나 위 예문만 가지고는 이 객체 존대에서 존대 결정의 요소로 화자가 경시되고 주체가 더 중시될 근거를 찾기 곤란하다. 위와는 반대로 주체를 완전히 배제하고 객체와 화자만 고려할 수도 있을 것이기 때문이다.

그러면, 객체에 대한 주체의 존대로 해석된 이러한 객체 존대는 주로 어떤 자료에 근거하고 있는 것인가 돌아볼 필요가 있다.

(30) 철수야, 이거 엄마한테 갖다 드리고 와라. (화자 : 철수의 할머니)

위 문장은 경우에 따라 충분히 성립 가능한 문장이다. 이러한 전제에서 볼 때, 문제의 객체 존대는 충분한 성립 근거를 가질 수 있다. 이럴 경우 우선 (30)의 특색은 '철수'가 아이라는 점이다. '철수'가 장년 이상일 때, 이 문장은 분명히 성립되기 곤란하다. 반면에 대우상 대응되는 다음 문장은 연령층에 관계 없이 성립된다.

(31) 철수야, 이거 엄마한테 갖다 주고 와라. (화자 : 철수의 할머니)

즉 (31)은 보편성이 있지만, (30)은 연령상의 제약이 따른다. (30)은 연령층이 내려올수록 허용도가 높아지며, 올라갈수록 허용도가 떨어진다. 그 주된 이유도 아마도 교육적인 데에 있을 것이다.

만약 이상에 인용된 객체 존대와 같이 객체 존대가 주체와 객체 사이에서 결정된다고 할 때, 다음과 같이 화자의 의도가 작용되는 문장의 대우 해석이 곤란해진다.

(32) a. 야 이놈아, 가서 너의 애비 데려와.
　　 b. 야 이놈아, 가서 너의 아버지 모셔 와.
(33) 이 놈들아, 우리 아버지 잘 모시고 가지 않으면 큰 변을 당할 게다.

이러한 문장에서 화자와 객체의 대우 관계가 고려되지 않으면, (32a)는 설명할 방법이 없다. (33)은 (32)와 매우 대조적인데, 화자의 아버지가 적군에 잡혀 강제로 끌려가는 경우를 가정할 수 있다. 여기서 객체에 대한 주체의 존대 의도는 상상할 수가 없음에도 불구하고 객체 존대에는 흠이 없다.

(23) 이하의 예문 검토에서 객체 존대가 근본적으로는 주체와 객체 사이의 대우 관계에서 결정되지 않는다는 것, 또 객체에 대한 주체의 존대 의도에 따라 결정되지 않는다는 사실을 확인할 수 있었다. 바꾸어 말하면, 객체 존대에서 주체는 전혀 능동성이 없다. 이것을 겸양의 측면에서 보아도 마찬가지이다. 즉, 객체에 대한 주체의 능동적인 겸양 의도는 전혀 발동될 수 없으므로, 이러한 의미의 객체 존대를 주체 겸양으로 해석하기도 곤란하다. 그러므로, 우리는 주체가 객체를 존대한다는 의미의 객체 존대 또는 주체가 객체에 대해 겸양을 나타낸다는 의미의 주체 겸양은 원칙적으로 성립되기 어렵다는 결론을 내릴 수 있을 것이다.

5.2.3. 화자와 객체

지금까지의 논의에서 화자와 객체 사이의 관계도 간접적으로나마 대략 드러났을 것으로 생각된다. 그리고, 객체 존대에서 청자, 주체가 결정적인 능동적인 역할을 하지 못한다면, 필연적으로 그 역할을 담당할 것은 화자일 수밖에 없을 것이다. 실제로 객체 존대 여부의 결정권은 전적으로 화자가 맡고 있는 것이 차츰 밝혀질 것이다.

우선 가까운 예문 (32), (33)에 다시 눈을 돌려 보기로 한다. (32)에서 객체가 하대되어 '애비', '데려와' 등이 쓰인 것은, 전적으로 화자의 대우 의도 때문이며, (33)에서 객체가 주체의 적임에도 존대될 수 있는 것도 역시 화자의 존대 의도 때문이니, 이들 문장에서 객체 존대에 관여되는 인물은 오직 화자일 뿐, 주체는 전혀 무관하다. 예문 (26), (27)에서도 객체 존대에 주체가 전혀 영향력이 없음을 보여 주는데, 이들과 동궤의 다음 예문을 하나 더 들어 보자.

(34) a. 김 일병, 네가 그거 소대장한테 갖다 줬지? (화자 : 중대장)
    b. *김 일병, 네가 그거 소대장님께 갖다 드렸지?

이러한 사실로 미루어 볼 때, 앞에서 대우 관계를 결정할 수 없었던 다음 예문들도 대우 해석이 가능해진다.

(35) 철수야, 너 그것 할아버지께 갖다 드렸니? (=(4))
(36) 아버지, 철수가 그것 할아버지께 드렸어요. (=(7))

즉, 여기에서 객체가 존대된 것은 주체와 객체간의 대우 관계 때문이 아니라, 객체에 대한 화자의 존대 의도 때문이다. 이렇게 해석함으로써만 앞에서 검토한 모든 예문의 객체 존대에 대한 일관성 있는 바른 대우 해석이 가능해지는 것이다.
청소년층 특히 어린이들이 쓰는, 또는 어린이들에게 쓸 수 있는 제한된 다른 용법에 좀더 눈을 돌려 보기로 한다.

(37) a. 철수야, 그거 애비한테 줬니? (화자 : 철수의 할머니)
    b. 철수야, 그거 아버지께 드렸니?
(38) a. 할아버지께서 그거 아버지(한테) 줬어요. (청자 : 할아버지)
    b. 할아버지께서 그거 아버지(께) 드렸어요.

(37)b 문장이 주체의 객체 존대(또는 객체에 대한 주체 겸양)를 뒷받침하는 예문이 될 수 있다. 필자는 이런 대우 현상이 연소층으로 내려갈수록 허용도가 높아짐을 말했는데, 그렇다고 하더라도, 각각 a가 안 쓰이는 것이 아닐 뿐 아니라, a는 연령층에 제약 없이 통용될 수 있다. 이에 비해 b는 연소층의 화자 사이에, 또는 연소층의 청자에게만 사용 가능하다는 점에서 특수성을 띤 것인데, (37)b가 주체와 객체 관계에서 존대된 것인 반면, (38)b는 여전히 화자와 객체 관계에서 존대된 것이다. 그러나 후자의 경우에는 상위 청자 제약을 받지 않는 점에서 일반적인 존대법들과 구별된다.

이처럼 (37)b, (38)b 사이에도 일관성이 없는 것은 각각 그 이유가 다른 데 있기 때문이다. (37)b에서는 주로 교육적인 데 뜻이 있는 것이며, (38)b 에서는 화자가 객체에 대한 존대를 우선적으로 고려했기 때문이다. 즉 후 자에서는 화자가 어리기 때문에, 상위 청자 제약보다 객체에 대한 존대에 더 주목했기 때문이다.

객체 존대가 객체에 대한 주체의 존대라고는 하지 않더라도, 때로 객체 가 주체의 존대 대상이 된다는 점은 큰 의미를 갖는다. 왜냐하면 문장의 유형에 따라서는 이것이 객체 존대가 성립하기 위한 조건이 되기 때문이 다. 즉 객체가 주체보다 하위일 때에는 화자의 존대 의도에 관계 없이 객 체 존대가 성립되지 않는 경우가 있기 때문이다. 예문 (19)b가 그 한 예로 서, 다음 문장도 이와 마찬가지의 것이다.

(39) a. 중대장님께서 그거 소대장님한테 주셨어요. (화자 : 사병)
　　 b. *중대장님께서 그거 소대장님께 드렸어요.

이러한 문제를 다음 항에서 살펴보기로 한다.

5.3. 의도문과 비의도문의 객체 존대

화자의 의도가 대우 표현에 드러나는 데 있어서, 의도문과 비의도문 사 이에 큰 차이가 있다. 의도문이란 글자 그대로 화자의 의도가 직접적으로 표현되는 것이기 때문에, 비의도문이 가지는 제약에 비해 훨씬 자유롭다. 의도문이란 것은 대체로 다음과 같은 문장을 가리킨다.

(40) 할아버지 좀 잘 모시고 가라.
(41) 이 일은 김 선생님께 의논을 드려 봐라.
(42) 네가 이것은 선생님께 여쭈어야 해.

(43) 너는 먼저 선생님부터 찾아 뵈어야 한다.

(40), (41)은 화자의 의도가 가장 강하게 작용하는 명령문이며, (42), (43)은 화자의 의도가 명령문만큼 강하지는 않으나, 역시 의도가 크게 드러나는 당위문이라 할 수 있다. 이러한 문장에서는 객체 존대에 있어 주체의 제약이 거의 작용하지 않는다. 화자에 의해 주체와 객체 사이의 대우 관계가 무시될 수 있기 때문이다.

(44) a. 너 가서 너의 아버지 모시고 와.
      b. 너 가서 너의 아버지 데리고 와.
      c. 너 가서 너의 애비 데리고 와.

문맥에 따라서 a~c 모두 성립 가능한 문장이다. 이들에서 객체와 주체는 모두 부자간으로 차이가 없다. 차이가 있다면 객체에 대한 화자의 대우 의도상에 차이가 있을 뿐이다. 특히 c에서 주체와 객체 관계가 완전히 무시되는 것을 볼 수 있다. 만약 적군이 주체(청자)를 잡아 고문하면서 하는 말이라고 가정되면, 선택 가능성이 가장 높은 것은 c가 될 것이다.

(45) a. 이놈들아, 우리 아버지 잘 모시고 가거라.
      b. *이놈들아, 우리 아버지 잘 데리고 가거라.
(46) a. 이놈들아, 우리 아버지 잘 모시고 가야 한다.
      b. *이놈들아, 우리 아버지 잘 데리고 가야 한다.

항일 애국자인 화자의 아버지가 왜놈들한테 체포되어 가는 장면을 가정할 때, 각 a가 성립 가능하다. 여기서 주체의 객체 존대 의도는 전혀 기대할 수 없지만 a가 성립되는 까닭은, 화자의 의도 표시이기 때문에, 그 의도 자체에 누가 제약을 가할 수 없는 까닭이다. b가 전혀 성립될 수 없는 것은, 이러한 문장에서 주체와 객체의 관계 또는 객체에 대한 주체의 존대 의도가 고려될 수 없음을 입증해 주는 것이다.

다음에는 의도문이 아닌 쪽에 눈을 돌려 보기로 한다.

(47) 어머니가 그 책을 할아버지께 드렸어요.
(48) a. *할아버지께서 그 책을 어머니께 드렸어요.
     b. 할아버지께서 그 책을 어머니(한테) 주었어요.
(49) 이 과장이 그 서류 사장님께 드렸어.
(50) a. *사장님께서 그 서류 이 과장님께 드렸어요. (사장=청자)
     b. 사장님께서 그 서류 이 과장님한테 주었어요.

(47), (49)는 전형적인 객체 존대 문장이다. 화자의 객체 존대 의도가 무리 없이 표현되어 있다. 이에 비해 (48), (50)의 a는 성립이 안 된다. 객체에 대한 화자의 존대 의도가 아무리 강하더라도 이 두 문장은 성립되기 곤란하다.

이제 우리는 여기에 작용되는 제약에 주목해 보자. 여기의 제약은 앞서 잠시 언급했듯이, 주체가 객체보다 상위라는 사실이다. 즉, 화자의 의도가 작용되지 않는 이러한 문장에서 객체 존대의 주요한 성립 조건은, 객체가 주체의 상위자여야 한다는 점이다. 이러한 점에서 화자의 객체 존대 의도만 있으면 주체에 관계 없이 객체 존대가 성립되는 의도문과 구별된다.

그러면 이러한 제약 조건이 의미하는 것은 무엇인가? 이러한 객체 존대의 경우에는 일단 화자의 존대 의도와 주체의 존대 의도가 다 함께 작용되리라는 생각을 할 수 있다. 즉, 객체 존대가 성립되기 위해서는 주체도 객체를 존대해야 된다고 해석해 보는 것이다. 한 예로, 예문 (47)에서 화자가 객체 '할아버지'를 존대함과 동시에, 주체 '어머니'도 '할아버지'를 존대하고 있다고 생각해 보는 것이다. 이 예문에서 그러한 해석은 당연한 것으로 보인다.

다음에 좀 예문을 달리해서 검토해 보기로 하자.

(51) 김 선생님께서 그것 박 선생님께 드렸어요? (주체와 객체는 동등한 직원)

위와 같은 해석에서는 주체 '김 선생님'도 객체 '박 선생님'을 존대한다고 해석해야 된다. 물론 여기에서도 주체가 객체를 존대한다고 할 수 있다. 이런 경우에는 전혀 고려의 대상이 될 것이 없다. 문제는 주체가 실제로 객체를 존대해야만 위의 객체 존대가 성립되느냐에 있다.

여기서 우리는 다음과 같은 상황을 생각해 볼 수 있다. 주체(김 선생님)가 객체(박 선생님)에게 어떤 물건(그것)을 주었고, 이 사실을 화자가 알고 있는데, 물건을 줄 때 주체는 객체를 조금도 존대하지 않았지만, 화자는 주체의 그러한 의도를 전혀 파악하지 못했다. 간단히 말해서, (51)에서 주체는 객체에 대한 존대 의도가 전혀 없이 물건만 건네 주었을 수 있다. 이러할 때 내용상 주체의 객체 존대는 성립될 수 없지만, 화자의 객체 존대는 여전히 성립 가능하다. 그렇다면, (51)의 객체 존대에서 주체의 객체 존대 의도는 필수 조건이 안 되는 것 같이 보인다는 사실이다. 그런데도 이 문장은 성립되고 (48a), (50a)는 성립되지 않는 이유는 무엇인가? 그것은 (51)에서는 객체가 주체의 존대 대상이 될 만하다고 화자가 판단했기 때문이며, (48a), (50a)에서는 화자에 의해 객체가 주체의 존대 대상으로 판단되지 않았기 때문이다.

그러므로 (47)~(51)과 같은 문장들에서, 객체 존대의 필수 조건이 되는 것은 기본적으로 화자의 존대 의도지, 주체의 객체 존대 의도는 아니란 사실이 밝혀진다. 객체 존대 문장에서 화자는 사실상 주체의 의도를 파악할 수가 없다. 주체의 심적 작용 또는 태도를 알 수가 없기 때문에, 화자가 문제 삼는 것은 그 존대의 객관적 가능성 여부일 뿐이다. 이러한 사실은 또다시 객체 존대 문장에 있어, 주체의 객체 존대 또는 객체에 대한 주체 겸양 해석이 성립되기 어려움을 입증해 준다.

이런 까닭에 우리는 다음과 같은 데서 매우 흥미 있는 사실을 발견하게 된다.

(52) 아저씨가 노인을 데리고 왔어.

여기에서 대우상의 내용을 생각해 볼 수 있다. 화자는 객체에 대해 존대를 하지 않고 있는데, 이 때 주체의 객체에 대한 실제적 대우 의도는 두 가지로 해석이 가능하다. 즉, 주체가 객체에 대해 실제 존대 의도를 가지고 있었을 수도 있으며, 화자와 마찬가지로 존대 의도를 가지고 있지 않았을 수도 있다. 그런, 이러한 사정은 반영될 수 없기 때문에, 어느 경우든 위 문장 하나로 실현될 뿐이다. 이러한 사실도 객체에 대한 주체의 대우 의도란 것은 전혀 능동성이 없다는 것을 증명해 준다.

위에서 말한 것과 같이 화자가 객체에 대한 주체의 대우 의도는 식별할 수 없지만, 때로는 주체의 행동 배경을 통해서 또는 주체의 구체적인 행동을 통해서, 그의 대우 의도를 판단할 수 있는 경우가 있다. 가령 적군이 자기 아버지를 처형하기 위해 납치해 가는 상황을 생각해 보자.

    (53) a. *그 놈들이 우리 아버지를 모셔 갔다.
         b. 그 놈들이 우리 아버지를 데려 갔다.

b가 성립되고 a가 성립되지 않는 이유를 우리는 명백히 이해할 수 있다. 주체의 행동 배경 또는 상황으로 보아서 주체가 객체를 존대할 가능성은 전혀 생각할 수 없다. 화자는 주체의 이러한 심적인 객체 대우 태도를 확인할 수 있었기 때문에, a와 같은 객체 존대를 쓸 수 없었던 것이다.

다음 예문 (54)에서 애국 지사인 객체 '아버님'이 주체 '왜경'들한테 잡혀 갔다고 가정해 보기로 한다. 이때 이 문장도 (53)과 동궤의 문장으로서, 같은 이유로 a의 성립을 설명할 수 있다.

    (54) a. 왜경들은 아버님에게는 끝내 아무것도 주지 않았습니다.
         b. *왜경들은 아버님께는 끝내 아무것도 드리지 않았습니다.

주체의 객체 존대설을 세운 이익섭(1974)에서, 객체가 주체보다 상위임에도 불구하고 a가 성립되는 이유를 이렇게 설명하고 있다. 즉, '화자가, 객체 '아버님'이 주체 '왜경'보다 존귀하기는 하지만, 이 주체의 행위로 보아

아버님을 그들로부터 존대 받도록 하는 일이 적절치 않다고 판단하였기 때문인 것 같다’고 하였다. 여기 말하는 적절성의 문제는 결국 객체가 주체의 존대 대상이 되지 못하는 데서 생기는 것으로 생각된다.

또한 a의 성립에 대하여, 남기심(1981)은 “‘아버님’으로 하여금 왜경에게 존대 받도록 하는 것이 적절하지 않다고 생각한 것은 ‘왜경’을 인격적으로 대우하지 않으려 했기 때문인 까닭이다.”라고 하여 주체의 인격 문제를 또 다른 이유로 덧붙이고 있다. 그러나 주체의 인격적인 문제는 여기에 별로 관련되지 않는 것으로 보인다.

위에서 보았듯이 비의도문에서 객체에 대한 주체의 존대 가능성, 또는 객체가 주체의 존대 대상이 되어야 하는 것 등은 객체 존대에 절대적인 제약 조건이 되는데, 그 이유는 어디에 있는 것일까? 즉 객체 존대는 객체에 대한 화자의 존대인데, 주체의 존대 의도나 존대 가능성이 문제되는 것은 무엇 때문인가? 그것은 비록 화자가 직접 객체를 존대한다 해도, 대우 또는 존대 행위는 실제 화자의 행동을 통해서 나타나는 것이 아니라, 주체의 행동을 나타내는 동사 또는 서술어를 통해서 표현되기 때문이다. 주체는 또 객체에 대하여 존대어를 대동하고는 있지만, 주체 자신의 능동적 존대 표시가 아니며, 다만 화자에 의해서 수동적으로 결과될 뿐이다.

여기에서 한 가지 유의할 점은 (54b)의 문법성 문제다. 왜냐하면 이러한 문장이 어느 정도 성립될 수 있는 문맥 또는 상황을 고려해 볼 수 있기 때문이다. 객체 ‘아버님’에 대한 주체 ‘왜경들’의 존대 의도 또는 존대 가능성이 다소라도 예측될 수 있을 때에는 이 문장은 성립될 수도 있다. 이러한 전제가 주어지지 않는 한 이 문장은 성립되기 곤란하다.

객체 존대에 대한 지금까지의 논의를 요약하면, 객관적 현상을 기술하는 비의도문의 객체 존대는 객체가 주체의 존대 대상이든가, 또는 화자에 의해서, 객체에 대한 주체의 존대가 가능한 것으로 판단되어야 성립될 수 있다. 그런 반면, 화자의 대우 의도가 일방적으로 작용되는 의도문에서는 원칙적으로 주체의 의도 또는 주체와 객체 사이의 대우 관계와 상관없이 화자의 존대 의도만 있으면 객체 존대가 성립될 수 있다. 우리는 지금까지의 자료 검토를 통해 어떠한 객체 존대에서도 이러한 대우 해석이 가능한 것을 확인할 수 있었다.

객체 존대에 대한 본장의 논의에서도 대우 결정에 작용되는 발화 상황 또는 문맥의 역할을 중시하지 않을 수 없었다. 이것은 이러한 대우법 또는 대우 현상이 문법보다도 오히려 화용론에 더 깊이 연계되고 있음을 실증해 주는 것이라 할 수 있겠다.

'저, 소인, 애비, 말씀' 등 일련의 겸양어에 대하여, 서정수(1984 : 95~6)에서는 객체 존대를 위한 주체의 겸양 형태로 해석되었는데, 이러한 어휘들이 객체 존대문에 쓰일 수는 있지만, 기본적으로는 객체 존대에 쓰이는 것이 아니라, 오히려 주로 청자 존대에 쓰이거나 존대법의 유형에 별로 구애받지 않고 포괄적으로 쓰이는 어휘로 생각된다.

6. 결론

대우 현상은 기본적으로 인간의 사회적 활동에 기초하고 있는 것으로, 화자가 대우 관련 인물과의 사회적 위계 및 개인적 친소 관계를 언어상에 반영할 때, 단위 문장 안에 작용하는 규칙을 대우법이라 한다. 이 대우법은 비록 문법적 규칙의 체계화가 어느 정도 가능하다고 하더라도, 문맥 의존성이 매우 큰 것이어서, 화용론적 해석의 지원을 받지 않으면 안 될 때가 많다.

본고는 국어 대우법 중에서도 그 주종을 이루는 주체 대우법, 청자 대우법 및 객체 대우법의 체계적 기술을 목표로 하였다.

주체 대우법은 주체 존대법으로 특징지어지는데, 이것은 화자가 문법 형태 '-시-'에 의해서 표면 구조상의 주어 대상인 주체를 존대하는 대우법으로, 일반적인 주어 및 중주어문의 상하위 주어에 의해 지시되는 대상을 총칭하여 주체라 한다.

다음과 같은 경우에는 중주어문의 상위 주체에 대한 존대를 표현할 수 있다. 그것은 중주어문의 상위 주체가, (1) 형용사문의 소유주 및 경험주인 경우, (2) 행위주인 경우, 그리고, (3) 하위 주체의 소유주인 경우에 한정된다. 이것은 주체 존대에 대한 하나의 제약과 같은 것이다. 이러한 중주어문의 대우 현상을 규명하기 위하여, 전통적인 중주어설의 대안으로 제시된 변형 가설이나, 기저 주제 가설 등을 다시 검토해 볼 때, 국어에 기저 중주어 구문의 상정은 불가피한 것으로 생각된다.

청자 대우에서는 주로 화계와 격식성 문제가 논의되는데, 국어 화계의 체계화가 중심 과제다. 국어와 화계는 우선 연령에 따라 중년층 이상의 상층 체계와 그 이하의 하층 체계로 양분되는 것이다. 상층 체계는 아주높임(하십쇼체), 예사높임(하오체), 예사낮춤(하게체), 아주낮춤(해라체)의 일차 화계와, 각각 이들 높임과 낮춤의 두 화계에 통용되는 두루높임(해체) 및 두루낮춤(해라체)의 이차 화계로 구분된다. 하층 체계는 상층 체계의 1차 화계에서 예사높임과 예사낮춤을 제외한 것이다. 그러나 상층 체계의 경우와 달리, 하층 체계의 1차 화계는 그 단독으로는 완전치 못하여, 2차 화계의 지원을 필요로 한다.

화계의 체계화와 관련하여 국어의 화계가 일률적으로 격식성[±FORMAL]에 의해 구분되는 것도 아니다. 화계의 격식성은 대화자 사이의 수평적 관계와 수직적 관계가 종합적으로 고려되어야 하는바, 여기에는 대체로 다음과 같은 원리가 작용된다.

화계와 격식성의 비례 원리
(1) 화계의 수는 격식성과 비례한다.
(2) 수평 관계의 격식성은 화계의 고저와 비례한다.
(3) 수직 관계의 격식성은 화계의 양극화와 비례한다.

객체 대우는 '드리다, 모시다, 뵙다' 등 소수의 특정 어휘에 의해서 표현되는 화자의 객체 존대로 특징지어진다. 의도문의 객체 존대는 전적으로 객체에 대한 화자의 존대 의도에 따라 결정되는 반면, 비의도문에서는 객체가 주체의 존대 대상이거나, 화자에 의해서 객체가 주체의 존대 대상으로 판단되는 조건이 따른다.

필자는 본고에서 문법뿐만 아니라, 화용론적 현상도 부분적으로 고려하여 대우법에 대한 좀더 근본적인 본질 규명과 체계화의 방향에 유념하였으나, 의도한 바에 미치지 못하였다. 기본적으로 대우법은 화자, 청자, 제삼자(주체, 객체, 기타)에 의해서 이루어지는바, 이들 인물 또는 이들의 상호 대우 관계는 발화 장면 또는 발화 문맥에 크게 의존되는 화용론적 성격을 띠고 있다. 이것은 대우법이 일차적으로는 문법적 현상이라기보다 화용론적 현상임을 의미하는 것이다. 이에 따라 앞으로의 대우법 연구는 이러한 측면에서도 새로운 연구방향이 모색되어야 할 것이다.

필자는 본고를 통해서 과거의 많은 연구 업적에 근거해서 좀더 개선된 대우 해석과 관계화를 의도했지만, 이것은 어디까지나 하나의 대안을 위한 노력이었을 뿐, 문제는 여전히 남아 있고, 여기에서 또 다른 새로운 문제점들이 제기되는 결과를 가져왔을 줄 안다.

그리고 본고를 통한 필자의 연구 결과가 어느 정도 긍정된다 하더라도 이를 기초로 한 변형 문법적 작업 등은 또 다른 주요한 과제로 남아 있게 될 것이다. 이러한 제과제가 종합적으로 연구될 때 비로소 국어 대우법은 그 정체가 드러날 것으로 생각된다.

참고 문헌

강복수 · 유창균(1969), 『문법(인문계 고등학교)』, 형설출판사.

강복수(1972), 『국어 문법사 연구』, 형설출판사.

강윤호(1968), 『정수문법』, 지림출판사.

고영근(1974), 「현대 국어의 존비법에 대한 연구」, 『언어연구』 10 - 2, 한국언어학회.

고영근(1983), 『국어 문법의 연구』, 탑 출판사,

국웅도(1968), Embedding Transformation in Korean, The University of Alberta 박사학위 논문.

김민수(1964), 『신국어학』, 일조각.

김민수(1971), 『국어문법론』, 일조각.

김민수(1980), 『문법(인문계 고등학교)』, 어문각,

김민수(1981), 『국어의미론』, 일조각.

김석득(1966), 「국어형태론」, 『연세논총』 4, 연세대학교.

김석득(1968a), 「현대 국어 존대법의 일치와 그 확대 구조」, 『국어 국문학』 41.

김석득(1968b), 「한국어 존대형의 확대 구조」, 『인문과학』 20, 연세대학교.

김석득(1977a) 「국어의 존대의 같은 주고 받음과 다른 주고 받음에 대하여」, 『언어』 2 - 1,
    한국언어학회.

김석득(1977b), 「압존법과 가존법에 대하여」, 성봉 김성배 박사 회갑 기념 논집, 형설
    출판사.

김석득(1977c), 「더 낮춤법과 더 높임법」, 『언어와 언어학』 5, 한국외국어대학교.

김승곤(1983), 「현대 국어의 존대법 연구」, 『문호』 8, 건국대학교.

김영희(1973), 「한국어의 격문법 연구」, 연세대 대학원.

김영희(1978), 「겹주어론」, 『한글』 162, 한글한회.

김영희(1980), 「정태적 상황과 겹주어 구문」, 『한글』 169, 한글학회.

김종택(1981), 「국어 대우법 체계를 재론함 - 청자 대우를 중심으로」, 『한글』 172, 한
    글학회.

김종택(1984), 『국어화용론』, 형설출판사.

김형규(1975), 「국어 경어법 연구」, 『동양학』 5.

남기심(1981), 「국어 존대법의 기능」, 『인문과학』 4.5.

박병수(1973), On the Multiple Subject Construction in Korean. Linguistics 100.

박병수(1981), On the Double Object Constructions in Korean, 『언어』 6 - 1, 한국언어학회.

박병수(1983), 문장 술어 의미론 : 중주어 구문의 의미 고찰, 『말』 8, 연세대학교.

박순함(1970), [격문법]에 입각한 국어의 [겹주어]에 대한 고찰, 『어학 연구』, 6 - 2, 서

울대 어학연구소.

박승빈(1935), 『조선어학』, 통문관(복사판, 1972).

박승윤(1981), Studies in Korean Syntax; Ellipsis, Topic and Relative Constructions. Univ, of Hawaii 박사 학위 논문.

박승윤(1982), 「영어에서의 Funcitional Sentence Perspective의 제 양상」, 『언어와 언어학』 8, 한국외국어대학교.

박양규(1975a), 「존칭체언의 통사적 특징」, 『진단학보』 40.

박양규(1975b), 「소유와 소재」, 『국어학』 3, 국어학회.

박양규(1980), 「주어의 생략에 대하여」, 『국어학』 9, 국어학회.

박영순(1976), 「국어 경어법의 사회언어학적 연구」, 『국어국문학』 72~73, 국어국문학회.

박영순(1978), Aspect in the Development of Communicative Competence with Reference to the Korean Deference System. Univ. of Illlinois at Urbana-Champaign 박사학위 논문.

박영순(1983), 「문법 교육으로서의 국어 경어법」, 난대 이응백 박사 회갑기념 논문집, 보진제.

박영순(1985), 『한국어 통사론』, 집문당.

박창해(1964), 「한국어 구조론 3 - 형태소론 및 형태소 배합론 - 」, 연세대.

배양서(1973), 「현대 한국어 스타일」, 『국어국문학』 62~63, 국어국문학회.

서정수(1971), 「국어의 이중주어 문제 - 변형생성문법적 분석 - 」, 『국어국문학』 52, 국어국문학회.

서정수(1972), 「현대 국어의 대우법 연구」, 『언어연구』 8 - 2, 한국언어학회.

서정수(1977a), Remarks on Subject Honorification. In Chin-W. Kim(ed). *Papers in Korean Linguistics*.

서정수(1977b), 「주체 대우법의 문제점」, 『배달말』 2, 배달말연구회.

서정수(1984), 『존대법 연구』, 한신문화사.

석경징(1977), 「한국어 언화층의 화용론적 근거」, 『언어와 언어학』 5, 한국외국어대학교.

성광수(1974a), 「국어 격문법 시론·격설정·주제화·목적어 및 보어에 대하여」, 『인문론집』 19, 고려대학교.

성광수(1974b), 「국어 주어 및 목적어의 중출 현상에 대하여 - 격문법론적 고찰을 중심으로」, 『문법 연구』 1, 문법연구회.

성광수(1979), 『국어 조사의 연구』, 형설출판사.

성기철(1970a), 「존비법의 한 고찰」, 『언어학』 23, 한국언어학회.

성기철(1970b), 「국어 존비법 연구」, 『논문집』 4, 충북대학교.

성기철(1976), 「현대 국어의 객체 존대 문제」, 『어학연구』 8 - 1, 서울대 어학연구소.

성기철(1981), 「개화기 국어의 화계」, 『논문집』 14, 서울산업대(현 서울시립대).

성기철(1984a), 「조사 '－는'에 대하여」, 『논문집』 17, 서울시립대.

성기철(1984b), 「현대 국어 주체 대우법 연구」, 『한글』 184, 한글학회.

손호민(1980), Theme Prominence in Korean Linguistics 2, *The International Circle of Korean Linguistics*.

손호민(1983), Power and Solidarity in Korean Language, Korean Linguistics 3. *The International Circle of Korean Linguistics*.

송석중(1967), Some Transformational Rules in Korean, Indiana Univ. 박사 학위 논문

송석중(1974), 「동의성」, 『국어학』 2, 국어학회.

신창순(1962), 「현대국어 존대법의 개설」, 『문리대학보』 5, 고려대 문리대.

신창순(1964), 「존대어론」, 『한글』 133, 한글학회.

신창순(1975), 「국어의 주어 문제 연구」, 『문법연구』 2, 문법연구회.

안병희(1961), 「주체 겸양법의 접미사 '－습－'에 대하여」, 『진단학보』 22.

안병희(1982), 「중세 국어 겸양법 연구에 대한 반성」, 『국어학』 11, 국어학회.

양동휘(1974a), *On the Nation of Topic* : Part1, 논총(이화여대 한국 문화 연구원) 23.

양동휘(1974b), *On the Nation of Topic* : Part2, 논총(이화여대 한국 문화 연구원) 24.

양동휘(1975), Topicalization and Relativization in Korean, 범한서적.

양동휘(1980a), Topicality in Anaphora, 『언어』 5－1, 한국언어학회.

양동휘(1980b), Topicality in Anaphora Revisited. 『언어』 5－2, 한국언어학회.

양연석(1972), *Korean Syntax : Case Markers, Delimiters, Complementation and Relativization*. 백합출판사.

양연석(1973), Semantics of Delimiters in Korean, 『어학연구』 9－2, 서울대 어학연구소.

양연석(1980), 「한국어 말끝말씨의 간소화」, 『언어와 언어학』 6, 한국외국어대학교

오준규(1971), Aspects of Korean Syntax, Univ. of Hawaii 박사 학위 논문.

윤만근(1980), 「국어의 중주어는 어떻게 생성되나?」, 『언어』 5－2, 한국언어학회.

이길록(1974), 『국어 문법 연구』, 일신사.

이맹성(1973), Variation of Speech Levels and Interpersonal Social Relationship in Korean, 한산 이종수 박사 송수논총.

이맹성(1975), 「한국어 종결 어미와 대인 관계 요소의 상관 관계에 관한 연구 (1)」, 『인문과학』, 33, 34.

이숭녕(1964), 「경어법 연구」, 『진단학보』 25, 26, 27.

이숭녕(1969), 「주격 중출의 문장 구조에 대하여」, 『언어학』 20, 한국언어학회.

이익섭(1974), 「국어 경어법의 체계화 문제」, 『국어학』 2, 국어학회.

이익섭 · 임홍빈(1983), 『국어문법론』, 학연사.

이정민(1973), *Abstract Syntax and Korean with Reference to English*, 범한서적.

이정민(1981), 「한국어 경어 체계 연구의 제 문제」, 『한국인과 한국문화』, 심설당.

이정민 · 배영남(1982), 『언어학사전』, 한신문화사.

이홍배(1970), *A Study of Korean Syntax*, 범한서적.

이희승(1968), 『새문법(인문계 고등학교)』, 일조각.

임홍빈(1972), 「국어의 주제화 연구」, 『국어연구』 28, 서울대학교.

임홍빈(1974), 「주격 중출론을 찾아서」, 『문법연구』 1, 문법연구회.

임홍빈(1976), 「존대 겸양의 통사 절차에 대하여」, 『문법연구』 3, 문법연구회.

장석진(1972), 「Deixis의 생성적 고찰」, 『어학연구』 8 – 2, 서울대 어학연구소.

장석진(1973), 「화의 생성적 연구 – 한 · 영어의 화용상을 중심으로 – 」, 『어학연구』 9 – 2 (별권), 서울대 어학연구소.

장석진(1976), 「화용론의 기술」(토론회 주제 발표), 『어학연구』 12 – 2, 서울대 어학연구소

정렬모(1946), 『신편 고등국어 문법』, 한글 문화사.

정인승(1968), 『표준 문법 (인문계 고등학교)』, 계몽사.

조준학(1976), 「화용론의 기술 (공통 토론)」, 『어학연구』 12 – 2, 서울대 어학연구소.

조준학(1980), 「화용론과 공손의 규칙」, 『어학연구』 16 – 1, 서울대 어학연구소.

조준학(1982), *A Study of Korean Pragmatics : Deixis and Politeness*, 한신문화사.

주신자(1978), *The Semantics of the Korean Verb of Existence. In Reading in Semantics 3. Summer Institute of Linuistics*, Dallas, Texas.

주신자(1977), 「현대 국어 특수 조사의 연구」, 『국어연구』 39, 서울대학교.

최현배(1934), 중등 조선 말본, 동광당서점.

최현배(1959), 『우리말본』, 정음사.

허 웅(1954), 「존대법사 – 국어 문법사의 한 토막」, 『성균학보』 1.

허 웅(1961), 「서기 15세기 국어의 존대법과 그 변천」, 『한글』 128, 한글학회.

허 웅(1963), 『중세 국어 연구』, 정음사.

허 웅(1969), 『표준 문법(인문계 고등학교)』, 신구문화사.

허 웅(1983), 『언어학 개론(고친판)』, 샘문화사.

황적윤(1975), *Role of Sociolinguistics in Foreign Language Education with Reference to Korean and English Terms of Address and Levels of Deference*, 탑출판사.

황적윤(1976a), 「한국어 대우법의 사회언어학적 기술 – 그 형식화의 가능성 기술」, 『언어와 언어학』 4, 한국외국어대학교.

황적윤(1976b), 국어의 존대법, (공동 토론), 『언어』 1 – 2, 서울대 어학연구소.

Chafe, W. L.(1974), Language and Consciousness. *Language* 50 – 1.

Chafe, W. L.(1976), Giveness, Contrastiveness, Definitenss, Subjects, Topics and Point of View, in Li (ed), *Subject and Topic*.

Chomsky, N.(1965), *Aspects of the Theory of Syntax*, MIT Press.

Chomsky, N.(1977), On Wh-Movement, in Culicover et al. (eds.), *Formal Syntax*.

Dahl, Ö.(1974), *Topic and Comment, Contextual boundness and focus*, Helmut Buske Verlag, Hamburg.

Dahl, Ö.(1974), Topic-Comment Structure Revisited. In Dahl(ed), *Topic and Comment, Contextual boundness and focus*.

Daneš, F.(1974), Functional sentence perspective and the organization of the text. In Daneš(ed.), *Papers on Functional Sentence Perspective*.

Dik, S.C. (1978), *Functional grammar*, North-Holland.

Dijk, T.A.V. (1977), *Text and Context*, Longman.

Dillon, G.L.(1977), *Introduction to Contemporary Linguistic Semantics*, Prentice Hall, INC.

Eckradt, P.A.(1923), *Koreanische Konversation —Grammatik mit Lesestückenund Gesprächen*, Heidelberg.

Fillmore, C.J.(1968), The case for case, In Bach and Harms (eds.), *Universals in Linguistic Theory*.

Firbas, J.(1964), On Defining the Theme in Functional Sentence Analysis, *Travaux Linguistiquss de Pargue* 2.

Fraser, B. and Nolen, W.(1983), The association of deference with linguistic form, *International Journal of the Sociology of Language* 27. Mouton.

Givón, T.(ed.)(1979), *Syntax and Semantics* 12, Academic Press.

Goffman, E(1971), *Relations in Public*, New York : Basic Books.

Gundel, J.J.(1976), *The Role of Topic and Comment in Linguistic Theory*, Indiana University Linguistic Club, Hallday.

Halliday M.A.K.(1967), Notes on Transitivity and Theme in English, Part3. *Journal of Linguistics* 3.

Halliday M.A.K.(1970), Language Structure and Language Function, In Lyons (ed.), *New Horizons in Linguistics*.

Jesperson, O,(1924), *The Philosophy of Grammar*, George Allen and Unwin.

Kates, C.A.(1980), *Pragmatics and Semantics : An Empiricist Theory*, Cornell University Press.

Kuno, S.(1972), Functional Sentence Perspective : A case study from Japanese and English, *Linguistic Inquiry* 23.

Kuno, S.(1973), *The structure of the Japanese Language*, MIT Press.

Kuno, S.(1979), On the Interaction between Syntactic Rules and Discourse Principle, In Bedell et al. (eds), *Explorations in Linguistics*.

Kuno, S.(1980), Discourse Deletion, *Harvard Studies in Syntax and Semantics*.

Kuroda, S.Y.(1972), The Categorical and the Thetic judgement, Evidence from Japanese Syntax, *Foundation of Language* 9.

Kuroda, S.Y.(1979), *The 'Whole of the Doughnut, Syntax and its boundaries*, E. Story-Scientia P.V.B.A

Lakoff, R.(1972), Language in Context, *Language* 48－4.

Leech, G,N(1981), *Semantics*, Penguin Books.

Leech, G,N(1983), *Principles of Pragmatics*, Longman.

Levinson, S.C.(1983), *Pragmatics*, Cambridge University Press.

Li, C,N. (ed)(1976), *Subject and Topic*, New York, Academic Press.

Li,C,N. and Thompson, S,A.(1976), Subject and Topic, In Li(ed.), *Subject and Topic*.

Lukoff, F.(1977), Ceremonial and Expressive Uses of the Styles of Address in Korean, *Papers in Korean Linguistics*, ed. by Chin－W.Kim.

Lukoff, F.(1978), On Honorific Reference, 논뫼 허웅 박사 회갑 기념 논문집.

Lyons, J.(1971), *Introduction to Theoretical Linguistics*, Cambridge University Press.

Lyons, J.(1977a), *Semantics* 1, Cambridge University Press.

Lyons, J.(1977b), *Semantics* 2, Cambridge University Press.

Lyons, J.(ed)(1980), *New Horizons in Linguistics*, Penguin Books.

Lyons, J.(ed)(1981), Language Meaning & Context, Fontana Paper Backs.

Martin, S.E.(1954), Korean Morphophonemics, Baltimore, *Linguistic Society of America*.

Lyon, Martin, S.E(1964), Speech Levels in Japanese and Korean, In Hymes(ed.), *Language in Culture and Society*.

Quirk, R. et al.(1972), *A Grammar of Contemporary English*, Seminar Press.

Ramstedt, G. J.(1939), *A Korean Grammar*, Helsinki.

Rintell, E.(1981), Sociolinguistic Variation and Pragmatic Ability, *In International Journal of Sociology and Language* 27, Mouton.

Roth, L. de(1936), *Grammatik der Koreanishen Sprache*, Tokwon.

Sandmann, M.(1979), *Subject and Predicate : A Contribution to the Theory of Syntax*, Heidelberg.

Searle, J.R.(1969), *Speech Acts*, Cambridge University Press.

Shibatani, M.(1976), Relational Grammar and Korean Syntax, 어학연구 12－2.

Teng, Shou－Hsin(1974), Double nominatives in Chinese, *Language* 50.

Underwood, H,G.(1980), *An Introduction to the Korean Spoken Language*, Kelly&Walsh.

Vandesande, A.V and Park F.Y.F(1968), Myŏngdo's Korean' 68, Myŏndo Institute.

Walters, J. ed.(1981), The Sociolinguistics of Deference and Politeness. *International Journal of the Sociology of Language* 27, Mouton.

－개문사, 1985. 11.

국어 대우법 연구

1. 서언

국어에 존대, 겸양, 하대 등이 크게 발달되어 있는 점은 우리 국어의 중요한 특질의 하나로 이들 일체를 포함하여 대우법, 또는 존비법이라 칭한다.

과거로부터 많은 학자들이 통시적 또는 공시적인 시야에서 이 방면에 많은 관심과 연구를 기울여 온바, 통시적인 것이나 고어에 관해서는 그만두고라도 현대어의 대우법 문제에 대한 연구가 각종 논문이나 문법서를 통해 보이고 있다.

그런데 이들 많은 연구의 결과가 반드시 일치된 것만도 아니며, 그로 인하여 국어 대우법의 문제가 아직은 어떤 결말을 보게 된 것도 아니다. 물론 연구 결과의 상호 일치라든가 통일된 결말이라고 하는 것이 반드시 우리가 기대하는 것이 아니요 또 그 한계도 모호한 것이기는 하지만, 이 문제에 대하여 우리는 아직도 의견의 접근 내지 일치를 시켜야 할 여지를 가진 부분도 더러 있으며, 또한 시야을 넓혀야 할 부분도 없지 않은 것이다. 어쨌든 우리는 이제 이 문제의 작업에 일단 최종적인 손질을 위해서 다듬고 재고를 해야할 때가 온 것으로 안다.

대우법의 연구는 존비 형태소의 식별 등 주로 형태론적인 연구에 주안점을 두어 온 것도 사실이다. 이것은 당연한 작업이며 아울러 불가결한 것이기도 한다. 그럼에도 불구하고 특히 현대어에서 큰 비중을 차지하고 있으며 그 사용의 영역이 점차 확대되어 가고 있는 존대의 형태 /‒요/에 대하여는 지나치게 외면, 경시해 온바 그러한 점은 참으로 납득이 가지 않는 바다, /먹어요/는 과연 /먹+어요/만이 가능하고 /먹어+요/는 불가능한 것이며. '먹어요'의 문체가 대우상에 있어 차지하는 위치는 과연 소위 '예사높임'의 것으로 규정되는 것인가? 재고의 여지가 적지 않은 것이다.

한편 대우법은 형태론적인 고구(考究)만으로는 다 이해되지 않는 또 다른 일면이 있음도 주목해야 한다. 무릇 언어가 종합에서 그 생명력을 발휘하듯이 우리 대우법도 형태론적 연구에서 일보 나아가 종합적인 동적 현상의 파악에서 그 전모의 이해가 가능해질 것이다. 즉 통사론(syntax) 나아가 문장론 또는 수사론(rhetoric)에까지 시야를 넓혀서야 가능한 것이다. 여기서 비로소 '그분도 진지를 먹었다'의 성부(成否)가 이해될 것이며, '자제분께서도 진지를 잡수셨습니까?'도 이해될 것이다. 후자는 장면(situation)이 주어져야만 파악된다. 또한 '이거 아버지 먹어요.'는 가능해도 '이거 아버지 먹으오.'는 불가능함도 여기서 이해될 것이다. 존비는 장면에 일치되는 선택(selection)이 그 일치 또는 호응(concordance)의 영역을 유지해야 되는 것이다.

필자는 여기서 대우법의 전반을 재고 또는 결산하려는 것도 아니며, 또 그럴 만한 여유도 없다. 다만 현대어를 대상으로 하여 지금까지 연구가 미진했다고 보이는 존대의 형태 /‒요/와 대우상의 등분 및 이들 등분간의 호응을 중점적으로 고찰하면서 아울러 국어대우법의 개략을 첨가하기로 한다.

무릇 존비란 것은 어디까지나 화자(speaker)에 내재된 의도요 언어란 그 형식에 불과한 것이다. 따라서 화자의 내적 존비 의도와 실현된 언어상의 존비가 반드시 일치되는 것이 아니다. 특히 대우법에 관한 한, 우리의 관심 및 대상은 외적 실현의 객관적 언어 형식이 주가 될 것이요, 내재된 화자의 주관적 의도의 문제는 제외될 것이다.

여기 인용된 자료는 주로 '현대 한국문학전집'(신구문화사, 1968, 전18권)에서 구하고 일부를 다른 데서 보충한 것이다. 인용의 경우는 '한국문학'으로 약칭한다.

이 논문 내용의 일부가 '어문학'(한국어문학회) 23호에 '존비법의 한 고찰'이란 제목으로 발표됐음을 여기 밝혀 둔다. 이 글은 그것의 발전, 완성이라 하겠다.

2. 대우의 성립과 방법

2.1. 대우의 성립

2.1.1. 인간의 생활 본질은 개별적이 아니요 종합적이며, 고립적이 아니요 연대적인 데서 그 특징을 찾아 볼 수 있다. 인간이 종합에의 방향을 상실한 개별, 연대를 위한 유대를 절기(絶棄)한 고립의 상태로 머물러 있을 때 그것은 생존 이상의 것이 될 수 없으며 따라서 생활 이하의 것이 된다. 이런 관점에서 파악될 때 여기에 비로소 소위 '인간' 내지 '인간 관계'가 등장하게 된다. 이러한 인간 또는 사람 상호간의 관계는 여러 가지 시점에서 구분, 관찰될 수 있겠다. 그 중의 하나가 횡적인 면에서의 감정의 친소와 종적인 면에서의 신분의 계층이다. 이들 양자의 관계는 서로 양면성을 띠고 있다. 그리하여 횡적 친소에 관계 없이 종적 계층이 엄존하게 되며, 반대로 종적 계층에 관계 없이 횡적 친소가 상존하게 되는 것이다. 그런데 종적인 계층이란 것은 사회적, 혈연적, 연령적인 데서 기인되는 것으로 이것은 그 사회의 역사와 전통이 크게 지배하는 것이다. 위에 말한 바와 같은 횡적 친소나 종적 계층이란 어느 사회 어느 시점에서도 항상 존재하고 있는 것이다.

언어를 살펴보면 그 본질이 전달에 있다. 언어가 인간의 의사와 감정을 표시하는 것인데, 특수한 경우를 제하고는 상대방에 의한 청취를 필연적인 전제로 하고 있다. 결국 언어는 발화와 청취에서 이해되는 것이다. 언어가 인간 관계의 유대이며, 인간 관계는 언어를 필수적인 매개로 하는 것인데 그렇다면 인간 관계와 언어의 발화, 청취는 양면적이기 보다 오히려 일면적인 것으로 보아 좋겠다.

여기에 인간 관계가 언어에 반영되고 언어가 인간 관계에 반영됨이 지극히 자연스럽고 당연한 현상이 된다.

그런 고로 위에 말한 인간 관계의 친소와 계층이 언어에 반영되는 것이어서 이것이 곧 언어의 존비 현상을 발생하게 하는 것이다. 그런데 이러한 친소나 계층은 어느 시대 어느 사회에서나 유사하게 상존하는 것이지만, 그것이 언어에 투영되는 실태는 언어에 따라 성격을 전혀 달리하여 그 통일성을 찾아 보기 힘들다. 어떤 언어에서는 정치(精緻)하게 나타나며 어떤 언어에서는 미소(微少)하게 작용한다. 국어는 전자에 들 만하며 영어는 후자에 속할 것이다. 존비는 상호간의 친소나 계층에 그 기반을 두고 있는 것이기는 하지만, 그것은 객관적 필연적인 것이라기보다 오히려 주관적 임의적이라 할 수 있는 것이다. 아무리 소원한 사이나 계층이 높은 사람이라 하더라도 그에 대한 화자의 존대 의사가 발동되지 않으면 존대는 실현되지 않기도 하는 것이다. 그 대상의 인물이 직접 청자가 아닐 경우에는 그러한 현상은 더욱 두드러지게 나타나는 것이다. 물론 이와 반대의 경우도 가능하다.

2.1.2. 대화에 참여하는 것은 화자(speaker)와 청자지만, 국어의 존비 관계는 반드시 이들 양자 사이에서만 발생되는 것이 아니고 대화에 등장되는 제3자와의 상호 관계도 고려되는 것이다.

(ㄱ) 철수야, 그거 애비한테 갖다 줘라,
(ㄴ) 철수야, 그거 아버지께 갖다 드려라. (※話者는 할아버지)

위 예는 모두 할아버지가 손자인 철수에게 한 말인데, (ㄱ)에서는 청자인 '철수'와 '제3자'인 '애비'사이에 존대 표현이 되지 않았는데 그것은 화자가 청자나 제3자보다도 높은 위치에 있기 때문이다. 여기에서는 청자와 제3자와의 관계는 무시되었고, 화자와 제3자와의 관계가 고려됐다. (ㄴ)에서는 청자와 제3자 사이의 관계가 고려되었으나 화자와 제3자사이는 고려되지 않았는데 이런 표현을 현재 더러 볼 수는 있으나 이것은 원칙적으로 가능한 표현이 아니다. '드리다'는 제3자에 대한 화자의 겸양을 나타내는 것이다(3.12.2 간접청자존대 참조).

　(ㄱ) 할아버지, 이거 <u>아버지한테</u> 갖다 <u>줄까요?</u>
　(ㄴ) 할아보지 이거 <u>아버지께</u> 갖다 <u>드릴까요?</u>

(ㄱ)이 정상적인 표현인데 여기서는 청자 할아버지와 삼자 아버지 사이의 관계가 관계가 고려된 것이다. (ㄴ)은 설혹 그 사용 예가 더러 발견되긴 해도 원칙적인 것은 아니다.

이상은 결국 존비 관계가 화자, 청자 제3자사이에서 작용되는 현상임을 밝힌 것이다. 그러므로 국어 사용자는 청자나 제3자와 자기 자신―화자(話者)―과의 존비 관계만 생각할 것이 아니라, 청자와 제3자와의 존비 관계도 생각해야만 될 것이다. 이 모든 관계를 바르게 파악하고 바르게 사용하지 못하면 큰 혼란을 면하지 못하게 된다. 그러므로 이들 3자의 관계는 다음과 같은 도형으로 표시될 수 있다. 수직선은 대화(話者―聽者)상의 등장 인물임을 보인 것이다.

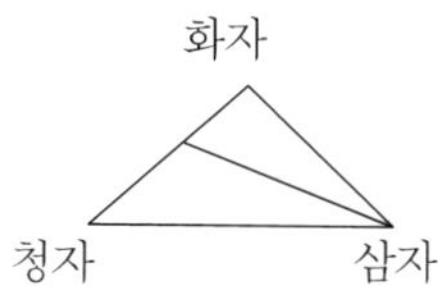

앞서도 말한 바와 같이 존비란 내면적 의도와 표면적 형식―언어―사이

에 상거(相距)가 있을 수 있을 뿐만 아니라, 존비란 어디까지나 화자의 의도에 따르는 것이어서, 제3자가 기대하는 것과 화자의 실현은 반드시 일치하는 것이 아니다.

> "숙모님이 <u>떠나신지</u> 두 달이 지나지 못하여 <u>고집덩어리이던</u> 할아버지도 세상을 <u>저버리고 말았다</u>(한국문학 5, p.125)

예에서 동일 화자로 숙모님은 존대하고 있지만 그보다 더 높은 할아버지는 존대하고 있지 않다. 화자의 존대 의도는 일반의 기대를 뒤엎고 있는 것이다.

반대로 화자는 자기보다 낮은 사람에 대하여도 얼마든지 존대 표현을 할 수도 있다.

> (ㄱ) "너무 상심하지 <u>말아요</u>. 며칠 푹 쉬는 게 좋을 거야."(한국문학 7, p.98)
>   ※형이 동생에게
> (ㄴ) "왜? 누나하구 어서 집에 들어가야지 이렇게 늦도록 집에 있으문 집에서 어른들이 걱정하실게 아냐. 자, 그러니 말구 어둡기 전에 어서 <u>가요</u>. <u>네</u>?"(한국문학 3, p.320)
>   ※담임 선생이 그 학생에게

(ㄱ), (ㄴ)에서 하선(下線) 부분을 존대로 보자는 데에는 문제가 없지 않을 것으로 생각한다. 이런 경우는 존대가 아니라고 할지도 모른다. 그러나 이 경우도 화자의 심적 존대 의도에 불구하고 형식상 존대한 것으로 보아야 할 것이다. 형식상 존대가 어느 경우엔 야유(揶揄), 하대가 되기도 하는데, 이럴 때 화자의 의도가 야유 하대라 해서 언어상에 실현된 존대를 존대가 아니라고 할 수는 없다.

일반적으로 친근한 사이나 손아래 사람에게는 하대를 하게 되고 소원한 사이나 손위 사람에게는 존대를 하게 되는데, 친근한 사이에서의 경우, 하대든 존대든 화자나 청자 다 같이 그 존대 하대에 대한 심적 인상 또는 심적 반응은 둔화되게 마련이다. 결국 존비의 의식이 얼마간 중화된다고 할 수 있다. 친근한 사이에서 하대를 했다고 하더라고 화자나 청자나 그 하대 의식이 예민하지 않으며, 존대를 했다고 해도 마찬가지다.

뿐만 아니라 대우는 계층이나 지방적 차 등에 따라서 같은 형태(form) 또는 표현이면서도 존대의 의식이 상이하기도 하다. '합쇼'는 좀 낮은 계층에서는 아주 높이는 말이지만 품위가 있는 계층에서는 예사 정도의 높임밖에 되지 않음은 그 한 예다. G. J. Ramstedt도 국어에서 지역적 차에서 오는 존비 의식의 차를 지적한 바 있다.

"It is to remark that what in one part of Korea in considered polite enough can be a bad provincialism in another part"[1]

우리의 대우법은 대체로 존대법과 하대법으로 양대별할 수 있는 바 이것은 주로 종결 굴곡접사에 의해 나타남을 두고 분류한 것이고, 명사, 동사 어간(verb stem) 등에서는 존대, 평대, 하대로 유별(類別)되기도 한다. 존대란 청자 또는 어떤 대상을 직접으로 존대하는 방법과 화자 자신이 스스로를 낮추어 겸양함을 포함한다.

2.2. 대우의 방법

대우의 방법은 크게 두 가지 형태로 나타나는데 그 하나는 단어[2] 또는 용언 어간에 의하는 방법이요, 다른 하나는 굴곡접사(inflectional suffix)에 의하는 방법이다.

단어에 의하는 방법은 존비어가 따로 있어서 선택되는 방법인데, 이것은 대체로 하대(낮춤), 평대(예사), 존대(높임)을 구분할 수 있다.

---

1) G. J. Ranmstedt : A Korea Grammar, Helsinki, 1939, p.80.
2) 여기서 단어(word)란 말은 종래의 실용적 의미로 쓴 것이다.

2.2.1. 명사

下待語(卑語)	平待語(平語)	尊待語(敬語)
	생일	생신
	밥	진지
	선생	선생님
대갈	머리	
주둥이	입	
아재비	아저씨	
별소리	별말	별말씀
어미	어머니	어머님
할미	할머니	할머님

2.2.2. 대명사

대명사에서 2인칭 대명사는 다음과 같이 4 등분으로 구분할 수 있는 것
도 보인다.

아주낮춤	예사낮춤	예사높임	아주높임
너	자네	당신	어르신

2.2.3. 동사

下待	平待	尊待
	자다	주무시다
	말하다	말씀하다
	주다	※드리다
	데리다	※모시다
	말하다	※여쭈다
뒈지다	죽다	돌아가시다
처먹다	먹다	잡수시다(자시다)

※표는 겸양을 보인 것으로 일반 존대와는 유별(類別)될 수도 있다.

2.2.4. 형용사

下待	平待	尊待
	있다	계시다
자발머리없다	치신머리없다	

2.2.5. 조사

평대의 '-가', '-에게' 등에 대하여 존대의 '-께서', '-께' 등이 있다.

2.2.6. 감탄사

부르는 말로 '여봐라, 여보게, 여봐, 여보(오), 여보십시오, 여봐요 등'은 6등분이 가능하기도 한데, 이것은 원래 '여기＋보다'의 명령에서 유래된 것이기에 4에 논하게 될 굴곡접사의 등분과 일치되는 것이다. 이와 아울러서 대답의 말에 하대의 '그래, 응', 존대의 '예' 등이 있다.

굴절접사로도 존비를 실현시키는데, 여기에는 개방 굴곡접사(nonclosing inflectional suffix) /-시-/, /-읍-/에 의한 주체 존대, 청자 존대-화자 겸양-와 폐쇄 굴곡접사(closing inflectional suffix)[3] /-아라/, /-게/, /-어/, /-오/ 등에 의하여 표현되는 청자 존대 등이 포함되겠다. 다음 장에서 굴곡접사에 의한 존비를 살펴보겠다.

---

[3] 김석득씨는 국어의 굴곡접사를 개방굴곡접사, 폐쇄굴곡접사로 분류하였다(국어형태론 : 연세논총, 제4집, 1966, p.11).
Closing morpheme, nonclosing morpheme에 대해서는 Eugene A. Nida의 'Morphlogy' p.85 참조.

3. 대우법

3.1. 존대법

존대법은 국어에서 하대법보다도 훨씬 발달되어 복잡한 현상을 보이고 있다. 존대의 이러한 발달은 심지어 국어 사용자에게까지도 착각이나 혼란을 야기시키는 수가 결코 드물지 않아서 존대법 자체의 일부 동요를 빚고 있는 실정이다.

- 저 <u>실례시지만</u> 자제분께서 X중학을 나오고 사변 전에 X의대에 다니시지 않았습니까?(한국문학 7, p.69)
- 세상에는 비밀이 없습니다. 현명하신 어머니는 제가 무슨 말을 하려고 <u>하시는지</u> 아시겠지요.(한국문학 p.212)

밑줄 부분은 완전히 착오다.

- 할아버지, 이거 가져다 아버지 <u>드릴까요?</u>
  (할아버지는 親祖)

이와 같은 말은 요즘 일반적으로 통용되어 가고 있는 듯싶은데, 조부모 앞에서 자기 부모를 칭할 때는 '애비', '에미'라고도 하던 과거의 습관을 고려할 때 예의 표현도 하나의 혼란이라 할 수 있겠다.

존대에는 청자(hearer)에 대한 존대와 주어 또는 주체에 대한 존대로 양분된다. 전자를 청자 존대라 하고 후자를 주체 존대라 한다. 주체는 주어로 등장되는 사람이니 곧 용언의 주어가 된다. 주체는 청자, 화자(speaker), 제3자-등장 인물-일 수 있으나, 주체 존대에서 그 주체가 화자 자신인 경우는 특수한 예를 제외하고는 사용되지 않는다.

- 아버지가 말씀하실 땐 잘 들어야지.(아버지가 어린 아들에게)

교육 목적으로 얼마간 가능할 뿐이다.

3.1.1. 주체 존대

3.1.1.1. 주체 존대와 {-으시-}

주체 존대는 개방 굴곡접사(nonclosing inflectional suffix) {-으시-}에 의해서 간단히 표현된다. 즉 주체에 대한 서술 기능을 하는 용언 -반드시 한 sentence의 서술어만을 의미하지 않는다. -의 어간(stem)에 /-시-/ 또는 /-으시/를 취하면 된다.

그런데 {-으시-}로 주체가 존대되는 것이지만, 그 주체가 사람이 아닌 경우가 있어 이때는 그 주체에 직접으로 유관한 사람을 존대하게 된다. "아버지 눈은 검으시다."에서 언어상 존대된 것은 눈이지만 내용상으로는 아버지가 존대된 것이다. 결국 {-으시-}에 의한 존대는 직접 주체인 물을 존대하는 방법과 형식상으로 서술의 주체를 존대하여 실질적으로는 그 주체와의 유연 인물을 존대하는 방법이 있으니 후자는 간접적인 방법이라 할 수도 있다. 다음도 그러한 예다.

"거기가 <u>어디신가요?</u> XX회사시죠?"

{-으시-}는 어간과 직접 구성을 이루되 다른 어떠한 접사보다도 선행한다.

대부분의 종결 접사는 {-으시-}에 후행될 수 있으나 다음과 같은 형태만은 배합을 기피한다.

敍述 : {-을게}
命令 : {-어라}, {-소서}
感嘆 : {-노라}
請誘 : {-세}, {-자}

이들을 일별하면 1인칭 화자또는 화자를 포함한 주어에 호응되는 어미들이나, 하대의 명령에 호응되는 것들과 아주높임의 어미들로 대체로

{-으시-}를 취할 수 없는 경우가 아니면 굳이 취할 필요성이 없는 것들이다. 그러나 하대에도 반말과는 비교적 잘 어울리며(가셔, 좀 드셔 등), 때로 문어체와 같은 데서 '어간+{-으시-}+라'의 형태로 쓰이기도 한다.
例 : 고이 잠드시다.

3.1.1.2. 용언의 중출과 {-으시-}의 선택

동일주어(subject)에 대하여 용언이 중복될 때 즉 동일 내용상 또는 형식상 주어에 대한 행위의 연쇄가 따를 때 /-으시-/가 선택되는 양상은 일정하지않다. 각 용언에 다 선택되는 경우와 어느 하나에 선택되는 경우가 있겠는데, 후자의 경우 선후 어느 용언에 선택될 것인가 하는 것이 문제가 된다.

동사(용언을 대표)가 동일 주어에 대하여 중복되는 문의 기본유형은 대체로 다음 세 가지로 구분된다.

(1) $S\cdots V_1 \cdots V_2$
(2) $S\cdots V_a \cdots V$
(3) $S\cdots V \cdots V_{aux}$
※ S=주어 V=동사 V_1, V_2=각각 서술어 V_a=V 한정어 V_{aux}=조동사
(1) $S\cdots V_1 \cdots V_2$

이것은 동일 주어에 대한 서술어의 중복 결합이다. 즉 동일 주어인 두 문(suntence)의 종합형이다. 이것은 다음 세 가지 방식으로 실현된다.

(ㄱ) $S\cdots V_1 + \{-isi-\}\cdots V_2 + \{-isi-\}$

모두 /-으시-/를 택한 것으로 정상적인 표현이요 뒤의 두 가지는 일종의 변형(variant)이라고 볼 수 있겠다.

• 그분도 일을 <u>마치시고는</u> <u>돌아가셨다.</u>
　상희씨 모친께서 <u>아시면</u> 절대로 안 <u>보내실</u> 겁니다.

(ㄴ) $S\cdots V_1+\{-\text{i}si-\}\cdots V_2$

- 그분도 일을 <u>마치시고는 돌아갔다.</u>
  몸이 그처럼 <u>불편하시면서</u> 일을 <u>해야만 합니까</u>(한국문학 2, p.370)

(ㄴ)은 바람직하지 못한 표현이다. 이럴 경우에는 차라리 (ㄷ)의 표현을 택해야 더 좋다.

(ㄷ) $S\cdots V_1\cdots V_2+\{-\text{i}si-\}$

- 그분도 일을 <u>마치고는 돌아가셨다.</u>
  아니, 몸은 <u>움직이지</u> 말고 그냥 <u>계십시오.</u>(한국문학 7, p.16)

경우에 따라서는 (ㄱ)~(ㄷ)이 다 통용되기도 하지만 (ㄱ)에 비해 (ㄴ), (ㄴ)은 존대 표현이 감소되며 정중한 느낌이 적다.

(2) $S\cdots V_a\cdots V$
V_a가 V(서술어)를 한정하는 경우인데, 이것도 3가지 방식이 가능하다.
(ㄱ) $S\cdots V_a+\{-\text{i}si-\}+V+\{-\text{i}si-\}$

- 선생임이 <u>가시면서</u> 그런 말을 <u>하시었다.</u>
  이젠 <u>비웃으셔도 좋으실</u> 거예요.(한국문학 2, p.363)

가장 존대되고 가장 예의바른 표현이다.

(ㄴ) $S\cdots V_a+\{-\text{i}si-\}\cdots V$

- 선생님이 <u>가시면서</u> 그런 말을 했다.
  몸이 그처럼 <u>불편하시면서</u> 일을 <u>해야만 합니까</u>(한국문학 2, p.370)

두 개의 V 중 하나만이 {-ɨsi-}를 택할 때는 다음 (ㄷ)이 일반적이요 정상이라 할 만하다.

(ㄴ) S⋯Va⋯V+{-ɨsi-}

- 선생님이 가면서 그런 말을 하셨다.
  이 무거운 것을 <u>들고 오시느라고</u>(한국문학 5, p.637)

일반적으로 V마다 /-으시-/를 붙이면 그만큼 존대 표현이 높아짐이 사실이지만, (ㄷ)에서 Va와 V 사이에 다른 말이 삽입되지 않는 경우에는, (ㄷ)의 방식으로도 (ㄱ)과 별로 차이 없는 존대 표현이 된다. 마지막 예를 만약 "이 무거운 것을 드시고 오시느라고-"도 한다 해도 훨씬 더 존대 표시가 될 것도 없다.

(3) S⋯V⋯V$_{aux}$

V는 본동사요, V$_{aux}$은 조동사다.[4] 이 때는 형식상 동사의 연쇄지만 내용에 있어서는 행위의 연쇄라 하긴 어렵다.

(ㄱ) S⋯V+{-ɨ-}+V$_{aux}$+{-ɨ-}

- 선생님, <u>가시지 마세요.</u>
  지금 <u>가시지 않으시죠?</u>
  선생님도 <u>잡수시긴</u> 하시죠?

그러나 본동사가 부사형 굴곡어미 /-어(아)-/를 취할 때는 (ㄱ)의 방식은 불가능하다. 즉 /-어(아)-/형 본동사에 조동사가 뒤따를 때는 본동사는 {-ɨ-}를 취할 수 없고 다만 조동사만이 취한다. 이에 포함되는 조동사에는 '보다, 주다, 가다, 버리다, 드리다, 내다, 오다. 쌓다, 놓다 등'이 있다. 다음에 몇 예만 보인다.

---

4) 조동사에 대하여는 최현배 우리말본 '도움움직씨' 참조.

> 보다 : 형님도 그 책을 <u>읽으셔 보셨어요</u>?(×)
> 　　　형님도 그 책을 <u>읽으셔 보았어요</u>?(×)
> 　　　형님도 그 책을 <u>읽어 보셨어요</u>?(○)
> 주다 : 선생님께서 우리를 <u>도우셔 주셨다</u>.(×)
> 　　　선생님께서 우리를 <u>도우셔 주었다</u>.(○)
> 　　　선생님께서 우리를 <u>도와 주셨다</u>.(○)

이 경우는 반드시 다음 (ㄴ)의 방식만이 가능하다.

(ㄴ) S⋯V+{ −isi − }⋯V$_{aux}$

> • 선생님, <u>가시지 마요.</u>
> 　지금 <u>가시지 않죠?</u>
> 　선생님도 <u>잡수시긴 하죠?</u>

(ㄷ) S⋯V⋯V$_{aux}$+{ −isi − }

> • 선생님, 가지 <u>마세요.</u>
> 　선생님, 지금 <u>가지 않으시죠?</u>
> 　선생님도 <u>가긴 하시죠?</u>
> 　어머니도 이거 <u>읽어 보세요</u>

　이상을 종합해 볼 때 중출되는 용언에 다 각각 { −isi − }를 붙이면 존대가 극진해지는데, 만약 어느 한 개의 용언만이 { −isi − }를 택하는 경우라면 대부분의 경우 양자의 방식이 다 가능하기는 하나 마지막 용언에서 택함이 보다 일반적임을 알 수 있다.

　이상에 보인 것은 3가지 기본 유형에 불과하고 실제로는 이들이 상호 결합된 형태로 복잡하게 나타나기도 한다.

> • 그리구 그렇게 느낀다는 것에 마음이 불안해<u>지신다구 하지 않으셨어요?</u>
> 　어머니가 <u>오셔서 기다리시다가 가셨어요.</u>

3.1.2. 청자 존대

화자가 청자를 존대하는 방법이다. 설혹 청자기 주체와 일치되는 때라 하더라도 청자 존대와 주체 존대는 개별로 실현되는 것이기 때문에 혼동은 발생되지 않는다. 청자 존대는 주체가 누구냐 하는 문제와는 전혀 무관하다.

청자 존대의 방법은 크게 두 가지로 유별할 수 있다. 하나는 청자를 직접으로 높여 주는 방법에 의함이요, 다른 하나는 화자가 청자에 대하여 자기자신을 스스로 낮추어 청자을 표현함으로써 상대방으로 상대방을 존대하는 방법이니 곧 겸양법이라 하겠다. 겸양법도 일종의 낮추는 방법이기는 하나, 자기가 자신을 낮추어 청자를 존대하는 점에서 뒤에 말할 하대법과 구분된다. 전자를 직접 청자 존대라 한다면 후자-겸양법-를 간접 청자 존대라 한다.

청자 존대는 국어 존대법 중에서도 가장 복잡하게 발달한 것으로, 그 중에서도 직접 청자 존대의 두루높임과 겸양법은 더 큰 비중을 차지하고 있는 있다.

3.1.2.1. 직접 청자 존대

직접 청자 존대는 종결 굴곡접사와 두루높임의 형태 /-요/에 의해서 실현된다. 전자는 그리 큰 작용을 하지 못하고 주로 후자가 광범하게 사용되고 있다.

3.1.2.1.1. 종결 굴곡접사에 의한 존대

청자에 대한 직접적인 존대의 형태는 대략 다음과 같다.

    (1) 敍述/↓/ : {-으오}
    (2) 疑問/↑/ : {-으오}
    (3) 命令/↓/ : {-으오}, {읍시오}

    (4) 請誘/↓/ : {－읍시다}
    (5) 感嘆/↓/ : {－구료}

위에서 {－읍시오}를 제외하고는 예사높임이 되겠는데, /－읍시오/만 주체존대의 {－isi－}를 동반하여 아주 높임으로 사용된다. 종래 흔히 '합쇼'를 아주높임으로 처리하고들 있는데 요즘에 보면 '합쇼'로는 아주높임이 되지 못하고 대개 /－으시－/를 동반함으로만 가능하고 여타의 경우, 즉 그 단독만으로는 예사높임 정도에서 크게 넘지 못하는 듯싶다. 다만 상인층에서 이것만으로도 아주높임으로 쓰는 예를 자주 본다.

3.1.2.1.2. /－요/에 의한 존대

(가) 형태소의 분석

특히 현대어에서 존대의 /－요/는 그 두드러진 특징의 하나인데, 이것은 다음과 같은 형태를 두고 하는 말이다.

    (1) 밥을 먹어요.
    (2) 이것은 밥이어요.
    (3) 글쎄요.

위 예중 특히 (1), (2)에서 /－요/를 따로 분석한 데 대하여는 많은 이견이 있을 것으로 안다. 종래 /－요/를 독립시키지 않고 /－어요/를 단일형태(simple form)의 접사로 분석해 온 것이 거의 대부분이다(실제상에 있어서는 많은 수의 문법서들에서 /먹어요/와 같은 종결형태에 대하여서는 설명은 고사하고 예시조차 않음이 일반이다. 이 점은 반성이 필요할 것이다). /먹어요/의 직접성분(immediate constituent)을 /먹＋어요/로 분석하는 것은 한편으로 매우 편리하고 타당한 점도 있다. 그런 분석에 의하여 어간(stem)과 어미(inflectional ending)의 분석이 간명(簡明)하고 얼핏 보아 /－어－/와 /－요/는 밀착돼 있어 분석은 무리한 느낌을 준다. 또한 (1), (2)에 관한 한 그것이 최선의 방법이 될 것도 자명하다. 그러나 (1)~(3)이 모두 동등의 존대요, 다같이 공통 형태 /－요/를 포함하고 있음을 고려할 때 다른 분석의 방법에 의존할 수는 없을까 하는 문제도 제기될 수 있는 것이다.

여기서 다음과 같은 방법을 생각하게 된다.

	1次		2次
/먹어요/	>	/먹어+요/	>	/먹+어+요/
/밥이어요	>	/밥이어+요/	>	/밥+이+어+요/
/글쎄요/	>	/글쎄+요/		

1차, 2차는 각각 직접 성분의 분석의 순위를 가리킨 것이다. 여기서 분석되는 /-요/는 존대의 형태요, /-요/에 선행하는 형태(2차 분석)는 대부분 반말로서, 하나의 예외 없이 자립형태(free form)다. /-요/의 선행 형태가 모두 자립형태라는 것은 결코 우연이거나 그냥 묵과할 수 없는 사실로서, 이것은 /-요/의 형태적 가능성을 기대하게 하는 결과가 될 수 있다. 물론 어떤 요소에 선행하는 형태가 자립형태라 해서 그 요소가 반드시 형태로 분석됨은 아니다. Samuel E. Martin이 'Ending', 'Ending+Particle'을 구별하는 데서 위와 같은 것을 기준으로 삼아 획일적으로 처리하고 있는데, 그 결과 얻어진 /-요/의 분석은 바람직하나 그러한 획일성은 곤란한 때가 있다.

"I make a rigorous distinction between Endings and Endings+particles. To distinguish a final element at the end of an inflected word is a particle or a part of the ending itself, the following oversimplified rule can be applied : if we still have a freely occcuring form when the element in question is removed, then that element is a particle."[5]

"語尾와「語尾+不變化辭」를 엄격히 區別한다. 屈折語의 끝에 붙는 末尾要素가 不變化辭인가 혹은 語尾 自體의 一部인가를 區別하기 爲하여는 다음과 같은 極히 간단히 規則이 適用될 수 있다. 即 問題의 要素가 除去되었을 때도 如前히 自由로 나타나는 語形을 가질 경우 그 要素는 不變化辭이다."[6]

---

5) Samuel E.Martin : Korea Morphophonemics(1954), p.14.
6) 상동, 전재호·김한태 역, 한국어형태음운론(1969, 선명문화사), p.34.

그리하여 Martin은 /하기도/, /먹어라/, /먹어야/, /하서서/ 등에서 볼 수 있는 /ㅡ도/, /ㅡ라/, /ㅡ야/, /ㅡ서/ 등까지도 모두 particle 속에 포함시키고 있으나, 굳이 그렇게 번거로운 분석을 해야 할 이유가 없다. 선행 형태의 자립성만 가지고는 분석의 이유가 될 수 없다. 이것은 하나의 보조적 역할을 할 뿐이다.

/ㅡ요/에 선행하는 형태가 반말(半語)이란 점은 /ㅡ요/의 형태 분석에 결정적인 근거를 만들어 준다. 두어 예외를 제외하고는 모두 「반말＋/ㅡ요/」로 나타난다는 분포상의 특징은 /ㅡ요/의 이해를 위해 중시해야 된다.

일찍이 G. J. Ramstedt는 /ㅡ요/를 /ㅡ이오/에서 온 것으로 보고 /ㅡ요/의 선행 형태를 반말로 생각하였다.

> The polite forms of the regressive and the indecisive are usually formed either by adding *ida* to the corresponding formation of the passive stem or by using *io*(the middle form of ida) added to the regressive and the indecisive of the primary stem, or even to the passive stem. We have thus, in the order of politeness, going from simple to higher style, the following formations :
> Regressive : pode, podɛra, podɹida, popte, poptɛra, poptiita
> Indecisive : pži, poži io, ida(pozida), popcio(popciio), popcida(popci ida)[7]

그러나 /ㅡ요/가 역사적으로 /ㅡ이오/에서 온 것은 옳겠으나 공시어에서 양자는 엄격히 구별되어야 한다.

좀더 구체적인 것이 앞으로 차츰 밝혀지겠지만, /ㅡ요/가 반말과 결합할 뿐만 아니라 /ㅡ요/로 표현되는 높임이 반말로 표현되는 등분과 확연한 대조를 보이고 있기에, 나는 /ㅡ요/를 '반말높임'이란 말로 가칭하려 한다.

/ㅡ요/는 그 의미 문제에서 구구한 의견이 예상되나 이것은 '높임'임에 틀림없다. 학자에 따라서는 '강조'니, 또는 '눙침'이니, 또는 '부드러움'이니 등으로 규정하지만 역시 근본은 높임이다. 물론 눙침이나 부드러운 느

---

7) G. J. Ramstedt, op. cit., pp.78~79.

낌을 가진다. 그러나 그렇다고 해서 그것이 이 형태의 의미가 되는 것은 아니다.

설혹 극단적인 예로 부모가 어린 자녀에게 "제발 말 좀 들어요."와 같은 말을 썼을 때, 부모의 자녀에 대한 심적 존대 의사에 불구하고 언어 형식상으로는 존대된 것이다. 소위 눙침이나 부드러움은 반말이나 아주낮춤 등으로도 표현이 가능한 것이다. 억양에 의해서 얼마든지 가능한 것이므로 이것이 반드시 /-요/만의 특유 속성은 아니다.

또한 앞에 예시한 (1)~(3)의 /-요/가 동일 형태소에 포괄되기를 기대한다. 용법이나 의미상으로 보아 그들간에 하등의 변별적 요소를 찾아 볼 수 없다. 다 같은 높임이며 선행 형태는 반말이다. /글쎄요/에서 /글쎄/는 문맥 속에서 완전히 반말로 작용함이 뒤에서 밝혀질 것이다.

그리하여 나는 /-요/를 따로 독립시켜 존대의 형태인 조사로 보려는 것이다. 종결 굴곡접사에 조사가 오는 예는 이 외에도 더러 발견된다. "벌써 여름입니다그려."에서 /-그려/가 동궤의 것이다.

뿐만 아니라 다른 종결형이 /-그려/, /-마는/과 같은 종결보조사를 후행시킬 수 있으나, /-요/는 두루낮춤과 함께 그것이 불가능한 점도 하나의 특징이다.

<pre>
아주높임 : 했습니다 ┐
예사높임 : 했소   ├ +/그려/
예사낮춤 : 했네   ┘
아주높임 : 했습니다

예사높임 : 했소   ┐
예사낮춤 : 하네   ├ +/마는/
아주낮춤 : 했다   ┘
두루높임 : 해요   ┐
두루낮춤 : 해   ┘ 그려, 마는(×)
</pre>

이상에서 /-요/가 어미의 일부가 아니요 높임의 의미를 가진 형태소로 가능함을 밝혀본 셈이다. 그러면 높임이 어느 정도의 높임인가를 좀더 분

명히 해야 되겠다.

반말은 낮춤 일반에 통용하는 두루낮춤이다(2.2. 하대법 참조). 그러므로 형태상으로나 용법 등에서 반말과 대조를 보이는 반말높임 /−요/는 두루높임일 것이 기대되는데, 실제상 이 높임은 높임 일반에 통용되는 두루 높임이다. 즉 높임의 등외라 할 수 있다. 등분에 대하여는 4.2에서 논의되겠으나 /−요/의 의미를 분명히 하기 위해 여기서 얼마간 밝히기로 한다.

몇 학자들의 견해를 아울러 보아 가겠다(자세한 것은 4.2 참조).

정인승 씨는 말을 끝마친 뒤에 붙어서 뜻을 돕는 조사를 종지 보조 조사(마침도움토씨)라 하고 거기엔 '마는', '요', '그려'의 세 개가 있다면서 '요'에 대하여 다음과 같이 말하고 있다.[8]

> 요 : ① 정녕하게 높임. ② 높임말로 힘줌. ③ 반말로 힘줌.
> ① 비가 와 (오지, 오나, 오는가, 올까, 오는군, 오는걸, 오는데)요.
> ② 비가 옵니다(옵니까, 옵디다, 옵디까)요.
> ③ 어서 와요. 나도 알아요.

여기서 보면 /−요/를 조사를 분석한 것은 분명한데 어미 중에 '−께요, −어(아)요, −지요, −것다요' 등을 넣고 있는 것은[9] 다소 의문이 없지 않다. 그리고 ①~③의 /−요/를 동일 형태소로 보는 것인지 알 수 없고, 세 가지 의미로 구분한 것도 좀더 설명을 요하는 것이며, 그들 3가지 구별은 어떻게 가능한 것인가도 설명이 없어 납득이 가지 않는다. ③이 '반말로 힘줌'이라면 '어서 와'와 '어서 와요'는 힘줌의 유무 외에 다른 차이는 없는 것일까? '힘줌'의 의미는 쉽게 발견되지 않는다.

/−요/로 표현되는 높임을 예사높임 정도로 보는 분들이 적지 않은 듯한데[10] 절대로 예사높임일 수는 없다. 부모님, 선생님, 또는 소원한 사이의

---

8) 정인승, 인문계 고등학교 '표준문법'(1968, 계몽사, pp.107~108).
9) 정인승, 인문계 고등학교 '표준문법'(1968, 계몽사, pp.57~58).
10) 최현배, 우리말본(1959, 정음사, pp.256~264).
　　김석득, 국어형태론(연세논총, 제4집, 1966, pp.16~17).

존대 대상에 대하여도 얼마든지 이 표현이 가능함은 이를 증명하고도 남음이 있다. 아주높임과 두루높임은 그 상호 교체 가능한 것이 보통이나 두루높임과 예사높임은 그렇지 못하다. 두루높임을 써야 할 자리에 예사높임을 쓰지 못하는 경우는 허다한 것이다. 더구나 /−요/가 /−으오/와 이형태를 이룬다는 것은 전혀 불가능하다.

이상을 종합할 때 결국 /−요/는 '두루높임의 형태'라 규정할 수 있다.

/−요/와 이형태(異形態)를 이루는 것은 오직 하나 /−이요/가 발견된다. 다음 대화를 보자.

"끝까지 참을 수밖에 없잖아? 그게 우리의 운명인걸."
"운명이요? 하나님의 뜻이란 말씀이죠? −"(한국문학 6, p.270)

'운명이요?'는 문맥으로 보아 예사높임의 '운명이오?'일 수는 없다. '운명요'와 동일한 것으로 보아야겠다. /−jo/의 glide /j/가 /i/로 실현된 것으로 이들은 자유변이(free variation) 이다.

(나) /−요/의 분포

/−요/에 선행하는 형태는 대부분 반말임을 지적한 바 있는데, 그 외에 두어 개의 높임의 종결형이 오기도 한다. 반말은 형태상으로 표현되지만 통사론적 또는 문맥으로 표현되기도 한다. 반말은 3.2. 하대법에서 상론되겠기 여기에서는 설명을 약(略)하기로 한다.

/−요/에 선행되는 굴곡 형태에는 다음과 같은 것이 있다.

높임 : /읍니다/, /−읍니까/, /−읍시다/
반말 : /−어/, /−지/, /−걸/, /−네/, /구면/ 等

종결 형태를 취하지 않은 어떤 문성분(文成分)이 그것 자체로 끝이 나서

___

현대 국어 존대법의 일치와 그 확대구조(국어국문학 41호, 1968, p.41)
이은정, 우리문법(문천사, 1967), p.100.

완결된 문(文)의 기능을 하고 있을 때 이 성분은 반말로 인지되는데 여기에도 /-요/는 자유로 결합이 된다. 그러므로 그 경우 /-요/를 제거하면 반말이 되는 것이다. 다음에 나타나는 몇 예를 보자.

- "우리 누나가 도망을 갔습니다."
  "<u>도망을요?</u>"
- "너도 어제 도망갔었지?"
  "<u>제가요?</u>"
- 내일은 이 땅을 <u>떠나신다면서요?</u>

뿐만 아니라 한 문내에서도 주어, 목적어, 부사어 등등에도 결합된다.

(1) 主語
  <u>저는요</u> 이렇게 생각해요.(한국문학 3, p.74)
(2) 目的語
  어제 책을요 가지고 갔었는데요 그이가 없어서 못 줬어요.
(3) 副詞語
  <u>오늘은요</u> 여기서 저녁 자시구 놀다 가세요(한국문학 3, p.47)
(4) 敍述語
  저도 갈 <u>테니까요</u>, 조금만 기다려 주세요.

여기서 한 가지 부언해 둘 것은 '-어요'와 '-세요'의 대우 등분의 문제다. 어떤 분은 전자는 예사높임으로, 후자는 아주높임으로 처리하고 있는데 이것은 소위 대우의 '등분'에 대하여 착각을 한 까닭인 것 같다. 이것은 /-요/ 자체의 의미나 형태 문제를 떠나서 우선 양자는 동일 등분으로 다뤄져야 한다. /-시-/는 '주체' 존대요, 종결형태 /-요/는 '청자' 존대로 우리의 '등분'이란 말은 후자의 경우에 논의되는 것이기 때문이다. 물론 이런 등분 문제를 떠나서 생각한다면, 주체와 청자가 동일 인물인 경우, '하세요'는 '해요'보다 존대된다.

3.1.2.2. 간접 청자 존대

이것은 화자가 자신을 낮추어 겸손함을 표함으로써 결과적으로 상대방을 존대하게 되는 겸양법을 가리킨다.

겸양은 겸양의 형태소 {-을씨-}와 {-읍-}에 의해서 실현되는데, 전자는 소위 지정사 /-이-/와만 결합되는 것이다. /-을씨다/를 /-읍니다/보다 좀 친근한 느낌을 준다고 사전에 풀이되고 있으나 이것은 /-읍니다/보다 대우의 정도가 낮은 것으로 보는 것이 좋겠다. {-읍-}은 그 음운적 변이형태(Phonologically conditioned allomorph)로 /-ㅂ-/을 가지며 /-습-/, /-잡-/, /-삽-/, /-으읍-/ 등 잡다한 수의 변이형태(optional variation or free variation)를 가진다.

구어로는 /-읍/, /-ㅂ-/, /-습-/ 등이 쓰일 뿐이며, 여지(餘地)의 것은 기도와 같은 종교 의식 또는 편지와 같은 문어체의 글에서 일부 사용되고 있을 뿐이다.

- 나라 일이 여러 가지로 多事多難하옵고(文章生活,[11] p.66)
- 不幸이라 아니할 수 없삽고(文章生活, p.68)
- 慶賀의 뜻 견줄 바 없사오나(文章生活, p.92)
- 보내어 주신 글월 받잡고 높으신 뜻을 익히 살폈나이다(文章生活, p.85)
- 아우들도 充實하옴을 일일이 듣자오니(文章生活, p.90)

겸양의 {-읍-}은 청자 존대의 형태라 했는데 다음과 같은 경우는 사정이 다르다.

- 애 철수야, 너 할아버지 뵙거든 어디 좀 다녀오겠다고 여쭙고 와라.

밑줄의 어간(stem)은 /뵈-/, /여쭈-/다. 여기의 /-ㅂ-/은 청자 존대가 아니다. 존대된 것은 할아버지이나 그가 청자는 아니다. 그러나 화자 겸양

---

11) 김덕환, 김태준 저(정연사, 1968).

이란 점에서 일치된다. 여기서 주체인 철수 즉 손자의 겸양이라 볼지도 모르나 겸양은 원칙적으로 화자 중심이지 주체 중심은 아니다. /뵙-/, /여쭙-/을 단일 형태의 어간으로 볼 수는 없다. 그렇게 처리하고 보면 이들 어간에 겸양의 형태소 {-읍-}을 오게 할 수가 없게 된다. 다음 소위 객체존대에서 함께 더 논하기로 하자.

존대법에서 더러 객체존대를 운위함을 본다. 현대어에 관한 한 별의미가 없는 듯싶다. '현대국어의 높임말'12)에서 허웅 씨는 객체존대에 대하여 다음과 같이 말하고 있다.

> "先生님께 드린다(올린다).
> 어머님께 여쭈어라.
> 아버님을 모시고 간다.
> 선생님을 뵈옵고저 합니다.
> 부처님을 저쑵고……"

위에 들어 보인 말들에 있어서의 「드리다, 올리다, 여쭈다, 모시다, 뵈옵다, 저쑵다」 따위 말들은 각각 「주다, 말하다, 데리다, 보다, 절하다」의 존댓말인데, 이 존댓말은 그 「목적어」니 「여격어」(이것을 아울러 편의상 「객어」라 부르기로 했다.)로써 표시되는 객체(客體)에 대한 존대를 표시하는 것이다. 이러한 존대법을 「객체존대」라 부르는 것인데, 이 존대법은 주체존대의 경우처럼 일정한 inflectional ending으로써, 일반적으로 표시되는 것이 아니라, 이상에서 보인 바와 같이, 몇몇 특수한 어휘를 사용할 분이다. 따라서 현대어에 있어서의 객체존대는 문법에 있어서는 그리 중요한 문제가 되지 못한다."

객체존대는 물론 문법 밖의 문제가 되겠는데 그 자체가 별의미가 없는 것은 그 수에서 미미한 것 때문만은 아니다. '드리다, 여쭤(쑵)다. 모시다. 뵈(뵙)다' 등은 반드시 소위 객어를 요하는 동사들인데, 결과적으로는 객어

---

12) 허웅, 서기 15세기 국어의 존대법과 그 변천(한글 128호, 단기 4294, p.11).

가 존대되는 것이지만 이들 자체는 '주다, 말하다, 데리다' 등의 존대어는 아니요 겸양어다. 이것은 마치 '저'가 '나'의 존대어가 아니요, 겸양어임과 같다. 문제는 행위의 주체와 화자가 다를 경우 겸양의 주체는 누구냐 하는 데 있고 이것을 밝혀 보는 것이 의의가 있다.

- 철수야, 가서 아버지를 모시고 와라. (화자는 A)

/모시다/의 주체는 철수지만 그 겸양의 주체도 철수라고만 볼 수는 없다. 만약에 철수가 겸양의 주체라면 화자 A는 거기에 무관하게 된다. 그렇지만 화자인 A가 '아버지'에 대한 존대 의사가 전혀 없어도 위와 같은 표현이 과연 가능할까? 안 된다고 보는 것이 옳다. 화자가 행위의 주체이든 아니든 객체에 대한 존대 의사가 있어야만 겸양의 표현이 가능하다. 그러므로 할아버지가 그 손자에게 "애, 철수야, 그거 아버지께 갖다 드려라"와 같은 말을 하는 것은 벗어난 표현이다. 그런데 '객체'라는 것은 행위 - 예에서 '드려라' - 의 객체지 겸양 - 또는 존대 - 의 주체인 화자의 객체는 아니다. 이렇게 볼때 객체존대라는 표현은 적합지 못한 것 같다. 다음 예를 보자.

"할아버지, 아버지 좀 모시고 가세요."

이 말만 가지고는 표현의 성부(成否)를 알 수 없다. 할아버지가 친할아버지면 불가능하다. 그것은 /모시다/의 주체가 아버지보다 높은 할아버지이기 때문에 불가능한 것이 아니고, 화자가 객체인 아버지보다 청자인 할아버지를 더 존대하기 때문에 쓰지 않는 것이다. 할아버지가 어떤 노인을 두고 불렀을 때는 가능해진다.

결국 동사의 겸양은 그 주체가 행위자가 아니요 화자임을 말한 것이요, 이에 따라 객체존대란 말이 적합지 못함을 지적한 것이다.

뿐만 아니라 이상의 객체존대를 인정한다 해도 별 의미가 없다.

　　　　"중대장은 소대장에게 <u>명령했다.</u>"

　여기서 '명령하다'는 객체 소대장을 하대했다고 볼 수 있을 것이니 이것은 '객체하대'라 할 수 있을 것이고, '주무시다. 잡수시다 등'은 주체의 행위를 높이는 것이니 이것도 물론 '주체존대'가 될 것이다.
　어느 모로 보나 객체존대란 말은 적합지도 못할 뿐만 아니라 별의미도 없는 것이라 하겠다.

3.2. 하대법

　3.2.1. 하대법은 화자가 청자 또는 어떤 다른 대상-제3자-에 대하여 낮추어 대우하는 방법이다. 계층적으로 아무리 낮은 사람에게라도 소원한 사이에서는 존대를 하게 되는 경우도 있고, 그렇지 않더라고 존대의사가 없으면 하대가 가능한 때가 있다. 그렇기에 때로는 아버지나 선생님 되는 사람에게도 하대가 되는 경우가 있는 것이다. 이와 같은 하대가 사용되었을 때 우리가 그것을 비정상이라고 배제할 것이 아니다.
　다음과 같은 말은 좀 특수하다.

　　　　"천만에요. 잘못 이해하신 겁니다. 간단히 말씀 드리면 이렇다는 것입니다. 즉 양심껏 살아가면서 잘 살 수도 있기는 <u>있다.</u> 그러나, 그것은 극히 적다. 거기에 비겨서 그 시시한 것들을 벗어 던지기만 하면 누구나 틀림없이 잘 살 수 <u>있다.</u>"(한국문학 6, p.36)

　이것은 동생이 형에게 한 말인데 밑줄 친 부분과 같이 하대가 된 듯하나 이것은 하대는 아니다. 이 말은 맨 뒤에 "-는 것(말)입니다." 정도의 말이 생략된 것으로 보아야 옳겠다. 물론 위와 같은 표현은 정상적이라 할 수 없다.
　하대하는 방법도 2.에서 이미 말한 바와 같이 단어나 용언의 어간 자체에 하대어(卑語)가 따로 있어 선택되는 경우와 굴곡접사에 의해 실현하는 방법이 있겠다. 여기서는 전자는 생략하고 후자만을 고찰하기로 한다.

하대에는 아주낮춤, 예사낮춤, 두루낮춤이 있다(등분 문제는 4. 참조).

3.2.2. 아주낮춤

아주낮춤으로 쓰이는 굴곡접사의 최소형으로는 대략 다음과 같은 형태가 있다.

  (1) 敍述/↓/
      {時相+다} : 그는 학교에 갔었다.
      {－으마} : 나도 밥을 먹으마.
      {時相+라}그리도 곧 죽으리라.
  (2) 疑問/↑/
      {－냐} : 너도 가(느)냐?
      {－랴} : 나도 가랴?
  (3) 命令/↓/
      {－어라} : 그만 먹어라.
      {－으려무나} : 그만 먹으려무나.
  (4) 請誘/↓/
      {－자} : 학교에 가자.
  (5) 感嘆/↓/
      {－는구나} : 비가 오는구나
      {－도다} : 하늘이 꺼지도다.
      {－어라} : 참 곱기도 하여라.

3.2.3. 예사낮춤

  (1) 敍述/↓/
      {－네} : 나도 곧 가겠네.

      {-이} : 과연 훌륭하이.
      {-음세} : 내 곧 갚음세.
      {-데} : 여보게, 그리 없데.
   (2) 疑問/↑/
      {-나} : 자네도 가나?
      {-는가} : 자네도 가는가?
   (3) 命令/↓/
      {-게} : 부지런히 좀 공부하게
   (4) 請誘
      {-세} : 그만 일어나세

3.2.4. 두루낮춤

3.2.4.1. 두루낮춤이란 낮춤이지만 아주낮춤이나 예사낮춤과 같은 일정한 대우의 등분이 고정돼 있는 것이 아니고, 낮춤이면 어느 경우에나 두루 통용되는 낮춤을 지칭하는 것으로, 이 두루낮춤은 반말에 의해 표현되는 것이다. '반말'이란 원래 그 형태(form)에 근거해서 붙여진 이름이며, 여기 '두루높임'이란 존비의 등분을 고려하여 필자가 명명한 것이라 하겠다.

앞서 지적한 바와 같이 반말은 형태상으로나 용법에 있어 반말높임과 대조되면서 그와 더불어 현대어에서 무거운 비중을 가지고 있는 것이다.

역사적으로 반말이란 것이 말을 완전히 마치지 않은 반도막의 말이라 하여 그렇게 부른듯 싶은데, 우리는 지금까지 반말에 대하여 막연히 써 왔을 뿐 분명한 규정도 없었던 것 같다. 이제 좀더 구체적인 검토를 통하여 반말의 성격과 한계를 분명히 해 두어야겠다.

3.2.4.2. 반말은 학자들 간에도 이견이 구구함을 볼 수 있는데 그 등분 처리에서 더욱 그렇다. 반말에 대한 규정을 한 것을 별로 볼 수 없는데 다음 두 분이 고작이 아닐까 한다.

이희승 씨는 대우의 등분을 다섯으로 구분하고서 이어 다음과 같이 반말을 설명하였다.

> "이 다섯 가지 尊卑法 외에 반말이란 것이 있으니,
>
> 보아,   읽어
> 계시어,   읽어
> 희어,   붉어
> 소(야),   말(이야)
>
> 와 같이 해라도 아니요, 하게도 아니요, 말을 그저 어물어물하여 끝을 아물리
> 지 않는 말이다. 따라서, 평서법 의문법들의 구별이 없고, 말끝의 발음을 높
> 이고 낮추고 하여, 문체법의 다름을 구별한다."13)

결국 반말은 말의 끝을 아물리지 않는 말이요, 문체법의 구별이 없는 말
이란 결론이 되겠다.

최현배 씨는 또한 다음과 같이 설명을 하고 있다.

> "반말(半語)은 '해라'와 '하게' '하게'와 '하오'의 중간에 있는 말이니 ： 그
> 어느 쪽임을 똑똑히 드러내지 아니하며, 그 등분의 말맛을 흐리게 하는 경우
> 에 쓰히느니라. 그러므로, 반말은 '아주높힘(極尊稱) 아님만은 분명하니라. 이
> 에는,
>
> -아, -어, -지'
>
> 가 있는데, '-아'는 밝은 홀소리(陽性母音) 아래에, '-어'는 어두운 홀소리
> (陰性母音)아래에, '-지'는 홀소리 일반(一般)아래에 쓰히느니라. 그런데, 반말
> 의 씨끝 '-아(어)'는 베풂과 시킴과 물음과 꾀임에 두루쓰히고 '-지'는 베풂
> 과 물음에 두루 쓰히느니라."14)

전자가 주로 형태면에서 규정한 것이라면 후자는 주로 등분면에서 규정
했다고 하겠다.

우선 반말이 끝을 아물리지 않는 말이란 데는 의문이 간다. 반말도 다른
종결형 마찬가지로 끝은 분명히 맺는 것으로 보아야겠다. 물론 역사적으로
보아 그러했고 현재도 그 자취를 볼 수 있지만, 우리는 반말 종결 접사를
분명히 규정함으로써 반말의 모호성을 덜어야 되겠다.

---

13) 이희승, 인문계 고등학교 '새문법'(일조각, 1968, p.101).
14) 최현배, op. cit., p.254.

반말의 등분 문제는 4.1에서 상론되겠는데 후자의 견해와 같이 등분의 말 맛이 흐리다는 점은 어떤 의미에서 그 성격을 보이는 것 같으나 반말이 '해라'와 '하게', '하게'와 '하오'의 중문이 된다는 이론은 모순이 될 것 같다. 말하자면 반말이라고 하는 한 가지 유형이 두 등급에 나눠지는 듯한 이론이 아닐까?

반말은 낮춤에 통용되는 두루낮춤인바, 아주낮춤(해라)이 아주낮춤의 대명사 '너'와 호응되고, 예사낮춤(하게)이 예사낮춤의 대명사 '자네'와 호응됨에 대하여 반말이 '너', '자네'와 두루 호응됨도 이를 증명해 준다 하겠다. 반말의 등분 처리에 의해 그 성격이 분명해지겠는데, 여기서는 그 상론을 피하고 뒤로 미룬다.

3.2.4.3. 반말은 형태상 반말 굴곡접사에 의해서 표현되며 또 한편으로는 통사론적으로 표현된다.

최현배씨도 반말의 '씨끝'을 /-아(-어)-/, /-지/ 정도로 들고 있듯이 대체로 반말 접사의 수를 불과 몇에 국한시키는 것 같으나 실제상에 있어 그렇게 아주 적은 것도 아니다.

반말의 종결 굴곡접사에는 대략 다음과 같은 것이 있다. 다음은 그 최소형을 보인 것이다.

(1) 敍述/↓/
{어}   : 너도 먹어.
                 이것도 책이야.
{-지}   : 너도 가겠지.
{-걸}   : 곧 비가 오겠는걸.
{-거든}   : 그건 내 눈으로 똑똑히 보았거든
{-게}1   : 나도 바로 갈게.
{-게}2   : "그건 왜 그래?"
                 "더러워서 가져다 버리게."
{-고말고} : 그럼, 나도 가고 말고
{-데}1   : 그이도 벌써 돌아왔데.

{-데}2   : 철수는 심부름 가고 집에 없던데.
{-대}   : 그이는 몸이 아파서 학교에 못 간대.

  학자들 중에는 문어에서만 쓰이는 {-음}(예 : 이를 발표했음)을 반말로 처리하는 분도 있으나, 이것은 낮춤의 반말이 아니요 존비가 없는 평대형으로 봄이 옳다.

(2) 疑問/↑/
{-어}   : 그 사람도 죽었어?
{-지}   : 너도 밥 다 먹었지?
{-게}1   : 그거 가져다 버리게?
{-게}2   : 그렇게나 되면 정말 좋게?
{-면서}   : 나보고도 가라면서?
{-나}   : 철수도 언제 소풍 가나?(아버지가 아들에게)
            : 엄마, 철수도 거기 갔나?
{-는가}   : 너도 거기 가는가?
{-을까}   : 그 사람 일어 났을까?
(3) 命令/↓/
{-어}   : 그만 책을 덮어.
{-지}   : 그만 가지.
(4) 感嘆
{-구면}   : 벌써 다 끝났구면(끝났군)
{-네}   : 벌써 단풍이 드네.

  여기서 한 가지 고려될 점은 예사낮춤의 의문형 {-나}, {-는가}와 반말의 의문형 {-나}, {-는가}가 동형인데다가 그 의미까지도 유사해서 과연 양자를 구별할 수 있겠느냐 하는 문제다. 다만 후자의 경우에는 화자 자신 스스로의 의혹을 나타내기도 한다는 데에 의미상의 차이가 보일 뿐이다. 종래 /-는가/, /-나/를 예사낮춤으로만 생각했을 뿐 반말로 봄을 보지 못했는데, 오히려 이것은 반말로 보고 예사낮춤으로 쓰이는 것을 이에 포함시켜 동일 형태로 처리함이 좋을 듯싶다. 예사낮춤은 예사낮춤만 사용되는 데 반하여 반말은 예사낮춤에도 통용됨을 고려하면 오히려 그것이 타당성이 많지 않을까 한다. 이들 종결형이 윗사람들에도 쓰이고 직계 존속의 아랫 사람에도 쓰이며 높임의 /-요/가 뒤따를 수 있음은 이들이 반말되는 증거가 된다. 예사낮춤의 형태라면 이상의 용법은 모두 거부된다. 만약 이러한 논리가 가능하다면 예사낮춤의 의문 종결형은 따로 존재하지 않는 결과가 될 것이다. 물론 이를 인정하더라도 반말의 /-나/, /-는가/는 여전히 따로 존재하게 된다.

그리고 종래 예사낮춤의 형태로 보아 온 /-을까/, /-데/[15]는 반말의 형태로 보아야 할 것이다. 이들이 손윗 사람에게도 가능한 점과 높임의 형태 /-요/가 따를 수 있다는 점에서만 보아도 그러하며, 의미상으로 보더라도 반말로 보아 조금도 무리가 없다. 다음은 참고가 될 것이다.

    (ㄱ) 자네 말 말게. 그가 돈을 줄 <u>듯싶어.</u>
    (ㄴ) 자네 말 말게. 그가 돈을 줄 듯 싶지 <u>않네</u>

/-거든/을 아주낮춤으로 봄도 적합지 못하며 /-(는)군/을 예사낮춤으로 봄도 재고되어야겠다.

3.2.4.4. 반말은 또한 통사론적 방법 또는 문맥에 의해서 표현되기도 함이 큰 특징이다. 종결 굴곡접사를 취하지 않는, 또는 취하지 않은 어떤 형태의 문(文) 성분이 그 단독으로 또는 그에 선행하는 다른 성분을 선행하면서 문(文)의 종결 기능을 하고 있을 때 이 성분이 표현하는 존비 의식은 그것이 어떤 형태의 것이든 /-요/가 따르지 않는 한 대체로 반말로 인지됨을 3.1.에서 말한 바 있다. 자연이 경우 문말 억양이 따르게 되는데, 다만 서술의 /↓/와 의문의 /↑/만이 가능하게 된다.

다음 각 대화상에 나타나는 밑줄 성분은 반말로 인지된다.

---

15) 최현배, op. cit., p.258.
   김석득, op. cit., p.17.

(1) 主語

　① "평양에 소환시켜 주기 바랍니다."

　　"소환? 소환시켜 달라……이유는?"(한국문학 4, p.139)

　② "식모라고 들었습니다."

　　"내 어머니가?"(한국문학 4, p.122)

　③ "어떤 사람이 나를 불러?"

　　"저기 서 있는 남자가."

(2) 目的語

　① "오의원을 만나러 왔습니다."

　　"뭐요? 오의원을? 어떻게 아는 사람입니까?(한국문학 4, p.122)"

　② "저이가 아버지를 때렸어."

　　"뭐? 저 사람이 아버지를"

　③ "나는 다 알고 있어요."

　　"네가 도대체 무얼?"

(3) 副詞語

　① "당신이면 어떻게 했겠소?"

　　"어떤 경우? 부모가 맹반대했을 때?"(한국문학 4, p.119)

　② "여기 그림은 파는 겁니까?"

　　"무엇에 쓰려구?"(한국문학 4, p.74)

　③ "그거 언제까지 쓸 수 있어요?"

　　"다음 주 토요일까지."

(4) 敍述語

　① "그게 무어냐?"

　　"이거? 책."

　② "너 지금 몇 살이지?"

　　"나? 세 살."

　③ "가 보니까 아무도 없던데요."

　　"아이들도 없구?"

(5) 獨立語

　① "오늘 실례가 많았습니다."

　　"원, 천만에."

　② "내일도 또 비가 내릴 모양이지?"

　　"글쎄."

이와 같은 반말 표현은 형식상 완결된 문의 구조를 갖추지 못했지만 내용상으로는 충분히 문의 구실을 하는 것이어서 이들은 Otto Jespersen이 말하는 Inarticulare sentence나 Semi-articulate Sentence에 해당되는 것이다. 다음에 이를 간단히 보여 참고로 한다.

> It would probably be better to divide sentences into the following classes :
> (1) Inarticulate sentences : "Thanks! (Thanks very much | Many thanks |
>   "What?" | "Off!"
> (2) Semi‒articulate sentences : "What to you!"(Thank you very much) "What
>   to do?" "Off with his head!"
> (3) Articulate sentences : "I thank you" "What am I to do?" "You must
>   strike off his head"16)

앞에 보인 경우는 그 다음에 이어질 성분이 생략된 것이지만, 그렇다고 생략된 형태가 모두 반말로 인지되는 것은 결코 아니다. 생략된 자체로 문이 완결된 기능을 가져야지 그렇지 못한 때는 반말 표현은 되지 않는다. 따라서 그런 경우는 구말의 고저가 지속(sustained)/ → /으로 나타난다.

> ① 나는 쫓기는 몸이오. <u>더구나</u>……
> ② "이거 얼마요?"
>   "그거 백원은 <u>받아야</u>……"
> ③ "오늘은 아침도 굶고 짐을 졌어요."
>   "원, 저렇게 <u>고생들을</u>……"

다음과 같이 논의된 형태도 반말로 볼 수는 없다.

> "입 닥쳐. 너는 반동이다."
> "아닙니다. 아닙니다. <u>저는</u>"

반말에 대한 논의를 마치면서 여기 한 가지 첨언해 둘 것은 '하서'와 같

---

16) Otto Jespersen, The philosophy of Grammar, 1958, London.

은 표현의 문제다. 이것은 분명히 반말이다. 이것은 /하시어/로 환원될 수 있는데 이때 /−어/는 청자하대−반말−의 형태이고, /−시−/는 주체존대의 형태다. "이 일은 그분이 하셔."에서는 주체와 청자가 달라서 /−시−/와 /−어−/로 나타나는 존대, 하대의 대상은 전혀 다르다. 그러므로 '하셔'는 주체에 불구하고 대우의 등분은 두루낮춤이다. 물론 주체와 청자가 동일 인물일 때 '하셔'는 '해'보다 존대되었으나, 우리가 흔히 말하는 대우의 등분에는 하등의 차이가 없다.

4. 대우의 등분과 호응

4.1. 대우의 등분

4.1.1. 무릇 대우의 등분이란 말은 모호하다기보다도 오히려 불가능한 말이다. 우리의 언어 밖의 객체 현상이 분절되지 않는 연속적인(continuos) 현상이어서 사람 상호간의 존대나 하대라고 하는 것도 극과 극이 일관되는 연속적인 현상임을 쉽게 이해할 수 있다. 이러한 객관에 대하여 이를 지시 표현하는 언어자체도 비연속적(noncontinuos)이기는 하나, 언어로 실현되는 존대나 하대도 표현의 등급을 규정할 바람직한 기준도 없거니와 실제에 있어 불가능하리만큼 복잡다양하게 나타난다.

흔히들 대우의 등분을 아주낮춤(極卑)에서 아주높임(極尊)까지를 넷 또는 다섯, 여섯 등으로 구분하고 있지만 그것이 국어의 대우의 등분을 표시한 것이 아님은 자명한 사실이다.

다음 예들을 놓고 대우의 등분을 생각해 보기로 한다.

    (1) 주신 교훈을 더욱 銘心하와 더욱 정진하고자 하옵니다.
    (2) 저는 그런 짓을 한 기억이 없습니다.

(3) 이 은혜는 꼭 갚고야 말겠어요. 정말 일생 잊지 않겠습니다.

(4) 권선생님 말씀을 알아 듣습니다. 좀더 두고 보십시다.

(5) 자, 이제 그만 일어나요. 이러다가는 늦겠소.

(6) 걱정마오. 내가 있지 않소? 어서 떠나시오.

(7) 저길 좀 쳐다봐요. 비가 들어오지 않아?

(8) 아직 모르고 있었나! 자넨 늘 한가하군. 천하태평이군.

(9) 그러지? 안 그래? 내가 다 안다.

(10) 그래 넌 언제나 나한테 대항만 할 테냐? 어림도 없다.

이상 (1)~(10)을 차례로 읽어 보면 대우의 정도가 대체로 차츰 낮아짐을 알 수 있다. 그 중에는 상호 존비를 구분하기 힘든 것도 발견될 것이다. 이러한 것이 위 예에서 그치는 것도 아니요 훨씬 확대시킬 수도 있는데, 이들을 일정 등분으로 구분하는 일은 사실상 불가능한 일이다. 다음과 같은 간단한 예를 보아도 쉽사리 짐작이 간다.

> 제가 가겠습니다. – 내가 가겠습니다. – 제가 하지요. – 내가 하지요.
> – 내가 하겠소. – 내가 하지. – 내가 하겠네. – 내가 하겠다.

우리가 일상 생각하는 것보다 훨씬 정치(精緻)하게 나타나는 이들 표현의 구분이 불가능하기에 우리는 굴곡접사에 반영되는 존비를 대상으로 구분하게 되었고 그 이상의 것을 기대하지 못했다. 여기서도 문(suntence)의 종결형에 나타나는 등분을 구별해 보려는 것이다.

4.1.2. 종결 형태는 청자에 대한 존비를 표현하게 되는데, 이것은 비교적 그 등분이 선명히 드러나고 있다. 그럼에도 불구하고 이 문제를 논해 온 여러 학자들의 의견은 그리 일치되고 있지 못하다. 좁은 시야에서 피상적인 관찰에 그쳤기 때문에 이러한 혼선이 빚어진 것으로 본다.

다음에 먼저 몇몇 학자들의 견해를 살펴보기로 한다.

최현배 씨는 "마침법에는, 그 말을 듣는 사람을 높이는 정도를 따라, (1) 아주낮춤(極卑稱, 해라) (2) 예사낮춤(普通卑稱, 하게), (3) 예사높임(普通尊稱, 하오), (4) 아주높임(極尊稱, 합쇼)의 네 가지 다름이 있고, 또 등외로 반말이 있나니……"17)라 하여 4등분에 등외를 합하면 5등분이 된 셈이다. 그러나 반말을 등외로 본 것은 납득이 가나 3.2에서 보인 대로 반말을 '해라'와, '하게', '하게'와 '하오'의 중간에 있는 말이라고 본 것은 곤란하다. 한 가지 표현이 높임이나 낮춤에 통용될 수는 있어도 이상과 같이 두 등분으로 쓰이는 것같이 본 것은 재고되어야 할 것이다.

허웅 씨는 "존대법에는 다섯 층계가 있어서 각 활용형에 두루 나타난다." 하고 동사, 형용사, 지정사를 각각 서술, 의문, 명령으로 나눠 보였는데 그 중 동사 서술만을 보면 다음과 같다.18)

    (1) 갑니다
    (2) 가오
    (3) 가네
    (4) 간다
    (5) 가(아)

허웅 씨는 이어서 "(1)~(4)는 높임의 등분이요, (5)는 반말이다. (5)는 존대의 차례로 보면 (2)와 (3) 사이에 들어가야 한다."고 하였다. 이 견해는 최현배 씨의 등분과 대체로 일치되나 반말을 '하오'와 '하네'의 중간 등분으로 고정시킴이 다르다 하겠다. 위에서 다만 한 가지 모호한 점은, 반말이 높임인가 낮춤인가 하는 점이다. 얼핏 보아서는 높임도 낮춤도 아닌 것 같은데, 역시 허웅 씨의 논문 "서기 15세기 국어의 「존대법」과 그 변천" 중 '현대 국어의 높임말'에서 "…speaker는 hearer와의 관계에 따라서 다섯 가지의 존비의 등분을 분간해 쓰지 않으면 안 되는데, 그 중의 두 가지는 「존대법」에 속한다." 하고19) 그 중에서 다섯 등분에 관해서는 〈우리말본〉을 참조하라 한 것을 아울러 참조하면, 반말은 또한 낮춤임을 명시하는 듯싶기도 한데, 그렇다면 반말은 낮춤에서는 가장 높은 등급이 된다고 하겠다.

---

17) 최현배, op. cit., p.252.
18) 허웅, 인문계 고등학교 '표준문법'(신구문화사, 1969), p.63.
19) 한글 128호(한글학회, 단기 4294), p.12.

김민수 씨는 또한 대우의 등분을 다음과 같이 구분하고 있다.[20]

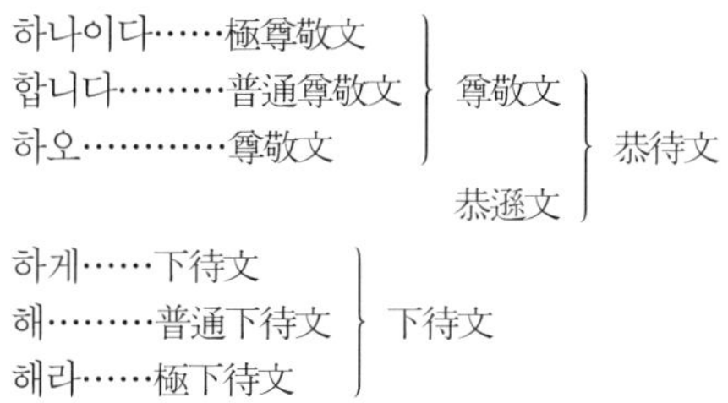

여기서는 6등분으로 가장 많은 구분을 하고 있는 점도 좀 색다른데, 소위 반말을 '하게'와 '해라'의 중간 등급으로 고정시킴으로써 전자와 좋은 대조를 보이고 있다. 도표로 보아서는 공대문과 하대문이 서로 정연한 대조를 보이고 있으나 내용에서도 그렇지는 않다. 즉 '하오'와 '하게'는 대조되나 '해'와 '합니다', '해라'와 '하나이다'는 서로 대조되는 것이 아니다. '극존경문'은 문어체로 구어체인 '보통존경문'과 대를 이루는 것이라 하겠는데, 따라 등분을 구분해서 무방하겠으나 양자는 오히려 한 등분으로 묶어도 족하지 않을까 한다. 다음으로 반말을 '하게'와 '해라'의 중간 등분으로 구별한 것은 '하오'와 '하네'의 중간 등분으로 나눈 것보다는 훨씬 타당성(妥當性)이 있는 것이다. 반말이 '하게'니 '해라'와 두루 통용될 수 있다는 점을 고려한 것이 아닌가 한다. 그러나 이것만 가지고 그런 등분의 처리는 불충분하다. 이것도 "보통하대"로 볼 근거가 매우 약하다.

이희승 씨는 "존대법에는 해라체, 하게체, 하오체, 합쇼체, 하소서체의 5가지가 있다"하고 이어서 이 5가지 외에 반말이 있는데 이것은 해라도, 하게도, 하오도 아니고 말을 어물어물하여 끝을 아물리지 않는다고 했다.[21] 대체로 김민수 씨와 일치되거나 반말의 처리에서 상이한바, 여기서는 등외로 처리된 것으로 보아 무방하겠다.

---

20) 김민수, 신국어학(일조각, 1964), p.12.
21) 이희승, op. cit., p.98.

　김석득 씨는 논문 '한국어 존대형의 확대구조'[22])에서 국어의 최소존비형을 5등급으로 나눴는데 대체로 최현배 씨와 일치되는데 대략 다음과 같다.

　　　L(낮춤) : −nta, −nya, −la
　　　HL(예사낮춤) : −ne, ci, −ninkun
　　　M(반말) : −ci, −ninkuman
　　　LH(예사높임) : −o, −cyo
　　　H(높임) : −pnita, −pnikka, −seyo, −psita

　강복수, 유창균 양(兩)씨는 양(兩)씨의 '문법'에서 '높임의 등분'이라 하여 "종결어미는 말을 듣는 사람을 높이는 등분에 따라 다음과 같이 다섯 가지로 나눈다." 하였는데 그 개요는 다음과 같다.[23])

　　　(ㄱ) 아주낮춤 : 한다.
　　　(ㄴ) 예사낮춤 : 하네
　　　(ㄷ) 예사높임 : 하오
　　　(ㄹ) 아주높임 : 합니다
　　　(ㅁ) 반말 : 해

반말을 5등분 속에 포함시키고 있으나 그 구체적 처리나 설명은 없다. 마지막으로 강윤호 씨는 대략 4등분하여 다음과 같이 구분한다.[24])

　　　극존대체……하소서체
　　　보통존대체……합쇼체
　　　보통비대체……하게
　　　극대비체……해라

---

22) 인문과학 제20집(연세대, 1968).
23) 인문계 고등학교 '문법'(형설출판사, 1969).
24) 강윤호, 정수문법(지람출판사, 1968), p.70.

여기서는 존비의 등분에 반말을 제외시키고 있으며 '합니다', '하오'를 동일 등분의 '보통존대'에 넣고 있음이 특색이라 하겠다.

이상에서 존비 등분에 대한 6가지 견해를 보였는데 거기서 문제되는 것을 요약하면 다음과 같다.

(1) 반말을 등분 속에 포함시킬 것이냐의 문제
(2) 等分에 포함시킬 경우 어느 위치에 놓이는가의 문제
(3) 소위 '하오', '합쇼', '하소서'의 구분 문제

4.1.3. 그러면 이하에서 위 문제점을 검토하면서 새로운 등분 설정을 시도해 보기로 한다.

먼저 반말의 등분 문제다. 대우를 높임과 낮춤으로 양분할 때 반말은 물론 낮춤에 든다. 그렇다면 존비의 등분 내에 반말도 포함되어야 할 이유가 전혀 없을 것이다. 일단 낮춤의 등분에 포함됐으면 어느 정도의 낮춤인가? 하대법에서 이미 지적한 대로 이것은 '두루낮춤'으로 낮춤의 등외다. 낮춤은 아주낮춤(해라)과 예사낮춤(하게)의 등분이 있는데, 반말은 양자의 중간 등급도 아니요 예사낮춤보다 위도 아니다. 낮춤에 두루 통용되는 낮춤일 뿐이다. 2인칭 대명사의 낮춤의 '너'와 예사낮춤의 '자네' 두 등급만이 있어 각각 종결형의 아주낮춤, 예사낮춤과 호응되는데, 반말은 그에 호응되는 2인칭 대명사가 따로 없고 아주낮춤이나 예사낮춤의 대명사와 한가지로 통용됨은 반말의 성격을 보이는 것이기도 한다. 언중의 의식으로도 그렇게 느껴진다. 학자 자신들이 어떤 분은 '하게' 보다 높게, 어떤 분은 '하게'와 '해라'의 중간으로 달리 보는 것도 반말의 그러한 성격을 암시해 준다고 할 만하다. 뿐만 아니라 앞에서 이미 밝혀온 '두루높임(해요)'이 반말과 정연(整然)한 대조를 이루는 점은 양자의 성격 규정에 중요한 역할을 하고 있는 것이다.

'해요'는 존비 등분으로 볼 때 높임이다. 다만 높임에서는 그 고정된 등분을 가지지 않는 '두루높임'이다. 이러한 높임은 대체로 등분 문제에서

취급조차 하고 있지 않음이 일반적이어서, 중고등학교 문법에서조차 완전히 외면당하고 있는 실정인데, 그 실용의 비중으로 보아 충분히 고려되어야 할 것이다.

어떤 학자들은 이 두루높임을 예사높임으로 규정함을 볼 수 있는데, 이것은 표면적 고찰에서 결과된 다소 막연한 논거에 기인한 것이 아닌가 한다.

"저 사람은 잉어를 낚았어요."(우리말본 p.264)

최현배 씨는 이것을 예사높임으로 했으나 그 근거가 의문이다. 두루높임은 아주높임의 자리에도 사용된다. 인용된 말은 아무리 높은 사람(아버지, 선생님 등)에게도 사용된다. 그러나 예사높임이란 그렇지 않음을 유의해야 된다. 아버지나 선생님에게 예사높임은 절대로 불가능한 것이다.

*아버지, 저 사람들 잉어를 낚았소(낚으오).

높임은 예사높임(하오)과 아주높임(합니다, 하십시오)으로 구분되어 2인칭 대명사의 예사높임(당신), 아주높임(어르신)과 각각 호응되는데, 두루높임은 그에 호응되는 2인칭 대명사가 따로 없이 예사높임, 아주높임의 대명사와 두루 호응됨이 역시 두루높임의 성격을 밝혀 주는 것이다. 필자의 생각으로는 언중의 의식에도 예사높임으로는 생각되지 않을 것으로 안다.

다음으로 문제되는 높임의 하오, 합쇼, 하소서 세 가지의 등분 문제다. 이것은 세 가지를 각각 별개등분으로 구분하는 방법도 가능하겠으나, 대체로 하소서체가 문어의 하십시오체에 대응되는 점을 고려할 때, 양자를 아주높임 속에 포괄하는 것이 있게 된다.

이상에서 장황하게 대우의 등분을 살펴보았다. 요컨대 이 문제가 그렇게도 구구한 이견을 보이는 주요 원인은 반말에 대한 엇갈린 견해 때문이었고, 나아가서 두루높임에 대한 외면 때문에 우리 대우의 등분 문제는 기형적인 것이었다고 생각한다. 반말에 대응되는 두루 높임이 있음으로 해서 높임과 낮춤의 대응이 정연한 등분의 체계가 확립된다고 본다.

이상을 종합할 때 국어의 종결형 대우 등분은 다음과 같다. 참고로 2인칭 대명사를 각각에 대응시켜 둔다.

```
                        ┌ 等分 ┌ 아주높임(하십시오, 하소서)어르신
             높임(尊待) ┤      └ 예사높임(하오) ················ 당신
                        └ 等外－두루높임(해요) ··················· 어르신, 당신
待遇의 等分 ┤
                        ┌ 等分 ┌ 예사낮춤(하게) ················ 자네
             낮춤(下待) ┤      └ 아주낮춤(해라) ················ 어
                        └ 等外－두루낮춤(해) ···················· 자네, 너
```

4.2. 대우의 호응

대우의 호응이란 것은 한 문(sentence), 또는 문 상호간에 있어서 존비의 호응 내지는 일치를 의미한다. 단어 또는 용언의 어간에 있어서 비어(下待), 평어(예사말), 경어(尊待語)라든지, 종결 형태에서 나타나는 청자 대우의 각 등분이라든지 등등은 상호 일치 내지 호응되는 데 있어 어느 고정의 한 가지 방법이나 규칙만이 가능한 것이 아니고, 얼마간 융통성이 있어 대략 호응의 한계 곧 영역 내에서 작용된다. 바꾸어 말하면 하나의 대표적인 또는 전형적인 표현에서 얼마간 변형이 가능하게 되는데, 그 변형의 영역을 살펴보는 것은 국어 대우법 이해에 중요한 의의를 가지는 것이다.

대우의 호응은 두 가지로 유별된다. 하나는 단일어 내에서의 존비의 호응이요, 다른 하나는 문(文)과 문(文) 사이에서 종결법에 나타나는 청자 대우 등분간의 호응을 말한다. 지금까지 호응이라면 으레 한 개의 문 내에서 일치나 호응만을 생각해 왔지만 문(文) 상호간에 보이는 호응의 이해도 그에 못지않은 의의를 가진다.

4.2.1. 한 문내에서의 호응

이것은 하나의 sentence 내에서 조사, 체언, 용언의 어간 또는 종결접사 상호간에서 존비가 상응하는 현상을 말한다. 2.2에서 본 바와 같이 조사는 예사와 높임으로, 명사와 동사는 낮춤, 예사, 높임으로, 2인칭 대명사는 아주낮춤, 예사낮춤, 예사높임, 아주높임 등으로 구별될 수 있었고, 또 종결법에서는 6 등분으로 구별되었었다. 이들 각각이 단어나 형태 자체로 고립돼 있을 때는 그 존비의 의미가 선명하지만, 이들이 문의 각 성분으로 들어가 상호작용될 때 거기서 표현되는 존비의 정도란 참으로 다양 각색이어서 이것을 구분하기란 지극히 곤란하다. 똑같은 말이라도 화자와 청자와의 종적 횡적 관계, 자신의 사회적 연령적 처지, 청자의 사회적 연령적 처지 등 다양한 장면(situation)에 따라 달리 인식될 수 있고, 심지어는 일반적으로 불가능한 표현도 어떤 특수 제한된 장면에서는 가능한 경우도 있어 어떤 규칙성을 찾기 지난(至難)한 경우가 있기도 하다.

여기서는 2인칭, 3인칭 대명사의 주어를 기점으로 한 호응을 간단히 일별(一瞥)하기로 한다. 다음의 각례나 설명에 있어서는 필자의 주관이 크게 작용했음을 미리 말해 둔다.

> (1) 二人稱 主語
> 너 : 너도 밥을 먹어라(먹어).
> 너도 밥좀 그만 처먹어라(처먹어).
> 너도 주둥이 좀 다물어라(다물어).

'너'에 높임의 명사나 동사 또는 종결형태가 올 수 없다.

> 자네 : 자네도 밥 좀 먹게(먹어).

'자네'에는 예사말만이 선택되며 종결형태는 예사낮춤 및 두루낮춤이 온다.

당신 : 당신도 밥 좀 먹으오(먹어요).

'당신'은 부부 간의 호칭이 아닌 예사높임을 지칭한 것으로, 여기서도
명사 동사에 예사만이 선택되며 종결형에서는 예사높임, 두루높임이 선택
된다. 따라서 다음과 같은 표현은 원칙적으로 기피되는 것이다.

*당신께서 좀 가시오.
*당신도 진지 좀 잡수시오.
*당신이 그런 말씀을 하지 않았소?
어르신 : 어르신께서도 진지를 잡수셨습니까?
어르신께서 그런 말을 하시니까 아이들이 그러잖아요?
어르신께서 그런 말씀을 하니까 아이들이 그러잖아요?
어르신이 밥을 드셔야 식구들이 걱정을 않지요.

대체로 아주높임의 '어르신'이 선택되면 나머지는 모두 높임으로 일치됨
이 원칙이나 이상과 같은 변형들이 모두 가능하다. 다만 동사만은 예사가
못 오고 높임이 옴이 좀 특이하다. 위의 여러 변형이 가능한 것은 '어르신'
이 대체로 높임이긴 하지만, 거기에 대한 화자의 존대 의도가 다르기 때문
이다. 종결형은 아주높임이나 두루높이 따라야 된다.

(2) 三人稱 主語
그이 : 그이도 밥을 먹었다.

'그이'는 예사말이 선택됨이 일반이다. 3인칭은 청자가 아니기 때문에
종결형태는 무관하다.

그분 : 그분께서도 진지를 잡수셨다.
그분께서도 그런 말씀을 했다니 납득이 안가는 걸.
그분께서도 그런 말을 하셨다지 않아.
그분이 벌써 밥을 다 먹었을까?

'그분'도 원칙적으로는 모든 높임이 따라야 옳겠으나 상기 여러 변형이

가능한 것은 역시 '그분' 속에 포괄되는 대상이 다양해서 화자의 다양한 존대 의도가 작용되기 때문이다.

이상의 경우는 대체로 높임을 예사로 표현하는 변형이었는데, 어떤 학자는 존대 등급의 하향적 확대(Down grading expansion)라 칭하기도 한다.[25]

지금까지 보아 온 바 호응 관계의 개략을 표로 보이면 다음과 같다.

[표 1] 2인칭 주어

2인칭 대명사	조사		명사			동사			종결형					
	예사	높임	낮춤	예사	높임	낮춤	예사	높임	아주 낮춤	예사 낮춤	두루 낮춤	예사 높임	아주 높임	두루 높임
아주낮춤 너	○	×	○	○	×	○	○	×	○	×	○	×	×	×
예사낮춤 자네	○	×	×	○	×	×	○	×	×	○	○	×	×	×
예사높임 당신	○	×	×	○	×	×	○	×	×	×	×	○	×	○
아주높임 어르신	○	○	×	○	○	×	×	○	×	×	×	×	○	○

[표 2] 3인칭 주어

3인칭 대명사	조사		명사			동사		
	예사	높임	낮춤	예사	높임	낮춤	예사	높임
예사높임 그이	○	×	×	○	×	×	○	×
아주높임 그분		○	×		○	×		○
	○		×	○	○	×	○	○

아주높임에서 상하단으로 구분한 것은 조사 '께서'와 '가'가 올 때 그 호응에 차가 있음을 보인 것이다.

앞에서도 말했듯이 이상의 문제는 절대적인 것이 못되고 또 그렇게 된

---

25) 김석득, 국어 존대형의 확대구조(인문과학 제20집, 1968, 연세대, p.54).

다는 것도 곤란한 일이어서 처리 설명하는 사람에 따라 얼마간은 차이도 없지 않을 것으로 생각된다.

4.2.2. 종결형간의 호응

이것은 청자 존대로 종결형에 나타나는 6가지 등분 상호간의 호응을 말한다. 문이 둘 이상 중복될 때 각문의 종결형이 단일 등분의 것끼리만 사용되는 것이 아니고 둘 또는 셋의 상이한 등분이 상응하기도 한다.

대화가 오래 계속될 때는 같은 청자에 대해서도 등분이 불규칙하게 나타나기도 하여 고찰의 대상이 될 수 없다. 그래서 대화상에 있어 1인 1회분의 말에서 그것이 두 개의 문 이상으로 되었을 경우의 등분간의 호응을 보기로 한다. 이러한 작업에 의해서 종결형 등분간의 호응의 한계 즉 호응역이 규명될 것이고, 이렇게 함으로써 국어 존대법의 보다 깊은 이해가 가능할 것이다. 존비 형태소나 한 개 문내에서의 존비 호응만이 존비법의 전부가 아님을 유의할 것이다.

4.2.2.1. 동일 등분간의 호응

논의의 여지 없이 동일 등분끼리의 호응은 당연하다. 종결형에서 호응이 보이지 않는 것이나 그 예가 드문 것은 때로 대명사와의 계속적인 호응 예로 보충하여 참고로 하기도 하였다.

> (1) 아주낮춤 : 나는 지금까지의 생활에 <u>지쳤다</u>. 나는 항복하고 <u>싶다</u>. 그러나 헌병따위한테 나는 잡는 영광을 주고 싶진 <u>않다</u>. 현역 장교를 오도록 <u>해라</u>.

위는 소설에 나온 대사의 하나로, 아주낮춤이 계속되고 있지만 실제에 있어 이런 계속적인 호응은 아주 일반적인 것이 아니다.

(2) 예사낮춤 : 어서 들어 <u>오게</u>. 그렇지 않아도 지금 <u>자네</u>가 온다 안 온다하고
　　　　　　　　떠들고 있던 <u>참일세</u>.

(3) 두루낮춤 : 결혼 생활에서 자기 결혼을 후회하면 <u>끝이야</u>. 가끔 그러할 때
　　　　　　　　도 있겠지만 마음을 신중히 가져야 <u>해</u>. 결혼을 누가 권한다고
　　　　　　　　또 어떤 무엇에 움직여선 후에 <u>불행이야</u>.

(4) 예사높임 : 나가지 <u>마시오</u>. 나가지 못할 <u>거요</u>. 또 길이 있대도 이젠 못 나
　　　　　　　　갈 거요. 도라지를 <u>보시오</u>.

(5) 아주높임 : <u>죄송합니다</u>. 뜻대로 안 돼서 좀 <u>늦었습니다</u>. 그 사람도 같이 <u>왔</u>
　　　　　　　　<u>습니다</u>.

(6) 두루높임 : 이제 사랑하지 않는 체는 할 수 <u>있었어요</u>. 참은 <u>거죠</u>. 이긴 거
　　　　　　　　죠. 그러나 사랑하고 있는 사실에는 아무 변동도 <u>없었어요</u>.

4.2.2.2. 2등분간의 호응

1. 아주높임과 예사높임(○)

(1) <u>대겠읍니다</u>. 대겠읍니다. 난 맞는 게 질색이오. (한국문학 4, p.353)
(2) 잠자코 구경이나 할 수 있으며 그것도 <u>좋겠소</u>. 그런 자비마저도 베풀려고
　　하지 않을 <u>겁니다</u>. (한국문학 17, p.390)
(3) 여러분! 아깝게도 이미 때는 <u>늦었습니다</u>. 이 늦은 때에 무엇을 어떻게 <u>하</u>
　　<u>겠소</u>(한국문학 17, p.402)

이 호응은 아주 일반적은 아니나 드물지 않게 쓰이는 것이다.

　※ ○표는 호응이 자유로운 것을, ×표는 호응 예를 보지 못한 것 또는 그 예
　　는 보여도 특수 제한된 환경에서나 가능할 뿐 원칙적으로 불가능한 것을
　　보이며, △표는 꽤 쓰이나 아주 일반적인 것은 못되는 것을 표시한 것임.

2. 아주높임과 예사낮춤(×)
3. 아주높임과 아주낮춤(×)
4. 예사높임과 예사낮춤(×)

(1) <u>자네 먹소</u>.(한국문학 9, p.228)

이것은 예사낮춤의 대명사와 호응된 예로, 종결형에서 두 등분만의 호응예를 찾기 힘들었고 다만 '예사높임 – 예사낮춤 – 두루낮춤'의 삼등분 호응에서만 그 예가 발견되었으나 원칙적으로 불가능한 것으로 봄이 옳겠다.

5. 예사높임과 아주낮춤 (×)

 (1) 여기는 生物 教室이 아니라 <u>검찰청이오</u>. 알겠소? 은행돈을 훔치지 않았고 간첩 행위를 안했다는 증거만이 당신을 여기서는 무죄로 만들 <u>것이다</u>. (한국문학 4, p.53)
 (2) 동무가 바라는 게 <u>뭐요</u>? 한번 들어나 <u>보자</u>(한국문학 4, p.53)
 (3) <u>당신</u>을 찾아간 여자와 둘이서 꾸민 계략 같은 것은 지금과 같은 당신의 구변으로 은폐되지는 않을 <u>것이다</u>.(한국문학 10, p.110)

이상은 모두 수사관이 혐의자나 죄인을 심문하는 특수한 장면의 말로 부자연스런 말이다. 원칙적으로 불가능한 것이다.

6. 예사낮춤과 아주낮춤(×)

 (1) 나도 <u>외롭다</u>. 외롭지 않기 위해서 술을 마시는데, <u>자네는</u> 외롭고 나는 <u>고독하구나</u>.(한국문학 6, p.53)

대명사와의 호응인데, 이것은 취중의 얘기로 일반에서는 불가능하다.

7. 두루높임과 아주높임(○)

 (1) 그런 말씀을 하시면 <u>안됩니다</u>. 저에게는 그런 말씀을 하셔선 <u>안돼요</u>.(한국문학 2, p.381)
 (2) 어머니, 저 오늘 저녁 <u>숙직이에요</u>. 빨리 저녁 <u>주세요</u>. 좀 <u>늦었습니다</u>.(한국문학 6, p.67)
 (3) 잠깐 다니러 <u>왔습니다</u>. 이번에 강원도로 떠나게 <u>됐어요</u>. 그래서 작별 인사 겸 찾아 뵈려 <u>왔습니다</u>.(한국문학 11, p.334)
 (4) 이 은혜는 꼭 갚고야 <u>말겠어요</u>. 정말 일생 잊지 <u>않겠습니다</u>.(한국문학 10, p.429)

이 호응은 더 많은 예의 열거 필요도 없이 매우 자연스럽게 사용되는 것으로 두루높임이 아주높임의 자리에 얼마든지 자유스럽게 쓰일 수 있음을 보여 주고 있다. (1)에서는 매우 정중하게 아주높임의 자리에 쓰인 것이다. 본 항의 경우 두루높임을 예사높임으로 봄은 곤란하다.

8. 두루높임과 예사높임(○)

> (1) 사실 술이 없으믄 일이 손에 안 잡히는 법이지요. 안 그렇겠소?(한국문학
> 10, p.35)
> (2) 담배를 피시오. 이런 데 있으면 담배는 아주 진미니까요.
> (한국문학 10, p.107)
> (3) 자, 이제 그만하고 일어납시다. 아무래도 비가 쏟아질 것만 같아요.
> (4) 저 배를 주린 群像을 좀 바라 보시오. 그러고도 술이나 마시고 돌아다니
> 며 놀아요?

역시 매우 자연스럽게 쓰인다. 양등분이 같은 등분으로 생각되지는 않음을 유의할 것이다.

9. 두루높임과 예사낮춤(×)
10. 두루높임과 아주낮춤(×)

> (1) 얘, 얘, 친구가 찾아왔다. 얼른 일어나요. 응?(한국문학 7, p.16)

어머니가 아들에게 하는 말이다. 이것은 이런 특수한 제한된 환경에서 얼마간 자연스럽게 쓰일 수 있으나 일반적인 환경에서는 원칙적으로도 불가능한 것이다(4.2.2.3을 참조할 것).

11. 두루높임과 두루낮춤(△)

> (1) 허지만 가지 마세요. 아무데도 가지 마.(한국문학 8, p.395)
> (2) 선희 아무 생각 말고 이거라고 끌고 가요. 강아지야, 강아지, 중국집 만정
> 루에서 끌고 왔어.(한국문학 11, p.316)

(3) 저 양반의 성격 <u>탓이지요.</u> 너무 우울해서 모든 것을 바관적으로 보는 버릇이 <u>있거든.</u> 까로, 그렇지 <u>않을까?</u>(한국문학 17, p.388)

(4) 이 창 밖에 저 놀 좀 <u>봐요.</u> 하늘이랑 땅이랑 온통 불타는 것 <u>같잖아.</u>(한국문학 17, p.258)

(5) 정말 정신 좀 <u>차려요.</u> -그렇게 노력한다면 누가 알아나 주는 줄 <u>아세요?</u> 혼자서만 되지도 않는 것을 진땀 빼고 있는 <u>거지 무얼.</u>(한국문학 13, p.437) ※-표는 인용본문에 대한 필자의 생략을 표시한 것임.

이 예들은 낮춤과 높임의 호응예를 대표하고 있는 것으로, 자세히 검토해 보면 대체로 두 가지 경향을 찾아 볼 수 있다. 하나는 존대할 사람에게 일부 하대를 사용하는 것이고, 다른 또 하나는 하대할 사람에게 일부 존대를 해주는 것이다.

이러한 호응은 친한 사이가 아니며 존대 하대 어느 하나만 사용하기 난처한 경우에 흔히 사용될 수 있겠다.

12. 두루낮춤과 아주높임(△)

(1) 그렇습니다. 이 선생은 옥희 <u>아버지시군.</u> 이웃에 살면서 인사 없이 지나 <u>죄송합니다.</u>(한국문학 6, p.23)

(2) 어어 어디든지 영화거리는 많아 그 왜 비련<u>말입니다. 그렇잖습니까?</u> 미스 김!(한국문학 11, p.31)

(3) 후유, <u>늦으셨군.</u> 날이 <u>춥습니다.</u>(한국문학 14, p.20)

(4) 스타트라인에 선 모양만 봐도 <u>안답니다.</u> 우물쭈물하는 빛이 있는 <u>건 안 돼.</u>(한국문학 16, p.400)

존대해야 될, 또는 존대할 수 있는 사람이되 좀 친근한 사이에서 쓰일 수 있는 것이나, 일반적인 대화에서는 그리 보편적인 것은 아니다.

13. 두루낮춤과 예사높임(○)

(1) 저것 좀 봐. 학생은 벌써 내 염려를 <u>하는구료.</u> 허지만 다 늙은게 뭐 이제 바람날까 <u>걱정이오.</u>(한국문학 3, p.56)

(2) <u>나갑시다.</u> 나 오늘 <u>숙직이요.</u> 마지막 숙직인지 모르나 <u>해야겠지.</u> 집에 일
단 <u>다녀가겠소.</u>(한국문학 6, p.67)

(3) 그렇지만 지금은 이동무의 연설을 원하고 <u>있소.</u> 그것이 효과가 더 크리라
생각된 <u>모양이지.</u>(한국문학 17, p.262)

(4) <u>나가시오!</u> <u>나가.</u> 이 병원에 불만이 있으면 나가란 <u>말이오.</u>(한국문학 4, p.370)

(5) 흥 그런 줄 <u>알았어.</u> 이동지 한 사람쯤이야 선장하구 통하는 사이니까 쓱
싹 되는 수도 <u>있겠지.</u> 박형 감시나 잘 하슈. 같은 방에 있는 덕을 볼지
누가 <u>알겠소.</u>(한국문학 16, p.66)

매우 자유롭게 사용된다. 두루낮춤은 이 예사높임 이하의 등분과 자유
롭게 호응된다.

14. 두루 낮춤과 예사낮춤(○)

(1) 그대의 그 주관이 반드시 정확하다고 독단하면 그게 비극이라는 <u>거야.</u> 의
사한테 이야기 하면 치료 방법을 가르쳐 줄 <u>걸세.</u>(한국문학 2, p.24)

(2) 무엇이 <u>우스운가?</u> <u>자넨</u> 정말 태평이군 그래.(한국문학 10, p.14)

(3) 그야 <u>우습지.</u> 자세히 <u>보게.</u>(한국문학 10, p.14)

15. 두루낮춤과 아주낮춤(○)

(1) 너는 살구 나만 죽으란 <u>말야?</u> 안된다, 안돼 나 죽은 뒤에 넌 東植이 놈하
구 얼리 <u>판이지? 그렇지?</u> 안 <u>그래?</u> 내 다 <u>안다.</u>(한국문학 3, p.316)

(2) 야, 임마! -도둑질도- 돈이 있어야 해 <u>먹는다.</u> <u>아나?</u>(한국문학 1, p.42)

(3) 달세 한두 푼 받겠다고 빌어먹을 국민당놈들한테-어림두 <u>없다.</u> 어림두
<u>없어.</u>(한국문학 2, p.442)

이러한 예들에서 보아도 반말이 예사 낮춤보다 존대라는 견해는 곤란함
을 알 수 있을 것이다.

이상에서 두 등분간의 호응을 보았는데, 이러한 두 등분 간의 호응이 일
반적인 것이 한 특징이라 할 만하다. 그런데 숫자상 호응이 15가지인데,
그 중 자유로운 것은 6가지였고, 7가지가 불가능한 것으로 나타났으며, 2가

지가 보통으로 사용될 수 있는 것이었다.

4.2.2.3. 3등분간의 호응

3등분 또는 그 이상의 등분간 호응은 대체로 기피되고 있다. 3등분간의 호응 유형은 서너 가지 정도인데 그 중에서도 자유로운 것은 하나를 넘지 못하는 형편이다.

1. 두루높임 – 아주높임 – 예사높임(○)

    (1) 선생님 반갑습니다. 그런 숙제가 없이 살수 없으시죠? 한 잔만 더 합시다.(한국문학 1, p.307)
    (2) 모처럼 아닙니까? 아왕 시작했으니 까짓껏 한 판 합시다. 하긴 좀 뱃속이 짜르르 해 오는 데요.(한국문학 11, p.223)
    (3) 손을 몹시 떠시는군요. 나처럼 두 손을 합장하고 무릎 위에 놓으시오. 얼마는 괜찮을 겁니다.(한국문학 17, p.265)
    (4) 기술이 어디 있습니까? 그저 아무거나 해보려는 거지요. 알아 보니까 그것도 저희네끼리 연락이 꽉 차 있어서 아무나 붙여 주지 않습디다. (한국문학 13, p.427)
    (5) 그러믄요. – 허허, 그렇게야 할 수 있습니까? 네네, 좋도록 합시다. 허허. (한국문학 13, p.432) ※전화상의 말

아주높임의 대상에는 불가능하다.

2. 두루높임 – 아주높임 – 예사낮춤(×)
3. 두루높임 – 아주높임 – 아주낮춤(×)
4. 두루높임 – 예사높임 – 예사낮춤(×)
5. 두루높임 – 예사높임 – 아주낮춤(×)
6. 두루높임 – 예사낮춤 – 아주낮춤(×)
7. 두루높임 – 아주높임 – 두루낮춤(△)

(1) 이거 어데 사람사는 <u>세상입니까?</u> 난장판이지요. 난장판에선 억센 이빨과 발톱이 <u>있어야거든요.</u> 미스 김에겐 그게 있단 <u>말에요.</u> 그 이빨과 발톱이. 건데 윤형에겐 <u>없지요 없어.</u> 참 세상이라구(한국문학 10, p.227)

(2) <u>괜찮습니다. 걸어가지요.</u> 머 조금만 나가면 버스 정류장인걸(한국문학 6, p.310)

(3) 끝이라뇨? 끝난 것은 아무것도 없잖습니까 난 두려워하고 <u>있으니까.</u>(한국문학 17, p.266)

비교적 무난하게 사용될 수도 있겠으나 광범한 것은 아니다.

8. 두루높임 – 예사높임 – 두루낮춤(△)

(1) <u>아서요. 아서</u> 더 마시면 <u>취해요. 취해</u> 대낮부터 취했다간 뭐 그렇게 울어보잘 멋도 <u>없다오.</u>(한국문학 14, p.217)

(2) 여보, 입은 가루 찢어졌어두 말은 똑바루 하구 댕겨요. 어디서 그 따위 본 때 없는 수작을 <u>해요.</u> 그래 당신네는 이런 하꼬방이나 <u>있소?</u> 이래봬두 이 층집이야.(한국문학 3, p.288)

(3) 당신은 공산당을 어떻게 <u>생각하는가?</u> 말하자면 공산당원들을 무엇으로 생각하느냐 말이지요–과연 그들이 말하는 것처럼 인민을 위해서 일을 하고 <u>있는가?</u> 아니면 인민의 생존을 위협하고 있다고 생각<u>하는가?</u>(한국문학 10, p.109)

(2)는 분중(忿中)의 말이고, (3)은 혐의자 심문의 말이어서 정상적인 환경하의 말은 아니다. 그러나 이 호응도 다소간은 가능하겠다.

9. 두루높임 – 예사낮춤 – 두루낮춤(×)
10. 두루높임 – 아주낮춤 – 두루낮춤(×)

(1) 잡념을 <u>버려요.</u> 잡념을 가질수록 자기에 대한 애착은 줄어드는 <u>법이야.</u> 사람이란 어느 때를 막론하고 자기에게 주어진 그것만으로써 만족을 해야 하는 <u>법이야.</u> 자기에 대한 애착을 가<u>져야지.</u> 이것이 인간의 섭리거든. 이 아버지는 지금의 너 그래로도 충분히 만족하고 <u>있다.</u> 어머니의 마음도 매한 가<u>질게다.</u> 알겠지?(한국문학 7, p.28)

아버지가 아들에게 하는 말이다. '버려요'가 어떻게 존대냐고 반문할지
모르나 어쨌든 형식상 존대의 형태를 취하고 있는 것으로 보아야 하겠다.

11. 두루낮춤 – 아주높임 – 예사높임(×)

> (1) 이놈이 범상한 놈이 아니라 영 가끔가다 내가 꿈틀할 소릴 꽤 한단 <u>말입</u>
> <u>니다.</u> 옛날만 해도 애들 얘기가 어디 신통한 게 <u>있었소?</u> 헌데 작금에는
> 그렇지 않<u>습데다.</u> 무서울 소리들을 한단 <u>말이오.</u> – 요새 애들은 아주 속성
> 식으루 민생을 깨쳐 버린단 <u>말이거든</u>(한국문학 16, p.457)
> (2) 지금 순이는 자기 자신마저 속이고 <u>있소!</u> 남을 위해서 자신의 심정을 속
> 인다는 것은 비겁이요 가장<u>입니다.</u> <u>순이!</u> (한국문학 10, p.78) ※ 끝의 '순
> 이!'는 두루낮춤 정도로 쓰인 것이다.

이 호응은 극히 제한된 환경에서 혹 가능도 하겠으나 원칙적으로 불가
능한 것이다.

12. 두루높임 – 아주높임 – 예사낮춤(×)
13. 두누낮춤 – 아주높임 – 아주낮춤(×)
14. 두루낮춤 – 예사높임 – 예사낮춤(×)

> (1) 나는 <u>가야겠어.</u> 누가 무어래도 <u>말야.</u> 꼭 가서 실화를 한번 보고 <u>와야겠어.</u>
> 아니 되도록 안 <u>돌아오겠네.</u> 가능만 하다면 거기서 그림만 그리다가 죽을
> <u>테요.</u> 나는 한국에 이제 실물이 났어.(한국문학 13, p.454)
> (2) 그럼 대단치는 않다네. 내일 자네하고 골프하러 가겠다고 하더군. 오늘밤
> 만은 용서해 <u>주시오</u> 텍스터 –(세계문학[26] 13, p.454)

(1)은 푸념 같은 말로 볼 수 있는 것인데, (1), (2) 모두 비정상적인 표현
이다.

15. 두루낮춤 – 예사높임 – 아주낮춤(×)

---

26) 세계문학전집, 을유문화사, 1964.

(1) 너 전쟁이 끝났단 것을 모르고 있었군. 그래서 버틴 <u>게로군.</u> 이봐 오늘 아침 방송에 의하면 말이오, 우리 인민군대는 벌써 그그저께 부산을 완전 해방시키구 지금 소탕전만 하구 있는 <u>중이오 –</u>(한국문학 4, p.53)

포로 심문 중의 말로 정상적 표현이 아니다.

16. 두루낮춤 – 예사낮춤 – 아주낮춤(×)

(1) 내게 나쁜 일이어도 우리에겐 무슨 소용이<u>겠나.</u> 그러니까 아마 우린 한 패가 된 <u>걸세.</u> 그 지하실이 있는 곳으로 나를 <u>안내하게.</u> 그리고 우린 감자들을 싸서 내어다가 말들이 먹을 수 있게 퍼뜨려 놓자. 우린 말들을 초원까지 끌고 갈 것이고 자넨 이 일을 결코 부끄럽게 생각지 않을 <u>거야.</u> 자네 또래의 누구나가 이런 일을 할 기회를 갖는 건 <u>아냐?</u>(세계문학 32, p.475)

(2) <u>자네</u>와 나와 – 우리가 죽은 후에 무엇이 남는다고 <u>생각하는가?</u> 누구를 위한다는 것 – 그건 우선 우리 자신을 위한 다음에 생각할 문제인 <u>것일세.</u> 틀림 없이 유우엔군의 반격이 시작<u>된다.</u> 여긴 전쟁터가 된다. 우린 그 희생물이 <u>된다.</u> 그럴 필요가 없는 <u>것이야.</u> 우리는 우선 우리의 존재를 인정한 후 나 아닌 다른 존재들을 인정할 밖에 없는 <u>것이지.</u>(한국문학 10, p.47)

(3) 따라서 <u>자네</u>에겐 한 가닥 길뿐이지 선택할 권리가 없다. 자네는 한 개의 부속품으로 존속하고 있을 뿐이다. 그러나, 그러나 <u>말야.</u> 자네에게 선택할 권리가 주어진다면 자네는 무엇을 <u>하겠는가?</u>(한국문학 4, p.113)

(4) 싹수 <u>훤하다.</u> 자네 낯짝두 보니 싹수 <u>훤해.</u>(한국문학 8, p.439)

이러한 호응례는 얼마간 발견되었지만 이런 표현을 정상으로 인정할 수는 없다. 불가능한 것이 원칙이다.

또한 4등분간의 호응도 생각해 볼 수 있겠으나 실제에 있어 그런 예를 발견하기도 곤란하거니와 2등분 또는 3등분의 호응에서 본 바를 고려할 때 가능성도 별로 보이지 않는다.

• 무화가 나무가 바위에서 터져 나온 것 같은 품이 난 <u>좋아.</u> 종자가. 무화가

에서 터져 나오는 것 같은 품이 난 <u>좋아</u>. 超現實主義에 대해서 들은 것이
<u>있습니까?</u> 이건 초현실주의가 구현된 <u>것이요</u>. 저것들은 무엇<u>이죠?</u> 코르크
<u>숲이요?</u> 화석이 된 도깨비와 같이 보이는군.(세계문학 32, p.34)

4가지가 호응된 예인데, 이것이 화자가 일종의 정신 이상자로서 문제삼
을 것도 없거니와 또 가능한 표현도 아니다.

원칙적으로 4등분 이상간의 호응은 불가능한 것으로 보인다. 그러므로
설혹 그런 말이 쓰였다고 하더라도 그것은 정상적인 표현으로 볼 수 없을
것이다.

이상에서 보아 온 각 등분간의 호응을 표로 보이면 다음과 같다([표 3]).

[표 3]

		두루높임	두루낮춤
아주높임~예사높임	○	○	×
아주높임~예사낮춤	×	×	×
아주높임~아주낮춤	×	×	×
예사높임~예사낮춤	×	×	×
예사높임~아주낮춤	×	×	×
예사낮춤~아주낮춤	×	×	×
두루높임~아주높임	○		
두루높임~예사높임	○		
두루높임~예사낮춤	×		
두루높임~아주낮춤	×		
두루높임~두루낮춤	△		
두루낮춤~아주높임	△	△	
두루낮춤~예사높임	○	△	
두루낮춤~예사낮춤	○	×	
두루낮춤~아주낮춤	○	×	

지금까지 본 바에 의해 다음과 같은 사실을 귀납할 수 있다.

(1) 세 등분 이상간의 호응은 대체로 기피되며, 4등분간에는 불가능하다. 2등분간의 호응이 절대 우세하다.

(2) 두루높임, 두루낮춤을 제외한 4등분에서 아주높임과 예사높임의 호응을 제외하고는 인접 등분간의 호응은 불가능하다.

(3) 반말은 어느 등분과도 가능하되 아주 높임을 제외한 모든 등분과는 아주 자유롭다. 즉 그 호응성이 가장 넓다.

(4) 두루높임은 두루낮춤 이상과 가능하다.

5. 결어

국어 대우법의 문제는 결코 문법만의 대상이 아니다. 문법적인 기술이나 해석이 필연적으로 선행되어야 하겠고, 또 이것이 가장 큰 비중을 차지함도 사실이지만, 여기서 한 걸음 더 나아가서 수사 또는 문체론적인 연구의 대상이 되어 상호 보완될 때, 우리 대우법의 문제는 비로소 전모가 드러나게 될 것이다. 여기서는 문법 밖의 것으로 등분간의 호응이라고 하는 한 부분을 살핀 데 불과하였다.

나는 이 글에서 대우법의 문제를 비교적 광범하게 취급해 보았으나 주안점은 /-요/의 문제, 그리고 대우의 등분과 각 등분간의 호응에 주어진 것이었다.

지금까지 경시 또는 도외시되어 온 /-요/의 문제가 실은 어느 것에서 선행하는 큰 비중의 것이었다. 나는 /-요/를 독립되는 하나의 형태소로의 분석을 시도했고 이것이 형태상으로나 용법상으로 반말과 정연한 대조를 이루는 두루높임의 형태임도 아울러 밝혀 보았다. 그리하여 /-요/를 '반말높임'이라 가칭해 보기도 했다.

이와 관련하여 지금까지 여러 이견이나 오견을 보여 온 '반말'의 성격을 분명히 해 보았다. 그 결과 이것은 '두루낮춤'임을 알았다.

/-요/의 규명과 아울러 종결형에서의 대우의 등분에 대한 새로운 설정을 시도한 바 이것은 종래 어느 견해와도 상이한 것이었다.

이러한 등분의 설정과 관련하여 이들 등분 상호간의 호응의 양상을 고찰함으로써 일종의 호응성 - 호응의 한계 - 을 밝혀 본 셈이다.

졸고의 내용에서도 미진미흡한 것이 불소하기 앞으로 더 연구 보완하기로 하며, 아직까지 학계의 연구로도 미진한 점 역시 불소하기 앞으로의 좋은 결과를 기다린다.

- 충북대학 논문집 4, 1970. 12.

현대국어의 객체존대 문제

1

국어 대우법 문제에 관한 논의는 어떻게 보면 이제 설진되었고 동시에 진부한 느낌마저 없지 않은데도 여전히 논의와 논쟁이 그치지 않는 데는 그대로 그럴 만한 몇 가지 이유가 있는 듯하다.

첫째는 국어 대우법의 체계가 획일적으로 명료하게만 실현되고 있지 않다는 점이며, 둘째는 역사적으로 대우법의 체계도 꽤 변형되어 왔고 또 현재도 그런 과정을 밟고 있다는 점이며, 또 다른 하나는 국어에서 대우법이 차지하는 비중이 매우 크다는 점 등을 들 수 있겠다.

조선대(朝鮮代)의 대우법, 그 중에서도 특히 소위 객체존대 문제는 꽤 오랫동안 격렬한 논란이 거듭되어 온 바 얼마간 접근을 보게 된 점도 있으나, 아직도 현격한 이견들을 보이고 있음도 학계의 엄연한 현실이다.

과거의 관심이 주로 선대 특히 조선 전기에 집중되다시피 했었으나, 이제 점차 현대에로 확대되고 있는 듯하다. 현대가 과거의 역사적 산물이라는 측면에서도 당연하고 바람직한 현상이라 하겠다. 그러나 현대어에 관한 한 소위 객체존대 문제는 지극히 단편적일 뿐 이를 본격적으로 논의한 것을 찾아보기 힘들다. 거개가 조선대의 소위 객체존대 또는 겸양으로 불리는 '-습-' 문제의 논의에서 때때로 현대 국어의 이 문제가 단편적으로 취급된 것이 고작이 아닌가 한다.

필자는 몇 해 전 국어 대우법을 논의하면서 객체존대 문제를 잠시 언급한 바 있었다(성기철, 1970). 그러나 그것 역시 단편적이고 소략했던 것인 외에 다시 생각해야 할 바도 있었고 하여 이 문제를 따로 거론 정리해 보고자 하는 바이다. 아울러 본고의 범위도 현대어의 공시적 기술에 국한하고 있으며, 여기 결론이 그대로 선대로 소급된다는 등의 성급한 주장이 아님을 말해 둔다. 다만 현대어의 대우법 규명이 과거의 대우법 규명에 하나의 큰 디딤돌이 될 수도 있으리라는 지극히 상식적인 가설을 배제하고 싶지 않을 뿐이다.

국어 대우법은 화자, 청자, 주체, 객체 등의 잡다한 관계 아래서 규정되는 바, 표면구조상에 나타나는 것은 주체와 객체일 뿐 화자, 청자는 흔히 생략되어 나타난다. 그러나 이 양자에 대한 이해는 대우법 이해에서 어느 것보다도 필수불가결의 요소임은 말할 나위도 없다.

이미 앞에서 지적했듯 대우법의 체계가 획일적인 모습을 보여 주지 않는 점은 결국 획일적인 기술을 어렵게 하는 요인이 되는바, 대우 표현에 참여하는 여러 사람들의 상호 관계에서 야기되는 복잡한 요인이 동시적으로 작용하고 있는 사실을 간과할 수 없다. 따라서 이에 대한 우리의 결론이란 것도 경우에 따라선 꽤 융통성이 있는 것이 될 수밖에 없다. 다만 우리는 복잡함 속에서도 주류를 이루는 원칙을 밝히고 이에 병행하는 부수적인 문제들은 따로 고려해 넣어야 할 것이다.

2

객체존대 문제는 다음과 같은 예에서 제기된다.

(1) 나는 그것을 아버지께 드렸다.

(2) 철수가 선생님을 <u>모시고</u> 간다.

(3) 너는 그 일을 아저씨께 <u>여쭈어라.</u>

(4) 누나도 그분을 <u>뵈었어요.</u>

위에서 ~~~~하선으로 표시된 일련의 성분들(대격이나 여격으로 쓰인 성분들)을 객체, ＿＿하선으로 표시된 일련의 동사들을 흔히 객체존대어라 불러 왔다. 그것은 이들 동사들이 그 객체에 대한 존대를 표현한다고 본 것 때문이다. 이것들과 같은 부류의 동사들로서 이 밖에도 '아뢰다, 사뢰다, 우러르다, 올리다, 미치다, 진상하다, 받들다 등'이 지적되고 있다(서정수, 1974).

우선, 예의 '드리다, 모시다, 여쭈다, 뵈다 등'은 예사말 '주다, 데리다, 말하다, 보다 등'과 대우상 대비가 되는데, 전자가 후자의 존대어나 겸양어냐 하는 것을 분명히 해 둘 필요성이 있다. 즉 예문에서 이들 동사가 객체에 대한 존대어냐 아니면 겸양어냐 하는 문제가 된다. 이것이 대우법 문제에서 중대한 비중을 가지는 것은 아니라고 하더라도 혼동을 해서는 안 될 것이다. 존대와 겸양이란 것이, 대우법의 본질에 그런 일면이 있듯이, 시소와 같아서 한 쪽이 존대되면 한 쪽은 흔히 겸양이 되는 성격이 있었다. 이 양자는 결국 이질적이라기보다는 오히려 동질적인 면이 있으나, 양자는 일단 엄연히 구별을 해 두어야 할 것이다. '저'가 '나'에 대한 존대어가 아니라 겸양어이며 존대 형태 '－시－'가 역시 존대형이지 겸양형은 아닌 것과 마찬가지겠다. 예의 동사들도 존대어가 아니라 겸양어로 이해되어야 할 것이다.

다만 겸양이란 것도 어떤 대상에 대한 존대를 위한 간접적인 방법이라고 할 수도 있고 보면 궁극적인 목표는 겸양이나 존대나 동일하다 할 수 있다. 대우법 기술의 어떤 편의를 위한 방편으로 '겸양'이란 말 대신에 '존대'란 말을 써야 할 필요성이 있는 경우엔 그래도 무방하리라고 보나 양자가 본래 엄연히 구별되는 것이라는 점은 전제가 되어야 옳겠다. 필자도 결론을 내리기 전까지 일단 겸양에 대해 때로 존대란 말을 병용하기도 하고 소위 객체존대란 술어도 잠정적으로 써나가기로 한다.

다시 예문으로 돌아가 볼 때 국어 문법에 별이해가 없는 사람이 문면에 나타난 것만 보면 쉽사리 수긍이 갈지도 모르나 국어 대우법이란 것이 그렇게 소박하게 표현되고 이해되는 것은 아니다. 이를 예문에 조금만 기울이면 당장에 다음과 같은 문제점들을 발견하게 될 것이다.

첫째, 예에서 결과적으로는 누군가가 겸양을 표시하고 있는 것이 분명한 사실인데 그렇다면 그 겸양을 표시하고 있는 겸양의 주체는 누구인가? '드렸다, 모시고, 여쭈어라 등' 동사의 주어가 되고 있는 행위 주체-이하 주체라 함-'나는, 철수가, 너는 등'인가, 아니면 문면에 드러나 있지 않은 화자 자신인가? 또는 주체와 화자 둘 다는 될 수 없는가?

둘째, 역시 문면에 드러나 있지 않은 청자는 이러한 유형의 대우 관계 표현에 작용을 하는가 않는가? 작용한다면 그것은 어떤 내용의 것인가?

셋째, 화자, 청자, 주체, 객체들 간의 상호 관계는 전체로 어떻게, 어떤 범위 내에서 유기적으로 작용하는가?

이상의 문제들은 얼핏 간단한 문제들인 것 같으면서도 간단하지 않으며, 바로 이들 문제가 객체존대 문제의 중심 문제이면서 또 전부라 해도 과언이 아닐 것이다. 따라서 이들에 대한 예의 검토가 되어야 할 것이다. 필자는 이 중에서도 첫째 문제에 주안점을 두겠는데, 그것은 이것이 객체존대 문제의 핵심적인 과제가 되기 때문이다.

대우 관계의 표현이나 그 파악에 있어 항상 화자가 중심이 되고 있음을 가볍게 보아 넘겨서는 안 되겠다. 주체 존대든 청자 존대든, 또는 여기 말하려는 겸양-소위 객체 존대-이든 대우 관계에 참여하고 있는 인물간의 대우 관계를 규정하거나 또는 객체적으로 파악표현하는 사람은 화자인 것이다. 청자 또한 대우관계의 표현에 미치는 영향력이 매우 크다. 그러나 청자는 화자의 대우 관계 표현에 매우 큰 제한의 힘을 가졌을 뿐 청자 자체가 문(文)의 대우 관계 규정에 능동적인 역할을 하는 것은 아니다.

여기 잠시 객체 존대문이란 것이 어떻게 구성되는가를 일별하기로 한다.

지극히 상식적인 말이겠으나 말은 말하는 사람, 듣는 사람, 그리고 말하는 내용이 있게 마련이다. 그런데 화자와 청자는 보통 표면구조상에 나타나지 않고 전달되는 내용만이 드러나는 것이 일반적이다. 표면구조상에 잘 나타나지도 않으면서 특히 대우법 이해에서 절대적인 화자, 청자의 바른 이해를 위해서는, 모든 비이행문도 그 내면구조에서는 이행문인 것으로 파악하는 John Robert Ross(1968)의 이론이 한 도움이 된다. 이미 이홍배(1970)는 이러한 이론을 국어에 도입해서 대우법 기술에 적용한 바 있으며, 서정수(1972)도 그러한 이론적 배경에서 국어 대우법을 논의한 바 있다.

Ross의 이론에 의거해서 이 글의 전개에 필요한 범위 내에서 객체존대문의 구조를 간단히 살펴보겠다.

(5) 철수가 책을 아버지께 드린다.

이 문은 물론 이행문(Performative sentence)이 아니다. 이 문의 내면구조는 다음 도표와 같은 이행문인데(불필요한 부분은 정밀을 기하지 않음) 이것이 변형과정을 거쳐서 표면구조 (5)로 나타나게 된다고 보는 것이다.

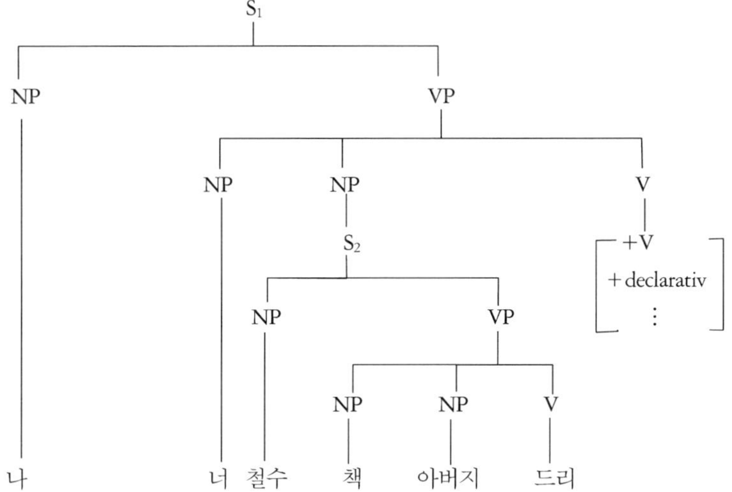

이러한 구조에서 비로소 우리는 화자, 청자, 주체, 객체, 겸양동사 등 객체존대 관계에 필요한 제 성분과 그 문법적 구조 관계를 일목요연하게 알아 볼 수 있게 된다.

우선 눈에 띄는 것은 예문 (5)가 두 개의 S를 가지고 있다는 점이다. 그리고 객체라는 것은 S_1의 성분이 아니라 S_1에 내포된 S_2의 성분이다. 따라서 객체는 내포문 S_2에 있어서의 객체지 S_1에 있어서의 객체는 아니다. 그러므로 객체존대란 술어는 내포문의 주체가 그 객체에 대한 존대라는 내용일 때 가장 적합한 것이 되며, 만약 화자가 객체에 대한 존대를 표현하는 것이라고 볼 때는 '모문(matrix sentence)의 화자가 내포문의 객체에 대한 존대를 하는 것'이라고 해야 정확할 것이다. 겸양이란 말도 주체의 객체에 대한 겸양일 때 주체 겸양이란 술어가 정확한 것이 될 것이며, 화자 겸양이라 할 경우는 '내포문의 객체에 대한 모문의 화자의 겸양'이라고 규정해야 옳은 것이 될 것이다. 이러한 구조의 이해는 비단 객체 존대에만 한한 것이 아니고 주체 존대나 청자 존대의 경우도 마찬가지다.

예시한 (1)~(5)의 문례들의 객체를 중심으로 한 대우 관계의 이해는 매우 구구하다. 논의의 핵심은 겸양이냐 존대냐 하는 문제와, 겸양이든 존대든 그 겸양이나 존대의 주체는 누구인가 하는 문제로 집약되는데 이 중에서도 특히 후자가 중심이 된다. 지금까지의 단편적인 논의들을 수습해서 이 문제에 대한 몇 가지 견해 및 고려 가능한 견해를 정리해 보면 대략 다음과 같을 것이다.

첫째, 화자의 객체에 대한 존대 – 객체존대(1)
둘째, 주체의 객체에 대한 존대 – 객체존대(2)
셋째, 화자, 주체의 객체에 대한 존대 – 객체존대(3)
넷째, 화자의 객체에 대한 겸양 – 화자겸양
다섯째, 주체의 객체에 대한 겸양 – 주체겸양
여섯째, 화자, 주체의 객체에 대한 겸양 – 화자·주체겸양

더 생각해 볼 수도 있겠으나 우선 이렇게 정리해 보면 객체 존대란 것도 세 가지가 일단 고려의 대상이 될 수 있으며 겸양이란 것도 세 가지가 고려됨직하다. 결과상으로 보아 겸양과 존대가 전혀 상반되는 것이 아니요, 내용상 상호 근접해 있는 것으로 생각한다면 결국은 세 가지가 두드러진 차이를 가진 것이라고 할 수 있다. 이 중에서 특히 객체 존대 (1)을 대표하는 분이 허웅 씨이겠으며 객체 존대 (2)를 대표하는 분은 이익섭 씨라 하겠다. 필자는 '화자 겸양'이란 견해의 입장에서 이하 이를 밝혀 나가고자 한다(이하 객체 존대란 말은 모두 화자 겸양으로 지칭되겠음).

대우법은 그것이 존대든 겸양이든 어느 경우에나 그 대상이 있게 마련이어서 누가 누구에 대한 존대 또는 겸양이냐가 관심사가 되는데, 화자 겸양문의 경우 그 대상은 객체라는 데 별 이의가 없겠으나 겸양의 주체가 누구냐에 따라 견해가 달라지므로 이하 이에 대해 철저히 규명해 보고자 한다.

3

그러면 위에서 제기된 여러 가지 문제들을 염두에 두면서 관련된 사례들을 중심으로 고찰해 보되 우선 객체에 대한 겸양이 누구와의 관계에서 규정되는가를 중점적으로 밝혀보겠다. 청자가 대우 관계 표현에 직접적인 영향을 미치고 있으므로 편의상 청자를 중심으로 몇 가지 사례로 나누어 검토해 보겠다.

3.1. 청자가 최상위자(최존대 대상)가 아닌 경우

1. 객체가 최상위자로서 화자, 청자의 존대 대상이며 화자가 주체인 경우

(6) 아버지, 제가 돈 할아버지께 드렸어요.
(7) 아저씨, 내가 가서 선생님 모셔 왔어요.

'할아버지', '선생님'에 대해 겸양을 표현하고 있는데 그 겸양의 주체가 행위의 주체인 '저', '나'인지, 또는 결과적으로는 동일인이지만 화자인지 또는 화자로서의 '저', '나'와 주체로서의 '저', '나' 전부인지 구별이 어렵다. 이 예문만으로 보아서는 청자의 객체에 대한 겸양인지도 모를 일이다. 결국 이런 예로서는 우리가 알고자 하는 대우의 정례(正例)를 파악할 수 없다.

그런데 여기서 화자로서의 '저', '나'와 주체로서의 '저', '나'가 결과적으로는 같은 인물이지만 양자는 엄격히 구별되어야 함을 잊어서는 안 된다. 때로는 양자의 문법상 지배 관계가 엄연히 다르게 나타난다. 다음 예를 보자.

(8) 그만 하셔(<하시어).

이 문에서는 청자와 주체가 동일인이지만 양자를 구별하지 않고는 그 문법 구조를 설명할 수 없다. '-시-'는 행위의 주체를 존대하기 위한 형태로서 청자와는 전혀 무관하다. 그런 반면 '-어-'는 청자에 대한 반말 형태로서 주체와는 아무런 관계가 없다. 결국 예문은 주체는 존대되고 있지만 청자는 존대되고 있지 않다(비록 같은 사람이지만). 이것은 다음 예에서 더욱 분명히 확인될 것이다.

(9) 아버지가 하셔. (청자는 동생)

'-시-'는 주체인 자기 아버지를 존대하는 형태이며 '-어-'는 아버지가 아닌 청자 동생에 대한 대우 관계-두루낮춤-를 표시하고 있어서 주체와는 아무 관계가 없다. 이것이 존대의 형태 '-시-'와 하대의 형태 '-어-'가 배합될 수 있는 근거가 되는 것이다.

2. 객체는 화자, 주체, 청자의 존대 대상이며, 주체가 청자인 경우

   (10) 철수야, 그 책 아버지께 드려라.
   (11) 박 선생, 그 문제는 김 선생님께 여쭤 보지.

예 (6), (7)과 똑같다. 객체에 대해 겸양의 의사를 가진 것이 누구인지 분명히 이해되지 않는다. 화자, 청자, 주체 중 누구일까?

3. 객체는 주체, 청자, 화자의 존대 대상이며 주체는 화자와 청자 공동인 경우

   (12) 영수야, 우리 그거 할아버지께 드리자.
   (13) 김 선생, 우리 이 선생님이나 모시고 나갑시다.

(6), (7), (10), (11)과 마찬가지로 역시 누구의 겸양 의사가 표시된 것인지 속단하기 어렵다.

4. 객체는 주체의 존대 대상이며, 화자는 주체, 객체의 존대 대상이고 주체가 청자인 경우

   (14) a. 영철아, 그 책 애비 갖다 줬니?
       b. 영철아, 그 책 아버지 갖다 줬니?
       c. 영철아, 그 책 아버지께 갖다 드렸니? (화자는 영철이의 祖)
   (15) a. 애, 네가 가서 애비 데려 왔니?
       b. 애, 네가 가서 아버지 데려 왔니?
       c. 애, 네가 가서 아버지 모셔 왔니? (화자는 청자의 祖)
   (16) a. 이 계장, 그 서류 김 과장 줬나?
       b. 이 계장, 그 서류 김 과장님께 드렸나? (화자는 동일 회사 사장)

이들 문례에 이르게 되면 화자 겸양의 문제는 그 핵심적인 논의가 가능해진다. (14)를 보면 한 집안의 3대에 걸친 사람들 간의 대화다. (14)a는 주

체, 객체 간의 관계가 부자 관계다. 그런데도 '줬니' 등으로 실현되어 전혀 존대되지 않았다. 그것은 일단 주체와 객체 간의 관계보다는 화자와 객체 간의 관계가 우선되었기 때문이라고 볼 수 있다. 결국 객체에 대한 대우 관계는 내포문 내의 주체 객체의 관계에 의해서 규정되는 것이 아니고 상위문의 요소인 화자와 그 내포문의 객체와의 관련에서 규정되고 있다고 볼 수 있다. 그런데 여기서 (14)a와 같은 문이 받아들여질 수 있는 문이냐 가 문제될는지도 모른다. 그러나 나는 이것이 많은 사람들에 의해 받아들 여지고 있는 전형적인 문이란 데에 조금도 주저가 없다.

예문에서 우리는 '애비'라는 말에 잠시 주목할 필요가 있다. 이것도 표면의 문면만 보아서는 '아버지'가 '애비'로 나타난 또는 그렇게 실현되어 야 할 아무런 근거도 없다. 이것이 결국 문면 밖의 화자와의 관계 고려에 서 결정되고 있음을 말해 주는 것으로서 이것은 동사 겸양어의 문법적 성 격을 밝히는 데에 얼마간의 시사를 주는 바 있다.

(14)c는 어떤가? 이것도 우리가 배제할 수는 없는 문이다. 더러 사용되고 있음을 볼 수 있기 때문이다. 여기서는 (14)a와는 달리 주체와 객체와의 관 계만 고려되어 명실공히 소위 객체 존대로 실현되었기 때문이다. 여기서 화자는 전혀 고려되지 않았다. 그런데 (14)c와 같은 표현이 (14)a에 우선하 는 보다 원칙적이고 보편적인 것이냐 하는 데 문제점이 있다. 필자는 여기 에 매우 부정적인 견해다. 이런 표현은 장면의 심한 제약을 받고 있음을 간과해서는 안 된다.

우선 첫째 조건은 주체가 성인이 아닌 경우라는 것이다. 주체의 연령이 어릴수록 이런 표현은 자연스러워진다. 여기엔 다분히 교육적인 의미도 내 재된다. 둘째로 화자가 할아버지 – 남자 – 쪽인 경우보다도 할머니 – 여자 – 쪽인 경우에 더 많이 쓰이는데 이것은 남자쪽이 여자쪽보다 그 위계 관계 가 더 엄격하기 때문이다. 여기엔 또 가부장적인 사회적 역사적 전통이 한 배경이 되고 있다고 본다. 셋째로 성년층 이상의 계층보다는 그 이하로 내 려올수록 더 많이 허용되는 추세인데, 현재로서는 기성층의 언어에 더 큰 비중을 두지 않을 수 없다. 이상과 같은 여러 제약 아래서 사용되는 대우 표현을 일률적으로 도외시해서 배제할 것은 아니지만 그렇다고 이것을 표준으로 잡을 수는 없을 것이다. 그런데 (14)c에서 주체와 객체와의 대우 관계가 고려되었다고 했는데, 그것이 과연 옳은지도 일단 의문을 가져볼 만하다. 왜냐하면 결과적으로는 동일 인물이라고 하더라도 주체와 객체 간의 관계가 아니라 청자-영철-와 객체 간의 관계가 고려된 것인지도 모르기 때문이다. 즉 객체에 대한 청자의 겸양인지도 모르기 때문이다. 그러나 이것은 다음 예로 보아 주체와의 관계가 고려된 것으로 보인다.

> (17) a. 대현아, 이거 둘째삼촌 갖다 드리고 온.
>   b. 대현아, 그거 셋째삼촌이 둘째삼촌 갖다 드렸지?

화자는 청자의 부며 청자는 어린 아이고 삼촌들은 장성한 사람들이라고 생각하면 (17)b는 곤란하다. 청자가 아무리 어리다고 해도 주체와 객체가 성인일 때에는 겸양의 형태는 잘 쓰이지 않는다. 만약 (17)b에서도 청자와 객체와의 관계만이 고려된다면 이 문은 허용되어야 할텐데, 이것이 허용되지 않는 것으로 보아 (17)a도 청자가 아닌 주체로서의 '대현이'와 객체가 고려되어 겸양 형태가 사용되었다고 보는 것이 옳을 것 같다. (17)로 미루어 보아 (14)c에서도 주체가 고려된 것으로 보인다.

(14)b는 어떤 면에서 (14)a와 (14)c의 중간적인 것이라고 하겠는데 이것이야말로 오히려 더 기피되는 듯하다.

(15)도 근본적으로 (14)와 다를 것이 조금도 없다. 주체가 이미 자녀라도 가진 장년일 경우에는 (15)a로 실현될 뿐 (15)c로 사용되는 예를 경험한 적이 거의 없다.

(16)도 동궤의 것으로서 모두 동일 회사의 직원들이고 보면 반드시 (16)a로 쓰일 것이며 (16)b로는 결코 나타나지 않을 것이다.

5. 4의 경우와 같되 주체와 청자만 다른 경우

    (18) a. 영철아, 형이 그 책 애비 갖다 주더라.
        b. 영철아, 형이 그 책 아버지 갖다 주더라.
        c. 영철아, 형이 그 책 아버지 갖다 드리더라.

청자와 주체가 같으나 다르나 마찬가지 현상으로 설명됨을 볼 수 있다. (14)~(18)로 미루어 보아서는 객체에 대한 존대는 주체와의 관계에서 결정되는 것이 아니고 화자와의 관계가 고려되어 결정되는 것으로 보인다. 그러나 이들 예만으로 그렇게 속단할 단계는 아니다.

6. 객체는 청자의 존대 대상이며 화자는 객체의 존대 대상이고 주체가
   화자, 청자 공동인 경우

    (19) a. 애, 병길아, 우리 이 책 너의 작은애비한테 주자.
        b. 애, 병길아, 우리 이 책 너의 작은아버지께 드리자. (화자는 청자의 父)

(19)b가 혹 사용되는 사례가 있다면 그것은 (14)c, (15)c보다도 더욱 제한된 상황에서만 가능할 것이며, (19)a가 절대적일 것이다. 이들에 의해서도 앞에서 얻은 잠정적인 결과가 그대로 확인된다.

7. 객체와 화자가 대등한 관계로 주체의 존대 대상이고, 주체가 청자인
   경우

    (20) a. 이 계장, 그 청구서 박 과장 갖다 줬지?
        b. 이 계장, 그 청구서 박 과장님 갖다 드렸지? (화자와 객체는 친구)

(20)a가 일반적일 것이며 (20)b는, (14)c, (15)c와는 달리 어떤 장면에 별로 구애받음이 없이 잘 허용되지 않는다.

다음 예들은 근본적으로 위와 동류인데 조금 사정이 달라진다.

    (21) a. 철수야, 우리 김 선생도 데리고 나가자.
         b. 철수야, 우리 김 선생도 모시고 나가자.

여기선 (20)과는 달리 (21)b가 우세할 것 같이 생각된다. 즉 주체와 객체와의 관계가 고려된 것 같다. 그런데, 그것은 선입견에 주체인 철수가 어린 아이로 화자와 객체의 제자같이 생각되기 때문이다. 이런 조건이라면 이것은 이미 설명된 (14)c로서 해명이 될 것이다. 뿐만 아니라 (21)b의 허용이 반드시 (21)a를 부정하는 것도 결코 아니다. 이 예문을 조금만 바꾸어도 사정은 사뭇 달라진다.

    (22) a. 철수, 우리 김 선생도 데리고 나가지.
         b. 철수, 우리 김 선생도 모시고 나가지.

(21)과 비교할 때 호격조사 하나의 유무와 종결어미 하나의 차이밖에 없다. 그런데도 (21)과는 달리 (22)a가 절대 우세해진다. 그것은 이 예문에서는 철수가 이미 아이가 아니요 장성한 제자 또는 제삼자 같이 이해되기 때문인 것이다.

8. 7에서 주체와 청자가 동일인이 아닌 경우

    (23) a. 이 계장, 김 계장이 청구서 박 과장한테 갖다 줬지?
         b. 이 계장, 김 계장이 청구서 박 과장님 갖다 드렸지?

(20)과 완전히 일치되는 설명이 가능하다. (23)b로는 거의 쓰이지 않겠다.

9. 주체는 객체의 존대 대상이고 객체는 화자의 존대 대상이며 화자는 청자인 주체의 존대 대상인 경우

> (24) a. 김씨, 그 편지 김 선생한테 갖다 줬어요?
>   b. 김씨, 그 편지 김 선생님께 갖다드렸어요?

구체적으로 객체 김 선생은 화자의 상사 또는 은사이며 김씨는 객체 김 선생의 족숙인 동시에 화자의 부하 직원이라고 가정해 보자. 이제까지 보아 온 바로는 (24)b로 실현되는 것이 더 온당할 것 같으나, 다음 장에서 논의하겠지만 객체에 대한 화자의 겸양 의도만으로 화자겸양의 표현이 가능한 것이 아니라, 청자의 위치라든지, 주체 객체 간의 관계라든지 등등에 따라서 상당한 제약을 받게 된다. (24)에서도 두 김씨 사이, 사제 간, 화자와 주체 간 등의 연령 차, 친소, 문화, 사회적 지위 등등 여러 가지 상황에 따라 (24)a, (24)b 어느 것도 실현 가능성이 있게 된다. 한 예로 주체 김씨가 객체 김씨보다 나이도 별로 많지 않고 사회적 지위도 매우 낮고 촌수도 먼 관계라면 응당 화자 객체 간의 관계로서 대우가 규정되어 (24)b로 실현되겠지만, 두 사람이 가까운 촌수로서 김씨가 객체보다 나이도 훨씬 많은 노인이고 객체의 주체에 대한 존대가 상당한 정도라면 (24)a도 사용될 가능성이 짙은 것이다.

10. 객체는 주체의 존대 대상이나 화자의 하대 대상이며 주체는 화자의 존대 대상인 경우

> (25) a. 과장님이 그거 김 선생한테 줬어요.
>   b. 과장님이 그거 김 선생께 드렸어요.

김 선생은 과장의 스승이고 동시에 화자의 조카이며, 화자는 과장 밑의 계장쯤이라고 가정해 보자. 주체는 이 경우 별로 고려의 대상이 안 되며 오직 화자, 객체 관계만 고려되어 (25)a로 실현될 확률이 훨씬 높을 것 같다. '객체존대법은 객체가 주체보다 상위의 인물이기만 하면 비록 그 객체가 화자보다는 하위의 인물이더라도 성립될 수 있다는 것이다'(이익섭 1974 : 47)라는 객체존대설(2의 객체존대(2)설 : 필자 주)에 따르면 (25)b가 옳은 것이

되어야겠는데, 여기엔 아무래도 더 많은 무리가 따르지 않을까 생각된다.

이하 3.1에서 검증해 본 바로는 소위 객체 존대문의 대우 관계는 주체와 객체간의 대우 관계에서 결정되는 것이 아니고 화자와 객체 간의 대우 관계에서 결정된다는 것을 알 수 있다. 이렇게 보면 맨 앞에서 보류되었던 예 (6), (7), (10), (11), (12), (13) 등에 대한 해답도 자명해질 것이다. 여기서도 객체에 대한 대우 관계는 화자와의 관계에서 규정된다 하겠다. 이러고 보면 겸양을 하는 주체가 화자와 주체, 또는 화자와 청자 두 사람 모두일지도 모른다고 했던 앞의 회의도 자연 사라지게 된다.

3.2. 청자가 객체와 대등한 경우

1. 객체와 청자가 화자의 존대 대상이며 화자가 주체인 경우

> (26) a. 이 선생님, 제가 그거 김 선생한테 줬어요.
>   b. 이 선생님, 제가 그거 김 선생님께 드렸어요.
>   (두 선생은 친구 간, 화자는 두 선생의 제자)

(26)b로 실현될 것이며 (26)a로 실현될 가능성은 희박하다. 결국 청자와 객체가 대등한 때에도 3.1에서와 마찬가지로 객체에 대한 화자의 겸양 의사가 표현되고 있으며 청자는 이 대우 관계에 별 영향력을 가지지 못함을 알 수 있다. 뒤에 가서 설명되겠지만, 이것은 청자가 최상위자일 때 화자와 객체 간의 대우 관계 표현에 상당한 제한을 주고 있는 점과 대조적이다.

2. 청자, 객체는 화자의 존대 대상이며 화자와 주체가 다른 경우

> (27) a. 박 선생님, 철호가 그 책 송 선생한테 줬어요.
>   b. 박 선생님, 철호가 그 책 송 선생님께 드렸어요. (상호 관계는 (26)과 동)

(26)과 동일한 설명이 되겠는데, 이것은 다음과 같은 예에서도 확인된다.

3. 객체, 청자가 화자의 존대 대상이며 주체가 청자인 경우

(28) a. 이 선생님, 이 선생님께서 그 책 안 선생한테 주셨어요.
　　 b. 이 선생님, 이 선생님께서 그 책 안 선생님께 드리셨어요. (상호 관계
　　　 는 앞과 동, 청자=주체)

다소 화자가 부담감을 느끼게 될는지는 모르나 (28)b로 표현된다. 전체적으로 청자와 객체가 대등할 때 청자는 화자겸양 표현에 제약을 별로 주지 않는데, 그것은 객체에 대한 화자의 겸양 의도 때문에 주체 객체 간의 대우 관계 표현에 다소간의 무리를 범하는 셈이 된다.

그러면 화자와 객체 간의 대우 관계에서 겸양이 결정되는 것이라면 이것은 무엇을 의미하는 것인가? 화자가 객체를 자기의 존대 또는 겸양의 대상이라고 판단해서 겸양의 형태를 사용했다면 이것은 당연히 화자의 겸양이라고 해야 옳을 것이다. 그러나 겸양 동사의 행위 주체는 화자가 아니라 우리가 사용해 온 용어로 '주체'다. 그러므로 화자 겸양문에서 객체에 대해 실질적으로 겸양을 표시하고 있는 것은 화자지만, 형식상(또는 외면상) 겸양어를 쓰고 있는 것은 주체다. 주체는 또 객체에 대해서 겸양어를 대동하고는 있지만 주체 자신의 겸양의 표시는 아니며 다만 화자에 의해서 수동적으로 겸양되었을 뿐이다. 이렇게 주체 자신의 능동적인 겸양 의도 표시가 아닌 한 이것을 주체의 겸양 표시로는 보기 곤란하다. 결국 화자 겸양이란 화자가 객체에 대하여 주체를 겸양시킴으로써 객체에 대한 화자의 겸양을 표현하는 대우법이라 할 수 있다. 그러므로 화자 겸양은 객체에 대한 화자와 주체의 겸양이란 말과는 전혀 내용을 달리하며, 이것은 자연 '화자 주체의 겸양'과 결과적으로 유사한 2의 객체존대 (3)설과도 전혀 내용이 다르다.

화자 겸양은 그런 까닭에 필연적으로 객체에 대한 주체의 겸양이 실제

로 작용하든가 또는 가능하든가, 아니면 화자에 의해 가능한 것으로 판단
되어야 하며, 명령문과 같은 의도문에서는 주체의 의도에 관계없이 화자가
일방적으로 주체를 겸양시킬 수도 있다. 앞에서 지금까지 예시해 온 어떤
문례에서도 그것이 정상적인 표현인 한 이러한 결론이 합리화된다.

여기서 하나 부언해 두고 싶은 것은 용어의 문제다. 여기 화자 겸양이란
것은 엄격히 말해 '객체에 대한 화자 겸양'인데 이것을 줄여 간단히 '화자
겸양'이라고 하면, '-읍-'도 역시 화자 겸양의 형태여서 혼란이 따르기
쉽다. 원래 겸양이란 것이 존대와는 동일 현상에 대한 표현 관계와 같아서
궁극적 목표는 같은 것인데다가 용어상의 혼란 가능성도 있어서 필요하다
면 '객체 존대'라는 용어와 병용하거나 그것으로 대(代)해도 무방은 하리라
생각한다. 이렇게 된다면 객체 존대라고 하는 술어의 개념은 또 하나가 더
늘어나는 결과가 될 것이다.

3.2에서 보면 청자가 객체와 대등한 경우에도 청자는 화자 겸양 표현에
별 제약을 주지 않음을 보았다. 아울러서 이들 예의 경우, 비록 주체가 객
체에 대하여 존대 의도가 거의 없는 경우라도 화자는 주체를 겸양시켜서
화자 겸양을 표현하는 것으로 보아, 비의도문에서 화자가 객체에 대해 겸
양시킬 수 있는 주체의 한계도 알아 볼 수 있게 됐다.

이와 반대로 화자가 객체에 대해 겸양의 의사가 없을 때는 아무리 객체
가 주체의 존대 대상이더라도 겸양의 형태는 잘 사용되지 않는다.

(29) 순이가 저의 아버지를 데리고 왔어. (화자는 순이의 담임 선생)

보다시피 화자가 객체에 대해 겸양의 뜻이 없기 때문에 주체의 객체에
대한 엄연한 존대 의도가 실현되지 못한다. 이런 까닭에 우리는 다음과 같
은 데서 매우 흥미있는 사실을 발견하게 된다.

(30) 김 선생이 노인을 데리고 왔어.

　여기서 두 가지 내용을 생각할 수 있다. 화자는 객체에 대해 겸양을 하지 않고 있어 결국 객체를 존대하지 않은 결과가 됐는데, 객체에 대한 주체의 실제적 대우 의도는 두 가지가 가능하다. 즉, 주체가 객체에 대해 존대나 겸양의 의도를 가졌을 경우도 있고 갖지 않았을 경우도 있다. 어느 경우든 위 예문 하나로 나타난다. 이러한 사실도 객체에 대한 주체의 의도란 것은 전혀 능동성이 없다는 것을 실증해 주는 것이다. 도시 객체에 대한 주체의 존대나 겸양의 의도 여하는 묻거나 가릴 성질의 것이 못 된다. 대우에 관한 한 주체란 것은 원칙적으로 화자의 손에 의해 조종되는 허수아비에 불과하다.

3.3. 의도문과 비의도문의 대우 표현

　화자의 겸양의사가 표현상에 나타나는 데 있어 의도문과 비의도문 사이에 차이가 있다. 의도문이란 글자 그대로 화자의 의도를 직접적으로 나타내기 때문에 제약을 받는 면에서 비의도문보다 훨씬 자유롭다. 비의도문은 이에 반해서 객관적 현실을 무시할 수 없는 경우도 있고 해서 많은 제약을 받게 된다. 의도문이란 여기서 대체로 다음과 같은 문들을 지칭한다.

　　(31) 얘, 저분 좀 모시고 가라.
　　(32) 얘, 저분 좀 모시고 가야 해.

　즉, 모든 명령문과 '～해야 한다'로 표현되는 당위문이 이에 포함된다.

　　(33) a. 철수야, 가서 아버지 모시고 와.
　　　　 b. 철수야, 가서 아버지 데리고 와.
　　　　 c. 철수야, 가서 너의 애비 데리고 와. (화자는 철수의 담임선생)

　정상적인 경우라면 물론 화자인 선생은 학부형인 객체에 대해 겸양을 표현해서 (33)a로 말할 것이다. 그러나, 어떤 연유로 해서 그 학부형에 대한 겸양의 의도가 없게 될 때는 충분히 (33)b로 말할 수 있으며, 극단적인 상황에서는 (33)c도 가능하다. 이런 의도문에서는 화자의 의도 여하에 따라 겸양을 표시할 수도 있고 하지 않을 수도 있다. 주체의 겸양 의도나 객관적 대우 관계는 전혀 반영되지 않는다. 또 학생이 아무리 밉고 고약하다 하더라도 화자가 객체에 대한 존대 의사가 있는 한엔 (33)b, (33)c로 실현되지는 않을 것이다.

> (34) a. 이 도둑놈들아, 이분 잘 모시고 가야 해.
> b. 이 도둑놈들아, 이 사람 잘 데리고 가야 해.

객체가 적군에게 강제로 잡혀 가는 경우로 가정해 보자. 적군 ― 주체 ― 이 객체에 대해 전혀 존대 또는 겸양의 의도가 없더라도 화자는 객체를 존대 대상으로 생각하는 한 (34)a로 표현할 것이다. 화자의 의도가 강력하게 작용함을 볼 수 있다.

다음에 의도문이 아닌 사례를 보자.

> (35) a. 그 도둑놈들이 우리 선생님을 데려 갔어.
> b. 그 도둑놈들이 우리 선생님을 모셔 갔어.

화자가 객체를 존대한다고 해서 반드시 (35)b가 가능한 것이 아니라 대우 관계에 따라 양자가 다 가능하다. 비록 적군이 객체를 납치해 간다 해도 그들이 객체를 존대한다거나 그를 필요로 해서 정중한 마음으로 데려 갈 수도 있다. 이럴 때는 응당 (35)b로 표현될 것이다. 반면 도둑놈들이 객체를 당장 처형이라도 하려는 의도로 잡아가는 경우라면 반드시 (35)a로 표현된다. 그러므로 (35)에서는 주체에 대한 의도 여하가 문제되고 있다. 그러니까, 이런 경우 화자의 겸양은 필연적으로 객체에 대한 주체의 존대 의도가 전제되었다고 보아야 한다. 그러나 반드시 주체가 객체를 존대해야만 화자 겸양이 가능한 것은 아니다. 비록 주체가 심적으로는 객체를 멸시

하고 있더라도 객관적으로 봐서 객체가 주체의 존대 대상이 되고, 주체의
객체에 대한 멸시의 태도가 표면화되지 않는 한 화자는 객체를 주체의 존
대 대상으로 판단하고 화자 겸양을 나타낼 수도 있다. 즉

     (36) a. 박씨가 김 선생님 모셔 왔어.
          b. 박씨가 김 선생님 데려 왔어.

와 같은 예에서 박씨가 김 선생을 존대하지 않았더라도 객관적으로 보아
김 선생이 박씨의 존대 대상이 될 만하다고 판단하면 화자는 (36)a로 말할
수도 있다.

  (35), (36)에서 볼 때 비의도문에서의 화자겸양은 첫째 화자가 객체에 대
해 겸양 의도를 가지고 있고, 둘째 객체가 주체에 대해 겸양의 대상이거나,
화자에 의해 그런 겸양의 대상으로 판단되는 경우에 한하여 실현될 수 있
음을 알겠는바, 지금까지 고찰해 온 모든 비의도문의 화자 겸양이란 것은
이러한 조건 아래서 가능하다고 결론 지을 수 있다.

  4. 앞에서는 소위 객체 존대라는 것은 객체에 대한 화자의 겸양임을 살
펴보았고, 아울러 화자의 겸양이란 것이 화자의 겸양 의도만으로 표현 가
능한 것이 아님도 알아 보았다. 때로 존대 또는 겸양의 의도는 다른 제약
에 의해서 심적 태도로 그칠 뿐, 언어 표현상엔 실현되지 않고 잠재된 상
태로 머무는 경우가 있다. 이것은 단순히 일종의 표현상의 보류일 뿐 겸양
이나 존대 의도 자체의 결여는 아니다.

  또한 존대나 겸양의 의도가 어떤 제약에 의해 표현이 불가능하거나 곤
란해질 때, 때로 그것을 기피하고 존대도 하대도 아닌 제삼의 어떤 표현에
의존하는 사례가 있다. 이것은 말하자면 존비를 중화시킨 것이라 할 만한
데 존대의 보류나 제약이 다른 일면을 가지고 있다.

  3에서는 청자가 최상위자가 아니거나 객체와 동등한 예를 보았는데 이
런 경우에는 청자가 화자, 객체 간의 대우 관계 표현에 별 영향력을 발휘

하지 못하기 때문에 화자의 객체에 대한 대우의도가 뜻한 대로 표현되지만, 청자가 최상위에 있게 될 때는 객체에 대한 화자의 대우표현은 상당한 제약을 받게 된다.

  (37) a. 할아버지, 그 편지 애비 줬어요.
       b. 할아버지, 그 편지 아버지 줬어요.
       c. 할아버지, 그 편지 아버지 드렸어요. (화자는 孫)

  객체는 화자의 아버지다. 3의 여러 문례에서 본 바로는 응당 (37)c로 쓰일 법한데 사실은 그 반대다. 아직도 좀 엄한 집안에서는 (37)a가 자연스럽게 쓰이고 있으며 (37)b는 매우 일반적이다. (37)c는 제한된 상황하에서만 허용되는 것으로서(3. 예 (14)참조) 이것을 표준으로 잡기는 곤란하다. 요즘 (37)a는 좀 지나친 표현이라고 하더라도 여하간 (37)a, (37)b에서 객체에 대한 화자의 존대 의도가 이론의 여지가 없음에도 불구하고 청자가 최상위자이기 때문에 표현은 안 되고 있으니, 이는 다만 표현이 보류된 것이라 하겠다. (37)c도 아이들이나 젊은 층에서 많이 쓰여지고 있으며 시간의 흐름에 따라 그 세가 종횡으로 확대되는 느낌이다. 이러한 경향은 특히 아이들이나 젊은 층에 있어 (37)a의 표현에 상당한 압박감을 느끼게 하고 있으며 (37)b의 표현에도 꽤 부담감을 가지게 하는바, 이러한 부담감이나 압박감은 뒤에 말하게 될 중화적 현상을 가져 오게 하는 한 요인이 된다.
  그런데 화자와 객체와의 관계가 부자 관계와 같이 그렇게 엄격하지 않을 때는 이 표현의 제약 또는 보류 현상은 확연하게 드러난다.

  (38) a. 할아버지, 그 편지 형 주었어요.
       b. 할아버지, 그 편지 형님 주었어요.
       c. 할아버지, 그 편지 형님 드렸어요. (화자는 孫)

  (37)과는 달리 (38)a로만 실현될 것이며 (38)b, (38)c는 장면에 제약 없이 사용되지 않을 것이다.

(39) a. 할아버지, 할아버지께서 그거 애비 줬어요?
     b. 할아버지, 할아버지께서 그거 아버지 줬어요?
     c. 할아버지, 할아버지께서 그거 아버지 드렸어요? (화자는 孫)

할아버지가 청자인 동시에 주체인 예다. (39)c가 혹간 아이들에게서 사용되는 예가 보이기도 하나, (39)a, (39)b가 원칙으로서 (39)b가 일반적이다. 이 경우는 (37), (38)과는 좀 사정이 다르다. (37), (38)에서는 청자가 최상위자여서 객체에 대한 화자의 겸양 표현이 제약을 받은 것이지만 (39)에서는 청자가 최상위자라는 것 외에 주체의 객체에 대한 겸양이 도저히 불가능하기 때문에 객체에 대한 화자의 겸양 표현이 제약을 받고 있는 것이다.

화자가 객체에 대해 아무리 겸양을 표시하려 해도 주체가 객체를 도저히 존대할 수 없거나 또는 전혀 존대의도를 가지지 않는 경우에는 의도문이 아닌 한 화자겸양은 실현될 수 없다. 그러므로 모든 화자겸양의 표현은 우선 객체에 대한 화자의 겸양 의도가 있고 다음으로 객체가 주체의 존대 대상이거나 또는 화자에 의해 그럴만하게 판단되든지 화자가 주체로 하여금 객체를 존대시킬 수 있는 경우–이것은 의도문에 한함–에 가능하다고 할 수 있다.

(40) a. 그 도둑놈들이 아버지한테 아무것도 주지 않았다.
     b. 그 도둑놈들이 아버지께는 아무것도 드리지 않았다.

이미 예 (35)에서 본 것과 동류의 예를 다시 보자. 아버지에 대한 아들의 겸양 표현이 보류되었다. 주체의 객체에 대한 존대 의도가 전혀 결여되었기 때문이다. 이에 반해 (40)b에서 비록 주체가 화자나 또는 화자, 객체 모두의 멸시나 경멸의 대상이라고 하더라도 주체가 객체에 대해 존경심이 있거나 존대해야 할 만한 상황이었다고 가정된다면 (40)b로 표현될 수도 있다. 물론 이때에도 화자의 겸양 의도는 전제되지 않으면 안 된다. 그러므로 이익섭(1974)에서 다소 의문의 여지를 남기고 있는 다음 예도 위의 설명으로 해명이 될 줄 안다.

(41) 왜경들은 아버님에게는 끝내 아무 것도 주지 않았읍니다.

그러나 이미 지적했듯 의도문에서는 아무리 주체의 멸시 대상이더라도 화자의 의도에 따라서는 화자겸양이 가능해진다. 대체로 비의도문은 객관적인 사실의 서술이므로 객체에 대한 주체의 의도를 전적으로 좌우할 수는 없지만, 명령문 같은 의도문에서는 주체의 의도에 관계없이 주체에 대해 화자의 의도대로 요구할 수도 있는 것이다.

위에선 청자가 최상위자로서 대우 관계 표현에 미치는 제약을 보았는데, 때로는 이와 반대로 청자가 최하위자로서 어린 아이일 때 보편적이 아닌 화자겸양도 나타난다.

(42) a. 철호야, 김 선생님은 내가 모시고 가마.
　　 b. 철호야, 김 선생(님)은 내가 데리고 가마.

청자는 객체의 제자, 객체는 주체의 제자라면 보통은 (42)b로 실현될 것이나 청자가 어린 아이일 것 같으면 혹 (42)a로도 실현되는 수가 있는데, 이런 현상은 청자가 아주 어린 데서 연유되는 것이다. (예 (14), (15) 참조)

화자의 겸양의 대상인 객체가 주체와 대등한 지위이며, 화자와 객체, 화자와 주체와의 대우 관계도 똑같은 관계일 때 화자가 객체에 대해 겸양을 표시하는 데는 심적 부담이 따르는 경우가 있음은 이미 앞서 말한 바다.

(43) a. 이 선생님, 박 선생님도 좀 모시고 나가세요.
　　 b. 이 선생님, 박 선생님도 좀 데리고 나가세요. (두 선생은 친구로 화자
　　　　의 선생)

(43)a가 일반적이겠으나, 아무리 의도문이라고 하더라도 객체에 대해 주체를 겸양시키기가 화자에겐 부담스럽게 느껴지며, 그렇다고 (43)b로 하자니 화자의 겸양의도를 표시하지 못하는 데 난점이 있다. 이럴 때 화자는 어느 쪽도 아닌 제삼의 다른 표현을 찾아 쓰기도 한다.

(43) c. 이 선생님, 박 선생님하고도 좀 같이 나가세요.

(43)c는 (43)a와 (43)b에서의 존비 의식을 완전히 불식해 버린 것으로서 존비가 중화된 현상이라 할만하다.

원래 국어에서 존비 중화의 전형적인 예는 종결어미 '음'으로 실현되는 문으로서 이것은 문어에서만 나타난다(성기철, 1973).

(44) 면접 시험은 명일 오전 9시부터 강당에서 실시함.

이것은 존대도 하대도 아닌 표현인데 이러한 중화적 현상은 국어 일반에서 흔히 볼 수 있는 바로, 화자 겸양과 관련해서도 그 일면을 엿볼 수 있다.

주체와 객체가 대등한 때보다도 대등하지 못한 경우 더 분명히 드러난다.

(45) a. 할아버지, 아버지도 데리고 가세요.
    b. 할아버지, 아버지도 모시고 가세요.
    c. 할아버지, 아버지하고도 같이 나가세요. (화자는 孫)

5. 화자 겸양에서는 대체로 주체의 객체에 대한 존대 의도가 잘 반영되지 않는 바, 오직 비의도문에서만 반영이 되는데 이것도 반드시 객체에 대한 화자의 겸양 표현을 할 경우에 한하게 된다. 즉 객체에 대한 화자의 겸양 의도가 없는 한 주체의 겸양이나 존대 의도는 무시됨이 원칙인데 때로 이 원칙에서 벗어나는 사례가 있어 이런 문제의 취급에 주의를 요한다.

(46) a. 깡패들은 꼭 저희 두목을 끌고 다닌다.
    b. 깡패들은 꼭 저희 두목을 데리고 다닌다.
    c. 깡패들은 꼭 저희 두목을 모시고 다닌다.

셋 다 허용되는 문인데 (46)c에 대해 혹 의아스러우면 다음 예를 추가해 봄으로써 그 허용이 확실해질 것이다.

(47) 깡패들은 저희 두목(놈)은 잘 모셔.

(46)c, (47)은 화자 겸양은 아닌데도 겸양어가 쓰였는데, 이것은 분명 주체겸양(객체존대(2)라 해도 마찬가지다)이랄 수밖에 없다. 그런데 이러한 예는 일상에서 전형적인 것으로는 볼 수 없다. 보통은 (46)b나 (46)a로 실현될 것인데, 화자가 객체에 대해 겸양을 표시하지 않는 한 주체의 객체에 대한 겸양이나 존대의 의도가 드러날 수 없으므로(예 (30)참조) 화자의 겸양의 대상이 못 되는 객체에 대해서 주체가 가지는 겸양의 의도를 특별히 표시하고자 해서 사용된 것이다. 그러므로 이익섭(1974)에서 '객체 존대'(객체에 대한 주체의 존대)를 성립시키는 예로 제시된 다음 예도 소위 객체 존대를 성립시킴은 의문의 여지가 없으나, 이것도 위에 말한 특별한 목적에서 사용되었을 뿐인 것으로 잡기는 곤란할 듯하다.

(48) 저것이 제 남편이 모시러 올 때만 기다리고 있답니다. (화자 :「저것」의
     어머니)

이것은 오히려 다음과 같이 말하는 것이 정상일 것이다.

(49) 저것이 제 남편이 데리러 올 때만 기다리고 있답니다.

다음과 같이 화자가 객체를 멸시는 않아도 그렇다고 존대도 않지만, 소위 객체 존대(2의 객체 존대(2))로 쓰인 것도 마찬가지인데, 역시 보편적이고 정상적인 것은 아니라고 생각한다.

(50) 저 사람들은 부모를 참 잘 모셔.

그러니까 이런 말도 일반적인 경우엔 다음과 같이 다른 방법으로 표현

됨이 보통일 것이다.

    (51) 저 사람들은 부모한테 참 잘해.

  6. 이상에서 흔히 소위 객체 존대라고 지칭되어 온 화자 겸양의 문제를 여러 사례를 중심으로 검토해 보았다. 국어 대우법의 몇 가지 종류 중에서도 특히 이 화자 겸양은 매우 복잡하고 미묘한 양상을 보이고 있어 간단하게 획일적으로 기술하는 것을 어렵게 하고 있다. 이런 현상이 곧 이 화자 겸양 문제에 대한 많은 이견과 논의의 중요한 요인이 되고 있다.

  우선 여기 대상이 되는 겸양의 동사들은 존대 형태라기보다는 겸양의 형태로 규정되는 것이 옳고, 이들에 의해서 표현되는 겸양은 주체와 객체 간의 대우관계에 의해 규정되는 것이 아니라 화자와 객체 간의 대우관계에 의해서 규정되는 것이다. 그 내용은 화자가 객체에 대한 겸양의 의도를 표현하는 것인 바, 그 표현하는 방식은 화자가 주체로 하여금 객체에 대해 겸양시킴으로써 객체에 대한 화자의 겸양을 표현하는 것이다. 그러므로 여기 화자 겸양이란 엄격히 말하면 '객체에 대한 화자 겸양'이라 해야 될 것이다.

  그런데 이 화자 겸양이 객체에 대한 화자의 겸양의 의도만으로 표현 가능한 것이 아니고 거기엔 꽤 복잡한 양상을 보여 주는 바, 이 겸양의 표현에는 여러 가지 제약이 따르고 있어 한 마디로 화자 겸양의 성립 조건을 말할 수는 없다. 제일차적인 것은 말할 것도 없이 화자가 객체에 대해 겸양의 의도가 있어야 하며, 다음으로 객체에 대해서 주체의 겸양 의도가 작용하든가 또는 주체의 겸양이 가능하든가 또는 화자가 그것을 가능한 것으로 판단하든가 할 때 화자 겸양은 가능해진다. 주체가 의중에 객체를 무시하는 경우라도 객관적으로 객체가 주체의 겸양 대상이 될 만하고, 객체에 대한 주체의 무시의 태도가 표면화하지 않는 한엔 화자의 의도에 따라 화자 겸양이 가능하기도 하다.

  그렇지만 명령과 같은 의도문에서는 주체의 의도 여하는 무시되고 대개

화자의 의도만이 강하게 작용하여, 객체를 주체가 멸시하는 경우라도 화자는 주체를 겸양시켜 표현할 수 있다.

이러한 조건으로 하여 화자가 아무리 겸양의 뜻을 가지고 있어도 비의도문의 경우 주체가 객체에 대해 겸양의 의도를 가지지 않거나 겸양을 표현할 수 없는 상황이 되면 화자 겸양은 성립되지 않는다.

청자도 화자 겸양 표현에 많은 제약을 가하여, 청자가 최상위자일 때는 화자, 주체의 객체에 대한 겸양은 실현되지 못하는 것이 원칙이다. 적어도 청자가 객체와 동위일 때에 한해서는 객체에 대한 주체의 겸양의도가 없더라도 화자 겸양은 가능해진다.

객체에 대한 화자의 겸양 의도가 전혀 없는데도 겸양어가 쓰이는 사례가 있다. 이것은 완전한 주체 겸양이요, 화자 겸양은 아니다. 주체의 객체에 대한 겸양 의도만이 표현되기 때문이다. 그러나 이러한 문은 원칙적으로 정상적인 표현으로 보기 곤란하다. 화자가 객체에 대해서 겸양의 의도를 가지지 않는 한 주체의 객체에 대한 겸양의도가 전혀 실현될 수 없기 때문에 화자가 객체에 대해 겸양을 표시하지 않는 경우 주체의 객체에 대한 겸양의도를 드러내서 표시하기 위해 때로 이러한 다소 변칙성이 있는 주체 겸양의 문이 나타나는 것으로 생각한다.

복잡한 대로 화자 겸양의 여러 문제들은 거개 살펴본 셈이나 이에 대한 미진한 것도 더러 있고 또 비판의 대상이 될 것도 있을 줄 안다. 그리고 이러한 원칙적이고 기본적인 문제가 일단 결말이 나면 이것을 기초로 해서 또 다른 측면에서의 연구가 시작되어야 할 줄 아나 본고에서는 이런 내용의 정도에서 우선 멈추고 나머지 작업은 뒤로 미뤄 보기로 한다.

참고 문헌

김정규(1962), 「경양사 문제의 재론」, 『한글』 129, 한글학회.

김정규(1975), 「국어 경어법 연구 동양학」, 제5집.

서정수(1972), 「현대국어의 대우법 연구」, 『어학연구』 8, 2, 서울대학교 어학연구소.

서정수(1974), 「한·일 양국어 경어법 비교 연구」, 『수도여사대 논문집』 6.

성기철(1970), 「국어 대우법 연구」, 『논문』 4, 충북대학.

성기철(1973), 「(국어)형태론」, 『국어학신강』, 이을환 외, 개문사.

이익섭(1974), 「국어 경어법의 체계화 문제」, 『국어학』 2, 국어학회.

이홍배(1970), *A Study of Korean Syntax.*

허 웅(1961), 「서기 15세기의 "존대법"과 그 변천」, 『한글』 128, 한글학회.

허 웅(1963), 『중세국어연구』, 정음사.

Ross, J. R.(1968), On declarative sentence, In Jacobs and Rosenbaum (eds.), *Readings in English Transformational Grammar.*

—『어학연구』 12-1, 서울대 어학연구소, 1976. 6.

개화기 국어의 화계

1

    국어 대우법은 국어가 가지는 주요한 현상의 하나인 만큼, 이에 대한 학자들의 관심 또한 대단히 크다. 그리하여 특히 중세국어 및 현대국어의 대우법은 몇몇 이견에도 불구하고 많은 연구의 성과를 보였다. 물론 지금도 우리는 이견을 더 좁혀야 할 문제 또는 새로운 방향의 연구가 기대되는 대우법의 문제들을 적잖이 가지고 있다.

    우리는 소위 개화기 이후 지금까지의 국어를 현대 국어라 부르고 있다. 그런데 이제는 현대 국어도 거의 한 세기의 폭을 가지게 되어, 그 초기와 말기인 현재 사이에서도 국어의 변천을 적지 아니 살펴볼 수 있는 바, 대우법의 경우도 가벼이 넘길 수 없는 변천을 별게 된다. 그리고, 일세기에 걸친 현대 국어이고 보면, 설혹 그 초기와 현재 간에 별로 변화가 없다고 하더라도, 그 등질성을 막연히 내세우기에 앞서, 객관적 자료와 연구 바탕 위에서 그 등질성을 확인 정립시키는 일이 중요하다.

    국어사이의 전반적인 면에서 볼 때, 특히 개화기는 소급적인 연구의 전진 기저가 된다 할 수 있는 만큼, 이 시기에 대한 면복한 연구는 매우 값진 것이 되리라 믿는바, 대우법과 관련에서도 이 시기의 연구는 똑같이 그러한 의의를 가지게 된다.

여기 필자가 살펴보려는 것은 청자 대우 문제의 하나로, 흔히 대우의 등분이라 부르는 화계의 문제다. 필자는 과거에 화계 문제를 포함한 현대국어 대우법의 몇 가지 문제를 살펴보았었고(성기철, 1970b), 15세기 국어의 화계 문제에 대하여서도 소략한 대로 편견을 밝힌 바 있다.

이번에는 현대국어의 초기에 해당되는 개화기 대우법의 하나로 이 시기의 화계를 살펴보고자 한다. 그런데, 이 개화기라는 것이 국사학에서도 그 개념이 꼭 일치되어 쓰이는 것 같지 않으며, 1910년대까지의 시기로서, 이 시기는 19세기와 20세기의 교체기에 해당되는 바, 이 시기의 국어는 사실상 근대 국어와 현대 국어 교체기의 국어를 상당히 반영하고 있는 것으로 보아 큰 무리가 없을 것이다. 여기 인용하는 문헌 자료로는 개화기의 국어 교과서와 초기의 한두 신소설 및 일부 국어 문법서를 중심으로 하였다. 이러한 자료의 제약은 여기서 확인되는 결과나 가설 등에 대하여 앞으로 더욱 보완해야 할 필요성을 전제로 하게 된다.

2

개화기 화계의 기본 골격은 대체로 현재와 일치된다. 설명의 편의상 현재의 국어 화계의 기본 골격을 보이면 다음과 같다(성기철, 1970b).

<pre>
       ┌ 등분 ┌ 아주높임(하십시오)
  높임 ┤   └ 예사높임(하오)
       └ 등외─두루높임(해요)
       ┌ 등분 ┌ 예사낮춤(하게)
  낮춤 ┤   └ 아주낮춤(해라)
       └ 등외─두루낮춤(해)
</pre>

위와 같은 등분의 구분에 이의를 제기할 수도 있다. 그중에서도 가장 문제되는 것이 예사높임의 '하오'체와 예사낮춤의 '하게'체가 가지는 특수성

이라 하겠다. 그 특수성이란 것은 '하오'체가 높임이면서 존대 대상 누구에게나 쓸 수 없고, '하게'체도 낮춤이면서 하대 대상 누구에게나 쓸 수 없는 제약을 말한다. 이 둘은 모두 화계와 청자에 있어 제약을 받는다. 이러한 문제를 비롯한 몇 가지 문제는 이 글에서는 일단 논외로 하고, 상기 화계 체계와 관련하여 개화기 화계의 체계를 세워 보고 그와 관련된 몇 가지 문제에 주목하려 한다.

화계란 종지형에 나타나는, 화자의 청자 대우 등분으로, 이것은 주로 종지형의 어미에 의해서 표현되는데, 그밖에 일부 어미에 결합되는 존대의 조사 '요'가 화계상 주요한 몫을 담당한다. 다음에 이 두 가지를 구분해서 이 시기 화계의 양상을 살펴보기로 한다.

2.1. 어미에 의한 화계 표현

2.1.1. 아주낮춤

(1) 의 의 네가 죠션 사롬이 아니냐 (형의 눈물, p.60)
(2) 의놈 괘씸혼놈 언제쩍 군밤이냐 너 돈은 쏳이 뭇어 못 팔겟느냐 네가 이 밤을 팔아 이 놈 잘 팔아 보아라(형의 눈물, p.2)
(3) (고) 걱정 말아라 압장은 니가 설것이니 만보 너는 뒤 비나 잘 보아다고 (만) …우리들이 드러셔면 무엇이 겁눌 것이 잇단 몰이나(홍도화, p.18)

(1)은 초면의 청년이 어린 소녀에게, (2)는 상전이 하인에게, 그리고 (3)은 머슴배 동료 간에 하는 말로, 각각의 종지형은 현재의 아주낮춤에 일치된다. 이러한 화계에 대하여 초기의 국어 문법학자들은 '하대'(김희상, 1911 : 김규식, 1912), '낮음'(주시경, 1910) 등으로 명명하였다. 김규식(1912)는 아주낮춤에 해당되는 하대에 대하여 "하대는 하인이나 아동이나 가족중 재하자의게 대ᄒᆞ야 용ᄒᆞᆫ 어토를 운홈이니 「다」 「타」 「니」 「나」 「자」 등류(等

類)니라”라 규정하고 있다. 이 ‘하대’는 이처럼 재하자에게도 썼지만, 예 (3)에서 보듯 지체가 낮은 사람들 사이에서 평교간에도 쓰였다. 그러나 지체가 높거나 교양 있는 사람들 사이의 평교간에서는 현재보다 훨씬 제한되어 쓰인 것 같다. 아무튼 ‘하대’로 불린 이들 종지형은 화계상 아주낮춤에 해당된다.

2.1.2. 예사낮춤

    (4) 여보게 니가 무슨 야속호 일을 호던가 (빈상설, p.33)
    (5) 여보게 저 까마귀 소리 좀 드러보게 쪼 무슴 흉호 일이 싱기려느베 까마
        귀는 영물이라는디 무슴 일이쪼 잇슬런지 모르깃네(血의 淚, p.88)

  (4)는 남편이 부인에게 하는 말이며, (5)는 안주인이 연상의 여자 하인에게 하는 말이다. 이러한 종지형으로 표현되는 대우에 대하여 당시 문법학자들은 ‘半半待’(金熙祥, 1911), ‘差待’(金圭植, 1912) 등의 명칭을 썼는데, 김규식(1912)은 “年紀나 地位로 手下나 之次되는 자의게 대호야 용호는 語吐를 운홈이니 「호게」「데」「레」「네」「세」「게」「가」등류”라 설명을 하고 있다. 이와 같이 김규식(1912)에서 ‘호게’체를 ‘半半待’라 하여 역시 ‘하대’와 구분하고 있는 점 및 실제의 사용례 등을 근거로 종합해 볼 때, 아주낮춤과 구별되는 예사낮춤의 확인은 그리 어렵지 않다.

  이 시기의 ‘하게’체도 대체로 현재의 ‘하게’체와 일치되는 것으로 보인다. 그리하여, 하대이면서도 대체로 다음과 같은 제약을 가지는 점에서 특수성이 있다. ‘하게’체는 성년층에서 쓰이는 화계로서, 지체가 그리 낮지 않은 신분층의 상위자 화자가 가까운 사이의 수하자에게 쓰는 것이 보통이다. 이 시기에는 하대에서 반말이 지금처럼 일반화되지 못했던 만큼, 그 대신 ‘하게’체가 지금보다는 좀더 높은 빈도로 사용되었던 것으로 보인다.

2.1.3. 두루낮춤

(6) 만히 보고 알아셔 무익혼 이익기를이 아니흠이 올치(新訂尋常小學, 1996,
   卷一, 九~十)
(7) 若比於禽獸ㄴ딘 禽有鸞鳳獸有麟이라 ᄒ니 학문이 무혼 인이 엇지 鸞麟에
   비ᄒ리오 여고로 무식혼인은 비ᄒᆯ 곳이 업서(부녀독습, 1908, p.161)
(8) 불은 웨 치밀어 볼기짝에 화덕불을 노앗남(鬢上雪, p.5)
(9) 왜 어디가 편치 않은가 편치 안을것 갓흐면 증셰를 바로 말ᄒ면 어셔 지
   어 오게(鬢上雪, p.32)
(10) 에그 꿈 갓튼 소리도 ᄒ네 죽은 옥련이가 닉게 편지를 엇지 ᄒ엿(血의淚,
   p.93)

위의 예문 중에서 (6), (7)은 특정의 화자와 청자를 규정할 수 없는 교과
서글의 일부이며, (8)과 (9)는 남편이 부인에게 하는 말이요, (10)은 부인이
그 하녀에게 하는 말이다. 이상에 쓰인 종지형들은 현재의 반말에 완전히
일치되는 것들인데, 이 시기 김희상(1911)에의 해 이미 '반말'이라는 형태상
의 명칭이 쓰이고 있다. 근래까지도 학계에서 반말이라면 으레 '어(아)',
'지' 정도로밖에 이해하지 못했지만, 이미 김희상(1911)에서 '군, 구면, 걸,
ㄱ' 등의 반말의 형태로 지적되고 있는 점은 저자의 탁견으로서, 그 후인
의 불급은 참으로 아쉬운 점이라 하겠다.

반말은 위 예문들에서도 일부 확인되듯 매우 친근한 사이에서 쓰인 하
대다. 반말이 하대란 것은 사용례에서도 확인되거니와, 당시 문법학자들에
의해서, '중대', '평대', '같음' 등으로 규정된 '하오'체의 아래 등분으로 처
리한 점으로 확인된다. 김규식(1912), 주시경(1910) 등에서 다른 화계와 달리
이에 대한 언급이 없는 것은 이러한 사실을 뒷받침해 주고 있으며, 그 이
후 근래까지 이의 성격이 명확히 이해되지 못했던 것도 이를 뒷받침해 준
다 하겠다.

그러면 이러한 반말은 화계상 어떤 위치에 있던 것일까? 반말은 다음에
보듯이 흔히 다른 화계의 말과 함께 쓰임을 볼 수 있다.

(가) 반말 – '하여라'체(아주낮춤)

(11) 나갓치 천흔 년이 성명이나 잇다더냐 집신은 뉘 것을 들고 댕겨(빈상설,
     p.37)

(12) <u>의</u> 놈 바른 대로 말을 흐면 모르거니와 일호라도 긔망을 흐엿다가는 당
     쟝 죽고 남지 못흐렷다……화륜선이 찌아져 탓던 사람이 몰사힛다 하등
     에 탄 너는 무슴슈로 죽지 안엇셔(빈상설, p.132)

(나) 반말 – '하게'체(예사낮춤)

(13) 왜 어디가 편치 안은가 편치 안을것 갓흐면 증세를 바로 말흐면 약을 지
     어 <u>오게</u> 왜 대답이 <u>업셔</u> 이건 별아간에 싱블이 되랴나 감즁년흐고 말을
     안이 하게 여보게 닉가 무슨 야속흔 말을 흐던가(빈상설, p.33)

(11)~(13)과 같은 예문은 더 많이 찾아볼 수 있는바, 여기에서 보면 반
말체가 아주낮춤이나 예사낮춤과 함께 쓰임을 알 수 있는데, 현재나 이 시
기나 둘 되는 또는 그 이상의 화계가 함께 혼용되는 일이 매우 드문 것을
고려하면, 반말체가 여러 화계와 대등한 성격의 화계가 아님을 생각할 수
있다. 위의 예들에 근거해서 판단한다면 반말체는 아주낮춤이나 예사낮춤
에 두루 통용되는 두루낮춤임을 알 수 있는바, 이는 현재의 국어와 완전히
일치되는 점이다. 이것은 물론 더 많은 사용례에 의해서 뒷받침될 수 있다.
그런데 반말은 아주낮춤이나 예사낮춤뿐만 아니라, 때로는 후술할 예사
높임의 '하오'체나 아주높임의 '합쇼'체와도 혼용됨을 볼 수 있다.

(다) 반말 – '하오'체(예사높임)

(14) 불은 웨 치밀<u>어</u> 볼기짝에 화덕불을 노앗<u>남</u> 그러면 돈은 다 무엇을 힛<u>소</u>
     (빈상설, p.5)

위는 화가난 부인이 남편에게 하는 말이다.

(라) 반말 – '합쇼'체(아주높임)

(15) 에그 령감도 닉가 령감을 비송닐 리가 <u>있슴닛가</u> 정말 시스런 안손님이
     잇스닛가 그리<u>힛지</u>(빈상설, p.53)

> (16) 앗씨 우리 일본은 싸홈홀 젹마다 이기니 조치 아니 ᄒᆞᆸ니가 에구 우리
> ᄂᆞ라 군ᄉᆞ가 이럿케 만이 죽엇ᄂᆞ 앗씨 이를 엇지ᄒᆞᄂᆞ 우리딕 령감게서
> 도라가<u>셧네</u>(혈의누, p.46)

(15)는 한 부인이 가까운 사이의 어른 남자에게 하는 말이며, (16)은 하녀가 그 주인 부인에게 하는 말이다.

원래 반말이란 하대이기는 해도 아주 친숙한 사이에서 쓰이는 말이기 때문에, 위의 예문에 보듯 친숙한 수하자 또는 여타 친숙한 대상에 대해서도 쓰이고 있는데, 이러한 현상은 현재의 국어에서도 그대로 적용되고 있다. 만약에 (13)~(15)와 같은 예문을 중시해서 반말이 등분 구별 없이 모든 존대, 하대 대상에 두루 통용되는 말이라고 해석할 수는 없다. 반말은 어디까지나 하대가 근본임을 전제로 해야 할 것이다.

김희상(1911)은 당시의 화계를 '하대'(ᄒᆞᆸ시오), '중대(ᄒᆞ오)', '반말', '반반말(하게)', '하대'(ᄒᆞ야라)로 오등분하였고, 김희상(1927)에서는 반말에 대하여 "반말이라 하는 것은 [하오]와 [하게]의나 [하게]와 [하야라]의 사이되는 대접"이라 말하고 있는데, 이러한 견해는 그 후 최현배 선생의 '우리말본'에 계승되어 왔다.

그러나 위와 같은 반말의 화계는 근본적으로 화계의 성격을 분명히 파악하지 못한 데서 기인한 오류다. 원래 화계란 것은 대과의 위계상에 있어 특정의 한 등분 내지 화층을 가리키는 것이므로 그것이 어떤 특정 화계의 상위에도 갈 수 있고 또는 그 하위에도 올 수 있는 유동적인 것이 될 수 없다. 고영근(1974)에서 이 시기의 화계와 관련하여 반말에 대해서 "필자는 전기의 요통합 가능형을 종전과 같이 반말이라 부르되 다른 존비법과 동열에 놓지 않고 최현배와 같이 등외로 처리하고자 한다."(p.82)라 하고 "반말이 높이지도 낮추지도 않는 말씨이므로 높임과 낮춤의 중간 화계인 하오 하게체의 사이가 무난하리라 생각된다."(p.82)고 하였는데, 여기에도 얼마간의 문제점이 따른다. 우선 반말이 등외란 것과 반말이 하오체와 하게체의 중간 등분이란 규정 사이에 불일치가 생기며, 하오체와 하게체의 중

간 등분인 반말만이 유독 다른 여러 등분과 혼용되는 사실을 설명하기가 쉽지 않고, 존대 하대가 엄연한 국어에서 이들이 중화된 상태의 중간 등분을 설정하는 데에도 다소간 무리가 따르지 않을까 한다. 그리하여 필자는 반말을 낮춤 일반에 통용되는 등외의 두루낮춤으로 보려 하는바, 김희상(1926)에서 반말이 '하오체'와 '하게체'의 사이 및 '하게체'와 '하야라체'의 중간으로 규정된 사실이 오히려 반말의 두루낮춤을 뒷받침하는 것이라 생각한다.

반말 중에는 혼잣말 또는 등에 쓰이는 것들이 있는데, 혼잣말이나 의념을 나타낼 때 특정의 화계보다는 등외의 반말을 쓰는 것이 매우 자연스럽다 하겠으니, 이러한 사실 또한 반말의 등외 속성을 뒷받침하는 한 증거가 된다 하겠다.

(17) 우리 나라 사롬들이 남의 나라 싸움에 이럿케 참혹호 일을 당호는가 우리 마누라는 디문밧게 호 거름도 나가 보지 못호 사롬이오 내 딸은 일곱 살된 어린 아히라 어디셔 불펴 죽엇는가 슬푸다(혈의누, p.12)

(18) 남의 못호 노릇을 넘오 말으지 이의일을 엇지호나 에구 하느님 맙소사 (빈의설, p.3)

(19) 에구 느리 마님이 이 란리 즁에 여긔 오셨네 알 슈 업는 것은 셰상일이올시다(혈의누, p.30)

(20) 앗씨, 우리 일본은 싸홈홀 젹마다 이기니 조치 아니호옵니가 에구 우리 느라 군수가 이럿케 만이 죽었느앗씨 이를 어찌호느 우리딕 령감게셔 도라 가셨네(혈의누, p.44)

위 예문 중 (17), (18)은 완전히 혼자 하는 말이며, (19), (20)은 하인이 그 상전에게 말하는 중 놀라움을 나타내며 하는 말로, 특별히 청자에게 하는 말이 아니고 혼잣말의 성격을 띤 것이다. 이러한 성격의 반말 어미 중 '-가', '-네' 등은 예사 낮춤의 하게체 어미와 동형으로, 때로는 얼핏 구별되지 않는 경우도 있는데, 반말 어미인 경우는 존대 조사 '-요'가 결합될 수 있으므로, 이에 근거해서 구별이 가능하다.

지금까지 살펴본 반말은 '-어(아)', '-지', '-네', '-군' 등 형태상으로 확인되는 것이었다. 그러나 반말은 이렇게 형태상으로만 구분되는 것이 아니라, 통사적으로 쓰이는 반말이 있으니, 이도 현재와 일치되는 점으로, 필자는 양자를 구분하여 전자의 것을 형태적인 반말이라하고 후자의 것을 통사적 반말이라고 부르기도 한다.

> (21) (로파) 그러면 부산서 쥬사 느리게 ᄒ신 편지오닛ᄀ
>   (부인) <u>아니</u>(혈의 누, pp.91~92)

위에서 '아니'는 하인인 로파의 물음에 대하여 부인이 하는 대답으로, 분명히 하대로되, 이것은 아주낮춤도 예사낮춤도 아니다. 이런 말은 낮춤이로되 등분의 구분이 없는 두루낮춤의 등외로 쓰인 것이다. 이러한 통사적 반말이 두루낮춤에 해당되는 사실은 앞서의 형태적 반말이 두루낮춤임을 뒷받침해 주는 한 증거로 삼을 수 있다.

이상에서 살펴 온 반말에 대하여 종합적인 결론을 내리면, 반말은 아주 친숙한 사이에서 ① 상위자가 하위자에게나, ② 평교간 또는, ③ 하위자가 때로 상위자에게도 쓰는 비격식적인 두루낮춤으로 앞의 둘이 중심이 되어 쓰이는데, 현재보다는 훨씬 좁은 범위에서 쓰인 점을 제외하면, 지금의 반말과 거의 일치된다. 그리고 반말이 국어 교과서에서보다 소설에서 훨씬 많이 쓰이고 있는 점을 보면 문어보다 구어에서 많이 쓰이고 발달되었음을 아울러 이해할 수 있다.

2.1.4. 예사높임

> (22) (부인) <u>여보</u> 웬 사롬이<u>오</u> 여보 대답 좀 ᄒ<u>오</u>……
>   (남자) 여보 웬 여편네가 이 밤중에 여긔 와 잇<u>소</u>……(혈의 누, pp.5~6)
> (23) (서) 그러면 몃 살에 와서 몃 히가 되얏느냐
>   (옥) 일곱 살에 와셔 지금 열 훈살 되얏<u>소</u>(혈의 누, p.60)
> (24) 수득이가 수하에서 ……저의 부친끠 뭇는 말삼이 아버지 이것 보시<u>오</u>
>   몸은 큰 빌만 ᄒ고 ……(新纂初等小學, 卷三, p.3)

    (25) (李童) 김군 엇더ᄒ시오

        (金童) 네 관계치 안쏘 긔운 엇더시오 목기가 참 좃소이다(初等小學, 卷

        五, 三)

    위에서 (22)는 밤중에 처음 만나는 성인 남녀간의 대화며, (23)은 한 청년(20세 미만)과 어린 소녀간의 대화고, (24)는 자식이 아버지한테 하는 말이며, (25)는 초등소학 학동 사이의 대화다.

    이 시기의 하오체는 당시 문법학자들의 규정이나 사용례에서 볼 때 몇 가지 고려해야 할 문제가 있다. 우선은 이 당시의 하오체가 높임이냐 낮춤이냐의 문제다. 이 때의 문법학자들은 누구도 하오체를 존대 또는 높임이란 말로 표현하고 있는데, 이것은 하오체를 존대도 하대도 아닌 평등 정도의 화계로 인식한 데서 기인한 것 같다는 점이다. 둘째로는 위 예문에서 보듯 아동이나 수하자가 수하자에게도 썼음을 알수 있는데, 과연 이 하오체가 현재와는 달리 제약 없이 존대로 쓰였을까 하는 의문이 생기며, 셋째로는, 역시 위 예가 보여 주듯 자식이 부모에게도 사용 가능했던 것인가 하는 점이다.

    그런데 실제 자료를 검토해 보면 하오체는 역시 존대로 볼 수밖에 없다. 우선 자식이 그 부모에게 쓸 수 있었던 점, 어린 소녀가 청년에게 쓰되 상호 상이한 표현을 썼던 점 등 예문이 이를 증명해 준다. 그리고 주시경(1910)에서 ‘–오’에 비해 ‘–시오’가 더 높다고 한 점은 전자가 존대형이었음을 암시해 주며, 김규식(1912)에서 ‘ᄒ오’, ‘ᄒ지오’가 같은 화계–평대–로 처리되고 있는 점이나, 김희상(1911)에서 중대라 명명된 ‘ᄒ오’체가 대명사 ‘로형, 당신’과 동열에 있는 것, 그리고 김희상(1927)에서 “「하오」이라 하는 것은 「하옵시오」의 버금이 되는 대접이라 곧 예녜”라고 한 것 등을 종합해 볼 때 ‘하오’체는 일단 높임으로 규정하는 것이 온당하다 하겠다.

    ‘하오’체가 존대라는 것이 확인되었으면, 다음으로 어느 정도의 존대냐가 문제된다. 주시경(1910)이 화계에 해당되는 것을 ‘높음, 같음, 낮음’으로 삼분하고 ‘하오’체를 ‘같음’으로 규정한 것은 얼핏 보기에 높임도 낮춤도 아닌 것 같으나, 여기의 ‘높임, 같음, 낮음’ 등은 엄격히 말해서 순수한 화계만이 아니고 화자에 대한 청자의 관계를 포함시킨 표현임을 알 수 있다. 이것은 김규식(1912)에서도 확인되는바, “평대는 피차 평등의 교제로 호상 경대에 용하는 어투를 운흠이니 「오」「요」「소」「세다」등류니라”라 한 것은 하오체가 평대 즉 평교간의 대우에 쓰이되 경대함을 나타내는바, ‘평대’란 화자 청자간의 외적 관계요, ‘경대’란 것이 내용상의 존대를 의미하는 것이니, 화계라는 개념에서 볼 때는 ‘하오’체가 평대라기보다 경대라 함이 더 타당하다 하겠다. 그리고 김희상(1911)에서 하오체와 대명사 ‘로형, 당신’ 등을 똑같은 ‘중대’라 하고 있는 것을 보면 아주 높은 존대가 아니다. 더욱 중요한 것은 주시경(1910), 김희상(1911), 김규식(1912) 등에서 하오체보다 더 높은 등분을 설정하고 있는 것을 보면 높임이 다시 둘로 구분됨을 보이는 것이니, 하오체를 예사높임으로 규정함에 별문제가 없을 것 같다.

그러나 자식이 부모에게 하오체를 쓰는 예가 드물지 않게 사용되며, 아이가 수하자에게 쓰기도 하는데, 이것을 예사높임이라 할 수 있을지 의문이 간다. 전자의 경우에는 더욱 그러하다. 이것은 표준어에 관한 한 현재는 완전히 기피되는 현상이다. 어린 아이의 화자에게도 사용된 점이나, 자식이 부모에 대하여도 사용한 점은 광범한 자료의 검토와 함께 더 연구되어야 할 것 같다.

아무튼 이 시기의 하오체는 현재보다는 훨씬 적은 제약으로 사용되어, 초면의 사람끼리도 매우 일반화되어 쓰였고 화자에 있어서는 아이들에게도 드물지 않게 사용되었는데, 하오체의 사용은 역시 성인 평교간에서 가장 많이 쓰였다.

2.1.5. 아주높임

(26) 그 스룸손을 들고 줌을 띄여 안전하 짜흐로 왓ᄂ_이다.(국민소학독본, 1895, 十二, 1)

(27) 회사에서 엇논바 이익은 여하흔 방법으로 분배흐<u>느닛가</u>(국어독본, 보통학
    교 학도용, 1906, 卷八, p.40)
(28) 니가 자근앗시를 가르칠 자격이 되면 이 뒥에 와서 종노릇흐고 잇깃<u>습닛
    가</u>(혈의누, p.40)

위와 같은 예문은 더 이상의 열거가 필요 없을 것 같다. 이러한 종지형
의 대우에 대하여 당시에는 '높음'(주시경), '상대'(김희상, 1911), '존대'(김규식,
1910) 등으로 표현한바, 이들은 모두 하오체보다 상위의 존대를 가리키는
것이니 당연히 최상의 존대 즉 아주높임의 화계가 된다. 이러한 아주높임
은, 김규식(1912)에서 "존대는 年紀나 지위가 자기보다 高흔 자의게 용흐는
어투를 운흠이니 「습/읍느이다」「니/이다」「외다」「습/읍느이다」「잇/닛
가」……「시지오, 니지오」 등류니라."(사선 표현은 필자)라고 한 데에서도 확인
된다. 이 아주높임은 분명히 지체가 화자보다 매우 높은 경우에 사용된다.
    지금까지 2.1에서는 어미에 의해서 표현되는 화계를 살펴본바, 여기에는
'아주낮춤, 예사낮춤, 예사높임, 아주높임'의 네 화계와 낮춤의 등위로 '두
루낮춤'이 구분됨을 확인하였는데, 이러한 화계의 체제는 지금과 근본적으
로 다르지 않은 것이다. 다만 각 화계의 사용법에 있어 다소간의 차이가
발견될 뿐이다.

2.2. '－요'에 의한 대우 표현

(29a) 지폐 십원을 주며 송장 흔아를 치워달라고 흐여<u>요</u>(빈상설, p.100)
(29b) 죽은 옥년이가 니게 편지를 엇지흐<u>엿</u>(혈의누, p.93)
(30a) 그러면 안진 사람은 므삼 일을 흐오 그는 마암으로 흐지요(노동자 학독
    본, p.41)
(30b) 만히 보고 알아서 무익흔 이익기롤 아니흠이 올<u>치</u>.(신정심상소학, 태일,
    九)
(31) 어셔 줍시오 얼른 치와바리게<u>요</u>(빈상설, p.23)
(32) 왜<u>요</u> 복단이가 아씨 죠전비지 평양집 죠전비오닛가(빈상설, p.23)

 (33) 불으기는커녕 금분이는 보지 못ᄒ고요 긔가 막히여 말슴ᄒᆞᆯ 슈 업습니다.
   (빈상설, p.36)

 위 예들에서 보듯이 이 시기에도 종지형에 다시 '-요'가 결합되어 존대를 나타내는 표현법이 꽤 폭넓게 쓰이었다. 위 예 중 (29)~(31)은 형태적 반말에 '-요'가 결합된 형태요, (32), (33)은 통사적 반말에 '-요'가 결합된 형태로, 이와 같이 '-요'가 반말에 결합되는 점은 지금과 완전히 일치되는 점이다. '요'가 반말에 결합되는 점을 고려하여 편의상 '-요' 결합형을 반말높임이라 부르기도 한다(성기철, 1970 참조).

 이러한 존대 표현과 관련하여 주목해야 할 점은 이것이 화계상 어떤 성격을 가지는가 하는 점이다. 이의 규명을 위해 좀다른 측면에서 자료를 검토해 보기로 한다. 앞에서 보아 온 4가지 화계들도 혹 혼용되는 예가 없지 않으나 이는 원칙적으로 잘 허용되지 않는 것이고, 다만 반말만이 다른 화계와 혼용되었는데, 이 반말높임도 다른 높임의 화계와 혼용됨을 본다.

 (가) 예사높임과 혼용
 (34) 여보시오 로동ᄒᄂ 동포님네 이 내말삼드르시오······당신네는 엇지ᄒᆞ야
   셔셔ᄒ시오 그러면 안진 사람은 므삼 일을ᄒ오 그는 마암으로 ᄒ지요
   엇더ᄒᆫ 일이 마암으로 ᄒᄂ 것이오 눈에 보이지 아니ᄒ고 손에 잡히지
   아니ᄒ니 셔셔 ᄒᄂ 일과 달으지오(노동야학독본, p.41)
 (35) 에구머니 이것이 웬 일이세요 도라가셔도 쇤네 말슴 한 마디만 드르시오
   아씨 쇤네 말슴좀 드르셔요(빈상설, p.142)

 (나) 아주높임과의 혼용
 (36) 불으기는커녕 금분이는 보지 못ᄒ고요 긔가 막히여 말슴ᄒᆞᆯ 슈 업습니다
   (빈상설, p.36)
 (37) 왜요. 복단이가 아씨 죠견비지 평양집 죠션비오닛가(빈상설, p.9)

 위 예에서 (34)는 일반 독자를 청자로 생각할 수 있는 일종의 연설문이요, (35)~(37)은 모두 하인이 그 상전에게 하는 말인데, '-요'가 어떤 것은

예사높임과, 또 어떤 것은 아주높임과 함께 쓰이었다. 이런 예문은 그 밖에도 많이 찾아 볼 수 있는바, 이것은 '-요' 결합형이 화계상 특정의 한 계층을 나타내는 것이 아니요, 예사높임이나 아주높임에 두루 통용될 수 있는 '두루높임'임을 증명해 주는 것이라 하겠다. 그리하여, 이것은 '-요'와의 결합이 가능하면서, 낮춤 일반에 통용되는 반말의 두루낮춤과 상호대조를 이룬다.

　김희상(1911)에서 '-요' 결합형인 반말높임이 아주높임에 해당하는 '상대'로 분류되고, 김규식(1912)에서는 예사높임에 해당되는 '평대'로 분류된 점 등 역시 반말높임이 특정의 한 높임의 등분이 아니라 두루높임을 말해 주는 것이라 할 수 있다. 그러나 이 시기의 문법학자들이 반말높임에 대해 전혀 언급을 하고 있지 않은 것을 보면 대부분 '-요'에 별 관심을 기울이지 못했던것 같다(물론 이런 경향은 근래까지도 계속되었다). 고영근(1974)에서 "전반기의 요통합형은 반말로 기능했던 요통합가능형에 대해 아직 독자적 등분을 구성할 수 있는 토대 위에서 있지 않았기 때문에 하오 합쇼체의 한 보충물로만 처리하기로 한다."라 하였는데, 여기서 '보충물'의 해석을 확실히 할 수는 없으나, 아무튼 '-요'의 의미 및 반말높임의 화계상 성격은 비교적 확연히 파악되는 것이라 생각한다. 이것은 두루낮춤과 마찬가지로 엄격한 고유의 한 화계를 가지는 것이 아니니만큼 존대 대상이라고 하더라도 매우 친숙한 대상에 쓰는 비격식의 존대라 하겠다. 다만 이 시기에는 이 형태의 사용이 지금에 비해 훨씬 덜 일반화되었었다는 점에서 차이가 있다. 이것은 이 형태의 발생이 그리 오래지 않는다는 점에서 볼 때 당연한 현상이라 하겠다.

3

　이상에 매우 소략한대로 개화기의 화계를 살펴보았는바, 그 골격은 앞서 도표로 제시한 지금의 것과 완전히 일치됨을 확인하였다. 그러나, 각 화계의 사용면이나 기타 세부적인 면에 있어서는 다소의 차이가 없지 않은바, 가장 두드러진 차이를 보이는 것은 예사높임의 하오체였다.

이 글은 본래 제한된 자료에 기초한 것이었던 데다 지면의 제약으로 더 많은 예문을 제시하지 못한 점이 더욱 아쉽다. 이 글을 통하여 당시 화계의 근본은 대략 규명되었지만, 우리가 더 연구해야 할 몇 가지 과제를 다시 얻게 되었다. 이것은 우선 하오체에 대한 더 철저한 연구의 필요성이며, 더욱 주요한 작업은 이들 화계를 근대국어의 화계에 연결지어 보는 작업이다. 이 작업을 통해서 우리는 화계 및 이와 관련된 몇몇 대우의 형태들에 대한 주요한 결론을 이끌어 낼 수 있을 것으로 기대된다. 과제는 다음 기회를 빌어 생각해 보기로 하면서, 이 소략한 글이 이러한 작업의 조그만 디딤돌이 되려니 생각하며, 이 또한 후일의 수정 보완을 기다리기로 한다.

참고 문헌

학부(편찬)(1895), 『국민소학독본』.

학부(편찬)(1895), 『신정심상소학』.

대한민국교육회(편찬)(1906), 『초등소학』.

학부(편찬)(1906), 국어독본, 보통학교학도용.

유길용(1908), 『노동야학독본』.

현　채(1909), 신찬초등소학.

이인직(1907), 혈의누.

이해조(1908), 빈상설.

남궁용(1910), 홍도화.

주시경(1910), 국어문법.

김희상(1911), 조선어전.

김희상(1927), 울이글틀.

김규식(1912), 『조선문법』, 유인.

성기철(1970a), 「존비법의 한 고찰」, 『어문학』 23, 한국어문학회.

성기철(1970b), 「국어대우법연구」, 『논문집』 제4집, 충북대학.

고영근(1974), 「현대국어의 존비법에 대한 연구」, 『어학연구』 제10권 제2호, 서울대학
　　　교 어학연구소.

－『논문집』 13, 서울산업대(현 서울시립대), 1981. 4.

현대국어 대우법 연구
- 주체 존대-

1. 머리말

현대 국어에서 대우 현상만큼 복잡 다양하고 규칙성이 약해 보이는 것
도 드물다. 실제 언어 생활에서 가장 빈번히 쓰이고 있음에도 불구하고 용
법은 그리 명료하지 못하다. 동일한 언어 자료에 대해 그렇게도 상반된 해
석이 내려지고, 전혀 극을 달리하는 결론이 유도되고 있는 것도 이 대우법
보다 더한 것이 별로 없어 보인다.

여기 '주체 대우'란 것은 주체에 대한 존대와 비존대를 의미하는바, 대
체로 종래의 주체 존대를 의미한다고 보아 결과에 있어 별다른 문제가 생
기지 않는다. 다만, '대우'란 말이 존대와 비존대 양면을 포괄한다는 점만
이 다를 뿐이다. 그런데, 여기서 논의하려는 '-시-'(이하 '시')대우법의 경
우, 위에 말한 복잡성은 더욱 두드러진다. 그런가 하면, 국어에서 이 대우
법이 차지하는 비중에 비하면, 이에 대한 학계의 연구나 그 성과는 의외로
부진한 느낌이다. 종래 구체적인 검토나 반성도 없이 주체 존대설이 주종
을 이루어 오던 중, 근본에서부터 존대설을 부정하는 대안들이 제안되기도
하여, 이 문제에 대한 결론에 있어 다극성(多極性)을 보여 주게 되었다. 주
체 존대설 쪽에서 보아서는 분명 이단시되어야 할 이들 대안에 대하여도

사실상 이렇다 할 만한 논의가 거의 없었으니, 이 점 또한 기이한 일이 아닐 수 없다.

종래의 '주체 존대'라는 것도 그 내용에 있어서는 거의 단순문에 국한된 것이었다. 그러나 모두가 알다시피 '시' 문제는 단순문만을 대상으로 해서는 어떠한 결론이 내려져도 의미를 가지지 못하게 된다. 이 문제는 소위 중주어 구문의 문장에 실현되는 '시'의 규명을 전제로 해서만 기대하는 목표에 접근할 수 있다. 실제로 이 대우법에서 극복되어야 할 거의 모든 문제는 이 중주어 구문과 관련된 것이다. 극과 극에 선 견해의 차이를 보이는 것도 바로 여기에 기인하는 것이다.

대우법 일반이 그러하듯이, 이 대우법이 다양하게 실현되는 요인 또한 다양하다. 연령 또는 세대상의 차이, 가정적 배경의 차이, 또 지역, 개인적인 차이 등등이 서로 얽혀 표준을 정하기가 지극히 곤란하다. 필자는 이글에서 언어 자료를 취하고 해석함에 있어 아무래도 필자 자신의 주관적인 직관과 판단에 크게 의존하게 됨을 밝혀 두지 않을 수 없다. 그러나 이것이 객관적인 보편성에서 크게 또는 유달리 벗어나지는 않으리라는 가정에서 출발하며, 이 글은 이 대우법의 완벽한 기술을 의도한 것이 아니라, 큰 원칙을 찾아보려는 데에 주된 목표를 두고 있음을 아울러 미리 말해 두고 싶다. 따라서 적지 않은 문제들이 앞으로의 구체적인 정밀 작업을 기다리는 체 남아 있게 될 것이다.

2. 지금까지의 주요 연구

2.1. 주체 존대

다음 예문에 실현된 '시'는 문장의 주어가 되는 '김 선생님'을 존대한다고 이해하는 해석이다.

(1) 김 선생님이 오신다.

이러한 생각은 지금까지 거의 모든 사람에게 공통된 것으로 볼 수 있다. 비록 현대국어가 대상이 된 것은 아니지만, 주체 존대에 대한 과거의 해석 가운데 가장 명시적인 것이 허웅(1963)에 나타나 있다. 여기서는 "{시}가 나타나는 굴곡의 범주는 [주체 존대법]"이라 하고, 그 용법에 대하여, "말할이가 어떠한 인물(사물)에 대해서 존대 의향을 가지고 있으며, 그 인물(사물)이 행동·상태·환원의 주체로서 말(글)에 등장될 때, 그 행동·상태·환원을 표시하는 용언에 연결되는 형태소이다."라 하였다.

그런데 '시'가 단순문에만 쓰인다면 이 대우법은 재론의 대상도 되지 못할 것이다. 그러나 다음과 같은 예문을 대할 때 단순문에서 얻은 확신은 동요되지 않을 수 없다.

(2) 김 선생님이 눈이 크시다.

'크시다'의 주어는 분명 '눈'이지만, 그것은 존대의 대상이 되지 못한다. 존대 대상은 주어가 아닌, 머리의 '김 선생님'이다. 통사적으로 또는 의미론적으로 자명한 이러한 이해의 바탕 위에서도 많은 사람들은 부득이 예문(1)에서 본 주체 존대를 여기에 그대로 적용시키기도 했던 것이다. 최현배(1959)는 이러한 견해의 한 대표적인 예가 될 것이다.

"말하는 이가 높이는 인격자가 월의 큰임자가 될 적에는, 풀이씨를 높임도 무관하니, 이를테면,

아버지께서 병환이 나셨다.
아버지께서 옷이 맞으신다.
할아버지께서 신이 크시다.

와 같으니라." (788쪽)

매우 단편적으로 보여진 이러한 견해의 배경에는 대체로 두 가지 전제

또는 직관이 작용했을 것으로 생각된다. 하나는, 전통적으로 이러한 문장들을 중주어 구문으로 생각해 왔기 때문에, 상위 주어도 하위 주어와 대등한 주어로 생각했고, 다른 하나는, 예문 (1)과 같은 단순문에서 보이는 엄격한 규칙성에서 얻은 '주체 존대'의 확신이 중주어 구문에까지 확대 파급된 것이 아닌가 한다.

한편, 다른 일각에서는 '시'가 직접 주어가 이닌 상위 주어를 존대한다는 데에 만족하지 못하였으니, 그것은 비록 중주어 구문에 있어서라도, 존대의 일치는 일차적으로 주어와 서술어 사이에 이루어져야 한다는 원리에 충실하였기 때문이다. 원칙에 대한 이러한 충실성은 '간접 존대설'로 나타났다. 이 말은 '간접 주체 존대설'이 더 정확한 표현일지도 모른다. 간접 존대란 결국 '시'가 일차적으로는 존대 대상이 아닌 주어를 존대함으로써 결과적으로는 상위 주어를 존대하는 효과를 얻는다는 것이다. 필자도 성기철(1970)에서 이런 해석을 했던 바가 있다. 서정수(1972)도 같은 계열에 서 있다고 하겠다.

이와 같은 견해들은, 그것이 직접 존대든 간접 존대든 간에 어느 쪽도 그러한 주장에 대한 실증적인 증명의 뒷받침을 가지지 못하였으니, 한낱 직관의 범위를 넘어서지 못한 것이라 하겠다.

'시'의 주체 존대 문제는 장석진(1973)에서 얼마간 구체적인 모습을 드러낸다. 여기서 '시'에 의한 존대는 기본적으로 '존대 확산(honorific spreading)'이라는 원리 아래 설명되고 있다. 이 원리는, 주어가 존대될 때, 이 존대가 뒤에 따르는 NP나 V에 확산되는데, V에 확산되는 경우 V에 '시'가 들어간다고 보는 것이다. 그렇지만, 이러한 원리도 다음과 같은 예를 만족스럽게 설명하지 못함을 필자는 자인하고 있다.

(3) a. 김 선생님은 키가 크십니다.
　　 b. 어머님은 건강이 좋으십니까?
　　 c. 아버지는 사업이 잘 되십니다.

‘시’를 주어 존대와 연관시키는 이 원리로서는 사람이 아닌 주어(‘키, 건강, 사업’ 등)와 ‘시’의 관계를 원만히 설명할 수 없을 것이 당연하다. 이에 대해 필자는 이러한 제안을 해 보고 있다. 즉, 존대가 확산되는 어떤 단계에서 첫 번째 NP가 주어가 되었다가, 후에 주제화하거나 속격어화하여 다음과 같이 나타난다고 생각해 보는 것이다.

(4) a. 김 선생님 { 이 / (의) } 키가 크십니다.

　　b. 어머님 { 이 / (의) } 건강이 좋으십니까?

　　c. 아버지 { 께서 / (의) } 사업이 잘 되십니다.

대략 위와 같은 견해인데, 이는 서정수(1977b)에 의해서 문제점이 지적된 바 있는데, 첫 번째 NP가 주어화하는 단계나 과정이란 것이 구체적으로 어떤 것인지 불투명하다. 좀더 부연하면, 예의 문장들에서 존대가 어디서 어디로 어떻게 확산되는 것이며, 존대 확산 과정에서 ‘(NP) → 주어화 → 주제화 또는 속격어화’가 이루어진다고 할 때, 이들이 어떤 절차로 어떻게 이루어질지 의문이 아닐 수 없다. 이러한 제안은 실제 가능한 것으로 보이지 않는다.

주체 존대설의 범위에 속하는 것으로 또 시바따니(1976)를 들 수 있다. 그는 ‘시’와 호응되는 모든 NP는 주어라고 본다. 이 말은, 문장의 모든 주어는 그것이 존대 대상일 경우 항상 ‘시’가 수반된다고 보는 것이다. 그리하여, 그는 ‘시’의 실현을 주어 결정의 주요한 기준으로 삼고 있는 것이다. 이러한 주장에서 제기되는 문제점도 서정수(1977b)에서 대략 검토되었다. 여기서는 중복을 피하고자 하나, 다만 한 가지 예문을 들어 이런 주장이 성립되기 어려운 하나의 반증의 예를 삼고자 한다.

(5) a. 김 선생님은 아이가 있으세요?

     b. *김 선생님은 아이가 계세요?

그에 의하면 (5)a에서는 존대 대상이 되는 것, 즉 '시'와 호응되는 것이 '김 선생님'이 될 것이나, 실제 주어는 '아이' 임이 분명하다. 또 이러한 원리, 즉 (5)a에서 주어가 '김 선생님'이라는 해석은 (5)b에도 그대로 적용되어야 마땅한데, 그렇게 되면 주어 '김 선생님'이 존대되어 '계시다'가 쓰일 수 있어야 한다. 그러나 이 문장은 전혀 허용될 수 없는 문장이다. 물론 a, b 두 문장은 구조상에서 차이가 있는 것이지만, 그의 방식으로는 해명되지 않는다.

위에 말한 장석진(1973)과 시바따니(1976)의 장점을 통합하고, 문제점을 보완한 것이 서정수(1977a, 1977b)이다. 다음 예문들을 보자.

    (6) a. 김 선생님께서 손이 크십니다.
       b. 김 선생님의 손이 크십니다.
    (7) a. 김 선생님께서 말씀이 유창하십니다.
       b. 김 선생님의 말씀이 유창하십니다.
    (8) a. 김 선생님께서 댁이 머십니까?
       b. 김 선생님의 댁이 머십니까?

서(1977a, b)에서는, 장(1973)에서 첫 번째 NP가 '시'와 존대 연관을 갖는다는 점을 취하되, 이 NP가 존대 확산의 어느 단계에서 주어가 된다는 점을 버리고, 시바따니(1976)에서 두 번째 NP가 주어라는 점을 취하되, 이 NP가 '시'와 직접 관련된다는 점을 버림으로써 양자를 절충 통합했던 것이다.

그러나 이러한 절충안에도 문제는 여전히 남아 있음을 보게 된다. 위와 같은 절충의 결과는 "문장의 주어와 풀이씨를 높이는 주체는 반드시 일치하지 않을 수도 있다는 중요한 귀결에 이르게 된다."는 결론에 이르게 되었는데, 이것은 필자의 표현대로 매우 의미 있는 관찰임이 분명하다. 그런데, 이러한 주어와 주체의 불일치에 대해서 서정수(1977b)는, 주어가 안 되는 주체를 주제로 처리함으로써 해결을 구하려 하였다. 주제와 존대 일치 문제에 대해서는 더 이상 언급이 없어 알 수 없으나, 원칙적인 면에서 이것은 공감이 가지 않는다. 주제가 무엇이냐 하는 것부터가 학계에 정론이 없거니와, 대체로 서술어와 문법적인 일치를 보이지 않는 것이 주제가 가지는 일반적인 특성의 하나인데, 이러한 특성은 국어에서도 예외로 보이지 않는다.

> (9) a. 아버지는 돈이 많으시다.
>   b. 돈은 아버지가 많으시다.

(9)a에서 주제는 '아버지'이고, 이 주제는 '시'와 대우의 일치를 보이니 주제 존대라 할 수 있을지 모른다. 그러나 b에서는 주제가 '돈'이지만, 이것이 존대되는 것은 아니다.

일반적으로 '시'는 화자가 상위자의 주체를 존대하고자 할 때 쓰인다. 그런데, 이와는 달리 화자보다 주체가 낮을 경우에도, 이 존대가 쓰이는 경우가 있다. 이러한 존대에 대하여 특별히 관심을 보인 것은 이익섭(1974)이다. 가령 아버지 되는 사람이 어린 아들에게 "네 삼촌 오셨다."와 같이 말할 때 이 '시'는 화자보다 상위의 주체를 존대하는 것이 아니다. 이러한 표현을 중시한 이 논문에서는 "여기서 우리는 소위 주체 존대법이 주체가 「화자」보다 높을 때에만 성립되는 것이 아니라, 주체가 화자보다는 하위일지라도 「청자」에게 상위자이면 마찬가지로 성립될 수 있다(물론 안 될 수도 있다)는 사실을 발견하게 된다."고 설명한다. 그러나 이러한 대우 표현은 결코 일반적인 현상이 못 된다. 즉, 여기 인용한 말이 '시'의 존대 일반에 적용될 수는 없다. 이러한 존대는 매우 한정된 상황에서, 특수한 목적 아래 쓰일 수도 있는 것일 뿐이다. 제한된 상황과 목적이란 것은, 이러한 대우 표현은 어린이들이나 나이가 어린 층을 상대로 해서만 가능한 점이며, 그런 상황 아래에서라고 해도 이것이 꼭 요구되는 표현도 아닐뿐더러, 가령 앞의 인용문이 '네 삼촌 왔다.'보다 더 좋은 표현만도 아니다. 그리고 이런 표현이 쓰이는 동기가 어린 아이들에 대한 교육적 의도에 있는 것이다. 물론 우리는 이와 같이 제한된 용법에 대해서도 주의를 기울이는 것은 옳겠지만, 이러한 현상을 전체 일반에 적용되는 것으로 이해한다든지, 이러한 특수 용법을 전체에 확대 적용시키는 것은 바람직한 일이 못 된다. 필자는 이 글에서 이러한 특수 존대 현상에 대하여는 일단 논외로 하기로 한다.

이상에서 주체 존대설 또는 이와 관련된 견해들을 소략하게 더듬어 보았다. 그러나 어느 것도 만족스런 결론에는 미치지 못한 것으로 보였다.

2.2. 통사론적 파격의 해소

전통적으로 '시'는 존대와 관련된 것으로 이해되어 왔다. 그것이 어떠한 성격의 존대든 간에 '존대'와 무관한 것으로 본 사람은 없어 보인다. 어쩌면 '시'와 존대에 대한 관련은 거의 직관과 결부되어 있어 보인다. 이러한 전통적인 연구 또는 일반의 직관에 대하여 대담한 부정과 함께 전혀 새로운 해석을 시도하는 연구가 박양규(1975)에서 문을 열었다. 실로 이 논문은 국어 대우법 연구사에서 특기할 만한 것이라 하겠다. 다만 이 연구에서 얻은 결론이 우리가 기대하는 것과는 거리가 멀다는 점에서 아쉬움이 크다. 그 주요한 골자를 다음에 살펴보기로 한다.

이 논문에서 종래의 주체 존대설에 대한 획기적인 반론을 제기하게 된 중요한 근거의 하나는, 같은 존칭 체언이면서도 어떤 것은 '시'를 수반하고, 어떤 것은 그것이 불가능하다는 자료 해석으로 보인다. 다음 예문들은 그러한 예로 제시된 것들이다.

(10) 아버님이 보이니?
(11) 아버님이 붙들리셨어?

이 예문들을 외형상으로만 생각하면, 그러한 해석은 일리가 있어 보인다. 이 두 문장을 그대로 놓고서는 '시'를 주체 존대로 설명할 도리가 없다. 그러나 조금만 자료를 유의해서 보면, 그러한 관찰이 매우 피상적인 것임이 드러난다. 이 두 문장은 어떤 면에서 보면 모두 불완전한 문장이다. 어떤 성분이 생략된 것으로 해석할 수 있기 때문이다.

만약 (10)에서 어떤 성분의 생략도 인정하지 않는다면 이 문장은 오히려 다음 (12)가 더 좋을 것이다.

(12) 아버님이 보이시니?

이때의 '보이다'는, 근원적으로는 피동형이겠지만, 여기서는 거의 완전 자동사화한 것으로 볼 수도 있을 것이다. 이럴 경우, 피동의 의미가 약화되어 대략 다음 영문과 같은 뜻이 될 듯싶다.

(13) Is your (or my...)father visible?

그러나 대우법에 관한 한 (12)가 틀리고, (10)이 옳은 것이라면, 적어도 (10) 앞에는 다른 NP가 생략된 것으로 해석해야 한다. 다음은 그 한 예가 될 것이다.

(14) 너는 아버님이 보이니?

이렇게 볼 때 '시'가 안 쓰인 이유가 명백히 드러난다. 여기서 '보이다'는 주어가 아닌 문두의 '너'와 대우상의 일치를 이루고 있음을 알 수 있으며, 따라서 '시'가 반드시 그 주어와만 호응되지 않음이 확인된다. 이에 비해 (11)은 '시'가 주어와 호응되는 전형적인 예로 설명이 필요하지 않을 것이다. 다만 (10)에서와 같이 이 문장에서도 문두에 어떤 NP가 생략되었을 경우를 상정해 볼 수는 있다.

(15) a. 너는 아버님이 붙들리셨어?
     b. 너는 아버님이 붙들렸어?

(15)a에서는 여전히 '시'는 주어 '아버지'와 관련된다. 그러나 (15)b에서는 두 가지 해석이 가능한데, 하나는 (15)a와 같은 해석이되, 다만 존대 형태 '시'가 안 쓰인 경우며, 다른 하나는 서술어와 문두의 '너' 사이에 대우의 호응이 성립되는 경우다. 즉, 전자에서는 (15)a와 같이 문두의 '너'가 행위주가 아님에 비하여, 후자에서는 '너'가 행위주가 된다. 대우 일치에 관한 한, 이 두 번째 해석은(14)와 동궤의 것이다. 이렇게 볼 때, (10), (11)에서 보이는 대우 표현의 차이는 결코 설명 불가능한 것이 아니다.

박양규(1975)에서는 (10), (11) 및 다음과 같은 자료들에 대한 대우 해석에 특별한 관심의 초점이 놓여 있다.

(16) 선생님이 수술대에 놓이자, 모두들 울음을 터뜨리고 말았다.
(17) 그럼요, 아주 좋은 분이었어요(소개해 드릴까요?)
(18) 그런 일 때문이라면, 김 선생님은 곤란한데요.
(19) 나는 그분이 좋아.
(20) 그분도 내가 좋으실까?
(21) 김 선생님은 코가 참 크시다.　　　　(밑줄 : 필자)

인용 논문에 의하면 (16)~(19)에서 밑줄 친 성분이 존칭 체언임에도 부구하고, 서술어에 '시' 가 쓰이지 않았는데, 이들 존칭 체언의 자리에는 각각 '가위, 곳, 그 집, 남산' 등의 무정 체언이 올 수 있어서, 이 자리에서는 결국 존칭 체언과 무정 체언이 공기 제약을 같이한다는 것이다. 한편, (20), (21)에서는 존칭 체언의 자리에 '남산, 이 연필' 등과 같은 무정 체언이 허용되지 않는데, 이 점에서 (16)~(19)와 구별된다고 보고 있다. 이러한 관찰은 다음과 같은 결론에 이르게 하였다. "유정 체언만 허용되는 위치에서만 존칭 체언은 「－시－」 호응을 수반한다." "「－시－」 호응이 수반되지 않는 한 존칭체언은 무정체언과 공기제약을 같이 한다는 것이다. …… 무정 체언이 허용되지 않는 위치에 그와 공기 제약을 같이하는 존칭체언이 실현됨으로써 생기는 통사적 파격을 해소하는 수단으로서 「ᅳ시ᅳ」를 실현시키는 것이다."

그런데 예시된 자료들에 대한 그러한 대우 해석에는 상당한 문제점이 있어 보이며, 이 문제점들이 해명되지 않는 한, 그러한 결론은 그 존립 의미를 잃게 되지 않을까 생각된다. 따라서 이들 예문에 대해서는 주의 깊은 관찰이 요구되는 것이다.

예문 (16)부터 보기로 하자. 이 예문에서 '시'가 불가능하다는 것은 전혀 수긍이 가지 않는다. 필자의 생각으로는 누구에게도 '시'가 허용될 것으로 믿는다. (17)에서는 '분'이 '시' 존대의 직접 대상이 아니다. 이 문장의 주어는 생략되어 있는 것이다. 이 생략된 주어는 존대 대상이었을 것이고, 이에 따라 '분'이 쓰였는데, 여기에도 당연히 '시'가 쓰일 수 있는 것이다. 다음은 완벽한 문장이다.

> (22) 그럼요. (박 선생님은) 아주 좋은 분이셨어요.

예문 (18)은 대우법의 측면에서 좀 특수성을 보인다고 할 수도 있다. 그것은 바로 형용사 '곤란하다'에 있다. 다음 예문들을 검토해 보자.

> (23) a. 그런 일 때문이라면, (우리는) 김 선생님은 곤란한데요.
> b. 그런 일 때문이라면, 김 선생님은 (철수는) 곤란한데요.
> c. 그런 일 때문이라면, 김 선생님한테는 철수는 곤란할걸.
> d. 그런 일 때문이라면, 철수는 김 선생님한테는 곤란할걸.

위 예문들이 보여 주는 바에 의하면 '곤란하다'는 그 주어와 대우의 일치를 이루는 것이 아니라, 주어가 아닌 문두의 다른 NP와 일치를 이룬다. 그렇다고 보면 (18)에서 '시'가 쓰이지 않은 것은 쉽게 설명된다. 유정 또는 무정 체언과는 전혀 관계가 없이, 다만 생략된 주어가 존칭 체언이 아니기 때문일 뿐이다. 예문 (19)는 무엇보다도 먼저 문장 구조 또는 의미 해석에 유의해야 한다. 여기서 대략 다음과 같은 두 가지 해석이 가능하기 때문이다.

> (24) a. 나는 그분을 좋아해.
>   b. 내가 생각하기에는 그분이 좋은 분이야.

먼저 (24)a로 해석되는 경우, (19)의 주어가 과연 '그분'인가 의문이 간다. 차라리 주어는 '그분'이 아니라 생략된 '나' 정도라고 볼 수 있을 것 같기도 하다. 이런 해석에서는 (19)에 '시'가 들어가지 못할 것이다. 다음 (24)b로 해석되는 경우에는 그 주어는 반드시 '그분'이 될 것이며, 따라서 '시'가 허용된다. 결국 (19)의 해석은 매우 간단하다.

이상에서 본 바 (16)~(19)에 대한 대우법이 관찰은 박양규(1975)의 대우 해석이 하나같이 잘못되었음을 확인해 준다. 따라서, 이들 예문에서 무정 체언이 존칭 체언과 공기 제약을 같이한다는 주요한 전제가 성립 불가능하며, 이것은 결국 앞에 인용했던 상기 논문의 결론이 그 성립의 근거를 잃어버리게 한다.

이 논문에서 또 하나 석연치 못한 것은 소위 '시'의 '존대 절차'라는 말이다. "「-시-」는 물론, 존대 현상에 관여한다는 점에서, 존대 절차로서의 기능을 지닌다."는 말의 구체적인 내용은 무엇인가? 통사적 파격을 해소하기 위한 수단으로 쓰인다는 '시'가 어떻게 해서 존대 현상에 관여하며, 또 어떻게 그럴 수 있을지 의문스럽다. 무엇보다도 분명히 밝혔어야 할 문제들이 오히려 문제의 제기 정도로 그친 감을 가지게 한다.

2.3. '시'와 경험 절차

'시'를 존대와 전혀 관련시키지 않는 또 하나의 견해는 임홍빈(1976)이다. 이 논문은 박양규(1975)에 이어 두 번째로 우리의 주목을 끄는, 또 다른 획기적인 견해를 보여 준다. 이 필자는 '시' 자체는 조금도 존대와 직접적으로 관련되지 않는다는 후자의 논의에 전적으로 동의함을 분명히 밝히고 있다. 또한 '시'가 존대 절차로서 이용된다는 점에서도 두 논문은 일치된다. 결론을 일단 접어두고 보면, 앞에서 검토하였던 논문이 존칭 체언에 '시'가 쓰일 수 없다고 생각한 예문들의 관찰에서 새로운 결론을 유도해 냈듯, 이 논문도, 많은 경우 존대 대상의 주체에 '시'가 쓰이지 않는다는 전제에서 새로운 논의가 시작된다. 특히 이 논문에서는 '시'와 주제의 관련성에 대한 깊은 관심을 보인다.

그런데 이 논문에서도 역시 논의의 출발점이 됨과 동시에 결론 유도의 토대가 되는 언어 자료의 대우 해석에 적지 않은 문제점이 있는 것으로 보인다. 몇몇 예문들을 인용해 보자.

(25) a. *아버님께 지팡이가 있으시다.
   b. 아버님께는 지팡이가 있으시다.
   c. *아버님께는 지팡이가 있다.
(26) a. *선생님에게 이 방이 추우시다.
   b. 선생님에게는 이 방이 추우시다.
   c. *선생님에게는 이 방이 춥다.

우선 각 c 문장이 성립 안 된다는 점에 공감이 가지 않는다. '시'의 유무가 근본적으로 문장의 성립 여부에 영향을 주는 것으로는 생각되지 않기 때문이다. 일단 이 문제는 접어두기로 하자. 그러나 a, b에 대한 성립 여부 문제는 이 논의에서 중요한 의미를 가진다. 기본적으로 여격어가 존대되는 것은 원칙이 아니라고 생각한다. 그러나 적지 않은 사람들 사이에 사용되기도 하는 점을 생각하여, 이것도 병행시키면서 고려하기로 한다. 그런데 여기서 a, b가 중요시되는 까닭은, '시'를 주제와 관련시키고 있기 때문이다. 각 a, b에서 '는'의 유무가 이들 문장의 성립 여부를 결정짓는 것으로는 보이지 않는다. 일반적으로 국어에서 어떤 성분 또는 격조사에 후속되는 '는'의 유무가 의미상의 차이를 가져오기는 하지만, 예문과 같이 문장의 성립 여부와 직결되는 것은 결코 아니다. 이런 현상은 비단 '는'뿐만 아니라 대부분의 한정사가 가지는 공통성이라 하겠다. 이러한 원칙은 위의 예문이라고 해서 예외가 되지 않는다. 다만 경우에 따라서 '는'이 쓰인 것이 그렇지 않은 것에 비해 훨씬 자연스러울 때가 있지만, 이것은 이 '는'의 의미와 관련된 것일 뿐이다.

위 논문에서 몇 예문을 더 인용하고 이에 대한 논의를 검토해 보기로 한다.

> (27) a. 아버님이 붙들리셨어요?
>   b. 범인이 붙들리셨어요?
> (28) a. 그분이 모임에 빠지셨읍니까?
>   b. 못이 이제 빠지셨읍니까?
> (29) a. 아버님이 꺾이셨어요?
>   b. 나무가 꺾이셨어요?

이들 예문은 인용 논문의 필자가 '호응설이 당면하는 최대의 난관'이라고 판단한 문장들이다. 결국 이러한 난관 때문에 주체 존대설을 강력히 부정한 것으로 보이는데, 만약 이 난관이 극복될 때 주체 존대설이 성립된다는 말인지도 모르겠다. 이 '최대의 난관'은 필자가 보기에는 그리 문제도 안 될 것 같으며, 오히려 이들 자료에 대한 잘못된 해석이 매우 독특한 결론을 가져오게 한 것 같다.

이 논의에서는 무엇보다도 먼저 청자와 주체에 대한 혼동이 지적될 수 있다. 그 논의에서는 각 b의 존대 대상은 청자라고 해석하고, 각 a의 존대 대상은 주어라고 해석함으로써 주체 존대설의 모순을 지적한다. 그러나 이것은 전혀 자료 해석상의 오해일 것이다. 각 a 문장은 주체 존대 해석에 아무런 무리가 없다. 문제는 각 b의 주어가 존대 대상이 될 수 없으며, 존대 대상이 되는 것은 청자라는 해석이다. 그러나 b 문장들의 존대 대상이 반드시 청자만 되는 것은 아니다. 제삼자도 존대 대상이 되기에 부족함이 없으며, 또 내용상 청자가 존대 대상이 되는 경우라 하더라도 '시'를 반드시 청자와 관련시켜야 하는 것이 아니다.

(30) 김 선생님이 가셔.

(30)에서 주어인 '김 선생님'이 청자라고 해서 '시'가 청자 존대라고 할 수는 없다. 이 청자는 동시에 주어 또는 주체이니 '시'는 주어 또는 주체 존대라 할 수 있는 것이다. 이러한 해석은 (27)~(29)의 각 b 문장 해석에 그대로 적용된다. 이들 b 문장은 그 앞에 청자 또는 기타 제삼자에 해당될 NP가 생략되었음이 분명한데, 이들이 청자로만 해석되지는 않는다. 필자는 이들을 주체 또는 문법상 상위 주어로 보고자 한다.

(31)

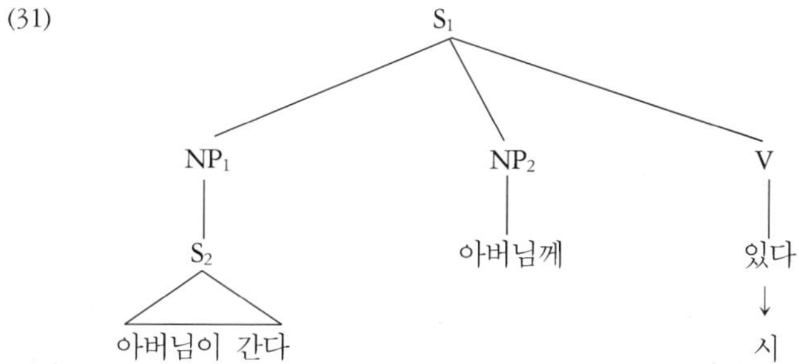

주어 또는 주체 존대를 부정하면서도, '시'에 대한 적절한 해석 방법을 구하지 못한 것으로 보이는 인용 논문의 필자가 도달한 결론은 대략 앞쪽의 도표 (31)로 요약된다. 이에 대한 필자의 해설을 소개한다.

"여기에 {-시-}의 어원이 「있다」에 있다는 매우 암시적인 사실의 해명을 곁들인다면, {시}의 존대 절차는 자명해진다고 할 수 있다. 그 기저 구조는 아마도 어떤 문장이 전체로서 주어가 되고, 「있다」가 그 문장 전체를 받는 술어가 되고, 존대되는 대상이 「에게」나 「께」와 함께 처격으로 「있다」 앞에 오게 되는 구조가 될 것이다." "S₂의 주어와 문제의 처격이 다를 때에는 S₁의 인물이 어떠한 형식으로든 표면 구조에 상정되기 마련인데, 그 일반적인 양상은 주제화와 관련되어 나타난다."

위와 같은 귀결에는 적지 않은 문제점이 내포되어 있다. 문제 해명의 결론에 무더기의 새 문제가 제기된 느낌이다. 우선은 (31)과 같은 기저 구조를 상정하게 된 통사적 근거를 찾아 보기 어려우며, 다음으로는 설혹 '시'의 어원이 '있다'에 있다고 하더라도, 이것이 어디까지나 어원 문제이고 보면, '있다⇒시'에 대한 의미론적, 통사론적 해석의 근거가 뒷받침되어야 할 것이다. 또 설혹 이런 것들이 모두 가능하다 치더라도, (31)과 같은 기저 구조에서 문제의 표면 구조 '아버님이/께서 가신다'를 유도할 수 있는 설득력 있는 변형 절차를 마련할 수 있을지 의문이다. 박양규(1975)에서와 마찬가지로 여기서도 존대와 전혀 무관한 '시'가 어떻게 존대 절차에 이용되는지의 문제에 관하여서도 설득력이 있어 보이지 않는다.

3. '시'와 주체 존대

3.1. 2.2, 2.3에서 두 논문에 나타난 논의, 즉 '시'를 존대와 전혀 관련시키지 않고 새로운 해석을 시도했던 내용을 대략 살펴보았다. 거기서, 그들 논의가 공통으로 내포하고 있는 근원적인 문제점은 무엇보다도 가장 기본적인 언어 자료에 대한 대우 해석이 바르지 못했다는 점이다. 이렇게 잘못 해석된 자료에 근거를 둔 이상, 그 이후의 논의와 결론이 정당화되기 어려울 것은 당연한 일이다.

위의 두 논문에서는, '시'를 존대와 관련시키는 두 가지 상이한 해석, 즉 '존대설'과 '호응설'에 대해 부정적인 논의를 제기했다. 존대설이란 '시'가 어떤 대상에 대한 존대를 표현한다는 내용이 되고, 호응설이란 '시'가 어떤 대상에 대한 존대의 문법적 표지로만 쓰인다고 보는 내용이다. 후자는 결국 어떤 존대 대상과 서술어 사이의 문법적 일치 관계에 불과할 뿐이다.

이와 관련하여 다음 예문을 살펴보자.

(32) a. 김 선생님이 하시었다.
　　 b. 김 선생님이 하였다.
　　 c. 김 선생님이 하십시오.
　　 d. 김 선생님이 하셔.
　　 e. 김 선생님이 해.

위 예문들 중 b, d, e에 대해서는 문법성에 이견이 있을지도 모른다. 박양규(1975)에 의하면, 적어도 b, e는 허용되지 않는 문장들이다. 그러나 필자는 위의 모든 문장을 정상적인 것으로 전제한다. 이들은 존대 대상에 대한 화자의 존대 정도에 차이가 있을 뿐이라 생각한다. 대우란 것이 많은 경우 양자 택일, 즉 'A 아니면 B'의 내용을 가지는 것이 아니고, 정도상의 폭을 가지는 현상이다. 위 예문에서 만약 b와 e가 허용되는 것이라고 전제한다면 소위 호응설은 성립되기 곤란하다. 존대 대상에도 불구하고 '시'가 수반되지 않는 이 예들을 호응설로는 설명이 안 되기 때문이다. 만약 b, e가 허용되어 '시'의 유무에 의해 어떤 대상에 대한 존대 의도의 유무가 표현된다면 '시'는 존대 형태로 간주될 수밖에 없을 듯싶다.

그러나 필자는 이 글에서 호응 또는 일치라는 말을 그렇게 엄격한 개념으로 쓰지 않는다. '시'가 어떤 대상을 존대하기 위해 쓰였을 때, 이 양자는 대우의 일치 또는 호응을 이루고 있는 것으로 해석하였다.

3.2. '시'를 논의함에 있어 가장 기본적인 자료는 단순문에서 얻어진다. 이 단순문에 우리의 관심을 제한한다면, 주어에 대한 존대, 즉 주어 존대는 예외가 나타나지 않는다. 여기서 주어란 것은 꼭 내면의 주어를 의미하는 것이 아니라 오히려 일반적으로 말하는 표면의 주어를 의미한다. 아무도 이 단순문에 실현되는 주어와 '시' 사이의 엄격한 규칙성을 부정하지는 않을 것이다. 이에 따라 필자는 단순문에서와 같이 한 문장 안에서 '시'와 주어 사이에 이루어지는 존대를 '주어 존대'라 부르고자 한다. 이 주어 존대는 물론 단순문이 아니더라도 주어가 존대 대상일 경우 '시'가 쓰일 수 있음이 원칙이다.

(33) 철수는 아버지께서 회사에 다니신다.
(34) 우리는 어머니께서 일을 많이 하신다.

사실상 주어 존대는 문장의 유형과는 아무런 관계 없이 실현된다.

우리 화자나 청자들은 대체로 이러한 주어 존대의 엄격성이, 한 문장의 범위를 넘어서는 소위 중주어 구문 전체에까지 그대로 적용되리라는 생각을 가질 것이며, 또 그렇게 되기를 기대하는 것이다. 또 이렇게 광범하게 실현되는 주어 존대의 엄격성이, 한 문장의 범위를 넘어서서 작용된다 해서 송두리째 파괴되리라는 것은 사실상 예상하기 어려운 일이기도 하다. 그렇다고 해서 한 문장의 범위 내에서 얻은 결론에 집착한 나머지 전체를 관찰하는 안목을 둔화시켜서는 안 될 것이다.

2.에서 우리는 '시'가 쓰이지 않는다고 하는 단순문을 보았었다. 다시 한 번 돌아보기로 하자.

(35) a. 아버님이 보이니?(=10)
　　 b. 너는 아버님이 보이니?
　　 c. 철수는 아버님이 보인다고 하던가?
　　 d. 어머님은 안 보이셔도 아버님은 보이셔.

되도록 설명의 중복을 피하려 하거니와, a를 일종의 자동사문 같이 본다면, a는 그대로도 가능한 문장이며, '시'가 들어가도 완전한 문장이 될 것이고((35)d 참고), b나 c와 같이 문두에 다른 NP가 생략되었다고 볼 경우, 비로소 주어 존대에 예외자가 생기게 된다. 이하에서 이 문제를 중심으로 이 존대 논의를 전개해 나가기로 한다.

3.3. 주어 존대에 대한 예외자는 과연 주어 존대를 송두리째 부정하게 되는 것인가?

(36) 선생님은 그놈이 붙잡히셨어요.(?)
(37) 할아버지는 저 애가 보이세요?

위 두 예문은 피동문으로 각각 두 개의 NP가 문두에 연속돼 있는데, 첫 번째 NP는 능동문의 주어인 행위주이고, 두 번째 NP는 피동문의 주어로서 능동문의 목적어이다. 이들 문장에서 '시'의 존대 대상이 되는 것은 분명히 주어가 아니라 문두의 NP, 즉 능동문의 주어인 행위주다. 그러므로 여기서도 엄격했던 주어 존대의 원칙은 무너지고 있다. 이런 현상은 다음과 같은 피동문에서도 확인된다.

  (38) a. *너는 선생님이 붙들리셨니?
     b. 너는 선생님이 붙들렸니?
  (39) a. *너는 선생님이 보이시니?
     b. 너는 선생님이 보이니?

각 a에 대해서는 그것이 성립된다고 보는 사람들이 있을 줄 안다. 특히 연소층으로 갈수록 사용 폭이 넓어질 것이다. 그러나 중년층 이상에서 또는 전통적인(?) 용법으로는 이들은 허용되지 않는 것이 원칙일 것이다. 이렇게 본다면, 주어가 아닌 행위주와 서술어 사이에서 대우, 즉 존대 일치가 이루어짐을 보여 준다.

이러한 관찰은 결국 피동문에서 '시'는 주어가 아닌 행위주와 대우의 일치를 이룬다는 결론에 이르게 된다. 그러면 앞에서 보아 온 주어 존대와 여기서 보는 행위주 존대는 전혀 이질적인 것인가? 얼핏 보아서는 주어와 행위주를 대우상 주체란 상위 개념으로 모두 포괄할 수 있을 것 같이 보인다. 이렇게 '시'를 새로운 개념의 주체 존대로 봄으로써 (36)~(39)에 보이는 주어 존대의 난관을 극복할 수 있을 것으로도 보인다.

그런데 이들 예의 대우 현상을 설명함에 있어, 먼저 그들의 기저 문장을 능동문으로 보고, '시'는 능동문의 주어와 일치한다고 봄으로써, 주체 존대 대신 주어 존대란 용어를 계속 사용할 수 있을 것으로 생각하는 사람이 있을지도 모른다. 그러나 이것은 다음 예문에 의해 쉽게 거부된다.

  (40) 우리 선생님이 철수한테는 붙들리셨어.

(41) a. 철수가 선생님한테는 보여.
    b. *철수가 선생님한테는 보이셔.

이들 예문에서 능동문의 주어는 각각 '철수'와 '선생님'인데, 이들 주어와 '시' 대우는 호응되지 않고 있다.

그런데 이들 예문이 보여 주는 더 주요한 문제는 방금 앞에서 보았던 주체 존대 안의 행위주 존대에 대한 부정이다. (36)~(39)의 피동문들이 보여주는 것은 '시'와 행위주와의 일치였지만, (40), (41)의 피동문이 보여 주는 것은 이에 대한 명백한 부정이다. 따라서, 피동문에 실현되는 존대 대상을 행위주로 보아 이를 주어와 함께 묶어 주체라고 명명한 것은 이제 수정되지 않으면 안 된다.

이러한 난관을 극복하는 길은 무엇인가? 그것은 (36)~(39)와 같은 피동문에서, 피동문 주어 앞에 와 있는 문두의 '선생님, 할아버지, 너' 등도 주어로 해석하는 길이 있을 수 있다. 이러한 해석은 이들 문장을 중주어 구문으로 해석하는 방법이다. 이렇게 보면, 위에서 본 행위주들을 모두 상위 주어로 실현된 행위주로 해석된다. 소위 중주어 구문에 대한 논의는 이것만으로도 많은 딴 지면을 요하는 큰 문제일뿐더러, 학계에서도 다양한 견해를 보이고 있는 문제에서, 여기서는 이것을 논의할 형편이 못 된다. 다만 필자는 국어에서 중주어 구문의 인정이 국어 문법 기술상의 부담을 훨씬 덜어 준다는 점에서 우선은 긍정적인 것으로 전제하려 한다. 특히 '시' 존대에 관한 한 중주어 구문의 설정은 거의 불가피한 것으로 보인다. 위에서 보는 피동문도 중주어 구문으로 해석함으로써만 원만한 해결책을 얻을 수 있을 줄 안다. '능동⇒피동'의 변형을 전제할 경우 이는 표면상의 중주어 구문을 의미하게 되고,'시'도 이러한 변형 후에 도입되는 것으로 해석될 것이다.

따라서 중주어 구문의 전제 아래에서 관찰하면 (36)~(41)의 예문들에 대해 통일성 있는 합리적 해석이 가능해진다. 즉 (36)~(39)의 피동문에서는 '시'가 상위 주어와 호응되고, (40), (41)의 피동문에서는 주어와 호응되는 것으로 해석할 수 있다. 결국 이런 피동문에서는 '시'의 존대 대상은 주어나, 행위주인 상위 주어가 되는 것이다. 한 예로 (41)a를 보면, '선생님'은 존대 대상의 행위주지만 '시'와 호응되지 못하는데, 이것이 일단 상위 주어로 실현되는 다음 문장에서는 '시'와 호응된다.

> (41) c. 선생님은 철수가 보이시나?

이에 필자는 이 두 종류의 주어, 즉 주어와 행위주인 상위 주어를 하나로 통합하여 주체라 부르기로 한다. 이것은 앞서 주어와 행위주를 하나로 묶어 주체라 했을 때의 문제점을 극복할 수 있는 것이다.

잠시 예문 (38)a, (39)a에 다시 시각을 돌려 보기로 한다. 이들 문장에서, 만약 '너'가 행위주가 아닌 경우에는, 피동문이 되지 못하는데, 이 때에는 완전한 중주어 문장으로 해석될 수 있으므로, 이를 검토해 볼 필요가 있다.

> (42) a. 너는 김 선생님이 붙들리셨니? (너＝행위주)
>   b. 너는 김 선생님이 (철수한테) 붙들리셨니?

가령 편을 짜서 서로 잡기를 하는 어떤 놀이를 하는데, '너'와 '김 선생님'이 한편이 되고, '철수'는 상대편이 되었다고 가정해 보자. 이러한 가정 아래에서는 a는 충분히 b와 같은 의미로 해석이 가능할 때가 있다. 즉, a에 행위주 '철수'가 생략된 경우이다. 이러한 구조에서는, '시'는 물론 주어와 호응되는 주어 존대의 전형적인 예가 된다.

b와 같은 구조와 의미 해석을 염두에 두면서 a의 또 다른 해석 가능성을 생각해 보자. 이번에는 '너'와 '김 선생님'이 서로 반대편이라고 가정해 볼 경우, a는 다음과 같은 해석도 가능해지는 것이다.

> (42) c. 너는 김 선생님이 너한테 붙들리셨니?

이 문장에서도 b에서와 마찬가지로 '시'의 존대 대상은 주어인 '김 선생님'이 된다. 그러므로 (38)a를 가능한 문장으로 받아들이는 사람들에게는, 이 문장이 (42)c와 같은 구조 및 의미로 해석되기 때문일지도 모른다. 필자는 (42)a~c와 같은 문장들을 국어의 전형적인 중주어 구문의 한 유형으로 보고자 한다. 이들에서 '너'는 '너의 경우에 있어서는' 정도로 해석 가능한데, 이들은 주어를 하나로 하는 어떤 기저 문장을 상정하기 매우 곤란하다. '시'와 상위 NP와의 대우 일치는, 지금까지의 학계 논의에서 발견되는 어떠한 것보다도 강력한, 국어 중주어 구문에 대한 주요한 한 근거를 마련해 주는 것으로 보인다.

　이번에는 예문 (39)에 시선을 옮겨 보도록 하자. 이와 관련해서, 다음 예문들은 이제 면밀한 관찰이 요구되는 것들이다.

　　(43) a. 아버님이 보이니? (=10)
　　　　 b. 아버님이 보이시니?
　　(44) a. 너는 아버님이 보이니?
　　　　 b. 너는 아버님이 보이시니?
　　(45) a. 김 선생님은 철수가 보여요?
　　　　 b. 김 선생님은 철수가 보이세요?

　박양규(1975), 임홍빈(1976)에 의하면, (43)b, (44)b는 성립이 안 될는지도 모른다. 순서를 바꾸어 (45)부터 보기로 하자. 물론 이들 문장의 성립 여부에도 의견이 엇갈릴 수 있다. 우선 이 문장들에서 '김 선생님'을 행위주라고 생각할 때, (45)b는 성립에 의문이 가지 않을 것 같다. 일단 (45)b가 성립된다고 보면, (45)b에서 오직 '시'만 결여된 (45)a도 성립된다고 보는 것이 필자의 생각이다. 앞에서 이미 언급했듯이, '시'의 결여가 반드시 문장을 비문(非文)으로 만든다고는 생각하지 않기 때문이다. 이렇게 보면, (45)에서는, 예문 (36)~(39)에서와 마찬가지로 '시'와 행위주의 상위 주어 사이에 대우의 일치가 성립됨을 볼 수 있다. (45)에 대한 이러한 해석이 가능한 것으로 이해되기만 한다면, (44)도 같은 방법으로 해석되어 결국 (44)b는 성립 안 되는 결과가 될 것이며, (43)에서도 상위 주어에 해당되는 어떤

NP가 생략된 것으로 해석되어, (43)~(45)는 똑같은 원리 아래 설명 가능하게 된다.

그런데 여기서 필자가 강조하고 싶은 것은 이들 문장에 대한 또 다른 해석 가능성이다. (43)a에서부터 보자. 이것은 앞에서 거듭 언급이 됐던 것인데, 여기서 잠시 더 생각해 보기로 한다. 가령, 사람들이 모여 숨기 놀이를 하는데, 아버지 되는 사람이 장독 뒤에 숨었다고 가정하자. 그런데 아들이 보니 아버지의 머리가 일부 보였다고 생각하면서 이 아들의 다음 말을 보자.

(46) 아버지는 머리가 조금 보이셔요.

필자는 이것을 완벽한 문장으로 생각한다. 만약 이것이 긍정된다면, 다음 문장 역시 거부될 아무런 이유가 없다.

(47) 아버지는 조금 보이셔요.

이러한 해석은 결국 (43)b를 가능한 문장으로 보지 않을 수 없게 하며, 따라서, 이제는 (43)a를 두 가지로 달리 해석할 수 있게 한다. 우선 첫째는, b문장에서 '시' 존대만이 결여된 것으로 생각하는 해석이고, 둘째는, 문장 머리에 행위주가 되는 어떤 NP가 생략된 것으로 보는 해석이다.

다음에는 (43)b를 조금 바꿔 본 다음 문장을 보자.

(48) 어머님은 아버님이 보이셔요?

이 문장은 이제 쉽게 두 가지로 해석할 수 있게 된다. 하나는 '어머님'이 행위주로서 피동문의 상위 주어로 존대되는 해석이고, 또 하나는 '어머님'이 행위주가 아닌 상위 주어로서, '시'와 주어 '아버님' 사이에 대우 일치가 이루어졌다고 보는 해석이다. 즉 후자는 전형적인 중주어 구문으로 해석되는 경우다. 이러한 해석들을 모두 고려해 넣고 보면, 우리는 다음과 같은 문장을 세 가지로 달리 해석할 수 있게 된다.

(49) 아버님이 보이셔요?

첫째 해석은, 이 문장 자체를 완전한 자동사 문과 같이 생각하는 해석으로 여기에다가 위에 본 (48)의 두 가지 해석을 추가할 수 있어, 결국은 세 가지 해석이 가능하게 된다. (43), (44) 등에 대한 이상의 논의에 따라, (45)에 대한 두 가지 해석도 무리 없이 이루어질 수 있다.

3.4. 3.3에서는 주로 피동문 및 이와 관련된 문장에 실현되는 주체 존대 현상을 살펴보았다. 이번에는 대략 존재 또는 소유라 할 수 있는 '있다, 없다' 등을 서술어로 하는 문장에 실현되는 '시'의 존대 현상을 살펴보자. '시'와 관련하여, '있다'는 박양규(1975)에서 구체적으로 분석되었는데, 그 주된 목표는 존칭 체언의 무정 체언임을 증명하는 데 있었다.

(50) a. 마당에 나무가 있다.
　　 b. 방에 선생님이 있다.
　　 c. *방에 선생님이 있으시다.
　　 d. 방에 선생님이 계시다.

이들 '있다'는 대체로 '존대' 또는 '현존'의 의미를 갖는다. 무엇이 어떤 장소에 있는 것을 말한다. 그런데 c가 불가능하고, d가 가능한 것을 보게 되는데, 이것은 존재 · 현존의 의미로는 '시'와의 복합형이 '있으시다'가 아니라, '계시다'임을 말해 준다.

'있다'는 이러한 존재의 의미 외에 흔히 말하는 소유의 의미를 가진다.

(51) a. 김 선생님은 연구실이 있다.
　　 b. 김 선생님은 연구실이 있으시다.
　　 c. 김 선생님한테는 연구실이 있다.
　　 d. ?김 선생님한테는 연구실이 있으시다.

어느 문장에서나 '김 선생님'은 '연구실'의 소유주로 해석될 수 있다. 이 소유주가 a, b에서는 대체로 소위 중주어 구문의 상위 주어로 실현되고 있음에 비하여, c, d에서는 여격어로 실현되어 있는 점에서 양자가 구분된다. 존대와 관련 두어 가지 주목을 끄는 것이 발견된다. 우선 (50)에서 보았듯 존재의 의미로는 사용 불가능했던 '있으시다'가 소유의 의미로는 완벽하게 쓰이며, 아울러 이 존대형은 중주어 구문의 상위 주어와 호응됨을 보여 준다. 다음은 d 문장의 성립 여부인데, 필자는 이것도 역시 성립 안 되는 것을 원칙으로 보면서, 성립된다고 보는 사람들을 고려하여 여기 참고하고자 한다. 만약 이 문장이 성립된다고 보면, 여기서는 여격어에 대한 존대가 가능하다고 보아야 할 것이다. 물론 '시' 존대가 가능한 여격어는 제한을 받는다. 우선 여기서는 소유주로 쓰인 여격어가 존대 가능함을 보여 준다.

시바따니(1976)에서는 위와 같이 여격어에 실현되는 존대를 중시하여, 이 여격어를 여격 주어라 하였다. 이에 따르면, (51)d에서 '김 선생님'이 여격 주어가 되고 '시'는 주어와 호응된다는 그의 엄격한 원칙에 따라 이 여격 주어가 문장의 주어가 될 것이다. 그러면, 우리가 일반적으로 생각하고 있는 주어 '연구실'과의 관계는 어떻게 설명될 것인가? 2.1.에서 잠시 언급했듯 이 여격 주어 문제는 극복하기 어려운 여러 가지 문제점들을 안고 있다.

(51)에서 잠시 생각해 볼 또 하나의 문제는 a와 c(또는 b와 d)의 의미의 동일성 문제다. 이미 설명되었듯, '김 선생님'이 어느 문장에서나 소유주라는 의미의 공통성을 가진 점은, 벌써 이들 문장의 동일성을 의미하는 것으로 볼 수도 있다. 더구나, '-한테(에게)는', '-에는' 등이 의미에 변화를 주지 않은 채 '-는'만으로 대행되는 것을 보면, 이 동일성은 더욱 신뢰를 받을 수 있을 것 같다. 다음은 그 한 예다.

(52) a. 나도 철수한테는 그걸 주었어.
　　 b. 나도 철수는 그걸 주었어.
(53) a. 나도 김 선생님댁에는 다녀.

     b. 나도 김 선생님댁은 다녀,

이와 같은 의미의 동일성이 확인되면, (51)에서 결국 c⇒a의 변형 관계가 성립되는 것으로 해석 가능하다. 그러나 이 경우 (51)d를 부정하는 쪽에 서게 되면, '시'는 기저에서는 나타나지 않는 것으로 해석되어야 할 것이다. 위에서 살펴본 것을 종합해 볼 때 (51)은 대체로 앞서 보았던 피동문의 경우와 일치되고 있다.

'있다'의 구문에도 원래부터 중주어 구문으로 해석되는 경우가 있다.

    (54) a. 김 선생님 쪽에는 아직도 아이들이 있어.
        b. 김 선생님한테는 아직도 아이들이 있어.
        c. *김 선생님은 아직도 아이들이 있으셔.
        d. 김 선생님은 아직도 아이들이 있어.
        e. *김 선생님은 아직도 아이들이 있으셔.

'김 선생님'이 있는 쪽으로 어떤 낯선 학생들이 모여들었다가 흩어지고 일부 학생들만이 아직 남아 있는 상황을 가정하면서 위 문장들을 보게 되면, '있다'는 여기서 소유가 아니다. 즉, b~e에서 '김 선생님'은 소유주가 아니다. 이 경우에 d는 a나 b에서 유도된 것으로 볼 수 없을 것 같다. 역시 d는 전형적인 중주어 구문으로 해석되며, 따라서 상위 주어에 대한 존대는 불가능해진다.

다음에는 잠시 '있다' 및 이것과 '시'의 복합 형태로 보이는 '있으시다', '계시다'의 관계를 종합해 보고자 한다.

    (55) a. 김 선생님한테는 고양이가 있어.
        b. ?김 선생님한테는 고양이가 있으셔,
        c. *김 선생님한테는 고양이가 계셔.
        d. 김 선생님은 고양이가 있어.
        e. 김 선생님은 고양이가 있으셔.
        f. *김 선생님은 고양이가 계셔.
    (56) a. 철수한테는 형님이 있어.

    b. *철수한테는 형님이 있으셔.
    c. 철수한테는 형님이 계셔.
    d. 철수는 형님이 있어.
    e. *철수는 형님이 있으셔.
    f. 철수는 형님이 계셔.

'있다'가 존재(또는 현존)의 의미로 쓰인 예문 (50)과 위의 (55), (56)을 함께 종합해서 검토해 보면, '있다, 있으시다, 계시다'의 용법은 명백하게 드러난다. 우선 (55) c, f는 '계시다'가 상위 주어인 소유주와 호응되지 못함을 보여 주며, (56) b, e는 '있으시다'가 주어 존대에 쓰이지 못함을 보여 준다.

주체 존대와 관련하여, 지금까지의 '있다'에 대한 논의를 종합하면 대략 다음과 같이 요약할 수 있다.

(57) 있다(존재·현존) – 계시다 … 주어 존대
     있다(소유) – 있으시다 … 상위 주어 존대

3.5. 주체 존대와 관련하여 '있다'와 유사한 다른 예문들을 좀더 관찰해 보고자 한다.

(58) a. 김 선생님한테는 철수는 무거워.
     b. [?]김 선생님한테는 철수는 무거우셔.
     c. 김 선생님은 철수는 무거워.
     d. 김 선생님은 철수는 무거우셔.
(59) a. 철수한테는 김 선생님은 무거워.
     b. 철수한테는 김 선생님은 무거우셔.
     c. 철수는 김 선생님은 무거워.
     d. [?]철수는 김 선생님은 무거우셔.

앞에서 보아 온 '피동문'이나 '있다' 구문과 대체로 일치되고 있음을 본다. 먼저 (58)부터 보자. a, b에서는 원칙적으로 주어와 '시' 사이에 호응이 성립된다. 여격어에 대해서는 역시 얼마간의 저항감이 생긴다. a와 c(또는

b와 d)는 여기서도 a⇒c와 같은 변형으로 설명이 가능할 것이다. 이러한 해석은 (59)에도 그대로 적용된다. 다만 a에는 '시'가 결여되었을 뿐이며, c를 부정하고 그 대신 d를 허용하는 사람들이 있을 수 있다. 그런데 지금 이들 예문의 해석에서 상위 주어가 내용상 행위 주체라는 점에 유의할 필요가 있다. 비록 서술어는 형용사지만, 상위 주어는 각각 다음 (60), (61)과 같은 행위가 전제되어 있는 것이다.

> (60) 김 선생님은 철수를 든다.
> (61) 철수는 김 선생님을 든다.

이렇게 볼 때 (59)d의 성립은 곤란해진다. 여기에 쓰인 '무겁다'와 같이 형용사가 행위의 전제와 함께 쓰일 때, 그 의미상의 주체가 되는 것도 '행위 주체'로 간주하기로 한다.

또 한편 여기에서도 (58)c나 (59)c, d 등은 본래부터의 중주어 구문으로 해석될 수도 있다. 이 때는 물론 상위 주어가 행위주가 되지 않는다. 이런 구조 유형의 문장에서는 다만 예사 주어 존대만이 가능할 뿐이다. (59)d가 가능한 것도 이 주어 존대의 범위 내에서뿐이다.

> (62) a. 김 선생님한테는 그 모자가 어울려/맞아.
>   b. ?김 선생님한테는 그 모자가 어울리셔/맞으셔.
>   c. 김 선생님은 그 모자가 어울려.
>   d. 김 선생님은 그 모자가 어울리셔/맞으셔.

(62)는 (58), (59)와 동궤의 것이다. 다만 서술어에 있어서 형용사와 동사의 차이가 있을 뿐인데, 이들 동사는 사실상 의미에 있어서는 형용사와 동일하여 모두 [+상태]라는 공통 자질로 묶을 수 있다.

국어 대부분의 형용사는 (58)~(62)와 같은 주체 존대 현상을 보이는 것으로 생각된다. 즉, 이들 형용사(일부 동사 포함)는 그것이 어떤 주체의 행위와 관련되어 쓰일 때는 주체 존대 표현이 가능해진다.

이상으로 잠시 주체 존대에 대한 논의를 멈추고, 이것을 종합 정리해보면, '시'는 대체로 주어 및 행위나 소유의 주체가 되는 상위 주어(일부 사람들에게는 '여격어'도 포함)를 존대한다고 요약할 수 있다. 다음과 같은 예문은, 행위 주체의 주어가 아닌 경우 존대가 성립되지 않음을 증명해 준다.

(63) a. 김 선생님한테 아이들이 기대었다.
　　 b. *김 선생님한테 아이들이 기대셨다.
　　 c. 김 선생님은 아이들이 기대었다.
　　 d. *김 선생님은 아이들이 기대셨다.

물론 여기서 '김 선생님'은 행위 주체도 아닐뿐더러, 상위 주어도 아니다. 주제라고는 하겠는데, 여기서도 주제와 '시'의 대우 일치가 불가능함을 보여 준다.

3.6. 그런데 '시'와 호응되는 것이 반드시 행위나 소유의 주체만이 아니라는 사실이 바로 드러난다.

(64) a. 김 선생님은 목소리가 크셔.
　　 b. 김 선생님은 목소리가 떨리셔.
(65) a. 할아버지는 지팡이가 너무 기셔.
　　 b. 할아버지는 지팡이가 부러지셨어.

필자는 이들 문장도 중주어 구문의 문장으로 보고자 하는데, 여기서 존대 대상이 되는 상위 주어는 행위 주체나 소유 주체가 아니다. 이들의 경우, 상위 주어와 하위 주어의 관계가 대체로 '소유－부속'의 관계라 할 수 있을 것 같다. 이것은 흔히들 말하는 '불가 분리(inalienable)'보다는 더 넓은 뜻으로 쓴 것이다. 이러한 유형의 문장에서는 대체로 서술어의 유형에 관계없이 주체 존대가 성립되고 있다. 그러나 그 '소유－부속'이 이러한 두 NP 사이의 관계를 나타내는 데 쓰일 때, 그 한계를 결정짓기 어려운 경우가 많다. 그러나 이러한 한계성의 문제는 비단 여기에서만 문제되는 것이 아니라, 언어 현상 곳곳에서 발견되는 매우 보편적인 현상인 것이다.

만약 두 NP 사이에 '소유−부속'의 관계가 성립되지 않는다면 같은 문장이라도 주체 존대는 실현되지 않는다. 가령 (65)b에서, 이 지팡이가 할아버지의 것이 아니고, 우연히 옆에 세워져 있던 것이라고 하면, 이때 주체 존대는 불가능해진다.

이렇게 해석이 다를 경우를 고려하여 두 가지 해석에 따른 별개의 기저 문장을 상정할 수도 있다. '소유와 부속'의 해석일 때는 흔히 생각하듯 관형어 구문을 기저로 보고, 이런 관계가 아닌 후자의 해석일 경우에는 기저의 중주어 구문으로 보아 구분하는 것도 그 한 방안이 될 것이다.

> (66) a. 김 선생님은 학생들이 열심히 공부해.
>   b. *김 선생님은 학생들이 열심히 공부하셔.
>   c. 김 선생님은 학생들이 부지런해.
>   d. *김 선생님은 학생들이 부지런하셔.

(66)은 (64), (65)와 같은 중주어 구문이지만, 여기에서는 상위 주어에 대한 존대는 성립되지 않는다. (66)이 앞의 두 문장과 다른 점은, 여기에서는 NP_1, NP_2의 관계가 앞에서와 같은 '소유−부속'의 관계가 아니라는 점이다. 그뿐만 아니라 (66)의 상위 주어는 행위주도 아니며, 소유주도 아닌 점이, 주체 존대와 관련하여 특징적인 점이라 하겠다.

예문 (64) 이후에서 관찰한 바에 의하면 앞에서 대략 간추려 보았던 주체 존대의 원리는 수정되지 않을 수 없다.

3.7. 지금까지 3. 전체에서 논의되어 온 바를 총 정리해 볼 때, 여기서 얻어진 대강의 결론은, '시'에 의한 존대는 주체 존대라는 것으로, 얼마간의 문제점을 제외하고 보면, 대체로 아래와 같이 공식화할 수 있겠다.

> (67) X − Y − 시

이것은 대략 다음과 같이 풀이될 수 있다.

  '시'는 주어 Y나 상위 주어 X를 존대한다. X와 Y를 합하여 주체라 하고, (67)의 규칙에 의한 존대 절차를 주체 존대라 하며, 주체를 다음과 같이 정의한다 :

  주체 : (하위)주어, 동사 및 형용사로 표현되는 행위주 및 소유주의 상위 주어, 그리고 상위·하위 주어 사이의 관계가 '소유－부속'의 관계인 상위 주어를 의미한다.

  그러나 실제로는 이러한 존대에는 큰 제약이 따른다. 만약에 청자가 최상위에 있을 때는 청자 외의 모든 존대는 허용되지 않는 것이 원칙이다. 이 제약은 비단 주체 존대뿐 아니라 객체 존대에까지 적용되는 제약인 바, 이를 '상위 청자 제약'이라 부르고자 한다.

  상위 청자 제약 : 청자가, 존대하고자 하는 청자 외의 다른 대상보다 대우상 상위일 때, 이 대상에 대한 존대는 허용되지 않는다.

4. 맺는 말

  언어 현상이란 것이 막연하게 생각되듯 명쾌하게 구획 구분되는 것이 아니다. 기본적으로 우리는, 언어라는 수단을 통해, 자연의 객관 세계라는 연속성의 실체를 칼로 자르듯 분절화함으로써 파악하는 것이기는 하지만, 언어라는 것이 그렇게 이상적으로 대상을 분절화한다는 것은 양 쪽 즉 언어나 대상 모두의 성질상 불가능한 것이다. 우리는 언어를 통해서 대상을 보게 되지만, 언어 속에 반영된 대상이 객관 세계의 전부가 될 수 없음은 물론이다. 사람은 언어를 통해서 대상을 이해하지만, 이러한 과정을 통해서, 사람은 언어에 반영된 그 이상의 대상의 진실을 인식하게 되는 것이다. 여기에 언어는 이제 그 안에 수용하는 의미 내용을 더 확대하게 되는 것이다. 이런 점이 바로 제한된 수학적 방식만으로는 언어 현상이 기대하는 만큼 기술될 수 없게 하는 요인의 하나가 된다.

　대우 현상이란 것은 어떤 면에서 그러한 본질을 철저한 특성으로 가지고 있다 하겠다. 여기에 작용하는 요인과 내용이 이처럼 복잡다단한 것도 별로 없을 것이다. 하기에 대우 현상이란 것이 언어학, 사회학 등등 여러 분야에 걸쳐 공통 대상이 되기도 하며, 때로는 문법의 문제 또 때로는 화용론의 문제가 되기도 한다. 적어도 우리는 이것이 문법적으로 잘 설명 기술되기를 기대한다. 그러나 필요한 경우 대담하게 다른 쪽에 넘겨줌으로써 이 현상의 본체를 규명하는 데 힘을 모아야 할 것이다.

　이 글에서 필자는 주체 대우 현상이란 것에 대하여 문법적인 해석을 의도하기는 했지만, 실제는 비문법적인 요소들이 눈에 띄고 있다. 결함이라면 결함이 되겠으나, 이 현상을 규명함에 있어 어떤 방향을 시사하는 결과가 될지도 모르겠다.

　대우 현상이란 것이 얼마간의 대우 폭을 가지고 있다는 것이 필자의 생각이다. 어떤 대상에 대한 존대나 하대에 있어 대우가 작용하는 범위가 있다는 말이다. 이것은 존대 대상에 '시'나 '드리다', '-께서' 등등 존대 형태라는 것이 안 쓰였다고 해서 비문으로 볼 수 없다는 필자의 생각과도 연관된다. 이 말이 대우 현상 속에 어떤 규칙성이 작용되지 않는다거나 그것을 찾을 수 있는 성격의 것이 아니라는 말과는 전혀 다르다. 다만 이것은 대우법이 문법의 범위 내에서만 기술될 수 있는 것이 아니요, 가까이는 화용론의 뒷받침이 있어야 함을 의미하는 것이라 하겠다.

　이 글은 첫머리에 밝혔듯, '시'에 관련된 모든 문제를 망라해서 해명하려 한 것이 아니다. 필자가 보기에, 이 대우법에 관한 한 너무도 소홀했던 점을 밝히고, 이 대우법의 한 큰 맥을 더듬어 보고자 하는 데 목표를 두었었다. 한 가지 분명한 사실은, '시'가 일반이 생각하듯 '존대'와 관련된다는 지극히 상식적인 생각을 대강이나마 확인할 수 있었다는 사실 같다. 다시 수정 또는 구체화되고 새로 밝혀지는 정밀화 작업이 다음 순서가 되어야 하겠다.

참고 문헌

박병수(1982) "The Double Subject Constructions Revisited", Linguistics in the Morning Calm.

박양규(1975), 「존칭 체언의 통사론적 특징」, 『진단학보』 40.

서정수(1971), 「국어의 이중 주어 문제」, 『국어 국문학』 52, 국어국문학회.

서정수(1972), 「현대국어의 대우법 연구」, 『어학 연구』 8 - 2, 서울대 어학연구소.

서정수(1977a), "Remarks on Subject Honorification", Papers in Korean Linguistics, ed, by Chin - W.Kim.

서정수(1977b), 「주체 대우법의 문제점」, 『배달말』 2, 배달말학회, 진주.

성기철(1970), 「국어 대우법 연구」, 『논문집』 4, 충북대학.

이익섭(1974), 「국어 경어법의 체계화 문제」, 『국어학』 2, 국어학회.

임홍빈(1974), 「주격 중출론을 찾아서」, 『문법 연구』 1, 문법연구회.

임홍빈(1976), 「존대 겸양의 통사 절차에 대하여」, 『문법 연구』 3, 문법연구회.

장석진(1973), 「화의 생성적 연구」, 『어학 연구』 9 - 2 (별권), 서울대 어학연구소.

최현배(1959), 『우리말본』, 정음사,

허 웅(1963), 『중세 국어 연구』, 정음사.

M.Shibatani(1976), "Relational Grammar and Korean Syntax"『어학 연구』 12 - 2, 서울대 어학연구소.

-『한글』 184, 한글학회, 1984. 4.

대우법의 화용론적 특성

1

언어란 것이 기본적으로 사회성을 띠고 있는 것이지만, 국어에 관한 한, 대우 현상만큼 언어의 사회성을 적극적인 방법으로 반영하는 예도 드물다. 그런데 우리의 관심을 하나의 문으로 제한하고, 이를 대상으로 대우법을 이해 또는 기술하려 할 때, 여기에는 적지 않은 문 외적인, 또는 문법 외적인 문제점들이 나타나기 때문에, 흔히 문법의 한계가 드러나기도 한다. 물론 문법은 문법대로 하나의 문을 대상으로 대우법을 기술하고 체계화할 필요가 있으며 또 그렇게 할 수 있다. 그런 만큼 우리는 종래 이러한 노력을 많이 기울여 왔고, 이에 따른 성과도 매우 큰 것이었다고 하지 않을 수 없다. 그러나 문제는 이러한 문법적인 기술이나 설명만으로는 한 문에 나타나는 여러 가지 대우 현상들을 합리적으로 설명하기도 어려우며, 아울러 관련된 제현상들을 유기적으로 또는 체계적으로 설명하는 데 있어서 쉽게 한계에 부딪힌다. 더구나 문법이란 것이 정적 또는 중립적인 낱개 문의 영역 안에서, 엄정한 객관적 규칙의 체계화로 규정될 때는, 그러한 한계는 더욱 심각하고 엄연한 것이 되게 마련이다. 그것은 기본적으로 모든 문이 특정의 상황 또는 문맥의 산물이라는 데 연유하는 것이라 하겠지만, 특히 국어 대우법, 더 근본적으로는 대우 현상 자체의 성격이 문 외의 여러 현

상 또는 요인과 직접 간접으로 연관되어 있기 때문이다. 말하자면 대우법
은 문법과 화용론의 가장 전형적인 접합점을 보여 주는 현상이라 할 수
있다. 많은 문법 또는 언어 현상이 그렇듯이 국어의 특정 대우법이나 대우
현상을 이해하고자 하는 경우에도, 규칙 체계로서의 문법 및 화용론적 제
현상에 대한 종합적이고도 유기적인 고려가 전제되지 않고서는, 기대하는
목표에 이르기 어려워 보인다.[1]

이 글에서는 대우의 제 문법 현상을 유념하면서, 이것만으로 설명되기
어려운 여타의 몇몇 현상들을 살펴보고, 아울러 이들 사이의 상호 관련성
문제를 돌아보고자 한다. 그중에서도 특히 국어 대우법의 골간이 되는 주
체대우법, 청자대우법 및 객체대우법 등을 유념하면서, 관련된 몇 가지 현
상들을 살펴보는 데 주안점을 두고자 한다.

이 글은 그 자료에 있어 엄격하게 표준되는 말만을 대상으로 하지는 않
았다. 비표준적으로 보이는 것이라 해도, 그것이 어느 정도 일반화된 것은
살핌의 대상으로 삼기도 하였다. 실제로는 어떤 표현이 표준인지 아닌지를
판별하는 것 자체가 용이한 일이 아님을 함께 지적해 두고 싶다.

2

대우란 화자가 청자나 그 밖의 관련 인물에 대하여, 관련 인물 상호간의
횡적 친소 관계 [solidarity dimension]나 종적 위계 관계[power dimension]
등을 고려하여, 거기에 적절한 존대 또는 비존대를 표현하는 언어 행위를
말한다. 이를 요약하면, 대우란 결국 관련 인물에 대한 화자의 존대 또는
비존대 표현이라 하겠다. 그러므로 대우는 기본적으로 화자의 주관적 의도

---

1) Leech(1983 : 46)의 다음 말은 이러한 사실의 보편성을 간명하게 보여준다. "… my
   conclusion will be that the correct approach to language is both formalist and
   functionalist."

또는 화자의 주관적 판단에 크게 의존하게 마련이다.

어떤 대사에 대한 대우를 결정하는 데는 종적인 위계 관계와 횡적인 친소 관계가 중요한 요인이 되는 것이지만, 이러한 관계를 결정 또는 판단하는 것 역시 화자의 주관적 판단에 의존할 수밖에 없다. 또한 화자가 여러 가지 사항을 종합해서 특정의 대우 수준을 심중에 결정했다고 하더라도, 그것이 반드시 고정적인 것만은 아니고, 상당히 가변적인 것이어서, 여러 가지 요인에 따라 얼마든지 변경 또는 수정될 수 있다. 더구나 문의 범위를 넘어서게 되면, 동일한 대상이라도 한 장면의 대화에서 대우의 형태나 수준이 달라질 수 있다. 그것은 대우 자체가 화자의 대우 의도에 의해 주관적으로 결정되는 것이기 때문인데, 이를 바꾸어 말하면, 대상에 대한 화자의 심리적 태도가 유동적일 수 있기 때문이다. 즉 화자의 심리적 변화에 따라 동일한 장면의 동일한 대상에 대해서도 대우의 형태나 수준 등에 있어 종적으로 오르내릴 수 있다. 극단적으로는 아주높임과 아주낮춤이 함께 쓰일 수도 있다. 다툼이나 싸움의 현장 같은 데서 흔히 경험할 수 있다.

> (1) a. (갑) 내가 일부러 그랬습니까?
>   b. (을) 일부러 한 거 아니면, 그렇게 당당한 거야?
>   c. (갑) 어디 반말이야! 당신은 그럼 잘못이 하나도 없어?

a와 같이 말한 갑 화자는, b와 같은 을의 반응에, c와 같이 반발할 수 있는데, a ─ c의 대우 또는 화계 변화는 담화상의 문제여서 문법과 무관하다고 할 수 있을지 모른다. 그러나 여기서 우리는 동일 장면의 동일 대상에 대해서도 대우의 정도에 상당한 변화가 가능한 것을 확인할 수 있으며, c의 두 번째 문에서와 같이, 문법적인 측면에서 볼 때, 결코 이상적이라고 할 수 없는 호응, 즉 주체 '당신'과 반말 어미 '─어'의 호응 같은 것이 상황에 따라 얼마든지 허용 가능함을 볼 수 있다.[2] 그것은 '당신'이 화계상 예

---

2) 부부와 같은 특정의 관계에서는 '당신'이 반말(두루낮춤)과도 자연스럽게 호응되지만, 이것이 확대해석되기는 곤란하다. '당신'은 예사높임(─소/─오)과 호응됨이 일반적이다.

사높임에 호응되는 명사임에 대하여, 반말은 두루낮춤의 '낮춤' 화계이기 때문이다. 또한 이러한 상황에서 '당신'은 안높임 또는 두루낮춤 지향성을 띠고 있고, 정상적인 예사의 높임의 성격이 크게 완화된다. 물론 이러한 호응은 두루낮춤인 반말의 대우적 특성으로도 설명될 수도 있겠지만, 또 다른 한편으로는 특정의 장면이나 상황을 전제로 이해될 수 있을 것이다. 이러한 예는 다음과 같은 데서도 예를 찾을 수 있다.

(2) 날짜는 선생님이 정하셨어. (선생님＝청자)

아주 비공식적인 자리에서 가까운 사이의 하위자가 상위자에게 할 수 있는 말인데, 여기에서도 아주높임의 '선생님'과 두루낮춤의 반말 화계는 일반적으로 잘 호응되는 것이 아니다. 즉 '선생님'이란 대상에 반말 화계를 쓰지 못하는 것이 상례이다.3) 그러나 여기서는 분명히 존대 대상이어서 '선생님'으로 존대했지만, 장면의 비공식성이나 특별한 친분 등이 고려되어, 반말 화계가 사용된 것이다. 이런 경우 본래 화계상 낮춤인 반말은 낮춤이라기보다 얼마간 안높임의 성격을 띠게 된다. 그리고 여기에서는 '-시-'에 의해서 주체로서의 '선생님'을 존대하면서도, 반말 화계의 '-어'에 의해서 청자로서의 동일 대상을 존대하지 않는 특수한 대우 표현을 하고 있다. 이처럼 2와 같은 중립적인 문으로서의 대상에 머무는 한, 그 대우 현상은 문법적으로 설명되기 어렵다. 문맥 또는 장면이 고려되고서야 설명 또는 이해가 가능할 뿐이다.

위의 예문 1과 2를 통해서, 대우라고 하는 것이 화자의 의도 또는 화자의 심리 작용에 따라서 주관적으로 변할 수 있음을 보였는데, 결국 이러한 현상은 대우의 표현이나 그 해석에 있어, 때로는 담화 또는 화용론적인 고

---

3) 화계를 나타내는 종결어미가 특정의 화계성 대명사나 명사의 주어와 호응되는데, 이 것은 문법적인 의미의 '일치' 현상과는 구분된다. 이러한 호응에서는 엄격한 규칙성이 결여되기 때문이다. 따라서 이 글에서 말하는 '호응'은 엄격한 의미로 사용된 것이 아니다.

려가 따르지 않으면 안 된다는 것을 보여 준다.

이상에서 본 바와 같이 대우란 것이 근본적으로 화자의 의도나 심리적 작용에 따라서 달라지는 가변적인 것인데, 이러한 현상에서도 시사되는 바와 같이, 대우란 것은 그 특성상, 원론적인 측면에서 볼 때, 화자의 대우 의도에 특정의 서열적 등급이 마련되기 어려울 수밖에 없다. 바꾸어 말하면, 화자의 대우 의도 또는 주관적 판단과 관련하여, 어떤 대상 인물에 적용되는 특정의 등급이 있을 수 없다. 이론상 화자의 심리적 태도에 따라 심적인 대우의 정도는 얼마든지 많은 차등을 가질 수 있다. 따라서 이를 나타내는 대우의 언어 표현도, 물론 얼마든지 많은 것이 될 수는 없으나, 실제 적지 않은 차등을 가지고 나타난다.

> (3) a. 김철 선생님께서 그렇게 말씀하셨어.
>   b. 김철 선생님이 그렇게 말씀하셨어.
>   c. 김철 선생님이 그렇게 말하셨어.
>   d. 김철 선생님이 그렇게 말했어.
>   e. 김철 선생이 그렇게 말했어.
>   f. 김철이가 그렇게 말했어.

위 예는 동일 대상에 대한 화자의 대우 표현이 6가지 차등으로 실현되었다. '선생', '말씀' 등과 같은 대우 관련 명사, '-께서', '-이' 등과 같은 조사, '-시-'와 같은 선어말어미 등으로 대우 표현의 6가지 차등화가 나타나게 되었다. 물론 경우에 따라 이보다 더 많은 대우 의도와 대우 표현의 차등화가 가능할 수도 있다. 이러한 많은 차등화는 위에서 보는 바와 같이, 자립 어휘, 조사, 어미 또는 파생접사 등 여러 요소의 교호 작용에 의해서 가능해진다. 이러한 대우 의도 또는 표현의 차등 현상을 '대우 정도의 연속성'이라 부르기로 한다. 대우는 그 본래의 속성, 그리고 대우를 표현하는 여러 가지 형태의 언어 요소로 해서, 그 정도라는 것이 적어도 이론상으로는 연속적이고 다수적인 것이 된다.[4)

이제 말한 대우 정도의 이론적 연속성과 다수성에도 불구하고, 실제 대우의 표현은 상당히 제약될 수밖에 없다. 왜 그러냐 하면, 실제로 대우의 언어화는 특정 수의 언어 형식에 의존하지 않을 수 없기 때문이다. 만약 특정의 언어 요소 하나만에 의존한다면, 그러한 차등화는 극히 제약된다. 가령 선어말어미 '-시-' 하나에 의해서 대우의 차등화를 도모한다면, 존대와 비존대의 두 가지 차등화만이 가능할 뿐이다. 특정 문법 요소에 의해서 가장 많은 차등화가 가능하기는 종결형에 의해서 실현되는 화계다. 화자의 청자대우를 나타내는 화계는 6가지의 차등화가 가능한데, 이들 중 어미만에 의해 차등화되는 것은 5가지이다(11도표 참조). 이처럼 특정 요소에 의해서 대우 표현을 할 때에는, 특정 수의 등급만이 차등화될 수 있을 뿐이다.

일반적으로 또는 기본적으로 대우법은 특정 인물에 대한 화자의 대우 의도를 반영함이 원칙이다. 그러나 실제의 언어 현실은 반드시 그러한 것만은 아니어서, 여기에는 상당한 예외적 현상이 실재한다. 즉 대우 표현과 대우 의도가 항상 일치하는 것은 아니란 점이다. 그러므로 존대 표현을 했다고 해서 반드시 마음에 존대 의도가 있는 것도 아니며, 비존대 표현을 했다고 해서 반드시 심중에 존대 의도가 없는 것만도 아닌 경우가 적지 않다. 마음 속에 상당한 존경심을 가지고 있으면서도 비존대나 하대의 표현을 하는 경우가 있는가 하면, 실제로는 존경심을 가지고 있지 않으면서도 존대 표현을 하는 경우가 있다. 심한 경우에는 마음 속에 증오를 하면서도, 나이나 주변의 관련 인물 등을 고려해서 마지못해 존대 표현을 하는

---

4) 국어와 같이 다양한 대우의 형태를 보이고 있지 않은 영어도, 그 나름대로 대우의 정도는 상당히 폭넓게 실현되고 있다. Leech(1983 : 108)가 보여 주는 'politeness'의 정도는 그 한 면을 보여 준다.

Answer the phone.
I want you to answer the phone.
Will you answer the phone?
Can you answer the phone?
Would you mind answer the phone?
Could you possible answer the phone?

경우를 얼마든지 생각해 볼 수 있다.

먼저 전자의 경우부터 생각해 보기로 한다.

> (4) a. 이 문제는 김 선생님께서 도와 주셔야 하겠습니다. (화자=청자 김 선
>   생의 후배)
>   b. 이 문제는 김 선생이 도와 줘야겠어. (화자=위와 같음)

a와 b에서 모든 대우 관련 인물 사이의 관계가 동일하다고 전제할 때, 대우의 정도는 존대와 비존대 또는 하대의 상당한 차이를 보이고 있다. 즉 주체이면서 청자인 '김 선생'이 a에서는 최상으로 존대 표현이 되고 있지만, 동일 인물이 b에서는 존대되고 있지 않다. 동일 대상에 대해서 이처럼 대우가 다르게 표현될 수 있는 까닭은 대우의 장면 또는 상황이 다르기 때문이다. 즉 발화 장면이 대우를 결정하는 데 결정적인 요소로 작용한 것을 살필 수 있다. 물론 이러한 사정은 어디까지나 언어적 표현에 근거를 둔 살핌이다. 그렇지만 같은 경우를 또 관점을 달리 해서 생각해 볼 수가 있다. 청자 또는 주체가 a에서는 최상의 존대를 받고 있는가 하면, b에서는 전혀 존대를 받고 있지 못하지만, 이러한 대우가 화자의 실제 대우 의도와는 일치되지 않는 것일 수도 있다. 가령 '김 선생'이 실제 화자의 존대 대상인 경우를 생각해 본다. b는 청자와 아주 허물 없이 친근한 화자가 기분 좋은 비공식적인 자리에서 한 말이라고 생각할 때, 이 경우의 비존대가 표현 그대로 청자를 존대하지 않은 것이라고 해석할 수 없다. 하대 또는 비존대 표현이 실제 화자의 의도로 이해되지 않는 경우가 있음을 유의해야 한다.

이런 특징이 좀더 분명히 드러나는 예를 보기로 한다.

> (5) a. 엄마, 나 구두 한 켤레 사 줘. 응?
>   b. 엄마, 나 구두 한 켤레 사 줘라. 응?

이런 표현이 물론 정상적이거나 바른 표현이라고 말할 수는 없지만, 딸

이 구두를 사 달라고 상냥스런 말투로 자기 어머니를 조르는 상황을 생각해 볼 수 있다. 이런 상황에서 비존대 또는 하대 표현이 어머니를 존경하지 않는 마음에서 유래된 것이라고 할 수 없다. 반말 표현에 관계 없이 어머니에 대한 딸의 존대심은 조금도 변함이 없을 것이다. 존대 대상에 대한 이러한 비존대 또는 하대의 표현은 양자 사이의 각별한 친분 관계 때문이다. 위계 관계에서 부모 자식 사이만큼 분명한 것이 없겠지만, 친분 관계에서는 여기서만큼 가까운 것이 없을 것이다. 따라서 5와 같은 문의 대우 해석은 두 가지 측면이 함께 고려되지 않으면 안 될 것이다. 그 하나는 언어상으로 나타난 비존대 해석이요, 다른 하나는 표현에 드러나지 않은 화자의 실제 존대 의도이다.

따라서 대우의 이러한 현상은 특정의 대우 표현이 상황에 따라서 상이한 대우 해석을 받을 수 있음을 보여 준다. 바꾸어 말하면, 상황이 고려되지 않고서는 올바른 대우 해석이 불가능함을 알 수 있다. 이것은 달리 말해서 중립적인 문에서 문자대로의 대우 해석이란 것이 어떤 의미에서 실제로는 별로 의미를 가지지 못한다는 것을 의미한다. 또 다른 예문을 보기로 한다.

(6) 박 선생, 나도 같이 가.

이러한 문은 발화 상황에 따라 상이한 대우 해석을 가능하게 한다. 문면에 나타난 그대로 화자가 청자를 존대하지 않는 것으로 해석할 수 있다. 어떤 의미에서 가장 일반적인 해석이 될 것이다. 그러나 '박 선생'이 화자의 상위자로 존대 대상이 되고, 이에 따라 존대 표현을 쓰는 것이 당연한데도 불구하고, 두 사람이 서로 허물 없는 매우 가까운 관계이고, 발화 장소가 또한 매우 비격식적인 사사로운 자리라면, 위와 같은 비존대 표현도 충분히 수용할 수 있을 것이다. 더 심한 경우에는 다음과 같은 아주낮춤의 하대까지도 수용 가능한 상황을 생각할 수 있을 것이다.

(7) 박 선생, 나도 같이 가자.

위에서 보아 온 것과는 반대로, 언어 표현은 존대되고 있지만, 실제 화자의 존대 의도는 예상하기 어려운 경우를 생각해 볼 수 있다.

(8) 분필 가지고 낙서하면 안 돼요. (화자=선생, 청자=학생)

위 문은 유치원이나 초등학교 등에서 흔히 들을 수 있는 말이다. 청자는 유치원 아동이고, 화자는 그 선생이다. 이러한 대우에서 우리는 어린 아동에 대한 선생의 실질적 존대 의도를 상상하기 쉽지 않다. 청자는 분명히 화자의 하대 대상일 뿐만 아니라, 실제 하대되는 것이 일반적이고 일상적인 현실이다. 여기에 쓰인 존대 표현은 존대 의도보다는 격식성 때문에 쓰인 것이라 하겠다. 이처럼 존대 표현은 심적인 존대 의도 외에 격식성을 반영하기도 하는 것이다.

다음과 같은 말은 또 다른 특성을 보여 준다.

(9) a. (갑) 그것은 내가 도와서 된 일이야.
　　 b. (을) 아, 그래요?

b의 '그래요'는 우선 문면에 나타난 그대로, 대우상으로는 존대로, 그리고 내용상으로는 긍정적인 의문으로 해석된다. 그러나 이것이 상황에 따라서는 냉소적인 부정의 의미와 함께 비존대나 하대로도 해석될 수 있다.

다음과 같은 좀 극단적인 경우도 얼마든지 가능할 것이다.

(10) a. 너, 시키는 대로 못해? 죽고 싶으면 마음대로 해.
　　 b. 알았어요.

불량배에 의해 a와 같이 협박을 받는 사람이 b와 같이 말했을 때, 표현은 분명한 존대지만 존대 의도는 상상할 수 없다. 적대심을 가질 화자가 청자를 존대할 리가 없다. 이처럼 존대 표현과 존대 의도가 항상 일치되는 것만은 아닐뿐더러, 오히려 정반대로 나타날 수도 있다.

대우 의도와 대우 표현이 일치되는 것이 정상적인 것이요, 또 보편적인 것임에 틀림없겠지만, 실제에 있어서는 이상에서 살펴본 바와 같이, 양자 사이에는 때로 상당한 불일치를 보이기도 한다. 양자 사이의 이러한 불일치 현상을 '대우 표현의 비사실성'이라 부르고자 한다.

대우에 있어 존대는 대체로 격식성이 강하고, 비존대 또는 하대는 존대에 비해 비격식성이 강하다. 존대는 상위자나 친밀성이 적은 사람에게 쓰이게 되기 때문에, 상대적인 의미에서 일반적으로 격식성이 드러나게 된다. 이에 비해 하대 또는 비존대는 아랫사람이나 친밀성이 많은 사람에게 쓰이기 때문에 상대적으로 격식성이 떨어져서, 비격식성을 띠게 마련이다. 이러한 대우 현상을 '존대의 격식성' 또는 '비존대의 비격식성'이라 할 수 있다. 그러므로 동일 대상이라도 존대 표현을 쓰는 경우에는 상대적으로 격식성이 두드러지며, 비존대 표현을 쓰는 경우에는 격식성이 떨어지고, 이에 따라 비격식성이 두드러지게 된다. 가령 상하의 위계성이 매우 엄격한 부모 자식 사이에서, 자식이 지시를 듣는 경우 같은 때에는, 상대적으로 격식성이 있어서, 자식은 대체로 존대를 하게 되지만, 재미있는 농담을 주고 받는 경우와 같은 가벼운 장면에서는, 비록 아버지라도 자식이 반말과 같은 비존대 또는 하대 표현을 쓰는 수가 있다.

이와 같은 예는 직장 같은 데서도 매우 흔하게 경험할 수 있다. 윗사람 또는 상사되는 사람이 공식석상에서는 아랫사람이나 부하되는 사람에게도 깍듯이 존댓말을 쓰다가도, 일단 사석에 돌아오면 금방 비존대나 하대 표현을 쓴다. 또한 위 예문 8에서 본 바와 같이 전혀 존대 대상이 되지 않는 유아 또는 어린이에게도 그 선생이 존대 표현을 하는 경우가 있는데, 이것은 장면의 격식성에 근거를 둔 것이다. 이처럼 존대 또는 비존대는 대우의 대상에만 의존되는 현상이 아니고, 발화 장면과도 긴밀하게 연관되는 현상임을 알 수 있다. 따라서 대우ㅡ존대 또는 비존대ㅡ를 해석함에 있어, 문면에 나타난 것과는 달리, 장면 또는 문맥이 고려되어야만 올바른 화자의 의도, 즉 대우의 해석이 가능한 경우가 많다.

다른 많은 문법 현상에서도 유사한 현상을 발견하게 되지만, 특히 대우법이라고 하는 문법 현상은 앞서 지적한 대로, 문 외적 또는 문법 외적인 현상과 긴밀하게 연관되어 있다. 그런 만큼 어떤 의미에서 대우법은 그 문법적인 엄격성이 매우 약하다고 할 수 있다.

한 문을 대상으로 하는 문법 현상으로서의 대우법이 문 밖의 현상과 긴밀하게 연계되는 것을 명료하게 보여 주는 한 예를 청자 대우에서 볼 수 있다. 청자대우법은 문의 종결형을 통해서 화계로 실현된다.

화계 문제에 대한 이러한 이해를 돕고, 앞으로의 진행상의 편의를 위해 국어의 기본 화계를 간략히 도표로 보이면 대략 다음과 같다.5)

(11) 국어의 화계 체계

	1차 화계	2차 화계
높 임	아주높임(– 습니다)	– 어요
	예사높임(– 오)	
낮 춤	예사낮춤(– 네)	– 어
	아주낮춤(– 다)	

그런데 청자 대우가 실현되는 문에서, 청자는 물론 화자까지도 문 성분으로 드러나지 않는 경우가 상당히 많다.

(12) 네가 내 대신 가거라.
(13) 날씨가 춥습니다.

위의 예문 (12)에서는 화자 '나'와 청자 '너'가 모두 같은 한 문의 성분으로 나타나 있다. 그러므로 이 문에 쓰인 아주낮춤의 화계 ' – 거라'는 화자 '나'와 청자 '너' 사이의 관계에서 선택된 것을 바로 이해할 수 있다. 바꾸어 말하면 아주낮춤의 화계를 선택하게 한 요인은 화자와 청자인 '나'

---

5) 성기천(1985) 참조.

와 '너'에 있는 것이다. 그런가 하면 (13)에서는 화자, 청자 누구도 문 성분
으로 드러나 있지 않다. 즉 아주높임의 화계를 결정짓는 요인이 문 안에서
는 발견되지 않는다. 따라서 문 (13)과 같은 문에 나타난 화자의 의도, 즉
청자 대우법 또는 화계를 이해 또는 기술하기 위해서는 문 밖의 요소들에
대한 이해가 전제되지 않으면 안 되는 것이다.[6]

　청자 대우의 화용론적 특성은 복수 화계의 선택에서도 잘 드러난다. 여
기서 말하는 복수 화계란 둘 이상의 문으로 구성된 대화에서 동일 청자에
대하여 각기 다른 화계를 사용함을 가리키는 말이다.

　　(14) 그만 일어납시다. 오늘은 많이 늦었습니다.
　　(15) 그건 안 되오. 난 그건 못 합니다.

　4개의 화계로 체계화된 1차 화계는 비교적 엄격해서, 인접 화계 사이의
넘나듦이 잘 허용되지 않는 것이 특징이다. 그러나 이것이 전연 불가능한
것이 아니어서, 위 (14), (15)에서 보는 바와 같이 두 화계가 동일 청자에게
쓰이는 경우가 없지 않다. 위 (14), (15)에서는 아주높임과 예사높임의 두
화계가 동일한 청자에게 쓰이고 있다. 기본적으로 화계는 청자에 대한 화
자의 대우 정도를 나타내는 것이다. 그렇다면 이들 예의 경우와 같은 화계
의 불일치는 어디에 근거한 것일까? 그것은 두 가지 요인을 생각할 수 있
을 것이다. 하나는 순간적으로 달라진 화자의 대우 의도 또는 대우의 판단
을 생각할 수 있을 것이다. 이러한 현상은 이미 앞에서도 살펴본 바가 있
다(예문 (1) 참조). 위 예문들에서 이러한 해석은 적용되지 않을 것이다. 다른
하나는 청자에 대해서 화계의 결정이 용이하지 않거나, 인접한 두 화계의
어느 것을 사용해도 무방한 것으로 판단되었기 때문일 것이다. 바꾸어 말
하면, 특정의 화계만을 사용할 엄격성이 요구되지 않거나 그럴 필요성을

---

6) 장석진(1974)에서는 화용적 현상의 일부를 문법에 수용하는 생성의미론적 관점에서
　文 밖의 화자와 청자를 문의 성분으로 규정하고 있다. 화자와 청자를 문 성분으로
　설정하는 것은 履行文(performative)의 도입에서 시작되었다.

느끼지 않았기 때문일 것으로 이해된다. 이것은 적지 않은 경우 대우의 대상 인물이 엄격하게 등급지어질 수 없는 대우의 근본 속성과 관련된다. 대우의 정도란 것은 기본적으로 등급이 매겨질 수 있는 것이 아니다. 대우란 '정도'의 개념으로 파악되는 현상이지, 등급으로 이해되는 현상이 아니다. 따라서 '정도'의 현상인 대우를 2개 또는 4개의 등급으로 나누는 것 자체가 어찌보면 근본에서부터 무리를 내포한 것이라 할 수 있다. 그렇지만 대우를 포함한 이러한 많은 현상이 실제로는 큰 무리 없이 언어로 구분되고 등급지어져 표현되고 있는 것이다. 그 대표적인 예로 우리는 흔히 무지개의 색을 든다. 그런데 대우의 정도란 것은 무지개의 색만큼도 그렇게 엄격하지 않아서, 위 (14), (15)에서 보는 바와 같은 넘나듦이 있어서, 얼마간 융통성이나 탄력성을 보이게 된다. 따라서 위와 같은 화계상의 변화는 이들 각개 문의 대우를 해석하는 데 있어서도 함께 고려되지 않으면 안 된다.

발화 장면에 따라 동일 대상에 대한 대우 표현이 달라지는 예가 허다하다. 다음 예문을 보자. 한 학생이 자기 선생한테 이렇게 말을 할 수 있을 것이다.

  (16) a. 서석현 선생님께서는 참 책이 많으셔요.
      b. 서석현 선생님은 참 책이 많으셔요.

그러나 이러한 사실을 동일 화자가 자기 친구에게 전할 때, 그 대우 표현은 몇 가지로 다르게 나타날 수 있다.

  (17) a. 서석현 선생님께서는 참 책이 많으셔.
      b. 서석현 선생님은 참 책이 많으셔.
      c. 서석현 선생님은 참 책이 많아.
      d. 서석현 선생은 참 책이 많아.
      e. 서석현이는 참 책이 많아.

(16), (17)과 같은 예에서 우선 눈에 띄는 현상은, 첫째로 존대 대상임이

분명한 자기 선생에 대해서 존대 표현이 극과 극의 유동성을 보여 주는 것이며, 둘째로 세 가지 상이한 유형의 존대 형태 '-님', '-께서', '-시-' 등 어느 것도 그 용법에서 엄격성을 결여하고 있다는 점이다. 특히 문법 형태로서 일반적으로 형태 및 통사적 대우 일치를 필요로 하는 조사 '-께서'와 선어말어미 '-시-'마저도 엄격한 문법적 일치를 요구하지 않는다. 이와 같은 현상은 바로 이러한 대우의 문법 형태들이 순수한 문법적 규칙에만 지배되는 것이 아니고, 문맥 또는 상황에 크게 지배되는 특수성을 가졌음을 명료하게 보여 준다.

요즘 학생들-중고등학생 또는 대학생-가운데서 (17)b~d와 같은 유형의 대우 표현은 흔히 들을 수 있으며, 아주 벗어난 표현인 e 유형의 말도 간혹 들을 수 있다. 이것은 말할 것도 없이 존대 대상의 당사자 앞에서는 정상적인 존대의 대우 표현을 쓰게 되지만, 당사자가 없는 장면에서는 깍듯한 또는 예절바른 존대 표현이 흔히 유보 또는 기피되기도 한다. 여기에는 대체로 두 가지 이유가 작용하는 것으로 생각된다. 첫째는 대우 의도의 변화를 들 수 있다. 면전에서는 존대했지만, 면전이 아닌 장소에서 존대 의도가 약화되거나 소멸될 수가 있다. 둘째는 면전에서 존대를 했고, 또 그것이 옳은 줄 알지만, 이러한 표현에서 격식성을 느끼기 때문에, 면전이 아닌 자리, 특히 친구들 앞에서와 같은 장면에서는 격식성이 완화 또는 소멸된 표현을 쓸 수 있다. 아무튼 이러한 배경에서 발화 또는 대화 장면이 바뀜에 따라, 동일 대상에 대한 대우 표현상의 차등화가 나타날 수 있다. 여기에서는 화자와 청자 사이의 물리적 거리가 문제되고 있는데, 실제적으로는 화자와 대우 상대자와의 직접적인 면대 여부가 대우에 영향을 미치고 있는 것이다. 즉 직접 면대한 장면에서는 그렇지 않은 장면에 비해 존대 표현을 쓸 확률이 상대적으로 높다.

위와 같은 현상은 동일 장면에서도 나타날 수 있다. 동일한 위계와 동일한 친소 관계에 있는 김, 박, 정 세 사람이 동석한 자리에서 다음과 같은 대화가 있을 수 있다.

(18) a. (김) 박 선생님께서는 어느 쪽에 사시지요?
　　 b. (박) 청량리 쪽에 살고 있습니다.
　　 c. (김) 정 선생님, 선생님도 박 선생 사는 쪽 아니신가요?

　김 선생이 박 선생에게 직접 말할 때에는 '선생님', '-께서', '-시-' 등 존대 형태가 쓰이었지만, 정 선생에게 말할 때에는, 바로 옆에 있는 같은 박 선생을 지칭함에 있어서도, 그러한 존대 형태를 쓰고 있지 않다. 이러한 예는 대화 참여자 모두가 면대한 경우라 하겠지만, 그 중에서도 직접 청자로 면대한 대화인가 아닌가에 따라, 대우의 양상이 달라져서, 대우 의도 또는 표현이나 그 해석에 있어, 문맥 또는 상황이 고려되어야 함을 보여 주고 있다. 요컨대 여기에서도 대우 또는 존대에는 청자 또는 면대자 우선의 원리가 작용되고 있음을 알 수 있다.

　그러나 청자가 아니라고 하더라도, 그가 담화 장면에 동석한 경우는, 전혀 장면을 달리한 경우보다 대우에 더 강력한 영향력을 행사한다.

(19) a. 김 선생, 박 사장님께서 무역업을 하신다고 했나?
　　 b. 김 선생, 박 사장이 무역업을 한다고 했나?
　　 c. 김 선생, 박씨가 무역업을 한다고 했나?

　'박 사장'이 대화 현장에 있을 경우 a로 대우되었다고 하더라도, 다만 화자와 청자 두 사람만 있는 장면이 되면, b나 c로 표현되는 경우를 얼마든지 생각할 수 있을 것이다. 이처럼 청자가 아닌 어떤 대상 인물이 대화 현장에 있고 없음이 그에 대한 대우 결정에 결정적 요인으로 작용하기도 한다.

　결국 (16)~(19)에서 살펴본 바에 의하면, 대우의 대상 인물이 면전에 있는가의 여부, 그리고 같은 면전이라도 직접적인 청자인가의 여부가 대우 결정에 영향을 미친다. 즉 대화 장면의 밖에 있는 경우보다는 장면 안에 있는 경우, 그리고 같은 장면에서라도 직접 청자가 아닌 동석자보다는 직접적인 청자일 경우, 존대 가능성은 훨씬 더 높아진다. 우리는 이러한 현상을 '존대의 근접 원리'라 할 수 있다. 이러한 원리 안에 '청자 우선의 원리'를 따로 생각해 볼 수도 있을 것이다.

대우를 결정하게 하는 요소는 반드시 언어로 표현된 대우 상대자에 의존하는 것만은 결코 아니다. 비록 직접적인 대우 상대자가 하대의 대상이라 하더라도, 이 하대 대상과 가까운 사람이 화자의 존대 대상이 되는 경우에는 존대되는 경우가 있다. 이러한 예를 우리는 이미 예문 3에서 본 바 있는데, 유사한 경우를 다음에서도 볼 수 있다.

(20) 정 선생님, 아드님이 지금 중학교 1학년이지요?

화자가 청자와 동년배의 동료인 경우에도, 두 사람이 친한 경우가 아니면, 그 아들이 어리다고 하더라도 존대 표현을 받을 수 있다. 이러한 사정으로 아주 어린 아이가 존대 표현의 대상이 되기도 한다.

(21) 국장님, 이번 일요일이 아드님 돌이라지요?

위의 두 예문 (20), (21)에서 청자의 아들이 '아드님'으로 존대 표현이 되었다. 그렇다고 해서 화자가 중학생이나 돌도 안 된 어린 아이를 존대하였다고 생각할 수는 없다. 이들 예에서 실제 존대되고 있는 것은 각각 '정 선생님'과 '국장님'이다. 형식상으로는, 즉 언어 표현상으로는 분명히 '아들'이 존대된 것 같지만, 화자가 존대하고자 하는 것은 그 아버지인 청자이다. 여기에서도 우리는 앞서 말한 '대우의 비사실성'을 보게 된다. 따라서 이 경우 '아들'을 존대하게 한 것은, 직접 존대된 '아들'이 아니라, 그 아버지인 것이다. 결국 위의 두 예에서는 제삼자를 존대하는 형식을 빌어서, 그와 연관된 다른 사람을 존대하고 있는 것이다. 이런 점에서 이들 두 예에 나타난 존대 형식을 간접 존대라 할 수 있다.

전통적으로 간접 존대라고 불려 온 대우의 형식은 여기 말하는 간접 존대와는 그 내용이 같지 않다.

(22) 할아버지는 눈이 크시다.
(23) 할아버지는 돈이 많으시다.

위 두 예문은 소위 중주어 구문으로 알려진 문서술어 복합문이다. 위 두 예문에서 존대 형태 '-시-'를 가진 두 서술어의 주어는 각각 '눈'과 '돈'이다. '-시-'에 의한 주체 존대가 해당 문의 주어 성분인 주체를 존대하는 대우법이고 보면, 위 예에서 주체 존대의 대상은 각각 '눈'과 '돈'이어야 할 것이다. 그러나 이러한 것이 존대 대상이 될 수는 없다. 여기서 분명한 존대 대상은 모두 '할아버지'인데, 이러한 존대 현상은 통상의 주체 존대로는 설명이 될 수 없다. 과거에 이러한 문제점을 설명하기 위한 하나의 방편으로 제안된 것이 소위 간접 존대라는 것이었다. 위와 같은 예문에서 '-시-'는 일차적으로 해당 문의 주어 성분인 '눈' 및 '돈'을 존대하는 형식을 취하여, 궁극적으로는 '할아버지'를 존대하는 것이 아니라, 해당 주어를 존대하는 형식을 빌어서, 간접적으로 '할아버지'를 존대한다는 것이다. 이러한 전통적인 해석에 대하여, 필자는 하위문인 서술절의 서술어에 실현된 '-시-'가 그러한 간접적인 방법에 의존하지 않고, 직접 상위문의 주어를 존대한다고 해석한 바 있다.[7] 즉 주체 존대 형태 '-시-'는 해당 문의 주체뿐만 아니라, 상위문의 주체까지도 직접 존대할 수 있다고 본 것이다. 이처럼 필자가 (20), (21)에서 말하는 간접 존대는 (22), (23)의 존대와 관련하여 논의되었던 전통적인 간접 존대와는 그 성격이 다르다. 후자의 경우 필자는 이를 간접 존대가 아니라 직접 존대로 이해하고자 하는 것이다.

위에 말한 존대 현상과 관련하여, 때때로 부딪히는 대우의 중의 현상을 잠시 돌아보고자 한다.

(24) 김 선생님은 이번에 아드님이 사장으로 영전하셨다지요? (김 선생님=청자)

---

7) 싱기철(1985) 참조.

이 예는 (20), (21)과 전혀 다르다. 앞에서는 ‘아드님’이 화자의 존대 대상이 될 수 없었지만, (24)에서는 청자인 상위 주체 ‘김 선생님’뿐만 아니라, 하위 주체 ‘아드님’도 화자의 존대 대상이 될 수 있다.8) 이럴 경우 ‘아드님’과 ‘-시-’는 ‘아들’을 존대하기 위해 쓰인 것으로 해석할 수도 있고, 상위 주체인 ‘김 선생님’을 존대하기 위해서 쓰인 것으로 해석할 수도 있어, 두 가지 대우 해석이 가능해지는 것이다. 위 예는 대우의 중의성, 즉 여기에서는 존대의 중의성을 보이고 있는 것이다. 물론 이와 같은 중의성은 실제 언어 현장에서 크게 문제되지 않는다. 일반적으로 문맥은 흔히 언어의 중의성을 별로 허용하지 않는다.

다음과 같은 문의 대우 현상을 하나 더 돌아보고 다음 순서로 넘어가기로 한다.

(25) 사장님, 아드님이 지금 중학생이세요? (화자=계장)

위 예는 하나의 주어와 서술어를 가진 단순문이다. 여기에서 주어(주체) 자체가 ‘-님’에 의해서도 존대되었고, 서술어의 ‘-시-’에 의해서도 존대되었다. 형식상으로만 보아서는 별다른 문제가 없어 보일지도 모른다. 그러나 주체 ‘아들’이 전혀 화자의 존대 대상이 될 수 없다는 문제가 있다. 얼핏 보면 ‘-시-’는 이미 존대 대상으로 표현된 ‘아드님’을 존대하는 형태같이 보이지만, 아무래도 그런 해석은 무리일 뿐만 아니라, 다음 문장을 함께 고려하면, 그런 해석이 선뜻 수용할 만한 것이 아님을 알 수 있다.

(26) 사장님, 사장님은 아드님이 지금 중학생이세요?

(26)은 (25)와 그 의미하는 바가 별로 다를 바가 없다. 다만 문의 구조에 있어서, (25)는 단순문의 구조임에 비하여, (26)은 중주어문의 구조라는 점

---

8) ‘상위주체’, ‘하위주체’라는 것은 상위문의 주어와 하위문의 주어를 대우의 대상으로 지칭한 말이다.

이 다를 뿐이다. 그리고 (26)은 또한 (20), (21)과 같은 유형이면서, 후자의 둘이 존대형 '-시-'를 가지지 않았음에 비해, 전자 (26)이 '-시-'를 가지고 있음이 다르다. 26의 경우 '아드님'이 '사장님'을 존대하기 위한 방편으로 쓰인 것이라면, 앞서 본 중주어문의 주체존대에 따라, '-시-'는 상위주체 '사장님'을 직접 존대하는 형태로 해석되는 것이다. 따라서 (25)는 그 내면구조를 (26)과 같은 것으로 이해하면, 특별히 크게 문제될 것이 없어 보인다.

그런데 (20), (21), (25) 등에서 한 가지 간과할 수 없는 현상이 있다. 그것은 이러한 형태의 존대 형태는 존대 대상이 청자일 때 두드러지는 현상이란 점이다. 만약 이들 문의 존대 대상이 청자가 아니든가, 또는 청자가 발화 현장에 있지 않으면, 이러한 유형의 존대는 별로 많이 나타나지 않는다. 바꾸어 말하면 이러한 존대는 대체로 존대 대상이 청자일 때 실현되는 현상이라 할 수 있다. 앞서 말한 대로 이러한 현상을 '존대의 근접 원리'에 포괄되는 '청자 우선의 원리'라 할 만하다.

위에서 중주어 구문의 주체 존대 현상을 잠시 돌아보았다. 그러나 유사한 구조이면서도, 그 대우 현상을 똑같은 주체존대로 해석하기 곤란한 경우가 있다.

(27) a. 선생님 댁은 마당이 넓으세요? (청자=선생님)
     b. 선생님 댁은 마당이 넓어요?

a와 같은 문은 무엇보다도 먼저 그 문법성이 문제가 될 수 있을지 모른다. 상이한 의견이 있을 수 있겠지만, 현실적으로 이러한 유형의 대우 표현이 꽤 널리 쓰이고 있는 것만은 사실이다.[9] 일단 이러한 문을 수용하고 볼 때, 여기 실현된 '-시-'의 존대 현상이 문제가 된다. 그것은 하위문의 주체 '마당'은 말할 것도 없지만, 상위문의 주체 '선생님 댁'도 '-시-'의

---

9) 문법성에 관계없이 널리 쓰이고 있는데, 여기에서도 (상위)주체가 청자와 긴밀한 관계를 가질 때—여기서 주체는 청자의 소유물—허용 가능성은 더 높아진다.

존대 대상이 될 수 없는 것은 모두 마찬가지다. 주체 존대의 대상은 원칙적으로 인문 [+HUMAN]에 국한되어야 한다. 따라서 존대 형태가 쓰였는데 존대 대상이 없다는 것은 기이한 일이 아닐 수 없다. 여기에서 존대 대상은 분명히 청자 '선생님'인데, 해당 문을 대상으로 볼 때, 이는 주체 존대의 대상이 되어야 할 어떠한 주어 또는 주체도 되지 못한다. 이처럼 '-시-'에 의한 주체존대는 주체가 반드시 문의 주어 성분이 아니더라도 성립되는 경우가 있다. 그것은 문에 실현된 주체가 실질적인 존대 대상이 아니라 하더라도, 이 주체가 실질적인 존대 대상의 인물과 긴밀한 관계를 가진 것이면, '-시-' 존대는 흔히 가능한 것으로 나타난다. 위의 예 (27)에서 문에 나타난 '마당' 또는 '선생님 댁'은 실제 주체 존대의 대상이 될 수 없지만, 이들 중 상위 주체 '선생님 댁'은 이 발화 장면에서 실질적 존대 대상인 청자 '선생님'이 소유주여서 상호 긴밀한 관계에 있기 때문에, 주체존대 표현이 가능한 것이 되었다.[10] 여기에서 상호 관계가 '긴밀'하다고 하는 것은 매우 주관적인 것이어서, 이것은 어느 정도 객관화되지 않으면 안 된다. 이런 경우 '긴밀'한 관계란 여기에서는 넓은 의미로 말해서 대략 '소속주-소속'의 관계로 특징지을 수 있을 것 같다. 즉 주체 또는 상위 주체가 실질적 존대 대상의 소유주 또는 소속주라 할 만하다.

다음 예에서도 청자와 주체 사이에 이러한 관계가 성립된다.

> (28) a. 김 선생님 책은 비싼 것이 많으시죠?(청자=김 선생님)
>   b. 김 선생님 책은 비싼 것이 많죠?

물론 a보다는 b가 정상적이요 올바른 표현일 것이다. 그리고 a와 같은 문은 그 문법성 자체가 문제될 수도 있다. 또 그 문법성을 수용할 경우, 이러한 구조에 대한 순수 통사적 해석이 모색될 수 있을지도 모른다. 그러

---

10) 이러한 문의 문법성이 인정되는 경우, 통사적으로도 해석 방안이 모색될 수 있을지 모른다. 가령, 한 예로 청자를 이러한 문의 더 상위의 주어나 주제로 해석하는 것 등이 제안될 수도 있을 것이다.

나 여기에서는 화용론적인 측면에서 해석 방안을 찾아 보고자 하는 데 주
안점을 두고 있는 것이다. (28)은 (27)에서와 마찬가지로 그 주체로 이해되
는 '비싼 것'이나 '김 선생님 책' 모두 주체 존대의 대상이 될 수 없다. 그
렇지만 (27)에서 본 바와 마찬가지로, 주체 '김 선생님 책'은 그 소유주가
바로 청자 '김 선생님'이다. 따라서 여기에서도 주체존대 형태 '-시-'는
해당 주체를 직접 존대하는 통사적 절차를 벗어나, 주체의 소속 대상이 되
는 문 밖의 인물을 존대하고 있는 것이다.

　(27), (28)에서 모두 실질적 존대 대상은 청자인데, 그렇다고 이러한 경
우의 실제 존대 대상이 반드시 청자이어야 하는 것은 아니다. 다만 앞서
보았던 '청자 우선의 원리'에서와 마찬가지로, 여기에서도 청자가 아닌 경
우보다는 청자인 경우가 이러한 존대 대상으로 훨씬 허용도가 높다는 것
이 확인된다. 다음 예는 문 밖의 실질적인 존대 대상이 청자가 아니어도
가능함을 보여 준다.

> (29) a. 김 과장님, 우리 사장님 방은 좀 작지 않으셔요?
> 　　　b. 김 과장님, 우리 사장님 방은 좀 작지 않아요?

　일반적으로 a보다는 b가 정상적인 것으로 생각되지만, a도 적지 않게 쓰
이고 있는 점을 고려하여, 일단 수용 가능성을 온전히 배제하지 않기로 한
다. a에서 '작지 않으셔요?'의 주체는 '사장님 방'인데, 역시 존대 대상이
될 수는 없다. 실제 존대 대상은 말할 것도 없이 이 '방'의 주인인 문 밖의
인물 '사장님'인데, 이는 (27)이나 (28)과 달리 청자가 아니다. 이처럼 실제
의 존대 대상이 청자가 되는 것과는 원칙적으로 무관하다 하겠으나, 청자
일 경우 허용성이 높아 가는 것만은 분명하다. 아무튼 청자 여부에 관계
없이 주체 또는 상위 주체가 인물이 아니더라도, 이것이 실질적 존대 대상
에 속한 것이면, '-시-'에 의한 존대 표현이 가능해진다. 이러한 존대 현
상을 '소유주 존대 원리'라 부르고자 한다.

　청자가 우선하는 대우의 원리로 말하면, 문법에서 모든 존대법에 적용

되는 '최상위 청자 제약'11)을 생각할 수 있다. 이것은 청자가 최상위일 때, 여타의 대상에 대한 모든 존대가 보유되는 제약으로, 국어 존대법에서 최상위 제약이라 할 수 있다.12) 이 제약은 대우법의 화용론적 특성을 보여주는 가장 전형적인 문법 제약이라 할 수 있다. 이 제약은 앞서 말했던 '청자 우선의 원리'라는 일종의 화용론적 원리 안에 포괄할 수도 있을 것이다. 최상위 청자 제약의 한두 예를 살펴보기로 한다.

(30) a. (할아버지,) 아버지도 왔어요. (청자=화자의 존자)
　　 b. *(할아버지,) 아버지도 오셨어요.
(31) a. (할아버지께서) 그거 아버지 주셨어요? (할아버지=청자)
　　 b. *(할아버지께서) 그거 아버지 드렸어요?
(32) a. (할아버지,) 그거 제가 아버지 줬어요.
　　 b. *(할아버지,) 그거 제가 아버지 드렸어요.

(30)에서 b처럼 '아버지'가 존대되지 않고 a와 같이 쓰이는 것은, 청자가 주체 '아버지'나 화자보다 상위이기 때문이다. (31), (32)에서도 그러한 원리는 동일하게 작용하고 있다.

최상위 청자 제약은, 관점을 달리 해서 보면, 일종의 청자 존대라 할 수 있다. 청자가 최상위이기 때문에, 그 앞에서 여타의 사람에 대한 존대를 유보했다면, 이것은 분명히 청자에 대한 존대 표시인 것이다. 이런 관점에서 볼 때, 최상위 청자 제약은 일종의 청자에 대한 간접적인 존대로 해석될 수 있다.

방금 존대법의 최상위 제약인 '최상위 청자 제약'을 보았다. 그러나 어떤 의미에서 이와는 상반되는 현상도 나타나고 있다. 즉 최상위 청자 제약이 해소되거나 또는 완화되는 현상이 요즘 확산되는 경향을 보인다. (30)~(32)와 같은 예들에서 각각의 b는 문법적으로 받아들이기 곤란한 문

---

11) 성기철(1985) 참조.
12) 최상위 청자 제약은 전통적으로 흔히 '압존법'이라 일컬어져 왔다. 압존법에 대하여
　 는 김석득(1977)을 참조할 것.

들이다. 그럼에도 불구하고 이러한 대우법은 요즘 특히 젊은 세대를 중심으로 많이 쓰이고 있는 것이 현실이다. 특히 (32)b와 같은 문은 중년층 이상에서도 흔히 수용되고 있음을 볼 수 있다. 대학 사회에서는 다음 a, b와 같은 말들도 드물지 않게 발견된다.

> (33) a. *선배님들이 그러시는데, 그 집은 안 좋다고 하는데요. (청자=교수)
> b. *선배님들이 그러는데, 그 집은 안 좋다고 하는데요.
> c. 선배들이 그러는데, 그 집은 안 좋다고 하는데요.

화자나 주체인 선배들이나 모두 학생인 경우, 위와 같은 대우법은 성립될 수 없다. c가 바른 것임은 말할 나위도 없다. 물론 a에 비해 b는 더 사용 빈도가 높다. a, b는 한가지로 잘못 쓰고 있는 말임에 틀림이 없는데, 학생들에게서 흔히 듣는 말이다. 위의 예문들에서 공통으로 발견되는 대우상의 특성은, 이들이 최상위 청자 제약을 위반하고 있고, 그것은 또한 이 제약의 완화 또는 해소의 성격을 띠고 있다는 점이다. 이러한 배경은 어렵지 않게 이해할 수 있을 것 같다. 여기에서 우리는 화자의 두 가지 의도 또는 심리 현상을 이해하게 된다. 그 첫째는 가장 기본적인 것으로, 비록 청자가 최상위 존대 대상이라 하더라도, 화자는 청자가 아닌 다른 존대 대상도 존대하고 싶은 대우 인식을 하고 있는 것이다. 둘째는 화자가 이러한 존대─여기서는 주체에 대한 존대─를 청자에 대한 화자의 존대 의도와 무관하게 이해하고 있다는 점이다. 이러한 화자의 의도나 심리는 주체 또는 여타의 다른 존대 대상을 존대했다고 해서, 그것이 최상위 청자에 대한 존대를 훼손하는 것이 아니라는 생각을 한다는 점이다. 바꾸어 말하면, 주체에 대한 비존대가 주체에 대한 결례만 드러낼 뿐, 청자에 대한 존대 의도와는 무관하다고 이해하는 것이라 할 수 있다. 결국 이러한 의도는, 존대 대상은 모두 존대해야 한다는 대우 인식에 근거한 것이라 하겠다. 이렇게 이해할 때, 결국 (30)~(32)의 각 b나 (33)의 a, b는 최상위 청자 제약의 해소라 할 수 있다. 따라서 최상위 청자 제약의 해소는 결과적으로 상위자는 동시에 모두 존대하는 새로운 대우 현상을 가져오게 되는 셈이다. 즉 하나의 문과 관련된 청자, 주체, 객체 등이 모두 화자의 존대 대상일 경우, 화자는 이들 모두에 대한 존대 표현 의도를 가지게 되는 것이다. 이러한 대우 현상을 '상위자 존대 원리'라 부르고자 한다. 상위자 존대 원리는 결국 최상위 청자 제약과는 대립되는 대우 현상이라 할 수 있다.

3

　이 글을 통해서 필자는 국어의 대우법이라는 문법 현상이 단위의 문을 대상으로 하는 문법 규칙만으로 다 설명되지 않는다는 것을 드러내고자 하였다. 이 말은, 바꾸어 말하면, 대우 현상이 순수한 문법 규칙만으로 이해되지 않는다는 사실을 의미하는 것인데, 이는 또 다른 말로 표현할 때, 국어 대우 현상은 규칙의 체계화가 곤란하다는 것을 뜻하기도 한다. 그것은 대우 현상 자체가 많은 복합적인 사회적 요인과 연계되어 있기 때문이다. 어찌 보면 더 근원적으로 언어 현상 자체가 사회적 산물이요 사회적 현상이기 때문일 것이다. 물론 대우 현상을 문법적으로 해석하는 것이 불가능한 것은 아니다. 그렇기에 대우법에 대한 연구가 많은 결실을 얻어 왔다. 그렇지만 엄정한 객관적 규칙화가 어렵거나 불가능한 경우가 적지 않아서, 이에 대한 보완을 위해서는 담화론이나 화용론의 지원을 구하지 않으면 안 되는 경우가 있다. 즉 대우 현상에 대한 바람직한 총체적 이해를 위해서는 문법, 담화론, 화용론 등 여러 분야의 협동 작업에 의존하지 않으면 안 된다. 이 글은 몇 가지 대우법 또는 대우 현상을 통해서 이 점을 구체적으로 살펴보았다. 그러나 그것은 매우 소략하고 산만한 것이었다. 앞으로 더 보완되고 체계화되어야 함은 다시 말할 것이 없다. 이 글은 대우법에 그러한 특징적인 현상이 현저함을 지적하는 데 머문 것이라 해도 과언이 아닐 듯싶다.

참고 문헌

김석득(1977), 『압존법과 가존법에 대하여』, 성봉 김성배 박사 회갑 기념논집, 형설출판사.

서정수(1984), 『존대법의 연구』, 한신문화사.

성기철(1985), 『현대국어 대우법 연구』, 개문사.

장석진(1974), 「보이나 안 들리는 「너」와 「나」, 화용상의 기술」, 『어학연구』 10-2. 서울대학교 어학연구소.

장석진(1976), 「화용론의 기술[토론회 주제 발표]」, 『어학연구』 12-2, 서울대학교 어학연구소.

조준학(1982), A Study of Korean Pragmatics : Deixis and Politeness, Ph.D.dissertation, University of Hawaii.

Leech, Geoffrey N.(1994), Principles of Pragmatics. Longman.

Levinson, Stephen C.(1983), Pragmatics. Cambridge University Press.

Schffrin, Deborah(1994), Approaches to Discourse. Blackwell.

―『인문과학』 2, 서울시립대 인문과학연구소, 1995. 2.

반말의 특성

1

국어의 대우법은 그 동안의 괄목할 만한 연구에도 불구하고, 아직도 적지 않은 문제들을 남겨 놓고 있는 것이 사실이다. 가령 '－시－'로 표현되는 주체 존대 현상과 같은 것은 우리 문법이 아직도 그 해석 방법을 찾고 있지 못한 대표적인 한 예라 하겠다. 그런가 하면 문의 종결 형태로 실현되는 화계와 같은 문제는, 그 동안의 연구를 통해, 그 실체가 대략 규명된 것으로 이해된다. 성기철(1970) 이후 성기철(1985)에 이르는 과정에서 거의 그 성격이 규명되고 또 거듭 확인되어 온 셈이다.[1] 연구 성과 또는 논의가 다양했던 것은 이미 과거의 경과 현상이었을 뿐이며, 왕성했던 그 동안의 논의를 바탕으로, 이제는 어느 정도 객관성을 가진 결론에 도달된 것으로 보아야 할 것이다.

그러나 아직도 화계 문제와 관련하여, 이전의 논의가 되풀이되는가 하면, 또 일부에서는 이 현상에 대한 새로운 의견도 제시되고 있어, 조금은 더 정리가 필요하다는 생각이 든다. 국어 화계에서 특히 주목의 대상이 되었던 것은 반말과 반말높임－해요체－의 문제였는데, 여전히 문제로 제기되는 것 역시 이 문제인 것 같다. 성기철(1985) 이후 눈에 띄는 것은 대략

---

[1] 고영근(1974), 서정수(1972, 1984) 등 참조.

두어 가지로 생각된다. 첫째는 화계 구분과 관련된 문제이며, 둘째는 반말 화계와 관련된 격식성의 문제이다. 이 중 첫번째 문제는 반말의 화계 자체에 대한 문제와 반말 화계의 성격과 관련된 문제를 내용으로 한다.

이에 따라 본고에서는 반말 및 반말높임의 화계적 성격과 격식성 문제에 논의의 초점이 놓이게 될 것이다. 이 글의 진행에 있어 이미 성기철(1970a, 1970b, 1976, 1985 등)이나 그 밖의 연구에서 언급되고 규명된 것이 되풀이되기도 하는데, 이것은 본고의 진행상 불가피한 경우도 있고, 독자의 편의를 위한 것도 있음을 미리 밝혀 두고자 한다.

2

반말은 성기철(1970, 1985) 이후, 한길(1986a, 1986b)[2]에 이르러서 재검토와 보완이 시도되었다. 여기에서는 합성 어미의 성격을 가진 여러 개의 반말 어미가 추가되었다. 매우 의미 있는 보완 작업이었다고 생각한다. '-다니, -다나, -라고, -라니까, -다면서' 등은 그 일부의 예다. 이 연구에서는 이와 함께 반말의 화계성에 대한 새로운 해석이 시도되어 주목의 대상이 되었다. 이전에 볼 수 없었던 새로운 해석인 셈이다. 우선 이 논의에서는 반말이 '낮춤'이라는 데에 견해를 달리 하고, 이를 '안높임'이라 하였다. 대부분의 이전의 논의들에서 이것을 낮춤으로 이해했던 것과 대조되는 해석이라 할 수 있다. 물론 이러한 해석도 생각하기에 따라서는 가능할 것으로 이해된다. 비격식체로 이해되는 화계 체계에는 반말과 반말높임의 두 등분만이 있으므로, 하나가 '높임'일 때, 다른 하나는 '안높임'일 수 있다. 위의 논문에서 논거의 하나로 제시하고 있듯이 주체존대의 경우 '-시-'형이 존대인 반면, '-시-'의 결여는 하대가 아닌 '안높임'인 것이다.

---

2) a는 b에 수용된 것이기에 이후로는 b만 인용하여 한(1986)으로 표시한다.

(1) a. 형님이 오셨어.
    b. 형님이 왔어.

　'-시-'가 결여되었다고 해서, a의 존대에 대해 b를 하대라고 할 사람
은 별로 없을 것이다.
　둘은 존대와 비존대, 즉 높임과 안높임의 차이라 하겠다.
　이러한 현상은 객체대우의 경우도 예외가 될 수 없다.

(2) a. 철수가 그 돈 할아버지 드렸어요.
    b. 철수가 그 돈 할아버지 주었어요.

　객체 존대의 동사 '드렸어요'가 '주었어요'로 대치되었다고 해서, b의 경
우 화자가 객체인 '할아버지'를 하대하겠다고 보기는 어렵다. 여기서도 a와
b의 차이는 존대와 하대의 차이가 아니라, 존대와 비존대, 즉 높임과 안높
임의 차이로 이해하는 것이 순리일 것이다.
　일견 이러한 논리는 청자대우의 반말에도 그대로 적용될 법하다.

(3) a. 형님이 오셨어요.
    b. 형님이 오셨어.

　(1), (2)에서 본 것과 별로 달라 보이지 않는다. 앞에서와 똑같은 방식으
로 a가 '높임'이라면, b는 이에 대응되는 '안높임'이라 할 수 있을 것이다.
이렇게 이해 또는 해석할 때, 전체적으로 일관성이 있어 보인다. 여기엔
아무 무리가 없다. 높임에 대해서 안높임이 있고, 낮춤에 대해서 안낮춤이
있는 것은 엄연한 언어 현실이다. 대체로 어떤 현상이 이분적(二分的)일 때,
이들이 흔히 '+'와 '-'로 자질 표시가 되는 것을 우리는 많이 경험한다.
비단 이분적 현상이 아닐 때에도, 이분법의 방식, 즉 '+', '-'의 자질 구
분 방식으로 복잡한 현상을 구분해 나가는 것이 편리하고 또 합리적인 것
을 여러 언어 현상에서 볼 수 있다. 특히 대우법의 경우 위에 든 주체 대
우나 객체 대우의 경우, 이러한 분류 또는 해석은 가능할 뿐만 아니라, 합

리적인 것이라고 할 수 있다. 다만 여기서 문제가 되고 있는 것은, 높임에 대한 안높임이 낮춤이냐 낮춤이 아니냐 하는 것 등이다.

반말의 화계성과 관련하여 생각할 때, 이러한 [+], [−] 방식의 구분은 먼저 다음과 같은 몇 가지 사실을 고려하는 것이 바람직하다.

첫째는 기준을 반드시 '높임'에 두는 것만이 가능하고, 그 역은 도저히 논리적으로 불합리한가 하는 점이다. 다시 말해서, 우리가 통상적으로 쓰고 있는 '높임−안높임'의 구분 방식과는 반대로 '낮춤−안낮춤'의 구분 방식은 불가능한 방식 또는 틀린 방식인가 하는 문제이다. 필자의 생각으로는 이 경우 이러한 구분이 좋은 방식이라고는 생각하지 않지만, 그렇다고 논리적으로 틀렸거나 불가능한 방법은 아니라고 생각한다. 물론 이러한 기준을 설정하는 데도 언어 보편적인 방식이 있을 수 있고, 그러한 경우 그것을 따르는 것이 순리다. 다만 여기에서 필자가 말하고자 하는 본의는, 기준 또는 표준을 어떻게 설정하느냐에 따라, '안높임'이라는 것이 '낮춤'이 될 수도 있다는 것을 지적하려는 데 있다. 가령 남성과 여성을 구분할 때, 전자를 [+MALE], 후자를 [−MALE]이라 할 수 있는데, 이 때 '비남성'이란 표지가 결코 '여성'의 속성을 배제하는 것은 아니다. 이런 경우 위와는 반대로 여성을 [+FEMALE], 남성을 [−FEMALE]로 해서 절대로 안 된다는 논리적 근거는 있을 수 없다.[3]

둘째로는 한(1986)에서 구분한 격식체의 두 구분에도 같은 방식이 적용될 수 있다는 것을 지적할 수 있다. 이 연구에서도 다른 연구에서와 다름없이, 소위 격식체의 네 등분을 '높임'(아주높임, 예사높임)과 '낮춤'(예사낮춤, 아주낮춤)으로 구분하였다. 여기에서도 '낮춤'을 '안높임'으로 지칭하는 것이 불가능한 것만은 아닐 것이다. 결국은 마찬가지 논리로, 반말의 경우에도 이를 '낮춤'으로 지칭하는 것이 결코 틀린 것은 아니라 할 수 있다.

셋째로는, 일관성의 문제를 생각해 볼 수 있다. 소위 격식체에서는, 한(1986)을 포함해서 '높임'에 대응되는 '낮춤'을 인정하지 않은 사람이 거의

---

3) 여성 우위 시대가 도래할 때, 그러한 가능성은 매우 높아질 것이다.

없는 것으로 이해된다. 격식체라는 것이 다름 아닌 4화계 체계이고, 비격식체라는 것이 2화계 체계인데, 굳이 전자에서만 높임, 낮춤을 구분하고, 후자에서는 그런 구분을 피한다는 것은 균형을 잃은 해석이 되지 않을까 한다.

이 밖에도 반말을 '낮춤'이 아닌 '안낮춤'으로 해석하는 데는 여러 가지 문제점이 따른다. 화계에서의 '높임', '안높임'은 주체 대우나 객체 대우에서의 그 것과 같지 않다는 점이다. 주체 대우나 객체 대우에서는 분명히 '높임－낮춤'으로 대응시키기 곤란하다. 높임에 대응되는 형태가 반드시 낮춤이 아닌 것이 분명하기 때문이다. 그러나 청자 대우에서는 높임에 대응되는 안높임이 안높임일 뿐만 아니라, 분명히 낮춤이라는 것을 확인할 수 있다. 다음 예문을 살펴보자.

> (4) a. 그 일을 교수님께서 하셨어요?
>   b. 그 일을 교수님께서 했어요?
> (5) a. 그 책 교수님 드렸어요.
>   b. 그 책 교수님 주었어요.
> (6) a. 그 일을 교수님께서 하셨어요?
>   b. *그 일을 교수님께서 하셨어?   *화자＝제자, 청자＝선생

위 예문을 선생과 제자간에 있었던 대화의 일부라고 가정할 때, (4)에서 '－시－'가 결여된 b는 낮춤이 아니라, '안높임'이라 할 수 있다. 마찬가지로 (5)에서 객체존대가 안 된 b도 낮춤이 아니라 '안높임'일 뿐이다. 이것은 '－시－'가 결여된 형태나, '주다'와 같은 말들이 '높임'이 아닌 예사말일뿐, 이들이 '낮춤'의 말이 아님을 의미하는 것이다. 그렇기 때문에 이런 말들은, 비록 좋은 표현은 아니라고 하더라도, 흔히 통용되고 있고, 듣는이로서도 어느 정도 이해하고 수용할 수 있는 대우법이다. 따라서 이런 문은 비문법적인 문으로 배제할 수 없다. 이에 비해서, (6)의 경우는 전혀 사정이 다르다. 통상적인 상황에서 b는 도저히 용납될 수 없는 대우 표현이며, 허용될 수 있는 문법적인 문도 아니다. 이처럼 (6)b가 용납될 수 없는 것

은, 이 반말이 안낮춤일 뿐만 아니라 낮춤이기 때문이다. (4), (5)에서와 같은 '안높임'이라면, 이것이 용납되지 못할 이유도, 비문이 될 이유도 없을 것이다. 이처럼 (4), (5)의 '높임 – 안높임'에 맞추어, (6)의 경우도 '높임 – 안높임'으로만 대응시키고, '높임 – 낮춤'의 구분은 옳지 못하다고 본 것은 온당해 보이지 않는다.

반말이 '낮춤'이라는 것은 언중의 직관을 통해서도 확인할 수도 있다. 모르는 사람들이나, 낯선 사람들이 만났을 때, (4), (5)와 같은 예에서 보는 존대형의 결여는 청자에게 불쾌한 감정을 촉발시키지 않지만, (6)의 경우라면, 당장에 불쾌감을 촉발시켜서, 당장 '어디다 반말이야!' 하는 반응을 볼 수도 있다. 이것은 반말이 분명한 낮춤이기 때문이다.

반말의 화계성과 관련해서, 한(1986 : 20)의 도표가 보여 주는 반말의 성격도 이해하기 곤란하다. 이 도표는 반말이 '낮춤'이 아니라, '안높임'일 뿐이라는 것을 가장 명시적으로, 또 가장 간명하게 보여 주는 결론과 같은 부분이 된다고 하겠다. 우선 제시된 도표를 인용하고 생각해 보기로 한다.

(7)

높임의 정도 \ 구분	격식체	비격식체	구분 \ 높임의 정도
높임	아주높임	반말에 '-요' 통합형태	높임
높임	예사높임	반말에 '-요' 통합형태	높임
낮춤	예사낮춤	반말	안높임
낮춤	아주낮춤	반말	안높임

먼저 이 도표가 보여 주는 가장 특징적인 현상은 화계상 높임도 아니요, 낮춤도 아닌, '안높임, 안낮춤'의 단계가 설정된 점이다. 이 단계는 낮춤보다는 위이고, 높임보다는 아래 단계인 것이다. 그래서 문제의 반말이 아주

낮추는 데서부터 이 단계에까지 걸쳐 있다는 해석이다. 바꾸어 말한다면, 반말은 아주 낮추거나 예사 낮추는 화계에 쓸 수 있는 것은 물론, 높이는 것은 아니어도 낮추는 것보다는 한 단계 위인 '안낮춤, 안높임'의 단계에 까지 쓸 수 있다는 것이다.

이처럼 반말이 '예사낮춤'보다는 위인 '안높임' 화계라고 해석하는 데는 두 가지 근거를 가지고 있는 것 같다.

첫째는 반말이 윗사람 또는 상위자에게도 쓰일 때가 있다는 점이다. '나 이 차이가 별로 없는 형제자매 사이에 동생이 손위인 형이나, 누나, 언니 에게 말을 할 때나, 가까운 선후배 사이에 후배가 선배에게 발화할 때, 젊 은 사람이나 어린이가 자기 어머니나 가까운 친척 어른에게 말할 때 등의 장면에서 예사낮춤이나 아주낮춤의 종결 접미사로 월을 끝맺음할 수 없는 데, 반말 종결 접미사로는 자연스럽게 월을 끝맺음할 수 있다.'(p.19)고 한 것이 바로 그런 해석의 배경이다. 그러나 여기에서 두 가지 중요한 점을 간과한 것으로 생각된다. 하나는 반말의 본질에 대한 문제다. 국어의 화계 는 네 화계 체계인 1차 화계와 두 화계 체계인 2차 화계의 2원적 구조로 되어 있는데,[4] 화계가 많을수록 화계성이 더 엄격하고, 화계의 수가 적을 수록 화계성이 덜 엄격한 것은 자연의 이치라 할 수 있다. 따라서 4화계 체계의 엄격성이 완화된 것이 2화계 체계이고, 이러한 배경에 따라 2화계 체계는 4화계 체계에 비해 상대적으로 격식성이 떨어져서, 비격식체의 성 격이 두드러지게 된 것이다. 따라서 반말의 두루낮춤은 비격식체의 화계이 기도 하지만, 그 등분의 엄격성이 약하기 때문에, 가까운 윗사람에게까지 도 쓰일 수 있는 것이다. 윗사람에게 쓰였다는 것이, 반말의 등분을 예사 낮춤의 위 단계에까지 끌어올릴 수 있는 근거가 되는 것은 아니다. 만약 반말이 그처럼 '안낮춤, 안높임'의 화계성까지 가지고 있다면, 비단 가까운 윗사람에게만 쓰여야 할 이유가 없다. 보편성을 가지고 더 널리 쓰여야 할 것이다. 우리 화계의 어떤 것도 친소에 따라 일부 한정된 사람에게만 쓰이

---

4) 성기철(1985) 참조.

는 것은 찾아 보기 어렵다. 반말이 일부 가까운 윗사람에게 쓰일 수 있는 것은, 이것이 예사낮춤 위에까지 미치는 화계성으로 설명되는 것이 아니다. 이것은 반말이 가지는 두루낮춤의 화계성과 반말이 쓰이는 화용적 특성으로 설명될 성질의 것이다.

반말을 낮춤이 아닌 안낮춤으로 해석하는 두 번째 배경에는, 혼잣말에 반말이 쓰인다는 사실이 고려되고 있다.

> (8) a. 내가 이러면 안 되지.
>   b. 내가 이러면 안 된다.
> (9) a. 이번 일은 더 좀 생각해 봐야 돼.
>   b. 이번 일은 더 좀 생각해 봐야 된다.

위와 같은 말에서 혼잣말에 쓰일 수 있는 것은 대체로 a에 해당된다. 그러나 이러한 사실이 문제의 반말의 성격을 규정지어 주는 것은 결코 아니다. 대우 중립적인 성격의 글에서 높임의 화계보다는 낮춤의 화계가 쓰이는 것은 대체로 언어 보편적인 현상이다. 다시 말하자면, 낮춤은 어떤 면에서 무지표적(Unmarked)인 특성을 가지는 것이다. 혼잣말도 말하자면 이러한 무지표적인 속성을 가지는 것으로 이해된다. 이러한 경우 낮춤 중에서 어떤 것이 더 적합한가는 자명해진다. 화계성이 엄격해서, 격식성을 가지는 화계보다는 엄격성이나 격식성이 적은 반말이 더 적합할 것이기 때문이다. 반말이 부분적으로 '안높임, 안낮춤'의 특성을 가졌기 때문에 혼잣말에 쓰인다고 이해하기는 곤란하다. 그리고 혼잣말에 쓰이는 것이 반드시 반말에 국한된 것만도 아니다. 다음과 같은 말도 경우에 따라서는 얼마든지 혼잣말로 쓰일 수 있을 것이다.

> (10) 내가 여기서 주저앉을 수는 없다.
> (11) 이번에는 내가 나가야 한다.

반말이 한(1986)에서 지적된 이유로 '안높임, 안낮춤'의 화계에까지 뻗쳐 있는 것으로 해석되어야 한다면, 이것은 매우 중요한 다른 한면을 간과한 것이 된다. 반말이 일부 윗사람에게 쓰이는 것과 마찬가지로, 반말높임 — 해요체 — 이 일부 아랫사람에게 쓰이고 있다.

> (12) 박 선생, 나 좀 도와줘요. 내 한 잔 잘 살게.
> (13) 이제 공부 좀 해요. 그렇게 놀지만 말고.

(12)는 가령 상위자가 되는 선생이 손아래 되는 선생에게 쓸 수 있는 대우 표현이며, (13)은 어머니가 자기 아이한테 쓸 수도 있는 말이다. 이러한 예, 또는 이러한 예가 쓰일 수 있는 상황은 얼마든지 찾아 볼 수 있을 것이다. 이러한 예를 문제의 반말과 같이 해석한다면, 반말높임도 높임이 아닌 '안낮춤'이 되어야 할 것이며, 이 안낮춤은 아주높임과 예사높임은 물론, 문제의 반말에서 보는 바와 같은 성격의 '안낮춤, 안높임'의 단계를 별도로 설정해서, 여기까지 미치는 것으로 설명하여야 일관성도 유지되고, 또 합리적인 것이 될 것이다. 이러한 해석에 따르면, 다음과 같은 화계도가 만들어질 수 있을 것이다.

(14)

구분 높임의 정도	격식체	비격식체	구분 높임의 정도
높임	아주높임	반말에 '-요' 통합형태	안낮춤
	예사높임		
낮춤	예사낮춤	반말	낮춤
	아주낮춤		

결국 (7)이 보여 주는 화계 체계를 정당화하기 위해서는, 부득불 (14)와 같은 화계 체계도 수용하고 정당화하지 않을 수 없을 것이다. 이 문제는

여기서 그치지 않는다. 화계 도표 (7)과 (14)가 보여 주는 화계도(話階圖), 또는 그러한 화계 설정의 배경은 상호 완전히 일치되는 것이고, 이에 따라 이 둘을 수용하는 전체적인 화계의 체계화가 만들어져야 할 것이다. 이 둘 중 어느 하나만을 수용하는 것은 균형을 잃은 것이 아닐 수 없다. 이러한 전제에서 새로운 화계를 체계화하면, 다음과 같은 것이 되어야 할 것이다.

(15)

높임의 정도 / 구분	격식체	비격식체	구분 / 높임의 정도
높임	아주높임	반말에 '-요' 통합형태	높임 / 안낮춤
	예사높임		
낮춤	예사낮춤	반말	안높임 / 낮춤
	아주낮춤		

　　우리의 현실 언어 자료에 바탕을 둘 때, (7)이 보여 주는 화계 체계는 오히려 (15)와 같은 것이 되어야 할 것 같다. (7)은 한 쪽만이 반영된 기형적인 체계로 보인다.

　　그러나 (15)가 보여 주는 화계 체계는 또 다른 문제점을 야기한다. 반말높임은 한(1986)을 포함해서 누구도 이의를 제기하지 않는 높임이어서, 높임도 아니고 낮춤도 아닌 '안높임, 안낮춤'의 화계 단계를 따로 설정하기는 곤란하다. 설혹 반말높임의 '해요체'에 그러한 '안높임, 안낮춤'의 화계적 단계를 인정한다 하더라도, 이것은 앞서 보았던, '안낮춤, 안높임'의 화계적 단계를 가진 것으로 보았던 반말과 완전히 일치되는 결과가 된다. 이것은 결국 반말과 반말높임이 화계상에서 '안높임, 안낮춤'의 공통 영역을 가진다는 또 다른 해석을 가져오게 된다. 두 화계가 공통 영역을 가진다는 것은 어떤 경우에는 반말과 반말높임, 즉 '해체'와 '해요체'가 똑같은 등분의 화계로 쓰일 수 있다는 결론, 또다시 말해서 두 화계가 화계상 전혀 차이 없이 쓰일 수 있다는 결론에 도달하는 모순에 빠지게 된다. 또 뒤 도표에서 보는 바와 같이, 반말을 기준으로 했을 경우의 '높임, 안높임'과 반말높임을 기준으로 했을 경우의 '낮춤, 안낮춤'과 상충을 일으킨다. 즉 똑같은 현상이면서도, 반말높임이 때로는 높임, 때로는 안낮춤이 되는가 하면, 반말도 때로는 안높임, 때로는 낮춤이 되기도 하는 혼란과 불합리를 면키 어렵게 한다. 결과적으로 한 가지 무리한 해석, 또는 잘못된 해석은 이제 본 바와 같이 계속해서 또 다른 무리한 결과를 야기하게 된다.

이상에서 대략 살펴보았듯이, 반말을 낮춤은 물론, '안높임, 안낮춤'의 화계성까지 가진 '안높임'으로 성격을 규정한 것은 언어 현실을 바르게 해석한 것으로 이해하기 곤란하다. 여기에서 생기는 모든 문제점은 오히려 반말을 두루낮춤으로 규정하고, 이것이 윗사람에게까지 사용될 수 있는 것은 반말의 화용적 특성으로 해석함으로써 답을 구할 수 있을 것이다. 기본적으로 모든 대우 현상은 화용적 특성을 가지고 있기 때문에, 문법 현상으로만 이해되지 않는다.

이상에서 살펴 온 문제의 현상을 다음과 같이 요약할 수 있을 것이다. 반말은 두루낮춤으로서, 가까운 윗사람에게까지 쓰일 수 있는 화용적 특성을 가지며, 이와 마찬가지로 반말높임은 두루높임으로서, 가까운 아랫사람에게까지 쓰일 수 있는 화용적 특성을 가진다. 이러한 특성은 2차 화계가 이 두 화계만으로 구성됨으로써, 화계의 엄격성이 적은 비격식성을 한 특성으로 하는 데서 연유되는 것인데, 기본적으로 모든 대우 현상은 장면 또는 상황의 지배를 받는 화용적 특성을 가진다. 따라서 이러한 대우 현상은 문법적인 규칙만으로는 기술, 설명되기 어렵다. 문법 외에 화용론적 고려가 수반되지 않으면 안 된다.

다음으로 생각해 보고자 하는 것은 국어의 화계 구분에 대한 문제이다. 그 동안 논의되어 온 화계 또는 화계의 수 등은 이미 성기철(1970, 1985)을 위시해서 여러 사람에 의해 소개되고 검토되어 왔다.5) 이러한 작업을 통해 얻어진 것은 대체로 성기철(1970)의 화계 체계를 골격으로 하고 있다고 하겠다. 이러한 화계 문제를 사회언어학적인 측면에서 현장 조사를 통해 해답을 얻고자 한 연구들이 있다. 그 중에서도 박영순(1978a, 1978b, 1995) 등은 그 대표적인 예가 아닌가 한다. 이들 연구는 주로 상이한 언어 집단, 즉 상이한 지역, 상이한 연령층 등에 따른 상이한 화계 실태를 조사하여 체계화한 것으로 이해된다. 이처럼 현장 조사에 의한 사회언어학적 연구는 문법에 바탕을 두고 접근하는 연구와는 그 성격이 다를 수밖에 없다. 특히 여러 계층의 다양한 변이를 근거로 다양한 체계를 도출한 연구자의 안목에서 보면, 연구자에 따라 다르게 체계화한 여러 이견이 어찌 보면 '모두 다 맞기도 하고 모두 다 틀리기도 하는 것'(박, 1995 : 554)으로 보일지도 모른다. 이 말의 이면에는 단일화된 어떤 화계 체계도 수용하기 어려운 것이라는 전제, 그리고 화계 체계의 기술은 반드시 상이한 계층에 대한 상이한 화계 수립이라야 바른 것이라는 전제가 숨어 있는 것으로 보인다. '종래 순수 언어학적 연구로는 해결하지 못했던 등분 문제를 해결할 수 있었다.' (박, 1995 : 556)고 한 것이나, 화계 체계에 대한 그 동안의 학계의 이견에 대해 '어느 계층이 몇 등분 체계를 사용하고 있고, 또 어느 계층은 몇 등분을 사용하는가를 밝히지 못하고 한국 사회 전체에 대한 단일한 등분 체계만 있는 것으로 기술했기 때문에 일어난 논란'이라고 한 것도 그 한 면을 보여 주는 것 같다. 그러나 이러한 생각의 배경에는 어떤 오해가 있지 않나 돌아보아야 할 듯싶다.

  지금까지의 다양한 화계 체계가 제시되어 온 것이, 마치 서로 다른 언어 집단을 대상으로 했기 때문에 생긴 것, 다시 말해서 서로 다른 언어 집단의 화계를 체계화한 데 연유하는 것으로 이해한 것 같다. 지금까지 주로 문법 학자들에 의해 체계화가 시도되어 온 것인데, 이들은 한결같이 표준어 또는 공통어를 주된 대상으로 한 것이었다. 특별한 전제가 없는 한, 이

---

5) 성기철(1970, 1985) 참조.

들 중 누구도 특정의 방언을 대상으로 화계를 체계화한 사람은 없는 줄 안다. 따라서 동일 대상의 언어 자료를 바탕으로 세워진 화계 체계이고 보면, 상이한 여러 개의 화계 체계가 '다 맞기도 하고 모두 틀리기도 하는 것'일 수 없다. 동일한 언어 자료를 대상으로 한 경우에도, 화계 기술에 다양한 의견이 많이 제시되었다는 것은 분명히 잘못 해석한 견해가 있는 것을 의미한다. 모두 맞기도 하는 것이 아니라, 대부분이 틀린 것으로 이해하는 것이 온당하고, 또 실제 많은 것이 틀린 것으로 입증되어 왔다. 가령 같은 표준어 또는 공통어를 대상으로 했음에도 불구하고, 4등분이나 5등분 또는 6등분으로 상이하게 체계화한 것은 분명히 모두 틀린 것이다.

박(1995)는 '최하 2등분을 쓰는 사람부터 6등분을 쓰는 사람까지 모두 존재한다는 것을 밝힌 바 있다.'고 한 것은 어디까지나 일부 한정된 집단이나 개인의 언어를 대상으로 한 화계일 것이 분명하다. 가령 '2, 3년밖에 안된 어린이가 2등분을 쓴다'는 것은 특정의 어린이 또는 특정의 어린이 집단에 가능할 것이다. 또 다른 예로 '60대 경상도 중류층 남자는 거의 6등분을 다 쓴다'고 한 것도 가능할지 모른다. 현장 조사를 하지 않은 사람으로서는 일단 수용할 수 있다. 결국 이러한 사회언어학적 조사 연구는 방언학과 중복된다. 방언학과 연계되는 이러한 사회학적 연구는 매우 의미있는 중요한 작업임에 틀림없다.

그러나 방언학 또는 사회언어학과 문법은 분명히 구별되어야 할 것이다. 지역 또는 계층에 따른 상이한 변이어를 대상으로 이를 기술하는 방언학과, 특정의 한 대상 언어라 할 수 있는 표준어나 공통어를 대상으로 이를 기술하는 문법의 경우를 대비해서, 그 장단이나 우열을 논하거나 평가를 하는 것은, 때로는 무의미한 것이 될 것이고, 때로는 가치 기준의 혼란이 되기 쉽다.

박(1995)에서도 한국어의 표준이 될 만한 화계를 제시하고는 있다. 서울 30대의 화계를 대표적인 것으로 이해한 것 같다. '서울 30대 중류층이 주로 쓰는 5등분 체계를 현 한국 사회의 가장 대표적인 체계로 설정하고, 교과서, 외국인을 위한 한국어 교육에서 채택할 수는 있을 것이다.'(p.556)라고 한 것은, 결국 한국어를 대표하는 화계를 5등분 체계로 규정한 셈이다. 그러나 구체적으로 5등분 체계가 어떠한 것인지는 제시되지 않았다. 박(1985), 박(1995) 들을 살펴보면, 국어에는 2등분에서 6등분까지 있고, 그중 6등분 체계는 다음과 같은 것으로 이해하는 것 같다.

    (16) 어미　　　　　　등분
　　　　　　하십니다　　　　6
　　　　　　하세요　　　　　5
　　　　　　하오　　　　　　4
　　　　　　하네　　　　　　3
　　　　　　해　　　　　　　2
　　　　　　한다　　　　　　1

　이 중에서 어느 것이 빠진 것이 5화계 체계인지는 분명치 않다. 다만 여기서 분명한 것은 이러한 화계 체계는 한결같이 격식, 비격식 등의 구분이 없는 단선적 또는 일원적 화계 체계란 점이다. 그러나 이러한 체계 또는 이러한 조사 연구는 작지 않은 문제점을 드러내 보인다. 이러한 일원적 화계, 즉 격식체와 비격식체가 수직으로 단선화된 체계는 물론, 위 6화계 체계에서 하나가 결여된 어떤 모양의 5화계 체계도 서울 중부, 또는 표준어 사용권의 어느 세대, 어느 집단에서도 발견되지 않기 때문이다. 따라서 그러한 체계화의 근저에는, 사회언어학적인 조사 방법상에 결함이 있었거나, 자료 해석상에 문제점이 있었던 것으로 이해할 수밖에 없을 것 같다. 이 언어에서는 화계가 4화계 체계와 2화계 체계가 이원화되어 있다. 이것은 위 인용 연구가 보여 주는 것과 같이 반말이나 반말높임(해요체)이 다른 화계 사이에 끼어 있는 화계가 될 수 없다는 것을 말해 준다. 이러한 그 동안의 연구도 철저하게 현실 언어 자료에 입각해서 체계화된 것이지, 문법 연구자들의 상상에 의해서 유도된 것은 아니다. 그런 까닭에 4화계와 2화계로 이원화된 국어의 화계 체계가 한국어 또는 표준어의 대표적인 화계 체계라는 데 별다른 이견이 없는 것이다.

다음으로 잠시 돌아보고자 하는 것은 화계와 격식성의 문제다. 흔히 화계를 격식체와 비격식으로 구분하는 것이 학계의 통념이 되어 있는 것으로 생각된다. 즉 1차 화계를 격식체, 2차 화계를 비격식체로 구분한다. 그러나 이러한 구분에는 별로 이의를 제기하지 않지만, 어느 누구도 해라체의 격식성에 관심을 기울인 사례를 아직 찾아 보지 못했다.

(17) 철수야, 너 숙제 다 했지? 그만 나가자. 나가.

위는 아이들의 대화의 일부인데, 해라체와 반말체가 함께 쓰였다. 4화계의 1차 화계를 획일적으로 격식체로 구분하는 경우, 격식체인 반말과 비격식체인 반말이 한 아이의 구어체에 함께 쓰였다고 해야 할 것이다. 해라체에 비격식성을 부여한 것은 이익섭(1974)이 그 유일한 예가 아닌가 한다. 화계 또는 격식성에 대해 언급하는 거의 모든 논의에서, 해라체에 격식성을 부여하고 있지만, 위와 같은 매우 일상적인 해라체를 어떻게 그렇게 안이하게 격식체로 규정하고 있는지 이해가 안 가는 일이다. 필자의 짐작으로는 위의 해라체에 격식성이 있다고 할 사람이 거의 없을 것 같다. 이러한 짐작이 그리 어긋난 것이 아니라면, 해라체에 격식성을 부여하는 대부분의 연구들은 어떤 근거를 가졌기에 이러한 결론을 내리고, 이에 대해 의문을 제기하기는커녕 이를 되풀이만 하고 있는 것일까? 안일한 결론에 안주하고 있는 것으로 짐작된다.

국어의 화계와 격식성에 대한 본격적인 논의는 성기철(1985)에서 시도되었다. 여기서 보면, 국어 화계의 격식성이란 것이 여타에서 보는 것처럼 그렇게 단순 논리로 이해되는 것이 아님을 입증해 준다. 국어의 화계는 4화계 체계와 2화계 체계의 둘로 이원화되어 있는데, 화계의 수가 많은 전자가, 그 수가 적은 후자에 비해 화계의 엄격성이 더할 수밖에 없다. 만약 화계가 하나밖에 없다면, 거기에 엄격성이란 것이 있을 리 없다. 화계에서 엄격성이란 격식성과 그리 다른 말이 아니다. 따라서 엄격성이 더하다는 것은 바로 격식성이 더하는 말이 된다. 결국 4화계 체계가 2화계 체계보다 격식성이 더하다는 결론이 된다. 결국 화계의 격식성은 화계의 수에 비례한다는 것을 알 수 있다. 이런 관점에서 볼 때, 국어의 화계를 격식체와 비격식체로 양분한 것은 대체로 직관에 의존한 것이었지만, 결과적으로는 온당한 것으로 판명되었다.

이제 문제는 비격식성이 2화계 체계의 반말과 반말높임의 특성만은 아니라는 데 있다. 간단한 예로 위에서 본 해라체에서도 그러한 비격식성이 확연히 드러나는데, 이 현상을 어떻게 이해하느냐 하는 문제다. 이것은 다른 측면에서 이해되어야 한다. 대화자가 수평적인 관계에 설 때에는, 격식성이 엄격할수록 상위 화계가 사용되고, 격식성이 덜 엄격할수록 하위 화계를 사용하게 된다. 이 말은 결과적으로 상위 화계가 하위 화계보다 격식성이 높다는 말이 된다. 따라서 수평적 관계에서는 최하위 화계인 해라체가 격식성이 제일 떨어질 수밖에 없다. 해라체는 4화계 중에서 격식성이 제일 낮은 까닭에, 결과적으로는 격식성이 거의 드러나지 않는 것으로 보인다. 위 예문 (17)에서 대화자는 완전히 수평적인 관계에 있다. 그러므로 여기에서는 해라체가 본래 비격식체인 반말과 거의 같은 비격식성을 보여 준다. 어른들의 경우에도 상대자가 상호 수평적 관계라면, 역시 해라체를 사용할 수 있는데, 이 경우에도 해라체는 물론 격식성이 드러나지 않는다. 다시 말하면, 반말이 비격식성을 보여 주는 것은 대화자가 수평적 관계에 있을 때에 드러나는 현상인 것이다. 여기서 우리는 수평적 관계의 격식성은 화계의 고저와 비례한다고 할 수 있다.

따라서 대화자가 수평적 관계에 있지 않을 때에는, 해라체가 여전히 격식성을 드러내게 된다. 가장 전형적인 예를 군인 사회에서 볼 수 있다.

> (18) a. 김 일병, 즉시 무전기를 휴대하고 대기하라.
> b. 예, 중대장님. 즉시 대기하겠습니다.

위 예문에 쓰인 해라체는 (17)의 경우와 너무도 판이하게 다르다. 이 해라체에 비격식성을 부여할 사람은 아무도 없을 것이다. 여기에서 두 대화자는 매우 엄격한 수직 관계에 있다. 이처럼 엄격한 계급 사회에서는 4화계 중 주로 아주높임과 아주낮춤의 양극의 화계가 쓰인다. 같은 수직 관계라 하더라도, 중간 화계, 즉 예사높임이나 예사낮춤이 쓰이면, 그러한 엄격성은 완화된다.

> (19) 김 소령, 이것 좀 연대 본부로 보내시오.
> (20) 김 소령, 이것 좀 연대 본부로 보내게. (화자=대령)

위에서 보는 바와 같이, 대화자가 수직적 관계에 서 있을 때에는, 그 관계가 엄격할수록 화계는 양극화 현상을 보인다. 이러한 상황에서는 해라체도 격식성이 엄격하게 드러난다. 여기에서는 수직 관계의 격식성이 화계의 양극화와 비례한다고 할 수 있다. 따라서 (17)과 같은 자료를 대상으로 하는 경우에는, 해라체가 비격식성의 화계라고 규정하는 것도 바른 해석이 못된다.

이상에서 본 바와 같이, 1차 화계를 격식체, 2차 화계를 비격식체로 일차적인 구분을 하는 것은 좋지만, 비격식체의 4화계에 획일적으로, 그리고 대등하게 격식성을 부여하는 것은 옳지 않다. 경우에 따라서는 격식체의 해라체가 그 격식성을 거의 잃어서, 반말과 같은 비격식성을 드러내기도 하는 배경을 옳게 이해해야 될 줄 안다.

3

위에서 필자는 그 동안 대체로 객관적 인식을 같이해 온 화계 체계에 대한 최근의 상이한 견해, 또는 새로운 해석에 대해서 잠시 그 문제점을 살펴보았다. 하나는 반말이 '낮춤'을 포함하되, 예사낮춤보다는 위에 오는

‘안낮춤’이라는 화계 해석의 문제점을 살펴본 것이었고, 다른 하나는 종래 문법적인 측면에서 기술한 화계 체계의 어느 것도 적절한 것이 되지 못한다는 논의의 문제점을 돌아본 것이었다. 반말이 한(1986a, b)과 같은 ‘안낮춤’이라는 해석은 전반적인 언어 자료에 대한 정밀한 검토가 더 요구되는 것이었다. 그리고 뒤의 논의는 방언학 또는 사회언어학적 접근 방법과 문법적인 접근 방법을 동일한 층위에서 이해하려 한 데서 연유한 혼란으로 이해되었다.

방언 또는 사회언어학적인 측면에서 화계를 기술하고 체계화하는 일은 중요하기도 하고, 또 앞으로 해야 할 과제도 많으리라 생각한다. 그러나 문법적인 측면에서의 화계 기술, 또는 표준어나 공통어를 대상으로 하는 화계의 기술이나 체계화는 이제 마무리가 되어 가는 단계에 있다고 보아 큰 무리가 없을 줄 안다.

그리고 화계와 관련하여, 4화계 체계와 2화계 체계를 아무런 단서 없이 소박하게 격식체, 비격식체로 명명하는 것은 문제가 있음을 돌아보았다. 국어 화계의 격식성이 그렇게 소박하고 안일하게 치부해 둘 사안이 아님을 지적하였다. 특히 4화계 체계의 격식성 문제는 세심한 배려가 있어야 그 정체가 파악되는 것이었다.

참고 문헌

박영순(1985), 『국어통사론』, 서울 : 집문당.
박영순(1995), 「상대높임법의 사회언어학」, 『어문논집』 34, 고려대 국어국문학연구회.
성기철(1970), 「국어대우법 연구」, 『논문집』 4, 충북대.
성기철(1985), 『현대국어 대우법 연구』, 서울 : 개문사.
이익섭(1974), 「국어 경어법의 체계화 문제」, 『국어학』 2, 국어학회.
한   길(1986a), 「들을이높임법에서의 반말의 위치에 관하여」, 『국어학신연구』, 탑출판사, 서울.
한   길(1986b), 「현대국어 반말에 관한 연구」, 연세대 박사학위 논문.

—『한양어문연구』 13, 한양대학교, 1995. 12.

현대 한국어 대우법의 특성

1

　한국어에 청자 또는 제삼자에 대한 존대나 비존대를 표현하는 대우법이 복잡하게 발달해 있다는 것은 널리 알려져 있는 사실이다. 이것은 대화자 사이에 위계가 중시되고, 친소 관계에 대한 관념이 엄격했던 우리 전통 사회의 한 모습을 반영하는 것이라 볼 수 있다. 이러한 관습과 언어의 전통은 현대에도 그대로 전승되고 있다. 우리는 시간의 흐름에 따른 대우 현상의 변천을 경험해 왔고, 또 현재도 그러한 변천은 지속되고 있다. 이러한 변천은 새 세대로 내려갈수록 두드러지는바, 이는 바로 시간의 흐름에 따른 변천을 사실적으로 보여 주는 것이라 하겠다. 이러한 현상은 물론 대우법에만 한정된 것은 아니고, 기본적으로 언어 전반에 걸친 보편적 변천 속에서 이해되는 것이라 하겠다.

　현대 국어 대우법은 그 동안 많은 연구의 성과를 축적해 왔다. 이 글은 이러한 바탕 위에서 현대 한국어의 대우법을 공시적인 측면에서 개략적으로 조망하면서,[1] 그 특징적 현상을 돌아보고, 혼란스럽게 보이는 대우 표현을 언어 변천이라는 관점과 아울러 담화, 화용론적 관점에서 함께 고려해 보기로 한다.

---

[1] 서정수(1984, 1996), 성기철(1970, 1985), 한길(1986) 및 기타 참조.

2

　대우란 화자가 자기 자신과 청자 그리고 제삼자 사이의 위계 관계나 친소 관계 등을 고려하여, 특정 대상에 대한 존대나 비존대의 의도를 표현하는 언어 현상이라 할 수 있다. 한국어에서 대우의 등급은 대체로 두 가지 다른 관점에서 생각해 볼 수 있다. 우선 담화, 화용론상의 관점에서 대우의 등분을 생각해 볼 수 있겠다. 특정 어휘나 문법적인 형태 등에 의해 체계적으로 표현되는 대우의 정도가 아니라, 다양한 표현 방식에 의해서 다양하게 드러나는 대우의 정도 차이를 볼 수 있다.

(1) a. 나 도와 줄래?
　　b. 나 좀 도와 줄래?
　　c. 나 좀 도와 주겠어?
　　d. 나 좀 도와 주시지 않겠어?
　　e. 나 도와 주겠소?
　　f. 나 좀 도와 주시지 않겠소?
　　g. 저 좀 도와 주시겠어요?
　　h. 저 좀 도와 주시겠습니까?
　　i. 저 좀 도와 주시지 않으시겠습니까?

　위의 예문들은 상이한 단어와 상이한 통사 구조에 의한 상이한 문체적 대우 표현과, '-시-', '-어', '-요' 등 형태에 의한 문법적 대우 표현의 복합으로 다양한 대우의 등급을 나타내고 있다. 이들은 개략적으로나마 대우의 등급이란 것이 얼마나 다양한 것인가 그 한 측면을 보여 줌과 동시에, 이러한 등급이란 것이 또한 얼마나 객관적인 방법으로 규정하기 어려운 것인가를 잘 보여 준다. 문체론적 성격의 대우 등분 현상은 사실상 국어에만 특징적으로 존재하는 현상은 아니며, 정도의 차이는 있겠지만, 거의 모든 언어에 나타나는 보편적인 현상일 것이다.

　그리하여 우리가 대우의 등분이라 할 때에는, 특별한 경우를 제외하고

는 위와 같은 등분을 고려하지 아니하고, 대체로 문법적인, 또는 어휘, 형
태론적인 측면에서 체계와 규칙성을 보이는 대우 등분을 지칭하게 된다.
이러한 관점에서 대우의 등분을 고려하게 되면, 이것은 크게 세 등분으로
구분하게 된다. 하나는 존대도 아니며 하대도 아닌 예사 등급이고, 다른
하나는 이를 기준으로 보아 이보다 상위에 해당하는 존대 등급이며, 마지
막 하나는 이보다 하위에 상당하는 하대 등급이다. 우리는 이를 각각 평대,
존대, 하대, 또는 예사말, 높임말, 낮춤말이라 이른다.

대우의 등급과 직접 관련되는 것은 아니지만, 대우 표현에서 빼놓을 수
없는 다른 한 가지는 품격 표현이다. 이것은 같은 의미를 가진 표현이라도,
품위 또는 품격이 더한 어휘나 표현을 씀으로 해서, 한편으로는 자신의 교
양, 품격 등을 드러내면서, 다른 한편으로는 청자인 상대방에게 예를 표하
는 것이 있는가 하면, 또 그렇지 못한 것이 있어, 그 선택에 유념하지 않
으면 안 되는 경우가 있는 것이다. 다음은 비록 장년층 이상에서도 사용
빈도가 급격히 줄어들기는 했지만, 그러한 측면을 잘 보여 준다.

(2) 갑 : 여보게, 춘부장 계신가?
    을 : 가친께서는 지금 출타중이신데요.

여기서 '춘부장'은 '아버지'의 존댓말이라 할 수도 있겠지만, 존댓말인
동시에 때로는 같은 존대어인 '아버님'에 비해 화자의 품격을 드러냄과 동
시에, 화자, 청자 모두의 지적 수준이나 교양을 반영해 준다. '가친'은 어
떤 의미에서 '아버지'의 존댓말이라기보다는 '아버지'보다 더 품격이 드러
나는 말이라 할 수 있다. '출타중'이란 표현도 전혀 존댓말이 될 수 없는
말이지만, 역시 화자의 교양이나 품격이 반영되는 표현이라 할 수 있다.[2]

---

2) 적절한 존대 표현은 화자의 품격과 관련되고, 품격 있는 표현은 때로 존대와 관련
   되기 때문에 존대 표현과 품격 있는 표현이 늘 엄격하게 구분될 수 있는 것만은
   아니다.

대우 또는 대우 의도를 언어상에 반영하는 방법은 여러 가지로 달리 실현된다. 먼저 생각할 수 있는 한 가지는 어휘적인 방법이다. 존대도 하대도 아닌 예사말이 있는가 하면, 이에 대응되는 존대어나 하대어가 별개의 어휘로 마련되어 있다. 다음에서 한두 예를 볼 수 있다.

(3) 예사말   높임말   낮춤말
    밥   진지
    눈   눈깔
    나   저3)
    있다   계시다
    먹다   잡수(시)다   처먹다

두 번째로 생각할 수 있는 방법은 형태론적인 방법이다. 이것은 어말어미나 선어말어미 등 굴절어미에 의한 방법과 격조사 및 보조조사 등 조사에 의한 방법으로 대별된다.

(4) 선생님 오셨니(오시었니)?

여기서 어말어미 '-니'는 청자에 대한 화자의 하대를 나타내고 있으며, 선어말어미 '-시-'는 주어 성분인 주체 '선생님'에 대한 화자의 존대를 드러낸다.

(5) 아버지께서 그거 할아버지께 드렸어요.

위에서 주격조사 '-께서'는 주체인 '아버지'에 대한 존대를, 그리고 여격조사 '-께'는 부사어인 여격어 '할아버지'에 대한 존대를 표현하는 격조사이다. 또 문미의 '-요'는 청자에 대한 화자의 존대를 표현하는 보조

---

3) '저'와 같은 말은 '나'의 존댓말이라기보다는 겸양어라는 것이 더 적절해 보이기도 한다. 그러나 겸양이란 것도 결과적으로는 상대방에 대하여 자신을 낮추는 것으로 이해할 수 있다.

조사이다.

　세 번째로 생각할 수 있는 대우 표현의 방법은 준문법형태라 할 수 있는 파생접사에 의한 방법이다.

　　(6) 아버님,[4] 선생님, 손님

　위에서 이들 어휘에 공통으로 실현되고 있는 '-님'은 어간 성분에 대한 존대를 나타내는 파생접미사이다.

　이상에서 돌아본 대우 표현의 방법을 간략하게 정리하면 다음과 같은 것이 될 것이다.

　　(7) 대우 표현의 방법
　　　가. 문체론적 방법
　　　나. 어휘 형태론적 방법
　　　　ㄱ. 어휘적 방법
　　　　　밥-진지
　　　　ㄴ. 굴절접사에 의한 방법
　　　　　(ㄱ) 어말어미 : -어
　　　　　(ㄴ) 선어말어미 : -시-
　　　　ㄷ. 조사에 의한 방법
　　　　　(ㄱ) 격조사 : -께서, -께
　　　　　(ㄴ) 보조조사 : -요
　　　　ㄹ. 파생접사에 의한 방법
　　　　　-님

---

4) '아버님', '어머님'은 며느리가 시부모를 일컬을 때나, 남의 부모를 일컬을 때 쓰는 말이지, 자기 자신의 부모를 지칭할 때는 쓰지 않는 말이다. 요즘 젊은 연령층의 화자들이 자기의 부모를 지칭할 때, 흔히 '아버님', '어머님'이라고 하는데, 이것은 우리 전통 어법에 어긋나는 것이다.

3

대우법이란 화자가 특정 인물에 대한 존대 또는 비존대의 의도를 표현하는 규칙적인 언어 현상으로 이해되고 있다.

(8) 아버지께서 오신다.

위 문에서 '-께서'는 화자가 주어 성분인 주체 '아버지'에 대한 존대 의도를 표현하기 위해서 쓰인 주격조사이고, '-시-'는 역시 같은 주체에 대한 화자의 존대 의도를 반영하기 위해서 쓰인 선어말어미이며, '-다'는 들을이[청자]에 대한 하대 의도를 나타내기 위해 쓰인 종결어미이다. 이러한 대우 형태들은 해당 상황이 주어질 때, 규칙성 있게 실현되는 특성을 가진다.

이러한 특성의 대우 현상은 다음에서도 똑같이 나타난다.

(9) 그 책을 선생님께 드렸어요.

위에서 동사 '드리다'는 객체로 일컬어지는 부사어 '선생님'에 대한 화자의 존대 의도를 반영하고 있으며, 조사 '-요'는 문면에 드러나 있지 않은 청자에 대한 화자의 존대를 나타내고 있는데, 이들 역시 매우 규칙적인 현상으로 나타난다.

문법이란 것이 대략 하나의 문을 최대 구성 단위로 하여, 그 구성에 관여되는 법칙의 집합으로 규정되고 있지만, 이들 규칙의 성격이나 특성은 한결같지 않다. 한 예로 어떤 문법 형태의 쓰임은 그 규칙성이 매우 엄격한 반면, 어떤 문법 형태의 쓰임은 그 쓰임이 그리 엄격하지 못한 경우가 있어, 그 규칙성이란 것을 획일적으로 단순화하기는 곤란하다. 이러한 현상은 특히 대우의 형태들에서 잘 드러난다. 관련 형태들 상호간의 비교를 통해 이러한 현상의 한 측면을 간단히 돌아보기로 한다.

(10) a. 나는 밥을 먹는다
　　 b. 나는 밥을 먹었다.

위의 두 예문에서 확인되는 바와 같이, 과거를 표현하고자 할 때, '-었-'은 필수적이다. 이에 반해 '-었-'이 결여된 a는 현재를 나타낸다. 종결형에서 시제 형태의 결여는 기본적으로 현재를 나타낸다.5) 따라서 단순히 어떤 과거를 나타내는 경우에 '-었-'이 결여되거나, 현재를 나타내는 경우에 어떤 다른 시제 형태가 쓰이게 되면, 이들 문은 비문법적인 문이 될 수밖에 없다. 이처럼 여기에서의 시제 형태는 그 쓰임이 매우 엄격한 규칙성을 보인다.

그러나 한국어에서 복수 형태 '-들'의 쓰임은 전혀 엄격성이 없다.

(11) a. 운동장에 많은 사람들이 모였다.
　　 b. 운동장에 많은 사람이 모였다.

a, b 두 문은 완전한 동의로 해석될 수 있다. 즉 b의 '사람'이 '사람들'과 같은 복수 의미로 해석될 수 있는 것이다. 이것은 복수 형태 '-들'의 쓰임이 엄격하지 않고, 이에 따라 규칙성이 없다는 것을 의미한다. 따라서 복수 표현과 관련해서 위의 두 문은 모두 문법적인 문이 된다. 이러한 현상은 위에서 본 시제 형태의 엄격성이나, 영어의 복수 형태 '-(e)s'의 엄격성 또는 규칙성과 현저한 대조를 이룬다.

(12) a. Many students work on Sunday.
　　 b. *Many student work on Sunday.

위에서 복수 형태 '-s'가 결여된 b가 비문이 되는 것은, 복수 형태 '-들'이 결여되어도 비문이 되지 않는 한국어의 경우와 좋은 대조가 된다.

---

5) '-는'은 흔히 현재 시제 형태로 이해되기도 하지만, '-는다' 전체를 하나의 종결어미 형태로 분석하는 것이 더 합리적이다.

이러한 대조적 현상은 대우 형태들에서도 흔히 발견된다.

(13) a. 어머니께서도 알고 계시다.
     b. 어머니도 알고 계시다.
     c. 어머니도 알고 있다.

주체인 '어머니'가 화자의 존대 대상임은 움직일 수 없는 사실이지만, 존대 형태 '-께서'가 결여되었다고 해서, 문 b가 비문법적인 것이 되는 것은 아니다. 이러한 현상은 c의 경우도 비슷하다. 물론 a가 바른 표현임에는 틀림없지만, 요즘 낮은 연령층의 세대에서, 특히 아주 사적인 자리에서 흔히 볼 수 있는 바와 같이, b나 c처럼 '-께서'나 '계시다'가 안 쓰였다고 해서 꼭 비문이라고 하기도 곤란하다.

존대 형태 '-시-'가 쓰여야 할 자리에서 결여된 채로 쓰이는 것은 이제 아주 흔한 현상이 되었다.

(14) a. 철수야, 너 선생님께서 찾으셨어.
     b. 철수야, 너 선생님이 찾으셨어.
     c. 철수야, 너 선생님이 찾았어.

기성 세대 또는 규범문법에서는 a를 강력히 요구할지도 모른다. 그러나 격식성이 요구되는 경우를 제외하면, 젊은 세대의 경우 이러한 대우 표현은 그리 일반적이지 못하다. 많은 경우 a보다는 b가 더 널리 쓰이고 있으며, 학생들끼리의 대화에서라면, 자리에 따라 오히려 c가 더 보편적일 수도 있다.

더구나 다음과 같은 문에서는 '-시-'의 유무가 대우법상으로 보더라도 어느 것도 문제되지 않음을 보여 준다.

(15) a. 할아버지는 손톱이 기시다.
     b. 할아버지는 손톱이 길다.

일반적으로 a가 더 널리 쓰이고 있기는 하지만, b도 함께 쓰일 뿐만 아니라, 이 역시 문법성에 별로 문제가 없다. 이처럼 대우 형태의 실현 여부가 문법성에 영향을 미치지 못한다는 것은, 이들 형태로 표현되는 대우법이 순수 문법 현상으로서의 특성이 약한 것을 의미하며, 이것은 다시 국어 대우법이 문법 규칙만으로 설명되거나 체계화할 수 없는 현상임을 의미한다.

대우 표현의 규칙성이 엄격하지 않은 것은, 대우 현상이 문법적인 현상일 뿐만 아니라, 화용론적 현상이기도 함을 보여 주는 것이다. 같은 대상이라도 대화 현장의 성격, 가령 공식적인 자리인가, 사적인 자리인가에 따라서 대우 표현이 달라질 수 있으며, 같은 사적인 자리라 하더라도, 대화 때의 화자 또는 청자의 심적 분위기 등에 따라서도 달라질 수 있다.

> (16) a. 어머니께서 그렇게 말씀하셨습니다.
>   b. 어머니께서 그렇게 말씀하셨어요.
>   c. 어머니가 그렇게 말하셨어요.
>   d. 엄마가 그렇게 말하셨어요.
>   e. 엄마가 그렇게 말했어요.

격식성이 드러나는 a나 b도 격식성이 떨어지면, c로 바뀔 수 있으며, 아주 비격식적인 자리가 되면, d나 e로 표현될 수도 있을 것이다. 기본적으로 대우란 것이 위계 관계나 친소 관계에 따라 결정되는 것인데, 친소라는 것이 그 성질상 매우 주관적인 것이기도 하려니와, 이것이 장소의 성격이나 대화자의 기분 등에 따라 달라질 수 있는 것이어서, 화용론적 제약을 크게 받게 마련이다. 따라서 동일 대상에 대해서도 표현할 수 있는 대우 또는 대우 표현의 폭이 매우 넓다. 이처럼 대우란 것이 그 본질상 화용론적 특성이 강한 것이어서 화용론과 문법론의 공동 지원에 의해서만 그 총체적인 체계화가 가능한 현상이라 하겠다.

국어 대우법이 가지는 또 하나의 특징적인 현상은 이미 앞의 여러 예문에서 시사되었듯이 하나의 문에서도 동일 대상의 인물에 대해서 상이한 몇 가지의 대우 방법이 복합적으로 사용된다는 점이다.

(17) 할아버지께서 이런 말씀을 하시었다.
(18) 제가 선생님께 갖다 드리겠어요.

앞 예에서는 '할아버지'를 존대하기 위해서, 전혀 문법 범주가 다른 조사 '-께서'와 선어말어미 '-시-', 그리고 존대의 명사 '말씀' 등 세 가지 다른 성격의 대우 방법이 동원되었다. 뒤의 예에서는 동일 인물인 '선생'을 존대하기 위해서 더 복합적인 방법이 채택되고 있다. 앞 예에서는 '할아버지'가 다만 주체로서만 존대되었을 뿐임에 대하여, 뒤의 예에서는 '선생'이 청자로서 존대되는 대우의 방법과 함께, 객체로서 존대되는 대우의 방법이 함께 사용되었고, 예사말 '선생'에 대한 존대어 '선생님'이 쓰이기도 하였다. 좀 더 구체적으로 보면, 우선 청자로서의 '선생'을 존대하기 위해서 존대의 조사 '-요'와 함께, 화자의 겸양을 나타내는 낮춤의 '저'를 선택하였으며, 또 객체로서의 '선생'을 존대하기 위해서 존대 조사 '-께'와 함께, 객체를 존대하는 동사로 '드리다'를 사용하였다. 그뿐만 아니라 '선생'을 존대하기 위해서 파생접사 '-님'을 사용하기도 하였다. 특정의 의미 또는 기능을 나타내고자 할 때, 특정의 한 형태가 선택되는 것이 보편적인 현상이다. 더구나 나타내고자 하는 것이 문법 범주에 해당되는 것일 경우에는 더욱 그러하다. 이런 점에서 볼 때, 위에서 본 바와 같은 복합적인 대우 표현의 방법은 매우 특징적인 것이라 하겠다.

4

국어 대우 표현의 방법은 앞서 보았듯이 여러 가지로 실현되지만, 체계적인 측면에서 보면, 국어의 대우법은 크게 세 가지 유형이 그 골격을 이룬다. 다음에서는 이들 세 가지 대우법의 개요를 차례로 살펴보기로 한다.
먼저 문의 주어 성분인 주체에 대한 대우 현상을 살펴보기로 한다. 주체에 대한 화자의 대우를 나타내는 주체 대우법은 주격조사 '-께서'와 선어말어미 '-시-'의 유무에 의해서 존대 또는 비존대를 표현하는 대우법이다. 이 대우법은 이들 형태에 의한 존대 여부만을 드러낼 뿐, 이들 형태의 결여가 하대를 표현하는 것은 아니다. 비존대가 하대를 포괄하기는 하지만, 역으로 하대가 비존대를 모두 포괄하지는 않는다.

    (19) 선생님께서 가시었다.

  이 문에는 두 개의 상이한 대우 형태가 쓰이었다. 하나는 주격조사 '-께서'이고, 다른 하나는 선어말어미 '-시-'이다. 이 두 형태는 각각 상이한 문법 범주에 들지만, 둘 다 주체에 대한 화자의 존대를 표현한다는 점에서 공통된 기능을 가진다. 이들 두 형태 중 '-께서'는 비교적 그 용법이 단순하지만, '-시-'는 매우 복잡한 양상을 보인다.

  다음에서는 '-시-'의 복잡한 용법을 개략적으로 살펴보기로 한다.

    (20) a. 선생님께서는 눈이 크다.
        b. 선생님께서는 눈이 크시다.

  위 문은 a와 b가 모두 가능하나, 대체로 b가 더 보편적일 것이다. 이들 문은 소위 중주어 구문으로, 이러한 문의 구조 해석에 있어서는 전문가들 사이에 적지 않은 이견을 보여 주고 있다. 여기서는 이러한 구조의 문을 문서술어 복합문 구조로 전제하고,[6] '-시-' 존대법을 생각해 보기로 한다. '선생님'을 상위문의 주어로 해석하면, '-시-'의 존대 대상이 해당문의 주어뿐만 아니라, 상위문의 주어인 상위 주체까지 존대할 수 있는 것으로 확대 해석할 수 있기 때문이다.

  그렇다고 해서 소위 중주어 구문의 주체 존대가 모두 설명 가능한 것은

______

6) 소위 중주어 구문에 대한 해석은 다양하다. 문서술어 복합문, 기저 주제문 등 많은 해석 방안이 제시되었다. 그러나 특히 주체존대 해석 등과 관련해서는 문서술어 복합문 구조로 이해하는 것이 훨씬 바람직하다. 성기철(1987) 참조.

아니다. 즉 모든 중주어 구문에서 그러한 주체 존대법이 획일적으로 적용되는 것은 아니다.

    (21) *김 선생님은 아기가 잘 우신다.(아기=김 선생님의 아들)

  (20)에서 본 대로라면, (21)도 성립되어 '−시−'가 상위 주어 '김 선생님'을 존대할 수 있어야 할 것이다. 그러나 이것은 불가능하다. 따라서 '−시−'에 의한 상위 주체 존대는 모종의 제약이 따르지 않으면 안 된다.[7]
  여기서 먼저 (20)과 (21)의 차이를 생각해 볼 수 있다. 이 경우 고려의 기준이 되는 것은, 상위 주어(NP_1)와 하위 주어(NP_2) 사이의 관련성이다. (20)에서는 NP_2가 NP_1의 부속물임에 반하여, (21)에서는 NP_1과 NP_2 사이에 그러한 관계가 성립되지 않는다. 바꾸어 말하면, 전자에서는 NP_1이 NP_2의 신체적 소속 주체가 된다. 그런데 이러한 소속 주체 개념은 일반적인 소유주 개념에 포괄적으로 적용될 수 있다.

    (22) a. 정 선생님은 책이 많으셔(없으셔).
        b. 정 선생님은 책이 많아(없어).

  여기에서는 상위 주체가 하위 주어의 소유주이다. 이처럼 NP_1이 NP_2의 소유주일 때, '−시−'에 의한 상위 주체 존대는 자연스럽게 실현된다. 다음 예도 동궤의 것이다.

    (23) a. 김 사장님은 집이 크시다.
        b. 김 사장님은 집이 크다.

  두 NP 사이의 소속 또는 소유 관계가 긴밀할수록, '−시−' 사용이 더 자연스럽다. 다음 예문을 살펴보아도 그러한 사정이 확인된다.

    (24) a. [?]김 선생님은 사시는 동네가 크시다.

---

7) 본고에서는 성기철(1985)의 상위 주체 존대 조건 또는 제약을 간략하게 통합하였다.

    b. 김 선생님은 사시는 동네가 크다.

위에서는 a의 허용 가능성이 별로 없어 보인다.

상위주체 존대가 실현되는 또 다른 유형이 있다.

    (25) a. 할아버지는 이 짐이 무거우세요(=시어요)? (화자=손자)
         b. 할아버지는 이 짐이 무거워요?

위에서 b가 꼭 비문법적인 문이라고 할 수는 없다. 그러나 이보다는 a가 훨씬 자연스럽게 쓰이고 있다. 그런데 이 경우에는 두 NP 사이의 관계로 는 주체존대가 설명되지 않는다. 이 문은 형식상 형용사 문이지만, 의미상 으로 보면, 상위 주체 '할아버지'는 행위주로 확대 해석할 수 있다. '무겁 다'는 것은 '드는' 행위가 전제되기 때문이다. 즉 위 문에서 '할아버지'는 '짐'을 드는 주체가 됨이 전제되어 있다. 이처럼 상위 주체가 행위주로 확 대 해석될 만한 경우, 주체존대는 무리 없이 실현된다. 다음과 같은 예도 마찬가지의 것이다.

    (26) a. 박 선생님께서는 대전이 머신가 봐.
         b. 박 선생님께서는 대전이 먼가 봐.

여기에서도 '-시-'가 실현된 문이 더 자연스러운 것은 말할 것도 없 다. (25)와 마찬가지로 형용사 문이지만, 서술어 '멀다'는 '가다'라는 행위 가 전제되지 않으면 안 된다. 따라서 상위 주체는 간접적으로 행위주로 인 식되고, 이에 따라 주체 존대의 대상이 된 것이다.

    다음과 같은 형용사의 경우는, 얼핏 보아 행위와 무관해 보이지만, 살펴 보면 관련성을 상정해 볼 수 있기 때문에, 역시 상위 주체 존대가 가능해 진다.

    (27) a. 선생님은 철수가 예쁘세요?/예쁘신가 봐/예쁘시대.
         b. 선생님은 철수가 예뻐요?/예쁜가 봐/예쁘대.

(28) a. *선생님은 철수가 부지런하세요?/부지런하신가 봐.
　　 b. 선생님은 철수가 부지런해요?/부지런한가 봐.

(27)에서는 a와 b가 모두 가능하여, 상황에 따라 어느 하나가 다른 것에 비하여 더 선호되겠지만, (28)에서는 a의 가능성이 거의 없다. 그 까닭은 '예쁘다'가 동사 '예뻐하다'와 관련됨에 비하여, '부지런하다'는 이에 상응하는 동사를 상정할 수 없기 때문이다.

이상의 논의를 종합해 보면, 상위 주체가 하위 주체의 소유주이거나 행위주로 해석이 가능할 때, 상위 주체에 대한 '-시-' 주체 존대는 실현 가능하다. 그러므로 이러한 조건을 충족시키지 못하는 경우에는 상위 주체 존대는 실현될 수 없는 것이 원칙이다.

여타의 대우에서도 그렇듯이, 주체 존대에도 청자와 관련된 제약이 따른다.

(29) a. 할아버지, 아버지 왔어요.
　　 b. *할아버지, 아버지 오셨어요?

위에서 b는 원칙적으로 바른 표현이 아니다. 위에서 볼 수 있는 제약은 국어 대우법에서 가장 강력한 제약이 되어 온 상위 청자 제약이다. 즉 대우 관련 인물 중에서 청자가 최상위자일 경우, 여타 인물에 대한 존대는 일체 유보된다. 이 제약은 전통적으로 압존법이란 이름으로 불리어 온 존대 제약이다. 위 예에서 '할아버지'가 가장 상위자이기 때문에, 화자는 자기 아버지에 대해서조차 존대 표현을 유보하고 있는 것이다.

다음에는 화계로 표현되는 청자 대우 현상을 돌아보기로 한다. 화계란 문의 종결형으로 표현되는 청자 대우의 등급을 의미하는 것으로, 청자 대우법의 체계는 복잡하면서도 매우 체계적이다. 우선 화계는 종결어미와 보조조사 '-요'로 표현되는 것이 원칙인데, 종결형에 의해서 네 등분으로 구분되는 화계를 1차 화계라 하고, 반말 종결어미와 존대 조사 '-요'의 결합 여부에 의해 표현되는 두 등분의 화계를 2차 화계라 부르고자 한다. 결국 한국어의 화계는 네 등분의 1차 화계와 두 등분의 2차 화계의 이원 구조로 체계화되어 있다고 할 수 있다. 이러한 화계 체계를 간략하게 도표로 보이면 다음과 같다.

(30) 한국어의 화계 체계

		1차 화계	2차 화계	
높임	아주높임	-습니다, -습니까, -십시오	-어요, -지요, -군요	두루높임
	예사높임	-오, -소, -ㅂ시다		
낮춤	예사낮춤	-네, -나, -게, -세	-어, -지, -군	두루낮춤
	아주낮춤	-다, -니, -어라, -자		

위에 보인 1차 화계 표현의 종결 형태 중 '-십시오'만이 주체존대의 '-시-'와 종결어미의 복합형일 뿐, 나머지는 모두 단일 형태의 어미만이 쓰이었고, 두루높임의 형태는 두루낮춤의 종결형과 높임의 보조조사 '-요'의 복합형태임을 알 수 있다. 이들 화계 중에서 두루낮춤을 반말이라 한다. 따라서 두루낮춤에 존대 조사를 통합한 두루높임을 반말높임이라 할 수 있다.

두루높임이란 높임의 대상 누구에게나 쓸 수 있는 화계이며, 두루낮춤이란 낮춤의 대상 누구에게나 쓸 수 있는 화계이다. 다만 네 화계로 된 1차 화계는 격식성이 두드러지고, 두 화계로 된 2차 화계는 비격식성이 두드러지는데, 1차 화계 중에서도 아주낮춤은 흔히 두루낮춤과 같은 비격식인 특성이 강하게 드러난다.8)

---

8) 한국어 화계와 관련된 격식성의 문제는 그렇게 단순한 것이 아니다. 특히 일차 화계를 획일적으로 격식체로 해석하는 것은 바르지 않다. 남녀노소를 막론하고 친한 사람 사이에서 흔히 해라체가 쓰이는데, 이것을 일방적으로 격식체라고 하는 것은 잘못된 이해다. 화계와 격식성의 문제에 대해서는 성기철(1985) 참조.

위 화계는 대체로 장년층 이상을 대상으로 한 화계이다. 따라서 그 아래의 세대에는 이러한 화계 체계가 적용되지 않는다. 이 세대는 1차 화계 중 예사높임과 예사낮춤을 사용하지 않는다. 이에 따라 1차 화계상에 공백이 생기에 되는데, 이 공백은 2차 화계에 의해서 보완된다.

여기서 한 가지 고려해야 할 문제가 있다. 그것은 일부 화계 형태가 그 본래의 화계에만 쓰이는 것이 아니라, 인접한 다른 화계에까지 넘나드는 현상이다. 가령 반말의 두루낮춤이 존대 대상의 상위자에게도 쓰이는가 하면, 두루높임의 반말높임이 하위자에게도 쓰인다는 사실이다.

(31) 김 선배(님)이 좀 도와 주셔.
(32) 박 선생(님)이 하시지 않았어?

위와 같은 반말은 비공식적인 자리에서, 비교적 가까운, 또는 허물이 없는 상위자에게 흔히 쓰일 수 있는 말이다.

(33) 김 군, 시간 좀 있어요?
(34) 김철수, 또 거짓말하면 안 돼요.

위의 반말높임은 윗사람이 아랫사람에게 좀 정중하게 말할 때 쓰일 수 있는 말이다. (34)와 같은 말은 선생님이 어린 학생에게 쓸 수도 있는 말이다. 때에 따라서는 공식적인 자리든 사사로운 자리든 어디서나 쓸 수 있다. 다만 이 경우는 교육이라는 배경을 가지고 쓰였다고 할 수 있다.

이러한 특성으로 해서, 특히 반말이 평교 간에 쓰일 경우, 낮춤이라기보다는 낮춤도 높임도 아닌, 중립적인 화계처럼 인식되기도 한다. 그리하여 반말의 화계적 특성을 '낮춤'으로부터 '안낮춤, 안높임'의 중립적 등분에까지 미치는 것으로 해석하기도 한다.[9]

평교간에 쓰이는 화계는 그 특성상 존대 하대가 중화되는, 즉 대우 중립

---

9) 한길(1986 a, b) 참조.

의 인상을 가지게 한다. 이와 유사한 예를 개화기의 예사높임에서도 찾아
볼 수 있다. 이 때만 해도 예사높임의 하게체가 평교간에 널리 쓰였고, 이
에 따라 이 화계도 생각하기에 따라서는 대우 중립적인 성격이 엿보이기
도 한다. 이러한 성격은 아주낮춤의 해라체에서도 예외가 아니다. 평교간
에 쓰일 때, 얼핏 보아서는 낮춤이라기보다 대우 중립으로 보일 수도 있다.
이처럼 평교간에 널리 쓰이는 화계는 대우 중립적인 '안낮춤, 안높임' 같
은 인상을 주게 된다.

　반말이나 해라체가 다 같이 평교간에 널리 쓰이면서도, 반말이 더 대우
중립적인 인상을 강하게 주는 것은 2차 화계가 높임과 낮춤의 2등분으로
되어 있어, 낮춤은 어떤 면에서 안높임의 성격을 띨 수도 있기 때문이다.
주체 대우나 객체 대우에서는 안높임이 평대의 성격을 가지는데, 이 경우
반말과 같은 낮춤의 특성은 가지지 않는다. 해라체는 4등급 중 최하위 등
급으로, 높임과의 사이에 예사높임을 두고 있기 때문에 중립이 되는 데는
문제가 있다.

　일반적으로 안높임 또는 낮춤은 대우 중립적인 성격이 강하다. 우리에
게 익숙한 많은 언어가 대우 중립성을 특징으로 하는 경우 안높임이나 낮
춤의 등분을 사용한다. 교과서, 신문, 각종 도서에 쓰이고 있는 글이 대부
분 그러하다. 이러한 경우 한국어에서는 화계상으로 아주낮춤의 해라체를
쓰지만, 사실상 아주낮춤의 의미는 별로 실현되지 않는다. 이 때의 아주낮
춤은 대우 중립적인 성격을 띠지만, 그렇다고 해서 아주낮춤의 근본을 '안
낮춤, 안높임'으로 규정할 수는 없다.

　우리는 어린 사람들은 말할 것도 없거니와, 나이가 많은 사람들까지도
자기 어머니, 할머니, 할아버지 등 가깝고 허물없는 윗사람에게 반말을 쓰
는 것을 본다. 이처럼 반말이 상위자에게 쓰인다고 해서, 반말을 존대와
연관시킬 수는 없다. 이러한 현상은 반말의 '안낮춤, 안높임'으로도 설명이
어려울 것이다. 이러한 현상은 문법 외적인 현상, 즉 담화, 또는 화용적 측
면에서 이해되어야 할 것이다.

이상에서 보다시피 어떤 등분의 화계는 그 본래의 화계성을 벗어나, 다른 화계성 또는 화계 중립적인 성격을 드러내기도 한다. 그러나 이러한 속성은 관련 화계 자체의 고유 속성으로 이해하기보다는, 이렇게 사용되는 상황이 한정되어 있는 점을 고려하여 담화, 화용론적인 측면에서 이해하는 것이 바람직할 것이다. 한 예로 반말의 경우, 그 근본은 두루낮춤으로 규정하고, 이것이 비공식적인, 또는 비격식적인 상황에서 때로는 대우 중립적인 성격을 드러내기도 하는 것으로 해석하는 것이 무리 없는 이해일 것이다.[10)]

다음에는 객체 대우 현상을 간략히 돌아보기로 하겠다. 우선 객체란 대우의 행위가 미치는 대상 인물을 가리키는 것으로, 목적어 또는 조사 '-에게'나 '-께'를 취하는 여격의 부사어를 함께 이르는 개념의 대우 용어이다. 객체대우란 화자의 객체에 대한 존대 또는 비존대의 표현으로, 앞서 본 다른 대우와 달리 문법 형태에 의존하지 않고, 몇몇 소수의 특정 어휘에 의해 표현되는 것이 특징이다.

> (35) 철수가 그 책을 아버지께 드렸다.

기본적으로 대우란 화자와 여타 대상 인물 사이에 이루어지는 것이다. 위 예에서도 '드렸다'는 객체 '아버지'에 대한 주체 철수의 존대가 아니라, '아버지'에 대한 화자의 존대를 표현한다. 이러한 사실은 다음과 같은 예에서 분명하게 확인된다.

> (36) a. 철수야, 이것을 아비한테 주어라.
> b. *철수야, 이것을 아버지께 드려라. (화자=할아버지)

특정의 문맥 또는 상황에서, b가 쓰이는 일이 없지 않지만, 원칙적으로 이것은 옳은 것이 못 된다. 이것은 결국 객체 존대가 기본적으로 객체와

---

10) 성기철(1995) 참조.

주체의 관계에서 결정되는 것이 아니고, 객체와 화자 간의 관계에서 규정되는 것임을 밝혀 준다.

그러나 주체 존대의 경우와 마찬가지로, 객체에 대한 화자의 존대 표현에도 제약이 따른다.

> (37) a. *할아버지께서 그것을 아버지께 드렸다.
>   b. 할아버지께서 그것을 아버지에게 주셨다.

위에서 객체 '아버지'는 화자의 존대 대상이지만, 객체 존대는 이루어지지 않는다. 객체 존대가 성립되기 위해서는 객체가 화자뿐만 아니라, 주체의 존대 대상이 되어야만 하는 제약이 따른다. a가 불가능한 것은 주체인 '할아버지'가 객체보다 상위자이기 때문이다.

그러나 명령문이나 당위성을 가진 문의 경우에는 객체에 대한 주체의 존대 의도는 화자의 객체 존대에 아무런 영향을 미치지 않는다.

> (38) 이 놈들아, 우리 선생님 잘 모시고 가.
> (39) 이 도둑놈들아, 우리 선생님 잘 모시고 가야 돼.

위와 같은 예에서는 객체 '우리 선생님'에 대한 주체 '이 놈들', '이 도둑놈들'의 존대 의도와는 관계 없이, 객체에 대한 화자의 존대 의도만으로 객체 존대는 성립될 수 있다.

상위 청자 제약이 적용되는 것은 객체 존대의 경우도 예외가 될 수 없다.

> (40) a. 할아버지, 제가 그것을 아버지한테 주었어요?
>   b. *할아버지, 제가 그것을 아버지께 드렸어요?

b가 성립되지 않는 것은 청자인 '할아버지'가 최상위자이기 때문이다. 이 제약 때문에 화자는 객체인 자기 아버지에 대한 존대 표현까지도 유보하고 있는 것이다.

5. 대우법의 화용론적 특성과 동요

위에서는 주체대우법, 청자대우법, 객체대우법 등 한국어 대우법의 세 가지 기본 골격을 개관하였다. 이러한 과정에서 이들 대우법이 때로는 문법 현상으로서의 엄격성이 철저하지 못한 점, 그리고 이것이 부분적으로는 대우 현상 자체의 담화, 화용적 특성에 기인한다는 점과 함께, 연령층이 낮은 세대로 내려올수록 이들 대우법이 변화를 입고 있다는 점을 지적하였다. 다음에서는 이러한 문제를 좀 더 구체적으로 살펴보기로 하겠다.

우선 주체 대우의 경우를 보기로 한다.

(41) a. 김 선생님께서 그렇게 말씀하시었어요.
　　　b. 김 선생님이 그렇게 말씀하시었어요.
　　　c. 김 선생님이 그렇게 말하셨어.
　　　d. 김 선생님이 그렇게 말했어.
　　　e. 김 선생이 그렇게 말했어.

위 예에서 주체 '김 선생님'이 화자의 존대 대상이란 것을 전제하고 위 대우 표현을 살펴보기로 한다. 이러한 표현상의 대우 차이는 물론 화자의 대우 의도에 따른 것이라 하겠지만, 여기에는 또 다른 요인들도 작용하고 있음을 간과해서는 안 된다. 그 가운데 하나는 청자이다. 가령 청자가 주체인 '김 선생님'의 친구로서, 역시 화자의 존대 대상이 되는 사람이라면, a나 b가 선택되지 않을 수 없다. 또 청자가 화자의 친구라면, c나 d가 선택되었을 것이다. 또 화자와 청자가 다 성인이고, 화자의 친구인 청자가 '김 선생'에 대하여 아주 나쁜 감정을 가지고 있는 경우라면, e가 선택될 수도 있다.

대우 표현을 다르게 하는 또 다른 하나는 발화가 일어나는 장면 또는 상황이다. a나 b가 모두 가능하다 해도, 발화 장면이 아주 격식성이 요구되는 자리라면, b보다는 a가 선택될 것이다. 친구 사이에서는 보통 c가 선택될 것인데, 같은 친구 사이에서라도, 가벼운 농담들을 주고받는 자리 같으면, c 대신 d가 선택될 가능성이 더 높아질 것이고, 더 심한 경우에는 e로 쓰이는 경우도 있을 수 있다.

객체 존대에서도 그러한 특성을 확인하는 것은 어렵지 않다.

> (42) a. 철수야, 이거 아저씨께 갖다 드려.
>   b. 철수야, 이거 아저씨한테 갖다 드려.
>   c. 철수야, 이거 아저씨한테 갖다 줘.

여기서 객체 '아저씨'에 대한 대우가 어떻게 표현되느냐 하는 것은 일차적으로 화자의 의도에 달린 것이지만, 발화 장면의 성격에도 크게 영향을 받는다. 장면의 공식성 여부나 그 정도, 주위의 제삼의 청자, 또는 화자의 기분 등 여러 가지 비언어적 요인, 바꾸어 말해서 화용론적 요인이 작용하고 있다. 이처럼 화용론적 요인에 따라, 동일 대상에 대해 상이한 대우 정도가 적용되고 있어, 상이한 대우 표현의 문들이 모두 문법적인 것으로 수용되는 현상을 보인다.

대우 표현이 기본적으로는 화자의 대우 의도에 크게 좌우되는 것임에 틀림 없지만, 위에서 본 바와 같이 때로는 청자, 제삼자, 또는 발화 장면 등이 여러 가지 모양으로, 대우 표현에 영향을 미치는 것을 알 수 있다. 시각을 달리 해서 보면, 이러한 현상은 결국 문법 현상으로서의 대우법을 체계화하기 곤란하게 하는 근본 원인이 된다. 아울러 이러한 엄격한 규칙성의 결여는 나아가서, 대우법의 변천을 가속화하는 중요한 원인이 되는 것으로 이해된다. 가령 한 예로 (41)에서 a 대신 b가 사용될 수 있고, c 대신 d가 사용될 수 있기 때문에, 가장 좋은 표현이라고 할 수 없는 c나 d 등이 일반화할 수 있는 여지가 마련된다고 볼 수 있다. 물론 여기에는 언어의 단순화, 규칙의 단순화를 지향하는 언어 변천의 보편적 경향이 또 다른 하나의 요인으로 추가되고 있다고 할 수 있다.

  그러면 다음에는 대우법의 세대간의 차이를 개관하면서, 여기에 따르는 대우법의 변천의 양상을 대략 살펴보기로 한다.

  먼저 주체 존대법의 경우를 보기로 한다. 기성 세대 또는 상위 연령층의 주체 존대법은 낮은 연령층의 세대로 갈수록 앞서 본 규칙성이 동요되고 있음을 쉽게 확인할 수 있다. 우선 가장 눈에 띄는 것은 아래 세대로 갈수록 주격조사 '-께서'를 거의 사용하지 않고 있으며, '-시-'의 사용도 현저하게 줄어들고 있다는 사실이다. 이 외에도 두드러진 또 하나의 현상은 '-시-'의 사용이 완화되는 것과는 대조적으로, 소위 중주어 구문에서는 '-시-'의 사용이 남용될 정도로 확대 사용된다는 점이다.

  (43) a. 다음에는 회장님의 격려 말씀이 있겠습니다.
      b. 다음에는 회장님의 격려 말씀이 계시겠습니다.

  이러한 말은 요즘 아주 빈번하게 듣는 말이다. 이 경우의 '있다(계시다)'는 소유의 의미가 아니고 존재의 의미인데, 이 때는 '-시-'가 쓰이지 않는 것이 원칙이다. 그러나 요즘 대부분의 화자들은 격식성이 요구되는 자리일수록, 상위 주체에 대한 존대를 표현하기 위해서 '-시-'를 사용하는 것이 아주 일반화되어 있다. 이러한 대우 표현은 이제 비문법적인 것으로 배제할 수 없을 만큼 정착된 것으로 보인다.

  (44) a. 김 선생님은 아기가 예쁘다. (아기=3살)
      b. *김 선생님은 아기가 예쁘시다.
      c. *김 선생님은 아기가 예쁘시냐?
      d. [?](김)선생님은 아기가 참 예쁘시죠?

  앞서 살펴본 바에 따라, 중주어 구문의 b와 c에서는 상위 주체 존대가 성립될 수 없어, 이 둘은 비문이 된다. 그러나 d의 경우는 사정이 좀 다르다. d는 대략 '선생님은 아기가 예뻐 보이시죠?'의 의미와 '선생님은 아기를 예뻐하시죠?'의 두 가지 해석이 가능한데, 후자의 해석으로는 상위 주어가 행위주로 해석될 수 있기 때문에, 성립에 큰 문제가 없다. 그러나 전자의 해석으로는 원래 상위 주체 존대를 성립시킬 조건을 갖추지 못했기 때문에, 비문이 되어야 한다. 그러나 요즘의 젊은 세대에서는 널리 쓰이고 있을 뿐만 아니라, 기성 세대의 귀에도 그리 큰 거부감을 주는 것 같지 않다. 이것이 어느 정도 허용되는 것은 상위 주체가 청자일 경우이다. 즉 이러한 문은 화용론적 제약을 받으면서 부분적으로 허용되는 것 같다.

청자 대우에서도 화계 사용상에 얼마간 변천의 양상을 보인다. 앞서도 지적되었듯이, 예사높임의 하오체와 예사낮춤의 하게체는 적어도 30대 이하에서는 거의 쓰이지 않는 화계가 되었다. 예사높임의 '합시다' 정도가 그 잔영을 보일 뿐이다. 그리고 격식성을 가진 아주높임의 '하십시오'체도 그 사용 범위는 점점 축소되어 가고 있어, 아주 격식이 요구되는 자리가 아니면, 흔히 비격식성을 특징으로 하는 두루높임의 해요체가 대신 쓰이고 있다. 그만큼 해요체의 사용 범위가 점차 화대되어 가는 경향이 뚜렷하다.

객체 대우에서는 우선 조사 '-께'의 사용이 현저하게 줄어들었고, 존대어 '드리다, 여쭈다, 모시다, 바치다' 등의 사용 빈도도 축소되어 감을 볼 수 있다.

전반적으로 존대 표현은 과거에 비해 그 사용 빈도가 점점 축소되어 가는 것이 두드러진 특징의 하나다. 이것은 어떤 의미에서 높임도 낮춤도 아닌 예사말 또는 평대가 일반화되어 가는 경향을 보이는 것이라 할 수 있다. 이러한 현상은 첫째로 단순화를 지향하는 언어 변천의 한 모습을 보여 줌과 동시에, 둘째로 수직성을 한 특징으로 했던 과거에 비해, 수평성을 특징으로 하는 현대 사회에 부합해 가는 언어 변천의 한 현상이라 할 수 있다.

현재 진행되고 있는 대우 현상의 두드러진 변천상의 다른 하나는 상위 청자 제약의 이완 또는 완화 현상이다. 상위 청자 제약은 국어 대우법 전반에 공통으로 적용되는 가장 강력한 존대 제약인데, 이것은 낮은 연령층으로 내려올수록 지켜지지 않는 경향이 현저하여, 언젠가 이 제약이 완전히 붕괴될 것으로 전망된다. 이 현상은 주체존대나 객체존대에서 차별 없이 나타난다.

> (45) a. 할아버지, 아버지는 아직 안 왔어요.
>   b. 할아버지, 아버지는 아직 안 오셨어요.
> (46) a. 할아버지, 그거 제가 아버지(한테) 주었어요.
>   b. 할아버지, 그거 제가 아버지(한테) 드렸어요.

위 두 예문에서 각각 a가 정상적인 바른 대우 표현이다. 이들에서 '아버지'가 존대되지 않는 것은 청자 상위 제약 때문이다. 즉 청자인 '할아버지'가 더 상위자이기 때문이다. 그런데 요즘 연령이 낮은 세대에서는 이 제약이 적용되지 않는 b가 널리 쓰이고 있다. 이러한 현상은 물론 청자 상위 제약이 완화 내지 해소되어 가는 것을 의미하는 것인데, 이것은 다시 말하면 청자에 관계 없이 화자가 상위자는 존대한다는 대우의 기본 원리를 충실하게 지키는 것이 되며, 이것을 다시 바꾸어 말하면, 대우법 또는 존대법이 여기에 따르는 제약을 해소하고 단순화되어 간다는 것을 의미한다.

사실은 이미 오래전부터 대우법 또는 대우 체제 자체가 큰 변천을 겪어 왔다. 앞서 보았듯이 청자 대우의 일차 화계에서 예사높임과 예사낮춤이 대략 30대의 연령층 이하에서 거의 사용되지 않고 있는 것은 큰 변화가 아닐 수 없다. 이들 세대의 경우 이 두 화계의 붕괴는 근본적으로 청자대우 체계를 완전히 흔들어 놓은 것이다. 이 두 화계의 소실은 무엇보다도 일차 화계 자체의 붕괴를 가져왔으며, 이로 해서 생긴 공백을 이차 화계의 두루높임과 두루낮춤이 대신함으로 해서, 두루높임과 두루낮춤의 사용 범위가 확대되었고, 일차 화계의 격식성이 크게 동요되는 결과를 가져왔다. 이러한 현상은 결과적으로 어떤 의미에서 전체적인 화계 체제를 기형적인 것으로 만들었다. 이것이 앞으로 다시 어떤 모양으로 새로운 체계화가 이루어질지 모르지만, 현재로서는 얼마 동안 현재의 일그러진 체제가 계속될 것으로 전망된다.

참고 문헌

박영순(1985), 『국어통사론』, 집문당.

박영순(1995), 「상대높임법의 사회언어학」, 『어문논집』 34, 고려대.

서정수(1984), 『존대법의 연구』, 한신문화사.

서정수(1996), 『국어문법』, 한양대학교 출판원.

성기철(1970), 「국어 대우법 연구」, 『논문집』 4, 충북대.

성기철(1985), 『현대국어 대우법 연구』, 개문사.

성기철(1987), 「문 서술어 복합문」, 『국어학』 16, 국어학회.

성기철(1995), 「대우법의 화용론적 특성」, 『인문과학』 2, 서울시립대.

성기철(1995), 「반말의 특성」, 『한양어문연구』 제13집, 한양대학교 한양어문연구회.

이익섭(1974), 「국어 경어법의 체계화 문제」, 『국어학』 2, 국어학회.

한　길(1986a), 「들을이높임법에서의 반말의 위치에 관하여」, 『국어학신연구』, 탑출판사.

한　길(1986b), 「현대국어 반말에 대한 연구」, 연세대 박사학위논문.

—『말』 제21집, 연세대 한국어학당, 1996. 12.

20세기 청자 대우법의 변천
– 화계의 사회언어학적 변천과 관련하여 –

1

20세기의 한국은 격동의 시기이다. 1910년 일본의 강점에 의해 조선 왕조가 막을 내리고 20세기 중반까지 일제의 혹독한 수탈과 폭압의 침략 통치가 계속된다. 한반도에 서광을 준 1945년의 광복과 1948년의 독립에 바로 뒤이어 1950년에 발발된 한국 동란은 다시 전 국토를 초토화했다. 1960년의 4·19 학생 의거, 1961년의 군사 혁명을 겪고 나서야 비로소 어느 정도의 안정을 찾아 가기 시작하였다. 이러한 사회적 변천과 각종 제도의 변천은 안으로 인구의 대이동을 가져왔고, 서구의 문명과 문화에 접촉하는 적극적인 계기를 마련해 주었다.

이러한 제 현상과 변화는 여러 가지 형태로 언어 변천에 반영되는데, 언어 변천과 관련하여 주목할 만한 현상은 첫째로는 서구적 시민 의식의 고양이요, 둘째로는 전통적 사고 방식 특히 전통 사회의 계층 의식의 붕괴라 하겠다.

기본적으로 모든 언어의 대우 현상이란 것이 그 언어 사회와 긴밀한 관련성을 가지는 것이지만, 특히 한국어와 같이 대우법이 발달한 언어의 경우에는 사회 현상과의 관련성은 더욱 절대적이라 할 수 있다. 이 글은 한국 사회가 새로운 변화의 태동기인 19세기로부터 20세기로 전환된 이후 엄청난 시련의 격동기를 겪으면서, 21세기를 눈앞에 둔 지금까지 한 세기에 걸쳐 대우법이 어떻게 변천되어 왔는가를 살펴보는 데 목표를 두고 있다. 따라서 이러한 대우 현상 변천의 배경에 사회적 요인이 어떻게 작용했는가 하는 사회언어학적인 문제도 함께 살펴보게 될 것이다.

한국어 대우법의 골격을 이루는 것은 청자 대우법, 주체 대우법, 객체 대우법의 세 가지인데, 청자 대우법의 현저한 변천에 비해 다른 두 가지의 변천은 그리 두드러진 특성을 보이지 않기에, 여기에서는 청자 대우법을 중심으로 살펴보고자 한다. 한국어의 청자 대우법은 주로 문장의 종결형으로 실현되는 화계에 의해서 드러나기 때문에, 화계와 화계 사용의 변천에 주안점이 놓이게 될 것이다.

기본적으로 20세기 초기에 형성된 화계 체계 자체는 지금까지 한 세기 동안 지속되어 오고 있으나, 그 내용 면에서는 적지 않은 변천을 겪어 왔다. 그중에서도 가장 특징적인 것은 예사높임인 하오체와 예사낮춤인 하게체의 변천, 그리고 두루낮춤의 해체(반말)와 두루높임 해요체(반말높임)의 발달이다. 특히 하오체와 하게체는 그 체제와 내용의 양면에서 큰 변화를 겪었고, 해체와 해요체는 그 사용 영역과 사용 빈도에서 놀라운 발달을 보여 준다.

개화기 또는 20세기 초기의 경어법에 대한 연구는 그 동안 적지 않은 연구 성과를 보여 주고 있다. 20세기 전기에 주안점을 둔 고영근(1974) 및 민현식(1984), 개화기 신소설 자료를 중심으로 분석한 이경우(1990), 그리고 청자 대우를 중심으로 20세기의 변천을 살핀 서정수(1984) 등은 그 대표적인 몇 예라 하겠다. 특히 고영근(1974)은 이 시기에 대한 학자들의 연구 성과의 소개, 검토와 함께 비교적 정밀한 자료 검색의 바탕 위에서 이루어진 성과로 이해된다. 그러나 때로는 기존 연구에 대한 지나친 신뢰가, 또 때로는 언어 자료에 대한 지나친 주관적 해석이 진면목의 이해에 걸림돌이 되기도 한 것으로 이해된다. 화계상의 체계화 문제에서도 그렇고, 각각의 화계의 성격을 이해하는 데서도 그러하다. 아울러 전후기의 차별성 또는 연관성 등에 대해서도 그다지 정밀성을 보여 주지 못하는 아쉬움이 있다.

　20세기 약 100년간의 변천을 고려한 시기 구분에 대해서는 그 동안 별다른 관심을 보여 온 것 같지 않다. 고영근(1974), 서정수(1984) 등에서 전후기 구분을 볼 수 있는데, 그러한 구분이 대략 1950년을 경계로 한 것 같으나, 실제 그러한 구분의 근거나 배경에 대해서는 별다른 언급이 없어 보인다. 그러나 20세기 한 세기 동안의 변천을 살펴볼 때, 대략 1950을 경계로 하여, 40년대까지의 전기와 50년대 이후의 후기로 구분하는 것은 적절해 보인다. 다만 이 구분이 그리 엄격한 것이 될지는 의문이지만, 여기서 분명한 것은 1930년대까지의 초기 현상이 40년, 50년대에 걸쳐 크게 변화를 입는다는 사실이다. 이 시기를 중심으로 전기와 후기 사이에는 현격한 차이를 보이면서 현재도 그 변화는 지속되고 있다.

2

　우선 전기 중에서도 그 초기에 해당되는 1910년대까지의 모습을 대략 살펴보기로 하겠다. 흔히 개화기로 일컬어지는 이 시기의 주요 자료는 신소설이 될 것이며, 그 밖에 '무정'과 같은 아주 초기의 현대 소설이 포함될 것이다.[1]

　여기서 잠시 언급하고 넘어가야 할 사항이 하나 있다. 그것은 19세기의 청자 대우법을 살펴보면, 계급 방언의 면모를 엿볼 수 있다는 사실이다. 상위 계층이라 할 수 있는 양반층에서 사용되는 화계 형태와 하위 계층이라 할 수 있는 서민이나 상민층에서 쓰는 화계 형태에 적지 않은 차이가 있었다는 점이다. 지금의 안목에서 볼 때 흔히 문어체로 이해되는 화계 형

---

1) 본고는 여러 문학 작품 중에서 자료를 취하였다. 방언적 차이 등을 고려하여 가능하면 서울, 중부 출신 작가들의 작품을 참고하고자 하였다.

태들은 대체로 양반층이나 양반층을 상대로 해서 사용하던 형태들이며, 구어체로 널리 쓰이는 화계 형태들은 상당 부분 양반들의 비격식체나 하위 계층에서 쓰던 형태로 이해된다.[2]

그런데 이러한 면모는 20세기에 들어와서도 얼마간 그대로 유지된다. 19세기 양반층의 화계 형태들은 한편 격식체로 성격이 변모되기도 하는데, 특히 서간문의 문체에서는 이러한 특성이 두드러진다. 다음은 그 일면을 보여 준다.

> (1) 저는 해삼위에 상륙하엿<u>나이다</u> …… 맛당한가 하<u>노이다</u> …… 무슨 뜻이 잇<u>스릿가</u> …… 어더만한 지식과 안광이 잇<u>느잇가</u>(청춘 6, 79)

이제 20세기 초기의 몇 가지 화계 형태에 대해서 살펴보기로 한다. 화계 상의 변천과 관련하여 제일 먼저 우리의 관심의 대상이 되는 것은 하오체이다. 19세기를 포함하는 근대국어의 화계에 대하여 하오체를 예사높임 정도로 해석하고, 이에 따라 화계를 아주높임, 예사높임, 낮춤의 셋으로 구분하기도 하나,[3] 이것은 좀더 정밀한 연구를 필요로 한다. 필자의 개괄적인 조사로는 19세기에도 낮춤의 화계가 하위 구분이 가능하였던 것으로 보이기 때문이다.[4] 그리고 ᄒ소체는 때로 ᄒ쇼셔체와 항상 엄격하게 구분되지 않는 일면이 있었던 것으로 보이는데, ᄒ소체의 이러한 성격은 20세기에 들어와서도 얼마간 그대로 유지되고 있다.

> (2) 여보 어머니 저것이 무슨 소리<u>오</u>(혈의루, 42) 　　　　　*화자=7세 소녀
> (3) 조혼 도리가 잇<u>소</u> 검동 어멈다려 제 아들 소식도 들을 겸 가라고 해 <u>봅시다</u>
> 　　(슝뢰금8) 　　　　　　　　　*10살 남짓의 아들이 아버지에게
> (4) "그럼 몃 살에 와셔 몃 히가 되얏<u>느냐</u>" "일곱 살에 와셔 열흔 살이 되얏<u>소</u>"
> 　　(혈의루 60) 　　　　*화자=11세 소녀, 청자=17, 8세의 처음 만난 남자

---

2) 이 문제는 금후 더 정밀한 별도의 연구가 요망된다.
3) 류성기(1997), 근대국어 형태, 국어의 시대별 변천 연구 2, 국립국어연구원.
　홍종선(1997), 근대국어 문법, 국어의 시대별 변천 연구 2, 국립국어연구원.
4) 앞서 언급한 바와 같이 계층 방언도 함께 고려되어야 할 문제이다.

(5) 말ᄒ는 거슬 닉가 뒤겻 모퉁이에서 드럿<u>소</u>(치악산 상, 10)
*양반집 11살 딸이 아버지에게
(6) 고문의 말삼 "여보 나라 위ᄒ야 일ᄒ<u>오</u> 쏘 사람은 배호아야 흅<u>닌다</u>"
　　로동자의 대답 "네 곰압<u>소</u> 그리 ᄒ오리다"(노동야학 1, 안표지)

　위의 예들에서 우리는 하오체가 지금 우리가 생각하는 예사높임의 하오체와는 같지 않다는 것을 쉽게 이해할 수 있다. 화자가 주로 어리거나 젊은 딸이라는 특수성이 있어 보이기는 하지만, 지금의 안목으로 볼 때, 이들 예에서는 화계 종결어미 '–오'나 '–ㅂ시다'가 지금의 아주 높이는 화계 형태와 유사함을 알 수 있다.5) (6)은 교과서의 글로, 상위 계층과 하위 계층 사이에 똑같이 하오체와 합쇼체로 대화하고 있다. 두 종결형의 화계성에 얼마간 공통성이 있었음을 보여 준다.

　물론 하오체가 아주높임의 대상에 널리 쓰였던 것은 아니지만, 부분적으로 그러한 속성이나 쓰임을 지니고 있었던 점만은 엄연한 사실로, 이 시기 화계를 바르게 이해하기 위해서는 이런 점을 유의할 필요가 있다. 이 하오체가 위의 예에서 볼 수 있는 것과 같은 아주높임에 쓰이지는 않는다 하더라도, 현재 우리가 볼 수 있는 하오체보다는 훨씬 높은 화계성을 가지고 있었다는 점을 주목할 필요가 있다.

(7) "허허 즈닉 참 맛낫네" "와 그리 ᄒ시<u>오</u> 헐 말숨이 계시<u>오</u> 나도 아즈씨를 좀 뵈오려고 힛더니 우리 방으로 <u>가십시다</u>"(빈상셜 60)
(8) "자– 동닉 아지면네 여러분이 평안이 게시<u>오</u> 셔울 당겨 와셔 쏘 뵈옵짓<u>슴니</u>(귀의성 상, 15)

　위에 쓰인 하오체는 물론 아주높임의 화계성을 가지고 있다고 할 수 없다. 그러나 분명한 것은 요즘 보는 예사낮춤의 하오체와는 판이하게는 다

---

5) 사실상 요즘에도 일부에서는 젊은 딸이 어머니에게 하오체를 쓰는 것을 볼 수 있으며, 상위자에게 '–ㅂ시다'를 쓰는 것을 볼 수 있는데, 이는 물론 현대국어에서 표준으로 수용할 수 있는 것은 아니지만, 20세기 초부터 일부에서 보여 온 용법이다.

르다. 이보다는 훨씬 높이 대우해 주는 종결형이다. 다시 말해서 이 시기의 하오체는 합쇼체에 훨씬 근접해 있었다고 할 수 있다.

> (9) (리판서)그럿타고 자제를 홀아비로 늙게 홀 슈가 잇소
> (홍참의)다시는 그런 놀나온 말슴을 마시오(치악산 하, 97)

위와 같은 예는 양반층에서 대등한 사이에 서로 존대하는 예를 갖추면서 한 말인데, 이러한 경우 현재와 다른 두 가지 면모를 보게 된다. 하나는 하오체가 상당히 대우해 주는 화계성을 가졌었다는 점이고, 다른 하나는 현재라면 아주높임이 쓰여야 할 자리인데, 이러한 경우 다소 낮은 하오체가 쓰였다는 점이다. 이것은 하위자가 상위자에게 쓰지 못하는 현재의 하오체와 달리 명실공히 존대 화계였음을 보여 준다.

물론 이 시기에도 하오체는 요즘과 같이 높임이면서도 아주높임과는 구별되는 예사높임의 화계성을 가지고 있었다. 이러한 용법이 이 시기 하오체의 더 중심적인 용법이라 할 것이다. 가령 다음과 같은 예에서 그러한 특성을 쉽게 찾아볼 수 있다.

> (10) 왼 녜편네가 이 밤중에 여긔 와 셔 잇소 아마 시집사리 마다고 도망ᄒ눈 녀편네지(혈의루 6)
> (11) 아즉 셩취젼이라 홀 쑨더러 리력을 듯고 보니 피ᄎ에 모를 터이 안이니 오날 쳐엄 맛낫스되 하소를 ᄒ니 엇지 아지 말소(홍도화 상, 61 – 62)
> (12) 계집도 바라지 아니하오 …… 좀 비켜 주셔야 하겟소 당신이 가려 서기 때문에 볏츨 쏘일 수 업서 치웁소(청춘 1, 101)

위에서 (11)은 하오체가 합쇼체와 변별되는 화계임을 잘 보여 준다. (12)와 같은 예는 모르는 초면의 사람에게 한 말인데, 주시경(1910)의 등분 구분에서 하오체를 '같음'으로 해석한 것은 이러한 용법에 근거했을 것으로 이해된다. 즉 화자 청자가 상호 평등한 관계라는 인식의 전제하에서, 상대방을 굳이 아주 높여 대우하고 싶지 않을 때 하오체를 쓸 수 있었던 것이다.

또 하나 이 시기 하오체가 가지는 주요 특성의 하나는 지금과 달리 하오체가 상하위자 구분 없이 모두에게 쓰였다는 사실이다. 즉 요즘과 같이 상위자가 하위자에게 하오체를 쓰는 것은 물론, 하위자가 상위자에게도 썼다는 점이다. 이러한 용법은 지금 전혀 용납되지 않는다. 가령 앞의 예 중에서 (2)~(5) 등은 모두 하위자가 상위자에게 쓴 예들이다. 특히 (2), (3), (5) 등은 어린 자녀가 부모에게 사용한 예다. 하오체는 이처럼 화자나 청자에 연령과 같은 제약이 수반되지 않았다. 젊은이는 물론 10세 이하의 어린이까지도 사용할 수 있었다는 사실이다.

하오체의 사용은 특별히 계층에 구애되지도 않는다. 상위 계층 간이나 또는 중하위 계층 간에 모두 쓰일 뿐만 아니라, 상하위 계층 간에도 쓰이며, 연령상의 상하위 간에도 쓰였다. 그리고 각 연령층에서 다소 예우를 하는 평교간에도 일반화되어 쓰이었다. 하오체는 이 시기에 가장 널리 쓰였던 대표적인 화계라 하겠다.

그리고 하오체가 아주높임의 대상에게 보편화되어 쓰이지는 않았지만, 아주높임과 부분적으로 미분화되거나 또는 중첩되어 쓰이던 19세기의 용법을 얼마간 유지하고 있으면서, 종으로는 상당한 높임의 대우에까지, 그리고 횡으로는 매우 광범한 영역에 걸쳐 사용되는 특성을 가지고 있었다.

종합적으로 볼 때, 하오체는 그처럼 강력한 세력을 가지고 폭 넓게 쓰였고, 또 상당한 존대의 화계성을 가지고 있었음에도 불구하고, 이 시기의 화계 구분에 있어서는 예사높임의 화계로 규정된다. 그것은 하오체와 분명히 변별되는 아주높임의 화계 형태가 별도로 존재했었기 때문이다.

(13) 무슨 걱정이 되야서 그리 하<u>심닛가</u> 마님게셔 이럿케 하시면 어제 하던
　　일은 헷일 <u>됩니다</u>(귀의성, 상 98)　　　　　　　　　　　*화자=하녀
(14) 츌가외인으로만 아시고 단렴합시오(지봉츈 58)　　　　　　　*화자=딸
(15) 업는 사롬이 오작 흐<u>오닛가</u> 그런 디로 셩례를 식일 터이오니 그디 넘려
　　 는 죠금도 마<u>압쇼셔</u>(옥호긔연, 45)
　　　　　　　　　　　*안사돈 될 양반 부인들의 대화 중 일부

위의 예들은 모두 최상의 존대 대상에 사용한 아주높임의 화계임을 쉽게 확인할 수 있다. (15)에서는 요즘 흔히 말하는 극존칭이 쓰였는데, 이 예문을 포함하는 앞뒤의 실제 대화에서 소위 이러한 극존칭이 쓰인 경우는 드물고 대개 합쇼체를 쓰고 있으며, 또 이 극존칭이란 것이 아주높임의 상위 화계를 형성하는 것도 아니다. 그리고 명령형의 경우 흔히 '합쇼' 형이 일반적인 것으로 알려져 있지만, 실제로는 '하십시오' 형도 널리 쓰이고 있었다.

이렇게 볼 때, 이 시기에 청자에 대한 높임의 화계는 아주높임과 예사높임으로 구분되었음을 알 수 있다. 이처럼 아주높임과 예사높임의 두 화계가 엄격히 구분되기는 했었지만, 두 화계의 간격은 지금과 비교해 볼 때 훨씬 좁았던 것이다. 어떤 면에서 하오체는 화계성에서 합쇼체와 부분적으로 중첩되는 경우도 없지 않았다.

합쇼체와 하오체의 이러한 근접성이 하나의 대화 장면에서 두 화계 병용을 어느 정도 허용했던 것으로 이해된다.

> (16) 나는 령감을 뵈올 낫치 업쇼……부탁 드린 본의가 업시 되얏스니 엇덧타 말슴홀 길이 업<u>습니다</u>.(귀의성 상, 45)　　　*김승지가 박참봉에게
> (17) 부모님 싱각과 제 몸 싱각에 져졀로 눈물이 <u>납데다</u>……더벅더벅 압길을 향하야 나갔<u>습니다</u>.(무정, 매일신보, 430)

이 시기의 네 화계가 상대적인 면에서 엄격하기는 했지만, 두 화계성의 근접성 때문에 이러한 화계의 병용이 가능했을 것으로 본다.

하오체 다음으로 생각해 볼 문제는 어떤 의미에서 하오체와 대가 되는 하게체의 쓰임이다. 화계상 현재 예사낮춤으로 구분되는 하게체는 20세기 초에도 이미 예사낮춤의 화계로 사용되고 있었다.[6]

---

6) 류성기(1997), 홍종선(1997)은 근대국어에서 낮춤에 예사낮춤, 아주낮춤의 하위 구분을 두지 않았으나, 이 문제는 더 연구해 보아야 할 문제이다. 19세기 소설 자료나 20세기 초의 언어 자료는 적어도 19세기 후반에는 낮춤에 하위 구분이 가능함을 시사해 준다.

이 시기 하게체의 예사낮춤으로서의 화계성은 외형상 기본적으로 현재
와 크게 다르지 않다.

(18) 여보게 …… 이게 잠짠인가 두 번쯤 잠짠이면 과세ᄒ고 올 번ᄒ지 안앗
　　　나(빈상셜 30)　　　　　　　　　　　　　　*화자=마님, 청자=하녀
(19) 걱정 말게 자네 닉위 두 식구쯤이야 멋더켜 못 살깃느(귀의성 상 21)

하게체는 낮춤이기 때문에 아랫사람이 윗사람에게 쓸 수 없는 것은 당
연하다. 하게체는 흔히 화자가 청자를 다소 대우하여 해라체를 피하고자
할 때 사용되는 화계이다. 아울러 해라체가 너무 직선적으로 상대방을 낮
추면서, 때로는 상대방에 대한 무시를 드러내기 때문에, 어느 정도 말 또
는 대화 장면의 품격과 화자의 품위를 고려하여 점잖게 말하려 할 경우,
해라체를 피하고 하게체를 썼던 것이다. 이완응(1929)에서 하게체를 '對等
(또는 對下)'이라 한 것은 이처럼 평교간에 널리 쓰인 점에 주목했기 때문일
것이다. 이 시기에 하게체와 해라체가 화계상 엄격히 구분되는 화계였음은
쉽게 확인된다. 김희상(1911)의 화계 구분에서 '반반대'와 '하대'는 이러한
차이를 말해 준다. 특히 하게체를 해라체의 '하대'와 구분해서 '반반대'라
고 명명한 것도 유념할 만하다. 그 이면에는 하게체를 해라체와 같은 단순
한 하대와 구별하여, ·하대의 인상을 지우거나 감하고자 한 뜻이 엿보인다.
다음과 같은 예문도 두 화계의 구분을 분명히 입증해 준다.

(20) 하ᄆ셕 압혜셔 물쎄 닉리만셔, ᄒ게 ᄒ던 교군ᄭᅩᆫ더라, 셔슴지 아니ᄒ고
　　　희라를 흔다(귀의성 상, 18)

현재 특별한 제약, 특히 연령층의 제약 아래 사용되는 하게체의 용법과
대비해 볼 때, 이 시기 하게체는 훨씬 그 사용이 광범하고 자유롭다. 현재
와 비교할 때 상대적인 의미에서 돋보이는 가장 주요한 특징은 하게체가
젊은 연령층에서도 자유롭게 사용되었다는 사실이다. 즉 20대, 30대는 물
론 10대의 젊은이들 상호간에도 자연스럽게 사용되었다. 다음은 10대의

젊은 패거리들이 해라체를 쓰다가 하게체를 쓰다가 하는 중에, 17세의 한 기혼 남자가 친구들에게 한 말이다.

> (21) 여보게 슐은 잇다가 추추 먹셰 더 사롬들 가는 것 보지 못ᄒ나(옥호긔연, 8)
> (22) 여보게 리일은 감옥셔로 넘어간다데……사롬이 한번 죽지 두번 죽겟나 두 말 말고 짜 라오게(옥호긔연, 22)　　　*화자=10대 후반의 젊은이

이상에서 살펴본 것처럼, 하게체는 아주낮춤의 해라체와는 엄연히 변별되는 예사낮춤으로서의 독자적인 화계를 이루고 있었는데, 이 화계는 윗사람이 아랫사람에게는 물론, 연령층의 제한 없이 동년배의 가까운 사람들 사이에 쓰여, 매우 일반화되어 있던 화계이다.

이러한 하게체에 대하여 아주낮춤의 화계로 해라체가 쓰였던 것은 한 세기가 지난 지금과 다를 게 없다. 한두 예를 들어보기로 한다.

> (23) 이 이 어셔 들어오너라 리약이 좀 듯자(빈상셜 27)
> (24) 그만한 쾌락이 업슬 듯하다 네 싱각은 엇더ᄒ냐(사하촌, 매일 2, 306)

근대국어에서 낮춤의 화계가 더 이상 하위 구분되지 않고 단일한 낮춤 화계 하나뿐임을 보이는 선행 연구가 있는데,[7] 그러한 연구 결과가 신뢰할 만한 것이라면, 우리가 살펴보고 있는 20세기에 들어와서 이러한 화계의 분화가 이루어졌다는 의미가 될 듯하다.

본고의 성격상 이러한 낮춤 화계의 분화 시기나 배경 등은 여기에서 언급하기에 적절해 보이지 않는다. 다만 여기서 분명히 할 것은 이 시기에 이미 낮춤의 두 화계는 엄격히 분화되어 있었다는 점이다. 굳이 한 가지 첨언해 둔다면, 이러한 화계 분화는 20세기에 들어와서 이루어진 것은 아닐 것이란 점이다. 늦어도 19세기 후반에는 이러한 분화가 어느 정도 확립돼 있었다고 생각한다. 20세기 초에, 아주높임과 예사높임이 구분되면서도,

---

7) 류성기(1997), 홍종선(1997) 참조.

하오체가 아직 아주높임과 부분적으로 중첩되어 있던 시기의 자취를 보여
주고 있음에 비해, 하게체와 해라체의 경우에는 두 화계의 미분화 또는 중
첩의 흔적을 별로 보여 주고 있지 않다. 이것이 만약 20세기에 들어와서
하위 구분된 것이라면, 미분화 시기의 흔적 또는 용법의 중첩 같은 현상이
상당히 남아 있을 것이 예상되는데, 실제 이 시기의 자료에서 그러한 흔적
은 찾아 보기 어렵다. 다만 주시경(1910)이 '높음(합쇼체), 같음(하오체), 낮음
(해라체)'의 셋으로 구분하여, 하게체를 따로 구분하지 않은 것이 보이기는
하나, 이것이 당시의 화계를 잘 반영한 것은 못 된다. 다른 대부분의 문법
서에서 하게체를 독자적인 화계로 인정하고 있는 것은 당시의 언어를 바
르게 기술한 것이라 하겠다.

　이상의 논의를 근거로 20세기 초기의 화계를 정리해 보면, 적어도 높임
에 아주높임(합쇼체)과 예사높임(하오체), 그리고 낮춤에 예사낮춤(하게체)과
아주낮춤(해라체)의 네 화계가 확인되는 셈이다. 이러한 네 개의 화계 구분
은 김희상(1911)에서도 찾아볼 수 있다.

(25) 김희상(1911)의 화계 구분

〈상대〉	〈중대〉	〈반대〉	〈반반대〉	〈하대〉
(흐압시오)	(흐오)	(반말)	(흐게)	(흐야라)
보압니다	보오	보아	보네	본다
보압니가	보오	보아	보나	보느냐, 보니
보시지요	보압시다	보아	보세	보쟈
보압시오	보오	보야	보게	보어라

　서정수(1984 : 212), 이경우(1989)에서는 합쇼체 위에 하소서체를 더 설정하
고 있으나, 이 둘이 하위 화계로 구분될 만큼 독자적인 화계성을 가지고
있었던 것은 아니다. 이러한 구분이 박승빈(1935)에 보이기는 하나, 이 구분
은 당시 대부분의 문법서에서도 취하지 않은 것으로서, 이 둘을 하위 구분
할 근거는 매우 약해 보인다. 이 둘은 화계상 객관성을 가지는 구분이라기

보다는, 상당 부분 분위기에 따라 선택되는 격식 또는 화용상의 차이이거
나, 주관적이고 심리적인 임의적 구분의 성격이 훨씬 강하다. "하소서체"
에 대하여 서정수(1984 : 215)는 "임금이나 귀족 계급에 속하는 대상에게 쓰
였던 것"이라고 하지만, 양반층에서는 극존칭이 아닌 예사의 아주높임 정
도로 쓰이기도 했으며, 양반층에서도 일반적으로는 하소서체보다 합쇼체를
널리 썼던 것이다. 그뿐만 아니라 하위 계층이 상위 계층에게 말을 할 때
에는 소위 "하소서체"를 사용하기도 하였고, 이와 함께 합쇼체도 사용하였
던 것이다. 이러한 한 예를 다음에서 쉽게 찾아볼 수 있다.

(26) 에그 멋칠이 무엇이오닛가 그러한 일을 그렇케 급히 셔두르면 못습니다
…… 그렇케 급히 흐면 눔이 그런 눈치를 칠 거시올시다.(귀의성 상, 98)

소위 극존칭의 하소서체인 '-오닛가'와 그보다 하위 등분이라고 하는
합쇼체의 '-습니다', '-올시다' 등이 함께 쓰이고 있다. 여기서는 오히려
하소서체가 예외적인 느낌을 갖게 한다. 이러한 용법들을 보면서 하소서체
와 합쇼체를 하위 구분할 수는 없다.

합쇼체, 하오체, 하게체, 해라체의 네 화계는 물론 현재도 그대로 유지되
고 있지만, 이미 언급한 바와 같이, 그리고 또 앞으로 논의되는 바에서 알
수 있듯이, 그 내용에서는 상당한 변화를 보이고 있다.

이 시기의 청자 대우를 논의하면서 빼놓을 수 없는 또 다른 주요한 문
제는 반말의 해체와 반말높임의 해요체 문제이다. 말할 것도 없이 기원적
으로 해체는 해요체에 선행한다. 현재의 언어 생활에서 절대적인 비중을
차지하고 있는 반말과 반말높임의 두 종결형은 20세기 초에도 적지 아니
사용되었다. 그러나 그 사용 빈도에서는 비교가 되지 않을 만큼 현재보다
낮았다. 특히 해요체의 경우는 더욱 그러하다.

우선 반말부터 그 사용 예를 살펴보면서 이에 따른 문제들을 생각해 보
기로 한다.

    (27) 그 일이 짝흐지 아니흐야(숑뢰금 샹, 20)
    (28) 일이나 좀 자세히 무러 보더면 죠왓슬걸(귀의셩 샹, 48)
    (29) 져고리는 쟝안 반만 흐게 희 입나 그 여러 통이 다 들게(빈상셜, 18)

    이들 반말 어미가 어떻게 형성되고 형태나 용법이 어떻게 변천되어 왔는지에 대해서는 아직 공감할 수 있는 연구가 이루어지지 못했는데, 이 시기에 이미 여러 종류의 반말 형태들이 발견되기는 하나, 그 사용 빈도는 후대에 비해서는 훨씬 낮은 편이다.

    이제 생각할 문제는 이들 반말 종결형의 화계성이다. 높임이 아닌 것만은 분명한데, 그렇다면 어느 정도의 화계성을 가진 것이었을까? 반말 자체에 대한 연구는 상당한 실적을 쌓은 것이 사실이지만, 이 시기로부터 지금에 이르기까지 그 화계성에 대한 논의는 의견의 일치를 보지 못하고 있는 실정이다.

    가령 대표적이라 할 수 있는 견해 몇을 보면 김희상(1911)에서는 해체를 '반대'라 하여 하오체와 하게체의 중간 화계로 규정하였고, Eckardt(1923 : 23~24)[8])는 반말을 하게체와 해라체의 중간에 두고 있고, 최현배(1937)에서는 반말을 '등외'로 처리하고 있으며, 주시경(1910), 박승빈(1937) 등 아예 반말의 화계를 두지 않은 경우도 여럿 있다. 이 반말의 화계성은 성기철(1970)에 이르기까지도 그 성격이 별로 규명되지 못했던 점을 고려하면, 이 시기의 이러한 이견들은 충분히 이해할 만하다 하겠다.

    고영근(1974 : 82)에서도 20세기 전기의 반말에 대하여 매우 특이한 견해를 피력한 바 있다. 최현배(1937)를 따라 '등외'로 규정하면서, "반말이 높이지도 않고 낮추지도 않는 말씨이므로 높임과 낮춤의 중간 단계인 하오·하게체의 사이가 무난하리라 생각된다."고 하였다. 이러한 등분 설정은 김희상을 따른 것인데 전후가 잘 일치되지 않는다. 이러한 등분 규정은 네 개의 등분과 구별하여 별도로 처리한 최현배(1937)의 등외와 공존할 수 없기 때문이다.

---

8) 고영근(1974 : 82, 87)에서 재인용.

서정수(1984)에서도 20세기 전기의 화계를 체계화하면서, 반말을 하게체와 해라체의 중간에 두고 있음을 볼 수 있다. 이것은 Eckardt(1923)의 견해를 수용한 것이라 하겠는데, 당시의 반말 자료에서 이러한 근거는 잘 발견되지 않는다. 하게체와 해라체에 두루 통용되는 점만 보아도 이러한 화계 설정은 수용되기 어렵다.

우리는 부득이 그 사용 예를 중심으로 화자와 청자의 관계를 좀더 정밀하게 검토함으로써 문제의 해결을 모색해 볼 수밖에 없을 것 같다.

> (30) 필연코 무슨 까닭이 잇깃지 잇거던 말흐여라(지봉춘, 7)
> (31) 보기 실타 여우 갓치 요거시 다 무어시아(귀의성 상, 68)
> (32) 그러면 엇더케 힛스면 됴킷니 무얼 졔가 빠져 죽은 걸 뉘게 지다위흘가 좀 쥐여박혓다고 죽어셔야 죵 부려 먹을 사롬이 업게(빈상설, 21)
> (33) 무어시 엇지흐고 엇지흐여 참 잘 만난네 …… 자네 갓흔 흐인이 잇셔야지(귀의성 상, 33)
> (34) 그만 흐면 알아 듯깃네 그러나 …… 리실을 쏘 불너 오기는 어려운 걸(지봉춘, 66)
> (35) "어디로 가는 길인가 급지 안커던 뎜심이나 흐셰그려" "뎜심은 먹엇는걸"
> "그러면 믹쥬나 한 잔 먹지" (무정, 매일 2, 426)

위에서 앞의 셋은 반말이 해라체와 함께 쓰인 예를 보인 것이고, 뒤의 셋은 반말이 하게체와 함께 쓰인 예를 보인 것이다. 이러한 용법으로 보아, 반말은 예사낮춤이나 아주낮춤의 어느 하나에 속하는 화계가 아니다. 낮춤의 두 화계에 다 사용할 수 있는 화계, 즉 낮춤 일반에 통용할 수 있는 두루낮춤의 특성을 가진 화계로 해석하는 것이 온당해 보인다. 이러한 두루낮춤의 화계성은 많은 예에서 확인되는 특성이다.

그렇지만 여기서 또 한 가지 달리 생각할 수 있는 것은 반말이 '낮춤'이 아니라 '안높임'의 화계성을 가진 것으로 해석할 수 없는가 하는 것이다. 요즘 현재 사용되는 반말에 대해서도 그와 같은 해석을 하는 견해들이 있다. 가령 다음과 같은 경우를 생각해 볼 수 있다.

    (36) 그것을 내가 아오 리방이 알 일이지(송뢰금, 44)
    (37) 어셔 줍시오 얼는 치워 바리게오 …… 그래도 알 슈 잇슴닛가 뉘 눈에나
       쓰이면 탈이지 아씨 어셔9)(빈상설, 23)

    (36)은 어떤 군수가 절에 갔다가 공부하는 젊은이들과 처음 만나 대화하는 중에 쓴 말인데, 위에 앞선 대화에서 주로 군수는 하오체를 쓰고, 젊은이들은 합쇼체를 썼는데, 군수는 간혹 반말을 쓰기도 하였다. (37)은 하녀가 아씨에게 하는 말인데, 여기서도 반말이 합쇼체 및 해요체와 함께 쓰이었다. 어느 예에서든 화자가 청자를 하대했다고 생각하기는 어려워 보인다. 이러한 용법은 반말이 낮춤이라기보다는 '안높임'이라는 해석을 뒷받침해 줄 만할 것이다.

    그런데 안높임이라고 하더라도 그 해석 또한 간단하지 않다. 그것은 적어도 두 가지 다른 해석이 가능하기 때문이다. 우선 하나는 단순히 예사낮춤이나 아주낮춤의 두 화계에 통용되면서 해요체의 높임에 대응되는 '안높임'으로 해석하는 것이다. 다른 또 하나의 해석은 반말이 한편으로 예사낮춤이나 아주낮춤에 통용되면서, 다른 한편 예사낮춤보다는 상위이되 예사높임보다는 하위의 화계성을 가지는 것으로 해석하는 방법이다.10)

    이 둘 중 앞의 해석은 이해하기가 훨씬 용이하다. 반말과 반말높임을 두루낮춤과 두루높임의 특성을 가진 것으로 이해하더라도 큰 상충이 일어나지 않을 듯하기 때문이다. 반말과 반말높임의 두 화계는 결과적으로 '높임'과 '안높임', 또는 '낮춤'과 '안낮춤'의 특성으로 자질 구분을 하는 것도 가능할 것이기 때문이다.

    그러나 현재 사용되는 반말과 관련하여 한길(1991 : 40)에서 주장된 뒤의 해석은 좀더 복잡하다. 이 주장은 예사높임과 예사낮춤 사이에, 높임과 낮

---

9) '어셔'는 반말 종결어미에 의해 실현되는 형태적 반말과 달리, 구의 형태로 실현되는 통사적 반말이다. 이 시기에도 통사적 반말은 적지아니 쓰이었다.(성기철(1970, 1985) 참조).

10) 한길(1991 : 44)에서 현대국어 반말의 화계성에 대하여 그와 같은 견해가 제시되었다.

춤의 중립 화계 영역을 설정하고, 반말이 이 영역과 함께, 낮춤(예사낮춤, 아
주낮춤)의 두 영역을 모두 담당한다고 보는 것이다. 이런 견해에 따르면,
(36), (37)과 같은 예의 반말은 낮춤이 아니라 중립의 화계성을 보인다고
할 수 있을 것이다.

반말의 화계성에 대해, '낮춤'과 '중립'의 두 가지 특성을 부여하는 것은
그리 적절해 보이지 않는다. 화계 중립성은 반말의 '안높임' 및 반말높임
의 '높임'의 특성으로 설명할 수 있다고 생각되기 때문이다. 화계가 단순
히 둘로 구분될 경우, 하나가 '높임'이면 다른 하나는 '안높임'이 될 수 있
을 것이기 때문이다. 반대로 기준을 바꾸어, 하나가 '낮춤'이면 다른 하나
는 또 자연히 '안낮춤'이 될 수도 있을 것이다.

반말이 해라체나 하게체와 함께 쓰이는 경우, 이것의 화계성은 '낮춤'으
로 보는 것이 자연스럽다. 이것은 해요체가 합쇼체나 하오체와 함께 쓰여
화계상 '높임'으로 쓰이는 것과 대조를 이루는 점을 고려해서도 그렇다. 다
만 이들이 높임과 낮춤의 두 화계 체계를 구성하기 때문에, 자연히 반말높
임인 해요체의 '높임' 특성에 대해, 반말은 '안높임'의 특성을 띠게 된다. 이
러한 특성 때문에 반말이 낮춤이면서도 때로는 [안낮춤, 안높임]과 같은 특
이한 화계성을 느끼게 한다고 생각된다. 이렇게 보면 어떤 면에서 반말은
두루낮춤과 안높임의 두 가지 화계성을 함께 보이고 있다고도 할 만하다.[11]

(36), (37)에서 보는 바와 같은 반말의 용법은, 대우의 특성에서 찾을 수
있을 것으로 본다. (36)과 같은 경우에는 화자가 청자를 꼭 존대만 할 필요
가 없다고 판단하고서, 반말의 안낮춤의 특성을 고려하여 반말을 함께 쓴
것이고, (37)과 같은 경우에는 화자 청자 간의 위계성보다는 친소성이 더
고려되어 반말이 쓰인 것인데, 이러한 경우에도 낮춤 화계인 반말의 '안높
임' 화계성이 고려되었을 것이다. 요즘 우리들 주변에서는 친밀성이 더 고
려될 때, 경우에 따라서는 상위자에게 해라체가 쓰이는 것도 볼 수 있다.

아주 가까운 사이에서 대화가 이루어질 때, 많은 경우 특히 낮춤 화계의

---

11) 성기철(1995) 참조.

경우에는 더욱 그 화계성이 중립화하는 것 같은 느낌을 준다. 가령 친한 사이에서 해라체나 하게체가 사용될 경우 쌍방간에 서로를 낮춘다는 의식은 별로 작용하지 않는다. 상호간에 높이지도 않고 낮추지도 않는 화계성을 느끼고 있을 수 있다.

그뿐만 아니라 화계성을 고려하지 않는 경우, 가령 신문, 교재, 기타 구체적 화계의 표현이 요구되지 않는 많은 객관적인 글에서 거의 아주낮춤의 해라체가 쓰이는 것도 유념할 일이다. 이런 해라체는 화계상의 아주낮춤과는 직접적으로 관계 없는 것이며, 이런 경우 해라체는 일종의 화계 중립성을 대표하는 것으로 이해해야 할 것이다. 이러한 화계 중립성은 혼자말에서도 나타나는데, 이런 경우에는 보통 반말이 중립성을 띠고 쓰이게 된다. 결국 굳이 화계 중립성을 논의한다면, 그것은 반말에만 국한되는 현상이 아님을 알 수 있다.

이제는 반말에 조사 '-요'를 첨가함으로써 반말높임을 형성하는 해요체에 대하여 살펴보기로 한다.

> (38) 쏘 무슨 바람을 쏘이라 나가세요(지봉츈, 111)　　　*하녀가 안마님에게
> (39) 복단이네 아자씨요 엇의 가시는 길이오(빈상셜, 60)
> 　　　　　　　　　　　　　　　　　　　　　　*하인끼리의 대화에서
> (40) 네 명함을 뫼와 누구신 줄은 알겟소마는 엇지 히 차자 계신지요(홍도화 상, 61)　　　　　*화자=양반 "김 참서", 청자=양반집 24세 청년

위의 예를 살펴보면, 해요체는 아주 지체가 낮은 하인이 상전에게 쓰기도 하였고, 지체가 낮은 하인끼리의 대화에서 하위자가 상위자에게 쓰기도 하였으며, 나이가 든 양반 사이에서도 사용되었다. 여러 층에서 아주높임의 대상이나 예사높임의 대상에게 모두 쓰일 수 있었다. 이것은 반말이 예사낮춤이나 아주낮춤의 대상 모두에게 쓰일 수 있는 것과 좋은 대조를 이루기도 한다. 이런 특성을 고려할 때, 반말이 두루낮춤의 화계성을 가진 것과 대조적으로, 반말높임은 두루높임의 화계성을 가진 것으로 이해된다. 반말높임이 아주높임이나 예사높임의 두 화계와 병용되는 점도 그러한 화

계성을 뒷받침해 준다.

> (41) 여보 웨 그러오……자 그만 들어가요……잘 잇으오 갓다 오리다(청춘 3
> 호, p.129)   *화자=남편
> (42) 네 알기슴니다 쓰실 데가 잇스면 변통ㅎ야 드리지오 얼마 가량이나 쓰실
> 터임닛가 (지봉츈, 26)   *지체가 낮은 사람이 양반에게
> (43) 저 읽는 대로 짜라 읽읍시오 에이 크게 읽으셔요(무정, 매일 2, 426)
>   *남자 가정 교사가 여학생에게

20세기 전기 해요체의 화계성에 대하여 서정수(1984 : 231)는 ""하오체"의
한 가지로 최현배(1937)에서 보인 것처럼 "합쇼체"보다 한 등급 낮은 예사높
임에 속하였다"고 보고 있다. 그러나 이것은 자료에 대한 검증이 모자라고,
최현배(1937)를 너무 신뢰한 데 기인한 것이 아닌가 한다.[12] 더구나 1930년
대에는 해요체가 오늘날과 같은 화계성이 완전히 정착되었던 때이다.

하오체와 해요체의 동일 등분 규정을 뒷받침할 수 있는 자료가 없지는
않다. 해요체가 하오체와 함께 병용된 경우가 있기도 하거니와, 하오체와
함께 쓰인 해요체가 합쇼체와 대조를 보이는 예가 있기 때문이다.

『로동야학독본』(pp.447~459)에는 노동자를 상대로 하는 연설문이 보이는
데, 양반 지식인으로 생각되는 연사는 주로 하오체를 쓰면서 간혹 해요체
를 쓴 반면, 이에 대한 노동자 대표의 답사 연설에서는 소위 극존칭의 하
소서체와 합쇼체가 쓰이고 있다. 이것은 해요체와 하오체의 화계상의 동급
을 예상하게 하는 실례가 될 수도 있을 것이다. 그러나 이러한 예만이 전
부는 아니다. 자료에 대한 더 광범한 검증은 또 다른 해석의 가능성, 즉
두루높임의 가능성을 뒷받침해 준다.

이 시기에 이미 반말높임이 널리 쓰인 것을 확인할 수 있다. 그 사용 빈
도에 있어서는 반말보다 훨씬 뒤지지만, 1910년대만 되어도 해요체는 상

---

12) 최현배(1959)에서도 하오체와 해요체는 동일 화계로 규정되었다. 물론 이 시기에는
해요체가 이미 두루높임의 화계로 정착된지 오래된 후였으나, 문법학자들의 이에
대한 이해는 매우 빈약하였다.

당히 보편화된다. 물론 20세기 30년대나 40년대에 비해서는 그 세가 훨씬 약했다. 반말보다 빈도가 낮다는 것은 반말높임이 그 발생에 있어 반말보다 뒤지기 때문이라고 할 수 있다. 그러나 이것은 어디까지나 이들의 발생 초기라는 전제가 있지 않으면 안 될 것 같다. 이 둘이 모두 일반화된 뒤라면 그 빈도에서 그리 현격한 차이가 예상되기 어렵다. 그러나 발생 초기, 또는 초기에 가까운 시기에는 그 발달 과정을 고려할 때 그 빈도에 있어서 반말높임이 반말보다 낮을 수밖에 없을 것이다. 이러한 논의가 설득력을 가진다면, 20세기 초 또는 19세기 말은 반말이 반말높임을 발생시킨 시기에 가까운 시기가 될 것이다.

앞서 반말의 논의에서 이미 언급했듯이, 반말과 반말높임은 그 화계성의 특성상 아주높임, 예사높임, 예사낮춤, 아주낮춤의 네 화계와 함께 6등급 화계 체계를 이룰 수는 없다. 앞의 둘은 그 자체로 '높임'과 '낮춤'(또는 '높임'과 '안높임')의 두 화계 체계를 이루며, 뒤의 네 화계는 이와는 구별되는 별도의 네 화계 체계를 이루어 이원적인 체계로 하나의 전체 화계 체계를 구성하였다. 편의상 네 화계로 이루어진 하위 화계를 1차 화계, 두 화계로 이루어진 하위 화계를 2차 화계라 하여 구분하고자 한다. 이상의 논의를 종합할 때 20세기 초기의 화계 체계는 대략 다음과 같은 것이 될 것이다.[13]

(44) 20세기 초기의 화계 체계

		1차 화계	2차 화계	
높임	아주높임 (합쇼체)	-습니다, -습니까, -ㅂ쇼, -소서	-어요, -지요, -군요	두루높임 (해요체)
	예사높임 (하오체)	-오/소		
낮춤	예사낮춤 (하게체)	-네, -나, -게, -세	-어, -지, -군	두루낮춤 (해체)
	아주낮춤 (해라체)	-다, -니, -어라, -자		

---

13) 이것은 성기철(1980)의 개화기 화계 체계와 동일한 것이다

이미 앞서 지적했던 것처럼 위의 화계 체계는 외형상 장년층 이상을 대상으로 하는 현재의 화계 체계와 일치하지만, 특히 네 화계 체계의 경우 각각의 화계가 가지는 특성은 현재의 것과 비교해 볼 때 상당한 거리가 있다.

여기서 잠시 말머리를 돌려 반말이 등장하고, 반말이 반말높임을 등장시키고 발달시킨 사회언어학적인 배경을 생각해 보고자 한다. 19세기까지만 해도 표면에 잘 드러나지 않았을 뿐만 아니라, 그것도 주로 하위 계층에서 쓰이던 반말이 어떻게 해서 이 시기에 전면에 부상하게 되었을까? 필자는 그 주요 원인을 계층 의식의 붕괴와 반말의 화계 완화성에서 찾아보고자 한다. 서두에서 언급했듯이 이 시기는 서구적 시민 의식의 고양과 함께 전통적인 계층 관념이 크게 동요되었던 시기이다. 따라서 사람들은 청자 또는 사회의 계층을 전제로 하고 있는 4화계 체계가 이러한 사회 변화 및 시민 의식에 덜 부합되는 일면을 의식하였을 것이다. 여기에 우선 반말은 낮춤에서 아주낮춤과 예사낮춤이라는 두 등급을 하나로 통합하여 화계성을 완화하는 특성을 가졌기 때문에 화계에 의한 청자 계층성의 완화라는 의미를 가지게 되었고, 이것이 당시 많은 사람들 특히 개화 의식을 가진 사람들이나 중하위권의 사람들로 하여금 반말을 더 선호하게 하는 결과가 되었을 것으로 생각된다. 이와 아울러 반말은 이러한 화계 완화의 특성에 필연적으로 부수되는 비격식성, 비엄격성으로 하여, 일반인에게 그리고 일상 생활에 더 선호되었을 것으로 이해된다.

이 반말을 모태로 하여 발달한 해요체의 경우도 마찬가지로 설명될 수 있을 것 같다. 반말에서 해요체가 발달되면서, 이 둘은 자연스럽게 높임과 낮춤 또는 높임과 안높임의 두 화계 체계를 형성하게 되는데, 그 결과 네 개로 된 엄격한 화계를 두 개의 화계로 대신함으로써, 역시 청자 존대의 계층성을 완화하고, 아울러 엄격성을 완화하고, 이에 따라 비격식성의 효과를 얻을 수 있게 되었다. 이러한 결과는 많은 사람들에게 선호되어 해요체를 더욱 확산시키는 또 다른 결과를 가져왔을 것이다.

  이처럼 반말과 반말높임은 당시 직접, 간접으로 서구 문물 특히 서구 민주 시민 의식에 눈이 떠 가던 사람들에게 사랑을 받게 되었고, 이러한 새로운 변화가 두 화계를 급속하게 확산시켜 나갔을 것으로 이해된다.

  이러한 화계의 변천과 관련하여 서정수(1984 : 234)는 사회적 원인보다는 언어심리적 원인을 생각하였다. 그리하여 "대우 등급이나 표현 형태를 되도록 단일화 내지는 간소화하려는 현대인의 언어 심리와 관련되는 문제"로 파악하였다. 물론 언어심리적인 면을 전적으로 배제할 수는 없겠으나, 더 크고 근본적인 원인은 사회언어학적인 요인에서 구하는 것이 더 온당할 것 같다.

  1920년대는 외형상 전대와 특별히 다를 것이 없다. 젊은이 층에서도 하게체와 하오체가 널리 쓰였으며, 하오체도 상위자 하위자 사이에 양방향으로 쓰였다.

> (45) 어서 가 보게. 마츰 잘 되었네.(사랑과 죄, 염 전집 2, 15)
>   *20세 전후의 젊은 남자들끼리의 대화 중에서
> (46) "심심한데 그거 좋지! 그러나 이 밤으루 준비 되시겠소?"
>   "이 밤으룬 좀 어려운데 ……"
>   ………………
>   "정말 병환이 급하지 않거던 내일 하루만 더 묵어주시구려."
>   (만세전, 신한국문학 3, 187)   *가까운 사이의 20대 초반 남녀간의 대화

  이 시기에 오면 해요체의 사용이 확연하게 일반화됨을 볼 수 있다. 반말은 이미 이전부터 폭넓은 확산을 보여 왔다.

> (47) 글쎄요 …… 좀처럼 착심이 될 것 같지도 않고 해서 갔다가 곧 오려는
>   데요 …… ? (만세전, 신한국문학 3, 174)

  위는 일본에 유학한 대학생이 지도 교수에게 한 말이다. 이런 상황에서 해요체가 쓰인 것만 해도 이 해요체가 얼마나 보편화되었는가를 여실히

보여 준다. 이 시기의 '만세전'이나 '사랑과 죄'만 보아도 전대의 하게체나 하오체 용법을 보여 주고는 있지만, 이전 같으면 하오체나 하게체가 쓰이었을 자리를 거의 해요체와 해체가 대신하고 있음을 볼 수 있다. 해요체, 해체의 이러한 세력 확산은 상대적으로 하오체와 하게체의 위축을 가져온다. 이처럼 20년대에 와서는 해요체가 반말과 대응되는 화계로 확고한 자리를 확보하게 되었다. 이에 따라 앞서 본 네 화계 체계와 더불어 두루낮춤과 두루높임이라는 두 화계 체계가 합하여 확고부동한 초기 화계 체계를 구축하게 되었다.

20세기 초기에는 부부간에 주로 하오체가 쓰인 것도 하나의 두드러진 모습이다.

(48) 느는 잇쩌까지 아침밥도 아니 먹엇소(귀의성 상, 63)

*양반 남편이 부인에게

(49) 무슨 죄가 잇길늬 죽이리 살이리 흐시오 보기 실소(빈상셜, 35)

*화자＝부인

또 하나 특이하게 눈에 띄는 것은 해요체가 손아래 사람에게 쓰인 경우이다.

(50) 순영이 그러케 안 들려. 나 좀 봐요(사랑과 죄, 염 전집 2, 16)

21세의 오빠가 19세의 여동생에게 하는 말이다. 보통 반말이나 해라체를 썼는데, 이 경우에는 해요체를 사용했다. 돈을 얻어 내려고 하는 상황에서 쓰인 것인데, 이것이 동생을 존대한 것으로 해석되지는 않는다. 대략 '안낮춤' 정도로 이해된다. 요즘 부모가 어린아이에게 '그만 좀 울어요' 할 때의 해요체와 근본적으로 동질의 것이 될 것이다. 이것은 어떤 의미에서 반말이 상위자에게 쓰이는 것과 대조를 이룬다고 하겠다.

위에서 본 바와 같은 20세기 20년대까지의 화계 체계와 그 각각의 화계의 쓰임은 그 이후 30, 40년대까지 대체로 그대로 유지된다. 이미 20년대에 크게 발달하여 확고한 자리를 굳힌 반말높임이 반말과 함께 크게 그 세를 더욱 확대해 간 점, 그리고 이와는 달리 하오체, 하게체의 사용이 더 위축되어 간 점이 이전과 크게 다를 뿐이다.

다음에는 30, 40년대의 자료를 살펴보기로 한다. 30년대에도 하오체는 여전히 널리 쓰였다. 그러나 하오체가 아주높임의 대상에게 쓰인 경우는 별로 드러나지 않는다. 이것은 하오체가 합쇼체와 부분적으로 중첩되거나 상호 근접해 있던 초기의 화계성에서 벗어나, 말 그대로 예사높임으로 정 착되었음을 의미한다.

> (51) 인생을 정면으로 있는 그대로 볼 것이오. 그러노라면 행복도 저절로 따 라 올 것이오. (무화과, 262)　　　　　*25세 남자가 동년배의 여인에게
> (52) 여보,……내가 홍도화 피는 것을 꼭 보겠소……꽃이 피거든 전보를 쳐서 라도 알려 주시오.(봄, 월북작가 10, 10)　　　　　*화자=남편

30년대 하오체의 화계성과 관련하여, 박승빈(1935)이 '평범'이라고 규정 한 것은 의미있는 시사라 생각한다. 이것을 '평범'으로 해석한 것은 하오 체가 평교간에 널리 쓰인 데 근거한 것으로 생각되는데, '경어'는 경어로 되 특별한 존대의 의미를 부여하지 않은 것이라 하겠다. 이것은 하오체가 그만큼 아주높임과 차별화되었다는 의미가 될 것이다.

30년대의 하게체도 전대와 다름 없는 쓰임을 보인다. 남녀를 불문하고 20대의 젊은 연령층을 포함하여 성인층에서 널리 쓰이고 있었다.[14)]

> (53) "어서 올라오게." "응, 마침 잘 왔네. 올라갈 건 없고 궁금해서 들렀네" (삼대, 소설대계 5, 410)　　　　　*잘 아는 20대 청년간의 대화
> (54) 자네 궁둥이만 따라다니지 않아서 시비인가?(무화과, 소설대계 6, 23) 　　　　　*25세 남자가 젊은 기생에게

---

14) 20세기 전기의 하게체에 대하여 서정수(1984 : 233)에서는 "성인들끼리의 특수 관계 에서만 쓰이는 것"이라 했는데, 이것은 지나치게 제한적으로 이해한 것이라 하겠다. 별다른 '특수성'이 발견되지 않는다.

30년대의 화계와 관련하여 박승빈(1935)을 잠시 돌아보는 것도 의미가 있을 것 같다. 10년대의 김희상(1911)에서는 반말을 '반대'라는 하나의 화계로 설정하고 있는 반면, '하대, 홀대, 평범, 예우, 지공'의 다섯 화계를 설정하고 있는 박승빈(1935)에서는 이것은 '홀대'라고 하는 예사낮춤의 화계에 포함시켰고, 전자에서는 아주높임 정도의 화계로 본 '해요체'를 후자에서는 예사높임 정도의 '평범'에 포함시키고 있다. 기본적으로 해라체, 하게체, 하오체, 합쇼체를 구분하고 있는 점에서는 공통성을 보이는 것으로, 여기에서 우리는 20세기 전기에는 아직은 화계상 이렇다 할 변화를 보이고 있지 않음을 확인할 수 있다. 단순히 화계뿐만 아니라, 실제 각각의 화계 내용면에 있어서도 주목할 만한 변화는 보이지 않는다. 다만 해요체, 해체의 발달과 이에 상응하는 하오체, 하게체의 쇠퇴가 이 시기 변화의 주류를 이룬다.

20세기 초기, 화계 사용에 드러나는 또 하나의 특징은 연령보다 신분이 우선하였다는 점이다. 비록 화자의 나이가 적어도 신분이 상위일 때에는 나이가 더 많은 하위 신분의 청자에게 낮은 화계를 사용하고, 반대로 나이가 더 많은 하위 신분자는 나이가 적은 상위 신분자에게 더 높은 화계를 사용함이 일반적이다. 다음은 그러한 한 예를 보여 준다.

(55) "얼마나 남았소?" "다 왔습니다. 조기 산비탈에서 내리셔서 올라가시면 고만입니다." (무화과, 소설대계 6, 570)
*20대 여자 손님과 나이 든 인력거꾼과의 대화

40년대에 들어와서도 하오체나 하게체는 대략 이전의 용법을 이어받고 있지만, 실제 사용되는 범위에 있어서는 상당히 제한을 받는 것이 눈에 띄게 드러난다.

(56) "국호가 고려국이라고 그러셨나?" …… "고려민국이<u>랍디다</u>."(해방전후, 현대문학 4, 462)
(57) 당신의 진의는 우리도 모르지 않소. 그러나 급기야 당신이 거기서 못 배

겨나리다······ 진작 나와 우리끼리 따로 모입시다. 뭣 허러 서로 어정버
정한 속에서 챙피만 보고 계시오? (해방전후, 현대문학 4, 470)

*화자·청자=30대 정도의 지식인 친구

(58) 허 결혼이나 했다면 오죽 좋겠오. 지금 병원에 가 있는 지 보름이나 된
다오. (삼년, 신한국문학 8, 271)   *청자=23세의 딸 친구

(56)의 경우 수십년 연하의 젊은이가 존경하는 노인에게 하오체 '－ㅂ디
다'를 쓴 것은 매우 예외적인 현상인데, 이것은 전대의 용법을 그대로 이
어받은 예의 하나가 될 것이다.

이 시기에 와서도 젊은이에게 하오체가 자연스럽게 쓰인 것을 더러 볼
수 있기는 하지만, 전대에 비해서는 매우 드물게 나타난다. 더구나 하위자
가 상위자에게 하오체를 쓰는 예는 더욱 드물어졌다.

다음과 같은 경우도 다소 생각해 볼 만한 하오체이다.

(59) 삼십만! 제법 대군이로구려. 옛날엔 십만이라두 대병인데! 거 인제 독립
이 돼 가지고 우리 정부가 환국할 땐 참 장관이겠소. 오래 산 보람이 있
으려나 보.(해방전후, 현대문학 4, 463)

위는 완고한 선비의 노인 애국 지사가 수십년 연하의 가까운 젊은이에
게 한 말이다. 때로 반말이나 합쇼체를 쓰기도 하나 주로 하오체를 썼다.
이러한 하오체는 말 그대로 예사높임이다. 가까운 아랫사람에게 하는 정중
한 대우의 표현이다. 같은 예사높임의 하오체라고 해도, 현재 하오체의 쓰
임과는 차이가 있다.

다음과 같이 초기 자료에서 보았던 것처럼 이 시기에도 아주 젊거나 어
린 자녀들이 부모에게 하오체를 쓰는 경우가 있었다.

(60) 아빠아 저 새 양복 입어 봐두 괜찮우?(채가, 소설대계 19, 487)

*화자=유치원생 정도의 딸

(61) 말 한번 꼬옥 봤으면 좋겠어······ 남북이 갈려서 피투성이가 되어 싸우

는 판에 결혼하겠다구 쫓아 다니겠우! …… 뭘 해야 할 겐질 좀 배워야
해요.(삼년, 신한국문학 8, 237)   *23세 처녀가 어머니에게

　전기 후반에도 하오체가 젊은 부부 사이에서 여전히 사용되기는 하지만,
그 주도권은 해요체 및 해체에 넘어가 있음을 알 수 있다. '여보' 대신 '여
봐요'가 나타나는 것도 이를 대변해 주는 하나의 예가 될 듯싶다.

(62) "여봐요오" …… "저 양복점에 갔다 오라십띠다."(천변풍경, 근대장편 3,
　　190)
　　*상민층의 부인이 남편에게
(63) "돈, 위 그렇게 많인 안 들죠?"
　　"돈이야 몇 푼 드나? …… 허지만 여행을 해두 괜찮을까?"
　　"왜?"
　　"이거 말야"
　　" …… 달 차구두 돌아 댕기는 사람은 그럼 으떡허우?"(천변풍경, 근대장
　　편 3, 340)   *젊은 부부간의 대화

　(62)의 경우, 부부간의 대화에서 반말과 해요체와 하오체가 모두 등장한
다. 그러나 이 장면에서는 반말이 주종을 이루고 있었다.
　하게체의 경우 다음과 같은 예는 전대의 용법을 그대로 보여 준다.

(64) 그렇게 화내지 말게. 그러면 말함세. 내 입으로 말함세……우리 어머니
　　때문이야.(조국, 신한국문학 41, 354)
(65) "민주사, 안녕허십쇼?" "어 –, 진국인가? 지금 들어 가는 길일세그려."(천
　　변풍경, 근대장편 3, 444)   *나이든 민주사와 젊은이의 대화

　(64)는 20대 초반 친구 사이의 대화 중 일부로, 대화자인 친구 사이에
하게체가 쓰이기는 했지만, 이들 대화에서는 반말이 훨씬 더 우세하게 쓰
였다. (65)는 하게체가 젊은이 상호간보다는 상위자가 하위자에게 쓰는 것
으로 변모되어감을 보여 준다. '천변풍경'에서 특별한 경우를 제외하고는
하오체나 하게체는 거의 발견되지 않는다. 주로 반말과 해요체가 쓰이고

있다.

나이가 든 친구간에 하게체가 쓰이기는 하지만, 이 역시 그리 흔하게 발견되는 것은 아니다.

> (66) "아, 그렇게 이 장사가 남는 겐가?" "웬만큼 남지. 그러기에 그 야단들 아닌가?"(천변풍경, 근대장편 3, 453) *좀 나이가 든 남자 친구간의 대화

다음은 한 어머니가 아들 친구들에게 하게체를 쓴 예이다.

> (67) 에미 때문에 이게 무슨! 정도야, 가거라. 여보게들, 데리고 가게.(조국, 신한국문학 41, 360)

현재로서는 이러한 쓰임도 거의 발견되지 않는다. 아버지와 달리 어머니가 아들 친구에게 하게체를 쓰는 것은 요즘과 다른 현상이다.

40년대에도 이전과 마찬가지로 연령보다는 신분이 우위에 있음을 엿볼 수 있다.

> (68) "언제 오셨소" "네 아까 왔습니다." "재미 좋시오?" "그저 그렇……"(노인, 월북작가 10, 205)

위에서 20대 전문대학생이 자기 학교 노인 용인에게 하오체를 썼는가 하면, 용인은 젊은 학생에게 하십쇼체를 썼다.

20세기 전기를 통틀어서 드러나는 주요한 흐름은 네 화계 체계의 쇠퇴와 두 화계 체계의 확산을 들 수 있는데, 이것은 화계가 이전에 비해 비계층화 또는 평준화되어 감과 동시에 비격식화되어 감을 의미한다. 이와 함께 또 하나 주요한 흐름은 대체로 화계가 하향화한다는 점이다. 우선 반말의 상향 확산이 이를 뒷받침한다. 초기에는 보통 하오체나 해요체가 쓰이던 자리에 흔히 반말이 대신함을 보게 된다. 친구간이나 부부간에서는 더욱 쉽게 눈에 띈다. 친구간에 해라체의 쓰임이 잦아 가는 것도 이러한 하향화를 입증한다.

3

　20세기 후반기는 대체로 50년대부터 시작되는 것으로 보았다. 그러나 50년대는 40년대와 함께 전기에서 후기로 넘어가는 과도기적 시기라 할 수 있다. 후기에 와서 드러나는 가장 특징적인 변화는 말할 것도 없이 하오체와 하게체의 쇠퇴이다. 이 둘은 이미 20년대부터 쇠퇴의 조짐을 보이기 시작하여 40년, 50년대를 지나면서 젊은 연령층에서 자취를 감추고, 지금은 다만 상위 연령층에서만 그 명맥을 유지하고 있다. 물론 이 둘이 차지했던 자리는 해요체와 해체가 대신하고 있다. 반말이 그 세가 확장되어 가면서 반말 종결 형태의 수가 새로이 크게 증가한 것도 주요한 변화의 하나라 할 수 있다. 후기의 대우법에 대해서는 그간의 연구 성과가 적지 않으므로 간략히 언급하기로 한다.

　50년대에 오면 20세기 전반기에 볼 수 있었던 화계성의 특성 중 하오체나 하게체 등의 이 시기 특성은 거의 소멸되어 가는 단계임을 확인할 수 있게 된다. 물론 이 시기에 와서 전반기의 특성이 완전히 사라지는 것은 아니지만, 현격한 퇴조가 눈에 띄게 드러난다.

　다음에는 50년대의 몇 예를 보기로 한다.

(69) 상사병이란 말만 들었더니 닌제 바루 봤네. 허허허, 웨 안 그렇겠나……
　　　혼자 들어가는 자릿속이란 기가 막히게 찰 걸세. 하루가 새롭지 않은가.
　　　어서 전보를 치지(취우, 염상섭전집 7, 353)　　　*화자, 청자 모두 20대
(70) 아, 그런 일로 온 줄이야 누가 알았나, 이리 오시게. 그런 정중한 이야길
　　　서서 하는 데가 있나. 이리 오시게.(벽, 신한국문학 41, 59)
　　　　　　　　　　　　　　　　　　　　　*화자, 청자 : 20대 후반의 친구

　60년대의 예를 찾기는 더욱 어려워지기도 하려니와, 그 쓰임 또한 매우 특수한 현상을 보이기도 한다. 이 시기에 들어와서는 하오체의 경우 전기의 특징적인 쓰임은 거의 찾아보기 어렵다. 다음과 같은 예가 발견되기는 하지만, 이것도 일상적이 아닌 상황에서 쓰인 것이다.

(71) 여보 학생! 우리 자리에 좀 오소!(바람타는 깃발, 현대한국문학 13, 206)
(72) 우린 광대가 아니요! 팔려다니는 광대가 아니니까, 강권이라도 못 가겠소!(바람타는 깃발, 현대한국문학 13, 206)

위는 술자리에서 고등학생과 좀더 나이가 든 젊은이들 사이에 주고 받은 대화의 일부이다. 어린 학생이 하오체를 쓰기도 하였고 받기도 하기는 하였지만, 여기에서는 존대나 예우의 의미는 거의 드러나지 않고 있다. 이 시기에 전기와 같은 정상적인 화계성의 하오체를 찾아 보기란 그리 용이하지 않다.

하게체는 하오체보다는 다소 느린 쇠퇴를 보인다. 하오체는 이미 젊은 연령층을 상대로 해서 사용되지 않는 반면, 하게체의 경우에는 젊은 연령층에서 사용하지는 않아도 이런 연령층을 상대로 해서 사용되기는 한다. 가령 요즘도 30대의 교수가 20대의 학생이나 졸업생에게 하게체를 쓰는 것을 가끔 볼 수 있다. 하오체가 높임이고 하게체가 낮춤이라는 점도 고려되기는 해야겠지만, 어쨌든 하오체에 비해서 하게체는 쓰임의 폭이 조금은 더 넓게 남아 있다고 할 수 있다.

반말은 이미 20세기 초기에 청자 대우의 전면에 부상하여 두루낮춤으로서의 화계를 확보하고 동반자로 해요체를 발전시켜, 두루높임으로서의 독자적인 화계를 확립시켰다. 이렇게 해서 이 둘은 하게체와 하오체를 잠식해 가면서, 전기 후반으로 접어들면서는 실로 요원의 불길처럼 세를 확산시켜 나갔다.

반말이 언중의 사랑을 받으면서, 그 자체의 종결형을 아울러 발전시켰다. 20세기 초기에도 '-어, -지, -걸, -군, -나' 등 적지않은 종결 형태를 가지고 있었지만, 그 이후 계속 복합 형태의 새로운 어미 형태를 추가하여, 반말은 물론 반말높임의 쓰임을 확대해 갔다.

(73) 반말의 복합형태
    -다니, -자니, -는다나, -으라나, -는다고, -으라니까, -느다면서
    등15)

이미 전반기에 확고한 확장세를 탄 해요체나 해체는 후반기에 와서 결정적인 큰 변화를 겪은 것이 없다. 다만 반말의 종결형태가 새로이 크게 증가되면서, 반말과 반말높임이 함께 그 세를 더욱 넓혀, 하오체와 하게체의 영역을 점점 더 잠식해 가고 있다는 것이 주요한 현상이 될 것이다.

서정수(1984 : 233)에서는 해요체가 전기의 하오체에서 갈라져서 합쇼체와 대등한 표현 형식이 되었다고 보았는데, 이러한 배경이나 근거를 찾아 보기 용이하지 않다. 예사높임에서 분리되어 아주높임이 되었다면, 그만한 이유가 있었어야 할 것이다. 20세기 전기나 후기의 자료에서 해요체가 하오체의 일부였다는 근거도 약하거니와, 하오체에서 분리되었다는 근거도 찾아 보기 쉽지 않다.

전기에서 보았던 신분 우위 현상은 이 시기에 와서 연령 우위 현상으로 전환되어 감을 보여 준다. 사회적 계층 의식이 그만큼 변모해 가는 것을 의미한다. 아래 (74)에서 20대 전반의 젊은 처녀가 택시를 타면서 하는 말은 하오체가 아니라 해요체이다. 지금은 택시 운전사를 대상으로 신분을 운위할 수 있는 여건도 아니지만, 이런 데서 신분은 전혀 고려의 대상이 되지도 못한다.

    (74)『수 다방』으로 가요.(하얀 도정, 한국문학 30, 128)

60년대에 들어오면서 화계는 전기와 비교해 볼 때 엄청난 변화를 경험하게 된다. 이 시기에 와서는 적어도 연령상 30대 이하의 젊은이 층에서는 하오체와 하게체가 거의 소멸된다. 이 두 화계는 다만 대략 40대 이상의 연령층에서만 명맥을 유지하고 있을 뿐이다. 이러한 변천의 결과 화계 체계가 연령층에 따라 구별되는 이원적 체계가 등장하게 된다. 이들을 편의상 각각 상층 체계 및 하층 체계로 구분하고자 한다.

후기의 화계 체계는 이미 널리 알려진 것이지만, 글의 체재를 위해서 그

---

15) 한길(1991 : 48)에서 부분 인용.

골격만을 간단히 도표로 보이면 대체로 아래와 같다고 하겠다.[16)]

(75) 20세기 후반의 화계 체계

상층 체계

	1차 화계		2차 화계	
높임	아주높임 (하십쇼체)	−습니다, −습니까, −십시오	−어요, −지요, −군요	두루높임 (해요체)
	예사높임 (하오체)	−오/소		
낮춤	예사낮춤 (하게체)	−네, −나, −게, −세	−어, −지, −군	두루낮춤 (해체)
	아주낮춤 (해라체)	−다, −니, −어라, −자		

하층 체계

	1차 화계		2차 화계	
높임	아주높임	−ㅂ니다, −십시오	−어요, −지요, −군요	두루높임
낮춤			−어, −지, −군	두루낮춤
	아주낮춤	−는다, −어라		

　위의 상층 체계는 얼마간 기형적인 것이라 하겠다. 하오체와 하게체 특
히 전자의 경우, 정상적인 화계성을 갖추지 못하고 있기 때문이다. 하오체
의 경우, 우선 전대와 달리 하위자가 상위자에게 절대로 쓸 수 없기 때문
에, 정상적인 높임이라 할 수 없으며, 사용되는 범위 또한 매우 제한되어
있다. 흔히 자기보다는 지체가 낮은 사람으로 인식되거나 별로 존대하고

---

16) 상층 체계는 성기철(1970)에, 그리고 상층, 하층 체계의 구분은 성기철(1985)에서 제
　시되었던 것과 동일하다.

싶지는 않지만, 그렇다고 하대할 수는 없는 대상에게 약간 대우하는 화계로 사용된다. 그러기에 하오체를 아예 높임으로 보지 아니하고 비존대로 보는 견해도 있으나,[17] 이를 비존대로 보는 데는 무리가 있어 보인다. 그리고 40대 이상의 연령층에서도 점점 사용이 기피되어 가는데, 특히 지식인 층에서는 더욱 그러한 경향이 두드러진다. 물론 아직은 전기와 같은 용법의 하오체가 완전히 사라진 것은 아니다. 부부간에도 하오체는 아직 드물지 않게 쓰이고 있다.

상층 체계의 경우, 하나의 대화 장면에서 화계의 병용이 잘 허용되지 않게 된 것도 전기와는 크게 다른 점이다. 그 원인은 하오체의 화계성이 제한되고 하향화했기 때문으로 이해된다. 전기, 특히 초기에 볼 수 있었던 합쇼체와 하오체의 근접성은 후기에 와서 완전히 소멸되고, 이에 따라 두 화계의 구분이 엄격해졌기 때문에 병용은 잘 허용되지 않게 되었다.[18]

20세기 후기로 오면서 이처럼 하오체와 하게체가 세력을 잃어가게 된 것은, 앞서 전기 초기에 해체와 해요체의 부상 배경을 생각해 보았던 것과 맥을 같이 한다. 해방 이후 한국은 더 급격하게 서구 문물을 수용하면서, 우리의 의식, 정신 문화는 완전히 서구화되어 왔다. 전통 사회적 계층 개념은 완전히 붕괴되고 철저히 민주, 평등에 기초한 새로운 사회 질서의 개편을 경험하게 되었다.

이러한 상황에서 계층 구분이 엄격하고, 해요체와 해체의 발달로 격식성을 주요 특성으로 가지게 된 네 화계 체계가 유지되기 어렵게 된 것은 어찌 보면 필연적인 결과일 수밖에 없다. 더구나 현대 사회가 발전하면서 격식, 더구나 전통적 격식 같은 것은 전혀 그 가치를 유지하기가 어렵게 되었다. 기본적으로 윗사람, 아랫사람의 개념 자체가 크게 동요되고 있는 현실이기도 하지만, 이제는 윗사람을 존대한다는 개념이나 의식 자체가 전통적 가치에서 크게 멀어져 가고 있기 때문에, 상층 체계와 같은 것은 이

---

17) 이익섭(1974) 참조.
18) 60년대 화계의 병용 현상에 대해서는 성기철(1970) 참조.

제 더 이상 그 체재를 보전하기 어려워 보인다.

그렇다고 하여 해요체와 해체가 하십쇼체[19]와 해라체까지 크게 침범하는 변천은 예견되지 않는다. 고영근(1974)에서 "현대전기의 존비법은 요통합가능형과 요통합형으로 변모하고 있다. 해라·하게체는 전자의 형식으로, 하오·합쇼체는 후자의 형식으로 각각 치환되고 있다."고 전망하듯이 해요체와 해체로 일원화하는 현상이 쉽게 나타나지는 않을 것이다. 필자의 예견으로는 하십쇼체와 해라체, 그리고 해요체와 해체가 각각의 본래 화계 성격을 유지하면서 서로를 보완하며 사용될 것으로 본다. 합쇼체나 해라체가 결정적으로 쇠퇴하는 현상은 생각하기 어려워 보인다.

하오체와 하게체의 소멸 또는 쇠퇴는 결과적으로 다단계 화계의 완화를 의미한다. 화계의 완화란 앞서 지적한 바와 같이 네 화계 체계가 두 화계 체계로 단순화함을 의미한다. 이러한 단순화는 결국 청자에 대한 계층 의식의 완화에 기인하고 있는 것으로, 이는 더 기본적으로 우리 사회의 계층 개념의 붕괴에 근거한 것이다.

하오체와 하게체의 쇠퇴는 또한 화계의 비격식화를 의미하기도 한다. 이것은 하십쇼체와 해라체의 일차 화계보다는 해요체와 해체의 이차 화계를 선호하는 데서 찾아 볼 수 있다. 본래부터 하십쇼체와 해라체가 격식체였던 것은 아니나, 해요체와 해체의 등장으로 전자가 격식성을 하나의 주요 특성으로 가지게 되면서 격식과 비격식의 차별화가 뚜렷해졌다. 해요체와 해체의 선호가 비격식성의 선호를 의미하게 되는데, 이러한 현상은 현대인의 격식성 기피와도 깊은 연관이 있다고 본다.

후기의 화계 현상을 전기와 비교해 볼 때, 전체적으로 드러나는 주요한 변화의 흐름 하나는 화계의 하향화를 들 수 있다. 해요체의 세 확산으로 하십쇼체의 사용이 상대적으로 감소해 가고 있다. 그것은 하십쇼체가 격식

---

19) 본고에서는 전기의 아주높임을 '합쇼체', 그리고 후기의 아주높임을 '하십쇼체'라 하여 구별하였다. 현재 합쇼체는 거의 쓰이지 않고 있으며, 일반적인 상황에서 아주높임도 되지 않을 뿐만 아니라, 매우 품격이 떨어지는 표현이 된다. 식당 등 상용 업소의 종업원에게서 아주높임의 제한적 용법이 다소 발견될 뿐이다.

성을 한 주요 특성으로 하는 외에, 아주높임이라는 엄격한 화계성을 가지고 있기 때문에, 흔히 이를 기피하여 해요체로 대신한다. 해요체가 하오체와 동렬에서 쓰일 수도 있기 때문에, 하십쇼체를 해요체로 대신하는 것은 일종의 화계 하향화를 함축할 수 있다.

화계의 하향화는 반말의 사용 확대에서 여실히 엿볼 수 있다. 반말이 하위자나 평교간에 널리 쓰이는 것만도, 전기에 비하면 상당한 하향화를 보여 주는 것인데, 흔히 가까운 사이의 상위자에게까지도 흔히 쓰이는 것을 볼 수 있다.

화계의 하향화는 평교간의 대화체에서도 찾아 볼 수 있다. 가령 가까운 친구 사이에서도 20세기 초기 같으면 흔히 하오체나 하게체를 썼다. 그러나 후기에 와서는 해체나 해라체를 쓴다. 그리고 이러한 해라체 사용의 연령층이 하위 연령층에서 상위 연령층으로 점점 높아져 왔다. 이러한 현상들은 전면적으로 사용 화계가 점점 낮아진 것을 의미한다.

다음은 1990년대의 예로, 38세의 옛 연인들이 10여 년 만에 다시 만난 첫날 주고 받은 대화인데, 이들은 서슴없이 해라체를 쓴다. 여자편에서 더욱 그렇다.

> (76) 「넌 유부녀잖아. 그래도 돼?」 「우리가 한두번 자 봤니? 저랑 적어도 삼십번은 잤을걸……」(그녀의 야윈 뺨, 현대 수상, 13)

화계의 하향화는 부부간의 대화체에서도 그런 변천을 일목요연하게 확인할 수 있다. 20세기 초기에는 부부간에 상호 하오체를 사용하는 것이 일반적이었다. 때로는 아주높임의 화계도 사용되었다. 이것이 30년대 무렵에 이르러서는 해요체가 상당히 일반화되는데, 이것은 물론 하향화라고만 할 수는 없다. 이것은 해요체에 의한 하오체의 교체 현상 때문에 나타난 현상으로 이해되기 때문이다. 해요체가 일반적이면서도, 특히 남자는 부인에게 해체를 사용하는 경우가 드물지 않게 나타난다. 그러나 후기로 오면서 부부간에 반말이 현저하게 늘어난다. 특히 젊은 연령층에서는 더욱 그러하다. 최근년에 오면서는 특히 젊은 층의 부부간에 해라체도 드물지 않게 쓰이고 있다.

화계의 하향화는 일상의 생활 속에서 여기저기 드러난다. 요즘 하위 연령층으로 내려갈수록 부모에게조차 존대 표현을 안 쓰는 경우가 많다. 미혼의 젊은이는 말할 것도 없거니와, 기혼의 남녀가 친부모에게 반말을 쓰는 것도 요즘 결코 드문 일이 아니다.

이러한 제 현상을 고려할 때, 금후 화계의 하향화는 당분간 지속될 것으로 이해된다. 마지막으로 여기서 잠시 생각하고자 하는 것은 하층 화계 체계에서 격식성의 문제이다. 하십쇼체, 해라체를 격식체로 규정하고, 해요, 해체를 비격식체로 규정하는 것이 그렇게 단순하지 않기 때문이다. 하십쇼체도 얼마든지 비격식체로 쓰이고 있으며, 해라체는 거의 격식성이 없어 보이기 때문이다. 해라체와 해체를 격식과 비격식으로 가리는 것은 별의미가 없어 보인다. 군대와 같은 특수한 사회 집단에서는 하십쇼체와 해라체가 함께 격식성을 가질 수 있다. 그러나 여타의 경우 양자를 격식과 비격식으로만 구분하는 것은 이들 화계에 대한 바른 이해를 바탕으로 한 것이라 보기 곤란하다. 하십쇼체와 해라체는 여전히 아주높임과 아주낮춤의 화계성을 가지고 쓰이고 있다. 즉 분명한 최고 존대의 의사를 표현하고자 할 때는 여전히 하십쇼체가 더 적절한 것이며, 분명한 최하의 대우 의사를 표현하고자 할 때에는 해라체가 더 적절한 경우가 많다. 따라서 하십쇼체와 해라체는 격식성의 표현이라는 기능을 담당하고 있기는 하지만, 이와 함께 각각 최고, 최저의 대우 표현을 담당하는 것이 함께 주요한 기능이란 사실을 간과해서는 안 될 것이다. 앞서 말한 대로 격식성에만 주안점을 둔다면, 해라체와 해체가 병립할 근거를 찾기 어려울 것이다.

4

　이상에서 20세기 약 100년간의 청자대우 변천 현상을 화계를 중심으로 살펴보았다. 화계와 각개 화계의 특성 변천을 고려하여, 대략 1950년을 경계로 하여 전기와 후기로 시기 구분을 시도해 보았다. 후기에 관한 한, 많은 연구 성과가 축적되어 있으므로, 전기에 주안점을 두고 살펴보았다.

　전기의 화계 체계 자체는 요즘 상위 연령층에 남아 있는 화계 체계(상층 체계)와 일치하는 것이나, 각개 화계, 특히 하오체와 하게체의 쓰임은 판이하게 다른 모습을 가지고 있다. 하오체는 예사높임의 화계이기는 하지만, 그 화계성은 아주높임의 합쇼체에 훨씬 가까이 접근되어 있을 뿐만 아니라, 상당 부분 중첩되어 있기도 하였다. 또한 현재 사용 중인 하오체의 용법과는 달리 연령상의 제약이 없이 정상적인 높임의 화계로 정착되어 있었다. 하게체는 이 시기 확고한 화계로 자리를 굳히고 있으면서 역시 지금 보는 것과 같은 연령상의 제약이 없이 널리 쓰이었다.

　합쇼체는 일찍부터 아주높임의 화계로 정착되어 있었다. 다만 이것이 앞서 말한 대로 화계상 하오체와 부분적으로 중첩되는 일면이 없지 않았지만, 이 둘은 각각의 화계성을 가지고 있었다. 소위 극존칭이라고도 하는 하소서체를 별개의 화계로 구분하는 문제도 고려할 수 있으나, 이를 뒷받침할 만한 자료를 확보하기 어렵다. 해라체는 여러 화계 중에서 그 화계성이 가장 변화를 겪지 않은 화계이다.

　반말의 해체는 지금에 비해서는 사용 범위가 제한되어 있었지만, 20세기 초기에 이미 두루낮춤으로서의 화계성을 확보하고 있었다. 반말에서 발전된 해요체는 반말에 비해서 훨씬 빈도가 떨어지지만, 역시 20세기 초에 반말에 대응되는 두루높임으로 화계를 형성하고 있었다. 이 두 화계는 앞의 네 화계와는 별도의 두 화계 체계를 형성하였다. 이들 화계는 그 화계의 성격상 화계의 엄격성이 완화되고, 격식성을 별로 드러내지 않았다. 이들 화계는 20년대부터 하오체와 하게체를 잠식하기 시작하여 20년대를 넘어서면서부터는 급속한 발전을 하면서 하오체와 하게체를 밀어내고 있었다.

19세기만 해도 비교적 수면 아래 묻혀 있던 반말이 20세기 초에 표면에 부상하고, 이와 함께 해요체가 세를 얻게 된 데는 그럴 만한 언어사회학적인 배경이 있다. 19세기 말 이후 급속하게 전래된 서구 문물에 접하면서 발전된 시민 의식, 곧 민주, 자유의 평등 의식과 국가 사회의 격변 속에 진행된 사회 질서의 새로운 개편은 전통 사회의 계층 개념을 붕괴시키게 되었다. 이에 따라 계층 사회를 반영하던 네 화계 체계 대신에 해체와 해요체의 두 화계 체계를 수용함으로써, 전자가 가진 화계상의 계층 의식과 격식성을 완화하였다. 화계의 비엄격성과 비격식성을 특징으로 하는 이 두 화계는 일반 특히 하위 계층이나 서구 의식을 수용하는 신진 지식층의 사랑을 받아 놀라운 발달을 보게 된다.

1950년을 기점으로 후기에 넘어오면서, 해요체와 해체는 그 종결형을 증가하면서 더욱 세력을 확산시켜 갔다. 이에 따라 일반의 관심에서 점점 멀어져 가는 하오체와 하게체는 이에 반비례해서 점점 자리를 그들에게 내줄 수밖에 없었다. 그리하여 드디어는 하오체와 하게체가 젊은 연령층에서 완전히 소멸되는 비운을 면치 못하게 되었으며, 이제는 상위 연령층에서마저 거의 외면당하는 현실에서 눈앞에 둔 전면적인 퇴진을 예고하고 있다.

현재의 화계 체계를 일단 연령층에 따라 상층 체계와 하층 체계로 구분하기는 하였지만, 이미 하층 체계가 오늘의 화계를 대표한다고 보아 큰 무리가 없을 것 같다.

이렇게 되면 합쇼체와 해라체, 그리고 해요체와 해체가 각각 상이한 두 화계 체계로 별도의 기능을 차별화하면서 21세기 청자대우의 견인차가 될 것으로 이해된다.

지금까지 살펴본 여러 변천 현상을 고려할 때, 변천을 주도한 제일 요인은 반말의 발달에서 찾을 수 있다. 우선 20세기 초 반말의 표면 부상이 우리 대우법에 큰 파란을 예고한 것이다. 새로운 화계 종결형의 등장 자체만도 다시 없는 변천 현상인데, 이것은 바로 해요체를 발달시키고, 이 반말과 반말높임을 축으로 네 화계 체계에 대응하는 전혀 새로운 화계 체계를 구축한 것이다. 이렇게 구축된 체계는 사회 변천에 부응하면서 계층성이 부각되는 네 화계 체계를 점점 쇠퇴시키고, 대신 그 자리를 차지하면서 비격식성, 비계층성을 무기로 엄청난 세력을 확대해 갔다. 이러한 반말의 주도적 역할은 해요체와 더불어 결국 화계의 완화, 화계의 축소를 이끌어 갔고, 화계의 비격식화와 함께 화계 사용을 전반적으로 하향화하는 데 큰 기여를 하게 되었다. 이렇게 볼 때, 20세기 화계와 관련된 주요 변천을 주도해 온 원동력은 반말에 있었다. 요즘 우리 청자 대우의 실태를 고려할 때 이러한 반말의 역할은 앞으로도 상당 기간 지속될 것으로 전망된다.

인용 자료

구효서(1995), <그녀의 야윈 뺨>, 1995년도 현대문학상수상 소설집, 현대문학사, 1995.

김정한(1916), <사하촌>, 매일신보(학예면)초 2, 삼문사.

민준호(1912), <옥호긔연>, 『한국개화기문학총서 10』, 아세아문화사, 1978.

박태원(1933), <낙조>, 『한국소설문학대계 19』, 동아출판사, 1995.

박태원(1941), <채가>, 『한국소설문학대계 19』, 동아출판사, 1995.

박태원(1947), <천변풍경>, 『한국근대장편소설대계 3』, 태학사, 1988.

안회남(1941), <노인>, 『월북작가대표문학전집 10』, 서음출판사, 1989.

안회남(1946), <봄>, 『월북작가대표문학 10』, 서음출판사, 1989.

이무영(1952), <삼년>, 『신한국문학전집 8』, 이무영 선집, 어문각, 1974.

이무영(1952), <벽>, 『신한국문학전집 41』, 희곡선집 1, 어문각, 1974.

염상섭(1923), <만세전>, 『민중서관』, 1959.

염상섭(1928), <사랑과 죄>, 『염상섭전집 2』, 민음사, 1987.

염상섭(1932), <무화과>, 『한국소설문학대계 6』, 동아출판사, 1995.

염상섭(1932), <삼대>, 『한국소설문학대계 5』, 동아출판사, 1995.

염상섭(1954), <취우>, 『염상섭전집 7』, 민음사, 1987.

유길준(1908), <노동야학독본>, 경성일보사.

유치진(1946), <조국>, 『신한국문학전집41』, 어문각, 1973.

육정수(1908), <송뢰금(상)>, 『한국개화기문학총서 2』, 아세아문화사, 1978.

이광수(1917), <무정>, 『매일신보초(학예면)』 2, 삼문사.

이상협(1912), <재봉춘>, 『한국개화기문학총서 10』, 아세아문화사, 1978.

이인직(1906), <혈의루>, 『한국개화기문학총서 1』, 아세아문화사, 1978.

이인직(1907), <귀의성>, 『한국개화기문학총서 1』, 아세아문화사, 1978.

이인직(1908), <치악산>, 『한국개화기문학총서 1』, 아세아문화사, 1978.

이태준(1946), <해방전후>, 『한국현대문학대계 4』, 민음사, 1994.

이해조(1908), <빈상설>, 『한국개화기문학총서 1』, 아세아문화사, 1978.

정연희(1963), <바람타는 깃발>, 『현대한국문학전집 13』, 신구문화사.

한말숙(1961), <하얀 도정>, 『한국문학 30』, 민중서관, 1983.

한말숙(1965), <우울한 청춘>, 『한국문학 30』, 민중서관, 1983.

현 채(1907), 유년필독 권 4, 『개화기교과서 총서 2』, 아세아문화사.

청춘, 1호 – 4호(1914), 6호(1915), 경성신문관 발행.

참고 문헌

고영근(1974), 「현대국어의 존비법에 대한 연구」, 『어학연구』 10-2, 서울대 어학연구소.
김희상(1911), 『조선어전』, 역대한국문법대계 19, 탑출판사.
류성기(1997), 「근대국어 형태」, 국어의 시대별 변천 연구 2, 국립국어연구원.
민현식(1984), 「개화기 국어의 경어법에 대하여」, 『관악어문연구』 제9집, 서울대학교.
서정수(1984), 『존대법의 연구』, 한신문화사.
서정수(1996), 『국어문법』, 한양대학교 출판원.
성기철(1970), 「국어대우법 연구」, 『논문집』 4, 충북대학.
성기철(1980), 「개화기 국어의 화계」, 『논문집』 4, 서울산업대(현 서울시립대).
성기철(1985), 『현대국어 대우법 연구』, 개문사.
성기철(1995), 「반말의 특성」, 『한양어문연구』 제13집, 한양대학교 한양어문연구회.
성기철(1996), 「현대 한국어 대우법의 특성」, 『말』 21, 한국어학당, 연세대학교.
이경우(1989), 「최근세 국어에 나타난 경어법 연구-개화기 신소설 자료를 중심으로-」,
　　　　　　이화여자대학교 박사학위논문.
이익섭(1974), 「국어경어법의 체계화 문제」, 『국어학』 2, 국어학회.
정길남(1997), 『개화기 교과서의 우리말 연구』, 박이정.
주시경(1910), 『국어문법』, 박문서관.
최현배(1937), 『우리말본』, 연희전문학교 출판부.
최현배(1959), 『우리말본』, 정음사.
한 길(1991), 『국어 종결어미 연구』, 강원대학교 출판부.
홍종선(1997), 「근대국어 문법」, 국어의 시대별 변천 연구 2, 국립국어연구원.

-『한국어교육』 제10권 2호, 1999. 12.

19세기 국어의 청자 대우법
-화계를 중심으로-

1. 들어가는 말

한국어에서 가장 근간이 되는 대우법은 잘 알려진 대로 주체 대우법, 청자 대우법, 그리고 객체 대우법의 세 가지다. 15세기 이래 이들 세 가지 대우법 중에서도 객체 대우법과 청자 대우법은 더욱 현저한 변천을 겪어 왔다. 20세기에 들어온 이후에도 가장 두드러진 변천은 청자 대우법, 그 가운데서도 문의 종결어미에 의해 실현되는 화계에서 드러난다. 필자는 20세기의 청자 대우법의 변천을 살펴본 바 있기에[1] 이러한 점을 고려하면서 화계를 중심으로 한 19세기의 청자 대우법을 살펴보고 이를 체계화하는 데 이연구의 주된 목표를 두고자 한다. 19세기는 근대국어 후기에 해당되는 마지막 한 세기가 되면서, 그 후반은 현대국어로 넘어오는 전환기적 특성을 보여 주는 시기이기도 하여 국어사적 의미가 적지 않은 것으로 생각된다.

우선은 문의 종결어미를 중심으로 이들의 화계성을 살펴보고, 이를 근거로 화계의 체계화를 모색하고자 한다. 아직 학계 일반의 공감을 얻는 19세기의 화계 체계는 정립되지 못하였다. 몇몇 연구 성과가 있기는 하지만, 각각의 화계 체계가 일치하지 않으며, 이들 또한 크게 신뢰할 만한 자료의

---

1) 성기철(1999) 참조.

뒷받침을 가지지 못한 것으로 이해된다.

　이 시기의 화계를 체계화하기 위해서는 광범하고 정밀한 자료, 특히 문의 종결어미에 대한 정밀한 검토와 아울러, 이들 자료에 대한 정확한 해석이 따라야 할 것이다. 이러한 목표에 접근하고자 할 때, 무엇보다도 먼저 부딪히는 문제는 신뢰할 만한 자료의 부족이다. 화계 연구는 무엇보다도 다양한 화계성을 보여 주는 종결형의 자료를 필요로 하는데, 이를 위해서는 소설과 같이 대화체가 많은 자료들이 유용하다. 이 시기의 일반적인 언어 자료는 이른바 고전소설로 이해되지만, 이들 대부분이 제작 연대나 작자가 알려져 있지 않기 때문에, 이들 자료를 이용하는 데 문제점이 적지 않다. 그러나 본고에서는 일단 이들 고전소설을 주된 자료로 하고 일부 다른 자료의 도움을 받으면서, 문제 해결에 접근해 보고자 하는데, 먼저 이들 자료와 관련해서 한두 가지 언급해 두고자 한다.

　여기 자료의 근간이 되는 고전소설은 크게 두 가지로 대별된다. 하나는 일반적인 고전 소설이고, 다른 하나는 판소리계 소설로 알려진 고전 소설인데, 화계와 관련하여 이 둘 사이에는 상당한 차이가 있다. 전자의 경우 화계는 대체로 높임과 낮춤의 두 가지로 대별된다. 현재의 감각으로 보면 대체로 각각 아주높임과 아주낮춤에 가까운 화계처럼 생각될 수 있지만, 이들 자료에만 의지하면 두 개의 화계로 집약되기 때문에 높임과 낮춤의 두 화계로 이해될 수 있다. 따라서 이들 소설에 실현된 화계는 문어적이며, 격식적이고, 보수적인 특성이 강하게 느껴진다. 이들 고전 소설이 전래 필사본 소설을 판각한 것이라는 데 생각이 미치면, 이들 소설의 언어의 보수성을 좀더 이해할 수 있을 것 같다. 이에 비해 판소리계 소설들은 화계의 등분이 훨씬 다양하고, 그 화계성이 전자에 비해 훨씬 현대어에 근접해 있으며, 더 구어적이고, 비격식적이며, 진보적인 특성을 보여 준다.

　여기에서 주목되는 것은 20세기 초의 국어이다. 이 시기는 거의 현대국어의 모습을 확립한 시기인데, 사실상 이 때의 국어는 적어도 19세기 후반의 언어를 반영하고 있다고 보아 큰 무리가 없을 줄 안다. 그런데 판소리계 소설의 화계 종결형은 20세기의 국어에 연결되는 데에 무리가 없어 보이는 반면, 여타 일반 고전 소설의 화계 종결형은 20세기 초의 것과 잘 연결되지 않는다.

이러한 사실들을 고려할 때, 본고가 대본으로 하고 있는 대부분의 비판소리계 고전 소설들은 적어도 19세기 전반, 또는 좀더 이전의 언어를 많이 반영하고 있는 것으로 짐작할 수 있다. 결국 같은 고전 소설이란 이름으로 부르기는 해도 판소리계는 19세기 후반의 국어를, 그리고 여타의 일반 고전소설은 19세기 전반의 국어를 더 반영하고 있는 것으로 이해할 수 있다.

본고는 그 근본이 되는 자료에서부터 부정확성을 안고 시작하는 셈이 되겠으나 그런 대로 이 시기 화계의 개략을 이해할 수는 있을 것으로 생각하면서 문제 해결에 접근해 보기로 한다.

2. 화계 체계

우선 현대국어와는 다른 독특한 화계상의 특성을 가진 몇몇의 종결형을 살펴보기로 한다. 이 시기에는 고정된 화계에만 쓰이지 않고 높임과 낮춤에 모두 다 쓰이는 화계가 있었던 것이 눈에 띈다.

   (1) 니 도령 니론 말이 우리 단 두리 ᄒᄂ 일을 알 니가 뉘 잇스<u>리오</u>(남원고사 20)

   (2) 그 어미 디방을 블너 안치고 경계 왈……이제 너는 ᄭᅢ닫지 못ᄒ고 어미 셜워ᄒᄂ 줄 아지 못ᄒ니 엇지 슬푸지 아니ᄒ<u>리오</u>(대방전 1)

   (3) 경피야……어믜 마음이 슬푼지라 싱각건디 어진 가랑을 ᄎᆔᄒ여 원앙의 쌍 유ᄒ믈 보면 즐겁지 아니ᄒ<u>리오</u>(장풍운전 8)

위에 보이는 '−리오' 종결형의 경우, (1)은 이도령이 방자에게 한 말이요, (2)는 어머니가 아들에게, 그리고 (3)은 어머니가 딸에게 한 말이니 낮춤의 화계성을 가졌음에 틀림없다.

(4) 쇼졔 공쥬의 손을 잡고 왈 오늘 니별허미 어늬 쩌의 상면<u>ㅎ리오</u> 닉두를
모로니 신물을 두고 가쇼셔(조웅전 10)
*갓 결혼한 부인이 남편에게 한 말

(5) 승상 두병이 쥬왈 국법이 즈별ㅎ옵거늘 엇지 녀염가 ㅇ동을 농탑하의 두
<u>리오</u> 이는 불가ㅎ여이다(조웅전 3)
*청자=임금

(6) 공자는 밍인이라 무삼 허무리 잇스<u>리오</u> 수고로이 싱각지 마르시고 나를
쓰라 가시미 엇더ㅎ신잇가(적성의전 21)

위의 예에서는 '-리오' 종결형이 높임의 대상에 쓰인 것을 알 수 있어,
낮춤의 대상에 쓰인 (1)~(3)의 경우와 대조를 이룬다.

(7) 죽을 스람을 살녀 주니 그 은혜 난망이오 아 이제 어디로 가<u>리오</u> 동지 뫼
흘 가르쳐 왈 져리 가면……(조웅전 5)

위 예는 얼마간 혼잣말의 성격이 드러나는데, 본래 혼자말은 그 성격상
화계가 중립적일 수 있음을 이해할 수 있다. 혹 생각하기에 따라서는 (3)~
(6)의 경우에도 혼잣말과 같은 것으로 생각할 수 있을지 모르겠으나, 문맥
으로 보아 혼자말로 이해하기는 곤란하다.

(1)~(7)의 예에서 보는 바와 같이 '-리오'가 높임과 낮춤의 청자 모두
에게 사용되었던 예는 상당히 많이 발견된다. 결국 이 종결형은 높임, 낮
춤의 화계상 중립적인 특성을 가졌던 종결형이라고 할 수 있다.

'-리오'는 이와 유사한 의미를 가지면서 다만 화계성에서 아주낮춤이
되는 '-랴'와 대조를 이룬다.

(8) 엇지 사특호 무리를 다 죽이지 못호 거슬 말믜아마 그러치 아닌 줄 알<u>니</u>
오 싱각이 이에 밋치미 엇지 한심치 아니ㅎ<u>랴</u>(척사윤음 2)

이러한 화계 중립적인 특성은 '-뇨' 종결형에서도 얼마간 엿볼 수 있다.

 (9) 너는 무슴 쥬의로 …… 역신이 되고 죽어 역귀가 되고져 ᄒ<u>ᄂᆢ</u>(징세록 10)

(10) 그디 셩명은 뉘시며 연셰 몇치나 되엿<u>ᄂᆢ</u>(적셩의젼 22)

(11) 촌인이 문왈 너는 엇던 아희완디 울고 단니<u>ᄂᆢ</u>(슉향젼 상 4)

                  *청자=어린 숙향

(12) 형님 이거시 우엔 일이오 …… 어셔 드러가스이다 ᄒ니 …… 흥뷔 어이

  업셔 ᄒᄂᆫ 말이 밤이슬이 무어시<u>ᄂᆢ</u>(흥부젼 11)   *청자=형 놀부

(13) 왕이 홀노 ᄂᆞ으가 졔ᄒ의 이르니 동지 무조 ᄂᆞ와 졀ᄒ고 왈 이곳은 션경

  이라 쇽긱의 왕닉 업거늘 그디 엇던 사람이완디 이졔 이르러<u>ᄂᆢ</u> 노왕

  왈 …… 션경을   범ᄒ여시니 션동은 쇽긱의 망녕되믈 사ᄒ라 존이 아니

  노왕 젼희시닛가 노왕이 경왈 과연 긔어니와 엇지 아<u>ᄂᆢ</u> (용문젼 6)

(14) 노인 왈 …… 뭇줍ᄂ니 샹공은 뉘시며 무슴 일노 이 곳을 지ᄂ시더<u>ᄂᆢ</u>(징

  세비태록 8-9)

 종결형 '-ᄂᆢ'는 (9)~(11)에서 보는 바와 같이 흔히 아주낮춤에 쓰인다. 그런데 (10)은 낮춤이라고 하더라도 다소 대우를 해 준 느낌이 든다. 한편 이 형태는 높임의 대상에게도 쓰이는데, (12)~(14)는 이를 보여 준다. 특히 (13)에서는 한 대화 중에 두 사람의 '-ᄂᆢ'가 각각 높임과 낮춤으로 달리 쓰인 것을 보여 준다. 이처럼 '-ᄂᆢ'가 아주낮춤의 형태로 보이는 종결형 임에도 불구하고, 때로는 높임에도 쓰임으로 해서 결과적으로는 중립적인 화계성을 보여 주고 있다.

 위의 종결형과 같이 전 화계에 걸쳐 중립성을 보이지는 않아도, 부분적 으로 그러한 특성을 보이는 종결형도 있다. 이러한 형태로 당시 널리 쓰이 고 있던 종결형 '-소/오'를 들 수 있다.

(15) 당금의 오국 군왕이 합셰ᄒ여 소디셩을 벼(버?)혀 텬하를 평탄ᄒ랴 ᄒ<u>오</u>

  이 쇼지 호국의 ᄂᆞ아가 션봉이 되여 …… 슬허 무르쇼셔(용문젼 4)

(16) 셕탄의 불을 피워 구으려거든 구읍쇼셔 조롱 말고 어셔 밧비 죽여 쥬<u>오</u>

  (남원사 428) *춘향이 사또에게 하는 말

(17) 아버니 왜 이졔야 왓<u>소</u> 어머니 발셔 죽어 염습도 못ᄒ고 지금 그져 잇스

  니 ᄎ마 슬어 못 술긧<u>소</u> ᄒ며(숙영낭자전 13)

(18) 흥부 안희 ᄒᄂᆫ 말이 이고 여봅<u>소</u> 부졀업슨 쳥념 맙<u>소</u>(흥부젼 2)

(19) 즈니 비상흐거든 셰극 국은을 보답게 상감을 보도흐여 착흔 님군이라 흐
고 종샤 태평케 흐<u>소</u> 즈픔이 튱담질실흐시디 고집은 쟝흐시니 그리 아<u>소</u>
해가 밧고엿기 안부 알고져 좀 뎍니(순원왕후 언간, 「언간의 연구」 205,
228쪽

(20) 찌뷔 …… 흐는 말이 이 스룸아 그만 켜<u>소</u> 다 그러흘가마는 …… 니가 아
니 튼깃니(홍부전 16)

(15)~(17)에서는 종결형이 아주높임의 대상에 쓰였는데. 이러한 '오/소'
가 (18)~(20)에서는 예사높임 정도의 화계성을 가진 것으로 이해된다. 이
러한 용법은 이 종결형이 부분적으로 아주 높임이나 예사 높임의 대상에
병용되었던 것임을 보여 준다. 당시의 종결형이 과연 현대와 같이 아주높
임과 예사높임의 구분이 있지 않았다면 이러한 높임의 중립성은 자연스러
운 것으로 이해할 수 있을 것이다. 그러나 높임의 하위 구분이 분명한 것
으로 전제하는 경우, '-오/소'의 이러한 높임 중립적 용법은 특징적인 현
상임에 틀림없다. 또 비록 이 시기에 높임의 하위 구분이 불분명한 것이라
고 가정하는 경우라 해도, 가령 부부간이나 평교간 또는 아랫사람에게 쓰
이지 않고 항상 높임의 대상에만 쓰이는 '-느니잇고, '-쇼셔' 등의 종결
형과는 성격을 달리 함을 유념할 필요가 있다.

이 시기에 볼 수 있는 화계상의 또 다른 특징적 현상은 현재와 달리 한
화계 종결형이 하나의 특정 화계에만 쓰인 것이 아니고, 인접 화계에도 함
께 쓰였다는 점이다.

(21) 흔 늙은 농뷔 니다라 말니는 말이 이 스람들라 그리 마<u>라</u> 풍편의 얼는
드르니 어스 쩌단 말이 이시니 이 스람 괄시 마<u>소</u> 그도 과히 밍물은 아
니기로<u>세</u>(남원고사 319)

(22) 즈니는 엇지 지니<u>노</u> 오죽 흐오 집 한 뭇만 듀시면 집신을 삼으 팔으 즈
식들를 살니깃소 그리 흐<u>소</u> 불상흐<u>의</u> 흐고 종을 불너(홍부전 5)

(23) 심 봉스 쌈죽 놀나 쌩덕어미 손을 줍고 잘못 **힛니** 잘못 **힛니** 노와 마<u>소</u>
노와 마<u>소</u>(심청가, [판소리…] 222쪽)

(24) 운장은 노와 마<u>오</u> …… 걸이는 일 잇습기로 가란 말슴 못 흐오니 엇디
아디 마<u>옵소셔</u>(적벽가, [판소리 …] 482쪽)

(21), (22)에서는 아주낮춤, 예사낮춤, 예사높임 등 세 화계가 동일 청자에게 쓰였고, (23)에서는 예사높임과 예사낮춤이, 그리고 (24)에서는 예사높임과 아주높임이 동일 청자에게 사용되었다.[2] 이처럼 동일 청자에 대하여 인접한 두 화계를 사용할 수 있었던 것은 그 예가 그리 드물지 않은데, 이러한 현상은 이 시기의 화계가 현대국어, 특히 그 후반에서 보는 것과 같은 엄격성이 적었음을 의미한다.

다음에는 비교적 그 화계성이 분명한 종결형을 중심으로 화계의 등분을 살펴보기로 한다.

(25) 너도 저롤 싱각지 아니ᄒᆞ느냐 …… 내내 무양들 ᄒᆞ여라(송환기 언간, 「언간의 연구」 보 46, 248쪽)

(26) 일권이 무스ᄒᆞ니 다힝ᄒᆞ다(송환기 언간, 「언간의 연구」 보 45, 248쪽)

(27) 소디성은 어듸 잇느뇨 썰니 ᄂᆞ와 니 칼을 받으라(용문전 9)

위의 종결형은 청자를 아주낮추는 화계로 쓰였음을 쉽게 확인할 수 있다. 이러한 아주낮춤의 종결형에는 평서형의 '-는다, -도다, -노라', 의문형에 '-ᄂᆞ/느냐, -랴', 명령형에 '-어라', 청유형에 '-자', 약속형에 '-마' 등을 들 수 있다.

(28) 해가 밧고엿기 안부 알고져 좀 덕닉 이 편지도 몃 번 눈감고 쉬어 가며 썻닉(순원왕후 언간, 「언간의 연구」 205, 228쪽)

*왕후가 사위에게

(29) 즈닉는 귀지 먹엇는가(홍부전 17)

(30) 그만 쉬여 스오일 후의 쏘 트 보식(홍부전 16)

　　*찌부가 흥부에게(대등한 관계)

---

2) 여기의 'ᄒᆞ오'는 아주높임으로 이해될 수도 있을지 모르나, 'ᄒᆞ오'의 이러한 아주높임 용법은 일반적인 것이 아니다. 여기에서는 예사낮춤 정도로 이해하는 것이 순리일 것이다.

위에 실현된 종결어미는 대체로 화자가 청자를 낮추기는 하되 아주 낮추지는 않는 예사낮춤의 형태로 이해된다. 이러한 예사낮춤의 종결형에는 '-로세, -이, -나' 등, 그리고 약속의 종결형으로 '-ㅁ시' 등이 포함된다.

19세기의 'ᄒ게'체와 관련해서는 이미 이현희(1982)에서 ᄒ게체와 ᄒ소체가 19세기에 분리되었음을 지적한 바 있다. 이러한 사실은 근대국어가 그 말기로 오면서 화계의 분화 또는 다양화를 경험하게 됨을 의미한다고 하겠다. 근대국어의 청자대우법과 관련하여, 홍종선(1997 : 184)은 '상대 높임'이라 하여 "'아주높임, 예사높임, 낮춤'에 따라 'ᄒ쇼셔체, ᄒ소체, ᄒ라체'라는 세 등급으로 크게 나눌 수 있다."고 하였다. 이러한 견해는 류성기(1997 : 85)에서도 그대로 확인된다. 이 연구에서도 "근대국어에 쓰인 명령형 어미는 ᄒ라체와 ᄒ쇼셔체에서는…… '-라', '-쇼셔'로 쓰였으나, '-아쎠'체에서는…… '-소' 형태로 바꾸어졌다. 이러한 형태는 현대국어에서는 경어법의 등급이 해라, 하게, 하오, 합쇼, 해, 해요체 등으로 다단계화함에 따라 '-라, -게, -오, -(ㅂ)시오, -어, -어요' 형태로 쓰인다."고 하였다. 이러한 논의들은 19세기에 이르러서 ᄒ게체가 분화되어 독자적인 화계를 형성하였다는 데 인식을 같이 할 것으로 이해된다.[3]

아무튼 적어도 19세기에 이러한 두 개의 낮춤 화계가 존재하였다는 것은 위의 예 (25)~(29)의 종결형이 입증해 준다고 하겠는데, 이 외에도 20세기 초의 국어가 이를 확인해 준다. 20세기 초에는 아주낮춤과 예사낮춤의 화계 구분이 엄연했었는데,[4] 20세기 초의 화계 종결형, 또는 더 나아가 이 시기의 국어는 대체로 19세기 후반의 것을 반영한다고 볼 수 있기 때문이다. 그러므로 본고가 크게 의존하고 있는 자료의 하나인 판소리 또는 판소리계 소설들이 혹 상당 부분 전라 방언을 반영하는 것이라 하더라도,

---

3) ᄒ게체가 19세기에 형성되었다고는 해도 그 형성 과정 또는 분화 과정에 대해서는 별도의 연구가 더 필요할 것이다.
4) 성기철(1980, 1999), 민현식(1984), 이경우(1990) 등 참조.

20세기 초에 이미 아주낮춤이나 예사낮춤의 종결형들이 폭넓게 확인되는 것은 이들이 단순히 전라 방언으로만 치부될 수 없음을 입증하는 것이라 하겠다.

근대국어에서 예사높임의 '―소'는 이미 17세기에도 확인된다.5)

(31) ᄌᆞ는 엇지 지니노 오죽하오 집 한 못만 듀시면 집신을 삼ᄋ 팔ᄋ ᄌᆞ식들를 살니깃소 그리 ᄒᆞ소(흥부전 5)

(32) 셔울은 평안이 다녀와서 노독이나 아니 낫쇼(남원고사 211)

(33) ᄋᆞᄌᆞ시 평안이 단여 오시요 형임 평안이 단여 오시오 죠카 줄 단여 오너라
(토별가, 판소리… 7쪽)

위 예문의 '―오/소' 종결형은 청자를 낮추지 아니하고 다소 존대하는 예사높임의 화계로 쓰인 예라 할 수 있다. 이들이 예사높임의 화계성을 가지고 있었다는 것은 위 예에서도 확인이 가능하지만, 이러한 사실은 다음과 같은 아주높임의 종결형과 대비해 볼 때 더 분명히 드러난다.

(34) 장군의 귀혼 힝츠 여러 번 왕님ᄒᆞ니 불승괴란ᄒᆞ여이다 … 나 어리고 직죠 업서 위국위민 무른 말슴 심이 민망ᄒᆞ여이다(적벽가, 판소리…, 450쪽)
    *삼고처려한 유비와 제갈량의 대화

(35) 노승이 답왈 지무리 다소 잇사오릿가 상공 쳐분대로소이다(대봉전 1)

(36) 불상은 ᄌᆞ식 한 기를 졈지ᄒᆞ옵쇼셔(대봉전 2)   *청자=부처

위의 종결형은 청자에 대한 화자의 극진한 대우를 보여 주는 아주높임의 화계 형태임을 알 수 있다. 이러한 아주높임의 화계 종결형에는 '―ᄂᆞ이다, ―로소이다, ―ᄂᆞ니잇가, ―니잇가' 등 여러 형태가 포함된다.

우선 지금까지의 예문들에 드러난 종결형들의 화계성을 종합해 볼 때, 이 시기의 화계로 대략 아주낮춤, 예사낮춤, 예사높임, 아주높임의 네 화계

---

5) 이기문(1972), 김정수(1984), 황문환(1996) 등 참조. 뒤의 두 논문에서는 모두 예사높임을 설정하고 '―소'를 여기에 포함시켰다

가 확인됨을 알 수 있다.

이 시기의 화계와 관련하여 주요한 연구 대상의 하나는 이미 20세기 초기에 확인되는 두루높임의 반말과 반말높임, 그중에서도 반말의 확인과 그 화계성이다. 반말은 이 시기에도 특히 서민 하류층에서 상당히 세를 얻어 가고 있었던 것으로 이해되는데, 특히 다음 예문은 반말의 성격을 규명하는 데 결정적인 자료가 된다.

> (37) 짠전으로 ᄒᆞ는 말이 여보시오 검은 소로 논을 가니 컴컴ᄒ지 아니ᄒᆞ<u>지</u> 농부 농부 디답ᄒᆞ되 그러키에 볏 다라시면 응당 더우리니 덥기에 셩엣장 다랏지오……한 농부 니다르며 우슈운 즈식 다 보깃다 어더 먹는 비렁방이 년석이 <u>반말</u>지거리가 웬 일인고(남원고사 332)

위에서 종결형 '–지', '–(리)니' 등을 두고 이른 '반말'은 형태나 용법에서 요즘의 반말과 별로 다름이 없어 보인다. 화계상의 특별한 명칭을 별도로 가진 것을 고려하면, 예사낮춤이나 아주낮춤의 종결형과는 구별되는 것이었음을 충분히 짐작할 수 있다. 자료를 살펴보면, 현대의 반말과 같이 주로 낮춤 일반에 두루 통용되었던 것으로 이해된다.

> (38) 에라에라 그만 두라 무양거록ᄒᆞ<u>옵시다</u> 쥬제 츄러ᄒᆞ면 냥반이 <u>아닌가</u>[6] 웨들리 구노 냥반 <u>디접이 아니로셰</u>(남원고사 327)
> (39) 너 이놈 군중에셔 바늘은 엇다 <u>쓰게</u> 져놈이 우스면서……(적벽가, 신재효, 판소리 사설집(전), 504쪽)
> (40) 비렁방이도 눈이 잇<u>지</u> 집 몰골 보와 ᄒᆞ니 무어슬 쥬리라고 어두온 디 드러 왓노 옥에 갓친 쌀 머기즈고 뽈아기쥭 쓰리옵니 다른 디나 가셔 보소(남원고사 348)

(38), (39)의 두 예에서는 반말 형태 '–ㄴ가', '–게'가 아주낮춤의 대상에 쓰였고, (40)에서는 '–지'가 아주낮춤의 종결형('–노') 외에, 예사낮춤

---

6) '–ㄴ가'를 예사낮춤으로 해석할 수 있을지도 모르지만, 선행 종결형을 함께 고려할 때 반말로 해석함이 온당하다.

('-니'), 예사높임('-소')의 종결형과 함께 사용되었다. 이것은 반말 종결형이 적어도 예사낮춤에 사용됨을 입증하는 것으로 이해된다. (40)에서 예사높임의 종결형 '-소'와 병용되기는 했지만, 원래 이 종결형이 예사높임이라고 하더라도 흔히 가까운 평교간에 널리 쓰였던 점을 고려하고, 위 예에서 청자가 걸인이라는 것을 고려하면 여기의 예사높임이라는 것이 그리 존대 의미를 가지는 것도 아니다. 따라서 이러한 병용의 예가 반말의 화계 특성을 낮춤으로 이해하는 데 대한 반증 예가 되리라고는 생각지 않는다.

이처럼 화계상 독특한 특성을 가진 반말의 종결형 어미는 상당한 세력을 가지고 있었던 것으로 이해된다. 다음과 같은 예문들은 이를 입증하기에 충분할 것 같다.

(41) 즈니 참말인가 어느 기짤연니 거진말 ᄒᆞ여 어혀 조희(심청전, 판소리… 222쪽)

(42) 그 약의나 쾌히 동녕이 겨시올진 원외셔 심녀초절ᄒᆞᆸ기 형용 못 ᄒᆞ개습(김정희, 언간 15신, 언간의 연구)

(43) 싁쥬가의 호강 만니 희쏘만(심청가, 신재효, 판소리 사설집(전) 218쪽)

(44) 밤시도록 섬섬ᄒᆞ여 좀 한 쇼금 못 잣거든 즈니난 잘도 즈데(심청가, 신재효, 판소리 사설집(전) 239쪽)

이러한 반말 종결형에는 위의 예 외에도 '-ㄹ가, -것을, -마는, -거든' 등 많은 예가 발견된다.

더욱이 그 발생적인 면에서 뒤질 수밖에 없는 반말의 복합형태까지 사용되었음은 이 시기에 반말이 상당히 일반화되었음을 말해 준다고 할 수 있다.

(45) 어스……농부다려 ᄒᆞᆫ 말이 담비불 좀 부치즈닛가 모든 농부들 어스를 보고(남원고사 333)

(46) 이 영감도 혼 잔 먹으란잇가 영감이 디답ᄒᆞ티(남원고사 334)

위에서 '-즈닛가, -란잇가'는 각각 '즈+닛가', '-으라+닛가'로 분석되는 복합 형태이다.

반말은 주로 서민층에서 널리 쓰였던 것으로 이해되지만, 양반층의 언간에서도 발견되는 것을 보면, 특별히 격식성이 요구되지 않는 상황에서는 양반 상류층에서도 상당히 쓰였을 것으로 이해된다. 이러한 현상은 반말이 비격식성을 그 주요 특성으로 하면서 주로 서민층을 중심으로 하되 양반 상류층에까지 사용 범위를 넓히어 갔음을 입증한다고 볼 수 있다.

이상에서 살펴본 반말 종결형의 쓰임을 고려할 때 이 시기에는 이미 그 세력이 상당히 넓은 영역에 확산되어 있었던 것으로 이해되며, 그 화계상의 특성은 아주낮춤, 예사낮춤, 그리고 제한적인 예사높임에까지 넓게 병용되기도 했음을 볼 수 있지만, 주로 아주낮춤과 예사낮춤에 공통으로 쓰인 '두루낮춤' 화계였던 것으로 이해된다.7) 20세기 초의 언어가 19세기 후반의 언어를 반영할 것이란 점을 이미 언급한 바 있다. 따라서 반말의 경우도 그대로 적용될 수 있다. 20세기 초에 이미 반말은 물론 반말높임(해요체)까지도 요즘과 같은 화계성을 확립하고 이 둘이 독자적인 화계 체계까지 구성하고 있었고, 아울러 이것이 적어도 19세기 후반의 국어를 반영하는 것이란 점을 고려할 때, 반말은 적어도 19세기에 그 화계성이 정착되어 있었다고 보는 것이 온당하다.8)

혹 생각하기에 따라서는 반말의 화계성을 '낮춤'이 아닌 '안높임'으로 생각할 수도 있다. 이 종결형이 예사높임의 대상에게까지 쓰였던 점을 고려하면 더욱 그러한 생각을 가능하게 한다. 그러나 안높임이라고 할 때 이것은 요즘 우리가 흔히 말하는 안높임과는 성격이 동일하지 않다. 안높임이라고 하는 것은 대체로 현대국어의 다음과 같은 예에서 그 전형적인 모

---

7) 두루높임의 화계가 전제되지 않았으므로 과거처럼 낮춤의 '등외'로 이해할 수도 있을 것이다.

8) 허웅(1989)에서는 '-뇌, -고라, -새' 등을 반말 형태로 보고 이들이 반말이라는 독자적인 화계를 형성한 것으로 파악하였다. 그러나 황문환(1996 : 18~9)은 이러한 높임과 반말의 구분을 부정하였다. 17세기의 반말은 김정시(1994)에서도 제시되고 있는데, 이러한 반말이 본고의 19세기 반말과 어떻게 연관될 수 있을지는 별도의 연구를 필요로 할 것 같다.

습을 찾아 볼 수 있다.

> (47) a. 저기 김 선생님께서 오신다.
>   b. 저기 김 선생님이 오신다.
>   c. 저기 김 선생님이 온다.
> (48) a. 내가 그 책을 선생님께 드렸다.
>   b. 내가 그 책을 선생님께 주었다.

(47)에서 a에 쓰인 '-께서-'가 b에는 결여되었는데, 그렇다고 해서 그 주체가 하대되었다고 보기는 곤란하다. '-께서'와 '-시-'가 모두 빠진 c의 경우에도 김 선생님이 하대되었다고 보기는 어렵다. 이러한 예에서처럼 존대 형태가 안 쓰인 것을 우리는 안높임이라고 할 수 있다. 이러한 경우 '-께서'나 '-시-'의 유무는 '높임'과 '안높임'으로 자질 구분을 하는 것이 가능하다. 이러한 현상은 (48)의 '드렸다-주었다'와 같은 객체존대의 경우에도 그대로 적용될 수 있다. b에서 객체 '선생님'이 하대되었다고 할 수 없다. 다만 존대되지 않았을 뿐이다. 그러나 반말의 경우는 사정이 다르다.

> (49) a. 김 선생님, 이것 좀 보세요.
>   b. 김 선생님, 이것 좀 보아.

위의 화자가 제자인 학생이라고 할 때 b는 성립할 수 없다. 반말이 안높임이라면 이것은 어느 정도 상용이 가능해야 할 것이다. 그러나 이것은 어떤 경우에도 불가능하다. 실제 언어생활에서 반말의 '안높임' 성격이 드러나지 않는 것은 아니다. 문제는 어느 것을 중심적 대우 특성으로 보느냐의 문제인 것이다.

반말에 존대의 '-요'가 결합한 반말높임은 반말에 비해서 사용 예가 훨씬 떨어진다. 그 발달 과정상 반말에 뒤지므로 그럴 수밖에 없었겠으나, 이 시기에는 반말높임이 서민층에서도 사용 빈도가 매우 낮아 그 세력이 두드러지지 못했다.

(50) 톡기가 씸쏙 놀닉 져게 모도 물이요 그러<u>치요</u> 져 속의셔 스려시오 그러
　　 흐오 코구역의 물 드러ㄱ 슘을 쉴 수 잇소 그러키의 닉 코 궁근 조고만
　　 콤 쑬여<u>지요</u> (퇴별가, 신재효, 판소리 사설집(전), 15쪽)

(51) 진노수 츠즈라 갓다가 공교히 쏙 만낫<u>지오</u> 그리면 즈네는 어딕 가 잇노
　　 글세요 읍닉……홀어미 집 단니면서 불씨나 거두어 쥬고 누른밥솔이나
　　 어더 먹<u>지오</u> (남원고사 392)

(50)는 자라와 토끼의 대화로서, 둘 사이에 반말높임과 예사높임만이 사용된 것이 특색이다. 그중에서도 자라는 반말높임('그러치요')과 예사높임('그러흐오')을 병용하고 있다. (51)은 가장한 암행어사 이도령이 춘향모와 대화하는 중에 '－요' 종결형을 사용한 예다. 이러한 자료만 가지고서는 화계성을 규정하기 곤란하다. 특히 이렇게 제한된 자료로서는 예사높임의 '흐오체'와 반말높임의 화계상의 차이를 구분하기 어렵다.

그럼에도 불구하고 우리가 자료로 접하는 것과는 달리, 내면적으로는 이 형태가 적지 않게 쓰였을 것으로 생각된다. 그것은 흔히 개화기라고도 하는 20세기 초에 이 형태가 상당히 널리 쓰여, 두루낮춤의 반말과 함께 두루높임의 독자적인 화계를 구성했던 점을 고려할 때 그리고 이것이 상당 부분 19세기 후반의 언어를 반영한다고 볼 때, 19세기 후반에는 꽤 널리 쓰였을 것으로 짐작된다. 특히 서민층을 축으로 상당히 세를 얻어 가고 있었을 것으로 생각된다. 이렇게 보면 19세기 전반의 시기는 국어에서 존대 형태 '－요'가 발돋움하는 시기에 해당될 것으로 생각된다. 반말의 경우와 마찬가지로 특히 서민층을 축으로 하면서 비격식적인 자리에서는 양반층에까지 꽤 널리 분포되었을 것으로 생각된다. 이렇게 볼 때 분명한 것은 '－요'의 출현은 아무리 늦어도 19세기 중반을 넘어설 수 없을 것이란 점이다.

그러나 이러한 고려만으로는 이 시기의 문헌 자료가 보여 주는 실상을 경시할 수 없다. 따라서 지금 단계로서는 이 시기에 반말 종결형의 화계에

대응하는 반말높임의 화계를 설정할 수는 없어 보인다. 이에 '-요' 종결형을 '소' 종결형과 함께 묶어 예사높임의 화계로 이해하고자 한다.

이상에서 살펴본 이 시기 종결형의 화계성을 종합적으로 고려해 보면, 대략 다음과 같은 체계화가 가능할 것으로 본다.

(52) 19세기의 화계 체계[9]

높 임	아주높임(ᄒᆞ쇼셔체)	
	예사높임(ᄒᆞ소체)	
낮 춤	예사낮춤(ᄒᆞ게체)	두루낮춤 (ᄒᆞ여체)
	아주낮춤(ᄒᆞ라체)	

이러한 화계 체계는 근대 초기인 17세기 종결형의 청자 대우 '등급' 체계를 다섯으로 구분한 김정수(1984)의 '등급'[10]과 연계성을 생각하기 곤란하다. 그러나 이 '등급'은 종결형에 선행한 선어말어미 '-습-'을 함께 고려한 것이어서 종결형에 중점을 두고 구분한 본고의 화계와는 성격을 달리 한다.

이러한 화계들은 격식성에서 다소 성격을 달리 한다. 앞의 네 화계가 비교적 격식성이 두드러지는 반면, 두루낮춤은 비격식성이 두드러져서 서로 대조를 이룬다. 네 화계로 구분되는 경우 격식성이 두드러지는 것은 당연하다. 등분이 많을수록 청자를 더 계층화하게 되고 더 많은 계층화는 더 격식성을 수반할 것이기 때문이다. 이러한 현상은 현대 국어에서도 그대로

---

9) (1) 예사낮춤의 화계형은 아직 실제 사용된 예를 보지 못하였으나, 그 동안의 관행화된 명칭을 그대로 원용하였다.
  (2) 이 시기에 'ᄒᆞ오'와 'ᄒᆞ소'가 모두 사용되었으나, 현대국어의 '하오체'와 구별하여 'ᄒᆞ소체'라 한다.
10) 이 연구에서는 17세기의 청자 대우 '등급'을 '아주덧높임(-습쇼셔), 아주높임(-으쇼셔), 예사덧높임(-습소), 예사높임(-소), 안높임(-으라)'의 다섯으로 구분하였다.

확인되는 현상이다.

위에 도표로 보인 체계는 근대국어 일반의 화계에 대해서 언급한 류성기(1997), 홍종선(1997)의 아주높임, 예사높임, 낮춤의 세 구분과 일치하지 않는다. 또한 지금까지의 어떠한 선행 연구도 이 시기의 두루낮춤 화계에 대해 언급한 바가 없는 것으로 이해된다. 그러나 이 시기의 반말 종결형은 형태상으로나 용법상으로나 현대국어의 반말 종결형과 일치되고, 비록 광범한 계층에서 사용된 자료상의 확인은 용이하지 않지만, 자료상에 드러난 반말 형태의 다양성이나 사용 빈도, 그리고 20세기 초에 사용된 실태로 보아 결코 그 비중을 간과할 수 없을 뿐만 아니라, 이것이 독자적인 화계를 구축할 만한 기반을 갖추고 있었다고 생각된다.

3. 맺음말

이 시기의 화계 체계를 대략 위와 같은 것으로 이해할 수 있지만, 화계와 관련하여 더 생각할 문제가 없지 않다. 우선 위에 언급한 근대국어의 두 연구에서 설정되지 않은 예사낮춤의 화계가 소위 고전소설 작품에서 거의 발견되지 않는다는 점이다. 이러한 사실과 관련하여 우리는 몇 가지 고려해야 할 점이 있다. 하나는 구어체와 문어체의 차이에 관한 문제이며, 둘째는 양반 상류층과 서민 하류층 언어의 차이 문제이고, 셋째는 방언적인 차이에 관한 문제이다.

예나 이제나 그리고 어느 언어에서나 문어와 구어가 어느 정도 차별화되는 것은 매우 보편적인 현상이다. 더구나 19세기 또는 그 이전부터 있어 온 우리 전통 사회의 계급성 및 이들 계층간의 문화적 특성을 고려할 때, 19세기에는 문어와 구어 사이에 상당한 차이가 있었을 것으로 이해된다. 이 시기의 대부분의 소설이 비현실성 및 전기성(傳奇性)을 주요 특성의 하나로 하고 있기 때문에, 비록 대화체의 경우라 하더라도 상당한 문어성을 반영하고 있는 것으로 이해된다. 그리고 양반 상류층과 상민 하류층 사이에 특히 격식성을 띤 상황에서는 더욱 언어상의 차별화가 두드러졌을 것으로 생각된다. 이러한 점을 고려하면 소위 이 시기 고전 소설은 양반층의 언어 그리고 문어적 특성을 많이 반영하였으리라 생각된다. 여기에 반말이나 예사낮춤의 종결형 등이 거의 반영되지 않은 것은 이들이 구어성, 비격식성을 특징으로 하였기 때문으로 이해된다.

또 하나 생각해 볼 것은 특히 판소리계 소설들이 전라 방언을 많이 반영하고 있으므로, 주로 이들 소설에 많이 실현되는 반말높임, 예사낮춤의 종결 형태들도 전라 방언의 반영이 아닐까 하는 점이다. 그러나 이미 앞에서도 잠시 언급했던 바와 같이, 이들 종결형이 확고한 화계성을 확립하고 있던 20세기 초의 언어가 적어도 19세기 후반의 언어를 반영하고 있으리라는 점을 염두에 두면, 판소리계 소설에 나타난 이들 종결형이 단순히 전라 방언을 반영하는 것만은 아니었을 것이다.

이 글을 통해서 살펴보고 논의한 것을 종합하면 대략 다음과 같을 것이다. 이 글은 우선 작자, 연대, 출처, 배경 등에서 거의 검증되지 않은 많은 자료를 근거로 하고 있어 자료상의 한계를 전제로 하고 시작되었다. 그런 가운데서도 판소리계 소설의 자료에 더 큰 무게를 두었는데, 이는 첫째로 격식성이 더 두드러진 양반층의 언어를 많이 반영하고 있는 여타의 고전 소설에 비해 이들 언어 자료가 일반 서민 대중의 구어를 많이 반영하고 있기 때문이며, 둘째로 여타의 고전 소설 자료에 비해 훨씬 20세기 초의 언어 자료와 접근되어 있음을 보이기 때문이다.

또한 이 시기 종결어미의 화계성 및 화계 체계화에 있어 이 시기의 언어 자료 외에 20세기 초의 것을 크게 고려하였다. 그것은 20세기 초의 언어가 사실상 19세기 후반의 언어를 반영하고 있으리라는 전제 때문이다. 이러한 고려는 19세기 화계를 구명하는 데 있어 단순히 제한된 언어 자료에만 의지하는 것은 온당하지 못하다는 생각을 뒷받침해 줄 것이다.

이 시기의 종결어미 중에는 높임과 낮춤에 다 통용되는 어미가 있어, 결과적으로 화계 중립적인 특성을 가지는 것들이 있다. 아울러 화계가 현대 국어에 비해 엄격성이 덜하여, 화계가 인접 화계와 병용되는 것도 두드러진 현상의 하나다.

종래 근대국어의 화계를 대략 아주높임, 예사높임, 낮춤의 셋으로 구분하였는데, 적어도 19세기에 관한 한 예사낮춤의 화계가 확인되어 현대 국어와 같은 네 개의 화계를 설정할 수 있으며, 이에 더하여 낮춤 일반에 통용되는 반말이 두루낮춤의 화계를 이루고 있었던 것을 확인할 수 있다. 대체로 네 화계가 격식성이 더 두드러졌던 반면, 반말은 훨씬 비격식성이 두드러졌던 것으로 이해된다.

반말높임은 판소리계 소설에서 얼마간 사용 예를 발견할 수 있지만, 이를 반말에 대응되는 독자적인 화계로 구분할 만한 자료의 뒷받침을 얻기는 용이하지 않다. 독자적인 화계를 구축한 20세기 초의 언어를 고려하더라도, 19세기에 반말높임으로 이루어지는 두루높임의 화계 설정에는 무리가 있어 보인다. 이렇게 볼 때, 결국 이 시기의 화계는 일종의 과도적인 모습을 보여 주는 것이라 할 수 있다.

앞에 도표화한 화계 체계와 현대국어의 화계를 비교해 볼 때, 19세기에 예사낮춤과 두루낮춤의 두 화계가 새로이 등장하였다고 볼 수 있으며, 20세기에 접어들어 해요체의 두루높임 화계가 다시 자리를 잡으면서, 화계의 이러한 변천 또는 이러한 화계 수의 증가는 20세기 초에 이르러 완벽한 체계를 구축하게 된다고 할 수 있다. 19세기 말에서 20세기 초에 이르는 시기의 화계 변천은 언어사회학적으로 매우 재미있는 문제를 제기해 주는 것으로 이해하고 있다. 이는 다시 후일을 기약하기로 한다.

이 글은 앞으로 새로운 자료의 추가 및 이 분야 연구의 진행에 따라 보완의 여지가 있을 것으로 보이며, 아울러 이 시기 종결어미의 전 목록에 대한 화계성 규명이 수반될 때 이 시기의 화계 체계화는 더욱 확고한 것이 되리라 생각한다.

참고 문헌

자료편

김일근(1986), 「諺簡의 研究」, 건국대학교 출판부.
            <金正喜 諺簡>, 19세기 전반.
            <宋煥箕 諺簡>, 1805.
            <純元王后 諺簡>, 19세기 전반.
『過化存神』(1880), 국립도서관 소장본.
『國民小學讀本』(1895), 學部.
<南原古詞>(1987), 고전소설 제2집, 춘향전 1, 고려서림.
『獨立新聞』(1896).
『龍門傳』, 己未石橋新刊, 김동욱 외 편, 영인 고대소설 판각본 전집 5.
<변강쇠가>, 신재효 판소리 사설집(전), 한국고전문학 8, 보성문화사, 1978.
『三聖訓經』(1880), 국립도서관 소장본.
『小學讀本』(1895), 學部.
『淑香傳 上』, 김동욱 외 편, 고소설 판각본전집 4.
『新訂尋常小學』(1895), 學部.
<沈淸歌>(1978), 신재효 판소리 사설집(전), 한국고전문학 8, 보성문화사.
『女訓諺解』(1869).
『張風雲傳』, 경판 27장본, 김동욱 편, 영인 고소설 판각본 전집 2.
<赤壁歌>(1978), 신재효 판소리 사설집(전), 한국고전문학 8, 보성문화사.
『積成義傳』, 경판, 김동욱 편, 영인 고소설 판각본 전집 3.
『趙雄傳』, 김동욱 편, 영인 고소설판각본 전집 3.
『懲世丕泰錄』, 경판 32장본, 김동욱 편, 영인 고소설 판각본 전집 3.
『擲柶綸音』(1881), 국립도서관 소장본.
<퇴별가>, 완판 21장본, 김동욱 편, 영인 고소설 판각본 전집 3.
『興夫傳』, 경판, 김동욱 편, 영인 고소설 판각본 전집 3.

논저편

김정수(1984), 「17세기 한국말 높임법과 그 15세기로부터의 변천」, 서울대학교 박사학위 논문.

김정시(1994), 「17세기 국어 종결어미 연구」, 우리말의 연구, 외골 권재선 교수 화갑기념 논총, 우골탑.

류성기(1997), 「근대국어 형태」, 국어의 시대별 변천 연구 2, 국립국어연구원.

민현식(1984), 「개화기 국어의 경어법에 대하여」, 『관악어문연구』 9, 서울대학교.

성기철(1980), 「개화기 국어의 화계」, 『논문집』 4, 서울산업대(현 서울시립대).

성기철(1999), 「20세기 국어 청자대우법의 변천」, 『한국어교육』 제10권 2호, 국제한국어교육학회.

이경우(1990), 「최근세 국어에 나타난 경어법 연구 - 개화기 신소설 자료를 중심으로」, 이화여자대학교 박사학위논문.

이기문(1972), 『개정 국어사개설』, 민중서관.

이현희(1982), 「국어 종결어미의 발달에 대한 관견」, 『국어학』 11, 국어학회.

홍종선(1997), 「근대국어 문법」, 국어의 시대별 변천 연구 2, 국립국어연구원.

황문환(1996), 「16 · 17세기 언간의 상대경어법 연구」, 한국정신문화연구원 박사학위논문.

홍종선(1997), 「근대국어 문법」, 국어의 시대별 변천 연구 2, 국립국어연구원.

—『한글』 249, 한글학회, 2000. 9.

제 2 부 한국어 교육과 언어문화

국어학과 국어 교육

1. 들어가는 말

여러 분들이 알고 있는 바와 같이 나는 국어 교육 전문가도 아니고, 국어 교육 현장의 경험이 많은 사람도 아니다. 다만 한국어학을 공부해 온 한 사람으로서, 국어 교육에 조금은 관심을 가져야 할 처지에 있었기에, 이 문제를 조금 생각해 보았다.

때로는 아주 가까이에 있는 것을 보지 못할 때가 있는가 하면, 보여도 보지 못하고, 들려도 듣지 못할 때가 있다. 최근 한국의 천자문, 해동의 천자문을 엮은 사람이 있다. 연세대 화학과 교수로 있다가 작년에 퇴직을 한 윤병희란 사람이다. 한문을 잘 하는 사람도 아니다. 집에서 심심풀이로 어려서 배운 일이 있는 천자문을 읽어 보다가 문득 머리에 스치는 것이 있었다. 행의 배열이 좀 이상하다는 생각이 든 것이다. 다시 정독을 하면서 보니, 더 좋은 배열이 가능했던 것이다. 원래 천자문의 배열이 흐트러졌다고 생각되어 다시 편집을 하였다. 한문 전문가에 보였더니, 무릎을 치면서 탄복하기를, 이제 진짜 천자문이 해동에서 편찬되었다고 했다. 수천 년에 걸쳐, 그 숱한 석학들이 외우고 또 외우면서 그 의미에 심취하였으면서도, 더 나은 배열이 있다는 것을 생각해 보지 못하였다. 그저 세세로 외워 오기만 했을 뿐이다.

내가 하는 말이 여기에 비유될 것은 결코 아니다. 다만 학자들도 때로는 기존 사고의 틀에서 한번 확 벗어나는 발상의 전환이 필요할 때가 있음을 시사하고자 한 것뿐이다.

대략 한 세기에 걸쳐 국어 교육이 실시되어 왔고, 그 사이에 국어 교육 연구가 많은 발전을 거듭해 온 이 시점에서, '국어학과 국어 교육'이란 화제가 매우 기이한 말로 들릴 수도 있겠다. 그러나 어찌 보면 더 늦기 전에 이와 관련된 본질적인 문제를 다시 한번 돌아보아야 할 것이라는 생각에, 평범하고 상식적이면서도, 얼마간은 외면되어 온 같은 몇 가지 기본적인 문제를 돌아보고자 한다. 원래는 '국어 교육과 문법 교육' 문제를 생각해 보고자 했었는데, 주최측에서 위와 같은 제목을 주었기에, 크게 벗어나는 것이 아닐 듯싶어 그대로 따르되, 소위 언어 지식 및 문법 교육에 주안점을 두기로 한다.

우선은 교육과정상의 국어과 교육 목표와 관련하여 언어 지식 또는 국어 지식이라고 하는 국어학적 지식의 위치를 돌아볼 것이며, 다음으로 국어 지식의 내용과 관련하여 내용 또는 요소 선정 문제와 그 실상을 살펴보고, 이러한 내용이 교재에 어떻게 반영되고 있는가 그 일단을 일별할 것이며, 아울러 국어학과 교육을 위한 언어 지식 사이의 문제를 잠시 생각해 보고, 마지막으로 국어 지식 내용의 거의 대부분을 차지하는 문법 교육과 관련된 몇 가지 문제를 살펴볼 것이다.

중심 논의에 들어가지 전에 지엽적인 것 한두 가지를 문제를 잠시 돌아보고자 한다. 먼저 일제 이후의 관행으로 굳어진 '국어'라는 교과 명칭이 이제는 '한국어'로 바뀌었으면 좋겠다. 국어와 한국어의 개념이 다르며, 국어 교과의 근본은 국어가 아니고 한국어다. 국제화 시대가 입버릇같이 된 지금, 국어라는 이름은 그 본래의 의미나 용법으로 돌려주고, 떳떳한 본래의 바른 명칭으로 돌아가야 하겠다.

오늘 발표자의 논의가 주로 국어학적 지식과 관련된 것인데, 국어 교과에서는 언어 지식 또는 국어 지식이란 말을 함께 쓰면서, 언어 지식과 국어 지식이 동음이의어처럼 쓰이기도 하고, 임의로 양자 택일의 방법을 취하기도 한다. 물론 차별화해서 사용할 필요가 있을 수 있다. 그러나 많은 경우 혼동되어 쓰이고 있다. 7차 교육과정의 내용에서 '국어 지식'이란 말로 바꾸었지만, 실제로는 많은 곳에서 언어 지식과 국어 지식은 오락가락한 것을 볼 수 있다. 이것도 차제에 '한국어 지식'으로 바꾸었으면 좋겠다.

  국어과 교육과정 및 그 해설, 학교 문법 교재, 그리고 국어 교육 논문들을 조금 읽어 보면서, 글과 논리에 크게 아쉬움을 느끼곤 했다. 중요한 대목에서 논리와 지식이 모자라고 정확하지 못한 표현이 드물지 않게 눈에 띄었다. 한 영어과 교육 목표에서도 크게 벗어난 내용과 표현을 볼 수 있었는데, 국어과 교육 목표가 애매하게 표현된다든지, 한국어 문법 기술에서 기본적인 내용에 오류들이 발견되는 것은 아무래도 그대로 지나쳐 버릴 일이 아닌 듯싶다. 국어 교육 학자들이야말로 한국에서 가장 표준이 되는 국어 사용자들로 생각되지 않겠는가? 아래에서 한두 가지 적시될 것이다. 혹 이것은 누군가에 의해 기왕에 지적된 것인지도 모르겠으나, 되풀이되는 것이 있더라도 양해해 주기 바란다.

2. 국어 교육의 목표와 내용

2.1. 국어 교육의 목표

  여러 차례의 새 교육과정이 되풀이되면서, 일관된 국어 교육의 기본 정신은 언어 기능의 신장을 위한 교육이었고, 이에 따라 국어 교과는 도구 교과의 특성을 가져 온 것으로 이해된다. 언어 기능이란 말 자체가 언어의 도구적 특성을 함의 또는 전제하고 있다.

  시간 관계상 거두절미하고 최근의 7차 교육과정에 보인 국어과 교육 목표만 잠시 돌아보기로 한다.

> (a) 언어 활동과 언어와 문학의 본질을 총체적으로 이해하고, (b) 언어 활동의 맥락과 목적과 대상과 내용을 고려하면서, (c) 국어를 정확하고 효과으로 사용하며, 국어 문화를 바르게 이해하고, 국어의 발전과 민족의 언어 문화 창달에 이바지할 수 있는 능력과 태도를 기른다.
>
>> 가. 언어 활동과 언어와 문학에 대한 기본적인 지식을 익혀, 이를 다양한 국어 사용 상황에서 활용하는 능력을 기른다.
>>
>> 나. 정확하고 효과적인 국어 사용의 원리와 작용 양상을 익혀, 다양한 유형의 국어 자료를 비판적으로 이해하고, 사상과 정서를 창의적으로 표현하는 능력을 기른다.
>>
>> 다. 국어 세계에 흥미를 가지고 언어 현상을 계속적으로 탐구하여, 국어의 발전과 국어 문화 창달에 이바지하려는 태도를 기른다.
>>
>> *(a)－(c) 부호는 발표자

위에서 (a)가 (c)와 병렬관계인지, (c)에 종속적인 것인지 분명하지 않다. 이것은 매우 중요한 대목이다. 병렬 관계라면, 지식 교육에 해당되는 언어의 총체적 본질 이해는 국어 사용 측면과 대등한 목표가 되는 것이며, 종속적인 것이라면, 국어 교육의 목표는 전적으로 (c)에 있게 되고, (a)는 (b)와 함께 (c)의 한 보조적 수단이 될 뿐이다. 그런데 이것은 이어지는 '가'에 가서야 의미가 분명해진다.

'가'의 표현이 의미하는 것은 분명히 언어와 문학은 국어 사용 능력 신장에 보조적인 수단이란 것이다. 따라서 발표자는 7차 교육과정의 국어과 목표에서 언어 지식이라고 하는 것은 국어 사용 능력 신장을 위한 보조적 수단이라고 이해하고자 한다.

국어 교육 학자들 중에는 이 점과 관련하여 두 가지 다른 인식을 하고 있는 것 같다. 하나는 위 목표에 제시한 대로, 언어 지식을 기능의 한 수단으로 간주하는 입장이고, 다른 하나는 언어 지식을 기능의 보조 수단으로 봄과 동시에 그 지식 자체에 국어 교육의 가치를 부여하는 입장이다. 객관적 자료를 가지고 있지는 못하나, 후자보다는 전자가 국어교육학계의 지배적인 인식이 아닌가 생각된다. 가령 '언어학의 지식 그 자체가 국어 교육의 목표가 될 수 없다.'고 말한 한 국어 교육 전문가의 말은 곧 이러한 인식을 대변하면서, 국어 교육의 도구적 특성화를 이끌어 왔다고 생각된다.

내가 비록 국어학에 종사해 온 사람이 아니라고 하더라도, 여기서 당연히 제기될 수 있는 의문이 있다. 언어는 인류의 사고나 의사소통 또는 인류 사회, 문화의 창조, 발달에서 공기만큼이나 막중한 비중을 차지하고 있고, 그래서 언어는 분명히 매우 이른 시기로부터 가장 주요한 연구 대상의 하나가 되어 왔는데, 이를 주된 대상으로 하는 지식 교육이 현대 사회에서 그렇게도 몰가치적인 것이 되었는가?

산수 또는 수학 교과는 수학이라고 하는 근본 영역에 충실히 접맥되어 있고, 물리, 화학 등은 물리학, 화학이라고 하는 학문 영역 안에 자리하고 있다. 국사는 한국사라고 하는 근본 영역에서 조금도 벗어나 있지 않다. 그런데 한국어가 자리하고 있는 그 근본 영역은 무엇인가? 국어 교육이 의미하는 국어가 본질적으로 국어학과 무관한 것이라면, 이 국어는 어느 분야에 접맥되어 있는 것일까? 언어 기능학일까, 아니면 생활 도구학일까? 기능 중심의 교과라면, '국어'라는 교과 명칭은 그렇게 적절해 보이지 않는 것 같다.

발표자는 과거 생물 교과에 개구리 해부 내용이 있었던 것을 기억한다. 개구리 내부 구조는 분명히 생물학이라고 하는 학문에 연계되어 있다. 언어가 그 설자리가 없다면, 언어란 것이 생물 시간의 개구리만도 못한 것일까? 개구리 해부는 도구적인 것이 아니라, 그 자체로 가치를 부여받은 것이어서, 기능의 도구로 학습의 대상이 되는 언어 지식과는 전혀 성격을 달리 한다.

다른 교과와 달리, 언어는 도구적 특성을 가진만큼, 기능 면이 강조되는 것은 당연하다. 그런데 언어 기능 신장에 기여하는 교과는 국어만이 아니다. 실제로 모든 교과에서, 그리고 인간의 대부분의 활동에서 이 기능은 학습되고 연마된다. 삶의 현장 곳곳에서 분명히 학습이 이루어지고 있지만, 그것을 국어 교육이라고 하지 않는 이유는 그런 학습이 계획된 절차에 의해서 이루어지지 않는다는 것뿐이다. 어떤 언어 교육 이론에 의하면, 또 실제 우리의 외국어 학습 경험에 의하면, 기능에 관한 한, 때로는 교실에서 이루어지는 것보다도 더 많은 양질의 교육이 삶의 현장에서 이루어지기도 한다.

국어 교육이 기능 위주의 교육 목표를 표방하고, 이를 위해 언어 지식 교육을 해 왔다면, 우리는 이러한 심각한 의문을 접하게 된다. 가령 한 예로 언어 지식 교육의 맨 앞에 내 놓고 있는 언어와 국어의 본질이나 국어의 변천에 관한 지식이 국어 기능 신장에 얼마나 기여했는가 하는 것이다. 누가 그런 실증적, 객관적 연구를 했는지 의문이다. 반세기의 국어 교육에서, 입버릇처럼 입을 모아 강조해 온 것이 기능 교육이었다면, 이런 문제는 무엇보다도 선행하는 연구 과제의 하나가 되었어야 할 것 같다.

언어와 한국어가 어느 대상보다도 중요한 가치를 가진 학문 연구의 대상이라면, 이는 당연히 초중등 학교에서도 중요한 교과의 하나가 되는 것이 순리일 것 같다. 지식을 위한 지식이라고 할 때, 알레르기성 반응을 보여 온 국어교육학계가 이제는 언어학, 국어학에 대해서 좀 가슴을 열어야 하지 않을까 생각된다. 수학, 화학, 과학도 있는데, 왜 국어 교육은 언어학, 국어학 하면 무슨 망발이나 되는 것처럼 민감한지 모를 일이다. 국어학이나 언어학의 처지에서 보면, 참으로 구차스러운 이름같이 생각될 수 있는 '언어 지식'이란 것이 다름 아닌 언어학적 지식이고, 국어학적 지식이다.

국어학적 지식, 언어학적 지식을 본래의 영역으로 하는 국어 교과가 있어야 한다는 것, 그리고 그런 국어 교과가 국어 기능 교육을 함께 중시해야 한다는 것이 발표자의 기본적인 생각이다. 한국어 또는 언어에 대한 이해나 지식은 기능에 우선하는 목표가 되어야 한다. 국어 기능이 주가 되고 국어 지식이 보조가 되는 것은 그 본질상 본말이 전도된 것이라고 생각된다. 국어 교육의 정체성을 찾아야 한다고 하면 지나친 몰상식일까?

2.2. 국어 교육의 내용—국어 지식 면

국어 교육의 목표가 확정되고 나면, 그 목표 달성을 위해서 가장 효율적인 내용이 선정되어야 할 것이다. 목표가 그 성격상 얼마간 추상성을 띨 수밖에 없지만, 이 목표를 구현하는 내용은 구체적인 것이 되어야 한다. 이것은 바로 교수·학습의 내용이 되기 때문이다.

우선 7차 교육과정에 제시된 내용 체계를 일별할 필요가 있을 것 같다.

가. 국민 기본 공통 교과 <국어>

국 어
지 식
	· 국어의 본질
	  − 언어의 특성
	  − 국어의 특질
	  − 국어의 변천
		· 국어의 이해와 탐구
		  − 음운
		  − 낱말
		  − 어휘
		  − 문장
		  − 의미
		  − 담화
			· 국어에 대한 태도
			  − 동기
			  − 흥미
			  − 습관
			  − 가치

	· 국어의 규범과 적용 − 표준어와 표준 발음 − 맞춤법 − 문법		

나. 일반 선택 '생활 국어'의 내용

영 역	내 용
(1) 국어와 우리의 삶	㈎ 국어 생활과 사고 ㈏ 국어 생활고 사회·문화 ㈐ 국어 생활과 문학
(2) 국어 생활의 실천	㈎ 바른 국어 생활 ㈏ 문화 속의 국어 생활 ㈐ 창조적인 국어 새활
(3) 국어 생활의 실천	㈎ 국어 생활에 대한 성찰 ㈏ 국어를 발전시키려는 태도

다. 심화 선택 '문법'의 내용

영 역	내 용
(1) 언어와 국어	㉮ 언어의 본질 ㉯ 언어와 인간 ㉰ 국어와 국어 문화
(2) 국어 알기	㉮ 음운의 체계와 변동 ㉯ 단어의 갈래와 형성 ㉰ 국어의 어휘 ㉱ 문장의 구성 요소와 짜임새 ㉲ 단어의 의미 ㉳ 문장과 담화
(3) 국어 가꾸기	㉮ 국어 사용의 규범 ㉯ 정확한 국어 생활 ㉰ 국어 사랑의 태도

'가'는 모든 국민이 필요로 하는 국민 기본 교과로서의 국어 교과 내용이다. 필수적으로 부과된 내용이다. 먼저 눈에 띄는 것은 그 체계이다. 발표자는 그 동안 국어 교육의 내용을 언어 기능, 언어 지식, 문학의 삼분법으로 이해해 왔다. 그러나 위 표가 보여 주는 것은 6분법의 체계이며, 그 중에서 언어 지식이 차지하는 비중은 육분의 일에 불과하다. 이 체계가 아무 생각도 없이 그렇게 만들어졌다고는 생각되지 않는다.

국어교육학계에 언어 지식 교육의 필요성을 역설한 학자들이 적지 않은 것으로 이해하고 있다. 언어 기능을 보조하기 위해서, 국어 교육의 육분의 일 정도에 머무는 언어 지식의 중요성을 그렇게까지 강조할 필요가 있었는지 의구심이 간다.

또 하나 특이한 것은 국민 공통 국어의 국어 지식 내용이 심화 선택인 문법의 내용에 그대로 중복되어 있다. 국어 지식에 관한 한, 국민 공통의 국어와 문법 내용이 완전히 중복되어 있는 것이다. 내용이 매우 중요해서, 같은 요소라도 더 깊이 있게 학습시켜야 한다는 의미로 이해된다. 그렇더라도 국민 공통 요소와 심화 학습을 차별화할 만한 내용이 그렇게도 없었는지 의문스럽다.

오늘은 국민 공통 국어의 내용만 생각해 보기로 한다. 교육과정에는 내용과 관련하여 '언어의 총체적 본질'을 이해하는 것이라고 되어 있다. 그렇다면, 제시된 '국어 지식'이 과연 총체적 지식일까? 교육과정은 언어의 총체적 본질이 곧 문법을 의미한다고 규정한 셈이다. 과연 국민 모두에게 요구하는 언어의 본질적 모습이 문법뿐일까? 심화라는 말의 의미가 반드시 이미 학습한 동일한 요소를 심화 학습한다는 것만은 아닐 것이다. 학습 요소의 범위를 넓힌다는 의미도 함께 가지고 있다고 보면, 문법 이외의 언어 요소도 더 고려할 수 있지 않았을까?

언어학 또는 국어학에는 여러 하위 영역이 있고, 응용 영역이 있으며, 또 타 영역과 연관, 중복되는 영역도 있다. 일반 선택에 들어 있는 내용 중에서 가령 언어와 사고, 언어와 사회 같은 요소는 오히려 공통 국어의 내용으로 더 적절한 것으로 보인다. 후자에서는 대우 현상이나 방언에 대한 이해도 중요한 요소가 될 것이다. 기능 일변도의 국어 교육을 강조하면서, 실제 의사소통에 직접 관련되는 담화를 문법 한 구석에 간신히 자리하게 한 것도 이해하기 어려운 부분이다. 담화는 단순히 문법의 한 요소가 될 수 있는 성격의 것이 아니다. 언어학적 지식의 측면에서나 언어 기능 신장의 측면에서 매우 중요한 독자적 영역을 가진다. 담화 요소는 훨씬 구체화되었어야 할 것이다.

특히 국제화 시대에 살면서, 한국어와 다른 언어의 대조, 특히 국제어인 영어와의 대조를 통한 언어의 보편성과 개별성을 확인해 보는 것도 좋은 언어 지식 요소가 될 수 있을 것이다. 또 우리 국어 교육에서 그 동안 소홀히 해 온 비음성적 언어도 반드시 고려했어야 할 요소라고 생각된다. 국제화 시대에 그 기능이 점점 높아져 가는 요소이다.

요컨대 7차를 포함해서 그 동안의 교육과정에 제시된 국어 지식 요소는 너무 틀에 박힌 인상을 준다. 국민 공통 국어의 지식 요소는 담화, 화용적 측면을 포함하여, 그 범위가 더 확대되고 정선되어야 할 것 같다.

2.3. 국어 지식과 언어 기능

국어 교육이 강조하고 개선의 노력을 기울여 온 것이 한국어 사용 능력의 신장일 것 같다. 그 연구 노력의 한 결과가 언어 지식을 학습 내용으로 보완한 것으로 이해할 수 있겠다. 앞서 언급했던 것을 다시 한번 돌아보고자 한다. 교육과정에 제시된 국어 지식 요소들이 과연 국어 기능 신장에 얼마나 기여하는 것일까? 내용을 선정한 교육과정 제작진은 이들 내용이 분명히 국어 기능 신장에 기여한다는 확신을 가지고 선정 작업에 임했을까 생각해 보게 된다.

한 예로 언어 또는 국어의 본질이나 특성이라고 한 것들이 과연 말하기, 듣기, 쓰기, 읽기 등에 기여하는 주요한 요소들일까? 고1 공통 국어에 반영된 고대, 근대국어의 모습이 언어 사용 기능 신장에 그렇게도 우선 순위에 오는 요소일까? 국어 교육계는 다음을 분명히 해야 할 것이다. 이런 국어학 지식이 교육 목표에 명시한 언어 기능에 얼마나, 어떻게 기여하는가에 대해 객관적 해답을 제시하거나, 이 물음이 부정적이라면, 국어 지식 내용은 국어과 교육 목표에 부응하지 못하는 내용이 잘못 선정되었다는 것을 시인하거나 해야 하지 않을까?

교육과정을 제작하면서 일차적으로 많은 언어 또는 국어 지식 요소가 후보로 올랐었을 것이다. 언어 지식 요소를 선정하면서 어떤 기준이 적용되었는지도 궁금하다. 교육과정의 정신으로 보아서는 무엇보다도 국어 사용 능력에 대한 기여도였을 것으로 생각되는데, 어떻게 해서 이들 지식 요소들이 기능 신장에 기여하는 우선 순위에 올랐는지 궁금하다. 발표자가 보기에는 국어 교육 목표와 목표 구현을 위해 선정된 실제 내용과는 큰 거리가 있어 보인다.

진정 국어 교육이 하나의 학문으로 정립되기 위해서는, 가장 원초적인 문제에서부터 엄격한 과학적 연구와 검증의 과정을 거쳐야 할 것이다. 과문한 국외자인 필자로서는 위에서 언급해 온 궁금증들을 해소할 시원한 답을 얻고 있지 못하다. 뒤에 화제를 달리 해서 문법 교육과 관련하여 국어 지식의 문제를 다시 생각해 보기로 한다.

3. 국어 교재와 언어 지식 요소

교과과정에 제시된 교육 내용은 교재에 충실히 반영될 것을 전제로 한 것이다. 그러므로 앞서 보인 국민 공통 국어의 내용은 '국어' 교재에 충실히 반영되었을 것으로 기대하게 된다.

국어와 생활국어로 구분된 중학교 국어는 아직 7차 교육과정에 의한 국어 교재가 일부 학년에만 보급된 상태여서 그 전모를 알 수 없다. 다만 1-1, 1-2, 2-1에 소개된 언어 지식 요소가 너무 안이하게 선정된 느낌을 지울 수 없다. 중학교 첫 학년에 소개되는 언어의 세계가 고작 문자 언어와 음성 언어, 문자의 역사일까 하는 생각이다. 더 좋은 내용이 없었을까 재고해 볼 일이다. 1-2에 음절, 어절, 낱말, 형태소를 배정하고, 2-1에 가서 음운을 배정한 지도, 학습 순서도 무슨 의도에서였는지 이해가 덜 간다.

공통 국어의 마지막 단계인 고1의 공통 국어 상하 중 상권은 문법 중심이고, 하권은 대략 국어사에 주안점을 두면서 일부 문법 내용을 담고 있다. 문법이 심화 선택이 되었으니, 공통 국어에 언어 지식을 적극적으로 반영해야 할 것이다.

고1 국어는 국민 공통 국어인데, 거듭 되풀이하는 말이지만, 특히 여기 반영되는 국어 지식은 어떤 의미에서 언어 기능 목표를 가장 충실히 구현하는 내용이 선택되어야 할지도 모른다. 그런데 다른 문법 내용은 그렇다 치더라도, 하권에 제시된 고대 이후 근대까지의 국어의 모습이 이 목표에 잘 부합하는 것인지는 매우 의심스럽다.

초기의 국어과 교육과정 이후 지금 7차에 이르기까지, 일관된 국어 교과의 정신은 기능주의 목표관이었는데, 어느 경우에도 이 목표와는 거리가 먼 국어 지식이 상당 부분 반영되어 왔다. 여기서 제기되는 또 다른 의문이 있다. 매 교과과정에서 목표를 기능주의로 특성화하면서, 여기에 목표와 무관한 순수 국어학 지식을 떨쳐 버리지 못하고 끝까지 이에 미련을 두는 것은 무슨 이유에서인지 모를 일이다. 혹시라도 이런 지식도 기능에 크게 기여하는 것이라고 판단하는 것일까? 기왕에 국어학 지식을 필요로 하는 것이라면, 왜 당당히 '국어학' 또는 '국어학 지식'이란 말을 기피하는 것일까? 솔직하지 못한 것이 아니면, 혹 자가당착을 이해하고 있지 못한 것이나 아닐까? 중고 국어 내용을 분석해 보지 못한 발표자로서는 이 문제에 대해 더 이상 나아가지 않는 것이 상식일 것 같다.

4. 국어학과 언어 지식

4.1. 국어 교육과 국어 지식

기본적으로 국어 교육의 국어 지식은 국어학적 지식이며 국어학의 내용이다. 국어 지식을 국어학 또는 국어학 지식이라고 해서 잘못될 것도 없다. '○○학'이라고 할 때, 다소 무거운 느낌을 줄 수는 있지만, 그것도 생각 나름이다. 수학, 화학이란 교과 명칭이 부담스러울 것이 없다.

그런데 다른 학문 분야에서도 마찬가지이지만, 학문 분야의 내용이 초중등 교육의 대상이 될 때에는, 첫째로 그 내용이 엄선되어야 한다. 학문 연구의 결과 중에서 지극히 적은 일부가 지식 교육의 내용으로 수용될 수밖에 없으며, 동일 요소에 대한 학문의 연구 결과가 다양한 경우가 있기 때문이다. 둘째로는 경우에 따라서 학습 및 지도상의 편의나 규범성이 고려되어, 동일한 요소에 대해서 학문 연구 성과와는 다르게 내용을 조정할 수도 있기 때문이다. 이러한 현상은 자국어 교육보다도 외국어 교육에서 더 두드러지게 나타난다. 가령 외국인을 위한 경우라면, 한 예로 '-(으)ㄹ 수 있다', '-(으)ㄹ 것이다-' 등을 하나의 복합적 문법 형태로 이해시키는 것이 효과적이다. 국어 교육에서도 한 전형적인 예가 서술격조사이다. 국어학 연구자로 '-이다'를 서술격조사라고 주장하는 사람은 없기 때문이다.

학문적 연구의 경우에는 하위 영역에서 가치의 경중을 가리기 곤란하다. 가령 문법에서 형태론이 더 중요하다거나, 통사론이 더 중요하다는 말을 하기 곤란하다. 그러나 이것이 초중등 학교 교육의 대상이 될 때에는 가치 기준이 필요할 때가 있다. 더구나 국어 교육에서와 같이 실용성을 중시하는 경우에는 더욱 그러하다. 언어 기능을 고려할 경우, 문법에서 형태론 분야보다는 통사론 분야가 훨씬 실용성이 크다.

대학 일학년 학생들이 합성어의 종류를 달달 외우는 것을 볼 때가 있다. 문제는 암기 위주의 형태론 지식이 통사론 지식에 우선해 있다는 점이다. 합성어 종류 암기가 언어 기능 신장에 어떻게 기여할 것인가를 생각하면, 그 문제점은 금방 이해될 수 있을 것이다.

국어 지식은 물론 국어학의 연구 결과에 기초하고 있다. 그러나 같은 문법 요소라도 그 연구 결과에는 이견이 있을 수 있고, 그 질에도 큰 차이가 있을 수 있다. 따라서 어떤 요소와 어떤 견해를 수용할 것인가 하는 문제는 집필진이나 검토진의 전문적인 지식이 요구된다. 때로는 집필진의 아집이나 편견이 교육을 그르치는 경우도 없지 않다.

6차 교육과정의 문법 교재에서는 시제를 현재, 과거, 미래로 체계화하고, 각각에 '-는-', '-었-', '-겠-'을 배당하였다. 학자들 중에도 이러한 견해가 없지 않으나, 이러한 구분은 국어학적으로도 적절하지 못하며, 교육적 측면에서도 효율적이지 못하다. 또 '소리 없이' 유형의 부사절을 소개하고 있다. 이러한 부사절은 문법 연구 자체에서도 문제가 적지 않거니와, 교육 현장에서 부사가 서술어라는 것을 이해시킬 방법도 없다. 필경 집필자 자신도 이 문제에 대한 답을 가지고 있지 못할 것이 분명한데, 이것을 학교 문법에 소개한다는 것은 교육에 대한 이해 부족의 소치로 돌릴 수밖에 없다.

4.2. 지식 교육의 방안

언어 지식 교육의 방안을 한 마디로 말할 수 있는 것이 아니다. 여기서 시간 중의 구체적 지도, 학습 방안을 말하고자 하는 것은 아니다. 원론적인 방향에 대한 한 의견을 언급하고자 할 뿐이다.

되풀이되는 바이기는 하지만, 먼저 언어 지식 요소의 선정이 엄격하고 정밀해야 한다. 이것은 어디까지나 중등학교 국어 교육을 위한 언어 지식이어야 하기 때문이다. 그것은 국어학적인 측면과 언어 기능 신장의 두 가지 기준이 함께 고려되어야 할 것이다. 이런 과정을 거쳐 교재에 반영될 것인데, 교육의 방안은 교재에 반영하는 방법에서부터 문제된다. 어떤 방법으로 반영하는가 하는 것도 곧 지도 방법이기 때문이다. 한 예로 지금까지 보아 온 대로, 언어 지식 단원을 독립적으로 마련하는 방법이 가능한가 하면, 언어 지식 이외의 내용 단원에 언어 요소를 통합하는 방법도 가능하다. 귀납적인 방법 또는 연역적인 방법을 원용하여 학습자 중심의 교재를 제작하는 것도 또 다른 방법의 하나가 될 수 있다.

국어 지식 요소는 또한 초등학교 1학년에서부터 고등학교 3학년 과정에 이르기까지 고르게 할당되어야 한다. 고른 배분은 똑같은 비중이라는 말이 아니라, 학습자의 수준과 특성을 고려하여, 거기 적합한 국어 지식 요소가 각각의 학년, 학기에 배분되어야 한다는 말이다.

초등학교 수준에 언어 지식을 적용하는 것에 대해 회의적일지도 모른다. 그러나 수학이 초등학교 일학년부터 적용되는 것을 생각한다면, 그런 고착 관념에서 쉽게 해방될 수 있을 것이다. 생각하기에 따라서는, 많은 분야의 지식 교육은 유아 교육에서부터 가능하다. 수학, 생물, 물리 등을 포함한 과학, 역사학, 사회학, 문학, 언어학 등 유아 교육에서부터 가능한 분야는 결코 적지 않다. 문자 교육 자체가 언어의 기호성에 대한 훌륭한 지식이다.

특정 언어 현상에 대한 설명문만이 언어 지식 교육의 좋은 방법이라고 생각하는 것은 버려야 할 타성이다. 초등학교 일학년 학생들에게도 교통

신호, 비음성적 언어, 문자 등을 포괄하여 광의의 언어의 기호성을 흥미롭게 이해시키는 방법이 얼마든지 모색될 수 있을 것이다. 국어 지식 요소는 설명문, 논설문, 수필, 소설, 나아가 토론, 게임, 만화 등 다양한 형태로 각급 수준에 적절하게 구현될 수 있다.

국어 지식이 언어 자체만 다루는 것이 되어서는 안 된다. 국어 지식은 국어, 언어 자체에 대한 지식도 중요하지만, 사회, 문화, 컴퓨터, 여타 언어 등과의 대조 등 언어학의 하위 영역 또는 언어학의 응용 분야도 내용에 따라서는 주요한 국어 지식 요소에 포함되어야 할 것이다. 문법이 가장 기피되는 과목이 된 배경에는 국어 교육 전문가들의 책임 또한 적지 않을 것으로 짐작된다.

5. 국어 문법 교육

언어 기능을 위주로 하는 현행 국어 교육에서 언어 지식 교육의 중핵을 이루고 있는 것이 문법이다. 문법이 경시되었던 교육과정은 별로 없었던 줄 안다. 이러한 현상은 7차 교육과정에도 그대로 같은 모습으로 구현되었다. 비록 국어 교육에서 언어 지식이 차지하는 가치 비중은 낮더라도, 언어 지식에서 차지하는 문법의 비중은 절대적이다. 물론 이 문법에는 담화와 같이 비문법적인 요소가 일부 통합되어 있기는 하다. 언어 또는 국어 교육에서 문법이 중시되는 것은 비단 한국어 교육에서만 볼 수 있는 현상이 아니다. 한국어 교육이 오히려 외국의 국어 교육에 영향을 받은 결과이기도 하다.

이러한 문법의 큰 비중에 비해, 교육 문법은 매우 소홀했다. 한마디로 문법 교육은 왕성했지만, 교육 문법이나 문법 교육의 연구는 별로 없었다고 해도 과언이 아니다. 이것은 한국어 문법 연구자가 유별나게 많은 것과는 매우 대조적이다. 비근한 예로 문법 교재의 체재나 내용만 해도, 개화기에 만들어진 틀이 크게 변한 것 없이 지금까지 답습되고 있는데, 이것은 연구의 결과물이 아니라, 거의 맹목적인 답습의 결과일 뿐이다.

교육 문법을 연구한 사람이 거의 없으니, 문법 교재의 편찬은 일반 문법 연구자에게 위탁될 수밖에 없었고, 국어 교육에 대한 이해가 없는 사람들이 만들다 보니, 교육과 거리가 먼 문법 내용이 소개되는 사례가 생길 수밖에 없었으며, 문법에 대한 이해가 없는 국어 교육 전문가들이 참여하다 보니, 문법 기술에 오류가 빈발할 수밖에 없었을 것으로 짐작된다.

교육대학원의 중고등학교 교사 30명에게 '위에 있는 글'의 의미를 가진 말의 표기와 발음을 물어 보았던 일이 있다. '윗글, 위글, 위 글, 윗 글' 등에서 무엇이 맞으며, 그 이유는 무엇인가를 물었었다. 제대로 답하는 교사는 한 명도 없었다. 우리 국어 교육계가 맹성하여야 할 단적인 증거다. 이것을 교사들의 책임으로만 돌릴 수는 없다.

발표자는 아직 국어 기능 신장에 기여하는 문법 요소의 순위를 알지 못한다. 그런 연구 결과를 접해 보지도 못하였다. 문법 교육이 기능 신장을 위해서 있는 것만은 아니라는 것이 발표자의 확신이지만, 문법의 그러한 보조적 기능을 최대한 고려하는 것은 옳은 일이다. 학문이란 것이 꼭 직접적인 실용성만 가지고 그 가치를 논할 것은 아니지만, 가능하다면 실용성을 고려하는 것은 역시 바람직한 것이고, 때로 필연성을 가지기도 한다.

국어학, 그중에서도 문법에 관심을 가져 온 한 사람으로서, 발표자는 국어교육학계에 진정한 교육 문법, 문법 교육의 연구를 기대한다. 특히 문법이 실제로는 국어학 지식을 의미하기 때문에 더 그렇다. 문법이 지식 교육과 기능 신장에 어떻게 기여할 수 있는가에서부터, 문법 교육을 위해서 교육 문법은 어떤 모습으로 만들어져야 할 것인가에 대한 진지한 고뇌와 연구가 있어야 할 것이다.

7차 교육과정에 의한 문법 교재를 아직 보지 못하였다. 이런 자리에서는 6차 교육과정에 의한 문법 교재를 돌아보는 것이 마음도 편할 듯싶지만, 지나간 것이라고 해도 불과 몇 해 전의 교재이기도 하기 때문이다.

우선은 체재와 내용에 대한 연구가 우선했어야 할 것 같다. 이 말은 교육 문법과 학문 문법의 차별화를 의미하는 것이기도 하다. 우리 학교 문법은 개화기의 초기 문법 체재에서 크게 벗어나 있지 않다. 내용도 안이하다. 문법에 의미도 추가되었다. 변형 생성 문법 이후의 언어학 영향으로 이해될 수 있기는 하지만, 실제 문법과는 거리가 있는 어휘 의미론이 중심이 되었다. 최근에 와서 언어학이나 언어 교육에서 담화론이 무게를 가지게 되면서, 우리 문법 속에 아무 말도 없이 담화란 게 한 자리를 차지하였다. 담화는 문법의 대상이 아니다. 담화는 문법과 동일한 연장 선상에 있으면서도, 문법의 영역 밖에서 문법과 대응되고 있는 언어학의 또 다른 하위 영역이다. 금후 또 어떤 영역이 문법의 양자가 되어 들어올지 모를 일이다. 담화 문법이란 말이 있다고 해서, 이것이 종래의 문법 아래 놓일 수 있다고 생각한다면 그것은 큰 오해이다.

이처럼 문법이란 이름 아래 다양한 언어 내용을 포함하려 한다면, 과목 명칭으로 '문법' 대신에 '언어'라는 이름을 사용하는 것이 더 적절할 것이다. 문법이라고 영역을 제한하기보다는 언어라는 이름으로 그 영역을 확대하는 것이 더 바람직하다. 이것이 너무 전문적인 의미를 함축한다면, '인간과 언어', '언어와 사회' 등 다른 이름과 함께, 새로운 내용의 추가도 생각해 볼 만하다.

문법 교재의 내용 기술도 문제이다. 이 문법 교재에는 내용상 틀린 것이 한둘이 아니다. 터무니없는 오류도 여럿이다. 집필자의 이해 부족으로만 돌릴 수도 없다. 집필자 외에 여러 명의 검토 위원이 있었을 것인데, 어느 누구도 그 오류를 알지 못했다는 이야기다. 문법 교재의 내용에 오류가 많고 보면, 공통 국어 교재에 반영되는 문법 또는 언어 지식 또한 완전한 신뢰를 얻기 어려울 수 있다. 그래도 이 문법 교재는 일단 현장에서 퇴역한 것이니 다행이라 하겠다. 오류의 몇 예를 보기로 한다.

'음운과 음절'에서, 영어에서는 'ㄷ, ㄸ, ㅌ'이 '한 음운의 서로 다른 음성적 실현일 뿐'(p.21)이라고 한 것은 참으로 딱한 일이다. '음운을 분명하게 발음할 수 있어야 한다'(p.22)고 한 것도 음운을 이해한 것이라고 할 수 없다. '一'의 자리에서 시작되어 'ㅣ'의 자리에서 끝나는 이중모음으로 'ㅢ'가 있다고 한 것(p.23)도 교재의 내용과 상충된다. 이런 설명에 맞는 이중모음은 '一' 반모음이다. 그러나 교재에서 의도한 반모음은 'ㅣ' 반모음이다. 반모음에 대한 이해가 모자랐다.

복수 형태 '－들'을 접사(p.45)라고 한 것도 역시 딱한 일이다. '사람들'이 파생어란 말인가? 접사와 문법 형태를 구별하지 못한 탓이다. '격조사는 앞에 오는 체언이 문장 안에서 일정한 자격을 가지도록 해 준다.'(p.46)고 한 것은 오래 전부터 범해 온 오류의 되풀이다. 명령형 '－어라'를 격식적인 표현(p.89)이라고 한 것도 한국말을 모르는 사람의 말과 같다. 이 형태는 반대로 가장 비격식적인 어미라고도 할 수 있다.

동사의 경우 선어말어미 '－는－, －(으)ㄴ－'에 의해 현재 시제가 실현된다고 한 것(p.89)도 참으로 답답하다. '－는－'을 시제 형태로 본 것도 문제지만, '－(으)ㄴ－'을 동사의 현재 시제 형태라고 한 것은 이해 부족이라기보다 교재 편찬 참여자 모두의 지나친 무성의라고 할 수밖에 없다. '－었었－'이 발화시 기준으로 훨씬 오래 전에 일어난 것을 나타낸다고 한 것도 새빨간 거짓말이다. 이 형태의 문법적 의미 또는 기능은 집필자나 검토 위원 누구도 모른다. 학계의 미해결 과제이기 때문이다.

안은 문장에서 '부사절을 안은 문장'(p.46)의 예를 보자.

> 그들은 <u>우리가 입은 것과 똑같이</u> 입고 있다.
> 그는 <u>아는 것도 없이</u> 잘난 척한다.

도무지 문법을 전혀 모르는 사람들에게 위탁해서 집필하고 검토하게 한 인상을 지울 수 없다. 앞 예는 부사절이라고 할 만한 것이 전혀 없으며, 뒤 예의 경우 어떻게 부사가 서술어가 된다고 학생들을 이해시킬 수 있을지 답답하기만 하다. 부사절을 소개하려면 얼마든지 좋은 예가 있다.

'서술절을 안은 문장'(p.77)에서도 집필과 검토에 참여한 사람들이 이 문장의 구조를 바르게 이해한 흔적을 찾을 수 없다.

나는 <u>코스모스가 좋다.</u>

교재의 서술절 해석이 불가능한 것은 아니나, 일차적인 해석으로는 코스모스가 주어로 해석되지 않는다. 이 문장의 중의성을 이해하지 못했기 때문에, 이렇게 모호하고 어려운 예를 든 것이다.

이 자리에서 사소한 것까지 지적할 여유도 없고, 또 그럴 필요도 없을 것이다. 위에 지적한 내용들은 학자간의 견해 차이의 문제가 아니다. 거의 다 오류이기 때문이다. 발표자는 앞서 교육 문법의 연구를 당부하였다. 교재가 이렇게 많은 오류를 범한 것을 보게 되면, 연구에 앞서 기본적인 문법 이해가 있어야 함을 강조하고 싶다. 나는 이 문법 교재를 집필진이 집필하고, 검토진이 검토했다고 생각하고 싶지 않다. 문법을 잘 모르는 고등학교 교사들에게 대리 집필, 대리 검토를 시킨 것으로 이해하고 싶다. 교육을 담당한 사람들은 전문 지식이 없어도 되는 것으로 안이한 생각을 할 수 있을지 모른다. 그러나 교육을 하는 사람들은 더욱 지식에 대한 자신감을 가질 수 있어야 한다. 국어 전문 지식의 부족이 혹시라도 기능 중심 국어 교육이 자초한 결과일지도 모를 일이다. 기회가 되면 살펴보겠지만, 새로 제작된 문법 교재는 여러 모로 크게 개선되었기를 기대한다.

6. 맺는 말

국어학을 하는 사람이 국어 교육 이야기를 하다 보니, 너무 몰지각한 이야기를 하지 않았나 두려운 생각도 든다. 표면의 말은 표현의 부적절로 이해해 주고 그 진의를 너그럽게 살펴 주기 바란다.

발표자가 의도한 것은 단순한 것이다. 언어 및 국어 지식은 국어 교과의 중심 내용이 되어야 하고, 이 틀 안에서 국어 기능 신장 교육이라고 하는 것이 일종의 응용 분야로 중시되는 것이 사리에 맞고, 이것이 국어 교과의 정체성을 바르게 정립하는 것이리라는 생각이다. 국어를 도구 교과나 기능 교과로 규정하는 것은 국어 교육의 정체성을 지나치게 폄하한 것이 아닌가 생각되는 것이다. 그래도 실제 교재에 반영된 국어 지식 요소는 목표에 부합되지도 않는다. 발표자는 이러한 자가당착을 오히려 다행스럽게 생각한다.

언어 지식이 언어 기능 수단이라고 강조하는 것은 그 당위성이 입증되어야 하고, 또 내용으로 선정되는 지식 요소들이 어떻게, 얼마나 기능에 기여하는 것인가 하는 것도 객관성이 입증되어야 한다. 언어 지식 내용은 문법 일변도로 되어 있는데, 문법의 비중을 유지하되, 문법 외의 언어 요소도 더 확대되어야 한다. 이러한 작업을 위해서는 먼저 엄격한 내용 또는 요소 선정의 기준이 마련되어야 한다.

언어 지식 요소의 핵심을 이루고 있는 것이 문법인데, 교육 문법, 문법 교육에 대한 체계적이고 정치한 연구가 이루어져야 하겠다. 문법 교재의 문법 기술에 오류가 많다는 것은 크게 반성할 일이다. 국어 교육 전문가들로서는 언어 표현 하나도 세심한 배려가 요구되는 터에, 문법 내용에서까지 여러 오류가 발견된다는 것은 다시 되풀이될 수 없는 일이다.

국어 교육에서 언어 지식의 위상이 재정립되기를 기대하면서, 언어 지식에 대한 국어교육학적 연구가 심화 발전되기를 기대한다. 이것은 바로 국어 교육이 다른 학문 분야와 대등하게 학문으로 당당하게 정립되고 발전할 수 있는 지름길의 하나가 될 것으로 이해한다.

참고 문헌

김광해(1995), 「언어 지식 영역의 교수 학습 방법, 국어교육연구 2」, 서울대 사범대
    국어교육연구소.
김광해(1996), 「국어지식 교육의 위상」, 『국어교육연구』 제3집, 서울대학교 사범대학
    국어교육연구소.
노명완·박영목·권경안(1988), 『국어과 교육론』, 갑을출판사.
고영근·남기심(1993), 『교준 국어 문법론(개정판)』, 탑출판사.
국어연구소(1984), 「학교 문법 교과서의 변천 과정」, 국어생활 창간호.
권재일(1995), 「국어학적 관점에서 본 언어 지식 영역 지도의 내용」, 『국어교육연구』 2,
    서울대 사범대, 국어교육연구소.
문 용91989), 「학교 문법론」, 『사대논총』 제38집, 서울대학교.
민현식(1992), 「문법 교육의 목표와 내용 - 현행 학교 문법의 문제점을 중심으로」, 『국
    어 교육』 79·80, 한국국어교육연구회.
박영목·한철우·윤희원(1996), 『국어교육학 원론』, 교학사.
박영순(1985), 「고등학교 문법 교육의 문제점」, 『사대논집』 10, 고려대학교.
서울대학교 사범대학 국어교육연구소(1998), 『고등학교 문법』, 대한교과서 주식회사.
성광수(1987), 「중·고 국어 문법 내용의 적절성과 연계성」, 『사대논집』 12, 고려대
    학교.
손영애(1994), 「국어과 교육의 목표와 내용 체계」, 『국어교육학연구』 제4집.
심영택(1995), 「언어 지식 내용의 조직 방식에 대한 국제 비교 연구」, 『국어교육연구』 2,
    서울대 사범대 국어교육연구소.
윤희원(1988), 「문법 교육 강좌 모형 개발을 위한 연구」, 『논문집』 제33집, 한국국어
    교육연구회.
이대규(1998), 『국어 교육의 이론』, 교육과학사.
이삼형(1998), 「언어 사용 교육과 사고력 - 텍스트의 이해를 중심으로 - 」, 『국어교육연
    구』 제5집, 서울대학교 교육종합연구원 국어교육연구소.
이성영(1995), 『국어교육의 내용 연구』, 서울대학교 출판부.
이성영(1995), 「언어 지식 영역 지도의 필요성과 방향」, 『국어교육연구』 2, 서울대 사
    범대 국어교육연구소.
이용주(1992), 「언어학과 국어교육」, 봉죽헌 박붕배 선생 정년 기념 논총집, 교학사.
이은희(1995), 「언어 영역의 위상과 내용 선정 방식에 관한 연구」, 『선청어문』 22.

최영환(1994), 「언어 지식 영역의 목표와 내용」, 남천 박갑수 선생 화갑 기념 논문집, 태
    학사.
최영환(1995), 「언어 능력 신장의 관점에서 본 언어 지식 영역의 지도 내용」, 『국어교
    육연구』 2, 서울대 사범대 국어교육연구소.
최현섭 외(1984), 『국어과 교육론』, 선일문화사.
최현섭 외(1996), 『국어교육학개론』, 삼지원.

—『국어교육』 108, 한국국어교육연구학회, 2002. 6.

외국어로서의 한국어 교육의 목표와 내용

1. 외국어 교육의 목표와 내용

1.1. 외국어 교육의 목표

대체로 모든 행위는 그 목표가 전제되어 있다. 모든 행위는 그 행위를 통해서 도달되기를 기대하는 목표가 먼저 설정되고 나서 시작된다. 목표가 없이 수행되는 행위는 행선지가 없는 출행과 같다. 목적지가 없이 바다에 배를 띄운다면 그 배는 물결치는 대로 아무데로나 갈 것이며, 경우에 따라서는 어느 곳에 이르러 좌초하고 말 수도 있다. 목적지 없이 집을 나선다면, 그는 부랑인이 될 수밖에 없을 것이다.

무슨 일을 도모하려면, 어떤 형태로든 그 목표가 먼저 설정되고 연후에 그 목표에 도달하기 위한 효율적인 방안이 마련될 것이다. 의도된 목적을 성취하기 위해서는 이상적인 목표가 설정되고 이 목표에 도달하기 위해서 효율적인 방안이 마련되어 이들이 하나의 틀 속에 체계화될 필요가 있다.

여기서 먼저 잠시 주목하고 넘어가고자 하는 것은 목적과 목표의 관련성이다. 이 둘은 매우 긴밀한 것이고 때로는 동의어처럼 쓰이기도 하지만,[1] 그렇다고 동일한 개념은 아니다. 목적은 목표보다 더 상위 개념이어서, 더 포괄적이고 추상적이다. 목적은 '왜?'라고 하는 물음에 대한 대답을 충족시키는 것이고, 목표는 목적을 충족시키기 위하여 도달되기를 기대하는 직접적인 종착점이다. 목적이나 목표나 모두 도달되기를 기대하는 가치요 기대치라는 점에서는 공통점을 가지지만 내용은 동일하지 않다. 한 국가가 다른 나라와 전쟁을 하는 목적은 자국의 이익을 위하는 데 있지만, 전쟁의 목표는 승리에 있을 것이다.

상대적인 의미에서 목적은 목표에 우선하는 더 추상적이고 포괄적인 개념인 반면, 목표는 이 목적의 구현을 이상으로 하는 더 구상적이고 하위적인 개념으로 이해하는 것이 좋을 듯싶다. 행위에 선행하는 목표를 설정하는 것은 어떤 목적이 전제되어 있기 때문이다. 그렇기에 교육 목적은 교육 목표보다 교수 및 학습 사상으로부터 더 멀리 떨어져 있다고 볼 것이다.[2] 따라서 목적이 있으면 목표가 설정되고, 이 목표에 도달하기 위하여 실현되어야 할 내용과 방안이 마련되어야 할 것이다. 이 때 내용의 추구는 바로 행위일 것이다.

교육의 경우도 마찬가지일 것이다. 먼저 교육을 행하는 목적이 있어야 할 것이고,[3] 이 목적을 이룩하기 위해 도달되기를 기대하는 최종의 목표점이 있을 것이며, 이 목표에 효율적으로 도달되도록 하기 위한 방안이 마련되어야 할 것이다. 이 방안은 곧 어떤 내용을 어떤 방법으로 교육하느냐의 문제가 될 것이며, 효율성을 위해서는 이에 대한 검증이 요구되기도 할 것이다. 이러한 의도된 가치 실현의 이상적인 효율성을 확보하고 유지하기 위해서는 이러한 일련의 과정은 유기적으로 체계화될 것이 요구된다. 이러한 체계화의 구체적 실체가 교육에서는 교육과정이란 이름으로 구현될 것이다.[4]

---

1) 목적과 목표는 교육에서 때로는 동의어로 간주되기도 하고, 때로는 의어로 사용되기도 하는 것 같다.(김성권, p.129)

2) 김인식 외 역(1994), G. J. Posner(1992), p.129.

3) 교육의 목적 또는 목표는 관련 주체에 따라 크게 차이를 보일 수 있다. 가령, 사회 일반인, 학교 또는 교사, 학생, 학부모 등에 따라 상당한 차이가 있을 것이나, 학교 교육의 일반 목표는 여전히 보편성을 가질 것이다(허숙 역(1992), 제6장 참조).

4) 교육과정은 다양한 관점과 이론에 따라 개념이나 정의가 규정된다. 본고에서는 이 문제

바람직한 인간의 산출, 곧 인간의 물리적, 정신적 능력과 인격의 고양을 목표로 하는 교육의 경우, 교육 목표의 설정은 더욱 중요성을 가진다. 교육의 목표 여하에 따라서 한 사람의 지적 능력과 그 사람의 의식 또는 사상이나 가치관을 전혀 다른 방향으로 가게 할 수 있다. 교육은 한 사람을 추앙받는 지도자로 만들 수 있는가 하면, 그를 저주의 패륜아로 만들 수도 있다. 오늘날 숱한 사람을 도덕적으로 황폐하게 하는 것도 큰 책임의 일부가 현장의 잘못된 교육 목표에 있음은 물론이다. 우리 교육의 목표가 단기적으로는 대학 입시에 놓이고, 궁극적으로는 공리적 인간을 만드는 데에 초점이 맞추어져 왔기 때문이다.

기본적으로 외국어 교육은 교육이다. 그러므로 어떠한 외국어 교육이라고 하더라도 이것은 먼저 교육 일반이 지향하는 일반적인 목표와 내용이 있을 수 있고, 어떤 외국어도 하나의 언어이기 때문에 언어 교육의 일반적인 교육 목표와 내용이 있을 것이다. 가령 인격, 교양, 언어 지식의 함양, 이해와 표현 기능의 개발, 해당 언어권의 사회, 역사, 문화의 이해 등은 언어를 초월해서 달성되기를 기대하는 언어 교육의 일반적 목표가 될 수 있다.

외국어로서의 한국어 교육은 기본적으로 언어 교육으로서의 외국어 교육이다. 외국어 교육이라고 하는 것이 그 대상 언어가 어떤 것이든 언어 교육이라는 측면에서 보면 공통성을 가진다. '외국어'라고 부르는 것은 언어적인 차이에 근거한 명명이라 할 수도 있겠지만, 다른 편에서 보면 이는 교육 수요자의 국적 또는 종족을 고려한 명명이기도 하다. 본질적인 측면에서 볼 때, 한 언어의 사용자가 어떤 국민, 또는 어떤 종족인가 하는 문제는 그리 중요한 문제가 아닐 수도 있다. 중요한 것은 '어떤' 언어인가 하는 언어 자체의 문제이다.

모든 개별 언어는 언어 보편성을 가지는데, 이것은 상이한 두 가지 내용

는 논외로 한다(연세대학교 교육학과 교육과정연구회 역(1992), 김인식 외 역(1994), 기타 참조).

을 포함한다. 모든 언어는 첫째로 그 기능 또는 가치에 있어서 보편성이 있고, 둘째로 언어 자체의 속성에 있어서 보편성을 가진다. 언어의 '기능' 또는 '가치'란 것은 인간의 사고 매체로서의 기능과, 의사소통 또는 정보 교환 기능을 의미하는 것으로, 흔히 후자를 확대 해석해서 일방적으로 언어와 도구적 기능을 동일시하기도 한다. 그리고 언어의 '속성'이란 내용면인 의미적 속성과 형식면인 구조적 속성을 가리킨다. 언어의 기능면은 굳이 언어에 따른 차이를 고려할 필요가 없을 만큼 상당 부분이 일치한다. 다만 언어의 의미, 통사적 측면에서 적지 않은 차이를 보이지만, 다른 한편으로는 이 부분도 많은 부분에서 일치점을 가진다.

이처럼 언어가 기능이나 속성에서 보편성을 가지고 있기 때문에, 이를 대상으로 하는 언어 교육의 내용이나 목표 또한 보편성을 가지지 않을 수 없다. 이런 관점에서는 외국어로서의 한국어 교육, 외국어로서의 영어 교육 등이 그 근본에서 큰 차이를 가질 수 없다. 이뿐만 아니라 외국어로서의 한국어 교육과 모국어로서의 한국어 교육 또한 그 본질상 크게 다를 바 없다. 전자와 후자의 차이는 언어의 차이에 있는 것이 아니라, 언어 수요자의 차이에 있을 뿐이다. 앞서 지적한 대로 언어의 수요자가 언어의 근본을 바꿀 수 있는 것이 아니다. 언어가 다른 경우에도 언어 교육에 보편성이 있는 것인데, 동일한 언어의 경우 피교육자가 다르다 하여 그 언어 교육의 목표나 내용이 근본적으로 달라질 수는 없다. 결국 언어 자체가 다른 경우든, 또는 동일한 언어이면서 피교육자가 다른 경우든, 언어 교육의 목표라는 측면에서 근본적인 차이를 보여 주는 것은 아니다.

그러나 보편성은 개별성을 전제로 한다. 일반적으로 언어 교육의 경우, 세 가지 교육 요소를 생각할 수 있다. 첫째는 목표 언어이고, 둘째는 피교육자인 교육 수요자이며, 셋째는 교육의 주체인 교육 공급자로서의 교사이다. 언어 교육의 경우, 언어 또는 언어 교육 목표의 보편성에도 불구하고, 언어가 달라 언어의 개별성을 고려해야 할 때에는 그 교육의 목표 또한 차별화되지 않을 수 없게 되며, 교육 수요자가 다를 때, 그리고 교육의 공급자가 다를 때에도 교육의 목표는 차별화될 수 있다. 따라서 개별성과 관련하여서는 외국어로서의 한국어 교육이, 한 예로 외국어로서의 영어 교육과 다를 수밖에 없다. 우선 한국어와 영어는 언어 자체가 다르며, 한국어와 영어의 교육 수요자가 다르고, 두 언어의 교육 주체가 다르므로 교육의 목표가 완전히 일치할 수 없을 것은 당연하다.

언어 또는 외국어가 그 가치나 기능에서 보편성이 있고, 또 언어 속성에서 보편성이 있으므로 모든 교육 주체 그리고 모든 교육 대상자에 한 가지로 적용될 수 있는 언어 또는 외국어 교육의 일반 목표가 고려되어야 할 것이며,5) 여기에 첨가해서 교육 공급자나 교육 수요자의 성격과 요구에 따라 상이한 개별적인 교육의 목표가 설정되어야 할 것이다. 이에 외국어로서의 한국어의 교육 목표도 이러한 보편성과 개별성, 교육 수요자와 공급자의 측면에서 종합적으로 고려되어야 할 것이다.

우리의 한국어 교육 현실과 관련하여 간과할 수 없는 것이 있다. 그것은 한국어 교육 기관의 특성이다. 가장 전형적인 일반 교육 기관으로는 초중등학교 및 대학과 같이 국가 사회의 인재 양성을 목적으로, 대단위로 장기간에 걸쳐, 체계화된 조직과 운영을 통해서 이루어지는 교육 기관이 있는가 하면, 소수 인원을 대상으로 단기간에 걸쳐 그것도 어떤 의미에서 기관의 경제적 활동의 일환으로 이루어지는 학원 성격의 소규모 교육 기관도 있다. 현재 국내 한국어 교육 기관은 대체로 전자보다는 후자의 특성에 더 접근되어 있다고 생각할 수 있다. 이러한 교육 체제에서는 정규 학교 교육이 추구하는 전인적 교육이나 언어 외적 요소의 교육 등은 불가불 소외되거나 경시될 수밖에 없다. 이런 교육 기관에서는 자연히 언어 중심적 교육

---

5) 외국어 교육의 목표로 한 예로 미국 캘리포니아주의 교육과정에 제시된 외국어 교육의 목표를 보면 대략 다음과 같이 요약될 수 있을 것 같다.
(1) 모국어 외의 언어에 의한 의사소통(communication), (2) 외국어 사용국의 문화 이해(culture), (3) 다른 교과와의 연계 및 외국어를 통한 정보 취득, (4) 모국어와 모국 문화에 대한 통찰력 함양(comparison), (5) 국내외의 다언어 공동체 참여(communities) (교육개발원(1997 : 108)에서 재인용 요약)

목표에 절대적인 비중이 놓일 수밖에 없을 것이다. 특히 짧은 교육 기간, 교육 전문 요원의 부족, 전문적인 연구의 부족, 취약한 재정 지원, 수요자의 다양한 성격 등을 특징으로 하는 한국어 교육 기관의 현실에서는 어떤 의미에서 학원 교육의 성격에서 크게 벗어나기 어려울지도 모른다. 이러한 현실에서 추구되는 것은 순전한 언어 교육 중심, 그것도 생활 언어에 기초한 의사소통 능력의 향상을 주축으로 하는 교육이 될 수밖에 없을 것이다.

이상에서 언급한 바를 고려하면서, 외국어 교육의 보편적인 주요 목표를 생각한다면, 대채로 기능적 목표, 지식적 목표, 사회·문화적 목표의 셋을 들 수 있겠다.6) 기능적 목표에는 이해와 표현의 양면이 있어서, 여기에는 각각 읽기, 듣기 영역과 말하기, 쓰기 영역이 포함될 것이다. 지식적 목표에는 문법, 의미 등과 관련한 언어학적 지식이 포함될 것이며, 사회·문화적 목표에는 당해 언어 사회의 사회, 문화, 정서, 역사 등의 이해가 포함될 것이다. 언뜻 생각하면 이러한 교육 목표는 목표 언어 및 이와 관련된 것을 익히고 이해하는 것으로 끝나는 것 같지만, 사실은 이러한 목표에 달성하고자 할 때 학습자는 이차적으로 자국의 언어 및 이와 관련된 제 현상에 대한 새로운 인식과 대조 학습이 이루어지기도 한다

이러한 보편적인 언어 교육의 목표가 개별 언어 교육의 목표에 이르게 되면, 일반적인 의미의 언어가 특정의 개별 언어로 대치될 것이다. 따라서 외국어로서의 한국어 교육이 지향하는 보편적 교육 목표의 골격은 대략 다음과 같은 것이 될 수 있을 것이다.7)

---

6) 외국어 교육의 일반적인 목표는 매우 다양하다. 우리나라 교육부의 고등학교 외국어 교육과정 해설(1)에 나타난 공통 영어의 교육 목표로서는 '의사 소통 능력 신장'을 위한 '기능적 목표'와 '외국 문화 이해와 우리 문화 소개'를 위한 '정의적 목표'의 두 목표를 규정하고 있다.

7) 이것은 '교육, 언어 교육' 등 상위 교육이 지향하는 목표는 논외로 하고, 의사 소통 능력 배양을 중심으로 하는 한국어 교육에 주안점을 둔 것이다.

1. 기능적 목표 : 이해(읽기, 듣기) 와 표현(말하기, 쓰기)
   (1) 문자의 이해와 쓰기[8]
   (2) 정확한 발음
   (3) 단어의 이해와 사용
   (4) 바르게 듣고 이해하기
   (5) 바르게 읽고 이해하기
   (6) 관용 표현의 이해와 사용
   (7) 상황에 맞게 말하기
   (8) 세련된 언어 표현과 글쓰기

2. 지식적 목표 : 언어학적 지식의 이해
   (1) 문자의 구조 이해
   (2) 단어, 문장의 구조 이해
   (3) 음성 및 음운 이해
   (4) 단어 및 문자의 의미 이해
   (5) 모어와 목표 언어 간의 대조

3. 사회·문화적 목표 : 사회, 문화, 정서, 역사 등의 이해
   (1) 언어와 관련한 문화적 특성 이해
   (2) 사회·문화적 배경과 언어 표현의 이해
   (3) 언중의 정서와 언어 표현 이해
   (4) 사회, 문화, 정서 및 역사의 이해
   (5) 모어와 목표 언어 사회의 사회, 문화 비교

우리가 주지하는 바와 같이 위의 교육 목표는 바로 우리 국민을 대상으로 하는 자국어 교육의 목표와 크게 다르지 않다. 그것은 외국어로서의 한국어든 또는 자국어로서의 한국어든 어느 경우에나 목표 언어는 한국어 하나이기 때문이다. 그러나 양자는 다음 두 가지 면에서 차별화되고 또 차별화되어야 하기 때문에 각각의 교육 목표와 교육 내용이 달라지게 된다.

---

8) 목표 진술 방법은 여러 가지를 고려할 수 있겠으나(신동로, 1994 : 83), 여기서는 편의만을 고려하였다.

양자가 다른 점은 다음과 같다.

첫째, 자국어로서의 한국어 교육은 기본적으로 한국어를 이미 자유로 구사할 수 있을 뿐만 아니라, 이에 대한 직관 또는 선천적 지식을 가지고 있는 사람을 교육의 대상자로 하고 있음에 대하여, 외국어로서의 한국어 교육은 대체로 이러한 기본 능력이 없거나 빈약한 외국인을 교육의 대상자로 하고 있다.

둘째로, 전자의 경우에는 대체로 모든 교육 수요자의 학습 목표가 동일하고, 이에 따라 동일한 교육 목표가 적용됨에 비하여, 후자의 경우에는 교육 수요자의 성격 또는 요구가 다양하여 이에 따른 교육 목표나 교육 내용이 크게 달라질 수 있다. 그렇기 때문에 자국어로서의 한국어 교육은 모든 국민에게 거의 획일적으로 적용되고 있다. 다만 등급상의 차이가 있을 뿐인데, 이 역시 모든 등급에 동일한 교육이 실시된다.

셋째, 자국어로서의 한국어 교육의 경우에는 언어 또는 의사소통 능력의 개발 외에, 인격 또는 교양의 함양, 지식, 한국어 외의 다른 영역과의 관련 등에도 큰 비중을 둠에 비해, 외국어로서의 한국어 교육에서는 언어 교육, 특히 의사소통 능력의 개발에 절대적인 비중을 둔다.

그러나 외국어로서 한국어를 필요로 하는 수요자의 경우, 종족이나 연령에 관계 없이 한국어에 대한 이해가 천차만별이며, 이들의 한국어 학습의 목적 또는 학습 동기 또한 매우 다양하여, 많은 경우 이들 수요자의 요구에 부응하는 각각의 교육 목표와 교육 내용이 마련되어야 할 경우가 적지 않다. 외국어 교육이 정규 학교에서 실시되는 것과 같이, 외국어로서의 한국어 교육이 자국어 교육과 마찬가지로 대 단위 제도권 안에서 이루어지는 경우에는 학습 목표 또는 교육 목표가 공통으로 적용되기도 하지만, 여타의 경우 수요자의 성격과 요구, 수요자의 규모 등에 따라 교육 목표가 탄력적으로 조정되지 않으면 안 될 경우가 많다.

교육 목표의 설정이 물론 수요자의 측면만 고려되는 것은 아니다. 공급자의 측면에서도 고려되어야 하기 때문이다. 예를 들어 미국 국방성의 DLI

와 같이 어떤 정책상의 목적을 가지고 외국어를 교육하는 경우나, 기업체에서 해외 파견 기술자를 위해 현지 언어를 교육하는 경우와 같이 특수한 목적을 가지고 외국어를 교육하는 경우에는 교육 목표에 수요자보다는 공급자의 의도가 더 두드러지게 반영되게 마련이다.

또 한편 교육 공급자의 측면에서는 단순히 자국어 자체의 교육이나 자국의 사회, 문화 현상을 이해하게 하는 데에만 교육 목표를 두지 않고 자국의 정체성을 이해시키고 자국 국민과 문화에 대한 호감이나 애정을 가질 수 있도록 교육하는 데도 유념하여 교육 목표를 세우기도 한다. 물론 이러한 현상은 교육 목표에 반영되지 않더라도 부수적이고 간접적으로 얻어지는 효과로 설명될 수도 있지만, 목표의 설정 단계에서부터 공급자의 그러한 의도가 계획적으로 반영될 수도 있다.

위에 보인 외국어로서의 한국어의 교육 목표를 잠시 되돌아보기로 한다. 우선 기능적 목표는 언어 교육의 보편적 목표로서, 이는 언어 교육, 특히 외국어 교육의 가장 중핵적인 목표라 할 것이다. 이러한 보편성 및 중요성은 언어 교육에서 항상 강조되고 있을 뿐만 아니라, 지나치게 강조되어 이러한 기능적 목표가 마치 언어 교육의 모두인 것처럼 오해되는 경우가 적지 않다. 이러한 오해는 일부 전문가들조차 언어 교과를 단순히 도구 교과로 치부하는 데서도 쉽게 찾아 볼 수 있다. 특히 자국어 교육의 경우 이러한 오해에서 야기되는 문제도 작지 않아 보인다.

이러한 도구적 기능은 외국어 교육의 경우 더 큰 의미를 가지게 된다. 대부분의 경우 외국어의 학습 동기나 목표는 우선적으로 의사소통 또는 정보 교환 능력을 기르는 데 놓이기 때문이다. 그러므로 우선 말을 듣고 말을 할 수 있어야 할 것이며, 나아가서 글을 읽고 쓸 수 있어야 할 것이다.

이러한 네 가지 기능도 획일적이거나 똑같은 비중으로 운용되어야 하는 것은 아니다. 우선 학습자의 인지적 성숙도나 언어 발달 단계에 따라 그 순서나 비중이 달라질 것이다. 특히 어린이에게 외국어를 학습시키는 경우라면, 듣고 말하는 것에 더 큰 비중을 두고 이를 우선해야 할 것이지만, 한 언어에 대하여 이미 상당한 언어 능력이나 지식을 갖추고 있거나, 한 외국어를 이미 습득한 사람에게는 쓰기, 읽기가 더 일찍 병행되어도 무방하거나 효과적일 수 있다.

다른 한편 수요자의 요구에 따라서도 그 비중을 달리 하게 된다. 관광을 다니는 사람이라든지, 원어민과 직접 만나 간단한 상거래를 하는 사람이라면 듣고 말하는 것이 우선해야 할 것이다. 그런가 하면 지식인이 서적을 통해서 어떤 전문적인 정보나 지식을 얻으려 하는 경우에는 듣고 말하는 것보다 독해력이 먼저 요구될 수도 있다. 한국이 정치, 경제적으로 어려웠던 일제 강점기나 50년대와 같이 경제적으로 궁핍했던 시기, 그래서 직접 외국인을 만나 말하기, 듣기를 통해 필요한 요구를 충족시키기 어려웠던 시기에는, 우선 서적을 통하여 선진 기술이나 학문을 섭취해야 하였을 것이다. 이러한 시기에는 영어 교육에서 독해력이 중시되는 것이 이상할 것이 없다. 이러한 사실을 간과하고 영어 교육에 종사하는 사람들 중에 '영어를 가르치기보다 영어에 대하여 가르쳤다'고 비판하는 사람이 많은 것은 부분을 확대 해석하거나 과장한 성격이 짙다. 과거의 독해 중심 교육을 일방적으로 비판하는 것은 어찌 보면 역사 인식의 부족에 기인하는 것일지도 모른다. 영어 한 마디 제대로 못하는 많은 우리의 학자들이 얼마나 많은 선진 학문을 이 땅에 받아들였는지, 또 그러한 학자들이 지금 이 시간에도 얼마나 많은 선진 학문과 이론을 받아들이고 있는지도 겸허하게 돌아보아야 할 것이다.

기능의 신장과 함께 문법을 포함하는 언어 지식의 이해 또한 간과해서는 안 될 주요한 목표이다.[9] 기본적으로 어떤 대상을 학습한다고 하는 것

---

9) 교육부(1995)의 '고등학교 외국어과 교육과정 해설(1)'의 '공통 영어' 교육 목표에는 문법 지식 등을 포함하는 지식 목표가 포함되어 있지 않다. 이것은 매우 기이한 현상이었던 것 같다. 그러나 교육부(1997)의 제7차 '영어과 교육과정 개발 연구'에서는 외국의 외국어 교육의 동향을 소개하고 있는데, Widdowson(1992) 등의 말을 인용하여 문법 교육의 필요성을 언급하고 있다.

은 그 대상 자체에 대한 학습에 제일의 목표를 두는 것이 당연하다. 다만 언어 교육의 경우 그 기능적 역할의 현실적 중요성 때문에 기능이 지식에 우선하는 것뿐이지, 이것이 언어 지식의 가치를 절하하는 것이 되어서는 안 된다. 아울러 언어 지식이란 것이 단순히 지식으로만 머무는 것이 아니라, 이러한 지식이 언어 기능의 신장에 주요한 기여를 한다는 것을 가볍게 생각해서는 안 된다. 자국어 교육의 경우 언어 지식이 언어 기능 신장에 기여하는 정도는 상대적인 의미에서 빈약할지 모른다. 언어 지식이 없는 많은 자국어 화자들도 의사소통 능력에 큰 문제가 없어 보이기 때문이다. 외국어의 경우에도 경우에 따라서는 지식이란 것이 오히려 언어 기능 신장을 위한 교육에 걸림돌이 될 수도 있다. 가령 어린이 단계에서는 언어 지식이란 것이 거의 무용지물이 되거나 장애물이 될 수 있을 것이다. 그러나 자국어나 여타의 언어에 대해서 어느 정도의 지식이 전제되어 있는 사람에게는 목표 언어에 대한 지식이 언어 기능 신장에도 크게 기여할 수 있을 것이다. 가령 외국의 대학에서처럼 대학생을 대상으로 한국어를 교육하는 경우에는 기능 중심에 어느 정도의 언어 지식을 병행해서 교육하는 것이 상당히 효과적일 수 있다. 여기 계신 여러 분과 같이 언어에 대한 상당한 지식이나 소양이 있는 사람들에게는 새로운 외국어 학습의 경우, 문법 지식이 얼마나 큰 도움이 되는지 이해될 것이다.

교육 목표 중에 사회 문화적 이해 또한 가벼이 생각할 수 없는 영역이다. 본질적으로 언어는 사회의 산물이요, 문화와 함께 호흡하면서 그 자체로 문화를 형성한다. 언어는 문화다. 따라서 한 언어의 이해는 곧 당해 사회의 이해요 당해 문화의 이해이다. 한국어를 외국어로 학습하는 외국인이나 재외 동포의 경우, 우리 사회나 우리 문화에 대한 이해 없이 한국어의 대우법을 이해한다는 것은 상상할 수 없을 것이다. 이러한 현상은 비근한 예로 호칭 또는 호칭어에서도 쉽게 확인될 것이다.

언어의 구조가 논리적이기는 하지만, 언어가 꼭 논리적으로 생성된 것도 아니고 논리적으로 운용되는 것도 아니며 논리적으로 발전 또는 변천하는 것도 아니다. 언어의 논리는 인간의 논리적 사고에 뿌리를 두고 있는 것이지만, 때로는 여기서 이탈을 노리는 자유분방한 것이기도 하다. 언어가 언어 논리만으로 이해되지 않고 그 사회, 문화의 배경 속에서 함께 이해되어야 하는 소이가 여기에 있다.

미국에서 공부하고 온 지식인들 중에 영어는 매우 논리적인 언어인데, 한국어는 이에 비해 매우 비논리적인 언어라고 공언하는 사람도 있다. 그 한 예를 '문을 닫고 들어오시오'와 같은 한국어의 표현에서 찾기도 한다. 이는 언어에 대한 이해 부족이 개인에 그치지 않고, 나라와 민족을 상하게 하기도 한다. 이 말은 문을 닫고서는 들어올 수 없는 어린아이의 '논리'만 생각할 뿐, 이 언어의 주체인 언중들의 언어 인식 방법이나 사회 문화에 대한 더 큰 '논리'에는 접근을 못한 데서 기인한 것이다. 이것은 언어의 본질과 그 언어의 요람이요 삶의 터전인 그 언어 사회와 그 문화와 그 언중의 의식에 대한 이해가 부족하기 때문이다. 어떻게 보면 좀 빗나간 말을 길게 하였지만, 주요한 것은 외국어로서의 한국어 교육, 또는 더 보편적인 의미로 외국어의 교육에서 그 언어권의 사회, 문화에 대한 이해가 절대 불가결한 것이란 점이다.

위에서 개략적으로 살펴본 한국어의 교육 목표는 보편성을 고려한 모형의 한 예라고 할 수 있다. 앞서도 지적한 바와 같이 교육 목표란 것이 보편성을 가짐에도 불구하고, 개별적인 사례를 고려하지 않을 수 없기 때문에, 이에 따라 보편성에 기초한 차별성 있는 교육 목표를 생각하지 않을 수 없다. 가령 외국의 대학에서의 한국어 교육 목표와 한국에 있는 외국인 근로자를 위한 한국어 교육의 목표가 다를 수밖에 없다. 외국 대학의 경우라 하더라도, 한국어 또는 한국학 전공자를 대상으로 하는 경우와 비전공자를 대상으로 하는 경우, 그 교육 목표가 완전히 동일할 수 없다. 한국에 거주하는 외국인의 경우에도, 사업을 위해 한국어를 필요로 하는 수요자와 공장에서의 근로를 위해 한국어를 필요로 하는 수요자의 경우, 학문 연구를 위해 한국어를 요구하는 이들에 대한 교육 목표 또한 일치되기 곤란하다.

그러므로 교육 목표의 설정은 절대로 불가결한 것이며, 그 목표는 비록 교육 현장을 초월하는 보편성이 있는 것이라고 하더라도, 실제 교육 현장에서는 교육 수요자의 특성, 그들의 요구와 필요, 교육 공급자의 교육 목적 등에 따라 차별화되지 않을 수 없으며, 또 마땅히 차별화되어야 한다. 따라서 교육을 제공하는 주체로서는 이러한 제 조건을 고려하여 이에 적절한 교육 목표를 설정하고 이 목표에 더 능률적으로 도달하기 위한 좋은 교육 내용을 선택해서 구성해야 할 것이다.

1.2. 한국어의 교육 내용

교육 내용은 교육 목표를 효율적으로 달성하기 위해서 교수해야 할 내용이다. 교육 목표는 이 교육 내용의 교수·학습을 통해서 성취되어야 할 도달점이다. 어떤 의미에서 교육 목표와 교육 내용은 목적과 수단의 관계로 이해할 수 있다. 교육 내용은 소기의 목표 달성에 유용한 많은 내용 중에서 교육 과정에 규정한 바에 근거해서 꼭 필요하고 적절한 내용을 선택하여 이를 체계화할 것이 요구된다.[10] 이 때 교육 내용의 체계화는 첫째로 계열성을 요구한다. 합리적이고 효율적이고 일관성 있는 선형 조직을 내용으로 하는 종적 계열성은 내용상의 선후 관계, 난이도의 선후 관계, 복잡성의 선후 관계, 인지 능력의 발달 단계 등이 고려될 수 있을 것이다. 둘째로 교육 내용의 체계화가 요구하는 것은 횡적 통합성이라 할 수 있다. 여기에서는 관련성 있는 다른 교과와의 관계, 그리고 교과 외 영역과의 관계, 가령 실제 사회와의 관련, 인성과의 관련 등이 고려될 수 있을 것이다.

앞에서 언어 교육 목표의 보편성에 대해 언급한 바 있다. 목표의 보편성은 바로 내용의 보편성을 전제한다. 범언어적인 언어 교육의 보편적 교육 목표의 설정이 가능하고 또 필요한 것이므로, 이러한 목표에 도달하기 위

---

10) 신동로(1994 : 104) 참조.

한 교육 내용 또한 범언어적인 보편적 교육 내용이 있을 수 있다. 그러나 교육 공급자나 수요자의 성격과 요구, 교육과정상의 여러 가지 형태의 제약에 따라서, 보편적 목표의 기초 위에서 차별성이 있는 개별적 교육 목표가 탄력적으로 조정될 수 있으므로, 교육 내용도 언어 보편적인 교육 내용이 마련될 수 있으면서도, 개별적인 교육 목표에 따라 어느 정도 차별성이 있는 상이한 교육 내용이 선택되어야 할 것이다. 그러므로 교육의 주체가 어떠한 개인이든 또 어떠한 기관이든 거기에는 공통의 보편적 교육 내용이 전제될 것이며, 아울러 각각의 교육 현장의 성격에 따라 상이한 교육 내용의 보완과 조정이 따르게 될 것이다.

우선 언어 보편적인 교육 목표에 따른 보편적인 교육 내용을 생각할 수 있겠는데, 이러한 언어 보편적 교육 내용이 마련되면 개별적인 교육 현장에서는 이러한 내용에 기초해서 언어 및 교육의 공급자나 수요자의 성격에 따라 교육 내용이 융통성 있게 선택될 것이다.

그런데 여기서 한 가지 생각해 보아야 할 것은 교육 목표와 교육 내용 사이의 차별화 문제다. 이 두 가지는 분명히 다른 개념이고 구분되어야 한다. 그러나 초등학교의 여섯 학년 구분이나 외국어 학습의 네 급 내지 여섯 급과 같이 여러 등급으로 구분이 되어 있는 경우에, 이들 각각의 교육 목표와 교육 내용을 마련하고자 할 때, 교육 목표와 교육 내용이 잘 구분되지 않는 사례를 볼 수 있다. 거기에는 양자를 구별하는 데 따른 현실적 어려움이 있기 때문이다. 특히 상위 목표에 상응하는 내용을 선택하려 할 때에는 내용 역시 포괄적이고 추상적인 것이 되기 쉬워서, 그만큼 목표와의 차별화가 곤란해진다.

가령 위에 보인 기능적인 교육 목표 중에 '바르게 읽고 이해하기'가 있는데, 이에 따르는 교육 내용을 제시하고자 할 때 그 선택 사항을 찾기가 쉽지 않다. 이것이 하위 목표라면, 가령 무슨 작품 읽기라든지 구체적인 교재의 어느 부분 읽기가 내용으로 제시될 수 있을 것이지만, 상위 목표인 경우에는 사정이 다르다. 이런 경우에는 교재 읽기, 신문 읽기, 문학 작품 읽기 등과 같이 포괄적인 제시에 머무르기 쉽다.

이러한 어려움을 전제하더라도 목표와 내용은 구별되어야 하고, 또 많은 경우 구별이 가능하다. 가령 교육 목표를 '맞춤법 이해'라고 할 때, 이에 부응하는 교육 내용이 '맞춤법'이라고 한다면, 이 경우 목표와 내용이 거의 일치된다. 그러나 내용을 '맞춤법의 원리, 받침 규정, 연서법' 등과 같이 제시하는 것은 그런 문제 해결의 한 방법이 될 수 있다.

국내 한국어 교육 기관의 사례를 살펴볼 때도 이러한 문제는 심상한 것이 아니다. 어떤 경우는 목표만 설정하고 내용을 제시하지 않았고, 어떤 경우에는 둘 다 명시해서 형식을 갖추기도 하였다. 전자의 경우에는 짐작컨대 목표가 상당히 구체적인 세항으로 제시되어 있기 때문에, 이러한 목표가 그대로 거의 내용을 나타낸다는 전제가 있었을지도 모른다. 그리고 후자의 경우에도 목표와 내용의 차별화를 위해 애쓴 흔적이 역력하지만, 양자의 구별이 모호한가 하면, 목표와 내용의 구성이 미흡하고, 둘 사이의 연계성도 모자라는 사례가 적지 않다. 이 점은 대체로 여러 기관에서 공통으로 발견되는 현상이기도 하다.

기본적으로 목표와 내용을 차별화하는 방법의 하나는 목표를 더 추상적이고 포괄적으로 설정하고, 내용을 더 구체적이고 세부적인 것으로 선택하는 방법이다.[11] 목표를 상위에서부터 너무 세분화하면, 결과적으로 내용과 일치되어 불필요한 중복과 혼란을 야기할 수 있을 것이다. 아무튼 하나의 목표에 도달하기 위해서는 다양한 내용 선택과 다양한 활동을 필요로 하는 것이기 때문에 목표와 내용이 일치하는 것은 바람직하지 못하다. 물론 목표와 내용은 그 진술 방법에서도 차별화할 수 있겠으나[12] 이것이 근본적인 것은 아닐 것이다.

---

11) 우리 고등학교 '공통 영어'에서 목표와 내용이 차별화된 한 예를 볼 수 있다. '말하기·쓰기의 표현 기능 신장'이라는 목표에 대한 내용을 보면, '(가) 들은 말을 받아 쓰기, (나) 실물이나 그림을 보고 설명하거나 묘사하기, (다) 말이나 글을 요약하기, (라) 말이나 글로 생각이나 느낌을 표현하기, (마) 주제나 상황에 따라 적절하게 의견을 제시하기' 등으로 선택하였다.

12) 신동보(1994 : 83).

2. 한국어 교육의 목표와 교육 내용
―사례 연구―

앞에서는 한국어 교육의 목표와 교육 내용을 살펴보기 위해서 언어 보편적인 교육 목표와 이에 따른 언어 보편적인 교육 내용에 대해서 포괄적으로 언급하였다. 이제는 국내 몇몇의 한국어 교육 기관을 중심으로, 이들 기관에서 마련한 한국어 교육의 목표와 내용을 살펴보고, 이와 관련된 몇 가지 문제를 돌아보면서 그 개선 방안을 생각해 보고자 한다. 여기서 한 가지 먼저 언급해야 할 것은 기관의 자료 수집에 관한 것이다. 공식적으로 관계 기관에 요청해서 자료를 구한 것이 아니고, 해당 기관의 인사를 통해서 비공식적으로 구한 것이기 때문에, 얻어진 자료가 불완전하거나 미비된 자료일 가능성도 배제할 수 없다는 점이다. 사실과 다를 경우 지적해 주시면 시정하도록 하겠다.

몇몇 한국어 교육 기관의 규정을 돌아보면, 한국어 교육의 목표와 내용은 대체로 그리 체계적으로 되어 있지 못하다. 기본적으로 교육과정을 마련해 놓은 기관은 별로 없는 것 같다. 가령 어떤 경우에는 비록 기관의 명칭은 한국어 교육 기관으로 되어 있어도 교육 목표는 마련되어 있지 않고 다만 기관의 설립 목적만이 밝혀져 있는가 하면, 또 어떤 경우에는 한국어의 교육 목표는 마련되어 있지 않고 다만 급별 또는 영역별 목표만 명시기도 하였으며, 또 어떤 경우에는 급별/영역별 목표만 명시하고 교육 내용은 명시하지 않기도 하였다. 또 교육 목표를 명시한 경우에도 내용상 교육 목표와 교육 내용이 구별되지 않는 경우가 있다. 이처럼 대부분의 한국어 교육 기관들이 실제로는 분명한 교육 목표와 교육 내용을 가지고 교육에 임하리라고 생각되지만, 적어도 형식상 또는 문서상으로는 목표와 내용이 체계적으로 마련되어 있지 못한 것이 대체적인 공통의 현실로 보인다. 이것은 교육과정의 부재에서 연유하는 것이 아닌가 한다.

교육 기관들의 교육 목표와 내용을 좀 구체적으로 살펴볼 때 우선 눈에 띠는 것은 '한국어'의 교육 목표와 교육 내용이 마련되어 있지 않은 점이다. 한국어든 한국사든 어떤 교과가 교육의 대상으로 선택되면 교육과정이 마련되어야 한다. 우선 교과의 교육 목표가 설정되고 이에 부응하는 교육 내용이 마련되는 것이 순서다. 말하자면 총론적인 교과 목표와 내용이 명시된 다음에 급별 또는 영역별 목표와 내용이 마련되어야 할 것이다. 교육과정은 여기에 머무르지 않고 교수 방법이나 평가 방법 등도 함께 고려해야 할 것이다. 일선의 교육 현장에서 직접적으로 필요한 것은 우선 급별/영역별 교육 목표나 내용이 될 것이다. 그러나 한국어를 왜 가르치느냐 하는 것은 당해 기관과 교사들이 우선적으로 숙지하고 유념해야 할 근간 사항이다.

우선 한 예로 국가의 공교육 기관인 '국제교육진흥원'에서 '대학 예비 교육 과정'을 위해 마련한 교육 목표를 살펴보기로 한다. 이 기관은 본래 특수한 교육 목적을 가지고 설립되었기 때문에 자연 특수한 교육 목표를 설정하고 있다. 어느 기관보다도 교육 공급자의 의도가 강하게 반영된 교육 목표를 보여 주고 있다. 위 예비 과정의 일반 교육 목표는 다음과 같다.

> 한국인으로서의 기본적 소양을 갖추고 모국 수학에 필요한 국어의 구사 능력을 배양하며 한국의 역사와 전통 문화를 가르쳐 국제 사회에서 활약할 자긍심 높은 한국인을 육성한다.

위 목표는 한국어 과정만을 위한 것이 아니다. 여러 교과에 공통되는 교육 목표인데, 한국어 능력 배양이 특히 강조되고 있음을 볼 수 있다.

이러한 종합적인 교육 목표는 마련되어 있지만, 한 교과로서의 한국어의 교육 목표는 따로 마련되어 있지 않다. 다만 '국어과 급별/영역별 목표'가 마련되어 있을 뿐이다. 한국어 교과의 주된 목표는 위에 인용한 통합적 목표 가운데 나타나 있는 '국어의 구사 능력 배양'일 것으로 짐작할 수 있을 뿐이다.

여기의 한국어 과정은 모두 1급에서 4급까지 네 급을 구분하였으며, 영역에서는 '말하기, 듣기, 읽기, 쓰기, 언어 구조, 문학/한자'의 여섯 영역을 구분하고, '급별 및 영역별 교육 목표'를 설정하였다. 교육 목표는 이에 따르는 교육 내용을 별도로 마련하고 있지 않은 것이 특징인데, 그것은 교육 목표가 매우 세부적이어서 목표 자체가 교육 내용이 될 수 있도록 배려한 때문이 아닌가 한다.

비록 교과 목표나 내용은 마련되어 있지 않지만, 급별과 영역별로 교육 목표를 마련한 것은 그 형식 또는 구성면에서 어느 정도 체계적인 것이라 할 수 있다. 이러한 목표 구성의 체재는 다른 기관에서는 찾아 보기 어려운 하나의 시범 사례로 생각된다. 물론 이것은 체재 또는 형식상의 문제로서 그 내용면과는 별개의 문제이다.

1급에서 4급까지는 말하기, 듣기, 읽기의 세 영역을 공통으로 구분하였고, 1급과 2급에는 쓰기 영역을, 그리고 3급과 4급에는 '언어 구조와 한자/문학'을 추가하였다. 여기에서 눈에 띄는 것은, 쓰기 영역이 3급과 4급에서는 배제되었고, 흔히 언어 지식 요소라고 하는 문법 및 의미의 문제는 3급과 4급에만 설정하고 있다는 점이다. 여기서 우선적으로 고려하여야 할 것은 이 한국어 과정이 대학 입학 예비 학생들을 위한 것이란 점이다. 이런 특수성을 고려한다면, 쓰기 영역은 3급, 4급에까지 확대하는 것이 더 바람직할 것이며, '언어 구조'라고 한 것은 '언어 지식' 정도로 이름을 바꾸어 1급, 2급에도 마련하는 것이 좋을 것이다.

이 기관의 한국어 교육 목표는 우선 교육 수요자의 특성을 좀더 배려했어야 했고, 세분화된 교육 목표 대신 구체적인 교육 내용을 명시하고, 교육 목표는 포괄적으로 좀 더 간명하게 제시하는 것이 더 좋았을 것 같다.

또 다른 공교육 기관인 '서울대학교 어학연구소 한국어 과정'의 경우에는 한국어의 교과 목표는 마련되어 있지 않고, 다만 한국어 과정 설치의 목적이 제시되어 있을 뿐이다. 그리고 총 여섯 급(K1 – K6)의 각 급별로 교육 목표가 제시되어 있는데, 급별 목표는 비교적 잘 체계화되어 있다. 다만 이에 상응하는 교육 내용은 따로 마련되어 있지 않다. 간명하게 정리된 급별 목표에 따라 구체적인 교육 내용이 마련되었더라면 좋았을 것이다. 전체적으로 교과 목표와 내용, 급별 목표에 따른 구체적 교육 내용이 보완되어야 교육 목표와 내용의 체계화가 가능할 것이다.

연세대학교 한국어학당은 한국어 교육의 역사와 전통, 그리고 이에 따르는 큰 업적으로 국내외에 신망을 쌓아 왔다. 그만큼 어느 기관보다도 더 조직적인 기구와 체재를 갖추고 효율적인 교육을 실시해 오고 있다. 한국어학당은 중심 과정으로 A과정, B과정, 그리고 야간과정의 세 과정을 두고 있는데, A과정은 6급, B과정은 8급, 야간과정은 8급으로 구분되어 있다. A, B 두 과정의 차이는 단순히 급 분할상의 차이어서, 동일한 교육 목표를 하나는 여섯 급으로, 다른 하나는 여덟 급으로 구분한 것과 같이 되어 있다. 야간 과정의 교육 목표도 주간 과정과 유사하여, 결국 B과정과 야간 과정은 주야간의 차이일 뿐 교육 목표상의 차이는 별로 없는 것으로 이해된다.

우선 눈에 띄는 것은 여타 기관과 마찬가지로 한국어 교과의 교육 목표가 별도로 마련되어 있지 않다는 점이다. 이것은 대부분의 다른 기관도 마찬가지여서 모두 공통으로 지적될 수 있는 사항이라고 생각된다. 우선은 한국어의 교육 목표가 먼저 세워지고 나서 급별 또는 영역별 목표가 마련되는 것이 바른 순서일 것이다.

다음으로 눈에 띄는 것은 급별 교육 목표를 세부적으로 적시한 반면, 이에 따르는 교육 내용은 따로 마련하고 있지 않은 점이다. 앞의 다른 사례에서도 같은 말을 하였지만, 여기에서도 생각컨대 목표가 매우 세부적으로 제시되어 있기 때문에, 이러한 목표는 그대로 교육 내용이 될 수 있다는 전제가 있지 않았나 짐작되기도 한다. 이러한 짐작이 어느 정도 옳다면, 이는 이론보다는 실용에, 형식보다는 내용에 더 주안점을 둔 것으로 이해할 수도 있을 것이다.

그런데 목표의 세항을 살펴보면, 어느 것은 목표에, 그리고 어느 것은 내용에 더 적절해 보인다. 가령 A1에서 제시한 한 목표 중에 'Will fully understand Korean pronunciation'이라고 한 것은 분명한 교육 목표임에 틀림없다. 그러나 같은 급의 'Will have the knowledge of sentence structures, postpositions, ending forms'는 목표라기보다는 내용으로 더 적절해 보인다. 그런가 하면, 역시 같은 급의 'Students can use survival Korean, greetings, asking for directions, using public transportations, going shopping, ordering food, introduction and etc.'라고 것은 목표와 이에 따르는 내용을 통합한 모양으로 되어 있다. 맨 앞의 것은 목표로 그리고 그 뒤에 열거한 것은 교육 내용으로 더 적절할 것이다.

이러한 논의에서 지적하고자 하는 것은 두 가지이다. 하나는 목표와 내용을 구분하는 것이 바람직하다는 것이고, 다른 하나는 통합적인 방식을 택하는 경우라 하더라도 체재 또는 내용상에 일관성이 있어야 바람직하다는 점이다.

한국어학당의 경우 또 하나 생각해 보고자 하는 것은, 영역별 균형의 문제이다. 여섯 급의 목표를 살펴보면, 대체로 말하기 영역이 중시되고 있으며, 문법을 포함한 언어 지식 요소도 중시되고 있음을 볼 수 있는데, 이에 비하여 쓰기(짓기) 영역이 별로 고려되지 않았다. A1의 한글 자모 쓰기를 제외하고는 어느 단계에서도 쓰기 목표나 내용은 발견되지 않는다. 각급에 이 영역도 반영되는 것이 온당할 것으로 생각된다.

다음으로 고려대학교 민족문화연구원 한국어교육센터의 교육 목표와 교육 내용을 일별하기로 한다. 여느 기관과 마찬가지로 여기에서도 한국어 교과의 일반적인 교육 목표와 교육 내용은 마련되어 있지 않다. 한국어 과정은 모두 여섯 급으로 구성되어 있는데, 급별로 목표와 내용을 명시하고 있다. 목표와 내용을 함께 제시한 다른 기관은 별로 눈에 띄지 않는 점에서 이 기관의 목표와 내용은 훨씬 체계화되어 있다고 할 수 있다. 급별로 목표와 내용을 체계화한 것은 바람직한 것으로 이해된다. 다만 세부적인 내용에서는 좀더 생각해 보아야 할 문제점이 없지 않다.

우선 한국어학당의 경우와 마찬가지로 쓰기 영역이 거의 배제되고 있다는 점을 들 수 있다. 1급의 목표에서 문자 쓰기가 고려된 것 외에는 쓰기 영역은 어느 급의 목표나 내용에서도 제외되어 있다. 위 두 기관이 교육과정의 계획 단계에서 의도적으로 이 영역을 배제했는지도 모른다. 교과 목표가 마련되어 있지 않기 때문에 그 진상을 이해하기는 곤란하다. 이 두 기관이 쓰기 영역을 제외한 것은 국립 기관인 국제교육진흥원이나 서울대 어학연구소의 한국어 과정에서 쓰기를 심도 있게 고려한 것과 매우 대조적이다. 적어도 고급까지 개설하고 있는 한국어 과정에서는 쓰기 영역이 고려되어야 할 것으로 생각된다.

다음으로 목표와 내용의 구성이 유기적으로 짜여지지 못한 부분들이 눈에 띈다. 가령 1급에서 '한글 자모를 정확하게 읽고 쓴다'를 목표로 설정했으면 이를 위한 교육 내용이 선택되어야 할 것이다. 이러한 현상은 다른 급에서 발견된다. 또 교육 목표나 내용도 더 다듬어져야 될 듯싶다. 가령 5급의 목표 중 '추상적, 시사적 문제 처리 능력을 배양한다.'나 '전면적 업무 처리 능력을 배양한다.'는 언어 능력보다도 사무 능력을 목표로 하는 인상을 갖게 한다.

교육 내용에서 어떤 급에서는 앞의 급의 내용을 심화시킨다는 형식으로 된 경우가 있다. 가령 6급의 경우와 같이 '5급의 내용을 심화시킨다.'고 했을 때는 5급의 내용과 관련해서는 더 이상 추가할 내용이 있을 수 없을 것이다. 이것은 좀 안이한 구성이 아닌가 생각된다.

마지막으로 가장 최근에 개설된 경희대학교 국제교육원 한국어 교육부의 사례를 보기로 한다. 이 기관은 초급, 중급, 고급의 세 과정을 두고서 각각 3학기를 수업 기간으로 하고 있는데, 우선 '회화, 청취, 문법, 독해, 작문을 필수 교과로 한다.'에서 볼 수 있듯이, 문법과 쓰기의 비중을 크게 하고 있는 것을 볼 수 있다. 이 다섯 영역은 흔히 말하는 네 가지 기능, 즉 말하기, 듣기, 읽기, 쓰기의 네 영역 외에 문법 영역을 이와 대등하게 고려한 것을 볼 수 있고, 여느 기관과 달리 쓰기(작문) 영역을 다른 영역과 대등하게 고려했을 뿐만 아니라, 이를 필수 과목으로 명시한 것도 특수하다.

한국어 교과의 일반적 목표나 내용은 마련되어 있지 않다. 그 반면 '급별/영역별 도달 목표'를 별도로 구분하였으나, 목표에 따르는 교육 내용은 제시되어 있지 않다. 교육 목표의 내용을 검토해 보면 역시 좀더 생각해 보아야 할 점이 없지 않다. 한 예로 초급 회화의 목표에서 목표와 내용이 혼성되어 있는 것 같은데, 이것은 한국어학당의 경우에 지적한 점과 대동소이하다. 가령 '일상 생활에 필요한 간단한 회화를 구사할 수 있다'라는 목표 아래, '물건 사기, 음식 시키기, 길 찾기……' 등이 하위 목표로 제시되어 있는데, 이 단계에서 이들은 목표라기보다 내용에 더 가까운 것으로 이해된다.

　이러한 현상은 문법 영역에서 더 명시적으로 드러난다. 가령 초급 문법의 '대부분의 격조사와 일부 보조사를 사용할 수 있다'는 목표 아래, '이/가/께서, 을/를, 이다, 의, 에' 등이 나열되어 있는데, 이들 하위 목표는 분명히 하위 목표가 아니라 머리에 내세운 목표에 상응하는 내용일 것이다.

　또 하나 영역상의 혼란도 엿보인다. 가령 초급 독해에서 제시한 '평음, 경음, 격음을 정확하게 발음할 수 있다'와 같은 발음에 관한 목표들은 독해보다는 말하기(회화) 영역에 포함시키는 것이 더 낫지 않을까 생각된다.

3. 마무리

　이상에서 외국어로서의 한국어 교육과 관련하여 교육 목표와 교육 내용의 문제를 생각해 보고, 이를 토대로 현재 국내 한국어 교육 기관에서 시행되고 있는 교육 과정의 일부로서의 한국어 교육의 목표와 교육 내용을 살펴보았다.

　외국어로서의 한국어 교육은 우선 포괄적인 의미의 '교육'이며, 언어 교육이요, 외국어 교육이다. 즉 '교육>언어 교육>외국어 교육>한국어 교육의 순으로 하위 영역화되고 구체화된다. 따라서 상위 영역이 하위 영역을 포괄하게 되므로, 하위 영역은 필연적으로 상위 영역의 목표와 내용을 공유하게 마련이다. 교육 목표나 내용도 마찬가지일 수밖에 없다. 그러므로 외국어로서의 한국어 교육의 목표나 내용도 이러한 전제에서 마련되어야 함은 다시 말할 나위도 없다.

그러나 우리에게 당면한 것은 보편성의 문제보다는 개별성이다. 현재 국내의 여러 한국어 교육 기관들은 이들이 안고 있는 여러 가지 현실적 여건을 함께 고려하여 한국어 교육을 탄력적으로 운용할 수밖에 없다. 그 여건이 교육 공급자 편에 있든, 수요자 편에 있든, 또는 여타 어디에 있든 그것은 별개의 문제이다. 국내 교육 기관의 주요한 공통점으로는 영세성을 꼽을 수 있을 것 같다. 이러한 취약성이 한국어 교육의 목표와 내용을 여러 측면에서 제한하는 것은 어쩔 수 없는 현실이다.

이러한 현실을 받아들이더라도 이것이 교육 공급자 측의 역할이나 책임의 축소를 의미하지는 않는다. 주어진 여건 안에서 최선을 다하는 것이 교육 관련자의 사명일 것이다. 따라서 허락되지 않는 여건과 진실은 별개의 문제이다. 그런 의미에서 우리는 국내 몇몇 기관의 사례를 중심으로 그 특성과 문제점을 살펴보고 어렴풋이나마 일부의 개선 방향을 생각해 보았다.

국내 여러 한국어 교육 기관들이 한국어 교과의 교육 목표와 내용을 마련하지 않고, 대부분 급별 교육 목표만을 설정하고 있었으며, 일부에서는 급별 영역별 목표를, 그리고 또 일부에서는 급별 목표와 내용을 제시하고 있어, 교육과정이라는 측면에서 온전한 체재를 갖춘 기관은 발견되지 않았다. 그리고 설정된 목표나 내용에 있어서도, 개념 또는 내용의 혼란, 체재 상의 혼란 등 문제점이나 개선의 여지가 많이 보였다. 여기에서 생각되는 한 가지는 각개 기관의 자체 연구도 필요하지만, 기관간의 상호 협력 체제를 구축하는 것도 한국어 교육의 앞날을 위해 매우 필요한 과업이라고 생각된다. 이번에 주어진 자료를 통해서 엿볼 수 있었던 또 다른 점은 우리의 한국어 교육 기관들이 현장성에서는 매우 탁월한 역량을 축적한 것으로 이해되는 반면, 상위 개념의 이론적 접근에서는 취약한 인상을 가지게 한다는 점이다. 이 취약성의 극복은 한국어 교육의 내실과 효율을 극대화하는 데 크게 기여할 것으로 생각된다.

　다시 한번 되풀이하거니와 교육이 존재하기 위해서는 교육과정이 전제되어야 할 것이며, 교육과정은 우선적으로 교육 목표와 교육 내용이 전제되어야 한다. 외국어로서의 한국어 교육은 여타의 외국어 교육과 마찬가지로 교육 공급자, 교육 수요자, 그리고 교육 환경 등에 따라 그 교육 목표와 내용이 개별화되고 차별화될 것이다. 그러나 특히 교육 공급자의 측면에서는 항상 상위 개념의 보편적 교육 목표와 내용에 기초한 개별화, 차별화에 유념해야 할 것이다.

참고 문헌

교육부(1995), 고등학교 외국어과 교육과정 해설(1).

교육부(1997), 『제7차 영어과 교육과정 개발 연구』, 한국교육개발원.

김성권(1987), 『교육과정·학습지도』, 형설출판사.

김인식 외 공역(1994), 교육과정 비평, Posner, G. J.(1992), Analyzing the Curriculum, 교육과학사.

신동로(1994), 『교육과정과 교수방법(개정판)』, 교육과학사.

연세대학교 교육학과 교육과정연구회 역(1992), 『교육과정 이론(W. H. Shubert(1986) Curriculum)』, 양서원.

이홍우(1992), 『교육과정 탐구(증보)』, 박영사.

허 숙 역(1992), 교육과정과 목적(Walker, D. F. & Soltis, J. F.(1986), Curriculum and Aims.), 교육과학사.

Kim, Chin W.(1995), "Korean and Other Languages : Contrasts and Concords", Korean Language Education, Vol. 6, IAKLE.

Koo, J. H.(1989), "Some Korean cultural values seen through the language", Korean Language Education, Vol. 1, IAKLE.

Sohn, Ho-Min(1993), "Korean Proficiency Guidelines", Korean Language Education, Vol. 4, IAKLE.

Sohn, H. M. & Lee, D. J.(1995), A NEW FRONTIRE IN KOREAN AS A FOREIGN LANGUAGE, The Korean Language Education & Research Center, University of Hawaii.

—『이중언어학』 제15호, 이중언어학회, 1998. 12.

한국어 교육과 문화 교육

1. 들어가는 말

언어 교육은 일차적으로 언어 사용의 기능 교육이다. 특히 외국어 교육의 경우에는 어떤 수준에서도 언어 사용 기능이 중심이 되는 점에서 언어 지식까지를 크게 고려하는 자국어 교육과 구분된다. 외국어 교육에서 기능 교육이 중심이 되어야 한다는 것은 언어 교육의 중심 목표가 의사소통 능력의 신장에 있음을 의미한다.

인지의 발달과 함께 우리는 수많은 삶과 생각의 방식 그리고 그에 따른 산물을 발전시켜 왔다. 이 모두를 묶어 문화라 할 때, 이들 어느 하나도 언어와 무관한 것이 없게 된다. 언어는 문화이면서, 문화를 그 자체 속에 수용해 왔다.

따라서 문화에 대한 이해가 전제되지 않고, 그 언어를 온전하게 학습한다는 것은 불가능하다. 이제 문화 교육은 언어 교육의 주요한 명시적 목표가 되었다. 한국어 교육1)에서는 문화에 대한 이해와 인식이 매우 뒤진 게 사실이다. 좀더 이른 시기에 문화에 대한 인식과 자성이 필요했었다.

본고는 한국어 교육에서 우리에게 절실히 요구되는 문화 교육에 대한

---

1) '한국어 교육'이란 말은 외국어로서의 한국어 교육을 지칭하여, 자국어 교육으로서의 '국어 교육'과 차별화한다.

이해를 돕고 특히 한국어 초급 교재에 주목하여 우리 문화 교육의 현황을 개관하면서, 이를 개선해 나가기 위한 개괄적 방안을 생각해 보는 데 목표를 둔다.

2. 언어와 문화

2.1. 문화의 개념

어떤 대상 또는 현상의 개념을 정의한다는 것은 용이한 일이 아니다. 문화의 정의도 마찬가지다. Kroeber an Kluckhohn(1963)에 300여 개의 정의가 소개되었다고 하는 것이 그 일단을 보여 줄 듯하다. 여기서 우리의 관심의 대상은 인류학이나 사회학이 아니며, 문화 자체도 아니다. 언어 교육과 관련하여 문화가 어떤 역할을 하는가에 있다.

문화의 개념 정의와 관련하여 근대의 원조로 여겨지는 Tylor(1871)는 지식, 신념, 예술, 법률, 관습, 능력, 습관 등을 포함하는 총체를 문화로 규정하였다. Kroeber and Klukhohn(1963)에서 볼 수 있는 '언어, 윤리, 제도, 삶의 방식, 생각의 체계, 규범, 인간의 생산품, 가치, 행동, 이상…' 등의 총체로 문화를 이해하려는 정의는 문화 요소에 기초한 기술적 정의라 할 수 있겠다. C. H. Blatchford가 문화를 행동 방식, 관습, 법률, 신념 등으로 규정하고 있는 H. S. Commager(1970 : 161)의 말을 인용하고 있는 것도 그 배경을 같이 한다.2) 문화의 개념은 배경 이론에 따라 다르게 정의된다. G. L. N. Robinson(1985 : 8~12)에서 요약하고 있는 것을 참고하면서 문화의 정의를 간략히 돌아보기로 한다.

---

2) Blatchford, C. H, 'Newspaper : vehicles for teaching ESOL, with cultural focus'. In Valdes, J. M., ed(1986 : 130).

먼저 행동주의적 정의에서는 문화는 전통, 습관, 관습 등과 같은 행동으로 구성되는 것이며, 이것은 공유된 것이고 관찰 가능한 것이라고 본다. 기능적 정의에서는 어떤 행위가 갖는 사회적 기능에 주목하면서, 역시 문화를 공유된 사회적 현상으로 이해하되, 이 공유된 것은 행위 기저에 작용하는 행동의 이유와 규칙이라고 이해한다. 이것은 직접적인 관찰이 불가능하므로 이 정의에서는 표면에 나타난 행동을 관찰하는 데에 의존한다. Nostrand(1966)나 Seelye(1978)가 이 두 개념에 기초한 문화 교육의 방법을 따랐다는 것은 우리가 유념할 대목이다.[3]

인지적 문화의 정의는 표면적 행동 또는 그 배후에 주목하는 위의 정의들과는 다르다. 인지적 정의는 관찰 가능한 표면의 공유 측면에서 내면의 공유 측면으로 시각을 바꾸어 인식과 습득이라고 하는 과정의 측면에 초점을 둔다. 공유된 것은 행동, 관습 같은 물질적인 표면적 현상이 아니라, 세계를 조직하고 해석하는 수단이라고 해석한다. 문화는 경험이 사상되고 범주화되고 해석되는 하나의 과정이다. 따라서 문화는 개인적이고 사적인 정신 현상으로 파악된다.

문화의 기호적 정의는 인지적 정의와 같이 문화를 하나의 과정으로 이해하면서도 과정 중심의 인지적 정의와 달리 과정의 결과, 곧 유도된 의미에 초점을 맞추는 점에서 서로 구별된다. 이러한 관점에서는 문화를 역사적 과정을 통해서 형태와 의미가 결합된 기호의 체계로 이해한다. Geerts(1973), Foley(1997 : 16), Danesi and Perron(1999 : 67) 등이 문화를 다양한 유형의 복합된 기호 체계에 기초하고 있는 공유 의미의 체계로 이해하는 것은 모두 같은 맥락의 것이다.

이처럼 차별화되는 정의는 언어 교육에 여러 가지 다른 모습으로 원용될 수 있을 것이나, 여기서 이 문제는 더 나아가지 않기로 한다. 다만 언어 교육과 관련하여 문화의 정의를 표면 현상이나 결과에 연관시켜 고려하는 것, 아울러 문화의 정의는 광범하게 규정하는 것이 교육 실제에 더

---

3) Blatchford, C. H.(1985 : 9).

효율적으로 적용할 수 있으리라는 점만 말해 두고 싶다. 언어가 미치지 않는 대상이 없기 때문이다.

2.2. 문화의 특성

추상적인 개념이나 정의에 집착하기보다는 문화의 특성에 주목하는 것이 이해에 더 효과적일 수 있다. 이것도 여러 가지로 제시되었지만, 두어 사람의 말을 돌아보면서, 이를 종합해 보는 것으로 대신한다.

Murdock(1940)는 일찍이 문화를 (1) 학습되는 것, (2) 교육되는 것, (3) 사회적인 것, (4) 충족적인 것, (5) 적응적인 것, (6) 통합적인 것 등으로 구분하였다(Kroeber and Kluckhohn, 1963 : 164~9). 또 Kloph(1995(1987) : 26~9)는 문화의 특성을 다음과 같이 구분하였다.

(1) Pervasive Phenomenon   (2) Learned Behavior
(3) Shared Behavior   (4) Adapted Behavior
(5) Explicit and Implicit Behaviors   (6) Changeability

Schultz and Lavenda(1995 : 21)에서 문화를 '학습되는 것, 공유하는 것, 상징적인 것'이라고 한 것도 이전의 논의들을 수용한 것에 불과하다. 여기 소개된 것을 고려하면서, 문화가 가진 특성을 정리해 보기로 한다.

첫째로, 문화란 역사적 개념이다. 문화란 역사적 과정 속에서 생성되어 후대에 유전되면서 변천하기도 하고 소멸의 길을 갈 수도 있다.

둘째로, 문화는 사회적 개념이다. 문화란 개인의 것이 아니다. 사회가 만들어 공유하면서 다음 사회에 전수하는 것이다.

셋째로, 문화는 교수·학습을 통하여 전승되는 것이다. 문화란 것은 선천적으로 습득된 것이 아니며, 일종의 교수·학습 과정을 통해 앞선 세대로부터 전수를 받는 것이다.

넷째로, 문화란 것은 적응성을 가지는 것이다. 주변 환경에 따라 거기 적응할 수 있도록 변신을 한다. 고유 문화는 현대 문명에, 도시 사람들은 도시 환경에, 또 한 문화는 이질 문화에 적응해 나가기도 한다.

다섯째, 문화는 침투성을 가진다. 문화는 물질, 정신, 정서 활동의 다양한 대상을 문화로 산출하면서, 이들 하나하나에 침투된다.

여섯째, 충족적인 것이다. 문화란 인간의 다양한 요구에 응해서 만들어지고, 향유되는 것이다.

2.3. 언어와 문화의 상관

사피어-워프 가설(Sapir-Whorf hypothesis), 언어 상대성(Linguistic relativity) 등으로 불리는 언어관에서는 언어가 사고를 지배하고, 언어가 세계에 대한 인식에 직접적인 영향을 미친다고 본다. 이런 관점에서는 언어의 작용은 언어권에 따라 다르게 나타나다. 이러한 가설에 동의하는 편이든, 이에 반대하는 편이든, 언어가 문화와 긴밀하게 상호 작용하고, 언어, 문화에 따라 사고, 세계관이 다르다고 하는 것에는 한 가지로 공통의 관심을 기울이고 있다.

언어와 문화는 상생 상보의 관계, 서로를 포함하는 통합과 융합의 일체 관계에 있다. 단어 하나 하나에도 문화가 흐르고 있고 문화의 단편 단편에도 언어가 움직이고 있다. 언어 속에는 문화가, 문화 속에는 언어가 숨쉬고 있다. 언어와 문화는 하나의 양면과도 같으며, 또 다른 시각에서 보면, 문화는 언어의 혼이요, 언어는 문화의 육신이다.

한국어 어휘의 절반 이상인 한자어에서, 중국 문화가 미친 영향과 함께, 우리 어휘 속에 가득한 문화의 모습을 볼 수 있다. 오늘날 범람하는 서구 외래어에서 우리 현대 문화의 한 특성을 목격하는 것도 동궤의 것이다.

전통적인 계급 사회와 유교적 사고가 함께 엮어낸 우리 사회의 계층 의식은 다양한 유형의 대우 표현을 발전시켰고, 이런 결과로 한국어의 대우법은 여러 유형으로 그러한 우리 사회 또는 문화를 반영하고 있다.

요즘은 컴퓨터의 시대다. 컴퓨터 언어는 그 자체로 하나의 언어 연구 영역이 될 만큼 놀라운 변혁을 가져왔는데, '컴퓨터'란 단어 하나가 엄청난 문화를 상기시켜 주고 있다.

3. 언어 교육과 문화

3.1. 언어, 문화, 의사소통

인간의 특징으로 말과 사고를 빼놓을 수 없다. 사고가 인간 내외계의 구상적, 추상적 현상을 인식하고 연관시키는 정신 작용이라고 한다면, 의사소통이란 것은 인간의 이 모든 정신 작용의 표출과 수용 과정이라고 할 수 있다. 이러한 과정에서 표출, 수용되는 내용은 곧 메시지가 되는데, D. W. Kloph(1995, 1987)는 '정보, 의미, 감정' 등을 메시지의 구성 요소로 보았다. 한마디로 말하면 메시지의 내용은 의미라 할 수 있는데, 이것은 의사, 정보, 상상, 정감 등을 모두 포괄한다.

메시지는 의도적인 것이 대부분이지만, 의도되지 않은 메시지로 전달되기도 한다. 화자의 의도와 관계없이 언어 속에 묻혀 전달되는 의미가 있을 수 있다. 이러한 의미 속에는 긍정적인 것도 있고 부정적인 것도 있을 수 있는데, 문제가 되는 것은 대부분 부정적인 메시지의 경우이다. 가령 이성에게 친절의 의미 표시로 한 말이나, 어깨를 가볍게 두드린 행위가 성 희롱이 될 수도 있다.

사고가 개인적, 내면적 특성을 가진 것이라면, 의사소통은 사회적, 표면적 특성을 가진 것이다. 문화와 의사소통은 떼려야 뗄 수 없는 관계에 있다. 언어라고 하는 것도 결국은 의사소통의 제일의적 도구가 되는 데서 문화적 의미가 크다 하겠다. '문화가 의사소통이요, 의사소통이 문화'라고 한 E. T. Hall(1959)의 말4)보다 둘 사이의 관계를 더 명시적으로 나타내는 말은 없을 것 같다.

표면적으로 보면, 인간은 언어를 매체로 하는 사회적 존재인 반면, 사회는 인간의 의사소통이라고 하는 동력을 기초로 하고 있는 유기체다. 그만큼 사회나 인간은 한가지로 의사소통을 그 본질로 하고 있다. 따라서 이것을 배제하고 보면, 인간 사회도, 인간도 그 존립 가치는 물론, 그 존립 자체를 보장받을 수 없다. 그 경우에 인간에게 남는 것은 오직 한낱 동물성밖에 없을 것이기 때문이다.

의사소통은 주로 언어에 의존하지만, 이 외에도 많은 수단이 동원되는데, 이러한 일체의 수단을 일러 비음성적 언어로 규정한다. 비음성적 언어를 일반적으로 '의미가 부여되는 신호'(Knapp, M. L, 1978 : 3)로 이해하고 있다. Z. Salzmann(1993 : 213)이 음성이나 문자 이외의 수단에 의해 이루어지는 모든 부호상의 통신을 비언어적 의사소통이라고 규정하는 것도 이와 다른 말이 아니다.

음성적 언어와 비음성적 언어라는 것이 명료하게 구분되는 것도 아니고, 후자의 경우 그 내용은 너무 다양하고 복잡하여 그 범위를 규정하기가 용이하지 않다.

이를 분류하는 한 방법도 한결같지 않다. 일찍이 Ruesch and Kees(1956 : 189)는 비음성적 언어를 기호 언어(Sign Language), 행동 언어(Action language), 물체 언어(Object Language)의 셋으로 구분하기도 하였다. 이후 G. G. Morain(1978)도 역시 이를 셋으로 분류하였는데, 다음에 보듯이 그 내용은 얼마간 성격을 달리한다.

---

4) Kloph, D. W.(1995(1987) : 15)

(1) 몸짓 언어(Body language)
(2) 물체 언어(Object language)
(3) 환경 언어(Environment language)

몸짓 언어는 몸짓, 얼굴 표정 등을 통하여 의미가 표현되는 수단이며, 물체 언어란 디자인, 실물(realia), 복장 등을 통해 의미가 표현되는 수단을 가리킨다. 환경 언어란 것은 색깔, 조명, 건축물 등이 의사소통이나 인간 활동에 영향력을 행사하는 것들이며, 자연 환경도 한 예로 도시와 시골의 분위기가 인간 활동에 미치는 차이 같은 것을 고려한 것이다.

D. W. Kloph(1995(1987) : 185)는 몸 동작, 신체적 특성, 접촉, 준언어 등 여덟 가지로 세분하였고, Thrumalai, M. S.(1987 : 3)도 공간, 몸짓, 얼굴 표정, 준언어 등 아홉 가지를 들었는데, 그 내용은 크게 다르지 않다. 이러한 분류와는 달리, 의사 전달의 수단에 따라 북과 같이 청각적인 것, 연기와 같이 시각적인 것, 맹인의 경우에 볼 수 있는 것과 같은 접촉적인 것 등으로 구분하기도 한다(Salzmann, Z., 1993 : 214).

어떤 연구 조사에 의하면 미국 사람은 하루 평균 10~11분 정도밖에 말을 하지 않으며, 우리가 주고받는 의사소통은 65% 정도가 언어가 아닌 다른 수단에 의존한다는 것을 보여 준다(G. G. Morain). 의사소통의 50~ 90%가 비언어적 방법에 따른다는 또 다른 연구(C. Bennett, 1999 : 58)도 이를 뒷받침해 주고 있다.

귀로 들리는 음성 언어, 눈에 보이는 문자 언어만이 의사소통의 절대적 수단이 아니다. 들리지 않는 언어를 듣지 못하고, 보이지 않는 언어를 보지 못한다면, 효율적인 의사소통은 기대할 수 없으며, 심한 경우 의사소통은 전혀 불가능할 수도 있다.

같은 아시아 문화권이라고 해도, 중국의 경우 결혼식에서 흰 옷, 검은 옷 모두 허용되지 않는다. 한가지로 죽음과 연관되어 있기 때문이다. 그러나 두 색깔이 한국에서도 죽음과 관련되어 있기는 하지만, 결혼식 복장과 그렇게 강력한 부정적 연관성을 가지지는 않는다(N. Dresser, 1996 : 65).

3.2. 문화의 접촉과 문화 교육

외국어를 학습한다는 것은 일차적으로 이질적인 언어의 접촉을 말하는 것이지만, 이것은 아울러 이질 문화와의 접촉을 의미한다. 이러한 접촉은 때로는 긍정적 의미의 신기감, 호기심을 유발할 수도 있지만, 다른 한편으로는 학습자에게 거리감이나 거부감을 줄 수 있다. 이러한 감정은 회의, 실망, 기피, 짜증, 좌절, 불쾌, 배척, 혐오, 분노 등 여러 가지 형태의 충격으로 발전할 수도 있다. 학습자에게서 이러한 위협적인 요소가 제거되지 않는 한, 언어 학습은 불가능하다고 보는 것이다(Valdes, J. M. ed., 1986 : vii). 여기서 문화 충격은 하나의 정신 질환으로, 피해자 자신은 이를 알지 못한다고 하는 M. F. George(1962 : 87)의 충격적인 표현이나,5) 문화 교육이 수반되지 않는 언어 교육이란 것이 의미 없는 기호 교육에 불과하다고 하는 N. Brooks의 말6)을 다시 한번 경청할 필요가 있다. Kramsh(1993)도 언어가 사용되는 맥락의 이해 없이 언어 학습은 불가능함을 역설하였다.7)

앞서 인용했던 H. N. Seelye(1993 : 29~31)는 학습자가 목표 사회에서 원만하게 기능을 함과 동시에, 그 사람들과의 의사소통을 위해 필요한 문화적 이해, 태도, 수행 기능을 발전시키는 데 문화의 상위 목표가 있다고 말한다. 그리고는 간문화적(inter-cultural) 의사소통과 이해를 증진시킬 수 있는 기능에 초점을 둔 여섯 개의 문화 지도 목표를 제시하고 있다. 이러한 문화 교육의 목표는 실용성에 기초한 것이지, 전문적 지식을 고려한 것은 아닌 것으로 이해된다. 여기서 문화 항목에 대한 깊은 지식이 요구되지 않는다고 한 Hirsh의 말을 상기하게 한다.8)

M. Byram, et. al(1994 : 5~6))이 문화 교육의 발전을 개관하는 자리에서,

---

5) Brown, H. D., 'Learning a second culture'. In Valdes, J. M.(1986 : 36).
6) Brooks, N., 'Culture in the classroom', In Valdes, J. M.(1986 : 36).
7) Hinkel, E.(1999 : 6).
8) Seelye, H. N.(1993 : 27~8).

많은 경우 문화 교육은 언어의 성공적 기능에 얼마나 기여하는가에 따라 평가된다고 한 것이나, 기본적으로 문화 학습의 목표는 언어 수행의 향상에 있다고 말한 것은 우리가 유념해야 할 문화 교육의 지침이 된다고 생각한다. 외국어 교육에서 언어적 능력 외에 사회언어적 능력이나 문화적 능력을 강조해 온 것도 그 자체에 목표가 있는 것은 아닐 것이다.

한국어 교육에서 문화 교육의 범위와 목표를 가장 광범하고 전문적인 것으로 규정한 것을 라혜민·우인혜(2001)에서 볼 수 있다.

> 진정한 문화 교육의 목표는 언어의 실용적 차원 외에도 이념적 차원, 예술적 차원에서의 인식을 바탕으로 설정되어야 할 것으로 본다. 곧 외국인 학습자와의 목표 언어 사용자 사이의 정신적인 이해와 공감, 예술을 바탕으로 하는 두 민족 문화 사이의 친밀한 교감이 궁극적인 외국인 문화 교육의 목표일 것이다.

이런 목표는 언어 교육의 목표를 넘어선 것으로 이해된다. 교과과정상 언어와 분리된 문화 교과의 목표가 될 것이다. 여기서 언어 또는 언어 교육은 문화 교육을 위한 수단 또는 영역에 불과한 것으로 이해된다. 이렇게 되면 목적과 수단은 완전히 전도된다.

조항록(2000 : 162)은 초급에서의 문화 교육 목표와 관련하여, '외국어 학습 동기가 특정 영역에서의 생활에 적응하는 데 있다면, 그것에 필요한 언어적 능력의 발달 단계와는 무관하게 문화적 숙달도를 키우는 것도 중요하다.'고 하였다. 그러나 이러한 문화 교육도 언어 교육이 담당해야 하는가는 다시 생각해 봐야 한다. 외국어 교육이 학습자의 모든 목표 문화권 생활 교육을 담당하는 것은 아니기 때문이다.

문화 교육은 기본적으로 언어 교육이지, 백과사전식 교육은 아닐 것이란 점을 유념할 때, 위에서 본 문화 교육의 목표가 구현되는 한국어 교재의 모습이나 문화의 내용은 상상하기 그리 어렵지 않다. 일상 생활이나 현대 사회와도 거리가 있는 우리의 옛 전통 문화, 고유 문화에 무게가 놓인 교재 구성으로 현장 교육에 임해야 될 것이다. 이러한 문화 교육의 목표는 현행 주요 한국어 교재에 반영된 문화 교육과 관련되는 것으로 보인다는 점에서 더욱 우리의 주목하는 바가 된다.

문화 교육은 일차적으로 학습자로 하여금, 이질 문화의 충격을 극소화하거나 해소하여, 한국 문화를 이해 또는 수용하게 함으로써, 한국어 학습상의 문화적 장애 요인을 제거하고, 한국어 학습 효율을 높여, 한국어 능력 신장을 극대화하는 데 목표를 둔다. 이러한 목표가 달성될 때, 학습자는 이 문화권에 적응하는 생활을 영위할 수 있을 것이므로, 이것은 문화 교육의 제 이차적 또는 부수적 목표가 될 수 있다.

이상에서 지금까지 논의된 것을 고려하면서, 언어 교육, 특히 한국어 교육에서 요구되는 문화 교육의 목표를 대략 다음과 같이 정리하고자 한다.

- 상위 목표
  문화 이해를 통해, 효율적인 한국어 의사소통 능력의 신장에 기여한다.
- 하위 목표
  (1) 문화의 다원성 이해 : 다른 문화의 존재와 가치를 이해하게 함.
  (2) 일상적 생활 방식 이해 : 대다수의 보편적 일상 생활, 행동 및 활동 방식을 이해하게 함.
  (3) 보편적 사고 방식 이해 : 대다수의 일상 생활에 구현되는 생각의 방식을 이해하게 함.
  (4) 보편적 문화 지식 이해 : 일상 생활에 필요한 상식적 문화 지식을 이해하게 함.
  (5) 언어와 문화의 관계 이해 : 언어와 문화가 상호 반영되는 현상을 이해하게 함.
  (6) 인위적, 자연적 산물 이해 : 인간의 활동과 결과물, 그리고 자연적 산물을 이해하게 함.
  (7) 문화 이해와 실천의 태도 : 문화를 이해하고, 실천해 보고자하는 능동적 자세를 갖게 함.
  (8) 일상 생활 적응력 : 문화 이해를 통해 일상 생활에의 적응력을 길러 줌.

3.3. 문화 교육의 유형

다음에는 좀더 구체적인 문화 교육의 사안들을 생각해 보고자 한다. 먼저 문화 교육을 교수 방법과 관련하여 그 유형을 나누어 보기로 한다.

문화 교육은 기본적으로 언어 교육의 일환이기 때문에 언어 교육과 관련하여 언어 통합 교육과 언어 분리 방법으로 나누어 볼 수 있다. 여기 말하는 언어 통합이란 것은 흔히 말하는 네 가지 언어 기능의 통합이 아니라, 정규 언어 교수 학습에 문화를 통합해서 교육하는 방법을 두고 한 말이다. 이것도 문화 요소를 어떻게 언어에 반영하느냐에 따라 완전 통합과 부분 통합으로 다시 나눌 수 있다.

전자는 언어 자료 그 자체가 완전히 문화를 내용으로 하는 경우이다. 한국어는 어떤 문장에도 대우법, 특히 청자대우 현상이 나타난다. 한국어 교육에 이러한 문화 요소는 언제나 필수적으로 수반된다.

후자는 언어 자료 가운데 문화 요소가 부분적으로 반영되는 경우이다. 작게는 단어 하나도 문화 학습 내용이 될 수 있다. 가령 '드시었다'는 단어가 있었다면 이 단어 하나만으로도 대우 또는 존대 현상이라고는 문화 교육의 좋은 요소가 될 수 있다. 교재 제작자의 의도에 관계 없이도 단어 하나 하나에는 이미 그 문화가 스며 있는 것이다.

언어와 분리되는 문화 교육 방법은 언어와 무관하게 문화를 교육하는 방법이다. 여기에도 두 가지를 생각해 볼 수 있다. 흔히 볼 수 있는 방법으로, 언어와는 별도로 문화 강좌를 따로 개설해서 문화를 교육하는 방법이 있을 수 있고, 직접 문화를 체험시키는 방법이 있다. 전자의 경우는 그 목표가 대체로 문화 자체의 교육에 놓인다. 후자의 방법은 학습자를 직접 목표 문화에 노출시키는 방법인데, 이 경우에는 문화 체험이 언어 교육과 전혀 유리된 것이 될 수도 있고, 언어 교육과 분리가 되기는 했더라도 언어 교육의 일환이 될 수도 있다.

문화를 체험하게 하는 방법은 다양하다. 이것도 직접 체험을 하게 하는 방법과 간접적으로 체험하게 하는 방법이 있다. 전자의 경우는 식당, 결혼식, 시장, 가정 등 현장에 가서 직접 체험을 하게 하는 것과 같다. 간접적으로 문화에 노출시키는 방법으로는 박물관을 방문, 영상 자료나 시청각 자료 등을 통해 문화에 대한 이해를 가지게 하는 방법을 들 수 있다. 도서, 신문, 광고, 문학, 미술 작품 등을 통해 문화 이해를 도울 수도 있다.

3.4. 문화 요소의 선정 및 지도순

문화 교육과 관련하여 먼저 중요한 것은 교육 관련자의 문화 교육에 대한 인식이겠지만, 구체적인 데 가서는 실제의 교수 및 학습 내용이 될 문화 요소 또는 문화 항목의 선정과 지도 방법이다.

여기서 명심할 것은 문화 요소의 선정 기준이 꼭 전통성이나 고유성에 있지 않다는 점이다. 특히 시간적으로 오래된 것이 더 큰 의미를 가지는 것만은 결코 아니다. 그런 것이 의사소통에 별로 소용되지 않는다고 하면, 그것은 일단 제외되거나 후순위로 밀릴 수밖에 없다.

과거 문화체육부에서 한국의 문화적 정체성을 상징하는 것으로 선정하였다고 하는 것 10개 중에서(라혜민·우인혜, 2001), 한복, 석굴암과 불국사, 고려 인삼, 탈춤, 종묘 제악 등과 같은 것이 한국어 의사소통 능력 신장에 어떻게, 얼마나 기여하겠는가 생각해 볼 일이다. 더구나 초, 중급의 경우에는 그러한 의문이 더욱 무게를 가지게 된다. 어느 정도 대표적이라 할 만한 현행 한국어 교재에 계획된 문화 요소의 반영은 이러한 고유성이나 전통성에 많이 의존하고 있다.

라혜민·우인혜(2001)에서는 '외국인 학습자를 교육시키기 위한 교재에 포함될 내용이라면 그 어떤 요인보다도 학습자의 의견을 반영하여 그들의 요구에 응하는 내용을 담는 것이 최우선이 되어야 할 것이다.'라고 하였다. 계획 단계에서 수요자의 의견을 참고한다는 것은 바람직하지만, 교육 내용을 정하고 계획하는 것은 공급자의 몫이요 책임이다. 더구나 초, 중급의 경우에는 목표 문화에 대한 학습자들의 이해는 매우 모자란다.

위에서 논의한 방향에서 문화 교육을 생각할 때, 한국어 교재, 특히 초급이나 중급에 반영될 문화 요소의 선정 기준은 기본적으로 의사소통 능력 신장에의 기여도가 되어야 하겠지만, 여기 좀더 구체적인 하위 기준을 생각해 보기로 한다.

(1) 일상성
언어와 문화는 일상적인 생활과 관련된 요소가 우선적이어야 한다. 일상적인 것은 현재성과 보편성이 우선된다. 그리고 선정된 요소들은 그 내용을 가려 선후와 연계성을 고려하여 지도순을 계획해야 한다.
(2) 한국 생활 적응 단계
외국의 학습자가 한국 생활에 적응하는 단계를 고려하여, 여기 수반되는 문화 요소를 선택해야 한다. 한국 생활에 익숙해지고, 언어 능력이 향상되면서, 이에 따라 문화 요소도 더 폭이 넓어지고 깊어져야 할 것이다.
(3) 언어 활동과의 통합성
문화 교육이 언어 능력 신장에 있다면, 기본적인 방향은 문화 내용과 언어가 통합되는 것이어야 한다.
(4) 차별성
학습자들의 문화와 차별화되는 것을 우선하는 것이 옳다.
(5) 이해 난이도
아무리 훌륭한 문화라고 하더라도 그것이 학습 지도에 어려움이 있다고 하면, 이러한 요소는 언어 교육에서 제외되거나 후순위에 와야 한다.

이상에서 문화 요소의 선정 및 지도 순서와 관련하여 몇 가지 살펴보았다. 문화 요소는 광범하게 고려하되, 일반성, 보편성을 고려하여 너무 전문적인 깊은 지식에 무게를 두지 말아야 한다. '넓은 문화를 낮게' 교육하는 것이 외국어 교육과 관련한 문화 교육의 기본 방향이라 하고 싶다.

4. 한국어 교육과 한국 문화 교육

4.1. 한국어 교육과 문화 교육 인식

언어 교육은 교과과정 또는 학습 지도상의 계획이나 의도에 관계없이 어느 정도의 문화 교육을 성취한다. 교재의 다양한 언어 자료 속에 여러 가지 모습으로 문화가 반영되어 있기 때문이다. 그러나 전혀 목표가 고려되지 않은 교육을 우리는 교육이라고 할 수 없다. 따라서 우리가 관심을 갖는 것은 교육 계획이다. 아무리 교재가 좋은 문화 요소를 반영하고 있더라도, 교육 또는 학습 목표에 반영되지 않았다면, 문화 교육은 이루어질 수 없다.

필자는 이번에 국내 주요 한국어 교육 기관의 독본 교재 1권, 2권을 중심으로 문화 교육이 어떻게 배려되고 있는가를 살펴보았다. 2000년 무렵을 계기로 한국어 교육에 한 분수령을 이루면서 새로운 전환기를 맞이함을 볼 수 있었다. 그것은 이 시기에 와서 과거와는 달리 문화 교육에 대한 새로운 반성과 자각을 보여 준다는 점이다.

그것은 새로운 교재의 제작에서 여실히 나타난다. 1998년 새로 출간된 이화여자대학교 언어교육원의 '말이 트이는 한국어' 1권, 2권에는 매 단원마다 '쉼터'라는 고정란을 마련하였는데, 대부분 문화 내용을 담고 있다. 이어서 2000년에 출간된 서강대학교 한국학센터의 '서강한국어'에는 명칭 자체를 'cultural components'라고 하여 매 단원에 고정 배정하였다. 역시 2000년에 출간된 경희대학교 국제교육원 한국어교육부의 '한국어 초급' 1권, 2권에도 '한국의 문화'를 모든 단원은 아니지만, 여러 단원에 배정하고 있다.

다만 이런 흐름에 예외적인 것으로는 2000년에 서울대학교 어학연구소에서 새로 출간한 '한국어' 1권, 2권에는 그러한 배려의 흔적이 보이지 않는다. 학문을 선도하는 서울대학교, 또 이 대학 언어 연구의 센터가 되는 기관이 언어 교육의 중요한 내용과 방향을 외면한 인상을 지울 수 없다. 연세대나 고려대의 초급 한국어 교재는 모두 90년대 초에 출간된 것으로, 모두 문화 영역에 대한 특별한 고려는 눈에 띄지 않는다.

이 시기에 이르러 한국어 교육이 새로운 전기를 마련하는 데는 한두 가지 요인이 있을 것 같다. 조금 멀리 그리고 간접적으로는 지난 세기 육칠십 년대 이후 외국 특히 영어권을 중심으로 왕성한 논의와 현장 실험을 통해 발전된 문화 교육의 이론과 실제가 우리에게 뒤늦게나마 새로운 인식의 계기를 마련해 주었을 것이란 점이다. 그리고 가까이는 또 직접적으로는 국제한국교류재단의 지원 아래 미국에서 초유의 많은 인력과 재원을 배경으로 개발된 KLEAR의 'Integrated Korean'의 'Beginning 1(2000)'과 'Beginning 2(2001)'에서 교재 구성을 'Culture, Grammar, Task/Function'의 세 부분으로 구성하고 매 단원에 문화 요소를 소개함으로써, 문화 교육이 명시적으로 강조된 것이 국내 교재 제작에 얼마간의 영향을 주었을지도 모른다는 점이다. 이 교재는 2000년대에 들어와서 출간되기는 했지만, 이미 몇 해 전부터 실험용으로 몇몇 대학에서 사용되었던 교재이고, 최근년에 출간된 이화여대, 서강대, 경희대 등의 한국어 교재의 문화 영역 반영 방식이 이와 유사하다는 점도 참고할 만하다. 또 국내 학교 영어 교육에서 보여 준 문화 교육의 배려도 전혀 무관한 것이 아닐 수 있다.

전반적으로 한국의 한국어 교육은 문화에 대한 이해가 크게 모자라는 기초 위에서 이루어졌다. 우선 그 동안 문화 교육을 뒷받침할 만한 학술적 논의가 별로 없었고, 외국의 발전된 연구를 도입하는 데도 한계가 있었으며, 거기에 우리의 관심까지도 미치지 못했다. 이러한 사정을 김정숙(1997 : 320)이 여실히 증언한다.

> 지금까지 한국어 교육시 실시된 한국 문화의 내용을 보면, 주로 속담, 관용어 등의 언어적 사항과 기념비적 사건, 역사적 인물, 건축, 장소 등의 고급 문화만을 상호 관련성 없이 단편적으로 제시하는 데 그쳤다.

위 인용에 계속해서 '문화에 대한 올바른 이해를 할 수 없음은 물론 편견 및 왜곡을 가져올 수 있다.'고 한 말도 그대로 그간의 문화 교육에 대한 평가이면서, 한국어 교육계의 문화 이해가 얼마나 왜곡되었을까를 짐작하게 해 주는 평가이다. 여기 함축된 비계획성, 비체계성은 문화 교육과 관련한 교과과정의 부재를 의미하며, 문화 관련 학습 내용의 선정은 무분별한 임의적 인상에 따라 이루어진 느낌을 가지게 한다.

그런데 이처럼 소중한 비판을 보여 준 이 논문이 제시한 문화 요소의 선정 기준은 Seelye(1984)에 근거하고 있는데, 막상 제시된 평가자의 기준은 언어의 영역에서 멀어지는 느낌을 준다. 가령 '중요 역사적 사건 및 기관, 지리학적 기념물, 한국을 대표하는 문학과 예술'이라고 했을 때, 학습자의 수준이나 그 구체적 내용에 따라 유동적일 수는 있지만, 상당히 문화 자체를 중시한 교육에 접근되어 있는 것 같다.

문화 자체의 지식 위주 교육의 중시는 앞서 인용한 라혜민·우인혜(2001)의 문화 교육 목표에서도 여실히 드러나 있다. 이러한 현상은 문화를 명시적으로 반영한 새로운 한국어 교재들에서도 여전히 발견되는 현상이다. 문화 교육을 중시한 교재들이 반영하고 있는 내용은 해당 수준의 언어 교재 문화 요소로는 부적절해 보이는 것들이 적지 않다.

문화 교육의 문제점에 대한 한상미(1999 : 354)의 지적도 김정숙(1997)과 별로 다를 바 없다.

> 교실에서 이루어지는 문화 학습은 언어 생활 속에 녹아 있는 문화라기보다는 화석화되어 교재에 수록된, 생활과 다소 유리된 피상적 의미의 문화인 경향이 짙다.

위에서 본 지적들은 지금까지의 한국어 교육에서 비능률적인 문화 교육에 많은 시간을 허비했다는 말이 될 수 있다.

4.2. 한국어 교재와 한국 문화 요소

문화 교육의 중요성에 대한 인식은 필연적으로 학습할 문화 요소의 선정과 연계된다. 요소 선정이 잘못 되면, 이는 교육적 손실이 될 수밖에 없다. 현실적으로 한국어 교육의 문화 교육에서 나타나는 가장 기초적인 문제의 하나는 문화 요소의 선정이다. 문화 요소의 선정에서 문제가 되는 주된 원인에는 몇 가지가 있을 것 같다.

우선 문화 교육의 목표에 대한 이해와 관련된다. 가령 문화 자체의 지식 교육과 언어 능력 신장 중 어디에 더 큰 무게를 두느냐에 따라 요소 선정이나 교육 방법은 크게 차별화된다.

문화 요소와 언어와의 관련성에 대한 이해 부족도 들 수 있다. 어떤 언어 요소 또는 언어 활동에 어떤 문화 요소가 어떻게 작용하고 있는가에 대한 이해 부족이다. 이렇게 되어서는 언어와 통합 가능한 최적의 문화 요소를 가려내기 어렵다.

또 문화 요소 선정의 바른 기준이 마련되어 있지 못하다. 기준이 없다면 자연 선택자의 주관적인 자의적 판단에 따라 결정될 수밖에 없다.

다음에는 위에서 언급한, 현행 한국어 교육 기관의 교재에 나타난 문화 요소를 대상으로 몇 가지 문제점과 개선 방향을 돌아보기로 한다.

우선 눈에 띄는 것은 교재에 반영된 문화 요소가 체계적이지 못하다는 점이다. 문화 요소 선정의 기준이나 원칙이 모호하고, 주관적이고 임의적인 것일 뿐만 아니라, 요소간의 연계성도 고려된 흔적이 뚜렷해 보이지 않는다. 이것은 교재 제작 과정에서 문화 교육에 대한 기본 철학이나 원칙이 불투명하였던 데 연유하는 것으로 이해된다.

다음으로는 각 단원에 고정된 문화 항목을 배정한 배경이다. 대체로 해당 단원의 언어 요소 또는 언어 활동과는 별로 관련성이 없다. 학습자들이 읽어서 이해할 수도 없으며, 교사의 설명으로 이해시킬 수 있는 수준의 학습자들도 아니다. 그렇다면 이 문화 요소는 어떻게 해서 교재에 소개된 것인가?

선택된 어떤 문화 요소의 학습 목표가 불투명하다. 가령 태권도, 가마, 한복 같은 것이 한국 문화를 상징하기는 하지만, 이 교육이 초급 단계 학습자들의 언어 능력 신장에 어떻게, 얼마나 기여할지 의문스럽다.

'한국어 속의 문화적 요소'를 열거하고 있는 박영순(1989)의 16개 항목으로 하위 구분된 '일반 어휘'에는 족도리, 신선로, 새마치 장단, 신라 천마총, 광개토대왕, 두레 등 우리 고유의 전통 문화를 나타내는 많은 어휘가 예시되어 있다. 물론 고급 과정까지를 고려한 것으로 이해하고 싶지만, 언어 교육의 범위로는 크게 멀어진 것으로 생각된다.

거의 획일적이고도 두드러진 언어, 문화 교육의 이원화도 다시 생각해 볼 문제이다. 일반적으로 언어는 언어대로, 문화는 문화대로 유리되어 있을 뿐, 의도된 문화 요소가 언어에 통합되어 있지 못하다.

문화 요소에 대한 피상적 교육도 눈에 띈다. 이미 언급한 바와 같이, 장보기에서 물건을 팔고 사는 그 자체도 우리의 주요한 문화임에 틀림없지만, 이보다는 가격 표지가 없고, 값을 흥정하고, 영수증이 없고, 잔돈을 계산대에 내 놓는 것들에 대한 이해를 도와 주는 것이 진정 필요한 일상적 장보기의 한국 문화가 될 것이다.

교사용 지침이 없는 것도 큰 문제의 하나이다. 막연하게 언어 자료에 문화 요소를 통합해 놓은 상태에서는, 어떤 요소를 어떻게 교육해야 할지 당혹스럽기만 할 것이다. 문화 항목이 별도로 마련된 최근의 교재 경우에도, 이것을 어떻게 교육해야 할지 곤혹스럽기는 마찬가지일 것 같다. 이러한 지침의 부재는 자칫 문화 교육의 외면이나 문화 오해로 오도될 우려까지 가지게 한다.

어떤 교재도 비언어적 의사소통 수단에 대해서는 대체로 외면하고 있다. 악수, 인사하면서 고개를 숙이기, 오른손 사용, 음주, 흡연 예절, 실내 탈화 등은 교재에 따라 어느 정도 선별적으로 소개가 되었지만, 이에 대한 체계적 고려는 어디에서도 찾아보기 힘들다.

학습량의 문제도 생각해 볼 일이다. 교재의 언어 부분만 보아서는 그 안에 의도된 문화 요소가 무엇인지 제삼자로서는 판단할 수 없다. 다만 한 단원에 너무 많은 문화 요소를 반영하는 것은 바람직하지 않다는 점이다. 문화 요소는 하나라고 하더라도, 그 속에 담기는 내용은 상당히 많을 수 있다. 만약 생일이라는 문화 요소와 관련하여, 돌, 일반 생일, 어른의 생신, 회갑, 칠순, 고희 등을 한 단원의 학습 내용에 모두 포함한다면 무리가 될 수밖에 없다.

Garcia(1992 : 3)는 언어 교육을 담당한 사람은 학습자의 목표 문화와 함께 학습자의 문화를 이해하여야 함을 언급하고 있다.9) 다양한 문화권의 학습자를 대상으로 하고 있는 한국어 교사들로서는 매우 감당하기 어려운 부담이다. 그러나 자국 문화에 대해 우리는 자칫 자만심을 가질 수 있다.

실제 교육에서 드물지 않게 허점이 보인다. 한 예로 한국어 초급 교재의 처음 부분 단원에 나오는 인사에서, '안녕하십니까? 김철수입니다. 이름이 무엇입니까?' 같은 대화를 여러 교재에서 본다. 처음 만나 인사를 나누는 장면에서 성인들이 다짜고짜 상대방의 이름을 묻는 것은 우리의 인사 문화가 아니다. 우리 문화에 대한 좀더 정밀한 통찰이 요구된다.

마지막으로, 문화 교육의 성과를 측정하는 평가 방법에 대한 의구심을 지울 수 없다. 명시적인 것이 없어 속단할 수는 없지만, 한국어 교육에 있어서의 문화 교육 인식과 그 과정을 돌아볼 때, 문화 교육의 바람직한 평가 기대는 어려워 보인다. 우리는 문화 교육을 평가하기 위한 구체적 방안을 연구, 모색하여야 할 줄 안다.

4.3. 개선 방안

지금까지의 논의에서 직접 간접으로 개선 방향이 시사된 것 같다. 부분

---

9) Couse, Gale K.(1994), Meeting New Challenges in the Foreign Language Classroom, National Textbook Company, p.58.

적으로 중복이 예상되지만, 간략하게 몇 가지 생각을 종합해 보기로 한다.

1) 학술적 측면

한국어 교육 전반과 관련된 것이기는 하지만, 문화 교육과 관련하여 좀 더 학술적인 연구와 논의가 활성화되어, 현장 교육의 효율을 높이는 것이 바람직하다. 이를 위해서는 때로 연구자와 현장 교사간의 긴밀한 협동이 요구되기도 할 것이다.

2) 문화 이해 측면

문화 교육에 대한 올바른 이해를 가진 인력의 저변 확대가 요구된다. 여기에는 교육 정책 입안자, 연구자, 교육과정 입안자, 교재 제작자, 교사 모두가 포함되어야 할 것이다. 피상적인 이해만으로는 소기의 문화 교육을 기대하기는 곤란하다.

3) 교과과정과 교재 측면

문화 교육을 포함하는 정밀한 교과과정의 제작이 필요하고, 이 교과과정에는 학습 내용이 되는 문화 요소와 지도순 등이 구체적으로, 그리고 단계별로 체계화되어야 하며, 지도 방법이나 평가 방법 및 기타 지침 등이 명시되어야 한다. 그런 후에 이에 근거한 교재가 제작되어야 한다.

4) 문화 요소 측면

문화 요소는 일정한 기준 또는 원리에서 정선되어야 하고, 더 나아가 당해 문화 요소가 가진 여러 내용 중에서 다시 학습 내용이 명시화되어야 한다. 제시된 문화 요소가 하나라고 하더라도, 실제 교육 내용은 교사에 따라 상당히 달라지고, 교육의 효율이 크게 떨어질 수 있다.

5) 문화 반영 언어 영역

문화 요소는 읽기에 가장 많이 반영될 수 있지만, 듣기, 말하기, 쓰기에 모두 반영하도록 한다. 또 실제 학습 지도의 내용이 아니라고 하더라도,

같은 값이면 문화 요소가 반영되는 언어 자료의 구성이 효과적이다. 가령 한국 가정을 방문한 글에서 '철수의 방에는 침대가 있었습니다.'보다는 '침대가 없었습니다.'가 더 문화적 차별성을 보여 준다.

6) 문화 요소 반영 방법

언어 교육에서의 문화 교육은 기본적으로 언어와 완전 통합되는 방법이 이상적이다. Byram and Morgan(1994 : 5)이 문화 학습과 언어 학습이 하나가 되어야 한다고 강조한 말은 E. Hinkel(1999 : 7)에서도 인용되고 있다.

물론 부분적 통합 방법이나, 언어와 관련한 문화 노출 또는 체험의 방법 등이 함께 원용되어야 하겠지만, 기본이 망각되어서는 안 된다.

7) 최근 교재의 문화 요소 소개 고정란은 생활의 길잡이 정도의 내용을 담는 것으로 대체하고, 문화는 언어에 완전 통합하는 것을 원칙으로 하면서, 부족한 부분을 다른 방법으로 보완하는 방안을 모색할 수 있다.

8) 교사는 우선 자국 문화에 대한 정밀한 통찰이 필요하지만, 학습자의 문화에 대한 이해를 넓혀야 교육 효과를 증대시킬 수 있다. 또 O. Garcia (1992 : 3)가 요구하듯이, 언어사회학자가 되지는 못한다 하더라도, 문화 전반 또는 언어가 작용하고 있는 사회에 대한 이해의 폭을 넓힐 때, 수요자의 요구를 더 충족시켜 줄 수 있을 것이다.

9) 한국어 교육 기관 사이의 협력 기반 구축이 필요하다. 모든 관련 정보를 공유함으로써, 교육과정, 교재 편찬, 교수 방법, 평가 등에 축적된 총 역량을 함께 활용하도록 해야 할 것이다.

10) 문화 교육 자체가 자리를 잡지 못한 현실이기 때문에, 문화 교육 평가의 문제는 별로 고려되고 있지 못한 것 같다. 적절한 평가 방법을 개발에 공동의 노력이 요구된다.

5. 맺는 말

외국어로서의 한국어 교육에서 문화 교육이 그 동안 소홀하게 인식되어 온 점을 상기하면서, 문화 교육과 관련하여 몇 가지 문제를 개괄적으로 살펴보았다. 문화 교육의 출발점이 되는 문화의 개념과 특성을 고려하면서, 문화와 언어의 연관성을 돌아보았다.

이와 관련하여 언어 교육에서 차지하는 문화 교육의 중요성을 확인하고, 문화 교육의 목표를 제시해 보았다. 이와 함께 이 목표에 상응하는 언어 문화 요소의 선정과 기준 문제를 생각해 보았다.

마지막으로 어느 정도 대표적이라 할 만한 현행 초급 교재를 근거로 문화 교육 실태를 돌아보면서 문제점을 분석해 보고 앞으로의 개선 방향을 생각해 보았다.

국내 한국어 교육은 문화 교육과 관련하여, 2000년 전후를 계기로 한 새로운 자각과 반성은 문화 교육의 중요성을 일깨움과 동시에, 학술적 연구와 병행하여 활발한 교육 내용을 개발하기 시작하였다. 아직은 초기 단계를 크게 벗어나지 못하였지만, 한국어 교육계가 지난날의 축적된 소중한 성과를 바탕으로 역량을 모아 더 활기찬 한국어 교육, 더 새로운 문화 교육의 장을 열어 갈 것을 확신하면서, 이 글이 그러한 전진에 조그만 보탬이 되기를 바란다.

참고 문헌

경희대학교 국제교육원 한국어 교육부(2000), 『한국어 초급 1』, 경희대학교 출판국.

경희대학교 국제교육원 한국어 교육부(2000), 『한국어 초급 2』, 경희대학교 출판국.

김영순(1999), 「다중문화 교육을 위한 동작 분석 방안」, 『이중언어학』 6, 이중언어학회.

김정숙(1997), 「한국어 숙달도 배양을 위한 한국 문화 교육 방안」, 『교육 한글』 10, 한글학회.

민현식(1996), 「국제 한국어 교육을 위한 국어 문화론의 내용 구성 연구」, 『한국말 교육』 7, 국제한국어교육학회.

라혜민・우인혜(2001), 「중급 교재 내의 문화 교육 방안」, 국제한국어교육학회 제11차 국제학술 회의 발표 요지 모음집.

박갑수(1997), 「문화와 한국어 교육 : 중국의 조선말과 남북한어의 비교 ‒ 조선말 소사전을 중심으로 ‒ 」, 『이중언어학』, 제14호, 이중언어학회.

박노자(2000), 「한국 문화 교육의 현황과 문제점」, 『한국어 교육』 제11권 2호, 국제한국어교육학회.

박영순(1989), 「제2언어 교육으로서의 문화 교육」, 『이중언어학』 5, 이중언어학회.

박영순(2001), 『외국어로서의 한국어 교육론』, 도서출판 월인.

박영준(2000), 「한국어 숙달도 배양을 위한 문화적 어휘 표현의 교육」, 『한국어 교육』 제11권 2호, 국제한국어교육학회.

서강대학교 한국학센터(2000), 『서강 한국어』, Student Book 1, 도서출판 하우.

서강대학교 한국학센터(2000), 『서강 한국어』, Student Book 2, 도서출판 하우.

서울대학교 어학연구소(2000), 『한국어 1』, 문진미디어.

서울대학교 어학연구소(2000), 『한국어 2』, 문진미디어.

연세대학교 한국어학당(1992), 『한국어 1』, 연세대학교 출판부.

연세대학교 한국어학당(1992), 『한국어 2』, 연세대학교 출판부.

윤여탁(2000), 「한국어 교육에서 문화의 위상과 역할」, 『국어교육연구』 7, 서울대학교 교육종합연구원 국어연구소.

이화여자대학교 언어교육원(1998), 『말이 트이는 한국어 1』, 이화여자대학교 출판부.

이화여자대학교 언어교육원(1998), 『말이 트이는 한국어 2』, 이화여자대학교, 출판부.

조항록(1998), 「한국어 고급 과정 학습자를 위한 한국 문화 교육 방안」, 『한국어 교육』 제9권 2호, 국제한국어교육학회.

조항록(2000), 「초급 단계에서의 한국어 교육과 문화 교육」, 『한국어 교육』 제11권 1호, 국제 한국어교육학회.

한상미(1999), 「한국어 교육에서 언어와 문화의 통합적 교육 방안 ─의사소통 민족지학 연구 방법론의 적용─」, 『한국어 교육』 제10권 2호, 국제한국어교육학회.

Acton, William R. and Felix, Judith Walker de(1995), "Acculturation and mind", in Valdes, Joyce Merrill, ed., *Culture Bound,* Cambridge : Cambridge University Press.

Bennett, C. I.(1999), *Comprehensive Multicultural Education :* Theory and Practice, 4th ed., Allyn & Bacon.

Byram, M. (1997), *Teaching and Assessing Intercultural Communicative Competence*, Multicultural Matters Ltd..

Byram, M, Morgan, C. and colleagues(1994), *Teaching ─and ─Learning Language ─and ─ Culture,* Mulitcultural Matters LTD, Clevedon · Philadelphia · Adelaide.

Canale, M. and Swain, M.(1980), "Theoretical bases of communicative approaches to second language teaching and testing", *Applied Linguistics* 1(1).

Couse, Gale K.(1994), *Meeting New Challenges in the Foreign Language Classroom*, Naitional Textbook Company.

Dansei, M. and Perron, P.(1999), ANALYZING CULTURE : *An Introduction & Handbook,* Indiana University Press.

Dresser, N.(1996), *MULTICULTUTAL Manners*, John Wiley & Sons, Inc. New York.

Geerts, C.(1973), *Interpretation of Culture,* New York : Basic Books.

Hall, E. T.(1959),*The Silent Language,* Anchor Books.

Heusinkveld, P. R., ed.(1997), *Pathway to Culture*, Intercultural Press, INC..

Hinkel, Eli(1999), "Culture in research and second language pedagogy", in Hinkel, Eli, ed., *Culture in Second Language Teaching and Learning*, Cambridge : Cambridge University Press.

Hinkel, Eli, ed.(1999), *Culture in Second Language Teaching and Learning,* Cambrige University Press.

Kloph, D. W.(1995), *Intercultural Encounters : The Fundamentals of Intercultural Communication,* Morton Publishing Company, Eaglewood, Colorado.

Knapp, M. L.(1978), *Nonverbal Communication in Human Interaction*, 2nd ed., Holt, Rinehart and Winston.

Kroeber, Alfred L. and Kluckhohn, Clyde(1963, 1952), *Culture : A Critical Review of Concepts and Definitions.* New York : Random House.

Morain, G. G.(1978), *Language and Education : Theory and Practice*, Washington D. C. : Center for Applied Linguistics.

Robinson, G. L. Nemets(1985), *Croscultural Understanding*, Pergamon Press Ltd., New York · Oxford.

Ruesch, J. and Kees, W.(1956), *Nonverbal communication : Notes on the Visual Perception of Human Relation*, Berkley & Los Angeles : University of California Press.

Salzmann, Z.(1993), *Languge, Culture, & Society, : An Introduction to Linguistic Anthropology*, Boulder, San Fransico, Oxford : Westview Press.

Schultz, E. A. and Lavenda, R. H.(1995), *Cultural Anthropology : Perspective on Huaman Condition*, 3rd ed., Mountainview, Calif. : Mayfield Publishing Co..

Seelye, H. Ned (1993), *Teaching Culture*, 3rd ed., Lincolnwood, IL : National Textbook Company.

Thrumalai, M. S.(1987), *Silent Talk, Nonverbal Communication,* Central Institute of Indian Language, Manasagangotri.

Valdes, Joice Merrill(ed.)(1986), *Culture Bound, Bridging the cultural gap in language teaching,* Cambridge University Press.

Wang, Hye Sook(2000), Culture, Commercials and Teaching Korean, *Journal of Korean Language Education,* Vol. 11, No. 1, International Association for Korean Language Ecducation.

―『한국어교육』제12권 2호, 국제한국어교육학회, 2001. 12.

외국어로서의 한국어 문법 교육

1. 들어가는 말

지난 80년대 이후, 외국인의 한국어에 대한 수요 증가와 함께, 국내외 한국어 교육계는 학회 활동, 교재 편찬, 한국어 교사 교육, 한국어 능력 시험 등 눈부신 발전을 이룩했으며, 일선 교사들의 연구와 협력, 그리고 이와 함께 학술적 논의도 크게 활성화되었다. 이제 국내 한국어 교육은 명실공히 국내외에서 중심적 역할을 해야 할 단계에 와 있다고 본다.

지난 수십 년간 외국어 교육에서 차지하는 문법 교육의 역할에 대한 긍정적, 부정적 논의가 왕성했지만, 오늘날 의사소통 중심의 외국어 교육에서도 대체로 문법 교육은 긍정적으로 수용되고 있다. 필자는 외국어 교육과 관련된 문법 교육의 몇 가지 기본 문제를 돌아보고, 아울러 국내 한국어 교육에서 역시 큰 비중을 차지하고 있는 문법 교육의 몇 가지 문제를 살펴보면서, 좀더 고려해 보고 또 개선되어야 할 문제를 조명해 봄으로써, 문법 교육의 새로운 방향 모색에 일조하고자 하는 데 주된 목표를 둔다.

특히 교과과정에 반영해야 할 문법 요소의 문제와 이들 요소의 조직 및 지도 방법에 주목하고자 한다. 의사소통의 강조와 함께, 문법의 영역은 훨씬 제한될 수밖에 없고, 이에 따라 문법 요소의 선택과 지도 방법은 더욱 중요한 의미를 가지게 되었다. 본고는 이들 문제를 상세히 거론할 여유가 없어, 원론적인 문제를 중심으로 그 대강의 논의에 머물 수밖에 없겠다.

2. 외국어 교육과 문법 교육

2.1. 문법 교육의 배경

문법 교육을 전제로 한 문법을 교육 문법이라 할 수 있다. 이것은 이론 문법이 규명하고 체계화한 문법에 주목하면서, 두 가지 실용적 측면, 즉 지도 및 학습과 실제 언어 활동에의 활용이라는 두 측면을 함께 고려하여, 이를 조정하여 체계화한 문법이라고 할 수 있다. 그만큼 교육 문법은 그 영역이 더 넓어지며, 때로는 그 한계 또한 그리 엄격하지 못하다. 가령 Little이 '교육 문법은 논리적으로 언어 교육의 모든 측면을 포괄한다'고 한 것[1]은 문법을 담화나 화용론의 영역까지 고려함으로써, 광의로 해석한 것인데, 이 경우에도 막상 그 구체적 범위는 선명한 것이 못 된다.

본고는 외국어 또는 한국어 교육에서의 문법 교육에 논의를 제한한다. 여기서 문법 교육은 대체로 다음 세 가지에 주목하게 된다.[2] 문법 규칙, 문장 유형, 그리고 의사소통이 그것이다. 규칙 중심의 문법 규칙은 문법 요소의 선정과 지도상의 체계화가 용이한 반면, 문법 지식에 무게가 치우쳐 의사소통에 소극적 의미를 가지기 쉬우며, 문형 중심의 문법 교육은 이보다는 개선된 것이어서, 담화를 구성하는 문장의 유형에 익숙하게 될 수 있지만, 여전히 의사소통 맥락과 유리되어, 그 활용도는 제한적일 수밖에 없다. 이에 비해 의사소통 중심의 문법 교육은 말 그대로 문법 교육의 목표에 부응하는 실용적인 교육이 될 수 있다.

---

1) David Little, 'Words and their Prospectives' in Oddlin, T. ed. 1994 : 90.
2) Mckay, S. L.(1985 : ⅩⅤ) 참조.

좀 달리 보면, 문법 교육을 형태 중심 및 기능 중심 교육으로 요약할 수도 있는데, 분명한 것은 의사소통 중심의 문법 교육 목표를 고려하더라도, 문법의 형태적 측면을 외면할 수 없다. 문법 교육이 무엇을 중심으로 하든, 문법은 그 자체가 형태 중심적인 것이다. 따라서 굳이 Mckay(1985 : Xviii)의 말을 참고하지 않더라도, 문법 교육은 형태와 기능의 통합으로 이루어져야 한다. 이것은 필요한 것이라기보다 불가피한 것이라 하겠다.

문법이 교육과 관련될 때, 문법 자체만으로는 의사소통의 효율화라는 목표에 접근하는 데 한계가 있다. 문법 교육은 언어의 특성상 의미, 사회, 담화 등의 측면과 긴밀하게 연관되어 있기 때문이다.[3] Celce-Murcia and Hilles(1988 : 8)는 문법이 의사소통에 통합되어야 함을 지적하면서, 그러기 위해서는 문법은 사회적, 의미적, 담화적 요소를 함께 고려해야 할 것을 언급하였다. Larsen-Freeman(1988)이 언어의 세 가지 차원, 즉 형태, 의미, 화용을 함께 고려한 것[4]도 문법 교육이 문법 자체에만 안주할 수 없음을 지적한 것이다.[5]

20여 세기에 걸친 서구의 언어 또는 외국어 교육은 철저한 문법 중심의 특성을 가졌었으나,[6] 지난 세기 중반 이후, 언어 교육, 특히 제2언어 또는 외국어 교육에서 의사소통 능력 신장이 외국어 교육의 제일 목표가 되었고, 이것이 광범한 지지층을 확보해 나가면서, 문법 교육의 필요성은 점차 축소되었으며, 심한 경우에는 문법 교육 자체가 부정되기도 하였다.

여기에는 두어 가지 이유가 있었다. 하나는 목표와 관련된 것으로, 언어 교육의 목표가 의사소통 중심에 있는 것이지, 언어 형식 – 문법 – 의 이해가 아니라는 것이다. 또 하나는 방법과 관련된 것으로, 언어 교육은 설명을

---

3) 현대 언어학, 특히 Chomsky 중심의 보편 문법은 의미를 문법에 포함하고 있지만, 문법 교육에서는 흔히 문법과 의미를 분리해서 생각한다. 아무튼 언어에서 의미는 언어를 가능하게 하는 가장 중핵적 요소이니만큼, 그 필요성은 다시 말할 것이 없다.

4) Larsen-Freeman, D., 'Teaching Grammar', in Celce-Murcia, M.(1991), p.280.

5) 위 두 인용에서 '담화'와 '화용'이란 말은 같은 내용을 가리키는 것으로 이해해도 좋을 것이다.

6) Celce-Murcia and Hilles(1988 : 1) 참조.

통해서가 아니라, 일대일 대면의 의사소통 방식으로 성취된다고 보는 점이다.7)

그러나 문법 부정론에 대한 반론도 거세었으며, 의사소통 방법에서도 문법의 필요성이 중시되기도 하였다. 문법 교육의 필요성이나 중요성을 주창한 많은 전문가들의 견해는 Odlin, T., ed.(1994)에도 잘 소개되어 있다. 가령 Richards(1985 : 43)는 문법 부정의 주장이나 이론이 직관적인 것이며, 의사소통 방법이 경험적 연구에 바탕을 둔 것도 아니라고 혹평을 하였다.8) 문법 교육의 중요성은 Higgs and Cliffford(1982)나,9) Clece-Murcia and Hilles(1988 : 4)에서도 강조되었다. Spada(1986)도 문법 교육과 의사소통 방법이 어느 하나라도 결여되면 언어 학습은 제대로 이루어지기 어려움을 경고하였다.10)

Little은 목표 언어 문법의 명시적 교육이 중요한 이점을 준다는 강력한 경험적 증거가 있다는 점, 그리고 의사소통에 문법 교육이 필요하다는 강력한 공감대가 그 당시에 형성되었음을 지적하면서, 문법 교육의 필요성을 뒷받침하였다.11)

한편 J. Frodesen(1988)은 작문 및 텍스트 분석 학습과 관련하여, 종래 좁은 의미로 규정된 문법 교육 때문에, 문법의 역할에 대한 혼란과 오해가 있었음을 지적하고, 특히 작문이나 읽기 기능을 발전시키기 위해서 문법 교육이 필요함을 강조하고 있다.12)

의사소통 방식의 교육으로 잘 알려진 Widdowson도 의사소통에서 문법이 가지는 중심적 역할을 언급하면서, 언어 학습은 기본적으로 문법 학습이니, 이를 달리 생각하는 것은 잘못된 것이라고 규정하였다.13)

---

7) D. Little, 'Words and their Properties', in Odlin, T. ed.(1994 : 101~2) 참조.
8) Celce-Murcia and Hilles(1988 : 1) 참조.
9) Clece-Murcia and Hilles(1988 : 2~4).
10) Odlin, T. ed.(1994 : 14).
11) D. Little, 'Words and their Properties', in Odlin, T., ed.(1994 : 103).
12) Celce-Murcia, ed.(1991 : 267) 참조.
13) Widdowson, Grammar, and Nonsense, and Learning, in Rutherford and Smith, eds. (1988 : 154) 참조.

N. Kim(2001)도 여러 선행 연구의 예를 빌어 문법 교육의 필요성을 언급하였고, 문법 교육의 중요성을 강조한 Brown(1994 : 348~9)은, 특히 문법이 성인 학습자에게 도움을 줄 뿐 아니라, 학습 진도를 올리는 데 절대적이라고 하였는데, 성인 학습자를 대상으로 하는 우리의 경우에는 더욱 절실한 말이다. 어느 누구도 의사소통 언어 교육에서 문법이 불필요하다는 말을 할 수 없으며, 어느 누구도 문법의 중요성에 의문을 가질 사람이 없다고 단언한 그의 말(1994 : 348), 그리고 오늘날 제2 언어 교육의 의사소통 중심 교육에서 얼마간의 형태 중심 교육을 중시하는 것은 세계적으로 거의 일치된 견해라고 하는 그의 말(2001 : 361)로 문법의 중요성에 대한 정리를 하고 싶다.

문법이란 것이 아무리 강조되어도, 문법만으로 될 수 없는 언어 교육의 측면이 있고, 문법이 아무리 부정된다고 하더라도, 언어 교육이 문법과 전혀 무관한 것이 될 수 없다. 언어 교육은 언제나 양극을 경계하면서, 필요에 따라 문법의 내용과 비중을 융통성 있게 조절하는 능력이 필요하다.

2.2. 문법 교육의 목표

문법 교육은 언어 형태 또는 구조에 대한 지식의 교육이 아니라, 의사소통의 효율성을 높이기 위한 한 수단이며 절차이다. P. Ur(1988 : 5)는 문법 학습을 완전한 언어 숙달을 위한 수단이라고 보았다. 문법이란 바른 문장의 구성을 위해 필요로 하는 규칙의 총화라 할 수 있다. 의사소통에서 문법을 중시하는 것은 문법의 최대 단위인 문장이 의사소통의 수단인 담화 구성의 주요한 기본적 발화 단위가 되기 때문이다. 문장의 기본 구성이 올바르지 못할 때, 담화 구성이 올바르게 이루어질 수 없다. 이런 이유에서 Brown(2001 : 362)도 의사소통에서 문법 능력 외에 의미 및 화용의 차원이 함께 중요함을 지적하였다. Widdowson(1978, 1979)이 학습자가 습득해야 할 문법 지식이란 것은 문법 구조와 문법적 사용의 지식이라고 한 것도 문법 교육이 궁극적으로 효율적인 담화에 목표를 두고 있음을 의미한다.14)

외국어 교육에서 문법 교육의 궁극적인 목표는 언어 기능의 효율화에 기여하는 것이다. 이러한 점을 고려하면서 외국어 교육이 지향하는 문법 교육의 세부 목표를 생각해 보기로 한다.

첫째, 문법 교육은 담화상에서 문장이 가지는 기능을 이해하게 한다. 담화는 의사소통의 도구이자 결과이다. 담화 구성의 기본 단위는 문장이나 통사적 구이므로, 이러한 통사 단위에 대한 이해는 중요한 의미를 가진다.

둘째, 문법 교육은 바른 문장 구성 능력을 신장시킨다. 문장 구성이 바르지 못하고서 효율적인 대화나 담화가 불가능할 것은 자명하다. 학습자를 언어 자료에 노출시켜 스스로 습득하기를 기다리는 것은 어떤 면에서 비교육적이며, 문법 및 교사의 주요한 역할을 과소 평가한 것이다.

셋째, 의사소통에서 더 효율적인 표현의 문장 산출 기능을 신장시킨다. 이것은 기본적으로 수사적인 문제라 하겠지만, 언어 교육에서 문법 능력이 결코 수사와 무관한 것은 아니다. 동일한 화자의 의도가 다양한 구조의 상이한 문장으로 표현됨으로써, 의사소통의 효과를 높일 수 있다.

(1) a. 이것 좀 도와주시겠습니까?
    b. 이것 좀 도와주시지 않겠습니까?

아주 간단한 위의 예에서, a는 긍정문이고, b는 이에 대응되는 부정문이다. 이들 의문문의 발화 수반력(Illocutionary force)은 다 같이 요청이지만, 두 문장이 가지는 표현 효과는 동일하지 않다.

넷째, 문법 교육은 정문과 비문의 변별력을 길러 준다. 문법 또는 담화상의 문장들이 가지는 문법성이나 허용성 등에 대해 바른 이해와 판단을 할 수 있는 능력을 신장시킴으로써, 의사소통의 효율화를 도모하게 한다.

---

14) Tomlin, R. S., 'Functional grammars, pedagogical grammars, and communicative language teaching', in Odlin, T.(1994 : 142) 참조.

다섯째, 문법 교육은 문법적 오류의 발견과 정정의 능력을 길러 준다. 언어 활동 중에는 많은 오류가 발생한다. 화자나 청자는 이것을 인지할 수도 있고, 그렇지 못할 수도 있다. 문법 교육은 이러한 오류를 인지해서, 적절하게 수정함으로써, 더 효율적으로 의사소통에 기여하게 해 준다.

여섯째, 문법 교육은 특히 읽기 및 쓰기 기능을 신장시킨다. 말하기나 듣기와 달리, 읽기나 쓰기는 대화 중에 시간적 여유가 허용되기 때문에, 문법을 고려하여 바른 문장을 산출하고, 오류를 정정할 여유가 주어지므로, 상대적으로 문법의 효용성이 더 높아진다.

요컨대 문법 교육은 문법적인 문장 및 더 효율적인 표현의 문장에 대한 이해와 그 산출 능력을 신장시킴으로써, 의사소통의 효율을 높이는 데 주요 목표를 둔다고 할 수 있다.

3. 문법과 문법 교육

3.1. 교육 문법

이론 문법은 언어 자체를 객관적 대상으로 하여, 과학적 분석을 통한 보편적 이론의 체계화를 지향하지만, 교육 문법은 교육에 상위 목표를 두기 때문에, 실용성과 개별성을 더 많이 고려하게 된다. 교육 문법은 이론 문법을 응용하여, 언어 또는 외국어 교육에 적용하는 데 주된 관심을 가진다.

교육 문법이라 할 때, 여기에는 자국인 학생을 대상으로 하는 문법 교육과 외국인을 대상으로 하는 문법 교육이 포함된다. 후자의 경우에는 철저하게 의사소통을 문법 교육의 궁극적인 목표로 하게 되지만, 자국어 문법 교육의 경우에는, 의사소통뿐만 아니라, 언어 내지 문법 자체에 대한 지식 교육을 그 목표에 포함함으로써 전자와 구별된다.

　　교육 문법이 이론 문법의 논리나 객관성을 외면해서는 안 되겠지만, 때로는 언어 구조에 대한 학습자의 이해를 고려해서 이를 유보할 수도 있다. 그러므로 문법 이론과 교육 실제 사이에 적지 않은 괴리가 불가피할 때도 있다.

　　한 예를 주제 문제에서 볼 수 있다. 주제 문제는 연구자간에 의견의 폭이 매우 큰 문제이다. 주제와 관련성을 가지는 '－는'의 해석 또한 마찬가지이다. 필자는 주제를 문법 개념으로 이해하지 않으며, 이 조사를 주제 표지로 이해하지도 않는다. 그러나 그 어떤 이론적 접근에 관계 없이, 한국어 문법 교육에서는 담화상의 주제와 함께 '－는'의 주제 표지를 도입하는 것이 효율적이라고 생각한다.

　　다른 예를 '－이다'의 처리에서도 볼 수 있다. 중등학교 문법에서는 서술격 조사라 하고 있지만, 학계에서는 동사의 하나로 보고 있다. 한국어 문법 에서는 계사로 처리될 수도 있다. 이런 해석이 학습자 이해에 더 도움을 주리라 생각한다. 품사의 체계화 문제는 여기서 그리 중요한 것이 못 된다.

　　또 다른 예로, '－을 것이－'나 '－을 수 있－'가 어떻게 분석되어야 하는가 하는 것은 문법 학자들의 몫일 뿐이다. 학습자는 이것이 추정 및 가능 표현에 사용된다고 하는 서법적 의미 또는 기능의 이해로 만족할 수 있다.

　　자국어 문법 교육이 엄격한 규범성을 가지는 반면, 한국어 문법 교육은 규범성을 중시하면서도 실용성을 고려한다. 가령 형용사 '알맞다'를 동사처럼 '알맞는'으로 활용시키더라도, 자국어 문법 교육에서처럼 심각성을 가지지 않는다. 한국어 문법 교육은 대상 언어가 표준어나 규범적인 언어이면서도, 때로는 일상에서 통용되는 비규범적 언어 자료를 포용하기도 한다.

3.2. 문법성과 허용성

문법 논의에서 기본적인 문제의 하나는 문장의 문법성 및 허용성의 문제
이다. 문법성이 중시되는 까닭은 문법이 정문만을 대상으로 하고, 그 어떤
비문도 객관적 기술 또는 분석의 대상에서 제외하기 때문이다. 문법성은 이
분성을 가진다. 문법성에 관한 한, 문법적인 것이 아니면 비문법적인 것이
며, 비문법적인 것이 아니면 문법적인 것이다. 원칙적으로 정도의 개념은
허용되지 않는다. 가령 반(半) 문법적이라는 말은 거의 허용되지 않는다.

문법에서 말하는 허용성은 문법적인 문장이면서 실제 사용에 정도의 차
이가 있는 것을 말한다. 가령 다음과 같이 연속적으로 내포된 문장은 비록
짧고 문법적인 문장이지만, 실제 사용 가능성은 거의 없다.

   (2) 내가 본 영화를 본 영이가 본 영화를 내가 보았다.

문장의 문법성 여부는 언어 사회 구성원의 직관에 근거하게 되지만, 때
로는 이 직관이란 것이 그렇게 신뢰성이 보장되지 않는다. 직관이란 것은
명시적이거나 의도적인 사고의 과정이 없이 문법성의 결론에 도달하는 것
이라 할 수 있다.[15] 어떤 조사에 의하면, 영어권 언어학자들의 영어 논문
문장이 다른 언어학자들에 의해 문법성을 인정받은 것은 그 절반 정도밖
에 안 되었다는 보고도 있다.[16]

문법성이 이분성을 특징으로 한다고 하였지만, 늘 그런 것만도 아니다.

   (3) a. 선생님은 눈이 밝으시죠?
        b. 선생님은 그 가방이 무거우시죠?
        c. 선생님은 댁 정원이 넓으시죠?
        d. 선생님댁은 정원이 넓으시죠?

---

15) Odlin, T., in Odlin, T. ed.(1994 : 271) 참조.
16) Odlin, T., in Odlin, T. ed.(1994 : 276~7).

위 네 문장의 문법성에 대해서는 견해차가 있을 수 있다. 그러나 분명한 것은 문법성에도 정도의 차이가 있을 수 있다는 점이다. 표준 마련에 따라 문법성이 규정될 수 있기는 하지만, 이런 것들이 늘 표준을 마련할 수 있는 성질의 것도 아니다. 때로 연구자의 도움이 필요하겠지만, 결국은 판단이 흔히 현장의 교사에게 넘겨질 수밖에 없고, 이를 판단할 수 있는 문법적 지식과 소양은 교사가 갖추어야 할 요건의 하나일 수밖에 없다.

3.3. 문법과 담화

문법과 담화는 엄연히 구별되는 영역이다. 문법은 하나의 문장을 최대 단위로 하는데, 이 문장은 하나의 이상적인 문장, 관념적인 문장, 또는 문맥 고립의 중립적인 문장으로, 구조 분석을 전제로 한 것이다. 이에 비해 담화는 구체적인 사용 언어를 대상으로 한다. 두 영역의 분명한 차이는 사용 여부에 있다. 언어 교육은 효율적인 언어 사용을 목표로 하므로, 언어 교육에서 담화를 고려하지 않은 문장은 무의미하다.[17]

대화 또는 담화 맥락 속의 문장이 문법적이어야 함은 물론이다. 담화가 문법과 전혀 절연될 수 없는 이유가 여기에 있다. 문법과 담화가 구별되는 것이지만, 여기에도 둘의 접합점이 있고, 그런 만큼 함께 고려하지 않으면 안 될 부분이 있다. Widdowson이 단어와 맥락을 접합시켜 주는 장치가 문법이라고 한 말[18]은 문법에서 담화의 중요성을 의미한 것이라 하겠다.

문장 중에는 비문법적인 것이면서도, 담화 맥락에서 통용되는 것이 적지 않다. 그것도 정도에 따라 많은 차이를 보인다. 여기에 문법적인 문장과 담화적인 문장이 구별될 수 있다.[19] 담화적인 문장, 즉 화용문은 비문

---

17) 담화가 시각에 따라서는 모두 대화의 성격을 갖는다고 할 수도 있지만, 일반적으로는 대화의 형태가 아닌 것도 많다. 여기서는 문장의 사용에 초점을 두고 하는 말이다.
18) Grammar, and Nonsense, and Learning, in Rutherford and Smith, eds(1988 : 153).
19) 성기철(1986)은 문장을 문법적인 문장과 화용적인 문장으로 구분하였다. 후자는 문

법적인 문장 중에서도 담화상 적절한 문장은 모두 수용하게 되는데, 이러한 문장도 한가지로 문법 교육의 대상이 될 수 있다.

문법과 담화를 이러한 시각에서 볼 경우, 언어 교육에서 문장의 판단은 그 기준으로 두 가지를 고려할 수 있다. 하나는 문법성이고, 다른 하나는 담화성이다. 전자는 순수 문법적인 측면에서 고려한 것이고, 뒤의 것은 문법과 함께 담화 맥락상에서의 적절성, 곧 언어 사용을 고려한 것이다. 가령 '나는 냉면이야.'가 분명히 비문이지만, 담화상 완벽한 문장이 될 수 있다. 따라서 언어 교육에서는 문법과 담화의 상관성이 고려되지 않으면 안 되며, 문법 교육은 경우에 따라 담화의 한 영역을 수용하지 않으면 안 된다.

> (4) a. 철수는 학생이야.
>   b. 철수는 (오늘) 당번이야.
>   c. 영수는 내일이야.
>   d. 영수는 비빔밥이야.(=비빔밥을 먹을 거야.)

b, c, d 세 문장은 차례로 문법성이 떨어진다고 볼 수 있을지도 모른다. 대체로 b는 정문으로 수용되지만, c는 좀 망설여질 수도 있고, 마지막 것은 배제될 것이다. 그렇지만 맥락만 주어지면 c, d도 완벽한 문장의 기능을 다할 수 있다. 문법적으로는 a, b와 c, d의 문법성을 구별할 수도 있겠지만, 특히 문법 교육에서는 그러한 엄격성이 꼭 요구되지는 않는다. 다만 고급 수준에서라면 필요에 따라 얼마간의 차별화가 필요할 수도 있다.

3.4. 지도 방법

문법 지도 방법과 관련하여 먼저 고려할 것은 학습자 변수이다. 학습

법적으로는 비문이지만, 담화 맥락상에서 완전한 문장의 기능을 하는 것을 지칭하였다. 이것은 담화문이라 할 수도 있겠으나, 이 단어가 갖는 일상적 의미와의 혼동을 고려하여, 회용문이라 해 둔다.

자의 연령, 모국어 및 국적, 교육 배경 및 수준, 목표어 수준, 학습 동기 또는 목표 등 학습자의 변수는 다양할 수 있는데, 이를 외면한 교육은 매우 무모한 것으로, 효율적 교육의 운영은 물론 교육 성과를 기대하기도 어렵다.

한국어 학습자의 경우, 대부분이 중등 이상의 학력을 가진 성인이고, 제2 언어로서보다는 외국어로서 한국어를 학습한다는 것, 특히 다국적 학습자를 한 교실에 수용하고 있다는 것도 크게 유념해야 할 중요한 문제이다.

학습자 변수를 고려하는 것은, 물론 이에 따라 크게는 교과과정, 작게는 특정 문법 요소에 대한 교수법이 차별화되어야 할 것이기 때문이다. 학습자 변수는 우선 여기 논의하고 있는 문법의 비중부터 차별화할 것이다.

다음에 문법 지도 방법과 관련하여 몇 가지 문제를 돌아보자 한다. 가장 효과적인 지도 방법은 최단 시간에 최다의 내용을 학습시켜, 이를 가장 오래도록 활용할 수 있게 하는 방법이다. Brown(2001 : 365~8)은 문법 제시와 관련한 귀납적, 연역적 방법의 문제, 설명과 용어의 사용 문제, 문법 별도 지도 여부 문제, 오류 정정 문제 등 네 가지 문제를 제시하였는데, 이와 관련하여 몇 가지 문제를 돌아보기로 한다.

• **귀납적 방법과 연역적 방법**

귀납적인 방법은 언어 자료에 노출시켜서, 학습자로 하여금, 의미나 규칙을 탐색해 내게 하는 방법이다. 극단적인 귀납적 방법은 교사의 역할이 거의 배제되는 경우이다. 굳이 있다면 자료를 제공해 주는 것 정도이다. 그러나 대부분의 경우, 교사는 학습자의 충실한 보조자가 되지 않으면 안 된다. 시간을 더 요하기는 하지만, 그 만큼 학습에는 효과적이다. 자신이 문제를 해결한다는 능동적, 적극적 태도에서도 학습 의욕을 높일 수 있고, 학습한 것을 더 쉽게, 더 오래 기억한다는 장점도 있다. 연역법에 비해 교사의 역할이 적을 수도 있지만, 사실은 학습의 효율화를 위한 교사의 치밀한 보조가 더 요구되기도 한다.

연역적 방법은 교사의 역할이 훨씬 증대됨으로써, 학습은 흔히 수동적이 된다. 연역적 방법의 한 표본은 문법 – 번역 방법이다. 교사에 의해서 규칙이 제시되면, 학습자는 주어진 자료에서 이를 확인하고 연습에 임한다.

흔히는 귀납적 방법이 강력히 권장되지만, 이러한 두 가지 방법의 적용도 학습 내용이나 학습자에 따라 유동적으로 적용되어야 할 것이며,[20] 아울러 학습자 나름의 학습 전략도 고려되어야 한다. 대체로 중등학교 이상 교육의 성인을 상대로 하는 한국어 교육에서는 귀납적 방법이, 낮은 연령층에서보다는 제한적으로 적용되어야 할 것이다. 학습자들의 기존 언어 및 문법 지식, 사고 및 추리력 등이 고려되어야 할 것이기 때문이다.

• 설명과 용어 사용

설명은 철저한 교사 중심의 지도 방법이다. 대체로 질문 외에는 학습자의 참여가 제한된다. 시간을 단축할 수 있는 장점이 있는 외에, 내용에 따라서는 이 외에 더 효과적인 방법을 찾기 어려운 경우가 있다. 한 경우는 학습자의 지적, 정신적 수준이다. 우리 학습자들은 앞서 말한 특성상, 설명이 때로 큰 교육적 효과를 가진다. 다른 경우는 문법 내용이다. 가령 조사 ‘ – 는/은’의 경우, 주제 표지의 기능은 귀납적인 방법만으로는 이해시키는 데 한계가 있다. 설명이나 용어의 사용은 최소화해야 하며, 평이하고 분명해야 한다. 이것이 학습 본래의 목표에 손상을 주는 것이어서는 안 된다.

• 문법 분리 지도

문법을 언어 교육에 통합해야 한다고 주장하는 의사소통 교육 방법이 아니라고 하더라도, 문법 교육이 그 목표에 접근하기 위해서는 분리 교육은 바람직하지 않다. 네 가지 언어 기능 모두와 관련하여 지도하는 것이 효율적이다. 특히 독해나 쓰기 지도의 경우에는 문법의 효율성이 더욱 두

---

20) 두 방법의 병용이 최선이라고 한 Corder(1973 : 133, in Rutherford and Smith, eds., 1988)의 말은 Brown(1994 : 351), Larsen-Freeman(1988 : 133, in Celce-Murcia, ed., 1991) 등에서도 같은 의견이 확인된다

드러지게 될 것이다. 그러나 Brown(2001 : 367)이 제시하듯이, 분리가 효율적인 경우가 있을 수 있다. 특히 고급 단계에서는 기능과 분리된 별도의 문법 지도가 요구될 수도 있다.

• 오류와 정정

언어 학습에서 발생하는 오류에는 여러 가지 배경과 종류가 있을 수 있는데, 외국어 학습의 경우 더 많은 오류를 범하게 된다. 오류에는 발음, 어휘, 문법, 담화 등 언어의 상이한 층위에 따른 여러 가지 다른 종류의 오류가 있을 수 있다. 현실적으로 오류에서 문제가 되는 것은 기본적으로 오류가 무엇인가 하는 것, 오류의 정정이 필요한가 하는 문제, 그리고 이 오류를 교사가 어떻게 대응해야 하느냐 하는 것 등이다. 우선 문법 또는 담화와 관련하여 오류를 판단하는 것이 용이한 것만은 아니다. 이 판단은 화자의 직관에 의존할 수밖에 없는데, 이 직관이란 것 자체가 화자에 따라 적지 않은 차이를 보이기도 한다. 따라서 이것도 결국은 역시 교사에게 주어지는 부담이 되기 일쑤다.

Burt and Kiparsky(1974)는 오류가 일어나는 문장 구조상의 층위와 관련하여, 오류를 대국적 오류(global mistakes)와 소국적 오류(local mistakes)로 구분하였는데,[21] 가령 주요 성분의 탈락과 같은 대국적 오류는 한 조사의 오용과 같은 소국적 오류에 비해서 더 큰 문제가 될 것이다. 그러나 이것도 일률적으로 말할 수 있는 것은 아니다. 한국어의 경우, 한 조사나 어미의 오용이 한 문장 성분의 오용보다 더 심각한 의사소통상의 장애 요인이 될 수도 있기 때문이다.

오류는 그 정도가 다양하다. 의사소통 자체를 불가능하게 하는 심각한 것에서부터, 의사소통에 전혀 영향을 미치지 못하는 아주 경미한 것에 이르기까지, 이 양극 사이에는 많은 정도의 차이가 나타난다.

---

21) Celce-Murcia, M. and Hilles, S.(1988 : 20).

(5) 철수는 뒤쪽에 앉어 있다.
(6) 철수는 뒤쪽에서 서 있다.
(7) a. 철수는 부산에 왔다.
    b. 철수는 부산에서 왔다.

위에서 (5)의 오류 '앉어'는 의사소통에 전혀 문제가 안 된다. (6)의 '−에서'의 경우에도 의사소통 자체에는 별로 문제가 없다. 그런데 (7)에서 a로 의도한 것을 b로 표현하든가, b로 의도한 것을 a로 표현한다고 하면, 이 때는 의사소통이 완전히 실패하는 경우가 된다.

학습자의 언어에 따라 그러한 오류의 유형도 다르게 나타날 수 있는데, 언어 또는 문법의 교육에서 문제가 되는 것은, 크게 두 가지 상이한 견해다. 하나는 오류를 정정해 줄 필요가 없다는 주장이고, 다른 하나는 오류의 정정이 필요하다는 주장이다. 전자는 기능의 발전과 함께 오류도 자연적으로 수정돼 간다는 데 근거한 것이고, 후자는 오류를 그대로 두면 화석화될 수 있다는 데[22) 근거한다. 가령 Dulay, Burt and Krashen(1982 : 261~3)은 문법적인 오류의 정정이 학습자에게 도움이 되지 않는다고 보았다. 그런가 하면, Carl James(1998 : 246~8)는 오류 정정의 필요성을 뒷받침하는 여덟 가지의 논의를 제시하고 있다.[23)

필자는 후자편에 선다. 방치하면 설혹 화석화의 단계까지는 안 간다고 하더라도, 얼마 동안 오류가 되풀이될 가능성이 높은 것만은 분명하다. 특히 작문의 경우 오류 정정은 반드시 필요하다. 오류 정정이 때로는 학습자가 자신의 언어 능력 향상을 확인하는 방법이 될 수도 있다.

오류와 관련하여 생각할 수 있는 최선의 길은 첫째로 오류 예방이며, 그 다음은 오류 정정 방법이다. 오류의 유형과 원인을 정밀하게 분석하는 것은 오류의 예방을 위해서 매우 중요한 작업이지만, 이뿐 아니라 오류의 교

---

22) Celce-Murcia, M. and Hilles, S.(1988 : 2) 참조.
23) James는 실제 오류 정정의 효율성에 대해 확신감을 가지고 있지는 못하다(p.249 참조).

정을 위해서도 매우 필요하다.

학습 활동 중의 오류 정정 문제는 신중해야 한다. 오류를 수정해 주는 경우, 우선 그 순서가 고려되지 않을 수 없다. 오류의 정도가 심각한 것부터 가벼운 것의 순서로 이루어져야 할 것은 당연하다. 정정의 시간도 문제다. 오류를 즉석에서 수정해 줄 수도 있지만, 이것은 자칫 학습자의 언어 활동 의욕을 위축시킬 수 있다. 학습자의 심리는 교사가 항상 유념해야 할 부분이다. 즉석에서 수정해 주지 않는다면, 다른 적절한 시간을 이용해서 이 오류를 일깨워 주고 바른 답을 제시해 주어야 할 것이다. 그 적절한 시간이란 교사가 판단할 몫이다.

오류는 정정 시간과 별도로 어떠한 방법으로 정정해 줄 것인가 하는 또 다른 문제를 생각할 수 있다. 교사가 바른 답을 줄 수도 있고, 다른 방법으로 오류를 정정할 수 있도록 도울 수도 있다. 동료 학습자를 통해 우회적인 방법으로 정정해 줄 수도 있으며, 자기 스스로 오류를 깨우쳐 정정하도록 유도하는 방법도 있을 수 있다.

4. 한국어 교육과 문법 교육

4.1. 문법 요소의 선정

문법 요소란 학습 내용이 되는 문법의 단위 요소이다. 이 요소는 단일한 것도 있고, 복합적인 요소도 있다. 시제가 분명히 문법 요소지만, 이 속에 포괄되는 현재 시제, 과거 시제 등도 각기 독자적인 문법 요소가 된다.

문법 요소의 선정을 위해서는 우선 교과과정을 고려하지 않을 수 없다. 교과과정에는 학습 목표, 학습 내용, 내용의 조직, 지도 방법, 지도상의 유의점, 평가 방법 등 다양한 교육 관련 내용이 체계화된다. 문법 교육도 이러한 교과과정의 틀 속에서 이루어져야 함은 물론이다. 학습자, 배당 시간, 타 영역과의 관련 등 여러 가지 요소가 종합적으로 고려된 후에라야 문법 요소의 선정과 내용의 조직, 지도 방법 등이 마련되고, 이에 따라 현장 교육이 이루어질 수 있다.

매우 많은 문법 요소를 내용으로 하는 문법-번역 중심 교수법 이후 여러 가지 교수법 이론이 부침하면서, 지금의 의사소통 중심 교수법에 이르기까지 문법의 비중은 점점 축소되어 왔다. 문법 요소가 크게 제한된 만큼, 문법 요소의 선정은 더 중요한 의미를 가지게 되었다.

한국어 교육에서 이런 문제는 아직 심도 있게 연구된 일이 없다. 한국어 문법 교육이 현장만 있고, 이론이 뒷받침되지 못했기 때문에, 문법 요소의 선정이나 내용, 지도순 등 중요한 문제가 상당 부분에서 교육에 이해가 부족한 연구자나 현장 교사의 직관적 판단에 의존한 것을 엿볼 수 있다. 문법 또는 문법 요소에 대한 이해가 제한되어 있을 때, 요소 선정이 부실해지고, 이에 따라 문법 교육의 효율은 저하될 수밖에 없다.

이상억(1998)은 이상억(1993)에서 조사된 통사적 현상이 갖는 기능 부담량 및 문법 사항의 출현율을 문법 요소 선정의 기준 및 한국어 교재의 평가 자료로 활용하고자 하였다. 그러나 조사 대상이 첫째는 문어에 치중되었고, 둘째는 고급 한국어 문장에 기초하고 있기 때문에, 구어를 통한 의사소통을 중시하는 한국어 교육에 적용하는 데는 문제가 적지 않다. 가령 22개 문법 사항 중 '경어화'라는 대우법이 맨 끝 순위에 있는데, 이것은 한국어 학습자가 가장 먼저 배워야 할 문법 요소의 하나이다. 또 '문법 사항'의 출현율에서 관형절의 형태로 나타나는 명사구 보문화는 약 86%임에 비하여, '안' 부정화는 약 9%, 의문화는 약 8%밖에 안 된다. 그러나 의문문이나 '안' 부정은 한국어 교육의 초기 단계부터 중시되어야 할 문법 요소일 것이다. 대화체가 아닌 문어에 의문문이나 부정문이 적을 것은 당연하다.

박영순(2001)의 '한국어 문법 교육론'에서는 국어의 대표적인 조사로 격조사의 '-는/은, -이/가, -을/를, -에게'와 '의미 조사'라고 명명한 보조

조사의 '-는/은, -도, -만, -조차, -까지, -에서, -부터, -로, -밖에, -나, -라야'를 들고 있다. 그리고 나서 '저빈도 조사'를 제외한 90여 개의 조사 목록을 학습 요소로 제시하였다. 조사의 선정 기준도 주관적인 것일 수밖에 없지만, 예시와 같은 주관이 얼마나 객관성을 얻을지는 의문이다. 우선 어떻게 격조사에 '-은/는'이 포함되었는지도 의문이지만, '대표적' 격조사에 '-에', '-의' 등이 배제된 이유도 이해할 수 없다. 격조사와 의미 조사의 구분이나, 조사 목록에 복합조사가 기준 없이 임의로 선정된 것도 문제지만, '-나, -라야' 등이 11순위 안에 들 만큼 우선 순위의 대표적인 조사라는 것도 선뜻 동의하기 어려워 보인다.

국내 한국어 문법 교육을 살피기 위해 현행의 일부 대표적 교재를 참고하였다. 그것은 연세대 한국어학당의 '한국어 1'(2000), 고려대 민족문화연구소의 '한국어 1'(1992), 서울대 어학연구소의 '한국어 1'(2000), 이화여대 언어교육원의 '말이 트이는 한국어 1'(1998), 서강대 한국학센터의 '서강한국어 1'(2000), 그리고 경희대학교국제교육원의 '한국어 초급 1'(2000) 등이다.

이들 교재상의 문법 요소를 살펴보면, 우선 눈에 띄는 것은 첫째로 문법의 중시이고, 둘째로는 문법에 대한 이해 부족이며, 셋째로는 문법 교육에 대한 이해 부족이다. 대부분의 교재에서는 매 단원에 적게는 하나에서 많게는 여러 개의 문법 요소를 별도로 반영하였고, 언어 학습도 많은 경우 이들 문법 요소에 근거하고 있지만, 문법에 대한 이해 부족은 교재 여러 곳에서 발견된다. 고려의 대상이 된 모든 교재의 경우, 그 제작 과정에 문법 전문가의 참여는 별로 없었던 것으로 이해된다.

한국어 교재에 반영된 문법 요소의 문제점을 몇 가지 돌아보자. 약속이나 하듯이 모두 반말을 제외했고, 존대형 '-요'를 보조조사로 분석한 교재는 하나도 없다. 부정형 '-말다'도 서울대, 연세대, 서강대 등에서는 제외되었다. 진행형 '-고 있다'는 서강대, 경희대 등에서 제외하였으며, 짝을 이루고 있는 '-고 있다'와 '-어 있다'를 함께 선택한 교재는 하나도 없다.

조사의 경우도 가지각색이다. ‘－이나’, ‘－까지’ 등은 선택하면서, ‘－만’은 제외했고(이대, 고대, 서울대, 서강대 등), 비교의 ‘－보다’도 연세대, 고대, 이대, 경희대 등 대부분에서 결여되었다.

이상에서 일부 예를 보았는데, 여기 예를 든 요소들은 초급에서라도 배제할 수 없는 것으로 생각된다. 대개는 이들보다 훨씬 후위에 와야 할 요소들이 이들을 대신하고 있는 것이 문제이다. 조사의 목록만 잘 마련해 놓고 선정했어도 현재보다는 나았을 줄 안다.

문법 요소 선정에서 고려해야 할 최우선의 기준은 사용 빈도일 것이다. 사용 빈도는 객관적 조사를 근거로 해야겠지만, 현재 의존할 만한 것이 없다. 또 이러한 조사를 위해서는 정밀한 사전 연구가 필요하다. 사용 빈도는 무엇보다도 일상적인 대화를 대상으로 한 것이 바람직하다. 각종의 광범한 내용을 대상으로 한 것은 실제 실용도가 크게 떨어진다. 가령 고빈도의 학술 용어가 한국어 문법 교육에는 자칫 무용지물이 될 수도 있다.

또 의사소통상의 중요도를 고려해야 한다. 중요도란 것을 객관화하는 방안이 연구되어야 하겠지만, 중요도가 반드시 사용 빈도와 일치하는 것만은 아니다. 가령 ‘안’이나 ‘－지 아니하다’ 같은 부정법은 설혹 그 사용 빈도가 낮다고 하더라도,[24] 반드시 초급 단계에서부터 이해하여야 할 중요한 문법 요소이다. 이것을 모르거나 잘못 이해해서는 의사소통에 결정적인 오류를 범할 수 있다.

실제는 선정 기준 자체보다는 이의 적용이 문제이다. 빈도나 중요도가 어떤 기준에서 마련되느냐에 또 다른 문제가 있기 때문이다. 현행 교재의 경우, 이런 기준이 없는 상황에서 만들어졌기 때문에, 선정에 차이도 적지 않고, 동일성을 보여도 다른 것의 모방 가능성도 있어, 꼭 신뢰할 만한 것이 아닌 경우가 없지 않다.

선정된 문법 요소의 지도순이 필요한가의 문제도 간단하지 않지만, 전반적으로 긍정적이다. 가령 문법 구조 습득에는 일정 단계가 있어서, 학습

---

24) 이성익(1993, 1998) 참조.

자는 이 단계를 따라야 한다는 연구가 있는데, 이것은 Pieneman(1984)의 심리학적인 연구와도 일치하는 것으로 소개되었다.[25]

지도순은 문법 지도 방법의 문제이기도 하지만, 내용 선정과 밀접한 관계를 가져서, 때로는 두 기준이 부분적으로 일치하기도 한다. 가령 요소 선정은 학습자의 급별로 차별화되어야 하는데, 이것은 가장 기본적인 지도순의 문제이기도 하다.

지도순에서 첫째로 고려할 것은 역시 일상의 사용 빈도이다. 사용 빈도가 높은 것이 학습의 우선 순위에 와야 할 것은 당연하다. 이것은 요소 선정의 기준과도 일치하는 점이다.

둘째로는 학습상의 난이도가 고려되어야 한다. 가령 문장 구조의 경우, 단순한 구조에서 복잡한 구조로 나가야 한다는 것은 흔히 말하는 것이다. 단순문이 복합문에 우선해야 할 것은 당연하며, 필수 성분으로 된 문장이 부속 성분을 가진 것보다 우선해야 할 것이다.

(12) 학생들은 김밥을 먹었다
(13) 외국 학생들은 한국의 김밥을 먹었다.
(14) 외국에서 온 학생들이 맛있는 김밥을 먹었다.

문장 성분만을 고려할 때, (13)에서는 명사 수식어가 쓰였으며, (14)에서는 동사, 형용사의 활용형 수식어가 쓰였다. 즉 관계절이 내포되었다. 여기서 학습상의 난이도를 가리는 것은 어렵지 않다.

셋째로는 연계성이 있어야 한다. 가령 복잡한 대우법의 경우, 한 단원에서는 고사하고, 한 급에서도 다 이해시키기 곤란하다. 따라서 초급 초기에서부터 연계성을 가지고 단계적으로 학습시켜야 한다.

넷째로는 지도상의 체계성이 고려되어야 한다. 체계성은 연계성과는 내용을 달리 한다. 전자가 내용과 더 관련된다면, 후자는 지도순과 더 관련될 수 있다. 대우법을 다시 예로 든다면, 주체대우, 청자대우, 객체대우가

---

25) Larsen-Freeman(1988 : 291), in Celce-Murcia, ed.(1988) 참조.

대우법이라는 하나의 문법 범주 안에서 체계화되어 지도되어야 할 것이며, 청자 대우의 경우, '하십쇼체/해라체'와 '해요체/해체'를 화계라는 범주 안에서 유기적으로 지도해야 할 것이다. 여러 교재에서 발견되듯이, 반말을 해요체와 전혀 무관하게 학습시키는 것은 체계성을 고려하지 못한 대표적인 예의 하나가 될 것이다. 체계적 지도에서는 상호 연관된 중요한 내용이 배제되어서는 안 된다.

다섯째로는, 규칙적 현상이 불규칙적 현상에 우선해야 한다. 어미 '-어/아, -여, -러' 등을 예로 든다면, 예시의 순서가 되어야 한다. 이것은 사용 빈도와도 일치할 것이다. 그러나 부정법에서 '안'과 '-지 아니하다'의 경우는 조금 사정이 다르다. 전자가 불규칙적인 반면, 매우 단순하여 학습의 편의에서는 후자에 앞선다. 이 경우에는 단형을 먼저 소개한 다음, 다소의 간격을 두어서 장형을 소개하는 것이 더 효과적일 것으로 보인다.

4.2. 문법 교육의 실제

근년에 새로 출간된 한국어 교재는 대체로 교과과정의 부분적 축소라 이를 만한 교재 구성을 제시하고 있다. 여기에는 단원별로 문법 요소가 제시되어 있다. 다음에 앞서 예시한 몇 교재에 선정된 문법 요소를 중심으로 몇 가지 지도, 학습상의 실제 문제를 돌아보고자 한다.

한국어를 학습하는 데 있어서 맨 처음부터 부딪히는 중요한 문제의 하나는 대우법이다. 여러 화계가 있지만, 존대 화계부터 이해시키는 것은 당연하다. 그러나 존대도 아주높임의 하십쇼체와 두루높임의 해요체가 있다. 초급에서 이 둘을 어떤 순서로 학습시킬 것인가는 기관 또는 교재에 따라 다르다. 철저하게 하십쇼체로 일관하는 교재가 있는가 하면(고대), 둘을 병용하는 경우가 있다.

결론부터 말해서, 하십쇼체로만 일관하는 것은 바람직하지 못하다. 언어 현실을 외면한 것이다. 둘을 병행해서 지도하거나, 아니면 해요체를 선행시키는 것이 바람직하다. 한국어 입문자에게는 단순하고도 실용적인 것이 우선해야 한다. 화계에 의한 청자 대우에 관한 한, 해요체 하나로 간단히 해결된다. 청자에 따라, '-요'의 선택 여부를 결정하면 되는 것이다. 선택되면 존대이고, 선택되지 않으면 낮춤인 것이다.

현행 한국어 초급에서 낮춤의 화계가 금기로 된 것은 아주 잘못된 생각이다. 초급의 경우 존대 표현만 이해시키는 것이 이해는 가지만, 이들이 반말을 청취하게 되는 상황은 수없이 많다. 때로는 다른 참여자간의 대화를 청취하는 것도 이해하지 않으면 안 된다. 이들 사이에서 얼마든지 반말이나 해라체가 사용되는 것을 상정할 수 있다. 특히 해요체의 경우, 전혀 별도의 학습 부담 없이 반말을 학습시킬 수 있음을 간과해서는 안 된다.

문법 현상에 대한 설명에서 오류가 있어서는 안 된다. 다음에 지적하는 오류는 하나같이 문법에 대한 이해가 부족한 데서 연유한다. '-을 수 있다'나 '-고 있다'를 보조동사로 처리한 것(이대, 1-9)이나, 보조조사 '-요'를 어미의 축약형이라 본 것(이대, 1-11), 또 이 형태를 'sentence ending of informal polite speech'(서강, 1-2)라 한 것, 그리고 이어서 '-어요'를 종결어미로 해석한 것(서강 1-3) 등은 모두 옳지 못한 중구난방이다. 서울대 1~26에서 주격조사 '-가'를 'topic particle'이라 한 것도, 1~6에서 subject particle이라 한 것과 전후 모순의 오류이다. 실제의 예는 주제도 아니다.

존대 표현의 응답인 '예' 또는 '아니요'에서 경희대를 제외하고는 후자를 예사높임의 '아니오'로 쓰고 있는 것도 큰 잘못이다. 이것은 국어 사전의 책임일지도 모르나,26) 그렇다고 집필진이나 교사가 면책되는 것은 아니다. 두루높임 화계의 '예'에 대한 부정은 반말높임의 '아니요'이며, '예'에 대한 하대 부정은 반말 '아니'이다. 최근년에 출간된 이화여대(1998), 서울대(2000), 서강대(2000) 등의 교재는 여전히 과거의 오류를 답습하고 있다.27)

---

26) '한글학회(1992), 『우리말 큰사전』, 어문각'에서 '아니오'를 표준으로 등재한 것은 큰 잘못이다.

연구자간에 이견을 보이는 요소에 대해서는, 교육적 효율성을 고려하여야 한다. 가령 시제에서 현재나 미래의 경우, 흔히 현재형으로 '-는', 미래형으로 '-겠-'을 소개하고 있다. 그러나 현재형의 경우, 특수한 한두 예(있다, 없다 등)를 제외한 형용사 전부와 동사의 대부분의 활용에서, 현재 표시의 형태는 나타나지 않는다. 논리적으로나 교육적 실용의 어느 면으로 보아도, 현재 시제 형태는 없는 것으로 지도하는 것이 바람직하다. 미래도 시제 형태를 설정하는 것보다는, 추정의 형태로 이해시키는 것이 합리적이기도 하거니와 교육적 실효성이 있다. '-겠-'이나 '-을 것이-'가 과거, 현재, 미래에 대한 추정을 나타내는 것으로 학습시키는 것이 바람직하다.

불규칙 활용에 '으'불규칙을 포함시킨 것은 경희대를 제외하고 모두 한 가지다. 그런데 이 불규칙 활용은 중등학교 문법에서도 탈락의 규칙으로 설명되는 현상이다. 간단한 음운 규칙을 불규칙으로 학습시킬 이유가 없다.

문법 형태 또는 여기에 준하는 것은 분석적인 방법보다는 종합적인 방법으로 이해시키는 것이 효율적이다. 때로는 문법적으로 다소 불합리하다 하더라도, 교육의 효율을 위해서는 그러한 방법을 원용할 수 있다. '-을 수 있다, -어야 한다, -어도 좋다' 추정의 '-을 것이-' 등은 그 일부의 예이다.

물론 분석적인 방법이 효율적인 경우도 많다. 가령 존대 형태 '-(으)시-'나 추정의 -겠-, 존대의 '-요'와 같은 형태들은 대부분의 경우, 분석적인 지도가 효과적이다. 복합형태 '-십니까, -십니다'를 종결어미로 처리하는 것,[28] 반말 종결어미와 존대조사의 복합 형태인 '-어요'를 종결어미로 처리하는 것(서강, 1-4)[29] 등은 문법적인 오류일 뿐만 아니라, 학습 효율의 측면에서도 적절하지 못하다.

---

27) 이 오류는 필자가 2001년 7월 13~15일 체크의 프라하에서 개최되었던 제12회 ICKL 회의 발표에서도 지적했던 점이다.

28) 박영순(2001 : 50).

29) '-어요'를 종결형태로 보았는데, 2권 7단원에서는 '-요'를 particle이라 한 것도 전후 모순이다.

학습량도 충분히 고려되어야 한다. 교재 구성을 보면, 어떤 단원의 경우에는 문법 요소가 아주 가볍게 소개되었는가 하면, 어떤 단원에는 양 또는 내용에서 과중한 것이 소개된 경우가 적지 않다. 한 예로 이화여대의 1-3과 1-8, 1-12와 1-14를 비교해 보면, 문법량의 불균형이 쉽게 눈에 띈다.

5. 맺는 말

본고는 특히 외국어 교육과 관련하여 문법 교육의 몇 가지 기본적인 문제들을 돌아보면서, 한국어 교육과 관련한 몇몇 문제점과 개선 방안을 생각해 보는 데 목표를 두었었다. 의사소통 방법이 아무리 문법의 비중을 부정 또는 축소한다고 하더라도, 우리는 문법이 여전히 의사소통에 중요한 기여를 한다는 점에 의견을 같이 한다. 외국어 교육에서 여전히 문법이 큰 비중을 잃지 않고 있는 국내외 현실을 고려한다면, 문법 교육의 문제는 조금도 소홀히 할 수 없는 엄연한 현실적 주요 문제임에 틀림없다.

문법 교육의 근본은 무엇을 어떻게 지도하고 학습시킬 것인가에 있다. 어느 것을 위해서도 교사는 해당 문법에 대한 상당한 지식이 요구된다. 이것이 결여될 때, 자칫 지도 내용상의 오류를 범할 수 있으며, 지도 방법의 비효율로 학습 효과를 떨어뜨릴 수 있다.

한국어 교육에서의 문법 교육은 그 공로와 현장 연륜에도 불구하고 적지 않은 면에서 개선의 여지가 적지 않다. 여기에는 두어 가지 이유가 있다. 첫째는 한국어 문법 교육에 종사하는 연구자가 별로 없었다는 점이며, 다른 하나는 일선 교사들의 진지한 연구 노력이 모자랐다는 점이다.

본고는 문법 교육의 필요성 등 원론적인 문제 일부와 현장의 문법 문제 중 일부를 돌아보는 데 머물렀다. 금후 연구자와 현장 교사의 협력 속에 두 가지 모두 더 정밀화되어야 할 것이다. 특히 교재와 실제 수업상의 문제 등이 구체적으로 분석되고, 또 새로운 방안이 모색되어야 할 것이다.

점증하는 한국어 교육의 수요에 적응하기 위해서, 한편으로는 이론적 뒷받침을 위한 연구와 함께, 현장의 연구 및 현장에 대한 연구가 더욱 활성화되어야 할 것이다. 적지 않은 현장 경험의 연륜과 교육 현장의 확대는 매우 소중한 것인 만큼, 앞으로 문법 교육은 물론, 한국어 교육 일반에 대한 더 진지하고 과학적인 연구가 폭넓게 확산되기를 기대한다.

참고 문헌

경희대학교 국제교육원 한국어 교육부(2000), 『한국어 초급 1』, 경희대학교출판부.
경희대학교 국제교육원 한국어 교육부(2001), 『한국어 초급 2』, 경희대학교출판부.
김정은·이소영(2001), 「제2언어로서의 한국어 표준 문법」, 『이중언어학』 제19호, 이중언어학회.
박영순(2001), 『외국어로서의 한국어 교육론』, 월인, p.50.
서강대학교 한국학센터(2000), 『서강한국어 1』, ENGLISH VERSION, 도서출판 하우.
서강대학교 한국학센터(2000), 『서강한국어 2』, ENGLISH VERSION, 도서출판 하우.
서울대학교 어학학연구소(2000), 『한국어 1』, 문진미디어.
성기철(1986), 「문의 문법성과 화용성」, 봉죽헌 박붕배 박사 회갑 기념 논문집, 배영사.
연세대학교 한국어학당(1992), 『한국어 1』, 연세대학교 출판부.
이상억(1993), 「통사적 현상의 기능 부담량에 대하여 : 현대국어에 대한 계량 적 조사」, 안병희 선생 회갑 기념 논총 : 국어사 자료와 국어학의 연구, 서울대 대학원 국어연구회, 문학과 지성사.
이상억(1998), 「외국인용 한국어 교재에 포함된 문법 사항의 비교 평가」, 『한국어 교육』 제9권 2호, 국제한국어교육학회.
이화여자대학교 언어교육원(1998), 『말이 트이는 한국어 Ⅰ』, 이화여자대학교출판부.
이화여자대학교 언어교육원(1999), 『말이 트이는 한국어 Ⅱ』, 이화여자대학교출판부.
Brown, H. D(2001), *Teaching by Priciples : An Introductive Approach to Language Pedagogy.* PreDntice Hall Regents.
Brown, H. D(2001), *Teaching by Priciples : An Introductive Approach to Language Pedagogy.* Second Edition. Addison Wesley Longman, Inc.
Celce-Murcia, M. ed.(1991), *Teaching English as a Second or Foreign Language.* Second Edition. Heinle and Heinle Publishers.
Celce-Murcia, M and Hilles, S.(1988), *TECHNIQUES AND RESOURCES IN TEACHING GRAMMAR.* Oxford University Press.
Dulay, H., Burt, M. and Krashen, S. D.(1982), *Language Two.* Newbury House, Rowley, MA.
James, C.(1998), *ERRORS IN LANGUAGE LEARNING AND USE —EXPLORING ERROR ANALYSIS.* Longman.
Kim, Namkil.(2001), The importance of grammar in Korean language teaching. 국제한국

어교육학회 제11차 국제학술회의 - 언어권별 한국어 교육 - 발표 논문집. 국제한국어교육학회.

Lydia, White.(1995, 1989), *Universal Grammar and Second Language Acquisition*. John Benjamines Publishing Company, Amsterdam and Philadelphia.

McKay, Sandral.(1985), *Teaching Grammar : Form, Function, and Technique*. Pergamon Press.

Odlin, T., ed.(1994), *Perspectives in Pedagogical Grammar*, Cambridge University Press.

Rutherford, W. and Smith, M. S., eds.(1988), *GRAMMAR AND SECOND LANGUAGE TEACHING : A BOOK OF REACING*, Heinle and Heinle Publishers.

Ur, Penny.(1988), *Grammar Practice Activities*, Cambridge University Press.

－『국어교육』107, 한국국어교육연구학회, 2002. 2.

한국어 어휘 교육과 문화 교육

1. 언어와 문화

인류가 공동 생활을 영위하면서 그 문화가 시작되었을 것이나, 이것은 상당한 시일을 두고 완만한 발전을 해 왔을 것이다. 이러한 과정에서 의사 소통 및 내적 충동의 외적 발산이라는 사회적, 심리적 욕구를 충족시키기 위해서 마련된 것이 언어일 것이다. 이렇게 발생된 언어는 사회, 문화의 소산이라는 것 자체만으로도 이미 하나의 문화 현상이다. 언어는 인간의 사고와 표현의 도구이면서, 더 본질적으로는 사회 공동체의 공유물로서, 인류의 삶을 역동적으로 이끌어 가는 동력이 된다는 점에서 문화의 핵심에 놓이게 된다. 문화는 언어를 산출하고, 이 소산물에 의해서 그 질과 양과 속도가 놀랍게 발전되고 가속화되어 왔다. 이러한 문화의 주체는 인간으로, 인간의 사회 활동이란 다름 아닌 문화 활동을 의미한다. 인간은 문화적 동물이며, 문화적 존재, 문화적 실존이다.

언어는 문화를 모체로 하고 있기 때문에, 선천적으로 문화의 유전자를 지니게 되었고, 언어는 또 그 모체인 문화를 이끌어 가고 있기 때문에, 그 안에 많은 문화를 축적하고 있다. 언어는 역사성, 사회성을 본질로 하고 있기 때문에, 문화의 통시적, 공시적 자산을 자체 속에 축적, 수용하고 있다. 그러므로 상이한 문화적 배경에서 잉태되어 자라 온 언어가 서로 다를 경우, 그 언어가 지니는 문화 또한 상이한 것일 수밖에 없다. 기본적으로 상이한 언어는 상이한 문화를 의미한다. 한국어는 한국의 문화이며, 중국어는 중국의 문화이다.

한국어가 통사적 특성을 가진 조사, 어미 등 문법 형태가 발달하였고, 이에 따라 어순이 비교적 자유로운 반면, 서구어는 그러한 문법 형태가 매우 빈약하고, 이에 따라 어순이 비교적 고정된 것은 바로 언어가 보여 주는 문화의 한 차이이다. 한국어에 대우 표현이 복잡하게 발달되어 있는 데 비해, 영어나 중국어는 매우 단순한 것도 언어가 보여 주는 문화의 차이이다.

자연의 객관적 현상인 무지개를 바라보는 사람들의 인식의 차이는 무지개 색깔의 차이를 언어에 반영하고 있다. 무지개 색깔은 꼭 일곱 개여야 할 이유도 없으며, 6개 또는 4개여야 할 이유도 없다. 대상 인식의 차이라고 하는 문화의 차이일 뿐이다. Whirf, Sapir에 의해 주창된 언어의 상대성 원리는 많은 논의의 대상이 되었지만, 언어가 문화에 미치는 영향은 결코 작지 않다. 한국어의 대우 현상이 한국의 사회 문화의 소산이지만, 그 결과물인 대우 현상이 역으로 우리의 사회, 문화에 미치는 영향은 매우 크다.

한국어에서 화계가 역사적으로 변천한 현상에서도 언어와 사회, 언어와 문화의 상관성을 볼 수 있다. 흔히 후기 중세 국어로 명명되는 조선 전기에는 대체로 세 개 정도의 화계가 있었던 것으로 이해되고 있는데, 이것이 19세기 이후로 오면서, 흔히 격식, 비격식으로 일컬어지는 네 개, 두 개의 이원적 화계로 체계화되었었다. 이것이 지금에 이르러서는 두 개, 두 개의 이원적 체계로 단순화되고 있다. 이것은 조선 왕조 시대의 봉건적 계급 사회가 현대의 민주, 평등 사회로 변모되는 사회 문화 현상과 긴밀한 관계를 가진 것으로 이해된다.

문화와 절연된 언어는 있을 수 없다. 문화와 절연된 언어가 있다면, 그것은 실험실에서 인조된 언어일 수밖에 없으며, 그것은 삶의 현장에서 필요로 하는 어떠한 요구도 충족시키기 어려운, 불구의 언어가 될 것이다. 언어는 문화와 절연될 수 없고, 절연되어서도 안 된다. 이처럼 언어와 절연될 수 없는 문화를 포괄적으로 일러 언어 문화라 부르기로 한다. 언어가 있는 곳에 그 독자적인 언어 문화가 있고, 언어의 차이는 곧 언어 문화의 차이를 가져온다. 이것은 곧 외국어 교육에서 언어 문화가 중시되는 근본 배경이 된다.

2. 어휘와 문화

문화가 언어를 생성하고 거기에 문화가 반영되는 방식은 여러 가지를 고려할 수 있지만, 본고에서는 그 중에서도 어휘와 문화의 관계에 주목하고자 한다. 언어가 문화를 반영한다고 할 때, 그 중의 상당 부분은 어휘와 관련된다. 한 언어의 문화는 어휘 속에 가장 풍부하게 반영되어 있다. 문화에 관한 가장 풍부한 정보원의 하나는 그 언어의 어휘라고 말한 것이나,[1] Steele이 우리가 사용하는 모든 단어, 모든 표현은 문화적 특성을 가지고 있다고 한 것은[2] 모두 그러한 특성을 지적한 것이다. 어휘는 그 문화의 보고로서, 통시적, 공시적 문화의 축적이다. 관점을 달리 해서 어휘의 이러한 특성을 보게 되면, 어휘의 의미는 문화적으로 완전히 구속되어 있다고 할 수 있다. 그만큼 문화는 역사적으로 그리고 사회적으로 어휘에 문화의 굴레를 덧씌워 왔다.

단어의 의미는 사전에서 보는 어휘적 의미나 실제 사용 현장에서 표현되는 화용적 의미 외에, 문화적 의미를 포괄하는 것이어야 한다. 이 중의 어느 하나를 제외하더라도 단어의 의미는 매우 불완전한 기형의 것이 될 수밖에 없다. 특히 단어의 의미가 사전적 의미에 머무르고 말 때, 문화의 의미가 사장되어, 마치 해부실의 실험용으로 비치된 주검과 다를 게 없게 된다.

---

1) Heusinkveld, P. R. ed.(1997), 3부 서론 참조(p.193).
2) Spinelli & Siskin(in Heusinkveld, P. R. ed.(1997 : 227)에서 재인용.

어휘적 의미가 특정의 대상을 지시하고, 한정되어 있는 일정한 틀 속에 갇혀 있는 정적인 의미라면, 문화적 의미는 한 단어가 한 사회, 문화적 맥락 속에서 살아 움직이는, 역동성을 특징으로 하는 동적 의미라 할 수 있다.

동일 대상에 대한 기본적 인식의 차이가 있을 수 있는데, 이는 어휘 의미의 차이와 함께 문화의 차이를 가져온다. 한국에서는 흔히 토마토를 과일로 생각해 왔다. 지금도 과일로 먹는 사람이 적지 않다. 그러나 서양에서는 토마토는 채소이다. 주로 요리의 재료가 된다는 말이다. 한국에서 토마토를 채소로 이용하게 된 역사는 그리 오래지 않다. 같은 재료를 어떻게 인식하고 어떻게 이용하느냐 하는 것은 전적으로 문화의 차이이다.

비교적 객관성이 크다고 할 수 있는 어휘에서도 그 문화적 이미는 상당히 다르게 나타난다. 세계인의 주목을 받고 있는 미국, 이라크, 이란, 이스라엘, 팔레스타인 등의 국명은 이를 보는 다른 국가 또는 문화권의 차이에 따라 엄청난 문화적 의미 차이를 드러낸다. 때로는 극과 극의 상반되는 의미를 가지기도 한다.

‘해’라는 객관적 자연물도 통시적으로 또는 공시적으로 사회, 문화권의 차이는 그 문화적 의미를 차별화한다. 해를 신앙의 대상으로 하는 사회와 그렇지 않은 사회는 그 의미를 크게 달리 한다. 한국에서도 하늘은 다름 아닌 신이었고, 현재 천주교에서 말하는 ‘하느님’도 바로 하늘과 연계되어 있다. 임금과 백성에 이르기까지, 가뭄에 기우제를 지낸 그 대상은 곧 하늘이었고, 그것은 곧 신이었다. 이러한 신으로서의 ‘하늘’을 이해하지 못하고서 그 의미를 온전히 이해했다고 할 수 없다.

이 어휘와 관련된 ‘일출’, ‘일몰’이라는 단어의 의미도 마찬가지이다. 때로 광적이리만큼 대중의 마음을 사로잡는 일출 관광에서 보듯이 희망, 활력, 광명 등과 연계되어 있는 ‘일출’이란 단어가 가지는 우리의 문화적 의미는, 일몰에 더 큰 관심을 가지는 서양 사람들에게서는 전혀 기대할 수 없는 의미이다. ‘일출’과 ‘일몰’은 밤을 늦도록 즐기는 환락형 디오니소스

문화와 아침이 빠른 근면형 아폴로 문화와 연계된 것으로 이해하기도 하는 것이다.[3]

어휘와 문화의 관계란 것이 한 국가 공동체 안에서도 지역, 계층, 직업, 연령, 성별 등 다양한 집단에 따라서 그 문화적 의미가 다른 경우도 허다하다. 하물며 민족 또는 국가 경계를 달리 할 때, 거기에 드러나는 차별화의 폭이란 것은 때로 매우 충격적인 것이 될 수 있다.

하나의 동물 '개'의 경우, 한국 사회에서만도 그 문화적 의미가 세대간 또는 성별간에 상당한 차이를 보이기도 하는데, 이것이 국가를 달리 할 때는 엄청난 차이를 가져올 수도 있다. 극단적으로 말해 한 쪽에서는 사람보다 귀한 애완의 대상이 되는가 하면, 다른 한 쪽에서는 식용의 대상이 될 수도 있는데, 이러한 차이는 대상 인식의 차이이지, 일부 사람들이 생각하듯이 문화와 야만으로 차별화될 성질의 것은 아니다. 인식의 차이란 단순한 발상의 차이일 수도 있지만, 거기 상응하는 역사적 배경이 있을 수도 있다.

흔히는 일상의 평범한 단어에서 더 두드러진 문화적 특성을 발견하게 된다. 가령 '방'이라는 단어 하나를 그런 현상을 쉽게 확인할 수 있다. 주택이든 아파트이든 주거 공간으로서의 방은 매우 포괄적 용도를 가진다. 신을 벗고서 먹고 자고 일하고 노는 공간으로서의 방은 서양에서 이에 상응하는 공간을 찾을 수 없다.

한국어 어휘에서 절반 이상을 차지하는 것이 한자어며, 현재도 한자어 어휘는 계속해서 새로이 만들어지고 있다. 이 자체만도 우리 언어 문화의 중요한 단면을 보여 주는 것이지만, 한자어 하나 하나에 스며 있는 우리의 문화, 중국의 문화는 결코 가벼운 것이 아니다. 앞서 지적한 한국어 대우법의 문화적 특성은 어휘에도 그대로 반영되어 있다. 많은 하대어와 존대어, 그리고 여기 대응되는 평대어를 볼 수 있다. 호칭어가 발달된 것도 이와 맥을 같이 한다고 할 수 있다. '사돈의 팔촌'까지 촌수를 헤아리는 한국

---

3) 이규태(2000), 해밑이와 한국인, 조선일보 2000년 1월 1일.

사회, 한국인의 의식 구조이고 보면, 이들 각각의 촌수, 그리고 각각의 관련 인물에 대한 호칭 또는 호칭어가 발달된 것이 당연하다고 할 수 있으며, 현대에 오면서 급격한 호칭의 변화 또한 변천하는 사회, 문화의 직접적인 반영인 것이다.

천여 년 전의 시조로부터 현재까지의 가계와 혈통을 보여 주는 족보가 지금도 여전히 왕성하게 만들어지고 있고, 천 년 전 한 조상에서 출발했다는 혈족 인식에서 동성 동본의 혼인을 거부하는 것이 우리 사회란 것에 대해 우리는 별로 놀라워하지 않을 만큼, 우리도 이미 이 문화에 함몰되어 있다. 여기서 한 예로 족보란 단어 하나에도 우리의 문화가 어떻게 숨 쉬고 있는지 알 수 있다.

상이한 두 언어에서, 얼른 보기에 일대일의 대응 관계를 가진 단어가 상당히 많아 보일 수 있다. 사람, 해, 달, 물, 산, 집 등 일상적인 대상을 지칭하는 어휘는 어느 언어에나 존재하며, 이러한 객관성을 가진 어휘의 경우, 흔히 일대일 대응이 가능해 보이기도 한다. 그러나 어떤 경우에는 의미상의 관점에서, 어떤 경우에는 주변적 의미, 또 어떤 경우에는 정서적 의미의 차이에서 그러한 대응이 거부되기도 한다.

가령 형제자매간의 호칭에서 한국어는 화자 중심이지만, 영어는 대상 중심이다. 동일한 대상이지만, 한국어에서는 부르는 사람이 누구인가에 따라 '오빠'도 되고 '형'도 된다. 그렇지만 영어에서는 누가 부르는가에 관계없이, 불리는 대상이 동일인이면 'brother'가 되든가 'sister'가 된다. 이러한 현상은 중국어의 경우에도 유사한 것으로 이해하고 있다.

그런가 하면 영어의 'uncle', 'aunt'와 부분적 유사성을 가지면 그 범위가 훨씬 넓었던 '아저씨', '아주머니'는 현대로 오면서 점차 그 용법이 매우 축소되었는데,4) 이 또한 현대 사회, 문화의 반영이다.

---

4) 20세기 중반까지만 해도 아저씨, 아주머니는 비동일 혈족에게까지 널리 쓰였으며, 제수 호칭에도 널리 쓰였지만, 현재는 주로 동일 혈족에 쓰이고, 제수에게 쓰이는 예는 거의 찾아 볼 수 없이 되었다. '사모님'은 비혈족 '아주머니'에 대한 대체어의 한 예다.

3. 의사소통, 어휘, 문화

의사소통이 언어만으로 가능한 것이 아님은 다시 말할 것이 없다. 언어 교육이 효율적인 의사소통을 목표로 하는 것이라면, 문화에 대한 이해가 없는 의사소통이란 매우 제한적인 것일 수밖에 없다. 그렇기에 많은 선진 학자들이 의사소통에서 문화의 중요성을 강조해 왔다.

문화는 의사소통이며,5) 문화는 한 공동체의 의사소통 수단이라고 한 것은6) 그 한 예가 된다. M. J. Bennett가 언어가 가진 사회적 철학적 내용을 이해하지 못할 때, 아무리 그 언어를 잘 한다고 하더라도, 그것은 '유창한 바보(fluent fool)'일 뿐이라고 말한 것은7) 의사소통에서 단순한 언어 능력의 한계를 극명하게 지적하면서, 문화의 중요성을 언급한 것이다. 외국어로 효율적인 의사소통을 하기 위해서 가장 중요한 두 가지 요소는 목표 문화의 이해와 문화적 맥락 속에서의 어휘 습득이라고 한 것도8) 같은 맥락에서 이해되는 것이다.

의사소통에서 특히 중요한 비중을 차지하는 것은 어휘이다. 아주 특수한 제한적 경우를 제외한다면, 어휘가 전제되지 않은 의사소통이란 상상하기 어렵다. 문법 요소가 발달하지 못한 인구어는 말할 것도 없거니와, 문법 요소가 발달한 한국어와 같은 경우에도 몇 개의 단어로도 훌륭하게 의사가 소통될 수 있는 경우는 허다하다. 이러한 어휘의 의미가 상당 부분에 있어서 문화를 그 내용으로 하고 있다면, 문화가 소외된 의사소통이란 언어의 유희에 불과하다.

한국어의 대우 표현 일반이 그렇기는 하지만, 어휘적인 측면만 보더라도, 대우와 관련된 한국 사회의 특성을 이해하지 못하고는 그 어휘의 진정

---

5) Kloph, D. W.(1987, 1995 : 97).
6) Steele, R.(in Heusinkveld, P. R.(1997 : 226)).
7) p. 16., in A. E. Fantini, ed.(1997).
8) Halverson, R. J. (in Heusinkveld, P. R. ed.(1997 : 199).

한 의미를 이해할 수 없으며, 이래 가지고는 온전한 의사소통을 실현하기 곤란하다. 의사소통은 고사하고, 갈등을 초래하거나 멸시를 받을 수 있다.

문화로부터 해방될 수 있는 어휘는 없다. 어휘의 문화적 배경, 문화적 성격, 어휘의 문화적 연상, 어휘간의 문화적 상관을 익히지 않고서 의사소통을 한다는 것은 허구일 뿐이다. 서슬이 퍼렇던 70, 80년대 한국의 군사 정권 아래서, 외국인이 '북한'이라는 국가에 대하여 정치적 특성, 한국의 국민적 정서, 역사적 배경, 정치적 환경 등을 전혀 이해하지 못하고서, 한국 사람과의 대화에서 '북한'이라는 어휘를 무분별하게 사용하는 것은, 의사 소통의 문제를 넘어서, 간첩의 오해를 받을 수 있는 매우 모험적인 말이 될 수 있었다.

다음과 같은 대화를 잠시 돌아보자.

> 철수 : 12시예요, 밥들 먹고 해요.
> 박 과장 : 그럽시다. 그만들 일어나.
> ···
> 철수 : 오늘은 무얼 먹지.
> 영호 : 냉면이나 먹을까…과장님은 무얼 드실래요?
> 박 과장 : 난 보리밥이나 먹어 볼까…
> 경자 : 난 그냥 밥이나 먹을래요.
> 철수 : 어서들 가요. 오늘 점심은 내 차례요.

이 짤막한 대화 속에는 많은, 그리고 매우 일상적인 한국의 언어 문화를 보여 주고 있다. 의사소통과 관련하여 중요한 문화 정보도 보여 주고 있다. 비록 식당의 분위기는 제공되지 못하였지만, 점심 식사, 외식(매식), 밥, 대우, 수 개념과 표현 방식 등 많은 문화 요소를 보여 주고 있다. 잠시 단어 '밥'에 주목해 보기로 한다. '밥'이 가지는 언어 문화적 의미를 음미해 볼 수 있다. 이 단어 하나에서만도 '밥'의 사전적, 화용적 의미, 밥의 종류, 점심 식사, 식사 행태, 동료 의식, 대우 표현 등 다양한 언어 문화를 생각해 볼 수 있다. 물론 밥에 대한 충분한 이해에 이르기 위해서는 훨씬 더 많은 것이 전제되어야 할 것이다. 이러한 문화 요소들은 일상의 생활에서 매우 빈번하게 되풀이되는 생활 방식과 관련되어 있다. '밥'이란 단어를 그저 '백반'이나 '식사' 정도의 사전적 의미만을 익혀서는 한국의 사회 생활에 적절하게 적응할 수 없을 것이다.

이러한 어휘적 요소 외에도 위 대화에서는 중요한 문화적 정보를 제공해 준다. 우선 하나는 점심을 동료들끼리 함께 먹으러 나간다는 점이고, 다른 하나는 여러 사람의 점심을 한 사람이 산다는 점이며, 또 다른 하나는 동료들이 서로 돌아가면서 산다는 점이다. 이러한 문화는 서구 사회에서는 상상하기 어려운 문화의 한 모습이다.

4. 어휘와 문화 교육

모든 화자가 인간이라는 공통 속성에서, 우리는 어렵지 않게 언어의 보편성을 수긍할 수 있는 반면, 인간은 그 종족 또는 여타 여러 측면에서 차별화된다는 점에서 언어의 특수성 또는 차별성도 쉽게 수용할 수 있다. 이러한 양면성은 외국어 교육에서 한 가지로 유용하다. 외국어 학습자는 자신의 언어와 목표 언어 사이의 보편성에 안도하면서 이를 원용하는 가운데, 그 차별성에 주목하게 되는데, 바로 이 차별성이 교육 또는 학습의 성립 배경이 된다.

이제는 논의의 중심 부분인 어휘 교육에서의 문화 교육에 관심을 돌리기로 한다. 지금까지의 논의는 이미 문화 교육의 절대성을 전제한 것이다. 문화가 배제된 어휘가 있을 수 없다면, 문화 교육을 배제한 어휘 교육이란 불가능하며, 무의미한 것이란 결론에 자연스럽게 도달하게 된다.[9]

문화적 지식이 어휘의 적절한 사용에 절대적이라는 Richards의 말을 인

---

9) 한국어 교육에서의 언어, 문화 교육과 자국인을 대상으로 하는 국어, 문화 교육을 동일시해서는 안 된다.

용하고 있는 Spinelli와 Siskin은 언어적, 문화적 맥락 속에서 어휘가 이해되어야 함을 지적하고 있다.[10] 이러한 논의는 많은 학자들이 주목하고 강조해 온 바이다.

언어 교육은 언어와 언어 문화의 교육이며, 이 교육의 대부분을 차지하는 것은 어휘와 문화의 교육이라 할 수 있다. 언어 교육 특히 외국어 교육이란 것은 기본적으로 언어 문화 교육에 기초한 것이어야 한다. 문화가 배제된 언어, 문화와 격리된 어휘가 있을 수 없다는 말은 언어와 문화, 어휘와 문화란 것이 각각 따로 분리될 수 없는 하나의 화합물 이상임을 의미한다.

문화 요소 중에서 비음성적 언어가 어휘 교육과 긴밀한 관련을 가지는 경우가 적지 않다. 가령 '준다'는 동사에서 단순히 '수' 또는 'give'의 어휘적 의미만 학습된다면, 한국어 사회에서 의사소통이나 생활에서 문제가 발생할 수 있다. 한국어에서는 누가 누구에게 언제 어떻게 주느냐가 문제될 수 있기 때문이다. 존경의 대상 또는 낯선 웃어른에게 물건을 줄 때에는 반드시 오른손으로 주되, 다른 한 손도 함께 사용하여야 한다. 이러한 행위는 바로 존경을 표시하는 비음성적 언어이다. '대화'란 단어와 관련하여 대화할 때, 시선은 어떻게 해야 하는가에도 문화적 차이가 있다. 이러한 비음성적 언어 문화는 우리의 언어 생활의 상당 부분을 차지한다. 때로는 의사소통에서 이러한 요소가 언어 요소보다 더 큰 무게를 가질 수도 있다. 어휘 교육에서도 이러한 문화 요소를 충분히 고려하지 않으면 안 된다.

문화 교육이란 말은 지난 세기 후반 언어 및 외국어 교육계에서 심도 있게 연구되고, 또 널리 논의되어 온 용어로서, 이제 언어 교육에 종사하는 사람들에게 매우 친숙한 말이 되었다. 그러나 흔히 무심코 사용하는 문화 교육이란 말도 사실은 많은 논란의 대상이 되고 있다.[11] 지금까지의 문화 교육이 문화의 모호성이나 복잡성, 문화의 유동성을 가벼이 하고, 지나

---

10) Heusinkveld, P. R. ed.(1997 : 227).

11) Ilieva, R.(TESL, vol. 19, No. 1, Winter, 2001) 참조.

치게 '문화에 대한' 교육을 해 왔다는 비판도 거세었다.

Ilieva의 논의는 어떤 면에서 훨씬 전에 R. C. Lafayette가 문화 교육과 관련하여 '말은 많고 행위는 적다'고 우려한 것[12]을 부연한 것이라 할 수 있다. 이러한 논의는 제2 언어로서의 외국어 교육에서 더 큰 문제로 제기되지만, 외국어 교육 일반에서 경청해야 할 주장인데, 문화는 교육되어야 할 대상이라기보다는 탐구, 탐색되어야 할 대상이란 주장이다. 이것은 문제의 문화 교육, 즉 '문화에 대한' 교육이 학습자로 하여금 목표 문화권에 적응하는 데 효율적으로 기여하지 못한다는 데 근거하고 있다. Lafayette는 이 글에서 여러 사람의 말을 인용하여, 사실 중심(facts-only)의 문화 교육이 그것만으로 불충분하다기보다 해로울 수 있음을 지적하면서, 학습자들이 목표 문화를 이해하고 그 문화에 적응할 수 있게 하는 문화 교육이어야 함을 역설하였다(pp.54~55). 발표자는 이러한 두 가지 문화 교육을 구별하여 정적 문화 교육과 동적 문화 교육으로 구분하고자 한다. 후자는 과정(중심) 문화 교육이라 칭할 수도 있다. 단순히 문화 현상에 대한 지식 전수에 머무르지 않고, 어휘와 관련된 목표 문화 행위에 능동적으로 또 적극적으로 동참할 수 있도록 하는 데 문화 교육의 더 큰 목표를 두어야 할 것이다. 인간의 모든 사고 또는 행동 영역으로 문화에서 자유로운 것은 없다. 그렇기 때문에 외국어 교육에서, 어휘와 문화의 교육은 그 내용 선정과 등급화에 각별한 주의를 기울이지 않으면 안 될 것이다.

어휘든 또는 일반적인 언어 표현이든, 언어 문화를 교육하는 방법은 다양할 수 있지만, 흔히 논의의 대상이 되었던 것의 하나는 언어, 문화의 분리 교육과 통합 교육의 문제였다. 전자의 경우 언어 교육은 언어 교육대로 수행하고, 문화 교육은 이와는 별도로 교육함으로써, 결과적으로 언어, 문화 교육의 이원화를 지향하는 방법이라 하겠다. 이에 비해 언어, 문화 통합 교육은 문화적 맥락 속에서 언어 또는 어휘 교육을 통합적으로 수행하는 방법이다. 원론적으로 전자에 동의하는 연구자나 현장 교육자는 별로

---

12) Singermann(1988 : 47).

없다.

어휘와 문화를 분리하여 학습시킬 때, 몇 가지 문제점에 당면하게 된다. 첫째는 단어의 의미의 주요한 하나인 문화적 의미를 놓치게 된다. 어휘 교육에서 단어의 세 가지 의미가 고려되어야 함을 앞서 지적한 바 있다. 이 의미를 놓치면 의사소통에 결정적 장애가 될 수도 있다. 둘째, 이러한 장애를 해소하기 위해서는 교사가 문화를 별도로 지도해야 하는 부담이 따른다. 언어, 문화의 지도는 통합적 지도보다 부담이 크다. 부담이 크다는 것은 그만큼 효율성이 떨어진다는 의미가 된다.

언어 교육 전문가들의 의견은 한결같이 통합 교육이다. 문화적 맥락 속에서 어휘가 제시되고 이해되어야 함을 의미한다. R. C. Lafayette는 위에 인용한 글에서 문화를 포함한 5가지 언어 기능 모두 문화와의 통합 교육을 제시하였다. 대부분의 교재에서 중시되고 있는 문법도 문화와의 통합 교육이 효율적임을 보여 주고 있다(p.52, p.57). 어휘와 문화의 통합적 교육이 가지는 이점을 R. J. Halverson은 세 가지를 들고 있다.13) 하나는, 어휘가 문화적 맥락 속에서 제시될 때, 학생들은 그 단어가 목표 사회에서 의미하는 것을 개념적으로 훨씬 더 정확하게 이해할 수 있다는 점이고, 둘째는, 이러한 어휘 교육은 맥락적으로 연관된 어휘끼리 범주화할 수 있게 해 주는데, 이러한 방법이 어휘 교육을 훨씬 효율화할 수 있다는 것이다. 세 번째는 동기화와 관련된 것으로, 학습자들은 문화적 맥락 속에서 어휘를 학습할 때, 더 잘 깨치고 더 흥미를 느껴 학습 효율을 높일 수 있다는 것이다. 물론 이러한 방법에도 문제가 없지 않다. 가령 통합 교육인 만큼, 여기에 교사의 물리적 심리적 부담이나 시간 부담이 가중되는 것이 그 한 예가 될 것이다.

어휘와 문화의 통합 교육에 따른 위의 이점과 관련하여, 우리는 한 한국 가정의 식사를 생각해 볼 수도 있다. 한국의 식사 문화의 맥락 속에서 관련된 여러 어휘를 학습할 수 있다. 가령 음식의 종류, 식사 관련 어휘, 가

---

13) Heusinkveld, P. R., ed.(1997 : 205) 참조.

족 관계 호칭 등을 학습할 수 있다. 관련 어휘의 범주화를 통하여, 위에서 소개된 어휘 교육의 효율을 도모할 수도 있다. 또 웃어른은 상석에 자리를 잡는데, 이와 관련하여 어떤 식사 공간에서 어디가 상석인가도 이해하며, 웃어른이 먼저 수저를 든 후에 아랫사람들이 뒤따르고, 아랫사람이 먼저 식사를 마치고 일어나지 않으며, 웃어른께 물이나 잔을 줄 때는 바른손으로, 그리고 두 손을 사용하여 주며, 대우 현상에서 '준다'는 단어 대신에 존대어 '드린다'를 사용한다는 것도 이해하게 된다.

문화적 맥락 속에서 어휘를 이해시키기 위해서, 다음과 같은 역할극을 통한 상황 연습을 시도해 볼 수도 있다.

> 아주머니(학생 Jane) : 무얼 드시겠어요?
> 손님(학생 Bob) : 설렁탕 주세요.
>
> ....
>
> 아주머니 : 여기 있어요. 뜨거워요. 조심하세요.
> 　　　　여기 소금이랑 파도 있어요.
> 손님 : (자기 앞으로 당겨 놓으면서) 아잇, 뜨거워!
> 　　　(한 숟가락 떠서 입으로 후후 불고는) 먹는다. (얼굴을 약간 찡그린다.)
> 　　　(김치를 먹어 보면서) 김치가 굉장히 짜고 맵네요.

여기서 우리는 설렁탕과 관련된 문화를 함께 익힐 수 있다. 우선 설렁탕은 매우 뜨겁게 제공되며, 소금과 파를 넣어서 먹는다는 것, 그리고 김치와 함께 먹는다는 것 등을 이해할 수 있다. 아울러 한국 사람들은 이렇게 뜨거운 음식도 즐긴다는 것을 이해할 수 있다. 이러한 식사 문화와 관련하여, 설렁탕, 소금, 파, 숟가락, 김치 등 여러 어휘를 학습할 수 있다. 그 중의 하나로, 설렁탕이란 단어를 학습시키면서, 단순히 '소의 뼈 국물에 밥을 넣은 음식' 또는 좀더 부연하여 '소의 뼈를 오래 끓인 국물에 밥을 넣어 끓인 음식' 정도의 설명만으로는 매우 부족하다. 어휘 교육이 이러한 피상적 교육에 머물 때, 음식점에 가서 설렁탕 식사 문화에 적응할 수 없다. 언어 교육이 반드시 언어적 의사소통을 위한 것만은 아니다. 목표 사회에 적응할 수 있는 문화적 인식과 행위를 교육하고 학습시키는 것 역시 매우 중요한 일이다.

문화 교육이 문화 현상의 사실 제시에 그치는 것이어서는 안 된다는 주장을 간략히 소개했었다. 그 배경에는 언어 문화 현상이란 것이 고정적인 것도 아니고, 모호성이 있으며, 유동적이란 점이 전제되어 있다. 한 예로 '춤'이란 단어는 세대에 따라 그 의미가 다를 수 있다. 가령 노인들은 전통적인 춤을 생각할 수 있고, 중장년층은 먼저 서구식 사교춤을 생각할 수 있다. 그리고 젊은이들은 다양하고 역동적인 현대의 개성적 댄스를 생각할 수 있다. 또한 춤에는 그 종류에 따라 함축하고 있는 문화적 의미가 다르다. 전통 춤은 노인들 회갑 잔치나 놀이에 흥겨움을 더해주거나, 한풀이 또는 살풀이의 도구로 사용된다. 흔히 캬바레 춤으로 이해되는 사교춤은 부도덕 또는 불륜을 연상시키기도 한다. 젊은이들에게 춤은 기분 풀이, 공동체 의식, 개성과 끼의 발산 등으로 인식된다. 춤이 한 쪽 극에서 오락성의 개념을 가지면서 점진적으로 이동하여, 다른 또 한 쪽의 극에 가서는 남녀 탈선, 불륜의 개념과 연관된다. 이러한 '정도'의 개념은 세대간, 춤의 유형간, 춤의 공간간에 따라 유동성과 모호성을 가진다고 할 수 있다. 여기서 세대간의 차이란 결국 문화의 역사성을 의미한다. 문화의 이러한 특성도 문화 교육에서 간과할 수 없는 특성이다.

언어 또는 어휘를 문화적 맥락 속에서 지도한다고 할 때, 언어 교재가 가지는 한계가 있을 수밖에 없다. 한국인 가정의 사진이나 그림을 보여주는 것만으로는 그 문화적 특성을 다 전달할 수 없다. 집 모양이나 방, 부엌, 가구 등의 사진이나 그림을 보여 준다고 하더라도, 이런 것들이 예를 들면 세대간, 계층간, 직종간의 집 분위기, 각 공간 또는 도구의 기능 등을 말해 주지는 않는다. 그러므로 효율적인 문화 교육을 위해서는 적어도 영상물 교구가 필요하며, 때로는 실제의 현장 체험이 필요한 경우도 적지 않다.

잠시 한국의 현행 한국어 교재를 중심으로 한국 언어 문화 교육의 일단을 돌아보기로 한다. 한국어 교육계에서 지난 세기 80년대 이후 문화와 문화 교육에 대한 관심이 커지고 있는 것은 늦은 대로 다행한 일이지만, 이들 대부분은 여전히 문법 중심의 교재 체제를 유지하고 있다. 그렇다고 문법과 문화의 통합 교육이 고려된 것은 물론 아니다. 이에 따라 언어 교육은 내용보다 형식 중심으로 이루어지는 인상이다. 더구나 어휘 교육과 관련하여서는 더욱 문화적 측면이 고려된 흔적이 별로 보이지 않는다. 그 동안 한국어 교육계에서도 어휘와 문화 교육과 관련한 논의가 없지 않았지만, 여기서도 여전히 사실, 지식 중심의 논의에서 크게 벗어나지 못했던 것 같다.

근래 새로 출간되는 한국어 교재는 과거와 달리 거의 대부분 매 단원에 문화 난을 두고 있다. 언어 교육에서 문화 교육의 중요성이 새로이 인식되었다는 증거가 된다. 학습 진도에 따라, 문화 요소는 계속 소개되고 있지만, 그 교육 또는 학습의 방법은 불투명하다. 일단 언어와 문화의 분리 교육을 전제로 한 것이라 하겠다. 심한 경우에는 본문과 관련이 없는 문화 요소가 소개되고 있다. Lafayette가 지적했던 문제점은 지금 우리의 경우에도 그대로 적용된다고 하겠다.

교재 집필 과정에서 자국의 문화에 대한 이해가 모자라는 것도 문제가 아닐 수 없다. 그 한 예를 보기로 한다. 다음은 흔히 한국어 초급 교재 머리 부분에 실리는 간단한 인사 대화의 한 예이다.

> 철수 : **안녕하십니까?** 만나서 반갑습니다.
>   제 이름은 김철수입니다.
> 존　 : 안녕하십니까? 만나서 반갑습니다.
> 철수 : <u>이름이 무엇입니까?</u>
> 존　 : 존입니다.
> 철수 : <u>미국 사람입니까?</u>
> 존　 : 아니요, 영국 사람입니다. (굵은 표시와 밑줄은 필자)

이러한 인사는 한국의 문화, 특히 인사 문화를 보여 주는 예가 된다. 특히 굵은 글씨의 '안녕하십니까?'라는 인사 표현 언어는 전형적인 언어 문화의 한 예라 할 수 있다. 그런데 발표자가 주목하고자 하는 것은 밑줄 부분이다. 초급 중에서도 초기의 도입 단원인 만큼 어휘 사용에 제한이 있음을 이해할 수 있지만, 이 대화로부터 추정되는 상황에서, 초면에 밑줄 친 것처럼 묻는 것은 한국의 인사 문화가 아니다. 이것은 매우 무례한 인사다. 결국 위와 같은 인사는 한국의 인사 문화를 바르게 소개한 것이 못된다.

마지막으로 문화 교육의 평가와 관련하여 한 마디만 언급하고자 한다. 모든 교육이 그렇듯이, 문화 교육도 평가가 뒤따라야 한다. 평가는 이후의 새로운 교육을 위해서도 절대로 필요하며, 학생들의 관심을 위해서도 필요하다. 평가가 따르지 않는 교육이 학습자의 관심을 끌지 못 하는 것은 인간의 보편적 본능에 기초하고 있다. Lafayette and Shulz(1975)는 문화 학습의 평가 내용으로 문화에 대한 지식, 이해, 적응 능력 등 세 가지를 제시하고 있는데,[14] 이것은 대체로 어휘 교육에도 그대로 적용될 수 있을 것이다. 문화 교육의 효율을 위해서 문화 학습 평가는 심도 있게 고려되어야 한다.

지금까지의 논의를 대략 다음과 같이 요약될 수 있다. 언어, 어휘, 문화는 상호 영향과 상호 수용의 불가분의 관계를 가진 것으로, 언어 또는 어휘는 한 문화의 축적물이라 할 수 있다. 이에 의사소통에서 막중한 역할을 하는 어휘 교육은 반드시 그 사회적, 문화적 맥락 속에서 이루어져야 하며, 어휘와 문화의 교육은 통합적 교육으로 그 효율을 극대화할 수 있다.

---

14) Singerman, A. J., ed.(1988 : 53).

참고 문헌

기타무라 다다시(2001), 「언어를 통해 본 한국과 일본의 문화」, 『전농어문연구』 제13집, 서울시립대학교 국어국문학과.

김정숙(1997), 「한국어 숙달도 배양을 위한 한국 문화 교육 방안」, 『교육 한글』 10, 한글학회.

민현식(1996), 「국제한국어 교육을 위한 국어 문화론의 내용 구성 연구」, 『한국말 교육』 7, 국제국어교육학회.

박영순(2002), 『한국어 교육을 위한 한국 문화론』, 한국문화사.

박영준(2000), 「한국어 숙달도 배양을 위한 문화적 어휘 표현의 교육」, 『한국어 교육』 제11권 2호, 국제한국어교육학회.

조항록(1998), 「한국어 고급 과정 학습자를 위한 한국 문화 교육 방안」, 『한국어 교육』 제9권 2호, 국제한국어교육학회.

조항록(2000), 「초급 단계에서의 한국어 교육과 문화 교육」, 『한국어 교육』 제11권 1호, 국제한국어교육학회.

한상미(1999), 「한국어 교육에서 언어와 문화의 통합적 교육 방안 - 의사소통 민족지학 연구방법론의 적용 - 」, 『한국어 교육』 제10권 2호, 국제한국어교육학회.

Fantini, A. E. ed.(1997), *New Ways in Teaching Culture*, Teachers of English to Speakers of Other Languages, Inc.

Heusinkveld, Paula R.(ed.)(1997), *Pathway to Culture*, Intercultural Press, INC.

Hinkel, E., ed.(1999), *Culture in Second Language Teaching and Learning*, Cambridge University Press.

Ilieva, Roumiana(2001), Living With Ambiguity : Toward Culture Exploration in Adult Second Language Classrooms, TESL, Vol. 19, NO. 1, Winter, 2001. TESL Canada Journal.

Kloph, D. W.(1987, 1995), *INTERCULTURAL ENCOUNTERS : The Fundamentals of International Communication*, Third Edition, Morton Publishing Company.

Lafayette, R, C.(1988), Integrating the Teaching Culture into the Foreign Language Classroom, in Singerman, A. J. ed. *Towards a New Integration of Language and Culture*, Northeast Conference on the Teaching of Foreign Languages.

Seelye, H. N.(1997), *Teaching Culture, Strategies for International Communication*, National Text Book Company.

Singerman, A. T. ed.(1988), *Toward a New Integration of Language and Culture,* Northeast Conference on the Teaching of Foreign Language.

Spinelli, E. & H. J. Siskin, Selecting, Presenting and Practicing Vocabulary in a Culturally Authentic Context, in ....Passway.

TESL(Teaching English as a Second Language)(2001), Vol. 19, No. 1, Winter, TESL Canada Journal.

—『한국(조선)어교육연구』 2호, 중국한국(조선)어교육연구학회, 2004. 8.

언어와 문화의 접촉
- 언어문화 -

1. 들어가는 말

　사회적 존재이면서 문화적 존재인 인간은[1] 참으로 유구한 역사 속에서, 그 주인공으로서 헤아릴 수 없는 사고와 활동을 통해 무수한 자연물을 이용하고 또 많은 것을 만들어 내면서 유전(流轉)해 왔다. 우리는 이 일련의 과정 또는 현상을 모두 일러 문화라 할 수 있다. 문화의 태동과 함께 언어가 만들어 졌을 터인데, 다시 이 언어에 의해서 문화는 발전의 동력을 얻게 되었다. 이러한 과정에서 언어와 문화는 상보하고 상생하면서, 둘이 아니라 하나가 되었다. 우리는 언어 없는 문화도, 문화 없는 언어도 생각할 수 없게 되었다. 언어인류학자 Duranti가 문화를 가진다는 것은 의사소통을 의미하고, 의사소통을 할 수 있다는 것은 언어를 가짐을 의미한다고 함으로써, 문화란 것이 언어를 통해 가능한 것임을 지적하였는데,[2] 이것은 곧 언어와 문화의 불가분의 관계를 전제한 것이라 하겠다.

---

1) Human could be succinctly defined as social being encultured through language.(W. A. Foley(1997 : 24).

2) To have a culture means to have communication and to have communication means to access to a language.(Duranti, A.(1997 : 332)).

문화는 그 동안 인류학 또는 사회학의 주된 관심이 되어 왔고, 언어 또한 언어학을 비롯하여, 철학, (문화)인류학, 사회학, 심리학 등 여러 분야의 주요 연구 대상이 되어 왔다. 그런 과정에서 언어인류학, 언어사회학, 언어심리학 등의 복합 영역이 각광을 받아 왔으며, 똑같은 배경에서 언어학에서도 인류언어학, 사회언어학, 심리언어학 등 인접 분야에 주목해 왔다. 그 결과 언어와 문화는 더 이상 별개의 영역이 될 수 없는 필연성을 가지게 되었다.

문화와 언어의 교차 및 상호 작용은 문화나 언어의 영역과는 성격을 달리 하는 또 하나의 새로운 영역을 상정하게 된다. 그것은 문화학도 언어학도 아닌 둘의 복합 영역, 둘의 교차 영역을 대상으로 하게 되는데, 우리는 이를 언어문화학이란 이름으로 명명하고자 한다.

문화와 언어의 이러한 공유 영역은 언어 교육, 특히 외국어 교육에서 크게 주목되어 왔다. 언어 속에 문화가 축적되어 있다는 말은, 언어 교육의 상당 부분이 문화 교육이 될 수밖에 없고, 언어 교육에서 문화 교육을 소홀히 하고서는 기형적인 언어 교육이 될 수밖에 없다는 것을 의미하게 된다.

언어문화학의 관련 연구 영역은 상당히 광범하다. 가장 핵심이 되는 인류학 또는 인류언어학 및 언어학을 비롯하여, 철학, 사회학, 심리학은 언어문화와 불가분의 관계에 놓인다. 현대 사회에서 무거운 비중을 차지하고 있는 커뮤니케이션학도 빼놓을 수 없는 언어문화의 주요 영역이 될 것이다.

본고에서는 언어문화의 성격과 한국 언어문화에 주목하고자 한다. 즉 한국어에 주안점을 둔 언어문화 현상에 관심을 가지게 될 것이다. 한국어 속에 반영되는 문화 현상을 살펴보면서, 한국 문화 속에 작용하는 언어 현상을 개관하고자 한다. 언어문화학의 개념 구축과 대상 영역 개관에 목표를 두었기 때문에, 이러한 현상에 작용하는 사회적, 심리적 배후를 천착하는 데까지는 미치지 못하고, 다만 일부의 표면적 현상을 중심으로, 언어와 문화의 교차 및 복합 현상을 돌아보게 될 것이다.

2. 언어와 문화

인류의 발전이란 인지의 발달에 근거하고 있으며, 인지의 발달이란 언어를 기초로 해서 가능한 것이다. 언어가 인간의 사고를 어떻게 정형화하는가 하는 문제는 논외로 하더라도, 인간의 인간적 삶을 가능하게 하는 정신 작용은 그 기저에 언어가 자리하고 있는데, 인간 개개인의 지혜는 교호 작용에서만 그 기능을 다할 수 있다. 한 사람의 지혜가 다른 사람의 지혜와 만날 때, 인류의 지혜는 발전한다. 지혜가 개인의 지혜로만 머물고 있는 한, 그것은 갑 속의 보검일 뿐이다. 지혜는 개인적인 것이면서도 집합적, 상호적인 데서 그 기능을 발휘한다. 이러한 지혜의 교호 작용을 가능하게 해 주는 것은 말할 것도 없이 언어다.

언어와 문화의 원시적 기원 문제는 필자의 능력 밖에 있지만, 문화와 언어는 그 시원에서부터 상생 상보했을 것으로 여겨진다. 그러나 여기서 그것은 그렇게 중요한 문제가 아니다. 다만 우리가 주목하고자 하는 것은, 상위 개념으로서의 문화가 언어를 만들어 내고서, 문화는 언어의 가장 큰 수혜자가 되었다는 사실이다. 언어에 의해서 인류 문화는 놀라운 발전이 가능했고, 또 언어에 의해서 인류는 무한한 발전의 가능성을 보장받고 있다. 언어는 인간이 창조한 인류 문화의 정수요 생명이다. 인간의 지혜와 언어, 그리고 이를 통한 인간의 모든 정신적, 물리적 활동과 그 결과물이 인간의 문화를 형성한다.

언어의 모체가 된 문화가 언어일 수는 없지만, 언어는 본원적으로 그 자체가 문화이다. 언어는 인간의 삶의 한 모습일 뿐만 아니라, 역동적으로 삶의 양과 질을 조정하고 풍요롭게 해 주는 질료이다. 언어는 인간의 정신 작용 속에 함께 하고 있으며, 인간의 삶의 현장에 함께 하고 있다. 언어는 인간의 내적 또는 외적 삶 어디에든 함께 용해되어 있으면서, 그 삶의 운영을 주도하고 있다.

Sapir, Whorf를 중심으로 하는 많은 학자들은 언어가 사고의 행태, 삶의

행태를 규정해 준다고도 한다.3) 흔히 Sapir-Whorf 가설로 알려진 이들의
이론에 의하면, 언어는 인간의 존재 방식을 규정해 준다. 이에 대한 반론
역시 만만치 않지만, 그 중요한 면면을 언어 속에서 찾아 볼 수 있는 것
또한 부정할 수 없다. 언어 없는 사고를 생각하기란 쉽지 않다. 이것이 아
니고는 원시적인 본능적 사고만이 가능할 것이다. 그것은 동물적 사고일
뿐이다. 많은 특성을 공유한 숱한 나무를 각각 달리 명명해서 그들을 용
이하게 인식하게 한 것이 언어이다. 많은 인종을 구분하고, 많은 사람, 쌍
둥이까지 구분해서 인식할 수 있게 해 준 것이 언어이다. 언어적 명명은
대상에 대한 구분이자 차별화로, 이는 곧 대상 인식의 중심 과정인데, 이
것은 문화를 형성하며 문화를 대변한다. 언어는 대상 인식의 도구이자 인
식의 조정자이며, 이러한 인식은 인간의 행동을 규정한다. Duranti가 언어
는 인간의 사고와 행동을 이어 준다고 한 말도4) 다른 말이 아니라고 생각
된다.

언어는 언제, 어디를 가리지 않고 인류의 삶 속에 스며들어 작용하고 있
다 보니, 언어는 바로 인류 문화의 핵심에 서 있을 뿐만 아니라, 바로 인
류 문화를 작동시키는 동력이 되었다. 이러한 특성을 가지고, 이러한 과정
을 겪어 오는 동안, 언어는 숱한 문화 요소를 그 속에 반영, 축적하고 있
을 뿐만 아니라, 문화는 또 그 요소 요소에 언어를 반영하고 있다. 즉 언
어와 문화는 서로 서로의 생성과 발전을 상보하면서, 서로를 각각의 내부
에 투영시키고 있다. 그러므로 언어를 외면한 문화를 생각할 수 없듯이,
문화와 절연된 언어를 고려할 수 없으며, 언어를 외면하고 문화를 이해할
수 없듯이, 문화를 외면하고 언어를 이해할 수 없는 것은 당연한 귀결이다.

---

3) 언어 상대성 이론 주창자의 한 사람인 E. Sapir는 다음과 같이 실세계란 것이 언어에
   기초하고 있음을 언급하고 있다. The fact of the matter is that the "real world" is to
   large extent unconsciously built up on the language habits of the group. No two
   languages are ever sufficiently similar to be considered as represent the same social
   reality(W. A. Foley(1997 : 193)).

4) Language also provides us with a useful link between inner thought and public behavior
   (Duranti, A.(1997 : 49)).

문화와 언어라는 것은 인간에 의해 창조된 것이면서, 사회적, 역사적 산물이다. 어느 하나 인간과 공간과 시간을 초월해서 고립될 수 있는 것이 없으며, 사회를 등진 독자가 없고, 특정 시간에 예속된 고정체(固定體)가 없다. 동적(動的) 본태(本態)를 가진 우주 속에서 이를 본능으로 하고 태어난 인간이 역시 동태이며, 동적 우주 본체를 대변하고 있는 시간이 동태이다. 결국 우주에 존재하는 만상이 동태이며, 이 속에서 인간의 본태가 동적이어서, 인간과 관련된 모든 활동, 모든 현상이 또한 동적이다. 그러므로 모든 역사는 그 본질상 동태이며, 그 안에 문화와 언어를 포함한 모든 현상을 동태로 포괄한다.

인간은 문화를 창조하여 그 속에 깃을 들이고 살고 있다. 문화는 인간이 세워 놓은 주택이다. 주택이란 그 속에서 먹고 자고 사는 구조물이다. 문화도 똑같이 우리가 그 속에서 먹고 자고 사는 구조물이다. 인간이 집이라는 구조물과 절연될 때, 그는 이미 인간 이전으로 회귀하듯이, 인간이 문화라는 구조물과 유리될 때, 그는 원시로 복귀한다. 여기에서 우리가 주목하는 것은, 언어가 때로는 이러한 구조물의 지반이 되고 골격이 되는 동시에, 이러한 구조물의 자재가 된다.

언어와 문화가 한가지로 가지는 주요한 특징의 하나는 이들의 규범성이다. 규범성이란 곧 가치이기도 하다. 특정 화자가 그 언어의 규범성을 일탈할 때, 구성원간의 의사소통은 불가능해지며, 그 경우 이 언어는 이미 언어가 아니다. 문화도 마찬가지다. 한 문화권의 구성원으로 그 문화를 함께 나누어 갖지 못할 때, 인간으로서의 생활은 이미 불가능하다. 언어와 문화는 이처럼 철저하게 인간의 사고와 행동을 구속한다. 이로부터 완전히 자유로울 수 있는 사람은 아무도 없으며, 어느 누가 그런 자유를 향유한다고 할 때, 그는 이미 인간성을 포기하고 동물성으로 복귀한 것이라 할 수 있다.

문화의 개념이 무엇인가 물어 오면, 인간의 사고와 언어는 한계에 부딪힌다. 인간의 지혜와 논리 너머에 있다. 엄밀하게 말하면 인간의 언어적

한계가 아니라, 문화적 복합성이 그 개념의 한계를 거부하고 있는 것이다. Kroeber and Kluchhohn(1963)에서 300여 가지의 문화 정의를 보여 주고 있는 것만도 그 단적인 예가 될 것이다. 그 이후로도 행동주의적 관점, 인지적 관점, 기호론적 관점 등5) 상이한 이론적 차별화에 따라 문화의 정의는 더욱 다양하게 특성화되고 있다. 행동주의적 관점에서는 표면의 행동 또는 그 배후, 그리고 이들의 표면적 공유 측면에 주목하고, 이에 따라 결과 현상에 무게를 두는 데 비해, 인지적 관점에서는 내면적인 측면, 예로 문화의 인식과 습득 등 내면의 공유 측면에 더 주목한다. 그러므로 이런 관점에서 문화는 결과보다 과정에 더 무게를 두게 되고, 아울러 훨씬 개인적이고 사적인 특성을 가지게 된다. 이에 비해 기호론적 관점에서는 문화도 역사적 과정을 통해서 특정의 형태와 특정의 의미가 결합되어 만들어진 하나의 기호 체계로 이해한다. 언어가 특정의 음성과 의미의 결합으로 이루어 내는 기호 체계인 것과 유사하다고 하겠다.

문화의 이론적 정의가 어떻게 차별화되든, 전통적으로 일러 온 문화의 정의로 공통된 것은, 문화란 인간의 사고 방식과 행동 양식을 총칭한다고 보는 점이다. 여기 어디에서도 간과할 수 없는 것은 언어의 작용이다. 정신적인 것이든 물리적인 것이든, 사고와 행동에 한가지로 수반되는 것은 언어이다. 그러므로 문화는 인간의 정신적 작용과 언어 활동, 그리고 이들의 교직을 통해 만들어 내는 추상적 또는 구상적 결과물의 총체라고 할 수 있다. 다양한 유형의 가치, 각종 제도 등은 추상적 결과물의 한 예일 것이며, 각종의 예술 활동, 주거 형태 등은 구상적 결과물의 한 예가 될 것이다.

문화는 다원적 복합을 그 특성으로 한다. 어찌 보면 무한적 복합이다. 이 복합은 콘크리트적 복합이 아니다. 콘크리트는 모래와 자갈과 석회가 한 덩어리로 혼합되어 있되, 개개의 요소는 각각 본태를 유지하고 있다. 그것은 융합된 접속이라기보다, 구성 원소의 개별적 연합이다. 그러나 문

---

5) L. N. Robinson(1985 : 8~12) 참조.

화의 복합성은 이와 다르다. 설혹 개체 구성 원소의 중심은 그 본태를 유지하고 있더라도, 다른 원소와 만나는 접촉점에서는 흔히 각각의 본태를 버리고 녹아 서로 융합되어 전혀 다른 모습의 화합물을 구성한다. 각각의 문화적 특성 또는 요소가 상실되고, 하나의 화합물화하는 것도 문화의 특성이다. 수많은 색채의 물리적 혼합물인 무지개와는 달리, 문화는 많은 이질적 요소의 복합으로서, 물리적 혼합과 화학적 화합의 두 가지 모습을 함께 유지한다.

언어란 무엇인가? 언어를 흔히 음성적 기호로 규정하지만, 여기서 언어를 한 걸음 더 나아간 상태에서 보면, 정보 전달, 정보 교환의 수단이다. 언어는 대상 인식의 수단으로도 이해되지만, 이러한 인지 또는 사고 작용도 정보로 표출되는 것이 전제되지 않는다면, 그것은 무의미한 것으로 사장되고 만다. 언어 기호 또는 그 체계 자체도 문화의 일부이고, 대상 인식의 방법도 상당 부분이 문화이며, 정보 전달도 상당 부분이 문화이다. 문화는 언어를 통한 정보 전달이나 정보 교환에 의해서 창조되고 발전된다.

다원적 복합성은 문화만의 특성이 아니다. 언어의 경우에도 예외일 수 없다. 여기 말하는 언어의 복합성이란 언어와 언어의 복합성을 의미하는 것으로, 단일어라고 하는 한국어에도 많은 다른 언어 요소가 복합되어 있음을 말한다. 알타이 공통 조어에서 출발하여 한반도의 한국어에 이르기까지, 얼마나 긴 여정에서 얼마나 많은 다른 언어, 다른 문화와 상호 접촉해 왔을까를 추리하는 것은 결코 어려운 일이 아니다. 이질적인 언어 요소의 복합은, 시간의 흐름과 함께 융합되어 흔적을 남기지 않은 것도 무수하고, 그 흔적을 남기고 있거나 또는 이질적인 요소 그대로 유지되고 있는 것도 있다. 몽고어에 유래하고 있는 '말'(馬)은 일반인으로서는 그 흔적을 찾아볼 수 없으며, 호텔은 이질적인 요소를 유지하고 있다. 남포[lamp]는 어쩌면 그 중간쯤에 위치한 것일지도 모른다. 이러한 복합성은 모든 언어에 공통된 보편적 현상이다. 이처럼 언어와 언어가 복합되는 것, 또는 한 언어가 다른 언어 요소를 수용하는 것 등은 모두 언어 현상이면서 또한 하나의 문화 현상이다.

복합성은 문화와 언어가 한치도 다를 바가 없다. 기본적으로 인체, 인간, 인간 사회 모두가 복합성을 특성으로 한다고 보면, 언어와 문화의 이러한 특성은 매우 당연하고 자연스러운 것이라 하겠다. 언어나 문화에서 순수한 혈통을 찾는다는 것은, 인간의 피에서 순수한 단일성의 피를 찾는 것과 마찬가지로, 이상이라기보다 사고의 유희일 뿐이다. 언어와 문화와 그 주체인 인간이 본원적인 복합성을 공통 특질로 함에 있어서는 우열을 가릴 수 없다.

그런데 여기서 우리가 주목하는 것은 언어 및 문화 각각의 복합성이 아니다. 그것은 이러한 복합성을 특징으로 하는 언어와 문화의 상호 복합이 본고의 관심 대상이다. 언어와 문화의 2단계 복합이라 할 수 있다. 언어와 문화의 복합은 그 성격이 앞에 말한 언어의 복합성과는 거리가 있다. 그것은 문화의 복합성에 접근되어 있다. 물리적 혼합의 성격과 함께, 화학적 화합의 성격을 가지고 있기 때문이다.

시각에 따라서 언어와 문화가 둘이면서 하나일 수 있고, 하나이면서 둘일 수 있다. 이것은 언어 속에 문화가 존재하고, 문화 속에 언어가 존재함을 의미하는 것만이 아니다. 존재는 어떤 의미에서 독자(獨自)를 의미하는데, 언어와 문화는 각자(各自)로 존재한다기보다 화합의 형태인 복합자(複合自)로 존재하는 것을 특성으로 하기 때문이다.

언어와 문화의 융합은 무지개 색의 형성과 궤를 같이 한다. 그 한 부분을 보면, 빨강은 주황색을 거쳐 노랑으로 넘어간다. 다시 말하면, 양극에 빨강과 노랑이 있고, 그 중앙에 주황이 자리하고 있는데, 한 색깔에서 다른 색깔로 이동하는 것은 구획적이 아니고 점진적어서, 주황색은 양극으로 갈수록 빨강이 되고 노랑이 된다. 여기서 양극의 빨강과 노랑은 언어와 문화이며, 주황은 언어문화이다. 언어문화도 한 쪽 극단으로 갈수록 언어의 특성이 강해지고, 다른 극단으로 갈수록 문화의 특성이 강해진다. 언어와 문화는 각각을 양극으로 하고, 상호 다른 극으로 가면서, 각각의 독자성을 상실하고 중앙에 언어문화의 또 다른 극을 형성하게 됨으로써, 양극 체제는 새로이 삼극 체제로 전환된다. 이들은 극간(極間)에 경계를 가지는 것이 아니고, 점진적인 정도성을 특질로 한다. 그러므로 '언어-언어문화-문화'의 연속체는 경계가 없는 하나의 점진성과 정도성의 연속체일 뿐이다. 언어와 문화는 각각 독자(獨自)로 존재하면서, 둘이 교차되는 중앙에 복합태로서의 중간태(中間態)를 생성하게 되는데, 이것을 대상으로 하는 체계적인 연구 영역이 언어문화학이 될 것이다. 요약하면 언어문화는 언어와 문화 사이의 상호 작용 실태, 그 배후와 결과 등에 관한 일련의 대상을 총칭하게 된다.

문화의 개념은 무지개의 개념보다 훨씬 다원적이다. 실제 무지개의 색깔은 이론상 무한수의 색채일 수 있지만, 우리 인식상의 무지개는 일곱 개의 색깔로 엄격히 구분되고 객관화된다. 여기에 비해 언어문화의 복합은 훨씬 다원적인 복합이면서, 객관화된 구분도 불가능한 것이 일반적이다. 그러나 여기서 분명한 것은, 객관화되는 무지개 색깔의 자의성이나, 그렇지 못한 언어문화의 특성이나, 한가지로 문화를 차별화한다는 점이다.

언어문화의 영역은 매우 광범하다. 그것은 언어와 문화가 각각 독자적인 영역을 가지고 있는데다가, 둘의 상관 관계를 고려할 때, 그 범위가 더 축소될 수도 있지만, 다른 한편으로는 그만큼 더 광역에 미칠 수도 있기 때문이다. 과거 오랫동안에 걸쳐, 독자성에 안주하던 많은 학문 영역의 벽이 차츰 허물어지고, 새로운 또는 복합적인 새로운 영역으로 재편성되는 오늘의 추세로 볼 때, 언어문화라는 새로운 영역의 수립은 매우 자연스러운 것이며, 어떤 면에서 또한 당위적인 결과라 할 수 있다.

언어문화라는 이름으로 연구된 것은 아니라고 하더라도, 내용상 여기에 해당되는 언어와 문화에 관한 연구는 적지 아니 진행되어 왔다. 가까이로는 Kramsch[6]에서도 그러한 예를 볼 수 있으며, 동서에서 소개하고 있는

---

6) Kramsch(1996), Language and Culture(장복명 외 번역(2001), 언어와 문화).

Sapir, Whorf의 고전적 연구 외 많은 연구서들은 모두 본고에서 말하는 언어문화와 관련된 연구들이라 하겠다.

한국에서 언어문화라는 말을 누가, 언제, 어떤 의미로 사용하기 시작했는지 아직 찾아보지 못하였다. 가령 한 예로 박붕배(1992)에서 언어 문화란 말을 되풀이하여 사용하였지만, 그 개념은 그렇게 확실하지 않다. 90년대 이후 특히 언어 교육과 관련하여 문화에 대한 논의가 얼마간 주목을 받아 왔지만, 아직 언어 문화란 용어는 엄격한 개념 규정 없이 일부에서 사용되고 있는 것이 현실인 듯싶다. 2001년 국제한국언어문화학회가 창립된 것은 바로 이러한 새로운 영역의 구축과 응용을 고려한 데 주요한 배경이 있다.

물론 한국에서도 이 언어문화라는 용어는 사용하지 않았다 하더라도, 언어학, 사회학을 비롯한 여러 관련 분야에서 여러 형태의 연구를 해 왔으리라 믿는다. 비록 국내의 것은 아니라고 하더라도, 중국의 태평무(2000)는 의미 있는 연구일 것이다.

언어, 문화의 발생 및 그 발전과 관련하여, 언어와 문화 양자의 관계에 주목하는 것은 가장 기본적인 언어문화의 관심 영역이 될 것이다. 여기에는 언어학, 인류학, 철학, 사회학, 심리학 등 다양한 영역과의 관련성을 고려할 수 있다. 기왕의 사회언어학 또는 언어 사회학은 언어와 사회의 접합 현상을 다루는 점에서 그 상당 부분은 언어문화 영역에 돌려져야 할 것이다.

많은 어휘에는 비단 해당 문화만이 아니라, 매우 복합적인 많은 문화 요소가 내재되어 있는데, 어휘가 생성에서부터 문화의 강력한 영향을 받는 것은 매우 일반적인 언어 보편적 현상이다. 한국어의 경우 색채어7)나 감각어의 발달도 한국인, 한국 문화의 소산일 것이며, 에스키모인의 경우 눈

---

7) 색채 구별은 인류언어학의 큰 관심의 대상이 되어 왔는데, 굳이 상대성 이론의 관점이 아니라고 하더라도, 색채와 색채어는 당해 문화와 깊은 관련을 맺고 있다(W. A, Foley(1997), 7장 참조).

을 지칭하는 어휘가 발달되어 있는 것도 그들 생활 문화의 소산임에 틀림없다.

이병혁(1986 : 342)은 어휘 분석을 통한 남북한의 비교 연구의 결론에서 다음과 같이 정리한 바 있다.

- 언어는 이데올로기에 의해 표상된 사회 현상의 반영이며
- 이데올로기에 이해 확립된 사회 관계의 형태가 어휘와 그 의미를 결정한다.

이 말은 어휘 또는 언어가 철저히 '사회 현상의 반영'이며, 어휘와 그 의미를 결정해 주는 것 역시 사회 현상이란 말이다. 이것을 좀 다른 말로 부연하면, 언어가 문화의 강력한 영향 아래 있음을 의미한다고 할 수 있다.

문학과 같이 언어를 매개로 하는 예술의 언어문화적 중요성은 절대적이다. 문학에서 우리는 언어문화의 가장 전형적인 표본을 볼 수 있다. 반드시 예술이 아니라고 하더라도, 언어를 매개로 하는 텔레비전, 신문, 방송, 출판, 광고 등 대중 매체가 언어와 상호 영향을 주고 받는 현상 등은 현대 사회에서 우리가 주목해야 할 언어문화 현상이다. 요즘 대중 매체화되어 있는 인터넷도 새로운 언어문화를 형성해 가고 있다. 개성적인 언어로 새로운 형태의 통신 문화를 만들어 가는 것도 그 한 모습으로, 그 기능과 영역을 날로 확대해 가고 있다. 새로운 학문 영역으로 자리잡고 있는 컴퓨터를 통한 언어 정보 구축과 그 처리 등 과학과 언어의 접합은 이 시대의 새로운 언어문화를 형성한다.

한 시대의 사회 의식 또는 사회 심리 속에서도 우리는 중요한 언어문화의 한 단면을 보게 된다. 기업의 발달, 사회 구조의 복잡화, 급격한 변화 속에서 겪는 인간의 심리를 이용한 광고 언어는 현대를 특징짓는 언어문화의 주요한 한 단면을 보여 준다. 앞서 언급한 대우법의 변천에서도 우리는 한 시대의 사회 심리 현상을 읽을 수 있으며, 노래의 가사 속에서도 현대인의 의식과 심리를 들여다 볼 수 있다. 언어 속에 드러나는 사회 심리

또는 사회 심리 속에 드러나는 언어의 모습은 다름 아닌 언어문화 연구자의 주요한 관심사가 될 수 있다. E. Sapir가 기본적으로 사람을 만드는 것이 문화라고 보고,[8] 언어, 문화의 유형이 심리적 형식화의 측면에서 설명되어야 한다고 한 것[9]은 문화와 인간 심리의 관계를 중시한 말이다.

언어문화 영역이 가장 절실한 현실적 문제가 되고 있는 분야는 언어 교육, 특히 외국어 교육이다. 외국어 교육은 기본적으로 의사소통을 중심 목표로 하게 된다. 의사소통의 핵심 도구는 언어인데, 이 언어 속에 숨쉬고 있는 문화를 외면하고서는 언어만의 의사소통은 거의 불가능하다. 의사소통은 언어와 언어문화에 의존한다.

언어문화 연구의 구체적 관심 대상 한 가지를 예상해 보기로 한다. 그것은 서울에서 볼 수 있는 언어문화 현상의 하나이다. 아직 이러한 언어문화 분야에 전면적인 관심을 기울인 연구 성과는 별로 없는 것으로 이해된다.

현재 서울의 인구는 전국 인구의 약 4분의 1 정도가 될 것으로 짐작된다. 아무튼 천만이 넘는 인구가 집중되어 있는데, 여기에서 우리는 언어, 문화의 거의 모든 모습을 볼 수 있다. 그만큼 언어문화의 커다란 덩어리를 보게 된다. 한 예로 언어와 관련하여 볼 때, 서울에는 북한을 포함한 전국의 방언이 다 집합되어 있다. 이렇게 다양한 것들이 접촉하고 충돌하고, 거기에 다양한 반응을 일으키면서 변천해 가고 있다. 크게 보면 언어의 접촉이라고 할 수 있는 방언의 접촉 또는 충돌과 관련하여 나타나는 제반의 현상 자체만도 주요한 언어문화 현상의 일면이다.

방언의 접촉은 필연적으로 화자 또는 화자군(話者群)의 접촉과 충돌을 의미하는 것인데, 이것은 다시 방언권 문화의 접촉을 의미하게 된다. 방언의 서울 지역 분포와 그 파급 현상, 해당 방언권의 문화와 그 유지, 보급 및 파급 현상 등은 서울 지역 언어문화 연구의 주요한 관심 대상이 될 수 있다. 외면적인 현상뿐만 아니라, 그 내면에 작용하는 지역적 정서, 지역적

---

8) It is culture that makes him what he is(J. T. Irvine, ed.(1994 : 244)).
9) J. T. Irvine(1994 : 245) 참조.

사고 방식의 접촉과 영향 또는 결과도 주요한 관심사가 될 수 있다. 이러한 방언권별 지역 정서가 서울에서 극명하게 나타나는 것의 하나는 선거를 위시한 정치적 문제에서이다.

3. 언어와 문화의 교차

언어와 문화의 상관 현상은 대체로 두 가지 구분해서 고려할 수 있다. 하나는 언어에 반영된 또는 반영되는 문화의 모습이고, 다른 하나는 문화에 반영된 또는 반영되는 언어의 모습이다. 이 둘을 각각 언어 속의 문화 및 문화 속의 언어라 할 수 있다. 물론 이 둘이 그처럼 엄격히 구분되는 모습으로만 존재하는 것은 아니고, 둘이 동시에 함께 교호 작용하는 언어 문화의 모습도 있는 것이다.

먼저 문화가 언어에 미치는 모습을 잠시 돌아보기로 한다. 이 문제의 체계적인 천착을 위해서는 문화가 언어 속에 반영된 실체와 반영되는 양상은 어떠하며, 그 배후에는 어떠한 요인이 어떻게 작용하는 것이고, 이들에 부수되는 문제는 어떠한 것들인가에 관심을 가져야 할 것이다. 그러나 여기에서는 몇몇 사례를 중심으로 문화가 언어에 미치는 영향 문제를 돌아보고자 한다.

가장 현저한 것은 특정 문화의 영향으로 한 언어가 운명을 달리하는 것을 들 수 있다. 만주족의 청나라는 정치적으로 한족을 지배하고 있었음에도 불구하고, 이들의 문화는 한족의 문화에 압도되었고, 드디어는 그 문화에 동화된 나머지, 자신들의 언어마저 상실하였고, 궁극에 가서는 지배 민족으로서의 정체성마저 상실하는 비운을 면치 못하였다. 이러한 일련의 언어 소멸 과정은 각양각색의 언어문화적 측면을 보여 줄 것이다. 가령 이 언어의 소멸은 어디서부터 시작해서 어떤 경로를 밟았는가, 이 언어의 쇠퇴와 소멸에 작용한 배후에는 어떤 요인들이 작용하였는가 등도 주요한 관심사가 될 수 있다. 필경 거기에는 역사적, 정치적, 사회적, 문화적 요인 외에도 사회 심리적, 민족 심리적 요인 등이 함께 고려되어야 할 것이며, 나아가서는 이 언어의 소멸 이후에 나타나는 또는 나타날 수 있는 여러 가지 문제도 간과해서는 안 될 문제일 것이다.

또 다른 극명한 예를 한국의 근대사에서 확인할 수 있다. 한국이 일본의 강점 아래 있을 때, 일제는 한때 언어 말살 정책을 시도했었다. 이것은 언어가 민족의 표징이 된다는 데도 이유가 있겠지만, 언어는 바로 한 민족의 문화이자 바로 그 민족의 정신이기 때문이다. 소위 창씨개명 정책도 같은 맥락에서 이해되는 것이다. 일제의 이러한 잔인한 정책은 언어와 문화와 민족은 하나라는 데 근거하고 있다.

어떤 의미에서 위에서 본 한 언어의 소멸 과정과는 상이한 방향에서 생각해 볼 수 있는 언어문화의 예를 볼 수도 있다. 구소련 지역 특히 중앙아시아 지역에는 많은 한국 동포들과 그 2세, 3세 등 후손들이 살고 있다. 중앙아시아 지역의 한국 교민들은 1930년대 연해주 지역에서 강제 이주된 사람들이다. 이들의 모국어는 주로 북한의 언어였지만, 거기에도 몇 개의 방언이 혼재하고 있었다. 이들의 공용어는 러시아였고, 카자흐스탄이나 우즈베키스탄 등지에서는 현지 언어가 함께 쓰이는 지역적 특성이 있었다. 결국 한국 교민들이 정착했던 지역에서는 러시아의 언어와 문화 그리고 현지 언어와 문화의 바탕 위에, 한국어와 한국 문화가 자리를 하고 있었던 것이다. 이처럼 한국 교민들은 세 개의 언어와 세 개의 문화권 속에서 힘겨운 삶을 살아야 했다.

이러한 상황에서 그들의 언어는 모국의 언어와는 부분적으로 다른 변천의 길을 가게 되었다. 그러기에 그들은 지금 자기네가 쓰는 한국어가 북한의 언어나 남한의 언어와는 다른 언어라는 인식에 이르게 되었고, 그 결과 그들은 고려어(高麗語)라는 새로운 언어의 이름을 만들어 내어, 본래의 모국어와 차별화하고 있다.

결국 고려어는 단순한 한국어의 언어적 변이나 변천에 머무는 것이 될 수 없다. 여기에는 한국어와 러시아의 접촉, 한국어와 현지 언어와의 접촉, 그리고 이들 지역의 문화와의 접촉 등 다양한 요소와 요인이 복합되어 새로운 언어를 만들어 낸 것이다. 그러므로 이러한 언어의 생성과 발전 속에서 많은 사회적, 문화적, 심리적 배경을 읽게 되고, 아울러 새로운 언어문화의 형성이라는 큰 의미를 발견하게 된다. 결국 고려어는 러시아어와 러시아 문화, 현지 문화와 현지 언어, 그리고 현지의 한국 문화와 한국 언어 등이 공동으로 만들어 낸 하나의 언어로서, 여기에는 이들 세 권역의 언어와 문화가 상호 복합 교차하는 언어문화의 영역이 작지 않을 것이다.

중국과 한국의 역사에서도 우리는 언어문화의 주요한 측면을 볼 수 있다. 수천 년에 걸친 중국 문화의 영향, 특히 2000여 년에 걸친 한자 문화는 절반이 넘는 한국 한자어의 생성을 유도한 것 외에도, 한편으로는 우리 문화 발전에 적지 않은 역기능도 작용함으로써, 고유 문자의 제작을 상당 기간 늦추었다고 생각되며, 다른 한편으로는 한자의 부적성이 한글 창제를 앞당기는 순기능도 없지 않았을 것으로 이해된다. 한국 민족의 정신적, 물리적 삶에 미친 중국 언어, 문화의 영향은 측량하기 어려운 정도일 것이다. 기본적으로 모든 단어 하나하나에 문화가 숨쉬고 있는 것이지만, 이 많은 한자어에 작용하는 중국과 한국의 언어문화의 모습이란 가위 놀라운 것이 될 것이다. 이 많은 한자어의 존재는 급변하는 첨단 현대를 살아 가는 지금의 사람들에게도 실제의 일상 생활에서나 정신적으로 영향을 미치고 있다. 한글 전용론이나 한자 병용론이나 할 것 없이, 그러한 부정적 또는 긍정적 논리의 이면에는 한자 문화가 끼쳐 온 영향이 크게 작용하고 있는 것이다.

급변하는 현대 문명 사회에서 언어의 급변하는 모습을 무시로 실감할 수 있는 것은, 바로 문화와 언어의 절대 불가분성이다. 과반수를 차지하는 한자어를 만들어 낸 한국어가, 20세기에 들어서서, 일본어를 포함한 다른 여러 언어로부터의 외국어와 외래어를 수용하고 있는 현실은, 그대로 한국사의 대전환을 생생하게 보여 주는 언어문화 현상의 주요한 일면이라 하겠다. 더구나 광복 후 물밀듯이 밀어닥치기 시작한 영어의 유입은 영어권 문화와 함께, 우리 언어와 문화에 그 수용을 강요하였고, 수용자측으로서는 타의, 자의가 동시에 작용하여 이전과는 전혀 다른 모습의 언어와 문화를 만들어 가면서, 새로운 형태의 언어문화를 형성해 왔다. 외래어로서의 자격과는 관계없이, 숱한 영어가 바른 형태로 또는 일탈된 형태로 일상의 생활, 일상의 의식 속에 깊이 침투되었고, 그 속도는 점점 가속화되어 가는 현실이다. 한국어 외에 영어를 하나 더 공용어로 인정하자는 극소수 국민의 의식 또는 뜨겁게 달아오르고 있는 영어 조기 교육열 속에서도 똑같은 언어문화적 의미를 읽을 수 있다.

한국의 언어문화 현상은 그대로 한국어에 나타난다. 한국어의 특징적인 현상들은 바로 한국의 언어문화 현상이다. 한국어는 교착어로서 문법 형태가 발달되었고, 이에 따라 자유 어순의 언어가 되었다. 주제 중심의 언어이면서, 색채어, 감각어, 심리 동사 등이 발달되어 있는 것도 특징적인 언어문화의 한 모습이다.

언어에 문화가 반영되어 있다고 할 때, 언어의 상당 부분은 어휘와 관련된다. 이것은 문화가 어휘에 큰 비중으로 반영된다는 것을 의미한다.[10) 문화에 관한 가장 풍부한 정보원의 하나는 그 언어의 어휘라고 말한 것이나,[11) Steele이 우리가 사용하는 모든 단어, 모든 표현은 문화적 특성을 가지고 있다고 한 것은[12) 모두 그러한 특성을 지적한 것이다.

어휘는 그 문화의 보고로서, 통시적, 공시적 문화의 축적이다. 관점을 달리 해서 어휘의 이러한 특성을 보게 되면, 어휘의 의미는 문화적으로 완전히 구속되어 있다고 할 수 있다. 그만큼 문화는 역사적으로 그리고 사회적으로 어휘에 문화의 굴레를 덧씌워 왔다.

단어의 의미는 사전에서 보는 어휘적 의미나 실제 사용 현장에서 표현

---

10) 어휘와 문화에 관한 논의는 성기철(2000) 참조.
11) Heusinkveld, P. R. ed.(1997), 3부 서론 참조(p.193).
12) Spinelli & Siskin(Heusinkveld, P. R. ed.(1997 : 227)에서 재인용).

되는 화용적 의미 외에, 문화적 의미를 함께 하고 있다. 이 중의 어느 하나를 제외하더라도 단어의 의미는 매우 불완전한 기형의 것이 될 수밖에 없다. 특히 단어의 의미가 사전적 의미에 머물고 말 때, 문화의 의미가 사장되어, 마치 해부실의 실험용으로 비치된 주검과 다를 게 없게 된다.

한국의 언어문화 현상을 여실히 보여 주는 전형적인 것의 또 하나는 대우 현상이다. 현대화가 진행되면서 우리 사회에 가져다 준 현상의 하나는 평등과 개성의 중시 현상인데, 이는 청자 대우법에서 엄격했던 아주높임, 예사높임, 예사낮춤, 아주낮춤의 4화계 체계가 붕괴되는 데 주요한 요인이 되었다. 하오체와 하게체의 쇠퇴가 그것을 말해 준다. 이 두 화계의 쇠퇴로 현대국어의 화계 체계는 매우 기형적인 것이 되었다. 이에 상응해서 비격식성이 두드러진 2화계 체계의 해요체와 해체(반말)의 사용이 확산되었고, 이것이 쇠퇴한 두 화계를 대신하게 되었다. 이것은 단순한 언어 또는 대우법의 변천이 아니다. 사회적인 계층 구조의 쇠퇴 또는 파괴가 4화계 체계의 쇠퇴와 2화계 체계의 도약을 부채질하였다. 2화계 체계 활성화의 배후에는 엄격한 네 화계 체계에 대한 대중의 부정적 의식이 자리하고 있고, 더 근본을 캐 보면, 사회적 계층의 파괴라는 배후의 사회 현상이 이 대우법에 큰 영향을 미친 것으로 이해된다.[13]

현대에 와서 전통적인 대우법이 크게 동요되거나 변해가고 있는 것에서도 똑같은 대중의 심리적, 사회적 인식이 자리하고 있다고 생각된다. 가령 전통적인 대우법에서는 청자의 비중이 커서, 청자가 최상위 존대 대상으로 인식될 때에는, 다른 모든 존대 표현이 일단 유보되는 것이 원칙이다. 조부모 앞에서 부모에 대한 존대 표현이 유보되는 것은 그 대표적인 예가 될 것이다. 그러나 요즘 특히 청소년층에서는 조부모 앞에서도 부모에 대한 존대 표현을 하는 것이 일반화되어 있다. 이것은 사회, 문화적으로 보면, 가족 제도에 의해 조부모와 함께 사는 경우가 드문 데도 이유가 있겠고, 심리적인 측면에서 보면, 대우의 중심 축이 청자 중심에서 화자 중심

---

13) 성기철(1999), 「20세기 청자대우법의 변천」 참조.

으로 이동되는 결과라고 할 수도 있다. 물론 이러한 요인들이 별개로 작용한다기보다는, 이들이 함께 작용한다고 보는 것이 더 온당할 것이다.

언어와 문화의 상관은 언어의 변천의 역사 속에서도 용이하게 확인된다. 제도나 생활 방식을 포함한 사회의 전반적인 변천은 언어의 변천을 유도 내지 강요한다. 기존의 것들이 역사 속에 사라지고 말 때, 해당 어휘도 언젠가는 뒤를 따라 함께 소멸되는 것을 본다. 고유어를 포함해서, 고어 사전 속의 많은 어휘를 현대국어 사전에서 찾아 볼 수 없는 것 중에는, 상당 부분이 문화와 관련되어 있는 것들이다.

여러 상황에서 사용되는 인사어들을 포함하여, 각종 호칭어, 친족어, 각종 의식에 사용되는 언어 등도 언어문화를 보여 준다. 이러한 일종의 의식어(儀式語)는 언어권상의 차이, 지역적인 차이, 여타 집단간의 차이는 물론, 개인적인 차이까지 보여 주는 특정 문화가 언어에 끼치는 언어문화 현상이다.

위에서 본 언어문화 현상은 문화가 언어에 미친 영향, 또는 줄여서 언어 속의 문화라고도하겠는데, 이제는 반대로 문화에 작용하는 언어 현상, 말하자면 문화 속의 언어 현상을 잠시 돌아보기로 한다. 기본적으로 문화 속의 언어는 인류학 또는 언어인류학의 주요 대상이 되어 왔다. 가령 Duranti(1997 : 336~7)가 '언어와 문화가 아니라, 문화 속의 언어'란 말로써, 언어가 문화 속의 모든 현상에 침투되어 있음을 언급한 것은 바로 그 한 면을 보여 준다. 그가 계속하여 '언어는 우리 속에 있고, 우리는 언어 속에 있다.'고 한 말은 그러한 특징적 현상을 포괄적으로 확대 표현한 것이다. 그러나 이러한 인식은 언어문화의 한 측면만 부각된 흠이 있다. 시각을 달리 해서 인류언어학의 측면에서 본다면, 위에서 보아 온 바와 같이, 언어 속의 문화를 부각시킬 것이다. 그러나 둘 모두 함께 고려하고자 하는 데 우리의 목표가 있다. 한 언어의 존재는 그 문화를 전제로 하고서야 가능하며, 한 문화는 그 언어를 전제하고서야 가능하다. 곧 언어와 문화는 상호의 존재 속에 존재한다.

구체적인 예를 몇 가지 들어보기로 한다. 그 한 예를 방언에서 찾아 볼 수 있다. 방언은 지리 또는 정치, 사회적 이유 등으로 만들어진 동일 언어의 분파라 할 수 있다. 이것은 동계 어족의 공통 조어가 오랜 세월에 걸쳐 여러 가지 이유로 상이한 언어를 만들어 낸 자연 현상의 축소판이라 할 수 있다. 어떻게든 일단 만들어진 방언은 그 지역을 특징짓고, 더 나아가서는 그 지역의 정체성(正體性)을 규정하는 중요한 요소의 하나가 되기도 한다. 긍정적으로는 독자성 있는 지역 문화를 형성하는 데 기여하기도 하며, 부정적으로는 배타적 지역 정서를 부추기는 요소가 되기도 한다. 오늘날 한국 사회의 가장 큰 병폐의 하나인 지역주의는 결코 이러한 언어 문제와 무관한 것이 아니다. 민족의 한 징표인 언어가 민족 의식을 고취하듯이, 특정 지역의 징표인 방언이 지역 의식을 고취하면서, 또 다른 지역의 징표인 지역 문화와 융합한다.

그렇지만 이와는 반대 방향도 함께 작용한다. 즉 충청도의 느린 언어, 음성 모음의 선호 등으로 드러나는 특징은 오히려 이 지역 언어 주체의 느린 동작, 정신적 여유, 소극성의 문화에서 연유하는 것인 줄 안다.

사회 방언도 같은 맥락에서 이해할 수 있다. 지역 방언이 수평적인 것이라면, 사회 방언은 수직적인 것이라는 점에서 구분될 뿐, 기본적인 언어문화적 특성에서는 크게 다를 바 없다. 가령 상이한 사회 집단에서 달리 사용되는 차별화된 언어는 특정 사회 집단의 특성이나 그 집단의 정체성을 규정하는 잣대가 될 뿐만 아니라, 집단 구성원을 결속하는 큰 힘이 된다. 그러면서 다른 면으로는 타 집단과의 이질성을 부각함으로써, 집단간의 이기적, 정서적 분열을 조장하는 부정적 작용을 하기도 한다. 노동 계층, 학생들, 폭력배, 죄수, 인삼 채취인 등의 사회 집단에서, 주로 구성원들간에 많이 사용되는 언어나 이러한 특성을 가진 여러 유형의 은어, 속어도 유사한 성격을 가진다고 하겠다.

앞으로 다가올 남북 통일 시대를 예견할 때, 그 시기에 당면하게 될 남북 언어의 충돌은, 정치적, 사회적, 문화적 차이의 소산이면서도, 새로이 시작되는 통일 한국 문화에 많은, 때로는 매우 심각한 영향을 미칠 것이 분명하며, 이와 관련하여 언어문화의 새로운 관심 문제를 다양하게 제기할 것으로 생각된다. 남북 언어와 문화의 충돌은 정치, 사회적 갈등 문제뿐만 아니라, 문화적, 심리적 문제를 함께 유발할 것이다. 지역주의의 계층화도 그러한 문제의 하나가 될 수 있다. 여기 계층화란 남북 언어의 양분과 각각에 따른 지역 및 사회 방언의 분파를 의미한다.

과학의 발달과 생활 이기(利器)의 보급이 새로운 언어문화를 형성해 가고 있다. 전화에 이어 혜성같이 나타난 컴퓨터와 인터넷의 일반화는 새로운 통신 언어문화를 만들어 내었다. 그 가장 특징적인 것은 오랜 전통 속에 숱한 사연과 정서를 담아 온 편지의 통신 문화, 그리고 공사 기관에서 오고 가는 다양한 형태의 공문서의 문화를 송두리째 바꾸어 놓은 사실이다. 이런 과정에서 통신 언어의 모습도 크게 변하였다. 이전에 보던 격식성은 거의 찾아볼 수 없이 되었고, 언어 표현은 물론 언어 자체까지도 큰 변혁을 보여 준다.

요즘 학생들을 포함한 청소년층에서는, 흔히 언어 일부를 생략하고 첨가하고, 변형하거나 문법을 파괴하여, 어떤 경우에는 해괴한 기형의 언어를 만들어 쓰기도 한다. 이것은 나름대로 이런 저런 이유가 있겠고, 어쨌든 이것은 또 새로운 언어의 모습을 주는 것임에 틀림없지만, 그 가운데는 사회적 언어 병리 현상을 보여 주는 것 역시 적지 않다. 이러한 병리 현상을 포함한 새로운 언어, 새로운 언어 표현은 현대인, 특히 젊은 층의 강한 개성, 동일 세대의 특성화, 기성 규범이나 질서에 대한 반발과 파괴 의식, 속도감 등을 반영하고 있다. 이러한 배경이나 이유는 그대로 이 시대의 문화를 의미한다.

때로는 특정의 생활 방식이 새로운 언어를 만들어 낸다. 생활 중심이 도시로 집중되는 것과 반비례로 직장의 지방화가 확대되는 외에, 여성의 사회 진출 또한 가속화하면서, 주중에 멀리 떨어져 살다가 주말에나 함께 살 수 있는 새로운 형태의 부부 생활 또는 가정 형태가 보편화되었다. 이러한 생활 패턴이 만들어 낸 말이 '주말 부부'이다.

영어의 열풍과 함께, 그리고 미국 유학의 일반화와 함께 나타난 또 다른 형태의 부부 생활 유형이 만들어졌다. 부인이 아이들을 데리고 미국 또는 여타 외국으로 나가 거기서 생활하고 있고, 직장을 다녀야만 하는 남편만 혼자 한국에 남아서 돈을 벌어 보내 주다가 방학이나 다른 기회에 잠시 부부가 상봉하는 가정 생활이 늘어나기 시작하였다. 이런 형태로 부부와 가족이 서로 떨어져 그리워하며 살아야 하는 새 풍속도가 새로운 언어를 만들어 낸 것이 '기러기 아빠'이다.

라디오나 텔레비전과 같은 대중 전파 매체의 발달이 언어에 미치는 영향 또한 상당하다. 흔히 우리의 머리에 남는 것은 그 순기능보다도 역기능이다. 청소년의 우상이 되기도 하는 것이 연예인들인데, 이들이 하는 말 한 마디가 때로는 굉장한 위력을 발휘하기도 한다. 꼭 이들 연예인이 만들어 낸 말이 아니어도 상관이 없다. 한 때 남편을 가리키는 말로 '자기'라는 말이 유행했었는데, 지금은 '오빠'라는 말이 유행하고 있다. 그런 매체를 통해 전파된 것이 아닌가 싶다. '오빠'라는 말은 듣기에 따라서는 끔찍한 말이 될 수도 있다. 물론 대중 매체가 대단한 순기능 외에 엄청난 역기능도 한다는 것은 비단 언어와 관련되는 것만도 아니다. 그것은 본고의 취지에서 멀기로 언급을 피한다.

문학은 언어와 문화를 접합하는 가장 전형적인 예의 하나가 될 수 있다. 언어의 가장 실용적인 기능은 의사소통에서 드러나지만, 언어의 예술성은 문학에서 그 극치를 이룬다. 문학은 언어에 의해 그 가치를 판단 받는 측면도 있지만, 문학은 살아 있는 언어 문화의 보고이다. 언어를 수단으로 하는 문학에서, 우리는 언어의 효용과 신비 외에, 다양한 문화의 역동적인 작용을 찾아보고 또 음미할 수 있다. 비단 문학에서만 언어의 작용을 보는 것은 아니다. 공연 예술인 연극, 영화, 오페라 등에서도 얼마든지 이와 유사한 언어와 문화의 교차 현상과 상호 작용을 보게 된다.

언어가 언어 예술인 문학에 작용하는 영향력이 절대적인 반면, 문학이 언어에 미치는 영향 또한 매우 크다. 언어가 없는 문학이란 상상도 할 수 없지만, 괴테의 문학이 훌륭한 독일어를 만들어 냈다고 하는 말은, 문학이 한 언어의 운명에까지 지대한 영향을 줄 수 있음을 보여 준 것이라 하겠다. 문학은 때로 어휘를 창조하고, 때로는 언어를 변조하여 새로운 생명력을 불어넣어 주기도 한다. 문법이란 사람이 만들어 내는 것이 아니요, 언어에 내재된 본유의 속성이지만, 문학은 때로 새로운 문법을 만들어 내는 위력을 발휘하기도 한다. 문학은 때로 변천하는 언어에 속도를 더해 주기도 하고, 이를 늦추어 주기도 한다.

언어문화의 예를 열거할 여유도, 필요도 없겠으나, 언어문화의 중요한 한 예로 비음성적 언어의 중요성을 지적하고 싶다.[14] Salzamnn(1993 : 213)은 음성이나 문자 이외의 수단에 의해 이루어지는 모든 부호상의 통신을 비음성적 언어로 규정하였는데, 사실은 이보다 더 광범한 것을 포함한다. 언어 기호 외에 우리에게 주는 정보 내용을 가지고 있는 모든 것을 비음성적 언어로 규정할 수 있는데, 이러한 것은 물론 문화권에 따라 다르고, 언어권에 따라 다른 문화 현상이요, 언어문화 현상이다. 가령 G. G. Morain(1978)이 몸짓 언어(body language), 물체 언어(object language) 외에 환경 언어(environment language)까지 언급한 것은 그런 고려가 전제되었던 것이라 하겠다.

가령 한국 언어문화의 주요한 일면을 보여 주는 비근한 예로, 수상(手相)이나 관상 어느 하나만 생각해 보아도, 이것이 얼마나 무게가 있는 한국의 언어문화 현상인가를 알 수 있으며, 아울러 그것이 얼마나 많은 메시지를 전달하고 있는지 알 수 있다. 이것은 우리 의사소통의 65%가 비언어적 수단에 의존한다는 연구 결과나(G. G. Morain), 의사소통의 50~90%가 비언어적 방법에 의존한다는 또 다른 연구 결과(C. Bennett, 1996 : 65) 등과 같은 맥락에서 이해될 수 있는 것이다. 이러한 정황을 고려할 때, 비음성적 언어가 언어문화로서 가지는 의미는 적지 않은 것이라 할 수 있다.

---

14) 성기철(2001), 「한국어 교육과 문화 교육」 참조.

4. 맺는 말

언어와 문화의 관련성에 관한 논의는 몇몇 영역에서 이루어져 왔다. 그렇지만 외국어 교육에서 대상으로 하는 언어와 문화의 관련성 논의 외에는, 언어와 문화의 상관 또는 융합 현상에 대해서는 별로 관심을 기울이지 못했던 것 같다. 본고에서 필자가 주목한 부분은 언어만도 아니고 문화만도 아니다. 그것은 둘의 상관 영역이다. 언어와 문화가 그 발생에서부터 지금에 이르기까지 둘은 촌시도 멈춤이 없이 서로 영향을 주고받아 왔다.

이러한 양자의 관계는 우리로 하여금 언어에 반영된 문화와 문화에 반영된 언어에 주목하게 하였다. 둘의 상관 역사가 헤아릴 수 없이 유구하고 다양하기 때문에, 이런 접합 영역을 구상하기도 쉽지 않고, 이를 체계화하기도 어려운 점이 없지 않았을 것이다. 그러나 필자가 보기에는 영역 자체의 모호성이나 몰가치가 문제였던 것이 아니고, 이러한 영역 자체가 사람들의 이목을 끌지 못한 데 연유하는 것으로 보인다.

필자는 여기서 언어와 문화가 교차하는 중간에 위치한 언어문화 영역의 새로운 구축을 제안하였고, 그 관련 영역을 어렴풋이나마 제시해 보고자 하였으며, 특히 한국의 경우를 중심으로 한국어와 한국 문화의 접촉과 관련한 몇몇 사례를 중심으로, 한국의 언어문화 현상에 대한 접근을 시도해 보았다.

본고는 구체적 대상에 대한 연구가 아니라, 언어문화라는 영역의 확립에 주목하였으며, 구체적인 문제에 가서도 매우 개괄적인 소개에 주안점을 두었다. 그것은 본고에 제안된 문제들이 상당 부분 전문적인 천착이 요구되는 것이기도 하려니와, 언어문화에 대한 포괄적인 이해를 돕는 데 더 큰 의의를 두었기 때문이다. 앞으로 구체적인 사례별로 관련 영역의 연구 인력이 동원되어 새로운 체계화와 발전된 연구가 이루어지기를 기대한다.

참고 문헌

기타무라 다다시(2001), 「언어를 통해 본 한국과 일본의 문화」, 『전농어문연구』 제13
　　　집, 서울시립대학교 국어국문학과.
박붕배(1992), 「국어과 교육의 사회성과 문화 교육」, 국어과 교육학의 이론과 방법 연
　　　구, 박붕배선생 정년기념 논문집, 교학사.
박영순(2002), 『한국어 교육을 위한 한국 문화론』, 한국문화사, 국제한국어교육학회.
성기철(1999), 「20세기 청자대우법의 변천 – 화계의 사회언어학적 변천과 관련하여 –」,
　　　『한국어교육』 제10원 2호, 국제한국어교육학회.
성기철(2000), 「한국어 어휘 교육과 문화 교육」, 중국 KOREAN 교육 국제 학술 토론
　　　회의 <논문집>, 중국한국(조선)어교육연구학회, 중국.
성기철(2001), 「한국어 교육과 문화 교육」, 『한국어교육』 제12권 2호, 국제한국어교육
　　　학회.
이병혁 편저(1986), 『언어사회학서설 – 이데올로기와 언어 –』, 도서출판 까치.
조항록(1998), 「한국어 고급 과정 학습자를 위한 한국 문화 교육 방안」, 『한국어 교육』
　　　제9권 2호, 국제한국어교육학회.
조항록(2000), 「초급 단계에서의 한국어 교육과 문화 교육」, 『한국어 교육』 제11권 1호,
　　　국제한국어교육학회.
최인자(2001), 『국어 교육의 문화론적 지평』, 소명출판.
태평무(2000), 『언어학과 사회』, 료녕민족출판사, 중국.
Duranti, A.(1997), *LINGUISTIC ANTHROPOLOTY*, Cambridge University Press.
Foley, W. A.(1997), *ANTHROPOLOGICAL LINGUISTICS*, *An Introduction*, Blackwell
　　　Publishers Ltd.
Heusinkveld, Paula R.(ed.)(1997), *Pathway to Culture,* Intercultural Press, INC.
Irvine, J. T. restr.& ed.(1994), *Edward Sapor, The Psychology of Culture, A Course of Lectures*,
　　　Mouton de Gruyter.
Kloph, D. W.(1987, 1995), *INTERCULTURAL ENCOUNTERS : The Fundamentals of
　　　International Communication*, Third Edition, Morton Publishing Company.
Kramsch, C,(1996), *Language and Cuture*, Oxford University Press, 장복명 외(2000) 번역,
　　　언어와 문화, 박이정.
Robinson, L. A.(1985), *Crosscultural Understanding*, Pergamon Press Ltd., New York ·
　　　Oxford.

Salzmann, Z.(1993), *Language, Culture & Society ： An Introduction to Linguistic Anthropology,* Boulder, San Francisco, Oxfore ： Westview Press.

Singerman, A. T. ed.(1988), *Toward a New Integration of Language and Culture,* Northeast Conference on the Teaching of Foreign Language.

Seelye, H. N.(1997), *Teaching Culture, Strategies for International Communication,* National Text Book Company.

Spinelli, E. & H. J. Siskin, Selecting, Presenting and Practicing Vocabulary in a Culturally Authentic Context, in P. R. Heusinkveld, ed.(1997), *Passway to Culture,* Intercultural Press, INC.

—『한국언어문화학』 창간호, 국제한국언어문화학회, 2004. 5.

언어문화의 보편성과 개별성

1. 들어가는 말

흔히 인간은 언어를 가진 동물이라고 하는데, 더 포괄적으로는 인간은 문화를 가진 동물이다. 언어의 발달은 대체로 질의 발달에서 양의 발달로 전환되어 왔지만, 문화는 언어의 내용을 풍요롭게 해 왔다. 그런가 하면 문화는 질과 양에서 한결같이 발전을 계속하는바, 그 배후에 작용하는 언어의 힘은 절대적이다.

지금 우리가 관심을 가지고 있는 언어와 문화는 기본적으로 하나이면서 둘이요, 둘이면서 하나이다. 원론적으로 보면 언어는 문화의 소산인 또 하나의 문화지만, 현상적으로 보면 언어와 문화는 둘이다. 문화라는 성격으로 보면 하나지만, 그 문화적, 사회적 기능으로 보면 둘이다. 하나로 볼 때는 포함 관계의 주종 관계이지만, 둘로 볼 때는 대등 관계이다. 문화의 피조물인 언어가 문화를 창조하고 이끌어 가는 원동력이요 그 생명이라고 볼 때, 그리고 언어와 문화의 절대적 상보성을 고려할 때, 언어가 문화의 한 구성 요소로 머물기에는 문화에 대한 언어의 비중이 너무 크다.

지난 세기 90년대 이후, 외국어로서의 한국어 교육에서 고조되기 시작한 언어와 문화에 대한 관심은, 이후 그 영역이 더욱 확대되어, 언어와 문화의 상관 관계에 적극적인 관심을 기울이게 되었다. 여기서 말하는 상관 관계란 것은 언어와 문화의 상관적 특성과 함께, 언어에 문화가 반영되고, 문화에 언어가 반영되는 상호 작용을 의미하는 것으로, 이것은 소박한 말로 언어 속의 문화 그리고 문화 속의 언어로 구현됨을 말한다.

언어와 문화의 상관 관계에 관심을 제한하고 보면, 이것은 언어학만도 아니요 문화학만도 아니다. 굳이 말하자면, 언어학적인 문화학과 문화학적인 언어학을 통합한 영역이라 할 수 있다. 이렇게 새로이 등장하게 되는 분야를 우리는 언어문화라 부른다.[1]

이 영역은 언어와 문화가 각각 타에 작용하는 실상과 그 배후의 원리, 언어문화의 형성 과정, 언어문화의 역사성 및 언어문화 간의 비교를 주된 연구 대상으로 하게 될 것이다.

오늘 학술 회의의 주제가 되어 있는 '비교 문화적 측면에서 본 한국 언어문화'와 관련하여, 발표자는 언어문화의 보편성과 개별성 문제를 잠시 돌아보고자 한다. 보편이든 개별이든 그것은 비교를 전제로 하는바, 이것은 한 대상의 정체성을 규명하는 기초가 된다.

모든 현상은 어떤 의미에서 상호 보편성과 특수성을 전제한다. 어떤 현상 자체의 특수성은 곧 보편성을 전제한 것으로, 보편성으로 귀납되는 개개 현상의 특수성이 곧 개별성으로서, 개개 언어의 독자적 존재 자체는 특수성에 기초한 것이다. 그러므로 보편만 있는 개별이 없으며, 개별만 있는 보편이 없다. 다시 말해서 개별이 없는 보편이 없으며, 보편이 없는 개별도 없다. 우리가 관심을 기울이고 있는 언어문화도 여기서 예외가 될 수는 없다.

---

1) 언어문화란 말이 아직은 개념이 정립된 상태가 아니다. C. Kramsch(1996)의 'Language and Culture'나 전정례(1999)의 '언어와 문화'가 의미하는 것은 표현 그대로의 의미로 이해된다. 고영근(1966 : 6)에서는 언어와 문화 두 영역을 합한 말로 '언어문화'라는 말을 사용하기도 하였는데, 개념 규정 없이 이 용어를 사용하는 사례도 없지 않다. 국제한국언어문화학회의 부득이한 영문명 'Culture and Language'는 '언어문화'를 의미하는 것이지만, 언어와 문화가 각각 별개로 해석될 수 있는 흠을 감수하고 있다.

2. 언어와 문화의 보편성과 개별성

2.1. 보편성과 개별성

모든 사물은 보편성과 특수성 또는 개별성을 가진다. 생명체도 그렇고 비생명체도 그렇다. 어떤 사물이 어떤 언어로든 명명되었다는 사실은 대체로 그 사물의 보편성과 개별성이 전제된 것이다. 사물의 모든 범주화는 언어 행위이다. 언어적 명명이란 다름 아닌 범주화인데, 이 과정에 필수적인 요소는 기준이다. 기준이 전제되지 않은 분류는 분류가 아니다. 범주화된 것 또는 유형화된 것은 보편성과 개별성 두 가지에 함께 기초하는 것이다. 구성 요소들이 내적으로 보편성을 공유하면서, 외적으로 구성 요소 상호간에 개별성으로 타에 대립되는 것이다. 사람은 사람으로서의 공통 속성을 가지면서, 그 구성원 개개인은 서로 차별화되고 대립되는 특수성을 가진다. 가령 피부의 색깔 같은 것은 인간 차별화의 한 징표가 될 수 있다. 이 구성원 간의 개별성은 인간이라는 하나의 범주가 다른 범주, 가령 여타 동물과 차별화되는 개별성과는 동일한 것이 아니다. 언어를 가진 것, 문화를 가진 것 등이 인간의 범주 표지로서의 특수성이 될 것이다.

대체로 문화의 보편과 개별 현상은 계층적 분지 구조로, 양극 사이는 점진적인 정도성을 특징으로 하는 것이어서, 언어와 같은 계층간의 엄격한 구분이란 사실상 불가능한 경우가 많다. 범주화도 흔히 계층적 구조를 가진다. 그 최상위 범주는 대체로 보편성 하나에 기초하게 되며, 최하위 범주는 대체로 특수성 하나에 기초하게 된다. 최상위의 것은 모든 것을 하위 구성 요소로 포괄하기 때문이며, 최하위의 것은 다른 하위 구성 요소를 가지지 않기 때문이다. 계층적 구조의 문화 현상은 하위화할수록 그 특수성이 더욱 두드러지게 되는데, 특수성은 개별성의 기초가 되며, 개별성은 독자성의 기초가 된다.

우리는 문화 또는 언어와 관련하여 보편주의(Universalism)와 상대주의(Relativism)

에 대한 많은 논쟁과 논의의 역사를 가지고 있다. 이 양 극단을 조정한 절충주의는 앞의 둘에 대한 제삼의 대안이 될 수 있다.

문화적 상대성은 문화의 시간적, 공간적 특수성에 높은 비중을 부여하는 다원주의 또는 복수주의 이론이다. 고금의 문화가 다르고, 동서의 문화가 다른바, 이들 각각에 각각의 고유성이 부여되어 있다. 그러므로 이런 견해에서는 각각의 문화는 그 자체의 구조 또는 가치 기준에 의해서 고려되어야 하는 것이지, 다른 문화 기준에 의해서 평가될 수 없다고 본다.2)

언어적 상대성도 근본에서 다를 바 없다. 언어의 상대적 원리를 가장 명시적으로 규정했다고 할 수 있는 Whorf의 말로 이 이론의 주요 내용을 대신하고자 한다.

> 전혀 다른 언어의 사용자는 이 언어로 해서 다른 유형의 관찰을 하게 되고, 표면적으로 유사한 관찰 행위에 대해서도 상이한 평가를 하게 되며, 이들은 관찰자로서 동일하지 아니하고, 세계에 대해 얼마간 상이한 견해를 가지게 된다.(Whorf, 1956 : 221)3)

언어나 문화의 상대성을 이해하는 것은 어렵지 않다. 현대 사회를 살아가는 사람들은 언어와 문화의 다양성에 직접적으로 노출되어 있을 뿐만 아니라, 인간은 이러한 다양성 또는 이질성에 매우 민감하다. 인간은 심리적으로 또는 인지적으로 동질성보다는 이질성에 더 민감한 것으로 보인다. 문화는 가치를 포함하며, 때로 문화는 가치 자체이다. 윤리, 도덕과 같은 추상적인 문화의 경우, 이 가치는 매우 직접적이다. 우리 모두에게 익숙한 '문화 충격'은 바로 가치 충돌의 결과물이자 대가이다.

언어 또는 문화의 상대성 이론이 이들의 차이점을 지나치게 부각시킨 것이라는 반론은 언어, 문화의 보편성에 주목한 말이다. 어찌 보면 가장 소박하면서도 가장 근원적인 보편성의 배경은 생물학, 물리학 등에 있다고

---

2) Brameld(1957 : 201) 참조.
3) Foley, W. A.(1997 : 201)에서 재인용.

볼 수 있다. 전자에서는 생명체의 분류에서, 그리고 후자에서는 시간, 공간의 연속체와 같은 데서 상대성의 원형을 볼 수 있기 때문이다. 또 '공통의 인간성'이란 말이 의미가 있는 것이라면, 보편의 가치도 인간에게 고유한 것이라는 말은(Brameld, 1957 : 204 참조) 충분한 설득력을 가진 것으로 보인다. Linton은 인간이 자연 앞에서 그 한계성을 자각하면서, 그 극복을 위해 초자연적 절대 권력을 찾는 데서도 보편성의 한 모습을 볼 수 있다고 생각한다.[4]

보편성과 특수성이라는 흑백의 대립적 시각에 대해, 절충적 견해 역시 매혹적인 것이 아닐 수 없다. Kroeber and Kluckhohn의 양자(both-and) 견해와 동궤의 견해를 보여 주는 Brandt는 '그러므로 가치는 특수성이 있고 상대적이며, 보편적이고 항구적이다.'라는 말로 양 극단을 모두 포섭하였다.[5] 이것은 인간성이 천부적인 것이냐 후천적인 것이냐 하는 양론에 대해, 인간은 두 측면을 모두 보여 준다고 하는 절충론이 설득력을 가지는 것과 같다 하겠다.

보편성에서도 그 질과 양에서 많은 정도의 차이를 볼 수 있다. 인간이 언어를 가지는 것과 같이, 우리에게 중요한 의미를 가지는 보편성이 있고, 머리털을 가지고 있는 것과 같이 그렇지 못한 것이 있다. 이것은 범주화에 따른 기준의 적절성 문제이기도 하다. 그리고 범주화의 계층 구조에서, 계층 사이에는 구획되지 않는 많은 정도의 차이를 보이기도 한다.

인간이 언어를 가지게 된 것보다 더 큰 보편성으로는 인간이 생명을 가졌다는 것뿐일 것 같다. 언어의 소유는 인간의 발달된 정신 작용의 결과인데, 이 정신 작용은 인간의 창조적 사고 능력으로 구상화되고, 사고 능력은 구상, 추상의 대상 인식과 연계되어 있다. 인간이 가진 최상위 공유 자산으로서의 정신 작용은 인간의 심리적, 물리적 행태에서 많은 부분을 공유하게 한다. 정신 작용은 의사소통 수단을 발전시켰고, 이에 의해 인간의

---

4) Brameld, T.(1957 : 205) 참조.
5) Brameld, T.(1957 : 208) 참조.

다양한 문화를 창조해 왔는데, 이 문화의 핵심에 언어가 자리하고 있다.

언어라고 하는 문화의 하위 범주화가 가능했던 것은 역시 그 보편성 때문이다. 우리가 주지하다시피 언어는 기호성, 분절성, 역사성, 사회성 등의 보편적 특성을 가진다. 보편성과 관련하여, 먼저 생각할 수 있는 것은 언어의 내적 보편성이다. 이것은 현대 언어학, 특히 현대 문법 연구에서 제일의 목표가 되는 탐구의 대상이다. 음성, 문장의 유형, 어순, 대우 등 여러 언어 현상은 많은 언어에 공통되어 있는 보편적 특성이다.

언어 외적인 현상으로서, 가장 보편적인 현상은 언어의 대상 범주화에서 찾을 수 있다. 하나의 연속체로 존재하는 빛의 스펙트럼에서 개개의 색채를 분단하여 이를 언어화하는 것은 그 한 예가 된다. 지구상의 생물체를 분류한다고 할 때, 일차적으로 동물과 식물을 구분하고 후자의 마지막 부분에 가서는 소나무, 전나무, 잣나무 등의 구분이 가능할 것이다. 이러한 언어의 계층적 하위 범주화는 모든 언어에서 볼 수 있는 보편적 현상이다.

그러나 구체적인 데 또는 아주 하위에 이르러서는 언어간에 많은 차이를 보여 준다. 지구상에 수천의 언어가 존재하는 것은 바로 이러한 차별성 때문이다. 가장 기본적인 의미 요소의 하나인 '주다(give)'라는 어휘는 모든 언어에 다 있을 것으로 예상되지만, 가령 Navajo 같은 언어에는 그런 단어가 없다고 한다. 그런 행위의 개념은 모든 언어가 공유한 것이지만, 그것을 나타내는 어휘가 다 동일한 것은 아니어서, 세부적인 데 가서는 개별 언어의 많은 차이가 두드러진다.6) 한국어에 문법 형태가 발달되어 있는 것이나, 대우법이 발달되어 있는 것, 성이나 수와 같은 문법 범주를 가지지 않은 것 등은 한국어의 주요한 개별적 특성이다.

문화의 보편성 문제를 잠시 돌아보기로 한다. 흔히 문화의 특성으로 역사성, 사회성, 규범성, 학습성 같은 것을 말할 때, 이것은 곧 문화의 보편성을 의미하는 것이 된다. 문화가 인간의 사고 및 행동 방식이라고 할 때, 이것은 집합성을 두고 한 말이지만, 이러한 집합성이 개개인을 전제하고

---

6) Irvine, J. T. ed.(1994 : 108) 참조.

보면, 개개인의 행태는 문화에 기초하고 있다. Sapir는 단순히 개개인의 개별적 행태로 보이는 것 중에는 많은 것이 흔히 문화에 기초하고 있음을 지적하였다.[7]

문화가 가지는 또 다른 보편성의 하나는 문화가 언어에 미치는 영향이다. 첫째로, 문화는 발달하면서 새로운 어휘를 만들어 낸다. 물론 옛것의 소멸이나 변천으로 어휘가 소멸될 수도 있지만, 전체적으로는 어휘의 수를 증가하게 한다. 어휘 수의 발달은 문화의 발달과 비례한다. 현대 문명의 발달은 문명의 이기(利器)와 함께, 많은 언어에 많은 신조어를 만들어 주었다. 컴퓨터 또는 인터넷 관련의 신조어에서도 그 한 면을 볼 수 있다. 아직도 현대 문명과 거리가 먼 오지의 원주민 언어와 문명한 종족이나 국가의 언어를 비교해 보면 어휘의 증가 현상은 쉽게 확인된다.[8]

문화의 발달은 어휘의 의미 변화에도 상당한 영향을 미친다. 우선 어휘가 다의화하는 것을 볼 수 있다. 문화 발달에 비례해서 신조어가 양산된다면, 어휘의 증가를 감당할 수 없는 경지에 이를 수 있다. 이에 문화의 발달에 대한 언어적 대응은 신조어와 함께 다의화로 나타난다. 한편으로는 새로운 단어를 만들어 내게 되고, 다른 한편으로는 기존의 단어에 새로운 이미를 첨가해서 다의어를 만드는 것이다.[9] 여기에서도 반대 현상을 볼 수 있다. 다의를 축소시킬 수도 있는 것이다. 일반의 의식 변화에 따라, '사모님'은 더 다의화되었는가 하면, 이에 비례해서 '아주머니'는 다의의 축소를 경험하게 되었다. 문화의 변천에 따른 이러한 의미 변화는 위에 말한 지시적 의미 외에, 내포적 의미에서도 똑같은 현상을 보여 준다. 문명

---

7) Irvine, J. T. ed.(1994 : 177).

8) 이러한 언어에서 어휘의 수가 적은 것은 언어의 열등성에 기인하는 것이 아니고, 많은 어휘의 필요성이 없기 때문이다.

9) 한 예를 옷에서 들 수 있다. 서구의 양복이 들어오면서, 기존의 전통적인 옷과 대립하게 되었는데, 서양 양복의 하의는 우리의 전통적인 어휘 '바지'에 수용됨으로써, 바지의 다의성을 가져왔다. 그런가 하면 똑같은 양복의 상의는 우리의 '저고리'에 적극적으로 수용되지 못하였다. 또 외투니 코트니 하는 서양의 옷은 우리의 '두루마기'에 수용될 법한데, 실상은 그렇지 못하고 외래어로서의 새로운 단어로 수용되었다.

의 발달에 따라, '이태백이 놀던, 계수나무'와 같은 달의 내포적 의미는 사라지고, 대신 지구의 그림자가 드리워진 달을 생각하게 된다.

문화의 보편성과 특수성을 보여 주는 한 예를 의사소통의 한 방법에서 생각해 보기로 한다. 의사소통은 그 자체로 하나의 문화 현상인데, 이것은 언어 외에 비언어적 언어(nonverbal language)에 의존하기도 한다. 이 자리에서는 그 중에서도 비언어적 인사 문화의 하나로 몸짓 언어를 보기로 한다. 인간 생활에서 인사 문화는 매우 발달되어 있고, 매우 중요한 문화적 행동 방식의 하나가 된다. 인사 문화만 해도 만남과 헤어짐, 각종 의식에서의 인사 등 다양한 하위 범주화가 가능하고, 거기 상응하는 몸짓 언어와 음성 언어가 다양한 모습을 보여 준다. 모든 언어권, 모든 문화권에 몸짓 언어가 발달되어 있고, 이것은 또 모든 인사 문화에서 필수적인 위치를 점하고 있다. 이러한 제 현상은 범문화적인 공통 현상이다.

문화 보편적인 일상적 인사의 몸짓 언어는 우선 신체적 접촉을 하나의 표지로 하위 범주화가 가능해진다. 하나는 신체적 접촉에 의해서 인사를 하고, 다른 하나는 비접촉의 방법으로 인사를 한다. 전자는 대체로 서구, 남미, 이슬람 문화권 등에서 볼 수 있는 현상이며, 후자는 한국, 중국, 일본, 베트남 등을 포함하는 아시아 문화권에서 흔히 볼 수 있는 현상이다.

신체 접촉 여부에 따라 크게 둘로 나뉜 구분은, 그 접촉의 방식 또는 접촉의 유형에 따라 다시 하위 구분될 수 있다. 가령 라틴아메리카계 사람들 같으면, 서로 포옹하고 볼에 키스를 하는데, 이러한 행위는 남녀 구분 없이 가능하다. 그런가 하면 프랑스, 스페인, 이태리, 포르투갈을 포함하는 지중해 연안 문화권에서는 양볼에 키스를 한다. 중동 지방, 특히 이슬람 문화권에서는 이성간의 접촉이 허용되지 않는 반면, 동성간에는 서로 포옹하고 키스를 한다. 미국 사람들의 경우에는 남성간에는 흔히 악수를 하고, 부인들끼리의 경우에는 양볼에 키스를 하는데, 남자도 다른 부인에게 포옹하고 키스를 한다.10)

---

10) Dresser, N.(1996 : 11~13) 참조.

한국의 경우 전통적으로는 남자와 여자의 인사 방법이 다른데, 특히 아랫사람이 윗사람에게 인사를 할 때, 절이라고 하는 몸짓 언어의 비중이 높았다. 이처럼 인사 문화 또는 몸짓 언어에 의한 인사는 범문화적 보편성을 보여 주는데, 이것도 계층적으로 하위 범주화가 가능해서, 궁극적으로는 개인 차이에까지 이르는 개별성을 보여 준다.

2.2. 언어문화의 형성 배경

언어와 문화가 어떻게 형성되었는지 또는 어떻게 차별화되었는지에 대해서는 일률적으로 말하기 곤란하다. 특히 언어의 발생 기원과 관련하여, 현재로서는 그 변별적 생성에 대해 말할 수 있는 것이 별로 없다. 왜 어떤 지역에서는 아랍어가 생성되었고, 또 어떤 지역에서는 한국어가 생성되었는지 그 답은 어디서도 구하기 쉽지 않다. 다만 문화의 경우에는 그 생성 배경을 이해하거나 짐작할 수 있는 경우가 있을 수 있다. 자연 환경, 생활 방식, 역사적 배경 등에 따라, 특정 문화의 생성과 발달에 대한 배경을 이해할 수도 있다. 가령 계절과 관련된 한국의 문화 중에는 농사와 관련된 것들이 적지 않다. 추석은 그 대표적인 것이다.

언어의 변별적 발생 배경에 대해서는 분명한 답을 할 수 없지만, 언어 자체는 많은 보편성과 특수성을 가지고 있다. 문화의 경우 여러 가지 배경에서 생성되고 발달되었는데, 역시 많은 보편성과 함께 특수성을 보여 주고 있다. 이러한 언어와 문화를 배경으로 하고 있는 언어문화는 어떠한가? 이것은 전자의 것들과 달리, 비교적 그 형성 배경의 체계화가 어느 정도 가능하다. 모든 언어문화의 형성 배경은 보편성을 가지면서, 하위에 가서는 각각 특수성을 가진다. 보편성으로부터 개별성까지 점진적인 계층화가 이루어지는 것은 여기서도 예외가 아니다. 다음에 이를 잠깐 살펴보기로 한다.

각각의 언어와 문화를 배경으로, 언어문화가 형성되는 배후와 관련해서 언어문화 내적 원인과 언어문화 외적 원인을 생각해 볼 수 있다.

2.2.1. 언어문화 형성의 내적 원인

첫째로, 문화가 언어에 반영된다는 점을 들 수 있다. 기본적으로 한 언어는 그 전체가 그 문화의 반영체라고 할 수 있다. 이 말은 문화를 반영하지 않은 어휘가 없다는 Steele의 말에서도 이해될 수 있다.[11] 문화는 매우 다양한 형태로 언어에 반영되어 언어문화를 형성한다. 다양한 종류의 고유 문화가 그 언어에 반영되는 것은 말할 것도 없지만, 외래 문화가 유입되어 언어에 반영되는 것도 중요한 의미를 가진다. 어느 언어에서든지 볼 수 있는 외래어와 외래 문화의 영향에서도 그러한 모습을 쉽게 확인할 수 있다. 한자의 유입으로 인한 중국 문화의 영향은 한국 언어문화의 중요한 측면을 보여 준다.

둘째로는, 문화가 언어에 영향을 미치는 것을 들 수 있다. 현대 문명, 문화의 발달과 함께 새로운 어휘의 수가 증가하는 것은 가장 비근한 예가 될 것이다. 컴퓨터 또는 인터넷 문화가 새로운 언어, 새로운 언어 표현을 만들어 가고 있는 것은 한국의 경우에 국한된 것만은 아니다. 문화는 어휘의 의미에도 많은 영향을 미친다. 새로운 의미를 만들어 내기도 하고, 의미의 다의화를 유도하기도 하며, 때로는 단어의 내포적 의미를 더해 주기도 한다. 문화에 관한 가장 풍부한 정보원의 하나는 그 언어의 어휘라고 말하는 것은[12] 문화가 언어에 미치는 영향이 얼마나 큰 것인가를 말해 준다.

셋째로, 하위 문화들 간의 접촉으로 새로운 언어문화가 형성될 수 있다. 가까운 예로 젊은 세대의 새로운 언어 및 언어 습관이 기성 세대에 영향

---

11) Heusinkveld, P. R., ed.(1997 : 227) 참조.
12) Heusinkveld, P. R.(1997 : 3장 서론) 참조.

을 주는 것을 들 수 있다. 한국어 대우법의 경우, 젊은 층에서 격식체 화계가 쇠퇴한 것은 그 좋은 예의 하나가 될 것이다. 사회적 배경을 가진 새 세대에 의해 파괴되는 언어는 새로운 언어로 정착의 길을 가게 되는데, 모든 언어문화권에 공통되는 보편 현상일 것이나, 그 하위의 구체적인 실상에 가서는 역시 많은 차이를 보여 줄 것이다.

2.2.2. 언어문화 형성의 외적 원인

첫째로, 문화의 접촉에 의한 언어문화의 형성을 들 수 있다. 외래 문화의 접촉에 따라 외래 문화, 외래어가 유입되고, 이것이 여러 가지 모습으로 언어에 반영된다는 것은 위에서도 지적한 바다. 이스라엘을 중심으로 시작된 기독교 문화가 세계 여러 나라에 전파되면서 미친 언어문화의 영향은 대단히 크다.

둘째로, 사회, 문화적 원인을 들 수 있다. 부분적으로는 위와 중복될 수 있는 것으로, 이것은 동일 문화 내에서 찾을 수 있는 원인을 말한다. 가령 눈 속에서의 생활로 특징지어질 수 있는 북극의 에스키모 언어에 눈을 가리키는 어휘가 많고, 사막 지방에서는 모래를 가리키는 어휘가 많은 것을 들 수 있다. 한 마당에서 여덟 촌이 난다고 하는 대가족 중심의 한국의 전통 사회에서 친족 호칭어가 발달되어 있는 것도 그러한 예가 된다.

셋째로, 역사적 원인을 들 수 있다. 모든 언어문화권은 각각의 역사를 가지고 있다. 물론 역사도 보편성이 있고, 특수성이 있다. 가령 한국의 경우, 오랜 역사에 걸친 중국과의 관계는 많은 중국 문화의 수용을 불가피하게 했고, 이것은 한국 특유의 언어문화 형성에 큰 영향을 미쳤다. 미국이라는 국가의 형성은 미국 특유의 복합 문화를 이룩하면서, 여기에 미국 특유의 언어문화를 형성하게 되었다.

넷째로, 심리적 원인을 들 수 있다. 앞서 언급한 색채 문제에서, 언어문화 보편적인 색채 구분과 명명이 있는가 하면, 언어문화권에 따른 차이 역시 두드러지는 것은 심리적 배경과 연관된다. 모든 언어에 공통된 색채 구분이 있는가 하면, 전혀 다른 색채 구분도 있다. 한국어에 유난히 색채어가 발달된 것이나, 의성어, 의태어가 발달된 것도 한국인의 심리 작용과 연관될 것이다. 한국어에서 '입다, 쓰다, 매다, 신다, 끼다, 차다, 달다' 등으로 구분되는 행위의 범주화가 영어처럼 한 단어로 명명되는 것은 상당 부분 상이한 심리 또는 인지 작용의 결과일 것으로 보인다.

3. 언어문화의 보편성과 특수성

언어문화의 가장 근원적인 명제는 언어가 문화라는 것이다. 이 명제 자체가 언어문화의 보편성을 의미한다. 이 명제 속에는 언어와 문화의 상관만이 아니라, 언어와 문화의 일체성이 전제되고 있다. 양자의 일체성은 본질이고, 양자의 상관은 관찰자의 시각이자 주관이다. 인체에 비유해서 문화와 언어의 관계를 생각해 본다면, 이것은 몸과 머리의 관계와 등질적인 것이라 할 수 있다. 머리는 몸의 일부이지만, 온 몸을 움직이는 동력원이요 사령탑이다.

모든 언어가 문화를 포함한 많은 현상을 범주화하는 특성을 지적하였었는데, 범주화는 대상 인식의 한 측면이자 결과로, 이것은 언어문화의 보편적 현상이다. 그러나 언어에 의한 대상 범주화의 구체적 하위 실상에 가서는, 언어권, 문화권마다 상이해서, 언어문화의 개별적 특수성을 돋보이게 한다.

다음에는 구체적인 사례를 통해서, 정도성을 특징으로 하는 언어문화의 양면성을 살펴보기로 한다. 먼저 종교와 관련된 언어문화의 문제에 주목해 보기로 한다.

여기서 말하는 종교는 불교, 기독교, 이슬람교 등 발전된 의미의 종교 외에, 다양한 형태의 원시 신앙 또는 민간 신앙까지를 포괄한다. 아마도 지구상에서 이러한 의미의 종교를 가지지 않은 종족은 별로 없을 것으로 이해된다. 비종교적 입장에서 보면, 인간이 그 능력이나 수명의 한계를 극복하기 위한 방안으로 찾아 낸 것이 종교일 것이다. 여기에서 우리는 종교의 가장 근원적인 보편성을 보게 된다. 이것은 인류가 있는 어느 곳에서나, 종교 또는 신앙이 일상의 생활과 의식에 뿌리 깊이 자리하고 있는 점에서도 입증된다.

이러한 종교와 관련하여 가장 중요한 의미를 가지는 것은 언어이다. 종교는 언어를 떠나서 존재할 수 없다. 흔히 종교는 절대자에 대한 인간의 기원을 본질로 하는데, 이 기원은 바로 언어이다. 모든 형태의 종교 경전은 언어이며, 모든 형태의 기도도 언어이다.

종교에서 흔히 언어의 초능력적 위력을 신봉하는 점도 주목되는 점이다. 한 예로 기도에 의해서 병든 자도 고칠 수 있고, 죽은 자도 일으킬 수 있다. 기도는 모든 것을 이루어지게 할 수 있는 초능력의 언어이다. 원시적 주문, 축신의 독경, 현대 종교의 기도가 한가지로 언어에 의한 초능력의 발동을 전제로 하고 있다.

그러나 각각의 종교 형태에서 이것이 언어화하는 모습은 동일하지 않다. 각 종교의 경전에 드러나는 언어가 다르고, 이들 언어에 반영된 종교 문화가 다르며, 이들 언어의 작용이 다르게 드러난다. 이들 종교 언어에 대한 일반의 의식도 흔히 다르게 반영된다.

방금 언급한 언어의 초능력과 관련한 언어문화의 한 모습을, 종교적 시각이 아닌 일상의 시각에서 좀더 살펴보기로 한다. 문화에 뿌리를 두고 있는 이러한 언어의 힘은 종교가 아닌 일상의 언어에서도 수없이 나타나기 때문이다. '건강하시기를 빕니다.'에서 볼 수 있듯이, 사람들은 축복의 말을 많이 사용한다. '빈다'는 말이 종교에서 연유된 것이겠지만, 일상에서는 종교와 관계 없이 단순한 축복, 기원의 의미가 내포되어 있을 뿐인데, 여기에는 일종의 언어의 위력이 전제되어 있다. '새해 복 많이 받으세요.', 'Happy New Year!' 등의 신년 인사 언어도 모두 기복적인 표현들로, 여기에는 이 말이 현실화되기를 바라는 화자의 기원이 담겨 있는데, 그 배후에는 의식, 무의식 간에 언어가 기원의 성취에 작용할 것이라는 화자, 청자의 심리적 또는 무의식적 전제가 암시되어 있다. '빌어먹을 놈!', 'God demn!' 등의 욕설도, 그 내면을 들여다보면, 화자가 언어의 힘에 기대고 있음을 알 수 있다. 사람들이 어떤 언어를 통해서 '말대로' 되기를 바라는 것은 다름 아닌 언어의 힘을 기대하는 것으로, 이 기대는 곧 긍정이 아닐 수 없다.

현대 사회에서 사람은 누구나 성명을 가진다. 그러면서 매우 흥미로운 성명 문화를 이룩하고 있는데, 이 성명 문화는 언어문화의 한 전형적인 모습을 보여 준다. 아울러 성명 문화는 앞서 보았던 언어의 초능력과도 직접적으로 연계되어 있는 또 다른 대표적인 예가 된다.

종족과 밀접하게 연관되어 있는 성명은, 역사적으로 보면 계급 사회에서 하층민의 경우에, 성을 가지지 못하는 경우가 흔히 있었으며, 이름을 가진다고 해도, 이름 일반이 가지는 품위나 기복적인 것이 되지 못하고, 단순히 명명을 위한 편의적인 것이 많았다.13)

아무튼 성명을 가지는 것은 현대 사회 어디서나 볼 수 있는 보편적 문화 현상이다. 현대인의 필수적인 요건이 된 성명 문화는 종족 보편성을 가진다. 그러나 성명과 관련하여 종족에 따라 적지 않은 차이를 보여 준다. 우선 가장 두드러진 것은 성명의 언어적 구조이다. 대체로 한국, 중국, 일본 등 동양 사람들의 성명은 하나의 성과 하나의 이름으로 구성된다. 그러나 서구 대부분의 민족들은 성명의 구조가 성과 이름 외에 중간 이름을 하나 더 가진다. 성명이 이름, 중간 이름, 성의 순서로 구성되는 것도 우리와는 다른 점이다. 중국이나 그 영향을 받은 한국에서는 성명 외에 또 다른 별도의 이름을 가지고 있었다. 자(字)나 호(號)가 그러한 것이었다. 또한

---

13) 과거에 천민 소생의 종 이름으로 '개똥이', '돌이' 등으로 불렀을 때, 전혀 그 의미가 없는 것은 아니었지만, 이 이름이 그 사람을 위해 부여된 것이라기보다는, 그 상전과 같은, 부르고자 하는 사람 중심에서 지어진 편의적 이름이었다. 상류층의 경우에도 여자가 이름을 가지지 못하는 것은 매우 흔한 일이었다.

여자들이 결혼하면 영미에서는 남편의 성을 따르지만, 동양에서는 자기의 성을 평생 지키는 것도 큰 차이이다.

성명 문화와 관련하여 간과할 수 없는 것은 성명 언어의 문제이다. 특히 이름은 철저한 언어의 문제이기 때문이다. 성명 언어에 부여되는 의미는 매우 중요한 또 다른 의미와 연합한다. 특히 한국의 경우에는 그러한 성명과 관련된 언어문화의 의미가 더욱 특별하고도 중요하다.

우선 옛날에 정규 성명 외에, 자나 호를 가진다는 것 자체가 이름에 특별한 의미가 부여된다는 것을 의미한다. 각각이 쓰이는 맥락이 다른 것도 그 이유의 하나이기는 하지만, 다른 상황에 다른 이름을 쓴다는 것도 상이한 유형의 이름이 가지는 언어적 의미와 무관하지 않다.

한국에서 속칭 '성명 철학'이라는 말이 있고, 전문 작명소도 있다. 이름 한 글자 한 글자가 엄청난 의미를 가진다고 보기 때문이다. 생사화복과 연관되어 있을 뿐만 아니라, 그 속에는 생사화복의 많은 정보를 담고 있기 때문이다. 현대 사회에서 외견상으로는 이름과 생사화복 사이에 연관성이 있다고 믿는 사람이 별로 없다. 그러나 이름에 좋은 자를 쓰고 싶어하는 심리는 누구에게나 공통되어 있는데, 이는 이름 언어의 초능력에 대한 신뢰에 근거한다. 표면적으로는 강한 거부감을 가지더라도, 이러한 언어적 초능력에서 완전히 자유로워질 수 있는 사람은 별로 없어 보인다.

이러한 성명의 언어문화는 비단 한국이나 동양에만 국한된 것은 아니다. 중동 지역을 배경으로 하는 구약 시대에 이미 그러한 현상을 볼 수 있었고,[14] 이와 유사한 현상은 서양에서도 얼마든지 발견된다. 이름을 지을 때, 성서에 나오는 훌륭한 사람의 이름이나, 과거 유명 인사의 이름을 취하는 예는 허다하다. 유명 인사의 이름을 취한다는 것은 그 이름을 가진 사람도 그러한 사람이 되기를 기대하는 심리적 욕구가 작용한 것이다. 이러한 근

---

14) 이처럼 이름과 관련된 언어의 작용은 구약 성경에서도 볼 수 있다. 성경에 의하면 하나님은 '아브라함'을 '아브람'으로 고쳐 주었고, '야곱'을 '이스라엘'이라고 고쳐 주었다. 나은 이름으로 고쳐 준 것이 분명할 것이고 보면, 여기에는 성명 언어의 힘이 전제된 것이라 할 수 있다.

본은 성에서도 발견된다. 독일의 성 Sorgenfrei(무근심)도 그러한 예의 하나
이다.

이상에서 돌아본 것처럼, 작명에서 언와와 문화 사이의 깊은 연관성을
볼 수 있고, 이러한 언어문화 현상이 동서양에 공유된 현상이지만, 보편과
특수의 양면성은 성명의 언어문화에서도 예외를 기대할 수는 없다.15)

색채의 범주화 문제는 관련 언어 문제와 함께, 문화인류학, 인류언어학
등의 주요한 관심의 대상이 되어 왔다.16) 색채의 인지는 색상(coloredness),
채도(saturation), 명도(brightness)에 따라 달라지게 마련인데, 특히 범주화와 관
련하여 신경생리학에 기초한 보편론과 문화에 기초한 특수성을 대변하는
상대론 간의 공방과 함께 큰 논란의 대상이 되어 왔다.

과연 색채의 범주화와 관련하여, 언어가 '인간의 두뇌(brain) 속에 작용하
는 것을 반영하는 것인지, 인간의 마음(mind) 속에 작용하는 것을 반영하는
것인지', 발표자로서는 판단을 유보할 수밖에 없다. 그러나 색채의 범주화
와 언어적 명명에 보편성이 있고, 문화권에 따른 차별성이 있는 것만은 엄
연한 현실이다. 흔히 문화권별 또는 언어권별로 무지개 색채의 차이가 드
러나는 것을 예로 들어 이를 입증하기도 한다. 3가지 기본 색채를 범주화
하는 데까지는 범언어적 공통성을 보이지만, 4가지, 5가지 기본 색채를 범
주화하는 데 이르서는 벌써 언어권 사이에 불일치가 나타난다.

색채의 범주화는 바로 언어의 문제이다. 이것은 색채 명명의 언어 문제
와 병행하는 문제이기 때문이다. 두 가지 기본 색채어를 가지는 언어는
DARK/COOL, LIGHT/WARM으로 양분되고, 3개의 기본 색채어를 가지는
언어는 후자가 분할되어 LIGHT와 WARM의 둘로 분할된다. 전자의 중심
색채는 흰색이고, 후자의 중심은 빨강인데, DARK/COOL의 중심 색채는
검정, 흑갈색, 청색, 녹색 등 일정하지 않다.17) 특히 한국어에서 색채, 채

---

15) 성명 문화의 개별적 현상과 관련하여 태평무(2000 : 271~289) 참조.
16) 색채 범주화 문제는 Foley, W, A.(1997), PartⅢ, 7 참조.
17) Foley, W. A.(1997 : 154~5) 참조.

도, 명도에 따른 언어 범주화가 발달된 것은 한국 문화의 소산으로, 한국 문화의 특수성을 보여 주는 한 예라 하겠다.

인간은 사회성, 문화성으로 정의될 수도 있다. 사회적 동물 또는 문화적 존재라고 하는 말들은 이러한 정의와 멀지 않은 말이다. 사람 또는 사람의 삶은 상호 의존적이어서, 결코 남으로부터 완전히 자유로울 수 없다. 이렇게 상호 구속적인 인간 사회는 어떤 의미에서 계층화되어 있다. 여기 말하는 계층이란 표면화되어 있는 것만을 의미하는 것이 아니라, 오히려 내면적으로 작용되는 상하 의식 또는 계층화되는 우열 의식도 의미한다. 어떤 사람이든 자기와 동등하게 자리매김되는 사람이 있는가 하면, 자기보다 더 나은 사람으로 간주되는 사람이 있으며, 또 나보다 못한 사람으로 여겨지는 사람이 있다. 이것은 고정된 것일 수도 있고, 상황에 따라 달라지는 것일 수도 있다. 이러한 인간 관계가 어떤 모습 또는 어떤 틀로 형성되는가 하는 것은 사회, 문화적 배경에 따르게 되며, 이것이 어떻게 표면되는가 하는 것은 이 문화를 구현하는 언어의 문제이다.

사람이 만나면 한 쪽은 수치스럽고 다른 한 쪽은 영예롭다고 하는 Wolof의 격언이 말해 주듯이,[18] 두 사람이 만날 때에는 외현적 또는 내재적 계층성이 발동된다. 이러한 계층성은 만나는 당사자 각각에 의해 만들어져서 언어화한다. 언어에 반영된 이러한 계층성의 구현이 대우 표현이다. 흔히 말하는 '공손(politeness)'이나 체면(face)[19] 등은 모두 이와 멀지 않은 개념들이다. 대우의 기본 정신은 자기 보호이다. 외견상으로는 상대방을 존경하거나 자신을 낮추는 것으로 형식화되어 있지만, 그 근본은 자기 자신으로 귀착된다. Goffman이 체면(face)을 자존심을 보호하기 위한 것, 좀 부연하면, 소극적으로는 자존심에 대한 손상을 막고, 적극적으로는 자존심을 높이기 위한 것으로 이해한 것은 그러한 특성을 지적한

---

18) Foley, W. A.(1997 : 261)에서 재인용.(When two persons greet each other, one has shame, the other has golry(Irvine 1974 : 175)).
19) Goffman(1967, 1971) : Folcy, W. A. (1997 : 270)에서 재인용.

것이라 하겠다.[20)]

　대우의 문제는 결국 공존의 사회 생활에서 인간이 본능적, 심리적 욕구인 자기 보호를 위해 마련한 언어적 수단의 하나라 할 수 있다. 이러한 배경에서 보면 대우 원리가 인간 보편성에 기초하고 있는 문화 현상임을 이해할 수 있는데, Brown & Levinson은 이것이 보편적 현상임을 지적하고, 나아가서 대우 유형에 따라 문화를 유형화하기도 하였다.[21)]

　이러한 대우의 유형화는 결국 보편성의 하위 범주화이자 대우의 문화적 특수성을 의미하는 것이 된다. 어떻게 유형화하든 개개의 문화 또는 개개의 언어에 이르러서는 각각의 특수성을 가짐으로써 다른 것과 차별화되게 마련이다. 비근한 예로 우리가 잘 아는 한국 문화와 영미 문화의 경우, 위에서 일별한 대우라는 보편적 현상을 공유하고 있음에도 불구하고, 구체적 대우 표현의 문화 또는 대우 의식은 상당한 거리를 가지고 있으며, 이를 반영하는 언어 표현 방식 역시 전혀 모습을 달리한다. 포괄적으로 보아, 영어으로 실현되는 대우는 대략 공손(politeness)으로 특징지을 수도 있지만, 한국어의 경우에 ‘공손’이란 내용으로 대우 현상 전체를 포괄하는 것은 합리적이지 못하다. 한국어의 대우 현상은 한편으로 하나의 문법 범주화가 가능한 반면, 다른 한편 문법 영역에서 설명할 수 없는 담화, 화용적 측면이 있어, 대우 표현이 더욱 복잡하고, 이에 따라 그 체계화가 용이하지 않다. 이에 비해 영어를 포함한 인구어의 대우 현상은 문법 현상이 될 수 없으며, 하나의 담화 또는 화용 현상으로밖에 설명되지 않는다. 이처럼 한 언어의 체계적 기술도 어려운 특성을 보여 주는 대우 현상이 언어에 따라 다양한 특수성을 보여 줄 것은 너무도 당연하다. 언어문화 현상으로서의 대우 현상도 계층 구조로서의 보편과 개별의 양극은 분명하지만, 그 사이에는 많은 그리고 잘 구획될 수 없는 정도 또는 성격의 차이를 가진다.

---

20) Foley, W. A.(1997 : 270).
21) Foley, W. A.(1997 : 273) 참조.

4. 맺는 말―언어문화의 비교

지금까지 발표자는 언어와 문화를 중심으로 한 그 보편성과 개별성의 문제를 바탕으로 해서, 이 둘의 상관 영역인 언어문화의 보편성과 개별성을 돌아보았다. 무릇 이 두 가지 특성은 비단 언어나 문화 또는 언어문화에 국한되는 것이 아니다. 어찌 보면 구상, 추상을 가릴 것 없이, 만상이 이러한 양면성을 가지고 있다고 보아 큰 무리가 없을 것이다. 그런데 이 양면성이란 것이 너무 극단이어서, 이를 절충한 제삼의 특성을 가정할 수도 있지만, 엄격하게 말하면, 많은 경우 이 양면을 양극으로 하면서 그 사이에는 구획되지 않는 많은 정도성을 가진다는 점에 주목하였다.

인간이란 것이 보편성과 개별성에 근거해서 범주화된 것인 만큼, 인간의 산물인 언어와 문화가 인류 보편성과 개별성을 함께 가진다고 하는 것은, 어찌 보면 지극히 평범하고도 당연한 것이 될 수도 있다. 위에서 몇몇 사례를 통해서 구체적인 언어문화 현상의 양면성을 점검해 보았다.

많은 다른 현상에서도 그러하듯이, 보편과 개별은 개별 현상의 비교에 근거하게 된다. 비교 없이는 보편도 특수도 없다. 이 말은 모든 현상의 정체 또는 정체성은 비교가 전제되지 않고는 규명이 불가능함을 의미하기도 한다. 타 문화와의 비교가 전제되어야만, 한국 문화의 정체성이 정립될 수 있으며, 타 언어와의 비교가 전제되지 않고서는 한국어의 정체성이 규명될 수 없다. 정체성은 다름 아닌 보편에 기초한 특수성이요 개별성이다.

한국의 언어문화를 규명하기 위해서도 다른 언어문화의 연구가 필요한 것은 말할 것도 없다. 이번 국제 회의의 주제를 '비교 문화적 접근을 통한 한국의 언어문화'라고 한 것은 바로 이러한 언어문화의 비교를 통해서 한국 언어문화의 정체성을 분명히 하려는 데 큰 의미가 있을 것으로 이해된다.

현대 사회는 지구촌이란 말이 드러내듯이, 물리적으로나 정신적으로 빈번한 접촉과 교류가 일어나고 있는 시대이다. 그것도 많은 경우 시간과 공간을 초월해서 실시간으로 이루어진다. 이에 따라 언어와 문화의 경우도 어느 하나가 다른 것에 동화, 흡수되거나(Assimilation), 하나가 다른 것에 적응하거나(Acculturation), 상호 적응하거나(Accomodation), 또는 상호 공존하는(Biculturalism) 방법으로 이에 대응될 것이다.[22] 이에 우리는 비교를 통해서 우리 것의 보편성과 특수성을 분명히 하면서, 이러한 상황에서 야기되는 다양한 모습의 언어문화 현상에 깊은 관심을 기울여 나가야 할 것이다.

---

22) Diaz—Rico, L. T. & Weed, K. Z.(1995 : 198) 참조.

참고 문헌

고영근(1996), 『우리 언어문화의 뿌리를 찾아서』, 한신문화사.

전정례(1999), 『언어와 문화』, 박이정.

성기철(2001), 「한국어교육과 문화 교육」, 한국어교육 제12권 2호, 국제한국언어교육학회.

성기철(2003), 「어휘 교육과 문화 교육」, 중국한국(조선)어교육연구학회 정기학술대회 논문집.

성기철(2004), 「언어와 문화의 접촉」, 『언어문화학』 창간호, 국제한국언어문화학회.

Kramsch, C.(1996), *Language and Culture*, Oxford University Press, 정복명 외 역(2001), 언어와 문화, 박이정.

태평무(2000), 『언어학과 사회』, 료녕민족출판사.

Brameld, T.(1957), *CULTURAL FOUNDATION OF EDUCATION, An Interdisciplinary Exploration*, Harper & Row, Publishers.

Diaz-Rico, L. T. & K. Z. Weed(1995), *The Crosscultural, Language, and Academic Development Handbook*, Allyn and Bacon.

Dresser, N.(1996), *MULTICUTURAL MANNERS*, John Wiley & Sons, INC..

Foley, W. A.(1997), *Anthropological Linguistics, An Introduction*, Blackwell Publishers.

Gannon, M. J. and Associates(1994), *Understanding Global Cultures*, SAGE Publicaton.

Heusinkveld, P. R., ed.(1997), Passway to Culture, Intercultural Press, INC..

Irvine, J. T.(1994), *Edward Sapir, The Psychology of Culture, A Course of Lectures*, Mouton de Gruyter.

Spindler, G. & Spindler, L.(1990), *The American Cultural Dialogue and It Transmission*, The Farmer Press.

－『한국언어문화학』 제1권 2호, 국제한국언어문화학회, 2004. 11.

발표 논문 목록

발표 연도	제목	발표 기관지
1973. 3.	국어학신강	개문사
1985. 11.	현대국어 대우법 연구	개문사
1966. 2.	국어 조어론 연구	서울대 석사학위 논문
1966. 5.	국어 접미사 편고	연포이하윤선생 회갑기념논문집
1969. 12.	명사의 형태론적 구조	국어교육 12, 한국국어교육연구회
1970. 10.	존비법의 한 고찰	어문학 23, 한국어문학회
1970. 12.	국어 대우법 연구	논문집 4, 충북대학교
1971. 11.	동사 유어의 어간 구조와 접사	김형규박사 송수기념논총
1972. 12.	어미 '-고'와 '-아'에 대하여	국어교육 18-20 합병호
1974. 5.	경험의 형태 '었'에 대하여	문법연구 1, 문법연구회
1976. 6.	현대국어의 객체존대 문제	어학 연구 12-1, 서울대학교 어학연구소
1976. 8.	'-겠'과 '-을 것이'의 의미 비교	김형규교수 정년퇴임기념논문집
1979. 6.	경험과 추정	문법연구 4, 문법연구회
1980. 4.	15세기 국어의 화계 문제	논문집 13, 서울산업대(현 서울시립대)
1981. 4.	개화기 국어의 화계	논문집 14, 서울산업대(현 서울시립대)
1984. 2.	조사 '-는'에 대하여	논문집 17, 서울시립대
1984. 6.	현대국어 대우법 연구	한글 184, 한글학회
1985. 6.	국어 화계와 격식성	언어 10-1, 한국언어학회
1985. 6.	국어의 주제 문제	한글 188, 한글학회
1986. 11.	문의 문법성과 화용성	봉죽헌박붕배박사 회갑기념논문집
1987. 2.	방송 언어의 문법 변천	방송언어 변천사, KBS 한국어연구회
1987. 8.	언어·방언 -예산의 방언-	예산군지, 예산군지편찬위원회 제5편, 제8장
1987. 12.	문 서술어 복합문	국어학 16, 국어학회
1987. 6.	현대국어 대우법	국어생활 9, 국어연구소

1988.	국어의 어휘와 문법	한국어연구논문 제20호, KBS 한국어연구회
1990. 12.	공손법	국어연구어디까지왔나, 국어연구회, 서울대
1991. 9.	국어 경어법의 일반적 특징	새국어생활 제1권 제3호, 국립국어연구원
1992. 4.	한글·문법 파동	난대이응백박사 고희기념논문집
1992. 12.	국어 어순 연구	한글 218, 한글학회
1993. 6.	어미 '–기에'에 대하여	청하성기선생 회갑기념논문집
1993. 7.	'–어서'와 '–니까'에 대하여	주시경학보 11집, 주시경연구소
1994. 9.	주격조사 '–가'의 의미	선청어문 22, 서울사대 국어교육과
1994. 12.	격조사 '–를'의 의미	한국말교육 5, 국제한국어교육학회
1994. 12.	현대국어의 경음화 현상	한국어연구논문 제40호, KBS 한국어연구회
1995. 2.	대우법의 화용론적 특성	인문과학 2, 서울시립대
1995. 12.	반말의 특성	한양어문연구 13, 한양대 한양어문연구회
1996. 12.	현대한국어 대우법의 특성	말 제21집, 한국어학당, 연세대
1997. 12.	보조조사 '–까지', '–조차', '–마저'의 의미특성	한국어교육 제8집, 국제한국어교육학회
1998. 12.	한국어교육의 목표와 내용	이중언어학 제15호, 이중언어학회
1999. 12.	20세기 청자대우법의 변천 –화계의 사회언어학적 변천과 관련하여–	한국어교육 제10권 2호, 국제한국어교육학회
2000. 9.	19세기 국어의 청자 대우법 –화계를 중심으로–	한글 249, 한글학회
2001. 12.	한국어 교육과 문화 교육	한국어 교육 제12권 2호, 국제한국어교육학회
2002. 2.	외국어로서의 한국어 문법 교육	국어교육 107, 한국국어교육연구학회
2002. 6.	국어학과 국어 교육	국어교육 108, 한국국어교육연구학회
2004. 5.	언어와 문화의 접촉	한국언어문화학 창간호, 국제한국언어문화학회
2004. 8.	한국어 어휘 교육과 문화 교육	한국(조선)어교육연구 2호, 중국 한국(조선)어교육연구학회
2004. 11.	언어문화의 보편성과 개별성	한국언어문화학 제1권2호, 국제한국언어문화학회

학술 회의 발표 논문·특별 강의 목록

학술 회의 발표 논문

1970. 10.	존비법의 한 고찰, 어문학 23, 한국어문학회, 대구.
1994. 7. 20-22.	한국어 격조사 '가'와 '를'의 특수 용법, THE 9TH INTERNATIONAL CONFERENCE ON KOREAN LINGUISTICS, The International Circle of Korean Linguistics, Centre for Korean Studies, School of Oriental and African Studies, University of London. London.
1996, 5. 3.	구 내부에서의 경음화 현상, The 3rd Pacific and Asian Conference on Korean Studies, The University of Sydney, Australia.
1996. 5. 27.	한국어 반말의 화계성, THE 10TH INTERNATIONAL CONFERENCE ON KOREAN LINGUISTICS, The International Circle of Korean Linguistics, Griffith University, Brisbane, Australia.
1998. 5.	한국어 근대화 과정의 대우법 변천-청자 대우를 중심으로-, The 4th Pacific and Asian Conference on Korean Studies, Centre for Korean Research, The University of British Columbia. Vancouber, Canada.
1999. 4. 7-11.	Sociolinguistic Change of Korean Honorification in the 20th Century-Focused on the Hearer Honorification. The Association for Korean Studies in Europe Conference, Hamburg University, Germany.
1999. 8. 14.	20세기 한국어 대우법의 사회언어학적 변천-청자대우를 중심으로-, 국제한국어교육학회 제9차 국제학술회의, 한양대학교, 서울.
2000. 2. 19-21.	19세기 청자 대우법, 'Critical Issues in Korean Studies in the Millenium', The International Conference of The International Society for Korean Studies. The University of Hawaii, U.S.A.
2000. 7. 13-15.	Teaching Korean Grammar to Foreigners in Korea, 12th International Conference on Korean Linguistics, The International Circle of Korean Linguistics, Praha, Czech.
2000. 11. 18-19.	미국 중북부 대학의 한국어 프로그램 실태 분석, 한국어 세계화 추

<table>
<tr><td></td><td>진위원회 · 이중언어학회 주최, 한국문화와 한국어교육 정보 구축을 위한 21세기의 과제, 세종문화회관, 서울.</td></tr>
<tr><td>2001. 2. 3.</td><td>국어학적 측면에서 본 한국 학교 한국어 교육, Korean Teachers Workshop, Korean Studies Institute, University of Southern California. L.A., U.S.A.</td></tr>
<tr><td>2001. 10. 12-13.</td><td>한국어 교육의 몇 가지 과제 - 언어, 문화, 문법의 교육 - , 동아대학교 한국어 교사과정 특강.</td></tr>
<tr><td>2001. 10. 20.</td><td>한국어 교육과 문화 교육, 국제한국어교육학회 제16차 추계 학술 대회 주제 특강</td></tr>
<tr><td>2001. 11. 10.</td><td>비음성적 언어와 한국어 교육, 국제한국언어문화학회 제1차 해외 워크숍, ‘일본어 화자를 위한 한국어 교육’, (일본)한국어교육학회(학회장 류상희 교수) 공동 주최. 한인 YMCA 청소년 센터, 도쿄, 일본.</td></tr>
<tr><td>2001. 12. 14-16.</td><td>한국어 문법 교육, 국제한국어교육학회 해외 한국어 교육자 제1차 워크숍, 한국어 교수법의 실제, 청도대학, 중국.</td></tr>
<tr><td>2002. 4. 27.</td><td>국어학과 국어교육, 한국국어교육연구학회 봄 학술회의. 건국대학교, 서울.</td></tr>
<tr><td>2002. 10. 5-6.</td><td>한국어 문법 교육, 국제한국언어문화학회 한중 수교 10주년 기념 한국어 교육 해외 워크숍, ‘한국어 교육의 이해와 실제’, 대련외국어대학, 중국.</td></tr>
<tr><td>2002. 12.</td><td>한국어 문법교육론, 국제한국어교육학회 주최 ‘동남아시아 한국어 교육의 오늘과 내일’ 학술회의, 호치민시, 베트남.</td></tr>
<tr><td>2003. 8. 20-22.</td><td>한국어 어휘 교육과 문화 교육, 중국한국(조선)어교육연구학회 정기 학술대회, 중국 KOREAN 교육 국제 학술 토론 회의, 산동대학교 위해 분교, 중국.</td></tr>
<tr><td>2003. 10. 3-5.</td><td>한국어 교육의 언어문화적 접근, 국제한국언어문화학회 제3차 해외 한국언어문화 워크숍, ‘중국어권 학습자를 위한 한국어 교육의 언어문화적 접근’, 화북전력대학, 베이징, 중국.</td></tr>
<tr><td>2004. 5. 22.</td><td>언어문화의 보편성과 개별성, 국제한국언어문화학회 제1차 국제학술회의, 비교 문화적 접근을 통한 한국 언어문화, 상명대학교, 서울.</td></tr>
<tr><td>2005. 3. 11-12.</td><td>언어문화와 문화간 의사소통, 국제한국언어문화학회 주최 ‘한일 수교 40주년 기념 ‘한일 신시대와 일본에서의 한국언어문화’ 학술회의, 교토, 일본.</td></tr>
<tr><td>2005. 12. 17-18.</td><td>의존구의 문법화 현상과 한국어 교육, 황해권 한중 교류의 역사, 현황과 미래, 중국 해양대학교 한국어과 국제 학술 회의, 정도, 중국.</td></tr>
</table>

2007. 5. 25-26.   국제사회에서의 한국 이해 교육의 새로운 방향, 상명 교육 70주년 기념 국제한국언어문화학회 · 상명대학교 한국언어문화센터 공동 국제 학술 대회, '한국어 · 한국학 · 한국문화 다층간 협력을 통한 국제 사회에서의 한국 이해 교육의 새로운 패러다임의 모색', 상명대학교, 서울.

2007. 12. 8.   국어 교재와 문화, 우리말현장학회 학술 회의, 서울시립대학교, 서울.

특별 강의

1996. 1. 12.   외국어로서의 한국어 교육, 아주대학교 인문대학 동계 연수회.

1997. 4. 28.   한국어의 세계화, 선문대학교 한국어교육원.

1997. 8. 5-14.   한글 맞춤법 요강, 교육부 국제교육진흥원 주최 해외 한글학교 및 재외 한국학교 교원 초청 연수회, 국제교육진흥원, 서울.

2003. 9. 27.   국어교육의 정체성 문제, 독서 교육과 수능 언어, 2003 한우리 학술 세미나, 한우리 독서 문화 운동 본부.

2005. 9. 10.   언어지식과 한국어 교육, 한국어교육문화센터, 방콕, 태국.

학회 주요 활동 내용 – 학회장 재임시 개최 국제 회의

국제한국어교육학회(International Association for Korean Language Education, IAKLE)
— 재임 기간(제6대 회장) : 1995. 8.–1997. 9.

(1) 1996. 5. 3. The 3rd Pacific and Asian Conference on Korean Studies(The University of Sydney, Australia.)에 처음으로 국제한국어교육학회(IAKLE) 분과를 개설하고, 다수 회원 참여하여 한국어 교육 관련 논문 발표 기회를 가짐.

(2) THE 10TH INTERNATIONAL CONFERENCE ON KOREAN LINGUISTICS(The International Circle of Korean Linguistics, Griffith University, Brisbane, Australia) IAKLE 분과에 회원 다수 참여하여 논문 발표.

(3) 1996. 6. 25–26. 한글 반포 550주년 기념 한글 문화 파리 국제 학술 대회
- 주제 : '한글과 한글문화
- 장소 : UNRSCO 본부, 파리, 프랑스.
- 후원 : 문화체육부
- 발표자 : 국내 15명, 해외 11개국 약 30명 등 약 40여명 학자 발표.

(4) 1997. 8. 1.–5. 국제한국어교육학회 · 미국한국어교수협의회(AATK) 공동 주최 한국어 교육 국제 학술 회의
- 주제 : 한국어 교육의 통합적 접근
- 장소 : Tempe, Arizona, U.S.A.
- 발표자 : 한국 24명, 미국 35명, 기타 오스트레일리아, 캐나다, 독일 등 6명 총 60여 명 발표

(5) 1997. 9. 6–7. 국제한국어교육학회 제7차 국제 학술 회의
- 주제 : 한국어 교수법과 평가
- 장소 : 연세대학교 한국어학당, 서울.
- 발표자 : 국내 학자 외 해외 13개국 35명 학자

(6) 1997. 9. 8– 9. 세종탄신 600돌 기념 세종대왕상 시상식 및 국제학술회의
- 학술 회의 주제 : 문맹 퇴치와 한글
- 주최 : 대한민국 문화체육부
- 주관 : 국제한국어교육학회
- 장소 : 세종문화회관, 서울.
- 발표자 : 국내 학자 외 13개국 30여 명 외국 학자

국제한국언어문화학회(International Network of Korean Language and Culture, INK)

— 재임 기간 : 2001. 7-2005. 7.

2001년 1월　　　학회 창립

2001년　　　국제한국언어문화학회 제1차 해외 워크숍
- 공동 주최 : 국제한국언어문화학회/(일본)한국어교육학회(회장 류상희)
- 주제 : 21세기 일본어 화자를 위한 한국어 교육
- 일시 : 2001년 10월 5일
- 장소 : 도쿄 한인 YMCA
- 후원 : 문화광광부

2002년　　　국제한국언어문화학회 제2차 해외 워크숍
- 한중 수교 10주년 기념 한국어 교육 워크숍 –
- 주제 : 한국어 교육의 이론과 실제
- 일시 : 2002년 12월 5일-6일
- 장소 : 대련외국어대학(중국)
- 후원 : 문화관광부/대련외국어대학

2003년　　　국제한국언어문화학회 제3차 해외 한국 언어문화 워크숍
- 주제 : 중국어권 학습자를 위한 한국어 교육의 언어문화적 접근
- 일시 : 2004년 10월 2일-5일
- 장소 : 화북전력대학(중국 북경)
- 후원 : 문화관광부/화북전력대학

2004년　　　(1) 국제한국언어문화학회 제1차 국제 학술 회의
- 주제 : 비교문화적 접근을 통한 한국 언어문화
- 일시 : 2004년 5월 22일
- 장소 : 서울(상명대학교)
- 후원 : 한국학술진흥재단
　　　　　(2) 중앙민족대학 한국어학과 창립 기념 학술 회의
- 주제 : 중국에서의 한국어, 한국 문화
- 일시 : 2004년 10월 9일
- 장소 : 중앙민족대학(북경)
- 후원 : 중앙민족대학

2005년　　　한일 수교 40주년 기념 국제한국언어문화학회 일본 학술 회의
- 주제 : 한일 신시대와 일본에서의 한국언어문화
- 일시 : 2005. 3. 11-12
- 장소 : 도큐호텔, 교토, 일본.

저 | 자 | 소 | 개

성기철(成耆徹, Kychul Sung)

아호 : 이당(耳堂), 석당(石堂)
전자메일 : sungchul03@yahoo.co.kr
1938년 충남 아산 출생
서울대학교 사범대학 국어교육과 졸업
서울대학교 대학원(국어국문학과) 문학석사, 문학박사
충북대, 서울시립대학교 교수 역임(현 서울시립대 명예교수)
런던대학교, 토론토대학교, 위스콘신대학교(매디슨) 객원교수 역임
대련외국어대학(중국), 연변대학교(중국) 객좌교수 역임
국제한국어교육학회장 역임
국제한국언어문화학회장 역임
저서 : 『국어학신강』(공저)
　　　 『현대국어대우법연구』
　　　 『한국어 문법 연구』

한국어 대우법과 한국어 교육

초판 인쇄 2007년 12월 20일
초판 발행 2007년 12월 31일

저　자 성기철
펴낸이 최종숙
편　집 권분옥 이태곤 이소희 양지숙 김지향

펴낸곳 글누림출판사
주소 서울 서초구 반포4동 577-25 문창빌딩 2층
전화 02-3409-2055
팩스 02-3409-2059
등록 2005년 10월 5일 제303-2005-000038호
홈페이지 http://geulnurim.co.kr

값 32,000원
ISBN 978-89-91990-92-0 93710

* 파본은 교환해 드립니다.